⊤45
⌊.30
Dec.B.
2,6
5 5 (1)

⌊564
H.q...

246
18.

[185]

COLLECTION
DE
DOCUMENTS INÉDITS
SUR L'HISTOIRE DE FRANCE

PUBLIÉS

PAR ORDRE DU ROI

ET PAR LES SOINS

DU MINISTRE DE L'INSTRUCTION PUBLIQUE

PREMIÈRE SÉRIE

HISTOIRE POLITIQUE

PAPIERS D'ÉTAT

DU

CARDINAL DE GRANVELLE

D'APRÈS LES MANUSCRITS

DE LA BIBLIOTHÈQUE DE BESANÇON

PUBLIÉS

SOUS LA DIRECTION DE M. CH. WEISS

TOME I

PARIS

IMPRIMERIE ROYALE

M DCCC XLI

NOTICE PRÉLIMINAIRE

SUR

LA COLLECTION GRANVELLE

ET SUR

LES PRINCIPAUX PERSONNAGES QUI Y FIGURENT.

L'importance de la collection des papiers d'état du cardinal de Granvelle est si bien établie qu'il serait superflu de chercher à la relever : il suffira de rappeler que les documents dont elle se compose embrassent la presque totalité du XVIe siècle, si fertile en grands événements, et que l'on y trouve une foule de détails précieux sur les points les plus dignes d'exciter la curiosité ; tels que la rivalité entre les maisons de France et d'Autriche, la réforme religieuse et ses progrès en Allemagne, en France et en Suisse, le divorce de Henri VIII, le mariage de sa fille Marie avec Philippe II, la conquête du Portugal, l'insurrection des Pays-Bas, les guerres de la ligue, etc. etc. Il est vrai que tous ces faits ont eu leurs historiens, mais aucun écrivain n'a pu mettre à profit les documents dont nous parlons. Leur publication aura pour résultat de répandre un jour nouveau sur tant et de si graves événements, et de faire apparaître leurs véritables causes, en initiant les lecteurs aux secrets les plus cachés du cabinet espagnol pendant l'époque de sa plus grande influence. Ce n'est plus ici l'écrivain qui, forcé de plaire à ses lecteurs et de les intéresser, dispose ses tableaux dans ce but; ce sont les acteurs eux-mêmes, princes, empereurs, hommes d'état, qui racontent la part qu'ils ont prise aux événements, le rôle qu'ils y ont joué, et qui en parlent avec d'autant moins de réticence qu'ils se croyaient assurés que jamais leurs confidences ne seraient rendues publiques. C'est donc à cette collection qu'il faudra désormais recourir pour décrire les règnes de Charles-Quint, de François Ier et de leurs successeurs immédiats; la marche du protestantisme en Allemagne et son influence sur les troubles de la France et des Pays-Bas : c'est la source pure et féconde à laquelle devront puiser les nouveaux historiens de ce siècle si mémorable, où les grands politiques n'ont pas plus manqué que les grands capitaines.

Avant de dire comment s'est formée cette précieuse collection, il est nécessaire de donner quelques détails sur le cardinal de Granvelle, sur sa famille, ainsi que sur les principaux personnages qui furent employés sous sa direction, et dont les correspondances sont autant de parties du vaste recueil que nous publions.

Au nombre des hommes d'état que vit briller le XVIe siècle se distingue le chancelier Perrenot, père du cardinal de Granvelle. Quoique son origine ne fût point aussi obscure que l'ont prétendu des écrivains mal instruits ou passionnés, son élévation fut si prompte, il y a quelque chose de si extraordinaire dans la durée de son crédit, que l'on est bien forcé de lui reconnaître, outre des talents supérieurs pour le maniement des affaires, des qualités plus rares encore; c'est-à-dire, beaucoup de droiture, de loyauté et de désintéressement; car, en politique comme en tout, les honnêtes gens sont toujours les plus habiles.

Nicolas Perrenot, né en 1486, à Ornans, petite ville du

NOTICE PRÉLIMINAIRE.

comté de Bourgogne, était fils « d'un homme noble et riche, « qui avait eu des charges considérables dans la province[1]. » Après avoir achevé ses études à l'université de Dole, il revint à Ornans exercer les fonctions d'avocat du roi au bailliage de cette ville. En 1513 il épousa Nicole Bonvalot, femme d'un rare mérite, et qui sut le seconder parfaitement dans ses projets pour l'élévation de sa nombreuse famille. Nommé conseiller au parlement de Dole en 1518, il fut fait, dès l'année suivante, maître des requêtes de l'hôtel de l'empereur, et ne tarda pas à être employé dans les affaires les plus importantes. Marguerite d'Autriche, comtesse de Bourgogne et gouvernante des Pays-Bas, le chargea de la représenter aux conférences de Calais, en 1521; la manière dont il s'acquitta de cette mission lui valut de nouvelles marques d'estime de sa souveraine. En 1526 il fut un des négociateurs espagnols chargés de rédiger le traité de Madrid, qui mit fin à la captivité de François Ier; et il ne tint pas à lui que les conditions n'en fussent moins dures.

Envoyé en France par Charles-Quint pour surveiller l'exécution de ce traité, il ne quitta Paris qu'en 1528, lorsque François Ier déclara de nouveau la guerre à l'empereur. Dans l'audience de congé qui lui fut accordée le 28 mars, le roi lui témoigna le regret d'avoir été forcé d'user à son égard de sévérité, par représailles de celle qu'avait montrée Charles-Quint pour les ambassadeurs français, et l'assura de toute sa bienveillance[2]. Chargé en 1532 de travailler à ramener l'électeur

---

[1] *Projet de la vie du cardinal de Granvelle*, par l'abbé Boisot, p. 40.

[2] Dans l'audience de congé de Nicolas Perrenot, François Ier lui témoigna « qu'il « lui a déplu très-fort qu'il ait été contraint « de ne le traiter si gracieusement et si « humainement que par le bon et honnête office qu'il a fait il a très-bien mérité; qu'il n'a sans doute tenu à lui que les choses n'aient pris meilleure issue par son bon zèle et affection pour le bien de la paix; mais, comme ses ambassadeurs

de Saxe à la religion catholique, il échoua dans sa négociation; mais l'empereur reconnut que dans cette circonstance il avait fait « tout ce qui pouvait s'attendre de l'homme le plus con- « sommé[1]. » Il fut mis à la tête des affaires pendant la dernière maladie de Mercurin de Gattinara et lui succéda, non, comme le disent les historiens franc-comtois, dans la charge de chancelier, qui fut supprimée, mais dans la confiance de son maître, qui le nomma son premier conseiller et garde des sceaux des royaumes de Naples et de Sicile. Il accompagna Charles-Quint en 1535 dans son expédition de Tunis, dont il écrivit l'histoire[2]. En 1539 il présida le colloque de Worms, où il prononça un discours qui fut imprimé[3]; il se rendit la même année à celui de Ratisbonne, et en 1545 il assista à l'ouverture du concile de Trente. De retour en Allemagne, il présida une diète à Worms, dont le résultat fut de suspendre les troubles religieux. Il travaillait à rapprocher les partis par des concessions mutuelles, lorsqu'il mourut à Augsbourg, le 28 août 1550, âgé de soixante-quatre ans. Charles-Quint en apprenant sa mort écrivit à Philippe II : « Mon fils, nous avons perdu, vous et moi, un bon « lit de repos. » Son corps, apporté à Besançon, y fut inhumé dans une chapelle qu'il avait fait construire dans l'église des Carmes pour servir à sa sépulture et à celle de sa famille.

Le seul reproche qu'on ait fait à ce grand ministre, c'est d'avoir trop aimé l'argent; mais on sait que c'est le reproche

---

« en Espagne avaient été pris et détenus « contre tout droit et bonnes coutumes, il « ne pouvait point ne pas faire le sem- « blable, à son grand regret; mais que, « où il pourra l'obliger en son particulier, il « le fera de bien bon cœur. » (T. I, p. 352.)

[1] *Projet de la vie du cardinal de Granvelle*, par l'abbé Boisot.

[2] Il signa le traité conclu entre l'empereur et le bey Muley-Hassan, inséré au tome II.

[3] Ce discours fut réimprimé par les soins de G. Cousin, à la suite de l'ouvrage de Guill. Paradin : *De antiquo statu Burgundiæ*. (Bâle, vers 1542, in-8°.)

NOTICE PRÉLIMINAIRE.   v

banal adressé par l'envie à tous les hommes en place : d'ailleurs, avec ses vues généreuses, il ne pouvait avoir l'abnégation d'un cénobite. Dès 1536 il avait fait construire à Besançon un palais où se trouvaient réunis par ses soins des tableaux de tous les grands maîtres d'Italie, des Pays-Bas et d'Allemagne. Son but était d'exciter le goût des arts parmi ses compatriotes, en leur mettant sous les yeux les chefs-d'œuvre des principales écoles [1]. Il fonda dans cette ville, en 1545, un collége pour l'enseignement de la théologie et des langues grecque et latine. L'un des premiers professeurs du nouvel établissement fut François Richardot [2], qui succéda depuis au cardinal de Granvelle sur le siége épiscopal d'Arras, et qui concourut à l'érection de l'université de Douai, où il ne dédaigna pas de donner lui-même des leçons.

« Il faudrait de gros volumes, dit Ferdinand Lampinet
« (*Histoire manuscrite du parlement de Dole*), pour parler digne-
« ment de notre chancelier, le plus grand homme qu'ait ja-
« mais porté notre province; aucun n'ayant si bien servi son
« prince et fait tant d'honneur à la patrie, soit par ses hauts
« emplois, soit par les personnes dont il a fait la fortune, les
« grands bâtiments qu'il a fait élever en divers endroits de
« l'Europe; les meubles superbes, les bronzes, les marbres,
« les tableaux des plus excellents peintres, les tapisseries et
« les joyaux dont il a enrichi la province. Sa mémoire doit y
« être en éternelle bénédiction, ainsi que dans toute la monar-

---

[1] Cette galerie, accrue par le cardinal de Granvelle, a fait l'un des plus beaux ornements de Besançon. Jean-Jacques Chifflet en parle avec enthousiasme dans la Ire partie du *Vesuntio*, imprimé en 1618. Les principaux tableaux dont elle se composait furent enlevés par Louis XIV après la réunion de la province à la France, en 1674, et se trouvent encore aujourd'hui au Musée royal.

[2] On a une vie de ce prélat dans les Mémoires de l'académie de Bruxelles, t. IV.

NOTICE PRÉLIMINAIRE.

« chie espagnole, dont la splendeur et le lustre ont fini avec « la famille de ce grand conseiller [1]. »

Nicolas Perrenot avait eu le bonheur de trouver dans ses beaux-frères, François Bonvalot et Jean de Saint-Mauris, deux hommes capables de le seconder dans ses vues pour l'avancement de sa famille et la prospérité de la province.

François Bonvalot descendait d'une famille de Besançon, déjà distinguée dans le xiiie siècle, et qui avait sa chapelle sépulcrale dans l'église des cordeliers ou frères mineurs de cette ville [2].

Après avoir achevé ses études à l'université de Dole, il s'y fit recevoir docteur en droit. Incertain d'abord sur la carrière qu'il embrasserait, il se décida pour l'état ecclésiastique, et bientôt il fut pourvu de plusieurs bénéfices, notamment d'un canonicat du chapitre de Besançon, dont plus tard il devint le grand trésorier. C'était un homme né avec le génie des affaires; et Perrenot, son beau-frère, ayant facilement reconnu sa capacité, le fit nommer, vers 1528, conseiller et maître des requêtes de l'empereur Charles-Quint. Peu de temps après Bonvalot fut envoyé à Rome, chargé d'une mission sur laquelle

---

[1] « Ce grand homme et ses fils, ajoute « Ferdinand Lampinet, ont établi et enrichi « plus de soixante familles en ce pays. Ils « ont bâti des palais à Madrid, à Naples, « à Rome, en Flandre et en Bourgogne. « Il y a dans cette province divers bâti- « ments superbes qu'ils ont fait construire, « à Besançon, à Ornans, à Dole; des châ- « teaux dans les villages de Chantonnay, « de Fresne-le-Châtel, de Maiche en Mon- « tagne, de Scey en Varay, de Vaux, près « de Besançon, qui seront des monuments « éternels de leur gloire et de leur magni- « ficence. » (*Histoire du parlement de Dole.*)

[2] Les témoins entendus dans l'enquête ordonnée pour prouver la noblesse d'Antoine de Granvelle, postulant un canonicat du chapitre de Liége, déposent que cette chapelle renferme plusieurs monuments de sculpture antique en pierre et en marbre, représentant divers personnages de la famille des Bonvalot avec leurs armoiries, qui se voyaient aussi dans différents autres endroits de la ville, notamment à leur chapelle de l'église de Sainte-Magdeleine. (*Mémoires de dom Prosper Lévesque.*)

on n'a pas de renseignements précis; mais la manière dont il s'en acquitta lui fit beaucoup d'honneur. Il se rendit à Genève, en 1530, avec le président de Bourgogne, Hugues de Marmier, pour offrir aux Génevois l'intervention de l'empereur dans les différends qu'ils avaient avec leur évêque et le duc de Savoie au sujet de la juridiction et seigneurie de leur ville.

Nommé la même année à l'ambassade de France, qui était déjà la première de toutes, il remplit avec distinction ce poste difficile jusqu'en 1532. Il n'était pas de retour en Bourgogne lorsqu'il fut pourvu de l'abbaye de Saint-Vincent de Besançon, l'un des principaux bénéfices du diocèse (janvier 1537). Dix ans plus tard, et sans doute après de nouveaux services, il joignit à cette abbaye celle de Luxeuil. Il fut envoyé en 1544 auprès des Ligues suisses pour assurer la neutralité de la Bourgogne en cas de guerre. Bonvalot était à Spire, près de l'empereur, lorsqu'il fut élu par le chapitre archevêque de Besançon. Cette élection, que les citoyens accueillirent avec de grandes démonstrations de joie [1], devint la source de longs débats. Le dernier archevêque, Pierre de la Baume, s'était donné pour coadjuteur son neveu Claude, alors âgé de six à sept ans, et la cour de Rome avait confirmé cet enfant dans la possession de l'archevêché. Bonvalot, en défendant la validité de son élection, soutenait les droits de son chapitre, qui lui étaient plus chers que son propre intérêt. Il n'eut pas de peine à démontrer l'incapacité de son compétiteur, ainsi que la nécessité de placer à la tête d'un diocèse entouré de toute part des partisans de la réforme un prélat qui, par sa fermeté, sût imposer aux sectaires; mais tout fut inutile. Heureusement Nicolas Perrenot trouva le moyen de rapprocher les parties par un accord signé le 24 septembre 1544 et qui

[1] Voyez les Documents inédits pour servir à l'histoire de la Franche-Comté, t. II.

NOTICE PRÉLIMINAIRE.

reçut l'approbation de l'empereur et du souverain pontife. Il fut convenu qu'en attendant que Claude de la Baume eût atteint l'âge prescrit par les canons pour occuper le siége archiépiscopal, Bonvalot resterait l'administrateur du diocèse pour le temporel et pour le spirituel, avec le tiers des revenus. Il ne prit possession de son siége que le 20 août 1545[1].

Malgré les occupations que lui donnaient ses nouvelles dignités, Bonvalot fut député, en 1546, près de la duchesse douairière de Lorraine, pour la décider à remettre la ville de Stenay entre les mains de Charles-Quint. L'estime que la duchesse lui témoigna dans cette circonstance décida l'empereur à le charger, en 1550, de la délimitation du comté de Bourgogne avec la Lorraine. Depuis longtemps il jouissait de la confiance absolue de Charles-Quint, « qui ne connaissait, après « Granvelle, personne de plus capable que l'abbé de Saint-« Vincent[2]. » Aussi rien d'important ne se faisait dans la province sans sa participation. Le gouverneur, M. de Vergy, avait reçu l'ordre de le consulter dans tous les cas extraordinaires, et de prendre toujours son avis en grande considération. Bonvalot, jaloux de ses priviléges, n'était pas disposé à en rien céder. En 1552 il refusa de reconnaître à M. de Vergy lui-même le droit de mettre en réquisition les habitants de Luxeuil pour travailler aux fortifications de Gray; mais il lui fit offrir

---

[1] Toutes les pièces relatives à cette affaire ont été recueillies par Jules Chifflet, et forment le 34ᵉ volume des Mémoires de Granvelle. Comme ce recueil, d'un grand intérêt pour le diocèse de Besançon, n'en offre pas un égal pour l'histoire générale, nous n'en avons tiré aucune pièce pour cette publication.

[2] « Après Granvelle, dit-il dans son « instruction secrète à son fils Philippe II, « dressée en 1545, je ne connais personne « de plus capable en ce genre que François « Bonvalot, son beau-frère, abbé de Saint-« Vincent, et que j'ai chargé de l'ambas-« sade de France. Il travaille comme lui à « l'avancement de sa famille, mais il n'a « guère moins de capacité, d'expérience et « de dignité. » (*Mémoires de D. Lévesque*, t. Iᵉʳ, p. 179.)

en même temps de lui prêter, s'il en avait besoin pour le service de l'empereur, mille écus et deux cents marcs de vaisselle d'argent doré[1]. Depuis qu'il était à la tête du diocèse, rien ne se faisait que par sa volonté. Appréciant les talents et les services que pouvait rendre François Richardot, alors professeur au collége de Granvelle, il le pourvut d'un canonicat de sa cathédrale; et en 1554, malgré l'opposition de Claude de la Baume, il le nomma son suffragant et le fit sacrer évêque, sous le titre de *Nicopolis*.

Fatigué cependant d'une lutte continuelle contre un parti puissant, il se démit de l'administration du diocèse en 1556. Deux ans après, il résigna ses principaux bénéfices à son neveu, le cardinal de Granvelle. Déjà malade de la pierre, il souffrit plusieurs années d'atroces douleurs, et mourut à Besançon le 18 décembre 1560. Il fut enterré dans l'église cathédrale de Saint-Étienne, où Nicole, sa sœur, lui fit ériger un tombeau magnifique (*splendidum tumulum*), décoré d'une épitaphe honorable que Chifflet rapporte dans son *Vesuntio* (II⁰ partie, page 235). Bonvalot aimait et cultivait les lettres; il était en correspondance avec Érasme, qu'il tenta d'attirer à Besançon[2]. Jean de Saint-Mauris, son beau-frère, dont nous allons parler, lui dédia son traité *de Restitutione in integrum*.

Jean de Saint-Mauris « tiroit son origine d'un qui étoit « du conseil de la ville de Dole, en l'année que cette place fut « prise, du temps de Louis XI, qui fut 1479[3]. » Il était professeur en droit à l'université de cette ville lorsqu'il épousa

---

[1] Douze cents marcs, suivant D. Grappin; mais cette quantité est trop considérable pour ne pas faire supposer une erreur. (*Histoire manuscrite de l'abbaye de Luxeuil.*)

[2] Le recueil des lettres d'Érasme, publié par Leclerc, en contient un certain nombre adressées à F. Bonvalot, qui, plusieurs fois, n'y est désigné que sous le titre de grand trésorier de Besançon.

[3] Jules Chifflet, *Généalogie des diverses maisons du comté de Bourgogne*.

NOTICE PRÉLIMINAIRE.

Étiennette Bonvalot, sœur cadette de Mme de Granvelle; et bientôt il obtint, par le crédit de Nicolas Perrenot, son beau-frère, une place de conseiller au parlement. Appelé peu de temps après au conseil d'état de Flandre, il fut, en 1544, nommé à l'ambassade de France. Il montra dans cette place beaucoup de prudence et d'habileté, ainsi que le prouve la correspondance de son ambassade, qui fait partie des Mémoires de Granvelle. Pendant son séjour à Paris, il y fit imprimer son traité *de Restitutione in integrum*, ouvrage très-remarquable en son genre, et qui eut plusieurs éditions. Il fut rappelé en 1548 à Bruxelles, pour y remplir la place de président du conseil d'état et des finances. L'affaiblissement de sa santé l'ayant obligé de se démettre de cette charge, il revint à Dole, où il mourut en 1555, laissant plusieurs enfants, dont l'aîné, Jacques, connu sous le nom de prieur de Belle-Fontaine, fut l'ami le plus cher et le plus intime confident du cardinal de Granvelle.

De Jean de Saint-Mauris descendait le prince de Montbarrey, ministre de la guerre sous Louis XVI, et dont la postérité mâle finit dans la personne du prince de Saint-Mauris, colonel du régiment de Monsieur (infanterie), mort, en 1794, sur l'échafaud révolutionnaire.

Nicolas Perrenot avait eu de son mariage avec Nicole Bonvalot quatorze enfants : trois moururent en bas âge, onze lui survécurent; six filles, toutes mariées avantageusement dans la province[1]; et cinq fils : Antoine, cardinal de Granvelle; Thomas de Chantonnay, comte de Cante-Croix; Jérôme de Cham-

---

[1] « Outre ses cinq garçons, il eut six « filles de dame Nicole Bonvalot, qu'il ma- « ria toutes de son vivant, sans en empri- « sonner aucune dans des couvents, selon la « triste méthode du temps présent. » (Ferdinand Lampinet, *Histoire manuscrite du parlement de Dole*, f° 122.)

NOTICE PRÉLIMINAIRE. XI

pagney, baron d'Antremont; Charles, abbé de Faverney; et Frédéric, qui prit, après la mort de son frère Jérôme, le nom de Champagney.

Jérôme, nommé par Charles-Quint gouverneur de Guillaume de Nassau, héritier de la maison de Châlons, l'accompagna dans les grandes guerres contre la France et mourut au mois d'octobre 1554, à Béthune, âgé de trente ans, « d'une « arquebusade qu'il avait reçue au siége de Montreuil [1]. »

Charles Perrenot, né à Bruxelles le 9 janvier 1531, et destiné par ses parents à l'état ecclésiastique, fut pourvu fort jeune de plusieurs riches bénéfices. Il aurait été certainement élevé à l'épiscopat, sans la répugnance qu'il ne cessa de montrer pour les devoirs d'une position qu'il n'avait pas choisie. Il mourut dans son abbaye de Faverney, au mois de juin 1567, laissant la réputation d'un homme doux et d'un commerce agréable [2].

Les deux autres frères du cardinal de Granvelle, ayant joué un rôle plus important dans les affaires de leur temps, méritent une mention plus étendue.

Thomas Perrenot, connu sous le nom de Chantonnay, né à Besançon le 4 juin 1521, dut à la faveur dont jouissait son père un rapide avancement. Nommé par Charles-Quint gentilhomme de la bouche, puis majordome ou maître d'hôtel du roi son fils, il fut fait encore chevalier de l'ordre d'Alcantara; il servit dans la guerre qu'amena la ligue de Smalcalde, et sut dès lors mériter l'affection de l'archiduc Maximilien, qui devint plus tard roi des Romains. Philippe II le nomma gouver-

---

[1] *Notice sur les maisons de Granvelle et de Saint-Mauris-Montbarrey*, par M. Ch. Duvernoy, anc. mag. Besançon, 1839, in-8°.

[2] Ses religieux l'avaient surnommé *le bon abbé*. (*Mémoires sur l'abbaye de Faverney*, par D. Grappin, p. 83.)

neur d'Anvers. Il avait épousé dans cette ville, le 13 septembre 1549, Hélène de Bréderode, d'une des premières familles des Pays-Bas.

Son mariage, célébré avec une pompe extraordinaire[1], fut honoré de la présence de Charles-Quint et de ses deux sœurs, Marie, reine douairière de Hongrie, alors gouvernante des Pays-Bas, et Éléonore, reine douairière de France.

Après avoir été chargé successivement de différentes missions en Allemagne et en Angleterre, il fut nommé, en 1560, à l'ambassade de France. Ce choix déplut à Catherine de Médicis, « qui regardait Chantonnay comme un espion placé près « d'elle pour la surveiller[2]. » La rude franchise avec laquelle il s'exprimait sur la politique de la reine, et son éloignement pour les concessions qu'exigeaient les protestants augmentèrent les difficultés de sa position : il sollicita lui-même son rappel, mais il ne put l'obtenir qu'en 1564[3]. Philippe II, voulant lui donner une marque de sa satisfaction, le pourvut de la capitainerie de Besançon; et l'année suivante il l'envoya son ambassadeur près de l'empereur Maximilien II. En 1570 il représenta le cercle de Bourgogne à la diète germanique. La même année, il eut l'honneur d'épouser, au nom de son souverain, la princesse Anne, fille de Maximilien. A cette époque il obtint la permission de revenir à Anvers, où il mourut au mois de février 1571; l'année précédente, sa terre de Cante-Croix, dans les Pays-Bas, avait été érigée en comté par Philippe II. Les mémoires de l'ambassade de Chantonnay en Allemagne font partie de la collection de Granvelle.

---

[1] La description des fêtes de ce mariage fut imprimée à Anvers. (Voyez D. Lévesque, t. I, p. 182.)

[2] Projet de la vie du cardinal de Granvelle.

[3] On trouve dans les Mémoires de Condé plusieurs lettres écrites par Chantonnay pendant son ambassade de France.

NOTICE PRÉLIMINAIRE.

Frédéric de Champagney, le plus jeune des frères de Granvelle, était un homme d'esprit, très-actif, mais léger et présomptueux, ne souffrant ni avis ni réprimandes. Né à Barcelone le 3 avril 1536, il n'avait pas achevé ses études à la mort de son père, qui l'avantagea dans son testament, « en considération, y est-il dit, de la bonté de son caractère « et de son application. » Il fit ses premières armes en Italie, et plus tard il se trouva à la journée de Renty (1554), « l'une « des plus belles qui se soit vue[1]. » Le roi Philippe II, auquel il alla offrir ses services, lui accorda le titre de gentilhomme de sa chambre avec une pension de huit cents livres; peu de temps après il obtint de l'empereur une compagnie de cavalerie. Étant resté en Flandre après le départ du cardinal, il entra dans la ligue des seigneurs flamands, et eut une grande part au fameux traité qu'on appela *de l'union* (1566). Il était loin de présumer que ce premier acte devait avoir pour résultat l'expulsion des Espagnols d'une partie des Pays-Bas. Zélé catholique, dévoué sincèrement au roi, il n'avait vu dans cette ligue qu'un moyen d'obtenir le redressement des griefs énoncés dans la requête à la gouvernante; et l'on peut croire que plusieurs de ceux qui l'avaient signée comme lui ne voulaient pas autre chose. A l'arrivée du duc d'Albe, Champagney revint en Bourgogne : il y vivait tranquillement, lorsqu'en 1571 il fut nommé gouverneur d'Anvers.

L'état des esprits n'était alors plus le même dans les Pays-Bas que lorsqu'il en était parti; il ne tarda pas à le reconnaître, et demanda à plusieurs reprises, mais vainement, la permission de quitter le poste difficile où la confiance du roi l'avait placé. La fermeté du duc d'Albe comprimait les mécontents; mais lorsqu'il eut quitté la Flandre et que D. Louis

[1] Voyez D. Lévesque, t. Ier, p. 193.

de Requesens, grand commandeur de Castille, en fut gouverneur (1573), les insurrections ne tardèrent pas à reparaître. Le recouvrement des impôts ne s'effectua dès lors qu'avec beaucoup de difficultés; et les garnisons espagnoles, mal payées, se mutinaient à chaque instant pour obtenir leur solde. Champagney, qui continuait d'entretenir des relations avec les chefs de la ligue, se flattait de les ramener à l'obéissance en leur promettant les concessions qu'ils demandaient; et dans sa correspondance il se plaint « que ses dé-« marches allèrent en fumée par la faute du grand commandeur, « homme timide et irrésolu. »

Au mois de janvier (1576), il fut envoyé à Londres pour détourner la reine Élisabeth de fournir des secours aux insurgés flamands, et il revint persuadé qu'il avait réussi dans cette importante mission. La mort de don Louis de Requesens augmenta bientôt l'embarras de sa position. Déjà plusieurs fois la garnison révoltée l'avait contraint de quitter Anvers : au sac de cette malheureuse ville (4 novembre 1576), son palais fut entièrement dévasté, et lui-même eut beaucoup de peine à échapper aux furieux. Il se réfugia près du prince d'Orange, dont sans doute alors il ne soupçonnait pas les vues, accepta le commandement d'un régiment wallon, et montra tant de zèle pour la cause des Flamands que les états de Brabant lui accordèrent des lettres de naturalisation (1er février 1577). Il fut l'un des députés envoyés par les états, le 6 septembre de la même année, au prince d'Orange pour l'engager à se rendre à Bruxelles, à l'effet d'aviser, de concert avec les seigneurs, aux moyens de pacifier le pays. Cette conduite ne pouvait que le rendre suspect au nouveau gouverneur, don Juan d'Autriche. Celui-ci se contenta d'abord de le faire surveiller[1]; mais voyant

NOTICE PRÉLIMINAIRE.

qu'il continuait ses relations avec le prince d'Orange, il fit séquestrer ses biens tant dans les Pays-Bas qu'en Bourgogne.

Cependant le crédit que Champagney se flattait d'avoir sur les états n'était rien moins que solide. Nommé membre du conseil de Flandre, il ne put s'y faire admettre, à raison de son titre d'étranger; et le prince d'Orange, qui bien évidemment était cause de son exclusion, lui fit accorder, pour colorer cet affront, la charge ou plutôt le vain titre de chef des finances (mars 1578). Ainsi, pour avoir voulu servir en même temps les Flamands et les Espagnols, il perdit la confiance des uns et des autres. Don Juan, qui, sans son affection pour le cardinal, l'aurait sans doute moins ménagé, le laissa quelque temps tranquille à Bruxelles. Cependant au mois d'août, Champagney s'étant chargé de présenter au gouverneur une requête de plusieurs notables habitants de Bruxelles, don Juan saisit ce prétexte pour le faire arrêter. Gardé dans sa maison, il parvint à s'échapper; mais, dans sa fuite, étant tombé entre les mains des insurgés, il fut conduit à Gand, où il resta prisonnier pendant six ans, « détenu si étroitement qu'il n'avait pas même un seul ser-« viteur et ne pouvait voir que ses gardes; et ce, ajoute-t-il, « pour avoir mieux que nul autre soutenu l'église catholique « et l'autorité du monarque. » Granvelle, qui n'avait rien négligé pour éclairer son frère sur l'imprudence de sa con-

---

¹ Don Juan disait, dans une lettre du 24 novembre, que le roi n'avait pas dans les Pays-Bas d'ennemi plus passionné que Champagney. Un des amis de Champagney, si ce n'est lui-même, entreprit de justifier sa conduite dans un volume intitulé: *Recueil d'Arétophile*. (Lyon 1578, in-4° de 128 pages.) Le cardinal de Granvelle, mécontent de cette justification, témoignait au prieur de Belle-Fontaine, dans une lettre du mois d'avril 1578, la crainte que don Juan ne fît un mauvais parti à Champagney.

duite, écrivait le 3 mars 1579 au prieur de Belle-Fontaine : « Il s'est fait et à nous du mal beaucoup pour être tant de son « opinion; et sont les choses en termes qu'il est dangereux de « se mêler de ses affaires. »

Malgré le crédit du cardinal et les sollicitations en sa faveur de beaucoup d'*honnêtes gens,* Champagney ne recouvra sa liberté qu'en 1584. Ayant obtenu la permission de rester dans les Pays-Bas, il sollicita vainement, pendant plusieurs années, la restitution de ce qu'il avait perdu, tant au sac d'Anvers qu'à Bruxelles, où sa maison avait aussi été pillée. Des plaintes trop vives contre l'ingratitude du gouvernement espagnol, qu'il croyait avoir si bien servi, ou peut-être de nouvelles imprudences lui firent donner l'ordre, en 1592, de quitter les Pays-Bas et de retourner en Bourgogne. Il osa demander les motifs d'une telle mesure; mais on lui répondit que, s'il ne partait sur-le-champ, il serait enfermé au château d'Anvers. Cette menace le décida à revenir en Franche-Comté. Il avait été nommé dès 1573 chevalier d'honneur au parlement de Dole; il se fixa dans cette ville, où il mourut vers 1602, époque où se termine sa volumineuse correspondance, remplie de détails curieux pour l'histoire de la province, mais dont nous n'avons pu faire que bien peu d'usage dans cette publication.

Antoine Perrenot, plus connu sous le nom de cardinal de Granvelle, naquit à Besançon le 20 août 1517. Il fit ses études à Dole, sous la direction de son père, et les continua de la manière la plus brillante à Padoue, à Paris, puis à Louvain, où il prit ses degrés en philosophie et en théologie. Destiné à l'état ecclésiastique, il était déjà pourvu de plusieurs bénéfices avant d'avoir atteint l'âge de recevoir les ordres. Son père, qui l'avait initié de bonne heure aux affaires, le conduisit au colloque de Worms et à la diète de Ratisbonne.

Nommé, en 1540, à l'évêché d'Arras, il fut député par Charles-Quint au concile de Trente. Il y prononça, le 9 juin 1543, une harangue dont l'empereur fut si satisfait qu'il le nomma conseiller d'état. Il prit une part active à toutes les affaires de religion en Allemagne; et, à la mort de son père, il lui succéda dans la confiance de son souverain. Charles-Quint, lors de son abdication, le recommanda d'une manière toute spéciale à Philippe II, pour l'employer dans l'administration de son vaste empire. Dans la fameuse séance où l'empereur résigna sa couronne à son fils, ce dernier, ne pouvant s'exprimer en flamand avec assez de facilité, chargea l'évêque d'Arras de porter la parole aux États en son nom. « Granvelle, dans un assez long discours, vanta le zèle de « Philippe pour le bien de ses sujets, la résolution où il était « de consacrer tout son temps et ses talents à faire leur bon-« heur et à imiter l'exemple de son père, en traitant les Fla-« mands avec des égards distingués[1]. » Placé par Philippe près de sa sœur Marguerite, duchesse de Parme, gouvernante des Pays-Bas, il fut chargé par ce prince de plusieurs négociations importantes, notamment de celles qui se terminèrent par le traité de Cateau-Cambrésis. Lors de l'érection des nouveaux évêchés, il fut nommé premier archevêque de Malines; et, l'année suivante, il obtint, à la demande de Philippe, le chapeau de cardinal (1561).

L'élévation de Granvelle et la confiance absolue que lui accordait la gouvernante devinrent bientôt le prétexte des plaintes des seigneurs flamands et de leur résistance aux volontés du roi. N'approuvant pas les mesures que Philippe se proposait de prendre pour rétablir l'ordre dans les Pays-Bas, et ne voulant point concourir à leur exécution, fatigué d'ail-

[1] Robertson, *Histoire du règne de l'empereur Charles-Quint*, t. IV, p. 293.

leurs des injustes préventions dont il était l'objet, Granvelle fit agréer à la duchesse le projet qu'il avait de se retirer dans sa patrie, en alléguant que ses propres affaires y exigeaient sa présence. Sa retraite pouvait être et fut, en effet, considérée par les Flamands comme une disgrâce. A la nouvelle de son départ, ils firent éclater leur joie, et se portèrent même à de graves excès. L'absence du cardinal ne mit point fin à leur haine; car plusieurs années après la populace pilla son palais. Granvelle n'en fut pas moins accueilli par ses concitoyens avec le même honneur et la même allégresse que s'il eût encore été au faîte de la puissance (mai 1564). Il était accompagné du fameux Juste Lipse qui, après avoir été son secrétaire, était resté son ami. Pendant son séjour à Besançon, le cardinal parut ne s'occuper que de la littérature et des arts, qu'il aimait avec passion et dont il parlait en vrai connaisseur; mais la correspondance qu'il continua d'entretenir avec la gouvernante des Pays-Bas et plusieurs hommes d'état prouve qu'il n'avait pas cessé de prendre une part active dans les affaires politiques.

Vers la fin de l'année 1565, il se rendit à Rome dans l'intention d'assister au conclave où Pie V fut élu pape. En 1570 il reçut de Philippe II l'ordre de négocier avec ce pontife et les Vénitiens un traité contre les Turcs. Nommé vice-roi de Naples, il se fit chérir des Napolitains par la sagesse de son administration, dont tous les historiens s'accordent à faire l'éloge. Remplacé dans ce poste éminent, il était revenu à Rome, où il se délassait des fatigues du gouvernement par la culture des lettres, lorsque le roi le pria (1575) « de se rendre à Ma-« drid pour lui aider à porter le faix des affaires, dont le dé-« sordre ne pouvait plus être arrêté par des génies médiocres[1]. »

[1] *Projet de la vie du cardinal de Granvelle*, p. 97.

NOTICE PRÉLIMINAIRE.

Élu en 1584 archevêque de Besançon, il ne crut pas devoir refuser cette nouvelle preuve de l'attachement de ses compatriotes, et donna sur-le-champ sa démission de l'archevêché beaucoup plus riche de Malines. Sentant le besoin du repos, il sollicita vainement de Philippe la permission de venir finir ses jours à Besançon : il mourut à Madrid, le 21 septembre 1586, dans sa soixante-neuvième année. Son corps, rapporté, d'après ses intentions, à Besançon, fut inhumé dans le caveau de sa famille, aux Carmes de *l'Ancienne Observance*[1]. Il avait, par son testament[2], institué héritier universel son neveu, Jean-Thomas, seigneur de Maiche, qu'il jugeait propre à perpétuer son nom et sa famille; mais il en fut autrement. Thomas périt en 1588, à l'âge de vingt-deux ans, sur un des bâtiments de *l'invincible Armada* destinée par Philippe II à faire la conquête de l'Angleterre. Les biens de Granvelle passèrent à Mme d'Achey, sa sœur, et à ses descendants.

Nous avons huit médailles de différents modules, frappées en l'honneur de Granvelle. Deux n'ont point de revers; quatre portent un vaisseau battu par la tempête, avec le mot *durate*[3] qu'il avait pris pour devise; la septième présente au revers le crucifiement; et la huitième, le cardinal remettant l'étendard à don Juan d'Autriche, avant la bataille de Lépante, avec ces mots : *In hoc signo vinces* (9 octobre 1571[4]).

Granvelle, à qui les reproches n'ont point été épargnés par

---

[1] Son tombeau fut violé en 1793.

[2] Imprimé dans le *Diplomatum collectio*, d'Aubert Lemire, t. IV, p. 466.

[3] *Durate, et vosmet rebus servate secundis.* (*Æneid.* I, 207.)

Ce mot *durate*, que Granvelle avait adopté pour sa devise, se retrouve sur ses armes et sur les volumes provenant de sa bibliothèque.

[4] Ces médailles sont figurées dans le *museum Mazzuchellianum*, t. Ier, pl. 86 et 87. Une neuvième médaille de Granvelle fait partie de la Galerie métallique franc-comtoise, publiée à Besançon par M. Maire, artiste distingué.

C.

ses détracteurs, leur avait répondu d'avance dans ses lettres à son cousin le prieur de Belle-Fontaine : « C'est là où l'on voit
« ce grand homme peint au naturel un peu mieux que dans
« toutes les histoires qui ont paru jusqu'ici. En effet, il ne s'y
« est point déguisé; il parle à cœur ouvert, et avec tant de
« confiance, qu'il ne cache pas même le chagrin que lui don-
« naient souvent la lenteur, les injustes défiances et les fai-
« blesses de Philippe II.

« Dans toutes ses lettres, si cordiales, si familières, si vives,
« on voit un zèle ardent et sincère pour ce même roi dont les
« manières lui plaisaient si peu; un esprit solide et pénétrant,
« une générosité admirable envers ses plus cruels ennemis,
« une fermeté à l'épreuve de toutes les intrigues de la cour,
« un parfait mépris des flatteries et des flatteurs, une droiture
« incapable du moindre déguisement, un cœur noble et infini-
« ment au-dessus de la calomnie et de la médisance, quoiqu'il
« n'y fût pas insensible; jamais de pensées fausses, jamais
« de sentiments bas, faibles; jamais de maximes licencieuses
« ou violentes; au contraire, partout de la bonté et de la li-
« béralité, de l'amitié, de la probité, de la véritable piété; et,
« sur la fin, un grand dégoût du monde, une forte résolution
« de quitter la cour pour venir mourir tranquille dans le sein
« de sa patrie [1]. »

Aucun ministre, avant lui, n'avait fait plus en faveur des lettres et des arts. Il faudrait une longue liste pour citer seulement les noms des littérateurs, peintres, graveurs et dessinateurs qu'il soutint de sa munificence et dont il sut exciter ou récompenser les travaux. Nous avons déjà parlé du célèbre fondateur de l'université de Douai, F. Richardot, qui lui succéda sur le siége d'Arras, et de Juste Lipse, qui le suivit

[1] *Projet de la vie du cardinal de Granvelle*, p. 37.

à Besançon dans sa retraite. Il était l'intime ami du cardinal Sadolet, l'un des premiers littérateurs du XVIᵉ siècle; les Alde, qui furent en Italie ce que les Estienne furent pour la France, reçurent de Granvelle de nombreuses marques d'encouragement. On sait que ce fut à l'instigation, sous les auspices et en partie aux frais du cardinal, que le fameux Plantin, d'Anvers, donna son édition de la Bible polyglotte, ce chef-d'œuvre de typographie; qu'il publia les œuvres de Théophraste, la Somme de saint Thomas, et bien d'autres ouvrages très-recherchés aujourd'hui. Les poëtes Gambara et Michel Toxita, les érudits Étienne Pighius et Pierre Nannius, l'antiquaire Fulvio Orsino, et le savant Antoine Lulle étaient au nombre de ses protégés; Suffride Petri, qui publia plusieurs classiques inédits, était son bibliothécaire; les Francs-Comtois, Anatole Desbarres, de Salins, gentilhomme de la chambre de l'empereur, auteur d'un éloge de Charles-Quint et d'un traité de mathématiques; Antoine Garnier, de Besançon, d'abord secrétaire du cardinal, puis de l'empereur, dont il écrivit aussi la vie; Jean Morelot et Jean de Gilley, qui dédièrent chacun un poëme à Granvelle; un autre de ses secrétaires, Louis Marchant, de Salins, qui traduisit en français plusieurs vies de Plutarque; bien d'autres enfin, qu'il serait trop long de nommer, lui devaient soit des pensions, soit des places, soit des distinctions honorifiques. Granvelle aimait et cultivait avec prédilection l'astronomie, la physique, la médecine et toutes les sciences naturelles connues de son temps. Des relations étroites l'unissaient avec l'alchimiste Nic. Guibert, dont il partageait quelquefois les travaux. Son goût pour les antiquités était tel qu'il employait un grand nombre d'artistes en Italie et en Sicile à les rechercher et à les dessiner. Antoine Morillon, frère de Maximilien dont nous parlerons plus tard, était un des plus remarquables; on sait que c'est le cardinal qui fit dessiner et publier à ses frais par le peintre Sébastien d'Oya, et le graveur Jérôme Cock, les magnifiques thermes de Dioclétien; et l'on peut dire que presque tous les savants, littérateurs et artistes de l'Europe se sont trouvés en rapport avec ce grand homme et ont été encouragés par ses faveurs ou honorés de son amitié. On compte plus de cent ouvrages que leurs auteurs lui ont dédiés.

Comme ministre, on rend depuis longtemps à Granvelle la justice qui lui a été refusée pendant sa vie. Protestants et catholiques conviennent que si les affaires des Pays-Bas eussent pu être réglées par la voie des négociations, ce n'eût été qu'en suivant la marche qu'il avait indiquée. Pendant sa vice-royauté de Naples il eut l'occasion d'appliquer ses principes de gouvernement, et, de l'aveu de Giannone, que l'on n'accusera pas d'être trop favorable aux ecclésiastiques, le royaume de Naples se ressentit longtemps des bons effets de son administration sage et ferme en même temps.

On lui a reproché, ainsi qu'à son père, de s'être efforcé d'élever sa famille et de l'enrichir [1]. Quant à son père, c'était une chose naturelle que, parvenu aux premières dignités de l'état, il s'occupât d'assurer à ses nombreux enfants une existence honorable; mais pour le cardinal, s'il rechercha la fortune, ce fut en homme supérieur, qui ne l'estime que par l'emploi généreux qu'on peut en faire. Il est bien évident que, sans les grands revenus qu'il tirait de ses abbayes et de ses bénéfices, il n'aurait pu, comme il l'a fait, fonder des colléges, créer des bibliothèques et des musées, encourager les savants et les artistes. A sa mort, après avoir pendant cinquante ans administré les affaires du plus riche souverain de l'Europe, il

[1] *Mémoires de D. Lévêque*, t. 1, p. 177.

ne laissa qu'une fortune très-médiocre ; on peut en juger par la modicité des legs qu'un homme si généreux fit à ses meilleurs amis [1].

« Jamais ministre ne fut si laborieux ni plus exact que le « cardinal de Granvelle. Il conservait toutes les lettres qu'on « lui écrivait, jusqu'à des lettres de compliments, jusqu'à des « lettres de ses neveux, jeunes écoliers qu'il faisait élever à « Louvain : on peut juger s'il gardait des lettres d'affaires. Il « en avait laissé dans plusieurs coffres une quantité prodi-« gieuse, en différentes langues, toutes notées, apostillées ou « soulignées de sa main, avec plusieurs copies de ses réponses « dans les affaires considérables. C'étaient autant de trésors dont « on ne pouvait prendre trop de soin ; mais on méprise ordinai-« rement tout ce que l'on ne connaît pas. Ces rares monu-« ments de l'habileté du cardinal furent bientôt négligés, « portés dans un galetas, et abandonnés à la pluie et aux « souris.

« Au commencement les domestiques, peu après les enfants « du voisinage allaient familièrement prendre de ces papiers ; « ensuite, comme on eut besoin de cinq ou six caisses, un maître « d'hôtel habile, pour montrer qu'il ne laissait rien perdre, « vendit à des épiciers les lettres qui étaient dedans. Enfin « on se trouva si embarrassé de ces *paperasses inutiles* (on leur « faisait l'honneur de les appeler ainsi) que, pour s'en dé-« faire peu à peu, on les abandonna aux dernières indignités. « Ce fut ce qui les sauva. »

Les détails qu'on vient de lire sont extraits de la lettre dans laquelle l'abbé Boisot raconte à Pélisson la découverte des papiers de Granvelle, ce qu'il avait fait pour les rassembler, et les moyens qu'il avait pris pour empêcher qu'ils ne fussent à

[1] Voyez son testament.

l'avenir exposés à une nouvelle dispersion. Comme personne n'a jamais été plus au fait que l'abbé Boisot de tout ce qui concerne les Granvelle, nous l'avons plus d'une fois cité précédemment en nous attachant à conserver ses propres expressions : nous continuerons dans la suite à nous appuyer avec confiance sur son témoignage. Mais, avant de parler du grand travail auquel l'abbé Boisot s'est livré sur les papiers de Granvelle, il est nécessaire de faire connaître le modeste savant à qui nous sommes redevables de leur conservation.

Jean-Baptiste Boisot naquit à Besançon, au mois de juillet 1638, d'une famille ancienne et dont une branche subsistait avec honneur dans les Pays-Bas[1]. Dès son enfance il annonça pour les lettres et les sciences des dispositions que son père eut soin de cultiver : à dix-sept ans il acheva son cours de droit à l'université de Dole, où il prit ses degrés d'une manière brillante. Envoyé à Paris pour continuer ses études, il y apprit la langue grecque en même temps qu'il se perfectionna dans la langue française. Quoique fort jeune, il y forma dès lors avec Pélisson une amitié qui dura autant que sa vie. En quittant Paris il se rendit en Italie, où il passa trois ans dans la société des savants et des artistes ; il y puisa le goût des tableaux et des antiquités, dont il commença à former une collection. Pendant son séjour à Rome, il mérita la protection du cardinal Azzolini, qui voulut l'y retenir en l'attachant comme secrétaire à la reine Christine (de Suède) : sur son refus, le cardinal lui fit obtenir en Franche-Comté deux bénéfices à la nomination du pape, les prieurés de Lachaux et de la Loye.

Il était de retour en Bourgogne en 1662 ; et la même année

---

[1] Voyez le Nobiliaire de Flandre, le *Sylloge epistolarum*, de Burmann, etc.

il fut nommé l'un des députés du clergé aux états de la province. Les preuves qu'il y donna de sa capacité le firent charger de différentes missions honorables, dont il s'acquitta de manière à accroître encore l'idée qu'on s'était formée de ses talents. Il avait été envoyé près du gouverneur de Milan pour solliciter de lui des secours, lorsque Louis XIV fit en quelques semaines la conquête de la Franche-Comté, en 1668 : il n'y revint qu'après qu'elle eut été rendue à l'Espagne.

Prévoyant une nouvelle invasion de la province, il résolut de se retirer en Savoie pour y attendre le résultat des événements. Il se trouvait en 1674 à Turin, lorsque Louis XIV, qui avait établi son quartier général au prieuré de la Loye, achevait pour la deuxième fois la conquête de la Franche-Comté [1]. L'abbé Boisot, qui ne pensait pas que le sort des armes pût le dégager de ses obligations envers son souverain, se condamna à un exil volontaire. Après avoir passé quelque temps en Savoie, il se rendit en Espagne, où il demeura deux ans, dont il employa une partie à explorer les précieux manuscrits de la bibliothèque de l'Escurial. Lorsque la province eut été définitivement réunie à la France (1678), il revint à Besançon, résolu de rester désormais étranger aux affaires publiques pour ne s'occuper que de ses projets littéraires.

Pendant son absence, son frère aîné, Claude Boisot, s'étant fort avancé dans la faveur du marquis de Louvois, qui l'avait fait nommer maître des requêtes au parlement, employait son crédit à élever sa famille. Il concourut donc à faire obtenir à son frère l'abbaye de Saint-Vincent de Besançon [2]; mais il est certain que la recommandation de Pélisson ne lui fut pas inutile, et il a consigné l'expression de sa reconnaissance à son

---

[1] Lettre de l'avocat Moreau sur la mort de l'abbé Boisot.

[2] C'était le troisième bénéfice de la province. On a vu que Bonvalot et le car-

ancien ami dans la lettre que nous avons déjà citée[1]. Cet accroissement de fortune ne servit qu'à faire mieux éclater la générosité naturelle de l'abbé Boisot. Dans une disette qui affligea la province, et particulièrement la ville de Besançon, il mit si peu de mesure dans ses largesses aux indigents, qu'après avoir épuisé ses greniers et donné tout ce qu'il avait d'argent, montant à près de douze mille livres, il se vit obligé d'emprunter vingt pistoles pour subvenir aux dépenses de sa maison.

Sa mort, arrivée le 4 décembre 1694, fut un sujet de deuil pour les habitants de Besançon. Les magistrats délibérèrent de lui faire célébrer un service public et d'y assister en corps; honneur qui jusque-là n'avait été rendu qu'aux souverains et aux gouverneurs de la province.

L'abbé Boisot avait recueilli dans ses voyages des tableaux, des marbres, des bronzes et des antiquités de toutes sortes; il en avait formé un cabinet qu'il se faisait un plaisir de montrer aux curieux. En 1664 il avait acquis du comte de la Baume-Saint-Amour[2] les débris de la magnifique bibliothèque du cardinal de Granvelle, et n'avait rien épargné pour l'augmenter des meilleurs ouvrages, achetés en France, en Espagne et en Italie. Par son testament il légua toutes ses collections aux religieux de son abbaye de Saint-Vincent, sous la condition d'en faire jouir le public. Les livres de l'abbé Boisot, qui forment le premier fonds de la bibliothèque de Besançon, en sont encore la partie la plus précieuse[3].

---

dinal de Granvelle en avaient été successivement pourvus. Boisot fut nommé abbé de Saint-Vincent en 1680.

[1] « Mais, dit-il à Pélisson, quand je « considère que je vous dois tout, que par « vos bons offices le roi m'a rendu le plus « riche, c'est-à-dire le plus content de ses « sujets, etc. »

[2] Charles-François de la Baume-Saint-Amour, colonel du régiment de Bourgogne, mort après 1707, sans avoir été marié.

[3] Dans une lettre sur la collection des

NOTICE PRÉLIMINAIRE. XXVII

Il existe deux éloges de l'abbé Boisot : l'un par M. Moreau, avocat général à la chambre des comptes de Dijon, imprimé in-4° et reproduit dans le tome IV de la Continuation des mémoires de littérature, par le père Desmolets; l'autre, par M. Bosquillon, de l'académie de Soissons, en forme de lettre à Mlle Scudéry, et imprimé dans le Journal des Savants de l'année 1695, page 254. Le premier est suivi de quelques pièces de vers, dont une en français, par Mlle Scudéry; les autres sont en latin, par les poëtes dijonnais de l'époque; la plus remarquable est du célèbre La Monnoie.

On n'a de l'abbé Boisot que quelques extraits de ses lettres à l'abbé Nicaise, à Pélisson et à Mlle Scudéry, imprimés dans le Journal des Savants, et son Projet de la vie du cardinal de Granvelle[1], inséré dans le volume que nous avons cité de la Continuation des mémoires de littérature.

On s'étonnera peut-être qu'un homme doué d'autant d'esprit et si laborieux n'ait cependant produit aucun ouvrage de quelque étendue; mais l'abbé Boisot, malgré les encouragements qu'il recevait de toute part, avait une extrême défiance de ses forces; d'ailleurs, la meilleure partie de sa vie se passa dans les voyages qu'il entreprit pour son instruction ou

manuscrits de Granvelle, du 25 décembre 1834, M. Gachard, archiviste général du royaume des Pays-Bas, dit que M. le comte de Cobentzel, ministre plénipotentiaire de l'impératrice Marie-Thérèse, eut en 1764 l'intention d'acquérir la collection de Granvelle, qui était alors la *propriété* de l'abbaye de Saint-Vincent, pour la faire transporter à Bruxelles dans la bibliothèque des ducs de Bourgogne. Les bénédictins de Saint-Vincent étaient alors chargés de la conservation des manuscrits de Granvelle comme de la bibliothèque léguée à la ville par l'abbé Boisot; mais ils n'en avaient pas la *propriété*; ils n'auraient pu, sans manquer à leur devoir, en aliéner la moindre partie. L'intention de l'abbé Boisot, en léguant ses livres et ses collections aux bénédictins, n'avait point été de leur en faire don, mais bien à la ville de Besançon, dont le magistrat fit placer les armes de la cité sur la plupart des volumes de l'ancienne bibliothèque, dite de Saint-Vincent.

[1] Cet opuscule n'est point daté; mais, comme il est postérieur à l'ouvrage de Pélisson, *De la tolérance des religions*, im-

D.

NOTICE PRÉLIMINAIRE.

dans les missions qui lui furent confiées. Ajoutons que, lorsqu'il fut en possession des manuscrits du cardinal de Granvelle, il se dévoua tout entier à les lire, à les classer et à les expliquer.

Ce fut Jules Chifflet[1], l'un des derniers savants de cette famille illustre dans les lettres, qui sauva les papiers de Granvelle d'une destruction que l'on pouvait croire inévitable. « Il s'en fit apporter une grande quantité, qu'il parcourut avec « le plus vif intérêt. » Son dessein était sans doute de les mettre en ordre pour les conserver; mais il mourut avant d'avoir pu l'accomplir. L'abbé Boisot acquit alors ces papiers des héritiers de Jules Chifflet, et ramassa de côté et d'autre tous les débris de ce grand naufrage. Le comte de Saint-Amour et le baron de Thoraise[2] lui donnèrent ce qui leur en restait. Il acheta ce qui était encore dispersé dans différentes mains, et un conseiller de ses amis[3] lui céda ce qu'il en avait recueilli. Il y ajouta depuis plusieurs pièces originales, tant anciennes que modernes, déterrées en divers endroits; et, pour prévenir un nouveau malheur, il prit soin de les faire relier en quatre-vingts gros volumes in-folio[4].

Notre savant hésita quelque temps sur l'ordre dans lequel il rangerait des lettres qui avaient si peu de rapports entre elles. « Au commencement, dit-il, j'étais tenté de les mettre « toutes pêle-mêle, simplement selon les dates, et je crois « que je n'aurais pas mal fait. Néanmoins, ayant trouvé quan- « tité de dépêches des mêmes ambassadeurs et un fréquent

---

primé en 1691, ce doit être un des derniers écrits de l'abbé Boisot.

[1] Il était fils de J. Jacques Chifflet, et mourut en 1676, le 8 juillet, conseiller clerc au parlement de Dole et abbé de Balerne.

[2] Philippe-Eugène d'Achey, baron de Thoraise, mort à Besançon le 4 août 1671.

[3] Philippe-Eugène Chifflet, conseiller au parlement en 1679.

[4] Lettre à Pélisson, p. 32.

« commerce de lettres entre les mêmes personnes, je résolus de
« faire autrement : ainsi, j'ai mis dans des volumes particuliers
« ce qui regarde les ambassades de Jean de Saint-Mauris en
« France, de Simon Renard en France et en Angleterre, de
« M. de Chantonnay, frère du cardinal, en Allemagne; ce qui
« contient treize ou quatorze volumes. J'en ai fait sept autres
« des lettres de Joachim Hopperus à Philippe II, apostillées de
« la main de ce prince; huit de celles de Maximilien Morillon
« au cardinal; deux des lettres écrites à MM. de Vergy, gouver-
« neurs de la Franche-Comté, et six ou sept des correspon-
« dances d'un autre frère du cardinal, M. de Champagney,
« gouverneur d'Anvers, chef des finances, qui eut tant de part
« au fameux traité qu'on appela *de l'union*. Presque tout le
« reste a été rangé selon les dates, sous le nom de Mémoires de
« Granvelle, parce que toutes les lettres qui y sont ont été
« écrites sous le ministère du cardinal ou de son père. Il y en
« a déjà trente-quatre volumes, sans compter les suppléments
« que je pourrai y ajouter, car on m'apporte encore de ces
« papiers tous les jours. Mais dans ce grand amas il n'y a rien
« que j'estime tant que deux gros volumes de lettres, presque
« toutes de la main du cardinal, à M. de Belle-Fontaine, son
« cousin et son cher ami [1]. »

Avant de ranger ces lettres, l'abbé Boisot les avait toutes
lues, et pour la plupart apostillées; mais comme un grand
nombre sont écrites en chiffres, il avait fallu les expliquer, et
ce travail lui avait coûté beaucoup de peines. « Je ne serais,
« dit-il, jamais venu à bout de les déchiffrer, si, par le plus
« grand bonheur du monde, une ligne mal effacée ne m'eût
« aidé à deviner le reste [2]. »

---

[1] Lettre à Pélisson, p. 36.
[2] L'abbé Boisot ajoute : « Pour le dire « en passant, de quelque habileté que l'on « se flatte en ce siècle, il s'en faut beaucoup

C'est après avoir terminé cet immense travail que l'abbé Boisot écrivit à Pélisson la lettre dans laquelle il lui rend compte de tout ce qu'il avait déjà fait pour mettre les papiers de Granvelle à l'abri de la destruction, et ce qu'il se proposait de faire encore pour la gloire de son illustre compatriote. On vient de voir que la collection qu'il avait formée se composait de quatre-vingts gros volumes in-folio, mais qu'il espérait l'augmenter de plusieurs suppléments; et sans doute il l'aurait fait, si sa mort prématurée ne l'en eût empêché [1].

La collection de l'abbé Boisot nous est parvenue à peu près intégralement [2]. Elle se compose de quatre-vingt-deux volumes, divisés ainsi qu'il suit:

Mémoires et correspondances de Granvelle............	35 vol.
Apologie de Charles-Quint.......................	1
Lettres à MM. de Vergy, gouverneurs du comté de Bourg.	2
Ambassade de Jean de Saint-Mauris en France (1544).....	1
———— de Simon Renard en France et Angleterre (1548).	5
———— de Thomas de Chantonnay en Allemagne (1566)..	9
Correspondance de Champagney...................	6
	59

« qu'en matière de chiffres on approche de « ce temps-là. Nos chiffres sont embarras- « sés; il faut beaucoup de temps pour les « écrire, il n'en faut guère moins pour les « lire, et après tout il n'y en a point, je dis « de ceux dont on peut se servir commodé- « ment dans une secrétairerie, qui ne soient « assez aisés à déchiffrer : les leurs étaient « très-simples, aussi faciles à lire et à dé- « chiffrer que nos caractères ordinaires, et « si bien inventés qu'ils sont au-dessus de « toutes les règles du déchiffrement. » P. 36.

[1] D. Grappin, dans son Histoire de l'abbaye de Luxeuil, dit que l'on conservait dans la bibliothèque du séminaire de Besançon six volumes in-folio des manuscrits de Granvelle. Ils en avaient disparu probablement avant la révolution, puisqu'on n'en trouve point de traces dans les inventaires dressés en 1790; on ignore ce qu'ils sont devenus.

[2] On en a distrait plusieurs lettres de Charles-Quint, de Marie Stuart, etc. qui n'ont pu être enlevées que par ces collecteurs d'autographes, dont la cupide manie est un des plus grands fléaux des établissements publics.

NOTICE PRÉLIMINAIRE.   xxxi

	59
Lettres de Joachim Hopperus.	7
Correspondance de Maximilien Morillon	9
—————— du cardinal de Granvelle avec le prieur de Belle-Fontaine	3
Lettres du cardinal à divers hommes d'état, avec les réponses.	4
Total	82

A ces quatre-vingt-deux volumes on a réuni le journal, rédigé par Jean de Vandenesse[1], des voyages de Charles-Quint et de Philippe II, qui peut fournir des éclaircissements à divers passages de la correspondance, et même suppléer aux lacunes que l'on y remarque.

Maintenant il nous reste à donner de courtes notices sur les personnages dont les lettres ou les mémoires forment les différentes parties de cette collection. Nous avons déjà fait connaître Jean de Saint-Mauris, Chantonnay et Champagney; parlons maintenant de Simon Renard, d'Hopperus, de Morillon et du prieur de Belle-Fontaine.

Simon Renard, né à Vesoul, y remplissait la charge de lieutenant général au bailliage d'Amont, lorsque le chancelier de Granvelle, qui lui reconnut du mérite et de la capacité, le tira de cet emploi pour le faire maître des requêtes de Charles-Quint. Le cardinal hérita de l'affection de son père pour Simon

---

[1] Jean de Vandenesse, né à Gray, d'une famille noble, vers la fin du xv° siècle, mérita, par son zèle et son talent, la confiance de Charles-Quint, dont il fut, pendant trente-sept ans, le maître d'hôtel. Ce prince, lors de son abdication, le recommanda à Philippe II. Vandenesse se démit de ses fonctions en 1560, et se retira en Franche-Comté, où il mourut dans un âge avancé. Le manuscrit que la bibliothèque de Besançon possède de son Journal est précédé de la Dédicace au cardinal de Granvelle. Son fils comparut, dans les Pays-Bas, devant le tribunal de l'inquisition, et l'on conjecture qu'il fut une de ses victimes. Le frère de Jean de Vandenesse mourut évêque de Coria dans l'Estramadure.

Renard, et ne laissa guère passer d'occasions de lui en donner des preuves. Il le fit nommer deux fois ambassadeur, d'abord en France, puis en Angleterre, où il conclut le mariage de Philippe II avec la reine Marie. Le succès de cette négociation, qu'il conduisit avec beaucoup d'habileté, lui valut une place de conseiller d'état en Flandre. Son ambition n'en fut pas satisfaite, et il nourrissait le désir d'être employé d'une manière plus directe dans le gouvernement; il fut donc très-mécontent que Philippe, en quittant les Pays-Bas, l'y eût laissé simple conseiller. Il soupçonna Granvelle de l'avoir desservi près du roi, et, n'écoutant que son aveugle ressentiment, il oublia les services que lui avait rendus le cardinal pour se liguer avec ses ennemis. « C'était un homme fort habile, adroit, ardent, beau « parleur, mais railleur et turbulent [1]. » On n'eut pas de peine à lui persuader que, si Granvelle était éloigné des affaires, il le remplacerait près de la duchesse de Parme; et dès lors il ne s'occupa que des moyens de perdre son protecteur. Granvelle, après l'avoir ménagé quelque temps, crut devoir lui rappeler en plein conseil d'état que dans diverses circonstances sa conduite n'avait point été à l'abri de tout reproche. « Renard, indigné qu'on voulût rendre sa fidélité suspecte, « demanda des commissaires pour se justifier et protesta que, « jusqu'à ce qu'on lui eût rendu justice, il ne rentrerait point au « conseil [2]. » Après s'être ainsi donné lui-même l'exclusion du conseil, il continua de se conduire avec si peu de mesure que le roi lui commanda d'aller servir dans le comté de Bourgogne. A cet ordre, il répondit qu'il n'avait point d'emploi en Franche-Comté, et que, d'ailleurs, sa santé ne lui permettait pas d'obéir. Granvelle avait alors quitté les Pays-Bas. Renard, voyant le peu de fond qu'il devait faire sur les promesses de

---

[1] *Projet de la vie du cardinal de Granvelle*, p. 106. — [2] *Ibid.*

ses nouveaux protecteurs, prit le parti d'adresser au roi une requête « dans laquelle il lui demandait, pour toute grâce, « d'être payé de ses appointements et un certificat des ser- « vices qu'il avait rendus. » Il partit peu de temps après pour Madrid; mais il y fut reçu très-froidement par le roi, qui ne lui accorda qu'une audience très-courte, et ne voulut plus le revoir. Il y mourut le 8 août 1573, de chagrin *ou autrement*[1], dit l'abbé Boisot. Les ennemis de Granvelle ne manquèrent pas de lui imputer la mort de Renard; mais, sans parler du noble caractère de Granvelle, qui rend absurde une aussi odieuse imputation, on a la preuve qu'il fut très-touché de sa mort, et qu'il s'empressa d'offrir à sa veuve et à ses enfants toutes les consolations et tous les secours qui dépendaient de lui [2].

Joachim Hopperus, né à Sneek, ancienne ville de la Frise, en 1523, s'était acquis une grande réputation comme professeur en droit à l'université de Louvain. La haute idée que ses ouvrages avaient donnée de ses talents le fit appeler, en 1554, au conseil d'état de Flandre. « C'était un homme de bien, sage, « discret, froid, pieux et ami de tout le monde. Sa complaisance « pour la gouvernante était si connue, que ses collègues lui « avaient donné le surnom de conseiller *oui, madame*[3]. » Le président Viglius, son compatriote et son ami le plus intime, voulait le désigner pour son successeur à la présidence du conseil d'état; mais Granvelle le fit changer de résolution. Membre du conseil privé en 1561, il fut appelé en 1566 à Madrid par Philippe II, pour y remplir la place de secrétaire d'état et de garde des sceaux au département des affaires de Flandre. Il mourut dans cette ville le 15 décembre 1576.

---

[1] Veut-il dire que Renard hâta sa fin?

[2] *Correspondance du cardinal de Granvelle avec le prieur de Belle-Fontaine.*

[3] *Projet de la vie du cardinal de Granvelle,* p. 96.

Hopperus a donné lui-même des détails sur sa vie dans un ouvrage qu'il a intitulé *Everardus,* du nom d'un de ses fils. Outre un assez grand nombre de traités de droit, qui dans le temps eurent beaucoup de succès, on a de lui un Recueil et mémorial des troubles des Pays-Bas, morceau curieux, écrit en français et publié par Papendrecht dans les *Analecta Belgica,* t. IV, p. 17-118. La même collection contient les lettres de Viglius à Hopperus. Les réponses d'Hopperus, que Papendrecht croyait perdues, furent retrouvées plus tard par M. de Nélis, évêque d'Anvers, et imprimées, sans doute dans cette ville, par les soins de ce prélat, avant 1794, 1 vol. in-4°. « Ce nou-
« veau recueil, dit le savant et illustre éditeur [1], devient l'in-
« dispensable continuation des *Analecta* de Papendrecht, dont
« il forme le septième volume. Nous en ajouterons, s'il plaît
« à Dieu, un huitième, qui contiendra les lettres écrites en
« italien au cardinal de Granvelle par Marguerite, duchesse
« de Parme, signées de la main de cette princesse, et celles
« d'Hopperus à Philippe II, d'après les autographes annotés en
« espagnol de la main du roi. » Lorsque M. de Nélis écrivait ainsi, il avait été forcé de quitter son diocèse à l'approche des troupes françaises, et vivait retiré dans un couvent de Camaldules, près de Parme. Il mourut dans cette retraite en 1798, sans avoir pu réaliser sa dernière promesse. Son édition des Lettres d'Opperus à Viglius était restée dans les magasins du libraire, qui attendait des circonstances plus favorables pour la mettre en vente; elle parut enfin en 1802, sous la rubrique d'Utrecht [2], sans nom d'éditeur.

La collection de Granvelle contient sept gros volumes des

---

[1] *Belgicarum rerum Prodromus.* (Parme, Bodoni, 1795, in-8°, p. 101.)

[2] Nous parlons de ce recueil d'après l'exemplaire que nous avons sous les yeux; il est possible qu'avant 1802 il en ait paru avec d'autres frontispices.

lettres d'Hopperus à Philippe II, toutes annotées de la main de ce prince. « Le style en est bas, le tour grossier, et ce n'est « pas une marque de bon goût en Philippe de s'être accommodé « pendant plusieurs années d'un esprit si borné et si pesant [1]. »

Maximilien Morillon, le confident et l'ami de Granvelle, était fils de Guy Morillon, Franc-Comtois, homme très-savant, qui vécut dans une grande intimité avec Érasme, et dont on a les notes sur plusieurs ouvrages d'Ovide [2]. Né vers 1516 à Louvain, où son père s'était établi, il étudia le droit et la théologie à l'université de cette ville et y prit ses degrés d'une manière brillante. Il jouissait de la réputation d'un habile jurisconsulte. Granvelle le nomma chanoine d'Arras et lui donna en même temps la direction des écoles du chapitre. Prévôt d'Aire en 1559, il obtint successivement plusieurs bénéfices : Granvelle, devenu archevêque de Malines, le fit premier archidiacre et vicaire général, et se reposa entièrement sur lui de l'administration de son diocèse et des diverses abbayes qu'il avait dans les Pays-Bas. Ce fut Morillon que Granvelle chargea d'amener Baïus à se soumettre à la censure que la Sorbonne avait faite de quelques propositions de son livre sur le libre arbitre, et il eut le bonheur de réussir dans cette négociation. Il fut l'un des exécuteurs testamentaires de Viglius (1577). Présenté par Philippe II pour l'évêché de Tournay en 1582, il prit possession de ce siége le 16 octobre de l'année suivante, et mourut le 27 mai 1586, quelques mois, par conséquent, avant Granvelle, son protecteur et son constant ami. Il fut inhumé dans le chœur de sa cathédrale, au côté de l'évangile, avec une épitaphe rapportée dans le *Gallia christiana*, t. III, p. 243.

---

[1] *Projet de la vie de Granvelle*, p. 96.
[2] Il avait été secrétaire de Charles-Quint, et de sa sœur Éléonore, reine de France.

E.

« Morillon, dit Boisot, avait non-seulement un très-grand
« esprit et un profond savoir, mais encore une probité singu-
« lière et une adresse admirable. Il était laborieux, agissant,
« constant, généreux, fidèle, doux, discret, désintéressé, digne
« enfin d'être un des plus chers amis du cardinal de Granvelle,
« son confident, son grand vicaire, son intendant, son *tout*.
« Il avait le chiffre du cardinal; il lui rendait un compte exact
« de ce qui se disait, de ce qui se faisait, de ce qui se passait
« à la cour de Bruxelles : rien n'était oublié, et il semble qu'il
« eut le secret de lire dans le cœur des personnes les plus dis-
« simulées.

« Ce qui me paraît le plus estimable dans ses lettres, outre
« la netteté et l'exactitude, c'est une noble hardiesse à ne rien
« déguiser, et à ne rien adoucir de ce qu'il apprenait qu'on
« trouvait à redire dans la conduite du cardinal. Un ami si
« éclairé et si sincère ne se pouvait payer. Mais peu de mi-
« nistres s'accommoderaient de cette espèce d'amis; et ce n'est
« pas une des moindres marques de la solide vertu et du bon
« esprit de Granvelle que d'avoir aimé jusqu'à la mort un
« homme qui lui disait si librement ses vérités. »

Jacques de Saint-Mauris, plus connu sous le nom de prieur de Belle-Fontaine, était fils de Jean de Saint-Mauris dont nous avons parlé plus haut, et d'Étiennette Bonvalot. Né vers 1534 à Dole, il fut, dès l'âge de huit ans, sur la résignation d'un de ses oncles, pourvu d'un canonicat du chapitre de Saint-Jean de Besançon. Il acheva ses études à l'université de Padoue, et il se trouvait dans cette ville à la mort de son père, en 1555. Il obtint en 1557 le titre de protonotaire apostolique, et bientôt après plusieurs bénéfices, entre autres le prieuré de Belle-Fontaine, dont il prit le nom, qu'il conserva, même après qu'il eut été fait abbé commendataire de Goailles et de Mont-Benoît. Nommé conseiller clerc au parlement de Dole en 1560, maître des requêtes en 1576, il mourut à Besançon en 1602, et fut enterré dans la chapelle de son oncle Bonvalot, à l'église Saint-Étienne.

Aussitôt que la collection de l'abbé Boisot fut connue, les savants s'empressèrent de lui demander la permission d'y puiser les matériaux dont ils avaient besoin; et, comme aucun homme ne fut moins jaloux de ce qu'il possédait, il s'empressa d'accueillir leurs demandes. C'est ainsi qu'il fournit à Fléchier plusieurs morceaux pour son Histoire du cardinal Ximénès[1], et à Pélisson, le bref du pape Pie IV touchant la communion sous les deux espèces, qu'il a imprimé dans son Traité de l'eucharistie. Informé que Leibnitz, « l'honneur de l'Allemagne, » se proposait de publier, sous le titre de *Codex juris gentium diplomaticus,* un recueil de documents pour l'histoire du moyen âge, il s'empressa de mettre à la disposition de l'illustre savant, outre les manuscrits Granvelle, tous ceux qu'il avait recueillis, et lui adressa la liste des plus curieux, par l'entremise de l'abbé Nicaise, son ami. La mort prématurée de l'abbé Boisot n'empêcha pas l'exécution de ses bonnes intentions; et Leibnitz reçut les documents relatifs aux deux Bourgognes, qu'il a publiés dans sa *Mantissa,* ainsi qu'une copie des statuts de l'ordre de la Toison d'or, faite sur le manuscrit qui avait appartenu à J. Chifflet, chancelier de l'ordre[2].

Comme le recueil de Leibnitz s'arrête à l'année 1505, il ne put y faire entrer aucune pièce de la collection Granvelle; mais il était impossible que les bénédictins, auxquels Boisot en avait confié la garde, ne songeassent pas à tirer parti de tant de précieux documents. Celui qui le premier fit usage de cette

---

[1] Voyez la préface de l'édition de cet ouvrage, in-4°, p. 5.

[2] Ce beau manuscrit, in-4° sur vélin, appartient à la bibliothèque de Besançon.

collection fut dom Prosper Lévesque, bibliothécaire de Saint-Vincent. Il y puisa les matériaux d'une Histoire de Charles-Quint, restée inédite, et de ses Mémoires pour servir à l'histoire du cardinal de Granvelle, qui furent imprimés à Paris, 1753, 2 vol. in-12, sous le patronage du comte de Saint-Amour[1]. Le premier volume est divisé en deux parties; l'une, intitulée, *Caractère des princes qui régnaient du temps du cardinal Granvelle, et des hommes qui eurent quelque part au gouvernement sous son ministère*, n'est que la reproduction de la lettre de Boisot à Pélisson, mais dénaturée, pour tâcher de déguiser le plagiat; l'autre partie est précédée d'éclaircissements généalogiques et historiques sur la maison de Perrenot-Granvelle, tirés la plupart de la correspondance du prieur de Belle-Fontaine. A la fin du deuxième volume se trouvent les preuves faites par Granvelle lors de son admission au noble chapitre de Liége; le testament de Nicolas Perrenot, père du cardinal, suivi de quelques autres actes du même genre; et, sous le titre d'*additions*, quatre pièces extraites des papiers de Granvelle, relatives au concile de Trente; la bulle de convocation du concile, adressée à Charles-Quint par Paul III, du mois de mai 1542; son bref à l'empereur, du mois d'août de la même année, et les deux réponses de ce prince.

Quoiqu'il eût, ainsi qu'il le dit, les pièces sous les yeux, dom Lévesque n'en a pas moins commis plusieurs erreurs, qui ont été relevées dans un article fort bien fait des Mémoires de Trévoux (mai 1754). En parlant du motif qui détermina Charles-Quint à se démettre volontairement de l'autorité, dom Lévesque s'exprime ainsi : « Philippe II, non content de la

---

[1] Jacques-Philippe de la Baume-Saint-Amour, le dernier descendant de M. de Champagney, par Hélène, fille de M. de Champagney, mariée en 1599 dans la maison de la Baume.

NOTICE PRÉLIMINAIRE.   xxxix

« cession que Charles-Quint lui avait faite du vicariat d'Italie,
« afin qu'il eût un prétexte pour s'emparer de Sienne et de
« tout ce qu'il trouverait à sa bienséance, exigea que cette
« cession fût rendue pure et simple, et que l'empereur le lais-
« sât maître absolu d'en disposer comme bon lui semblerait.
« Charles-Quint en fut touché jusqu'au vif; et, prévoyant les
« suites funestes d'un procédé si altier, il se vit exposé à la plus
« fâcheuse alternative, ou de céder honteusement à son fils,
« ou de lutter avec lui encore plus honteusement : cet embar-
« ras fut la véritable cause de son abdication et de sa retraite
« dans le couvent de Saint-Just. La politique s'épuiserait en
« vain à en chercher une autre. » (*Mémoires*, 1, 26[1].)

Le célèbre Robertson, en terminant le récit de l'abdication de Charles-Quint, regrette de n'avoir pu y faire entrer la
raison donnée par dom Lévesque, d'après les manuscrits de
Granvelle. « Quoique, dit-il, cette nombreuse collection de
« papiers soit un des plus précieux monuments du XVIe siècle,
« et qu'elle répande beaucoup de lumières sur les événements
« du règne de Charles-Quint, cependant, comme cet ouvrage
« n'est pas publié, je ne puis apprécier le degré de croyance
« que mérite le trait qu'on vient de lire[2]. »

Les Mémoires de dom Lévesque étaient moins une vie du
cardinal de Granvelle qu'un recueil de matériaux mis à la
disposition de l'écrivain qui se chargerait d'en donner une.
M. Courchetet[3] entreprit cette tâche difficile; et en 1761 il fit
paraître, sous le voile de l'anonyme, une Vie du premier mi-

---

[1] L'abbé Boisot avait dit la même chose et presque dans les mêmes termes, p. 63 de son Projet de la vie de Granvelle.

[2] *Histoire de Charles-Quint*, éd. de 1817, t. IV, p. 287.

[3] Luc Courchetet, né à Besançon en 1695, mort à Paris le 2 avril 1776. Il avait été censeur royal, intendant de la maison de la reine, femme de Louis XV, agent des villes anséatiques, etc...... Le père Joly de Saint-Claude, qui l'avait connu particulièrement pendant les quinze der-

nistre de Philippe II. L'auteur n'a pas dit qu'il se fût aidé pour son ouvrage des précieux documents conservés dans la bibliothèque de Saint-Vincent, mais il en avait eu connaissance soit par une analyse, soit par des extraits. C'est évidemment la source où il a puisé les détails qu'il donne sur le séjour de Granvelle à Besançon, après sa retraite des Pays-Bas en 1564, et les éclaircissements sur certains faits jusqu'alors mal connus de la vie de ce grand ministre. La crainte de choquer des préjugés alors établis, et le désir de paraître impartial l'ont empêché de rendre une complète justice à Granvelle; et cependant, à l'époque où parut son livre, on lui reprocha d'avoir moins écrit son histoire que son apologie. Un littérateur flamand publia sur l'ouvrage de Courchetet, dans le Journal encyclopédique, juillet 1761, des observations critiques qui prouvent qu'à cette époque l'administration de Granvelle dans les Pays-Bas n'y était pas encore appréciée comme elle l'est aujourd'hui. Cependant, malgré les erreurs et les imperfections qu'on avait signalées dans l'ouvrage de

nières années de sa vie, lui a consacré une notice intéressante dans ses Lettres sur la Franche-Comté ancienne et moderne, p. 88-93. Courchetet n'a mis son nom à aucun de ses ouvrages. Dans la Bibliothèque historique de la France, n° 8200, il est nommé d'Énans Courchetet; et cette erreur, qui provient de ce qu'on l'a confondu avec son frère, s'est reproduite jusque sur le frontispice de la réimpression de son Histoire du cardinal de Granvelle.

Son frère, François-Élie Courchetet, né en 1697, conseiller au parlement de Besançon en 1726, fut envoyé par le gouvernement français à Bruxelles, avec la mission d'extraire des archives de cette ville les pièces intéressant la couronne. Il fit conduire en 1746, à Lille, huit caisses remplies de pièces originales, tirées des archives de Bruxelles et de Tournay, et qui furent vainement réclamées à la paix par le gouvernement autrichien. En récompense du zèle qu'il avait montré dans cette mission, sa terre d'Énans fut érigée en baronnie, au mois de mars 1749; il obtint en 1758 le titre de conseiller honoraire, et mourut le 23 juin 1766. La notice des manuscrits tirés des Pays-Bas par le baron d'Énans, et formant 41 volumes in-folio, se trouve dans la Bibliothèque historique de la France, t. III, p. 865.

NOTICE PRÉLIMINAIRE.

Courchetet, il fut réimprimé à Bruxelles en 1784 (2 vol. petit in-8°), avec une préface historique et critique [1].

Cette réimpression suivit de près l'arrivée de D. Berthod dans les Pays-Bas; et l'on ne peut douter que les lectures, faites par ce savant à l'académie de Bruxelles, de différents fragments des Mémoires de Granvelle, n'aient contribué à réveiller l'attention sur la part que le cardinal avait prise dans l'administration de ce pays à l'une des époques les plus importantes de son histoire. Le second éditeur de Courchetet eut le tort de ne pas profiter comme il l'aurait pu de ces nouveaux renseignements pour améliorer l'ouvrage qu'il se proposait de reproduire, et celui de ne pas en faire disparaître les erreurs géographiques signalées vingt ans auparavant par le critique flamand; erreurs excusables jusqu'à un certain point dans un étranger, mais qui ne peuvent l'être dans un habitant du pays.

D. Berthod [2], bénédictin de la congrégation de Saint-Vannes, et l'un des plus savants hommes qu'elle ait produits, avait été nommé en 1762 bibliothécaire de l'abbaye de Saint-Vincent. Quelque temps après, sans s'effrayer de l'immensité de la tâche qu'il s'imposait, il entreprit l'analyse des quatre-vingt-deux volumes de la collection Granvelle; et, avec l'aide de quelques-uns de ses jeunes confrères qu'il avait initiés à l'art de déchiffrer les vieilles écritures, il parvint à terminer ce travail dans l'espace de dix à douze années. Cette analyse, parfois trop succincte et qui n'est pas exempte d'erreurs, n'était point encore achevée, lorsqu'il reçut en 1773 du ministre Bertin

---

[1] Cette préface n'est que la reproduction textuelle de l'article des Mémoires de Trévoux (mai 1754), sur l'ouvrage de D. Lévesque dont on a parlé plus haut.

[2] Voyez une notice sur ce savant dans le recueil des Documents inédits pour servir à l'histoire de la Franche-Comté, t. II, p. 223.

l'honorable mission d'extraire des bibliothèques et des archives des Pays-Bas les documents dignes de figurer dans une collection qui devait être pour la France ce que celle de Rymer était alors pour l'Angleterre. A Bruxelles il ne put visiter que la bibliothèque des ducs de Bourgogne; mais à Anvers et à Louvain il explora les précieuses collections formées par les jésuites, et à Tournay les archives épiscopales furent mises à sa disposition. Dans ce rapide voyage D. Berthod eut l'occasion de se lier avec plusieurs savants distingués, entre autres, M. de Godefroy, alors attaché à la bibliothèque de Bruxelles, et M. l'abbé de Nélis, depuis évêque d'Anvers, dont nous avons déjà parlé, l'un des hommes les plus instruits et les plus spirituels qu'il y eût à cette époque dans les Pays-Bas. La modestie de dom Berthod, la simplicité de ses manières, sa franchise et son étonnante érudition charmèrent surtout M. de Nélis, qui pensa dès lors à l'attirer à Bruxelles, et à l'y fixer par quelques occupations dans ses goûts. En attendant l'occasion de réaliser un projet qui n'était pas sans difficultés, M. de Nélis le fit associer à l'académie de Bruxelles; et D. Berthod, pour reconnaître l'honneur que venait de lui faire cette savante compagnie, s'empressa de lui adresser deux morceaux qui paraissaient propres à l'intéresser d'une manière toute spéciale. Le premier, intitulé *Mémoire concernant quelques manuscrits de l'abbaye de Saint-Vincent, de Besançon*, offre une analyse substantielle de la collection de Granvelle, surtout en ce qui concerne son administration des Pays-Bas; le deuxième, tiré des tomes XXV et XXVI de la même collection, est le récit de la conduite de Claude Belin pendant son séjour en Flandre. Ces deux morceaux, lus à l'académie de Bruxelles dans ses séances du 19 février et du 23 avril 1777, sont imprimés par extraits dans le tome II de ses mémoires.

NOTICE PRÉLIMINAIRE.

Claude Belin, dont on trouve un assez grand nombre de lettres dans la correspondance de Granvelle, était né, vers 1510, à Gy, petite ville de Franche-Comté. Avocat du roi au siége de Vesoul, quelques démêlés qu'il eut avec Simon Renard, lieutenant général du bailliage d'Amont, attirèrent sur lui l'attention du cardinal, qui depuis lui accorda sa protection. Mais, il faut le dire, Claude Belin ne répondit pas entièrement à l'opinion que Granvelle s'était formée de son habileté et de son caractère. Le cardinal, voulant lui ouvrir la porte des honneurs, le fit nommer membre du conseil des troubles, établi dans les Pays-Bas par le duc d'Albe. Dans le procès des comtes d'Egmont et de Horn, Belin remplit les fonctions d'avocat fiscal; en cette qualité il fut obligé de conclure à leur condamnation; cependant il avait fait tous ses efforts pour la prévenir. « En cela, s'il suivait « son désir de la justice, il savait aussi qu'il faisait chose agréable « au cardinal, qui aimait particulièrement M. d'Egmont [1]. » Ne pouvant s'accommoder ni avec les Espagnols, ni avec les Flamands, il sollicita son rappel en Bourgogne, où il fut, à la recommandation de Granvelle, pourvu d'une charge de conseiller au parlement de Dole. Il la remplit avec beaucoup de zèle jusque dans un âge avancé, et mourut à Gy, en 1595. C'était un très-savant jurisconsulte et un honnête homme, mais dépourvu de toutes les qualités nécessaires pour réussir dans le monde.

D. Berthod ne perdait point de vue son projet de publier les Mémoires de Granvelle; mais les différentes missions dont il était chargé, soit par le ministre, soit par ses supérieurs, l'obligeaient de l'ajourner. En 1778 il écrivit au prince de

---

[1] « Dieu sait, lui écrivait Granvelle, que « je *sens extrêmement* que en M. d'Egmont « (contre l'espoir que j'en avois) se soit « trouvé cause pour procéder avec tant de « rigueur à l'endroit de sa personne. »

NOTICE PRÉLIMINAIRE.

Montbarrey pour l'intéresser à la publication d'un ouvrage qui ne pouvait qu'ajouter à l'illustration de sa famille, en faisant connaître les services que depuis près de trois siècles elle n'avait cessé de rendre à l'état. La réponse du ministre ne s'est point trouvée dans les papiers de D. Berthod; mais on voit qu'il fit transcrire, à la demande du prince, une partie de la correspondance du prieur de Belle-Fontaine.

En 1779 D. Berthod fit part à M. Bertin de son projet de faire précéder la publication des papiers de Granvelle de celle du Journal de Vandenesse[1], en le priant de lui procurer les copies de ce journal conservées en Flandre et notamment à Tournay, pour les collationner avec celle de Besançon; mais ce projet n'eut pas plus de suite que ceux qu'il avait précédemment formés. M. de Nélis l'ayant fait appeler en 1784 à Bruxelles, pour travailler à la continuation du recueil des Bollandistes, D. Berthod laissa le soin de terminer ses travaux sur Granvelle à D. Grappin, son élève et devenu son ami.

D. Grappin[2], qui depuis plusieurs années travaillait sous sa direction à l'analyse des Mémoires de Granvelle, continua la tâche entreprise par D. Berthod, avec autant de zèle que de persévérance. Au commencement de l'année 1787 il se trouvait en mesure de livrer au public les résultats de son travail. D'après son plan, qu'il avait été obligé de restreindre pour se conformer au goût d'une époque où les grands travaux historiques n'étaient rien moins qu'encouragés, il devait se borner à publier les pièces les plus intéressantes de cette collection, en y joignant les éclaircissements nécessaires pour en

---

[1] Ce journal doit être imprimé maintenant; car la commission historique des Pays-Bas, frappée de la haute importance de ce document, a décidé qu'il paraîtrait en tête de ses publications.

[2] Nous avons donné sur ce savant une notice imprimée dans le recueil de l'académie de Besançon, année 1836.

rendre l'intelligence facile à tous les lecteurs. Il fit part de ce plan à M. Moreau, directeur du dépôt général des chartes, qui lui répondit le 21 mars : « Je rendrai compte à monsei- « gneur le garde des sceaux[1] du projet que vous avez de don- « ner au public les Mémoires de Granvelle pour servir à l'his- « toire du xvie siècle, et il vous placera sur la liste des savants « les plus utiles. »

En attendant que le ministre eût pris une décision, dom Grappin crut pouvoir profiter des matériaux qu'il avait rassemblés pour en composer deux dissertations, qu'il lut à l'académie de Besançon, et qu'il fit ensuite imprimer à ses frais. Dans l'une, il se propose de prouver que le cardinal de Granvelle n'eut aucune part aux troubles des Pays-Bas; l'autre est intitulée : *Mémoire pour servir à l'histoire du xvie siècle dans le comté de Bourgogne.* Les pièces justificatives placées à la fin de ces deux ouvrages sont tirées la plupart de la correspondance de MM. de Vergy et de celle de M. de Champagney. Pour justifier Granvelle des reproches de ses nombreux ennemis, il a suffi à D. Grappin d'imprimer quelques-unes des lettres du cardinal au prieur de Belle-Fontaine.

On touchait alors à la révolution : à mesure que les événements acquéraient plus de gravité, dom Grappin perdait l'espérance de voir le ministère lui venir en aide pour la publication de ses travaux. Dans les premiers jours d'octobre 1788, il se bornait à demander des secours pour l'impression d'une analyse du Journal de Vandenesse, qui ne devait former qu'un volume in-8°. M. Moreau, tout en applaudissant à son zèle, lui répondit, le 26 du même mois : « Le « moment est on ne peut plus défavorable pour une entreprise « littéraire de quelque genre que ce soit. » Ainsi dom Grappin

[1] M. de Miroménil.

vit s'évanouir ses dernières espérances de publier même une faible partie des documents qu'il avait laborieusement tirés de la collection de Granvelle; et, quoiqu'il ait poussé sa carrière jusqu'à un âge très-avancé[1], il ne lui a pas été donné d'être témoin de ce qui se réalise aujourd'hui; de voir ses plans repris sur une base plus large, sous les auspices d'un ministre qui, grand historien lui-même, a compris mieux que personne combien il importait de tirer promptement de leur obscurité et de mettre à la disposition du public des matériaux aussi précieux.

Avant de rendre compte de la manière dont s'exécute la publication des papiers de Granvelle, nous croyons devoir dire un mot d'une publication analogue, qui s'exécute en Hollande, et dont l'éditeur a été autorisé à tirer de nos manuscrits les pièces nécessaires pour compléter son travail.

Le projet formé par M. Guizot, alors ministre de l'instruction publique, d'extraire des archives du royaume et des bibliothèques, tant de Paris que des départements, les documents encore inédits pour les livrer à l'examen des hommes qui s'occupent de l'histoire, ne pouvait manquer d'exciter de vives sympathies dans le reste de l'Europe et d'y créer des publications semblables. A Bruxelles, une commission fut immédiatement établie sur le plan de celle de Paris, et les recherches commencèrent dans les différents dépôts publics, sous la direction de M. Gachard, archiviste général du royaume, et de M. le baron de Reiffenberg, à qui le public est redevable de plusieurs ouvrages importants. A la Haye, M. G. Groën Van Prinstrer, secrétaire du cabinet du roi de Hollande, conçut à la même époque le projet de rassembler et de publier les documents relatifs à la maison d'Orange-Nassau, et reçut l'au-

---

[1] Il mourut à quatre-vingt-dix-sept ans.

torisation d'extraire des archives toutes les pièces dont il aurait besoin.

En 1835 M. Van Prinstrer publia le premier volume de son recueil intitulé : *Archives ou correspondances inédites de la maison d'Orange-Nassau* [1]. Mais en avançant dans son travail, il sentit la nécessité de joindre aux lettres du prince d'Orange les renseignements que pourrait lui fournir la collection Granvelle sur les troubles des Pays-Bas. Dans le courant de 1836 M. Van Prinstrer vint à Paris, où il fut introduit aux archives des affaires étrangères par M. le conseiller d'état Mignet [2]. Mais c'était surtout à Besançon qu'il devait trouver les matériaux les plus importants; il s'y rendit donc au mois de septembre de la même année. Comme à Paris, il obtint à Besançon la communication des inventaires et analyses des archives, et il fut autorisé à faire transcrire les lettres de Granvelle et de ses correspondants dans les Pays-Bas, relatives à son ouvrage. Quelques-unes ont paru dans le tome IV, qui comprend les années de 1572 à 1574, et les autres paraîtront à leur date dans les premiers volumes, que M. Van Prinstrer se propose de faire réimprimer. Ces publications partielles de pièces tirées de notre collection ne feront que mieux sentir son importance et ne peuvent qu'exciter davantage la curiosité des savants.

La collection des papiers Granvelle attira tout d'abord l'attention de M. Guizot. Par un arrêté du 12 septembre 1834, M. le ministre de l'instruction publique établit à Besançon une commission chargée de diriger le dépouillement de ces papiers, d'examiner les différentes parties dont se compose toute la collection, et de faire un rapport détaillé sur les mesures qu'il conviendrait de prendre relativement à leur publication.

---

[1] Il a paru sept volumes de ce recueil. (Octobre 1840.)

[2] Préface des Archives de la maison d'Orange-Nassau, tome IV.

Cette commission fut composée de MM. Weiss, bibliothécaire, président; Ordinaire, recteur de l'Académie; Jouffroy, député du département du Doubs; Gousset, vicaire général du diocèse de Besançon, et Genisset, doyen de la faculté des lettres.

Elle se réunit pour la première fois le 25 novembre suivant, et se constitua définitivement en nommant M. Genisset son secrétaire. La commission dut chercher d'abord des collaborateurs qui pussent s'occuper sous sa direction du dépouillement et de l'analyse des nombreux matériaux de la collection. Ce n'était pas une chose aisée que de trouver de pareils collaborateurs dans une ville de province, où la culture des lettres n'a sans doute jamais cessé d'être en honneur, mais qui ne renferme que très-peu de personnes versées dans la lecture des chartes et des vieux titres, et habituées aux difficultés de la paléographie. Cependant la publication des Mémoires de Granvelle était pour la France entière, et pour la Franche-Comté en particulier, d'une si grande importance, qu'elle devait réveiller le patriotisme des Bisontins. Tout ce que notre ville renferme d'hommes de cœur et d'intelligence s'empressa d'offrir ses services à la commission, qui n'agréa que ceux des jeunes gens qu'elle pouvait rétribuer. Bientôt une sorte de succursale de l'école des chartes fut établie dans la bibliothèque de Besançon, et les jeunes travailleurs qui la composaient acquirent en peu de temps la connaissance de toutes les vieilles écritures.

Il fallait un chef pour les diriger : la commission le trouva dans M. Duvernoy, de Montbéliard, qui consentit à venir s'établir à Besançon, pour surveiller le dépouillement des papiers de Granvelle et leur publication. Personne n'était plus en état de remplir cette tâche difficile : livré par goût, dès sa

NOTICE PRÉLIMINAIRE.

jeunesse, aux études historiques, il avait, dans un temps où l'histoire nationale était entièrement négligée, consacré de longues années à en rechercher les éléments dans leurs véritables sources, dans les archives publiques et particulières. Possédant jusque dans ses moindres détails l'histoire du moyen âge, il s'était fait connaître des savants d'Allemagne et de France par d'utiles communications; l'académie des sciences et des lettres de Besançon le comptait, depuis 1816, au nombre de ses plus actifs correspondants; et il venait de terminer un travail d'une haute importance sur les archives princières de la maison de Montbéliard. Tels étaient les titres de M. Duvernoy à la confiance de la commission, et l'on peut dire que dès lors il n'a cessé de la justifier.

La plus grande partie des documents dont se compose la collection sont écrits en français; cependant il s'en trouve un grand nombre en latin, en italien, en espagnol, en allemand et même en flamand. La commission dut chercher un collaborateur assez versé, d'une part, dans la connaissance de ces langues étrangères, de l'autre, dans l'histoire du xvie siècle et dans les usages de l'étiquette espagnole et italienne, pour analyser et traduire au besoin les pièces dont la publication aurait été décidée, et pour ne point être arrêté, soit par l'ignorance des faits, soit par diverses formules qui ont disparu des correspondances diplomatiques : la commission eut le bonheur de trouver cette réunion de talents variés dans M. Th. Belamy, jeune homme non moins laborieux qu'intelligent. M. Belamy voulut bien se charger de l'analyse et de la traduction de toutes les pièces en italien et en espagnol; M. Duvernoy, qui a fait une partie de ses études dans les universités d'Allemagne, se chargea de traduire toutes les pièces écrites en allemand et en flamand : dès lors la publication des papiers de Granvelle ne rencontra plus de difficultés.

Cependant l'analyse prescrite par M. le ministre, commencée ainsi qu'on l'a dit plus haut, se poursuivait avec une infatigable activité : des membres de la commission étaient chargés de surveiller le travail, et chaque semaine elle se réunissait pour l'examiner. Avant la fin de 1835, 25 volumes étaient complétement analysés avec un soin remarquable et qui fut apprécié par M. le ministre dans son rapport au roi sur les travaux historiques de l'année.

Ce grand travail, toujours suivi avec le même zèle par les collaborateurs, et avec la même surveillance par la commission, fut entièrement terminé vers la fin de 1837. Dans l'intervalle, la commission avait perdu deux de ses membres : M. Gousset, que ses vertus et ses talents avaient élevé à l'évêché de Périgueux, d'où il vient de passer à l'archevêché de Reims; et M. Genisset, enlevé par une mort imprévue à l'affection de ses élèves et de ses confrères dans un âge où il pouvait rendre encore d'utiles services. Monseigneur l'évêque de Périgueux fut remplacé au mois de février 1836 par M. Pérennès, doyen de la faculté des lettres, qui dès le principe avait montré un vif intérêt à la publication, et qui, sans se relâcher en rien de ses devoirs, n'a cessé d'y prendre la part la plus active[1]. Le successeur de M. Genisset fut M. Bourgon, professeur à la faculté, membre de notre académie, connu par plusieurs abrégés d'histoire pleins de méthode et de clarté, et l'un des hommes les plus zélés pour l'histoire et l'archéologie de la province. Enfin la commission s'est complétée par l'adjonction d'un nouveau membre, M. Perron, qui venait

---

[1] M. Pérennès a remplacé M. Genisset comme secrétaire de la commission, depuis le mois de juillet 1837.

NOTICE PRÉLIMINAIRE.

d'être nommé professeur de philosophie à la faculté, et dont l'activité et le talent devaient être d'une grande utilité pour cette publication.

Le dépouillement des papiers de Granvelle n'avait fait qu'ajouter à l'idée que l'on s'était formée de leur importance. Cependant toutes les pièces dont se compose cette collection ne pouvaient offrir le même intérêt. Bien que l'abbé Boisot fût convaincu « qu'il n'y en eût pas admis une seule qui ne méri-« tât d'y trouver place[1], » la commission s'était assurée qu'un très-grand nombre n'étaient pas dignes d'être livrées au public, du moins en entier : il fut donc décidé que, pour ne pas multiplier inutilement les volumes, on ne publierait intégralement que les pièces d'un véritable intérêt, et que l'on se contenterait de donner une courte analyse des autres, en indiquant le tome où elles se trouvent et l'ordre dans lequel elles y sont placées.

Ce premier point arrêté, sauf l'approbation de M. le ministre, il fallut décider le mode de publication. Les justes éloges donnés au recueil des Négociations relatives à la succession d'Espagne sous Louis XIV avaient frappé la commission. L'idée de publier aussi un recueil de pièces diplomatiques, qui eût en même temps la forme et l'intérêt d'un ouvrage original, séduisit la majorité de ses membres; et il fut convenu que les pièces dispersées dans les quatre-vingt-deux volumes des Mémoires de Granvelle seraient rapprochées pour former différents ouvrages intitulés : *Rivalité de la France et de l'Autriche; Insurrection des Pays-Bas; Documents pour l'histoire de l'Espagne et de ses possessions en Italie; Histoire de la Franche-Comté au XVIe siècle*, etc. etc. Mais la commission ne tarda pas à reconnaître qu'un tel plan aurait de graves incon-

---

[1] *Projet de la vie du cardinal de Granvelle*, p. 35.

vénients. Un des principaux était la nécessité où elle se serait trouvée de diviser la plupart des pièces historiques importantes, qui, ayant trait à plusieurs affaires différentes, auraient dû être imprimées par fragments épars dans les divers volumes de la collection. Elle abandonna donc ce plan primitif : la publication des pièces d'après l'ordre chronologique fut décidément adoptée, et cette nouvelle disposition, soumise à M. le ministre, reçut son approbation le 28 février 1838.

Consultée sur la question si toutes les pièces en langues étrangères devaient être traduites en français, la commission pensa que l'on pouvait se borner à la traduction des plus intéressantes parmi celles qui sont écrites en flamand, en allemand et en espagnol; et que les pièces en latin et en italien, langues plus généralement connues, pourraient être publiées dans l'original : cet avis fut adopté. Dès lors la commission s'occupa de faire transcrire les pièces qui devaient composer le premier volume : cette transcription fut achevée au mois de septembre, et le volume adressé à M. le ministre; mais les fonds alloués pour les publications historiques ayant déjà reçu leur destination, l'impression ne put être commencée qu'en 1839.

Pendant que le premier volume se préparait, la commission fut informée qu'il existait à Bruxelles, dans la bibliothèque de Bourgogne, trois portefeuilles [1] contenant une assez grande quantité de lettres autographes du cardinal de Granvelle. M. Guizot voulut bien en faire officiellement la demande au ministre de sa majesté le roi des Belges; et bientôt la commis-

---

[1] Ils furent achetés en 1764, par les soins de M. le comte de Cobentzel, à la vente de la bibliothèque des jésuites du faubourg Saint-Antoine, pour la modique somme de huit cents livres. (*Lettre de M. Gachard*, sur la collection des manuscrits de Granvelle.)

sion les reçut, avec l'autorisation d'en extraire toutes les pièces dont la publication lui paraîtrait importante. Le troisième n'offre que des copies de lettres écrites en français et en latin, dont aucune ne présente un intérêt vraiment historique; mais les deux premiers renferment une grande quantité de lettres de la main même du cardinal, adressées à Philippe II, et presque toutes apostillées par ce prince. La plupart, écrites de 1575 à 1586, contiennent des détails précieux sur les affaires auxquelles Granvelle fut employé pendant son séjour à Rome et son ministère en Espagne. Elles serviront à combler une lacune considérable dans la collection formée par l'abbé Boisot; elles jetteront un nouveau jour sur la politique de Philippe II, et feront connaître les moyens dont il se servit pour s'emparer du Portugal, ainsi que ses plans pour maintenir l'Espagne au rang où Charles-Quint l'avait élevée.

La commission eut alors connaissance d'un manuscrit in-folio, contenant la copie de la correspondance d'un des agents secrets que le cardinal de Granvelle entretenait dans les principales villes de France et d'Allemagne. Celui-ci, nommé Pierre Portan (*Portanus*), résidait à Strasbourg; ses lettres sont écrites en latin, et son style décèle un excellent humaniste; mais toutes nos recherches pour obtenir de plus amples renseignements sur ce personnage n'ont encore rien produit. Sa correspondance, qui commence avec l'année 1555 et se termine au 15 octobre 1560, roule sur les affaires qui se traitaient alors entre la France et l'Empire. Placé à Strasbourg comme dans un point central, il y recevait les communications d'agents subalternes, parmi lesquels on remarque celui qu'il désigne sous les noms de *Puteus, Fonteius* (probablement Dupuy), qui avait la mission d'observer ce qui se passait à la cour de France; et Gaspard Gamaut, chargé du même rôle en Allemagne. Divers autres agents lui donnaient des détails et des révélations politiques sur la Suisse, la Savoie, l'Italie. Les renseignements qu'offre cette correspondance pourront éclaircir certaines causes secrètes des événements, et en dévoiler plusieurs circonstances curieuses. L'analyse en fut confiée à M. Perron, qu'un arrêté de M. le ministre venait d'adjoindre à la commission. Cette tâche longue et difficile, M. Perron s'en est dignement acquitté; mais ce service n'est pas le seul qu'il ait rendu à la commission : doué d'une grande activité d'esprit, qui lui a permis de se livrer à des études très-variées, ce jeune professeur s'est, pendant son séjour à Paris, initié de lui-même à la lecture des manuscrits; et plus d'une fois il a su deviner des mots, des phrases que les copistes ne pouvaient lire, et rétablir un passage inintelligible.

Avant d'envoyer le premier volume à l'impression, la commission arrêta d'une manière invariable tous les détails relatifs au matériel de la publication. Des points........ marquent les retranchements qu'elle a cru devoir faire dans les pièces qui ne lui ont pas paru assez intéressantes pour être données entièrement au public; d'autres points plus nombreux indiquent les lacunes qui se trouvent dans la pièce même et qui n'ont pu être remplies; les mots que nous ne sommes pas certains d'avoir bien lus et ceux que l'altération des manuscrits nous force à deviner sont placés entre crochets; ceux dont le sens est obscur sont expliqués au bas de la page; de très-courtes notes font connaître les personnages à mesure qu'ils paraissent sur la scène. Chaque volume sera terminé par la table des documents qu'il contient; enfin, une table générale des faits les plus importants et des noms propres d'hommes et de villes, rédigée par M. Duvernoy, complétera la collection, dont elle facilitera l'usage.

NOTICE PRÉLIMINAIRE. LV

Le premier volume des Mémoires de Granvelle renferme un certain nombre de pièces antérieures à l'administration du cardinal et même à celle de son père : l'abbé Boisot a cru devoir les conserver à raison de leur extrême importance, et ce motif a déterminé la commission à les publier. Le plus ancien de ces documents, daté de 1416, appartient à Jean-sans-Peur, duc de Bourgogne. Viennent ensuite quelques diplômes de Philippe le Bon; des lettres de l'archiduchesse Marguerite d'Autriche, tante de Charles-Quint; le récit des conférences de Calais, en 1521, rédigé par le chancelier Gattinara; des détails inconnus sur la captivité de François Ier, et sur les grandes querelles entre ce prince et Charles-Quint, à la suite du traité de Madrid; toutes les pièces relatives au défi de François Ier à Charles-Quint (1528), rassemblées ici pour la première fois. Viennent ensuite le traité de Bologne (1529) sur la défense mutuelle et tranquillité de l'Italie, et les négociations pour consolider la paix de Cambrai par des mariages entre les maisons de France et d'Autriche, etc. etc. Le tome II offre la suite des négociations entre ces deux maisons; l'expédition de Charles-Quint à Tunis, le voyage de ce prince à Rome, son invasion en Provence, etc. Le tome III comprendra la continuation de la guerre de Charles-Quint contre la France et les négociations de Crespy; l'ambassade de Jean de Saint-Mauris en France, la ligue de Smalcalde, la relation de la bataille de Muhldorf et de ses suites, etc. Le tome IV, de 1549 à 1555, contiendra les ambassades de Simon Renard en France et en Angleterre, la reprise des hostilités avec le roi Henri II et l'abdication de Charles-Quint. On trouvera dans le tome V, qui s'étend de 1557 à 1560, le traité de Vaucelles, les pièces relatives à l'arrivée de Philippe II dans les Pays-Bas et à son départ pour l'Espagne. Les volumes suivants, dont il n'est pas encore possible de préciser le nombre, à cause de l'extrême abondance des documents importants renfermés dans les papiers de Granvelle sur cette même époque, présenteront le tableau de son administration dans les Pays-Bas et l'histoire du soulèvement de ces provinces; la retraite du cardinal en Franche-Comté; des détails peu connus sur sa vice-royauté à Naples, sur son ministère en Espagne, sur la conquête du Portugal, etc.

Parmi les pièces que la commission a cru devoir rejeter comme n'offrant pas un intérêt assez général, plusieurs sont relatives à la Franche-Comté, et pourront trouver place dans le recueil des documents inédits que publie l'académie de Besançon. D'autres, plus nombreuses encore, formeraient un curieux supplément aux diverses collections qu'on possède sur l'histoire des lettres et des arts au XVIe siècle en Italie, dans les Pays-Bas et en Espagne. En indiquant les pièces qu'elle a négligées, la commission n'a d'autre but que de montrer sa sévérité dans le choix de celles qu'elle offre au public [1].

Le grand travail dont la commission a été chargée touche à son terme. Elle a l'espoir que la publication des papiers d'état de Granvelle sera complétement achevée en 1843. Ainsi, en moins de dix années, et dans une ville de province, on aura vu mettre à exécution une entreprise dont l'importance était signalée par les meilleurs esprits depuis la fin du règne de Louis XIV, et qu'on avait plusieurs fois tentée vainement jusqu'à ce jour.

La commission n'a rien négligé pour répondre à la confiance dont l'honorait M. Guizot; mais elle éprouve le besoin

---

[1] Les lettres de pure courtoisie, ou seulement relatives aux affaires de famille, ne sont pas même indiquées dans notre publication; il en est de même des lettres écrites par les savants et les artistes sur des points en dehors de la politique.

NOTICE PRÉLIMINAIRE.

de lui témoigner sa reconnaissance pour le bienveillant empressement avec lequel il a secondé ses efforts. Pendant toute la durée de son ministère, M. Guizot n'a cessé de lui donner les preuves les plus flatteuses du prix qu'il attachait à son travail; et, bien qu'elle n'ait eu qu'à se louer des dignes successeurs de cet habile ministre, c'est principalement à lui qu'elle aime à reporter le tribut de sa gratitude. Il est la première cause de l'accomplissement d'une œuvre si utile pour la science, et, nous osons le dire, si glorieuse pour une ville et pour un pays malheureusement beaucoup trop délaissés par les administrations qui se sont succédé depuis un demi-siècle.

Besançon, le 1er octobre 1840.

Ch. WEISS.

PAPIERS D'ÉTAT

DU

CARDINAL DE GRANVELLE.

PAPIERS D'ÉTAT

DU

CARDINAL DE GRANVELLE.

I.

PATENTES

DE JEAN-SANS-PEUR, DUC DE BOURGOGNE,

AUX HABITANTS DE LOUVAIN.

(Mémoires de Granvelle, tome I, f° 3.)

Gand, 1er juin 1416.

Jean, duc de Bourgongne, comte de Flandres, d'Artois et de Bourgongne, palatin, seigneur de Salins et de Malines. A nos chiers et bons amis les eschevins, conseil, bourgeois et habitans de la bonne ville de Louvain, salut. Combien que en la ville de Bruxelles, en la présence de nous et de nos très-chiers et très-amez neveux, Jean et Philippe, enfans de feu nostre très-chier et très-amé frère le duc de Brabant et de Lembourg[1] (cui Dieu pardoint) mendres d'ans, [avions] fait remonstrer aux gens d'esglise, nobles et voz desputés et aux autres des bonnes villes du pays de Brabant, le droit que avons

---

[1] Antoine, frère puîné du duc Jean-sans-Peur, avait succédé en 1406 à sa grand' tante maternelle la duchesse Jeanne, femme de Venceslas de Luxembourg, dans les duchés de Brabant et de Limbourg. Tué à la bataille d'Azincourt, il laissa deux fils mineurs, Jean et Philippe, qui décédèrent tous deux sans postérité légitime, le premier en 1427, le second en 1430. Philippe le Bon, duc de Bourgogne, recueillit la totalité de leur héritage.

et à nous compète et appartient ès bail, garde, mainbournie et gouvernement de nosdits neveux et de leurs pays, terres et seigneuries quelsconques; en oultre que d'icelui nostre droit voulions joïr et possesser comme raison le donne ; et que pour ce avons envoié et escript depuis, par plusieurs foiz, devers vozdits desputez et les autres desputez desdictes bonnes villes assemblez audit lieu de Bruxelles et en plusieurs autres lieux, à maintes journées : toutesfuoyes vous avez tousjours procédé par fintez, longueurs et délaiz, sans nous y avoir encore faict aucune response, dont ne nous pouvons trop esmerveiller, mesmement que nous désirons et voulons le bien de nosdits nepveux et de leurs pays, seigneuries et subjectz tant que plus povons. Si vous requérons et sommons très-instamment ceste fois pour toutes, et la dernière, que nostredit droit vueillez recognoistre, ce que ont fait et font lesdictes gens d'esglise et nobles, en nous faisant et laissant joïr et possesser plainement et entièrement sans nous y donner aucun destourbier et empeschement, et tant y faire que n'ayons de autrement y pourveoir, en nous certifiant souffissamment de vostre volonté sur ce par le Roi d'Artois, nostre héraut, porteur de cestes, que pour ceste cause envoyons pardevers vous, dedans le xe jour de ce présent mois de juing. Donné en nostre ville de Gand, le premier jour dudit mois de juing, l'an de grace mil quatre cens et seize, soubs notre scel secret cy plaqué en absence du grand.

Par monseigneur le duc en son conseil :
DE GUINART.
(L. S.)

II.

PHILIPPE LE BON,

DUC DE BOURGOGNE.

A SON GARDE-JOYAUX JEAN DE BOULLONGNE, DIT LACHENET.

(Mémoires de Granvelle, I, 4-5.)

Florenges, 4 octobre [1443].

Boullongne, j'ay receu vos lettres et aussy celles de Guy Guilbault et Jehan Gros, par lesquelles j'ay sceu ce que ils ont faict pour moy, dont je suys bien content, combien que je eüisse bien à faire de plus, se avoir le pouvoye, et m'a esté bien besoing ce que j'avoye, car aultrement mon faict se fust mal porté; et pour ce apoinctez avec lesdicts Guy et Jehan, tellement qu'ils soyent contens; car je seroye très-mal content que nul eust domaige sur ma seureté, et pour ce faictes tant qu'il n'ait en leur faict nulle fauste qu'ils ne soyent contens aveuc tous aultres à qui vous savez où je suis tenu. Quant au chancelier[1], ainsi que aultrefois ly ay oy dire, il ayme mieulx son apoinctement en Bourgoingne que par delà, et pour ce que de présent il n'est point devers moy, je n'en puis pour présent savoir aultre chose; et quant à [vous faire] scavoir le lieu où vous m'envoyerez ce que m'avez faict scavoir, je ne vous scauroye mander le lieu, fors que là où je seray, et que ce soit le plus bref et le plus largement que faire le pourez et aussi secrètement, et faictes qu'en tout ce n'ait point de faulte, commentqu'il soit. En oultre, vous scavez que je doibs envoyer tous les ans mil ducats en Jhérusalem, dont à présent je suys en

---

[1] Nicolas Rolin ou Raulin, chancelier de Bourgogne dès 1422 jusqu'à sa mort, arrivée en 1460. (V. *Biographie univ.* xxxviii, 473 et suiv.)

reste de trois ans ceste année finye ; pour ce faictes que laditte reste soit preste, qui est de trois mil ducats, pour l'envoyer le plus tost que faire se poura, ou au moins le mettre en tel lieu qu'il n'y ait point de faulte de l'envoyer par les premiers seurs pèlerins qui iront par delà, car il ne faict pas bon devoir trop longuement à Dieu. Et sur touttes choses pensez de cecy qu'il n'y ait faulte. Escript de ma main. A Florhenges, le IIIIe jour d'octobre [1443].

PHLE.

A Boullongne.

III.

PHILIPPE LE BON,

DUC DE BOURGOGNE,

A SON GARDE-JOYAUX JEAN DE BOULLONGNE, DIT LACHENET.

(Mémoires de Granvelle, I, 6-7.).

Luxembourg, 11 décembre [1443].

Boullongne, ceulx de ce chastel de Luxembourg ont aujourd'huy accordé me laisser ledict chastel sans riens emporter que chascun ung petit baston blanc en leur poing, et seront quites tous prisonniers qu'ils tenoyent de mon party et dont ils ont leur foy. Et s'en estoit party le comte de Guelick[1] il y a huict jours par nuict, et avalé par ungne longue corde d'unne moult haulte roche en bas,

---

[1] Le comte de Gleichen, qui commandait dans le duché de Luxembourg au nom de Ladislas, roi de Bohême et duc de Saxe.

(Voyez *Histoire des ducs de Bourgogne*, par M. de Barante ; 5e édit. VI, 297, 298, 305 et suiv.)

et passa la rivière jusques aux espaules, combien que il y avoit bon guet de mes gens; mais il faisoit sy obscur et ladicte rivière menoit sy grand bruyct, que ledict guet ne veoit ne n'oyot goute, et ainsy s'en alla sans dire adieu; et s'il eust esté encores dedans ledict chastel, je ne le en eusse pas ainsy laissié aller, que je n'eusse eu les aultres places qu'ils tiennent. Et pourtant ne laissez point à faire ce que par Jacot de Bresille vous ay faict scavoir et me renvoyez ledict Jacot le plus tost que vous pourrez, avecq ce que faict aurez, et ne laissez point de besoingner oultre plus sy avant qu'il vous sera possible. Escript en la ville de Luxembourg, ce mercredi xie jour de décembre [1443].

PHLE.

A Boullongne.

IV.

LETTRE SANS SIGNATURE

ADRESSÉE AU DUC PHILIPPE LE BON,

CONTENANT LA RELATION DE LA BATAILLE DE MONTLHÉRI [1].

(Mémoires de Granvelle, I, 8.)

Étampes, 19 juillet 1465.

Nostre très-redoubté seigneur, tant et si humblement comme faire povons, nous nous recommandons à vostre bonne grace. Et pour ce, nostre très-redoubté seigneur, que sommes certains que desirés scavoir des nouvelles de l'armée, de l'estat de nostre très-

[1] Comparez avec l'Histoire des ducs de Bourgogne, par M. de Barante; 5e édit. t. VIII, p. 194 et suiv.

redoubté seigneur vostre filz, et que sommes tenus de nous en acquitier mesmement ès matères qui touchent; il est vray que mardi passé, xvie jour de ce mois, nous fusmes présents du commencement jusques en la fin de la bataille que monseigneur vostre filz a eue contre le roy et sa puissance, qui estoit de xxiie lances ou environ, le mieulx en point que oncques furent veues en ce roialme, comme l'en dit; laquelle bataille, après ce que mondit seigneur vostre filz fut conseillié d'aler querre et envahir le roy et sadite puissance au lieu où ilz estoient, qui estoit moult fort et avantagieux pour eux, commencha entre ung et deux heures après midy. En ensievant ledit conseil fut fait ledit envahissement très-fièrement et d'aussi hardi couraige que l'on a veu faire en journée de bataille passé long temps, comme il semble à ceulx qui le veirent d'ung costé et d'aultre, aiants congnissance de telles matières, et tellement que les Franchois se misrent en fuyte et en desroy bien grand, par lequel desroy ils estoient tous nôtres, se l'une des elles[1] de nostre bataille ne s'eust desmarchié pour cuidier[2] venir joindre à ceulx de l'autre bout de nostredite bataille, qui estoient les premiers en celle desdits Franchois; car, par ce moien, une grosse compaignie d'iceulx Franchois vint soudainement chargier sur les nostres qui ainsi desmarchoient, en telle faichon qu'ilz s'en vindrent fuyants les ungz parmy les aultres, et par ce moien se partirent et misrent en fuyte, au bois que nous avions au dos, une partie de nos gens; pendant laquelle fuyte mondit seigneur vostre filz, qui riens n'en scavoit, tousjours poursievant et chassant ses ennemis, s'en vint environner la place de Mont-le-Héry, où estoit le roy, et sa garde avec luy, et entra en ladite ville de Mont-le-Héry à bien petit nombre de gens, tuant et desconfissant tout ce qu'il trouva en son chemin. Et après s'en vint vostredit filz rapasser devant la porte de ladite place, où, comme dit est, estoit le roy et sadite garde; et là fut mondit seigneur vostre filz en grant dangier et doubte de sa personne, se n'eust esté sa vaillance, vertu et bonne vertu; mais là, Dieu merchi, il en escappa.

[1] Ailes.   [2] Penser.

Et tantost après s'en vint planter aux champs de la bataille au moins d'un trait d'arc, devant ses ennemis, où il fu longuement, reliant[1] ses gens, qui estoient en petit nombre; lesdits ennemis pareillement reliés devant luy en leur fort, en plus grant nombre qu'il estoit sans comparaison; et fu la chose dès lors jusques vers soleil couchant en tel estat que nul scavoit qui devoit estre le maistre. A laquelle heure le roy et les siens se partirent confusément, en laissant son artellerie, et demoura la place à mondit seigneur vostre filz, sur laquelle il demoura toute la nuit et lendemain jusques après midy, qu'il s'en vint logier audit lieu de Mont-le-Héry pour refraischier ses gens et leurs chevaulx, lesquels estoient fort traveilliés. Et combien que la journée et la victoire ait esté et soit belle et grande, toutesvoies, veu le premier assault fait auxdits Franchois de tel couraige et hardiement comme dessus est dit, et le grand desroy où ilz furent mis, yceuls Franchois eussent eu plus grant perte et desconfiture de gens, se n'eust esté la fuyte des gens de mondit seigneur vostre filz, qui se partirent de la place comme dessus est dit, desquelz plusieurs ont esté prins à Paris, qui de prime face ont donné cause au peuple de cuidier que le roy eust eu la victoire, en faisant ladite fuyte des gens du roy, qui fu très-grande, et principalement de monseigneur du Maine, monsieur l'amiral, monsieur de la Barde, Salezaest[2] et aultres avoec leurs routes[3], lesquels, comme nous avons sceu, s'en fuyrent tous et encore fuient, comme l'en dit, en bien grant desroy. Et ainsi, nostre très-redoubté seigneur, grace à Dieu, la journée a esté pour vous et pour mondit seigneur vostre filz, et lui est nettement demouré la place, comme dit est, au grand honneur de vous et de luy, et par conséquent de tous vos pays et seignouries; car véritablement icelluy mondit seigneur vostre filz s'i est aussi vertueusement conduit et gouverné que se toute sa vie il n'eust fait aultre chose que conduire, ordonner et rellyer batailles, et de sa personne s'est aussi chevaleureusement porté que corps de

[1] Ralliant.
[2] Le capitaine Sallazar.
[3] Ce mot vient de l'allemand *rotte* et signifie escouade.

noble homme porroit faire, et tellement que luy seul a esté cause, par sa vaillance et bonne chevalerie, d'avoir gaigni ladite journée, tousjours soustenant à pié ferme ladite bataille sans oncques desmarchier[1] pour chose qu'il veist. Combien toutesvoies qu'il a esté ung petit blechié vers la gorge d'un cop d'épée, mais, Dieu merchi, se n'est chose dont il peust avoir dangier. Et en vérité, très-redoubté seigneur, il a bien monstré qu'il est vostre filz ; car il a grandement retenu vos bons enseignemens et les tours de vertus et de noblesse que vous lui avez aprins en cas semblable. Et certes, à tout bien considérer, il a gaignié la plus belle journée qui ait esté veu en France passé a long temps, sans gaires[2] grans perte de gens, veu que la chose dura bien longuement ainchois qu'on pensit bonnement congnoistre à qui l'onneur et victore en demouroit. Aulcuns des gens de mondit seigneur vostre filz ont esté morts en ladite besoingne et les aultres prins, les ungz en combatant et les aultres en chaissant ung peu bien oultraigeusement. Et mesmement y sont morts monseigneur de Hames, messeigneurs Phelippe de Lalaing, Philippoit d'Oignies, vostre bailly de Coutray, qui portoit le pennon de mondit seigneur vostre filz, le frère de monseigneur de Halwim et aultres; et des prisonniers, monseigneur du Bois, qui portoit la banière de mondit seigneur vostre filz, monseigneur de Crevecuer et aulcuns aultres. Et au regard des Franchois, il y a eu beaucoup de leurs capitaines et aultres de grand fachon mors et prins, desquelx n'avons parfaite cognoissance; mais, entre les aultres, monseigneur de Malueriey[3], grand-senescal de Normandie, y est demouré mors, dont est dommaïge; et pareillement y est mort Phelippe de Louhan et bien grand nombre d'aultres, tous gens de nom en trop plus grand nombre que des nostres sans comparison ; et avoec ce avons grand foison de leurs prisonniers, et, entre les aultres, le filz du conte de Ventadour. Nostre très-redoubté seigneur, plaise vous adès[4] nous mander et commander vos bons plaisirs pour y obéir et les acomplir de très-humble cœur à

[1] Reculer.
[2] Guère.
[3] Maulevrier.
[4] Maintenant.

nos loiaulx povoirs, moiennant l'aide de nostre Seigneur, qui, par sa grace, vous doinst bonne vie et longue et accomplissement de vos très-nobles plaisirs. Escrit à Estampes, le xixe jour de juillet, l'an LXV.

Nostre très-redoubté seigneur, depuis ces lettres escriptes, est à ceste heure arrivé monseigneur de Berry[1] en cette ville, monseigneur de Bretaigne et sa compaignie; et n'est monseigneur venu que à petit nombre de gens, et son armée est logiée auprez.

V.

CHARLES, COMTE DE CHAROLOIS,

AU DUC DE BOURGOGNE SON PÈRE.

(Mémoires de Granvelle, I, 9-10.)

Conflans, 3 octobre [1465].

Mon très-redoubté seigneur et père, pour ce que je suis certain que desirés scavoir des nouvelles de par dechà, il est vray que depuis le partement du chevaucheur de mon escuierie, par lequel je vous ay nagaires et desrainement escript que la ville de Rouen, le chasteau, le palais et le pont d'icelle sont renduz et mis ès mains de beau frère de Bourbon, pour et ou nom de monseigneur de Berry, laquelle chose venue à la congnoissance de monseigneur le roy que ladite reddition fust faite par ses gens mesmes, qu'il avoit envoiés en Normendie, il a esté plus prest de appointier avec mondit seigneur de Berry et les seigneurs du sang qu'il n'avoit encoires esté, et tellement qu'il a esté content de donner audit monseigneur de Berry en panage[2] la duchié de Normendie en tous drois, sauf et réservé seulement l'ommaige et souveraineté : et au regard de moy, il a esté

[1] Frère unique du roi.   [2] Apanage.

et est content de me transporter et donner les terres qu'il a naguères rachetées de vous, pour en joïr par moy et mes hoirs, descendans et procréez de mon corps, au rachat de II^c mille escus, lequel rachat ne se porra faire ma vie durant. Et desjà sont commandées et ottroiées les lettres tant du fait de mondit seigneur de Berry comme du mien, par lesquelles lettres, touchant mon faict, le roy m'a transporté aussi la conté de Bouloigne pour en joyr après vous, pour moy et mes hoirs, descendans de moy en ligne directe, la conté de Guines avoec les villes et chastellenie de Péronne, Mondidier et Roye, pour en joïr héritablement et à tousjours. Et quand au beau frère de Bretaigne, et audit beau frère de Bourbon, et beau frère de Calabre, et aux aultres princes, le roy fait besoingnier avec leurs gens touchans leur appointement, et est la chose comme faite pour venir à bonne paix, laquelle, comme j'espoire, sortira bon et brief effect. Le roy m'a fait baillier et délivrer la place du bois de Vincennes sur ma parolle seulement, et y sont mes gens qui la gardent, et pense que mondit seigneur de Berry se trouvera illec devers le roy pour faire son hommaige de la duchié de Normendie. Et ce jour d'huy nous sommes entreveus, monseigneur le roy et moy, sur le boore de la rivière de dechà la Seine, à privée compaignie, entre cy et Paris, et m'a dit icelluy monseigneur le roy beaucoup de belles parolles, desquelles et de tout le traitié de paix, selon qu'il se conduira, je vous advertiray en après et le plus brief que faire se porra. Au sourplus, mondit seigneur et père, nouvelles me sont présentement venues que le seigneur de Halbordin [1], lequel estoit à Ponthoise, où je l'avoie envoié, est allé de vie à trespas, pour laquelle cause je vous supplie en toute humilité qu'il vous plaise de vostre grace, en faveur de la payne et travail que j'ay supporté en ceste armée en vostre service, me donner et ottroyer les offices de capitanerie de Lille et de Quesnoy, que tenoit ledit sieur de Halbourdin, pour en pourveoir aulcuns de mes gens serviteurs, lesquelz j'ay en très-singulière affection. Et au plaisir de Dieu, je n'y commetteray nulz qui ne soient gens de

[1] Hautbourdin.

bonne fachon et à vous agréables; et si me ferés très-espécial honneur et plaisir. Ce scait le benoit filz de Dieu, etc. Escript à Conflains, le IIIe d'octobre [1465].

Vostre très-humble et très-obéissant fils,

CHARLES.

PROJET DE L'ACCOMMODEMENT DES PRINCES ET SEIGNEURS AVEC LE ROI LOUIS XI, JOINT À LA LETTRE PRÉCÉDENTE.

BERRY [aura] Normendie, sans que le roy y puet demander ressort, mais luy demeure la souveraineté.

CALABRE [Jean d'Anjou duc de] aura Mouson, Saint-Menaaut[1], Vaucouleur; v^e lanches payés pour demi-an et c^m escus, et renonchera le roy aux alianches du roy Ferrant[2] et de ceulx de Metz.

CHAROLOIS, les villes et pays rachetées, pour lui et pour son premier héritier, et après eulx à rachat de II^c M escus, avoecques Bouloigne, Guynes, Péronne, Mondidier, Roye, héritablement et à tousjours; la pragmatique sanction sera remise par le conseil de l'esglise.

BOURBON [Jean II, duc de] doit avoir Donchory et aultres seigneuries et Avergne et pencion; charge IIIe lances, portion d'aides et c^m escus.

BRETAIGNE [François II, duc de] doit avoir Estampes, Monfort et Nantes, les régales en ses pays et portion d'aides.

NEMOURS [sera] gouverneur de Paris et de l'isle de France; [aura] pencion d'aydes, nomination des offices et bénéfices, et charge de IIe lanches.

DUNOYS [aura] charge de tel nombre de lanches et pencion telle qu'avoit par devant, et pour ses biens meubles une grosse somme.

LABRETH[3] aura certaine seignourie, en joïssant ses pays.

ARMEIAT[4] aura les trois chastelnies du Rouergue, qui luy furent ôtez par le feu roy, c lanches et pencion d'aydes.

LOEYAC[5] [sera] premier marischal et [aura] IIe lanches.

---

[1] Menehoud.
[2] Ferdinand d'Aragon, roi de Naples.
[3] Azain, sire d'Albret.
[4] Armagnac.
[5] Le sire de Loheac.

PAPIERS D'ÉTAT

TANEGUY[1] [sera] grand-escuier et [aura] c lanches.
BEUIL [sera] grand-amiral et [aura] c lanches.
SAINT-POL [sera] connestable de France.
DAMMARTIN [sera] restitué en ses seignouries et [aura] charge de c lanches.

VI.

PATENTE

DE JACQUES DE SAVOIE, COMTE DE ROMONT,

ADRESSÉE AUX ÉTATS GÉNÉRAUX DES PAYS-BAS.

(Mémoires de Granvelle, I, 11.)

Assche [en Brabant], 20 décembre 1484.

Le comte de Romont et de Sainct-Pol, etc., lieutenant général de mon très-redoubté seigneur monseigneur le duc de Bourgongne et de Brabant en tous ses pays;

Très-chiers et bien amez, merquedy derrenier passé, xve jour de ce présent mois, nous estant logiés au village de Nostre-Dame de ce lieu, en intention de, ou nom de mondict très-redoubté seigneur et comme son lieutenant général, capitaine de son pays et conté de Flandres, nous transporter avant sondict pays de Flandres, pour y mettre les garnisons nécessaires à la seureté d'icelluy, monseigneur d'Autriche[2] envoya pardevers nous Franche-Conté, son hérault et officier d'armes, par lequel il nous fist faire sommation de nous départir dudict lieu, et que luy feissions rendre mondict très-redoubté

---

[1] Duchâtel.
[2] Maximilien, fils de l'empereur Frédéric III, et veuf, dès le 22 mars 1483, de Marie de Bourgogne, qu'il avait épousée au mois d'août 1477.

seigneur, monseigneur le duc son filz[1], en nous présentant, en cas de reffus, la bataille.

Et pour tant que pour faire response sur ce à mondict seigneur d'Autriche, aussy vous en advertir, afin de scavoir se le mandement par luy expédié pour faire ladicte sommation, adrechant audict Franche-Conté, avoit esté faict à vostre sceu, comme il le contenoit, envoyâmes dès lors par devers icelluy mondict seigneur d'Autriche le roy d'armes de Flandres, en intention qu'il duist parler à vous, et vous monstrer le double dudict mandement, pour en scavoir la vérité; ce qu'il ne s'a peu faire, obstant que[2] ledict roy de Flandres a premièrement adressé à mondict seigneur d'Autriche, lequel le a fait tenir si estroitement et garder de si près, qu'il n'a peu avoir accez pour parler à vous et vous advertir de mon intention.

Parquoy, pour nostre honneur garder, en lieu de asseoir lesdictes garnisons, sommes, à la tête de l'armée dudict pays de Flandres, venus jusques en ceste ville, non point pour faire dommaige audict pays de Brabant, ne aulx subgetz d'icelluy, mais (comme dict est) pour garder nostre honneur et respondre à tous ceulx qui nous vouldroient aulcune chose demander. Dont vous advertissons pour tant que désirons à scavoir se estez délibérez de, en soustenant la querelle de mondit seigneur d'Autriche, faire et exploittier la guerre à l'encontre de mondit seigneur son fils, qui est vostre prince et seigneur naturel, et meismement contre ses bons et léaulx subgects de sondit pays de Flandres. Et pour ce que dès hier envoyâmes par devers vous Noir Lyon le hérault, ayant cherge de bouche de vous déclarer ces choses, aussy que estions délibéré de à tout ladicte armée marcher oudit pays de Brabant, et non en partir jusques à tant que nous auriez sur ce faict scavoir vostre résolutive intention; à ceste cause, obstant que ne le avez fait, escripvons par devers vous, et vous advertissons derechief que sommes icy aujourd'huy arrivé, où nous séjournerons demain pour tout le jour, en attendant

[1] Philippe, dit le Beau, né le 23 juin 1478. [2] Parce que.

vostre response; délibéré, de icelle sceue ou non, partir le lendemain, et tirer là où Dieu nous conduira.

Très-chiers et bien amez, Nostre Seigneur soit garde de vous. Escript à Assche, ce lundy xxe jour de décembre, anno iiii^{xx} et iiii.

JACQUES DE SAVOYE.

A nos très-chiers et bien amez les prélatz, nobles, gens de ville et aultres représentans les estatz des pays de Brabant, Haynnau, Hollande, Zeelande et Malines, assemblez en la ville de Bruxelles.

VII.

RÉPONSE

DES ÉTATS GÉNÉRAUX DES PAYS-BAS.

(Mémoires de Granvelle, I, 12.)

Bruxelles, 22 décembre 1484.

Monsieur, nous avons receu voz lettres escriptes à Assche le lundy, le xxe de ce mois, du contenu esquelles voz lettres vous tenons estre recors, et pour respondre à l'effet et au principal d'icelles lettres, samble que vous, ne aultres, n'avez cause de demander ou enquérir se nous sommes délibérez de faire et exploiter la guerre à l'encontre de nostre très-redoubté seigneur et prince, monseigneur le duc Philippe, archiduc d'Austriche, de Bourgongne, de Brabant, etc., nostre naturel seigneur, et mesmement contre ceulx de son pays de Flandres; car, quant à nous, nous n'avons jamais de ce faict aulcun semblant : mais au contraire pour ce empescher, et pour eschever[1]

[1] Éviter.

voyes de faict de nostre part et d'aultres, nous sommes souvent mis en debvoir, comme encores faisons, d'obtenir saulf-conduict, pour nous treuver devers ceulx qui nous vouldroient imposer de vouloir ou désirer la guerre, que toutefois mesmes l'ont exploictié et exploitent journellement à tort et sans cause. Avons aussy tousjours tenu et réputé nostredict très-redoubté seigneur, monseigneur le duc Philippe, nostre prince véritable et naturel, comme avons encore intention de faire, sans en manière quelconque à vous, ne aultres, donner cause ou occasion de dire ou penser le contraire; et, en cette fin, pour garder son droict, et en observant les droicts et coustumes des pays à luy eschus par le trespas de feue nostre très-redoubtée dame et princesse sa mère, que Dieu absoille, nous avons receu nostre très-redoubté seigneur l'archiduc son père comme père, maimbourg, et légitime administrateur des corps et biens, terres et seigneuries de nostredict seigneur naturel monseigneur le duc Philippe, à qui nous avons intention d'obéir en ceste qualité, durant sa minorité, sans en ce changier propos à la persuasion d'aultruy; et nous donnons merveilles de ce que, par vosdictes lettres, vous vous attitulez lieutenant général des pays de nostre naturel seigneur et prince, et capitaine général de part luy ordonné ou pays de Flandres, veu que nostredict seigneur n'est point en estat pour pouvoir constituer ou ordonner capitaines ou lieutenans, obstant son jeune aige, et de tant moins qu'il est en puissance paternelle, qui, sans l'auctorité de monseigneur son père, lequel, selon tous drois et les coustumes des lieux, a l'administration de ses corps et biens, n'a peu et ne peut ordonner aulcune chose sans l'auctorité de mondict seigneur son père. Monsieur, nous prions Dieu qu'il vous ayt en sa sainte garde. Escript à Bruxelles, le xxiie jour de décembre, anno iiii[xx] iiii. Soubz le scel des causes de cettuy ville, les gens des estats des pays de Brabant, Lymbourg, Haynnau, Hollande, Zeelande, Namur et Malines.

A M. le comte de Romont, de Saint-Pol, etc.

VIII.

RÉPLIQUE

DU COMTE DE ROMONT

AUX ÉTATS DES PAYS-BAS.

Assche, 24 décembre 1484.

Messieurs, j'ay receu vos lettres, lesquelles j'ay envoyées à messieurs du sang, du conseil et gens des trois membres de Flandres estans devers monseigneur le duc en sa ville de Gand, par l'advis desquels et des capitaines et chiez de guere estans devers moy vous fais response.

Premier, où vous dictes que n'ay eu cause de demander ou enquérir se estez délibérez faire ou exploiter la guerre contre mondict seigneur le duc, car de ce n'avez jamais faict semblant, mais au contraire vous estes mis en debvoir pour icelle eschever.

Messieurs, avant que la puissance de Flandres ait esté mise aux champs, la voye de faict a esté commencée par ceulx qui ont surprins la ville de Reuremonde, qui est nuement de la conté de Flandres, à quoy vous scavez quelz faveur, adhérence et assistence y ont estez faicz et donnez par plusieurs de vous qui estez des estatz, et par ceulx des villes qui ont livré et soliuyé[1] gens pour ce faire, et chascun jour rechoivent ceulx qui ce ont faict, et leur pillaige, et se exploictent journellement la guerre ceulx d'Anvers à l'encontre du pays de Flandres. L'on est assez adverty que la pluspart de vous ont bonne et droicturière intention à mondict seigneur le duc, comme à vostre prince et seigneur naturel; mais par le faict et subtilité de

[1] Soudoyé.

ceulx qui ont mis et bouté monseigneur d'Austriche en volenté de prétendre et demander droict ès pays de mondict seigneur le duc son filz, vous estes tenus en telle crainte et subgection, que n'avez point liberté ne franchise d'en dire comme les corages vous jugent[1].

Messieurs, ne vous donnez point merveilles que je me nomme lieutenant général des pays de mondict seigneur le duc, et capitaine de son pays de Flandres, car j'ay esté et suis ad ce commis et ordonné par l'advis de ceulx de son sang, du conseil et des membres, et du sceu et bon plaisir du roy [de France], mon souverain seigneur; et n'est pas chose estrange ne contraire au droict et bonnes moeurs qu'ainsi se faict; mais quelque chose que vous boutent en la teste ceulx qui vous aveuglent des termes de puissance paternelle. C'est chose bien estraigne[2] et contre tous droix divins et humains, que cely qui n'a aulcun droict es pays et seigneuries de mondict seigneur le duc s'en nomme et porte seigneur, et en toutes choses, sans aulcune différence, en use comme les vrays seigneurs et propriétaires ont faict par cy-devant et que ainsy le souffrez.

Messieurs, Nostre Seigneur soit garde de vous. Escript à Assche, le xxiiiie de décembre, anno iiii^{xx} et iiii.

JACQUES DE SAVOYE.

A Messieurs des estatz des pays de Brabant, Lembourg, Haynnau, Hollande, Zellande, Namur et Malines, assemblez en la ville de Bruxelles.

---

[1] Selon vos sentiments.   [2] Étrange.

IX.

MANIFESTE

DE L'ARCHIDUC MAXIMILIEN,

SERVANT DE RÉPONSE AUX REPROCHES DE CEUX QUI SE PORTENT POUR LES TROIS MEMBRES DU PAYS DE FLANDRES.

(Mémoires de Granvelle, I, 13 v°, 16.)

Sans date [vers 1484].

De par le duc d'Austrice, de Bourgongne, de Brabant, etc.

Très-chiers et bien amez, nous avons entendu par les copies que vous et aultres noz bons et léaux subjectz nous avez envoyées, comment ceulx qui se portent pour les trois membres de nostre bon pays de Flandres travaillent journellement de donner à entendre plusieurs et diverses choses à nostre charge, grand déshonneur et esclandre, contre Dieu, raison et la vérité; et, combien qu'il ne nous appartient de respondre à telles gens comme ils sont, sur leurs indeuz et desraisonnables escriptz, comme à ce indignes, touteffois, nous ne voulons, et n'est nostre intention de tolérer que leursdicts escriptz demeurent en l'entendement de noz bons subjectz, mais au contraire voulons qu'ils soient advertis des sinistres et faulx rapportz que ceux qui se dient et se portent pour les trois membres sèment journellement à l'encontre de nous. Vous avons pour ce voulu donner à cognoistre sur chascun article desdictes copies ce que s'ensuit, ce que treuverez de nostre part et des nostres véritable, et indeuement escript contre Dieu, desraisonnable et mensonger par ceulx qui se portent pour les trois membres de nostre pays de Flandres.

Et premier, là où ils dient que la matière, dont auparavant leurs avons escript par noz aultres lettres, n'est pas telle que nous et ceulx qui sont entour de nous leur avons escript, pourrez assez entendre et considérer par ce qui s'ensuit, par ce que par cy-devant avons escript, le contraire, ensemble les bourdes et faulsetez dont s'entremettent ceulx qui escripvent contre nous, pour vous et aultres nos léaulx subjectz et de nostre très-chier et très-amé filz séduire et fourvoyer hors du vray train et chemin, duquel chemin de vérité ils se treuveroient bien enuiés, car il ne leur duit[1] point pour parvenir à leurs intentions.

Sur le II⁰ article, commenceant : *En délaissant la réponse, etc.* En ce peut-t-on appercevoir qu'ils ne désirent point que la vérité viengne à cougnoissance, car eux-mesmes délaissent et cèlent volontairement nostre responce, qui est véritable et juste. Mais pour savoir et entendre comment feue nostre compagne la duchesse, que Dieu absoille, a signé le traicté dont en cest article est faicte mention, est vray que nostredicte compagne, en son vivant, et en présence du sieur de la Gruthuse et de la dame de Hallewyn, qui ce tesmoigneroient bien, ou cas qu'ils ne voulsissent espargnier la vérité, s'est aultrefois dolue et complainte que le secrétaire qui avoit faict les lettres de ce traicté les lui avoit apportées à signer, disant qu'elles avoient ainsy esté conclutes auparavant son mariage, sans ce qu'aultrement elle sceut qu'elles contenoient, dont nostredicte compagne, comme elle disoit, n'estoit pas contente. Mais à ce qu'ils dient que ledict traicté s'ensuit expédié et passé par ceulx qui lors avoient ce et aultres choses en charge de nous, ce est bourde et le tout mensonge; par quoy l'on peut veoir leur grande faulseté et mauvaitié[2], dont ils usent journellement envers nous.

Sur le III⁰ article, commenceant : *Là où vous escrivez que nous disons, etc.* Pouvez aussy entendre qu'il ne leur plaise point que nous nommons par noms les principaux qui journellement practiquent la ruine de nous, nostredict filz, noz pays et subjectz; les quels nommez, ils se travailleroient volontiers de les estimer meilleurs que ne

---

[1] Convient, sert. [2] Mauvaiseté, pour méchanceté.

sont ceulx qui sont emprès nous et qui nous servent : qui est une grande présomption d'eux ; car ceulx qui sont nommés particulièrement en cest article ne sont à comparer que à bourgeois, marchands et moindres ; quant ils seroient gens de bien et nobles seigneurs, ne doibvent point estre comparez aux princes, comtes et escuyers qui sont devers nous : par quoy l'on peut ce compter et tenir pour la troisième bourde en ordre.

Sur le IIIIe article, commenceant : *Là où vous escripvez que vous retenez le tiltre, etc.* La requeste qu'ils font afin de délaisser les armes et le tiltre est desraisonnable et faicte par aulcuns particuliers nos malveuillans, et non point par la généralité de nostredict pays de Flandres et aultres. Et quant à la communauté et subjectz de noz pays de Flandres et aultres nous requérant d'aulcune chose raisonnable, nous y ferons ainsy qu'il appartiendra. Mais là où ils dient audict article que nous portons les armes à injuste tiltre, cecy est par eux, et par les raisons mentionnées et déclarées aussy en noz aultres lettres, aussy menti et faulsement dict contre la vérité, comme ils sont bien accoustumés de faire.

Sur le Ve article, commenceant : *Que nous après le trespas, etc.* Sur ce pouvez considérer quel droict que les subjectz peuvent avoir de r'oster à leur seigneur son pays et luy désobéir, déchasser leur prince et bail de leur naturel seigneur, soubz ombre d'obéir à un enfant qui ne scait commander ne deffendre. Certes, leur vouloir n'est pas si grand envers leur seigneur, qu'ils sont enclins de dominer, et à emplir leurs bourses ; et quoyqu'ils dient au contraire, l'on le treuvera en la vérité aussy n'estre faulx, veu les alliances qu'ils ont voulu faire avec aultres, lesquelles, se Dieu ne les eust empesché, nous eust esté, et aussy à nostredict filz, perpétuelle honte, esclandre et destruction.

Au VIe article : *De la révocation de nostre commission, etc.* Ou cas qu'ils ne se soient aydez de ladicte commission, de tant est leur abus et mesus[1] plus grand. Toutesfois, ne faict-il à présumer qu'ils ayent faict poursuyvre icelle commission, et, pour l'obtenir, nous[2] promis

---

[1] Tort.　　　　[2] *Sic.*

grandes sommes de deniers sans en avoir jouy. Se peut-t-on par ce assez considérer et congnoistre une aultre bourde et faulseté avec les dessusdictes.

Sur le viie article, touchant et concernant noz serviteurs; ils sont telz que nous les tenons et réputons par noz aultres lettres, et ne sera pas en la puissance de ceux qui nous escripvent, de les déchasser hors de nos pays sans nostre sceu et consentement. Et à ce qu'ils dient que nosdicts serviteurs ne servent ne bien ne léaulment nostredit filz, et que ce appert par effect, nous avons assez sur ce respondu par noz aultres lettres, et ce que lesdictes gens en escripvent est bourde et faulx; car iceulx noz serviteurs ont pour nous, icelluy nostredict filz, pays et subjectz, exposé leurs corps et plusieurs d'eulx perdu leurs biens; iceuls qui escripvent lors estans en leur sceureté, recouvrans grands prouffitz et émolumens.

Sur le viiie article, commenceant : *Pour ores, que nous puissons, etc.* Se leur intention est de mettre leur seigneur en subgection ou non, appert assez par les œuvres, et ne doubtons point qu'ils ne baillent à nostre filz aussy peu de domination et ne le tiengnent en si petite révérence et honneur, comme ils nous ont tenu par cy-devant et aussy feue nostre compagne, qui estoit aussy leur naturelle princesse; et s'ilz vouloient dire qu'ils ont faict à nous et nostredicte feue compagne ce qu'iceulx estoient tenus de faire à leur naturelle dame et princesse, sans la prendre ou tenir en subjection plus qu'ils ne debvoient faire par honneur, espargnent-ils la vérité : car il est tout notoire à un chascun comme ils se sont conduitz vers nous et icelle nostre compagne, et les divers moyens qu'ils ont tousjours quis et cherchez pour nous rendre en servitude. Par quoy l'on puet bien appercevoir leur faulseté et abus comme dessus.

Touchant le ixe article, touchant la manbournie, nous ne demandons ne désirons fors ce que, selon droict et la coustume des pays, nous compète et appartient, et espérons, à l'ayde de Dieu, d'y parvenir, nonobstant leurs bourdes qu'ils ont mis et mettent journellement avant et celles que pourroient mettre en avant cy-après.

Sur le xe article, touchant les joyaux et tapisseries, et où ils désirent faire justifier leur légière sentence, prétendans estre juges, etc. En quoy ils mentent et dient faulsement; car entre nous et nostre filz n'a différent, sinon en tant que ils, à leur prouffit, en font semblant; et quant différent y auroit, si n'en ont-ils que faire et ne sont point les juges. Et par ce peut apparoir leur faulseté et bourde cy-devant.

Sur le xie article, *touchant les joyaux qui sont espars, vendus ou fondus, etc.* disons que c'a esté pour la tuition et deffense de nostre pays de Flandres, où nous avons exposé nostre corps, sans en aulcune façon l'avoir espargné, comm'il est notoire à tous, dont ils nous debvroient remercier et récompenser, et pour récompense de ce ils nous chargent et vitupèrent, que procède d'un faulx et déloyal courage.

Sur le xiie article, là où ils dient que nostre filz est bien traicté à Gand, il nous plaict moult bien qu'il est bien traicté, et n'avons de ce, nous ne nostre filz, à remercier fors Dieu, nostre créateur. Touteffois, nous doubtons que s'il y demeure longuement que ce luy coustera, et par adventure luy coustera le pays de Flandres; mais que luy mettons empeschement en sesdicts pays et biens, ès quelz ne prétendons plus avant que droict et selon les coustumes d'iceux pays nous compète et appartient : cela est ce aussy menti et escript contre la vérité par ceulx qui l'ont escript ou faict escrire.

Et en tant qu'ils touchent le xiiie article, où ils dient avoir faict bonne justice, etc. et désirent qu'aulcuns noz serviteurs voisent devers eux pour d'eux estre informez, il est plus raisonnable et séant que ceulx qui ce escripvent viengnent devers noz serviteurs, comme ils ont aultresfois accoustumé de faire, et espérons à l'ayde de Dieu que encore feront. Et ou cas que ainsy le facent, nous les appoincterons ainsy qu'il appartiendra. — Touchant la grace, pardon et dissimulation qu'avons faicte à messire Guillaume d'Arembergh et aultres, il ne nous appartient point de sur ce respondre à ceulx qui ce escrivent, attendu qu'ils ne sont pas dignes de entendre ne pouvoir concevoir en quelz cas, pour le prouffit et utilité des pays, il soit permis au prince de dissimuler ou faire grace, aulcune espace de temps, des cas et maléfices de quelque qualité qu'ils soient; mais que doyons avoir faict mettre à mort ou au dernier supplice ceulx qui vouloient mettre union et accord en noz pays et seigneuries, nous disons que ce sont bourdes et faulsetez, comm'il puet apparoir par les procès et sentences et aultrement duement.

Et quant au xiiie article, où ils font mention de nostre très-chère et très-amée dame et belle-mère, la duchesse douairière, etc. Il appart clèrement de la présumption et outrecuidance desdicts escrivans, aulsquelz n'appartient aulcunement de dire, escrire, déclarer, ne penser telles ou semblables choses, et ne faisons point de doubte qu'elle n'en responde cy-après en telle façon que chascun cognoistra le tort que, sans cause et contre vérité, ils mettent avant, attendu qu'elle n'a faict sinon chose raisonnable et ce que luy loisoit[1] pour parvenir à ce que, de force et par violence, lui a esté osté.

Et quant au xve article, *touchant les lettres et scellez, etc.* nous la renvoyerions, ne fût que par icelles nostre intention est de faire apparoir de leurs bourdes, faulsetez et mensonges.

Sur le xvie article, où ils dient que les particulières gens se garderont, etc. ils feroient bien qu'ils fissent bien envers Dieu, leurs seigneurs, leurs pays et subjectz, car de ce n'adviendroit que bien, et qu'ils se gardassent de persévérer et endurcir en leurs faulsetez envers nous et au préjudice de nostre filz.

Sur le xviie article, là où ils parlent de nosdicts serviteurs et que regardissions le tropeau[2], ils devroient mesme regarder le tropeau que leur avons par cy-devant dénommé; s'ils estoient d'aulcune estime, ils se debvroient ayder de la vérité, et rejecter leurs abus et faulsetez comme dessus.

Et en tant qu'il touche le xviiie article, etc. Nous espérons à l'ayde de Dieu nous conduire que noz parolles et noz faictz démonstreront évidemment les faictz de ceulx qui escrivent estre mensonges et pleins de bourdes, et les nostres estre véritables.

Et au dernier article, là où ils désirent que nous veullons regarder

---

[1] Ce qu'il lui était loisible de faire.   [2] Troupeau, pour peuple.

et faire le mieux au salut de nostre âme, etc. Nous l'espérons faire, sans avoir sur ce leur advis, et n'est point besoin qu'ils nous en prient; mais d'ensuir [1] leurs faulx et mauvais proposé ne seroit pas le salut de nostre âme, comme cy-après sera treuvé au vray.

Et là où ils dient qu'ils auroient aussytost faict aulcune chose à nostre préjudice, etc. Il nous semble que jusques à ores ils se sont à ce bien employez, sans en ce espargner faulsetez, trahisons et mensonges; mais, à l'ayde de Dieu, nous espérons qu'avant qu'il soit long temps ils se déporteront d'iceulx, et qu'ils cognoistront leurs faultes, ainsy que aultresfois ils l'ont faict; et s'ils le font en temps ce sera leur honneur et prouffit, et aultrement, en continuant en leurs damnables propos, il pourra redonder à leur desplaisir et charge, ce que ne verrions point volontier ainsy advenir.

X.

DEUX LETTRES D'ANGE,

ÉVÊQUE D'ORTONA, NONCE APOSTOLIQUE AUPRÈS DE MATHIAS CORVIN[2], ROI DE HONGRIE,

AU PAPE INNOCENT VIII.

(Mémoires de Granvelle, I, 17 - 41.)

Bude, 1 et 25 juin 1489.

Beatissime pater et clementissime domine, pedum oscula beatorum, etc. Superioribus diebus, Benedictum, cursorem meum, ad

---

[1] Suivre.

[2] Mathias Corvin Hunniades, fils de Jean, gouverneur du royaume de Hongrie de 1445 à 1453, était né en 1441. Ladislas, dit le Posthume, étant mort le 23 novembre 1457, Mathias Corvin lui succéda sur le trône de Hongrie et conserva la couronne jusqu'à son décès, en 1490.

[3] Le calligraphe du xvie siècle qui a fourni cet important document aux ma-

sanctitatem vestram destinavi, cui, ut accuratius demandatam sibi provinciam absolveret, partem salarii ex pecuniis sanctitatis vestræ, quæ apud me sunt, ut illa discedenti mihi mandaverat, exolvi. Nihil nunc superest ni hoc deferam, quod pudet, cum Budam applicuisset orator Venetorum, velletque dominus rex de more, solemni pompa, illum audire, noluit magno auditorio adesse, in quo licet orator præter communem congratulationem nihil retulit.

Posterum tamen diem ad colloquium, remotis arbitris, admitti se petiit, ac secreto auditus nihil, nisi ut dominus rex inibi[1] retulit, pacem et concordiam, inter majestatem suam, et dominum Cæsarem[2] magnis precibus, magnis denique suasionibus, adnixus postulavit et deprecatus est.

Cui dominus rex, in sequentem diem, ut oratori responderet, spopondit; ac cum responderet, eo quod causa pacis et concordiæ quæ petebatur, etiam ad sanctitatem vestram et sedem apostolicam concernebat, me quoque, qui sanctitatis vestræ vices nunc hic gero, adesse voluit. Quod tamen non sua majestas, sed Jauriensis et Agriensis[3], majestatis suæ nomine, in hæc verba et sententia[4] retulerunt :

« Magnifice domine orator, serenissimo domino nostro regi gratissimum fuit, quod amplissimus ille senatus Venetorum pacem et concordiam inter cæsaream et regiam majestatem cupiat et optet, quam regia majestas, jure licet et merito recusare deberet, quandoquidem cæsarea majestas, anno superiore, sanctissimum dominum nostrum contempsit, et pro judice ac arbitrio inter suam et regiam majestatem in presenti causa habere recusavit. Conventum namque et compromissum fuerat inter regiam majestatem et illustrissimum

nuscrits Granvelle, l'a transcrit avec tant de négligence ou d'ignorance, qu'il a dénaturé plusieurs expressions et commis un grand nombre de fautes grammaticales. Dans l'impuissance de rétablir en sa pureté le texte original, nous publions la copie telle qu'elle est, nous bornant à corriger les fautes les plus grossières, et rejetant entre parenthèses, au bas de chaque page, les expressions qui nous paraissent devoir être substituées à celles du copiste.

[1] (Mihi ?)
[2] L'empereur Frédéric III.
[3] Les évêques de Raab et d'Agra.
[4] (Sententiam ?)

dominum Albertum ducem Saxoniæ, locumtenentem et generalem capitancum suæ cæsareæ majestatis, nomine ejusdem, ut materiæ et causæ belli hujus, simul etiam universæ differentiæ inter suas majestates ponerentur ad judicium et arbitrium suæ sanctitatis, ita quod si sanctitas sua cognosceret, et declararet regiam majestatem non justam contra Cæsarem causam belli habere, non justa arma etiam in eam sumpsisse, omnia per suam regiam majestatem a Cæsare occupata restitui tenerentur; si vero contrarium declararet, posset sua regia majestas interea libere ceptum bellum prosequi, donec ei juxta inscriptiones satisfieret, prout in capitulis treguarum plenius continetur. Sed, ut prefertur, cæsarea majestas conditionem acceptare et sanctitatem suam pro judice habere recusavit. Quia tamen sanctitas sua, prout reverendissimus dominus legatus, hic præsens, sæpius hactenus nomine suæ sanctitatis retulit, pro communi charitatis bono ipsam pacem et concordiam semper desideravit et desiderat, et nunc etiam senatus ille Venetorum, per vestram magnificentiam adhortatur et suadet, pacem ipsam libenter amplectitur et ad eam descendere, æquis tamen legibus, parata est.

« Sed ut vos, domine orator, rem omnem qua lege, quibus etiam ex causis ad tantum bellum ventum sit, volumus vobis ab initio aperire, vel potius perstringere; nam qui pacem inter dissidentes tractant, prius causas dissentionis cognoscant, est necesse.

« Cum, annis superioribus, damnatus ille Georgius[1], rex Bohemiæ, contra cæsaream majestatem, ob non servatam fidem, ut ille Georgius dicebat, arma suscepisset, et primogenitum suum, ducem Victorinum, cum numeroso exercitu in Austriam destinasset, is etiam totam patriam ab altera Danubii parte et Danubium etiam ipsum brevi temporis spatio occupavit, et tam per decursum Danubii, quam in ipsa tota provincia, gravissimis exactionibus subditos Cæsaris dici afferet[2], ipsam etiam civitatem Viennensem, in qua erat Cæsar, obsidione cinxit. Videns autem Cæsar, et se et patriam illam in periculo, a regia ma-

---

[1] George Podiébrad, comte de Glatz, et roi dès 1458, mort en 1471. Il était beau-père de Mathias Corvin. — [2] (Dicti afferens?)

jestate multis promissionibus auxilia sibi ferri postulavit; ad cujus exhortationem variasque promissiones, majestas sua regia nihilo segnius immorata, in illos Bohemos et alios eorum auxiliatores castra movit, et præmissa celeriter parte copiarum, ipsam civitatem Viennensem, in qua[1] hostes ipsi jam impetum fecerant, primum ab ipso impetu, quem sturmam[2] vocant, et tandem a tota obsidione liberavit, et illos versus Bohemiæ fines retrocedere coegit, quos regia majestas semper insecuta est. Sed qualis præstiti beneficii merces fuerit, nunc audies, domine orator. Ubi regia majestas retrocedentes insequitur Bohemos, et hostium castris sua castra opponit, veriti hostes domini regis arma, cœperunt cum cæsarea majestate de pace et concordia tractare, et quia majestati suæ tractatus ille placuerat, statim, verso, ut aiunt, mantello, contra omnem charitatem, et proximi sui amorem, irrequisita regia majestate, et omnino etiam ignorante, pacem cum illis conclusit; et mox illas paucas copias suas auxiliares, quas castris domini nostri regis adjunxerat, non sine dolo et fraude revocavit; putansque, postquam illæ subtraherentur, amplius dominus rex resistere nequiret, sed confusus ac inglorius, et quasi nullam ei opem tulisset, redire cogeretur: sicque regia majestas tam magnam grandemque belli molem suam ac hostium, non sine gravi labore, expensa et periculo vitæ et status, sola in campo sustinere coacta, extitit.

« Cumque divina potius clementia, quam suis adjuta viribus, contra tot hostium impetus resisteret, exercitumque illum, præter spem Cæsaris, extra usque dominia Cæsaris fugasset, et totam Austriam ab illorum hæreticorum rabie liberasset, ac re optime gesta gravi tamen affecta a Cæsare injuria, in patriam fuisset; dominus Cæsar contra ipsam regiam majestatem, nulla suscepti beneficii memoria habita, in dominum regem, tanquam in hostem, item in regnum suum Hungariæ sævire cœpit, et[3]... frequenter militiæ[4]... plurimas villas diripere, incendere et incinerare non erubuit

« Cœpit preterea in perniciem domini regis plurimas hinc inde

---

[1] (Quam?)
[2] De l'allemand *sturm*, assaut.
[3] Lacune dans l'original.
[4] Lacune dans l'original.

conjurationes cum diversis principibus, inter cæteros vero cum domino rege Poloniæ, facere, prout de facto fecit; huncque ex amico et bono vicino fecit inimicissimum ac hostem atrocissimum. Institit etiam cæsarea majestas quod primogenitus regis ipsius Poloniæ[1], contra Deum et ejus justitiam, ac contra dispositionem sedis apostolicæ, contra denique jura regiæ majestatis, quæ jam majestas quidem sua in regno Bohemiæ acquisita habebat, in regem Bohemiæ, non quidem per catholicos sed per hæreticos[2], eligeretur.

« Nec hæc incommoda domino nostro regi intulisse cæsareæ majestati satis esse visa sunt; sed explere animum, quem odio et ingratitudine plenum erga dominum regem conceperat et non prius ab injuria abstinuit, quam alterum ejusdem Poloniæ regis filium[3] nepharia et scelerata arma[4] induerit, illumque cum numeroso exercitu in Hungariam ad expellendum et exturbandum inde ipsum dominum nostrum regem, et usurpandum ejus regnum et imperium, immiserit. Sed justus Dominus justitiæ domini regis nostri clementer favit; nam, non sine magna gloria domini nostri regis, regisque Poloniæ immortali dedecore et ignominia, maximo etiam accepto incommodo, ipsius regis Poloniæ exercitus fusi fugatique fuerunt. Nec tamen abest quomodo majestas regia maxima fuerit affecta injuria, regnum etiam suum maximum ex lato bello cepit detrimentum.

« His cæsarea majestas et plurimis etiam aliis similibus injuriis non satiata, sed ut molestior fieret, malum malis addidit. Parabant dominæ reginæ[5] pro regio apparatu solemnes nuptias : illas etiam dominus Cæsar turbare non recubuit[6] : misit enim [in] viscera usque Ungariæ, et quasi usque Budam, quosdam copiarum suos vel prædones potius, qui latrociniis et excursionibus magis quam præliis, agrum

---

[1] Wladislas, fils aîné de Casimir IV, roi de Pologne, devint roi de Bohême en 1471, et succéda au trône de Hongrie après la mort de Corvin.
[2] Les Hussites.
[3] Casimir, frère puîné de Wladislas.
[4] (Nephariis et sceleratis armis?)
[5] Catherine, fille de George Podiebrad, femme, en 1458, de Mathias Corvin.
[6] (Erubuit?)

omnem et omnem proximam terram popularentur, usque adeo ut regia majestas e mediis pene (ut aiunt) himenæis, et genialo thoro surgere, et arma capere ac injuriam propulsare compulsus est.

« Coacto itaque subito exercitu, hostes illos non solum repulit, sed etiam, eos fugientes insequendo, in viscera usque Austriæ penetravit, ubi plurima oppida, civitates, arces, et alia loca munita brevi tempore expugnavit. Expugnasset autem universam eam patriam, nisi preces amicorum majestatem suam, et præsertim sanctæ sedis apostolicæ adhortationes et reverentia vicissent.

« Sanctissimus dominus noster, bonæ memoriæ Sixtus pontifex, medio episcopi Forliviensis legati sui, tunc apud cæsaream majestatem agentis, et item olim reverendissimi domini Agriensis, similiter legati apud regiam majestatem, constituti, partes suas interposuit. Cujus animum, postquam regia majestas intellexit, tanquam filius obedientissimus, immemor injuriarum et cædis suorum, ad pacis et concordiæ tractus descendit, et certis sub conditionibus et capitulis et obligationibus cæsareæ majestatis, quas magnificentia vestra ex litteris suæ majestatis, quæ statim coram perlegentur, intelliget, omnia loca illa capta et expugnata simpliciter restituit et resignavit; sicque tunc bellum illud finem habuit.

« Confecta itaque pace, et percussis fœderibus, restitutisque oppidis, castellis, civitatibus ac locis omnibus, quæ regia majestas bello a Cæsare receperat, dominus rex in patriam rediit, hostile nihil deinceps a domino Cæsare sibi parari ac perpetua quiete frui [reputans?].

« Sed qualiter majestas sua cæsarea promissa servaverit, nunc accipite. Confecto primo illo bello, dum regia majestas (ut prædixi) in Hungariam rediens aliis rebus suis vacat, et se accurate contra Turchos præparat, terminus in quo cæsarea majestas, vigore fœderis et obligationis suæ prætactæ, quinquaginta millia aureorum regiæ majestati pro prima dilatione solvere debebat, adventavit, in quo licet dominus Cæsar pecuniam ipsam utcumque solverit, tamen in secunda dilatione nihil omnino solvere, et neque alia quæ in conventis scripta sunt observare voluit. Quin potius unquam[1] terminus appropinquaret, cœpit regiam majestatem novis injuriis et damnis, novisque hostilitatibus provocare et diversas copias comparare, omnibusque in rebus belli signa offendere[2].

« Præterea, ad cumulum injuriarum hoc quoque adjecit, quod predicto primogenito regis Poloniæ, quem per hæreticos, in injuriam regiæ majestatis, et contra jus et æquum, in regem Bohemiæ, ut præmittitur, eligi procuraverat, similiter in ejusdem injuriam, regalia et investituram de ipso regno Bohemiæ concessit, sicque etiam illum, attrahendo copias ejus una cum suis quas, ut præfertur, comparaverat, in Hungariam immittit et cum igne ferroque vastat et populatur.

« Nec hac injuria dominus rex motus, legatos aliquot ad Cæsarem mittit, illumque militis[3] precibus rogat, hortatur, admonet, et requirit ut capitulis pacis initæ satisfaciat, et regnum suum diripi non patiatur, tantisque injuriis et damnis regiam majestatem provocare cesset, quodque commissa jubeat emendari; nihil tamen facere, et neque preces suas exaudire vel advertere voluit.

« Novissime vero Georgium, præpositum Posoniensem, prothonotarium apostolicum, similiter oratorem misit, quem cæsarea majestas novem menses in suspenso et absque ullo prorsus responso retinuit; tandem assiduis per eum pulsata precibus respondit in hæc verba : « Dicatis domino regi, quod si mei nunc capiunt gallinas, sui prius ra-
« puerunt boves. » Et hoc acerbo responso post novem menses illum remisit. Quo quidem responso accepto, non potuit majestas domini nostri regis se continere, quin exercitum, quem in Turchum comparaverat et miserat, revocaret, et de tutela regni et subditorum suorum, illius medio, cogitaret; hisque[4] missis ad Cæsarem litteris diffidatoriis, in eum se convertit, et facile illos qui Hungariam populabantur, fudit fugavitque, et par pari referens, depulsis illis, Austriam invasit et occupavit; expertusque est jam dominus Cæsar homo homini quid intersit et qui molestus magisque gravis domino regi fuerat, quid

[1] (Antequam?)
[2] (Ostendere?)
[3] (Multis?)
[4] (Itaque?)

dominus noster rex, quid etiam Hungaria valeat, facillime vidit.

« Vienna enim, et Nova Civitate[1], potioribus Austriæ oppidis, sicuti ex lege fœderis illi licebat, eum spoliavit. Nec quisquam putet, quod ex Moravia et Silesia aut Lusacia, quæ Bohemorum provinciæ sunt, et in quibus dominus noster rex a cæsarea majestate regalia et investituram recepisse se profitetur, auxilia ad bellum hoc conficiendum habuerit, solum et duntaxat ex Hungaria copias auxiliares, quæ Cæsarem et jus cæsareum non recognoscunt. Unde nihil omnino habet catholica majestas quod adversus dominum regem nostrum queri possit, quia suis, id est Hungaris, duntaxat armis illum superavit, et penatibus ac avitis sepulcris exuit. Voluit itaque majestas sua fidem Cæsari de regno Bohemiæ et ejus provinciis præstitam, pro suo veteri instituto, et more catholici ac magnanimi principis inconcussam conservare. »

Inter alia autem, beatissime pater, hoc quoque Jauriensis dux[2] et asseruit : « Profecto majestas domini nostri regis contra cæsaream majestatem, pro non solutis illis quinquaginta millibus ducatis nunquam bellum movisset, nec via armorum pecuniam hanc a Cæsare extorquere tentasset, nisi cæsarea majestas regna sua post confectam pacem invasisset, et dominum nostrum regem, alio intentum, impedivisset, variisque injuriarum ac molestiarum generibus provocasset. Sed postquam majestas sua ab injuriis damnisque et persecutionibus domini nostri regis cessare noluit, coactus fuit tandem dominus noster deposita nuper arma reassumere et vim repellere, atque dominia sua tueri ac defendi.

« Et licet hæc, quæ dominus meus rex recipit bello, maxima sint vicemque alterius regni habeant; attamen sua majestas quæ bella gerit ut pacem habeat, ad exhortationem et reverentiam imprimis sanctissimi domini nostri et sedis apostolicæ, prout hic reverendissimus dominus legatus, nomine suæ sanctitatis, sæpius ac frequenter institit, necnon ad suasionem illius amplissimi senatus Venetorum, quos amicorum numero jamdudum annumeravit, hæc omnia, quæ

---

[1] Neustadt, actuellement l'un des faubourgs de Vienne. — [2] (Episcopus?)

bello recipit, dimittere et restituere, salva tamen capitulorum et conventorum inter dominum nostrum regem, et cæsaream majestatem, inscriptione et continentia, est paratus; id est, modo cæsarea majestas juxta promissa et obligationes suas satisfaciat domino nostro regi : imprimis de summa capitali et expensis in præsenti bello factis ; tandem vero de damno et interesse; paratus est arma deponere, et ablata omnia restituere ac cum sua cæsarea majestate in bonam pacem, concordiam, unionem et amicitiam descendere, ac illum instar patris colere, observare et venerari. Et profecto, domine orator, dominus meus rex non tam dolet molestias et damna passum se esse a cæsarea majestate, quam illum angit quod magnam rei bene gerendæ occasionem adversus Turchorum imperium abstulerit; nec dubitasset[1] regia majestas, sicut Christianorum imperatorem justis armis superavit, sic Turchorum imperium non minus pio quam religioso bello evertisset.

« Sed Deus parcat cæsareæ majestati, qui suo sive alieno usus consilio, se ipsum imprimis perdidit et regiæ majestati, cujus gloriæ visus est invidere, magnum de hostibus christiani triumphum nominis ademit, ac prope in manibus paratam victoriam exturbavit. »

His autem dictis, mox Jauriensis perlegit capitula et inscriptiones, atque etiam privilegia Cæsaris, in quibus majestas sua dominum regem Hungariæ dominum Bohemiæ regem appellat, et de romani imperii electoratu, et de dicto electoratu investituram concessit.

Ad quæ dominus orator Venetorum respondit : « Ego habeo in « mandatis ab illustrissimo dominio meo, ut quod dominus rex res- « ponderit debeam ilico et sine mora aliqua ad illum rescribere. « Itaque peto quod detur copia istarum inscriptionum et capitulo- « rum. » Nec aliquid ultra ad rem hanc locutus est.

Ego, pater beatissime, etsi sæpius domino regi de re hac, nihil quod nunc habeam in mandatis a sanctitate vestra, sim professus, attamen quantum pro spectaculo licuit, ingentissimas gratias hujusmodi...[2], nomine sanctitatis vestræ, dominio Venetorum, quod pro

[1] (Dubitat?)   [2] (Exolvi?)

veteri et laudabili illo suo instituto in partem curæ et sollicitudinis ad sanctitatem vestram accessisset, quod pacem et concordiam, tam solemni legationis pompa, inter christianos principes, eos præsertim a quibus cæterus christianus orbis pendet, nulla laborum habita ratione, quereret. Hortabar insuper illos reverendissimos consiliarios, uti domini regis animum ad pacem capessendam, quam semper sua majestas, in medio tot victoriarum cursu, quibus adeo decoratus incedit, pro animi sui magnitudine amplecti visa est, prosequantur et capiant; hoc præsertim tempore, quo sanctitas vestra tot laboribus, tot denique impendiis ad bellum in Turchos capessendum, si aliorum non desint auxilia, se accingit; quod profecto, non minus Deo, pro cujus gloria et laude hoc bellum paratur, verum et sanctitati vestræ imprimis, quæ illius vices gerit in terris, sed universo orbi christiano rem sibi gratam facere polliceat et spondeat.

Dixerat sua majestas his ferme diebus, quibus orator iste Venetorum advenerat, quod legatus iste imperatoris Turchi ab imperatore suo habeat in mandatis, quod si nihil cum domino rege de pace, nihil de induciis efficere potuisset, hoc saltem exposceret, quod rex Hungariæ acquiesceret, quod copiæ suæ per suum regnum transitum, sine subditorum suorum injuria et damno, habere possent, quibus copiis Venetorum terras posset invadere, ob id quod pollicitam fidem et concepta capitula non servassent.

Quodque ut nihil foret domino regi ob transitum copiarum suspectum, pollicetur Turchus quod regius homo cum copiis iter agat, et omnia quæ ad comeatum copiarum spectant, sua pecunia et suo sumptu velle exsolvere; expondet quod si non servaret, liceat impune domino regi copias omnes invadere et spoliare.

Institi apud majestatem suam dicere dignaretur quod ad extremum id respondisset. « Dixi, inquit, dicatis domino imperatori vestro quod prius conveniamus de damnis utrique illatis, et postea quæ potero facere pro honore majestatis suæ, si non sit contra honorem meum, libenter efficiam. Expecto, domine legate, quid sanctissimus respondeat; propterea non volui sibi[1] pro certo respondere. » Laudavi majestatem suam nihil quod alienum a modestia sua foret respondisset.

Postremo dominum Colocensem[2], juxta domini regis pollicitam fidem, ad mitiorem et proximiorem locum in Vicegrado[3] deduxi. Processi illi obviam et effusus mox in lachrimas et gemitus, sanctitatis vestræ clementiam implorabat. Consignarunt illum mihi custodes illi, nomine regiæ majestatis custodiendum, juxta sanctitatis vestræ dispositionem et mandatum; quem nolui recipere cum neque Vienna, nec Strigonium[4] foret locus ille, ut a sanctitate vestra dixi me sigillatim habere in mandatis. Nec[5] tantum volui ut pro meo arbitrio locus daretur idoneus, et cætera quæ usui esse possent pro modo fortunæ et temporis. Est tamen corpore sanus et incolumis, et præter ventrem grandiorem, ab illo, ut dicunt, qui hominem norunt, non est immutatus.

Habuit subinde maximas sanctitati vestræ gratias, servulo suo prodesse tandem memor fieri voluisset. Petiit insuper capellanum unum et puerum unum dari sibi in custodia comites. Hoc cum a rege petiissem, perbenigne concessit eos, tamen quos ipse eligeret; veritus, ut sua majestas dicebat, hominis in efficiente linguam, quam male, ut dicit, compescit : plenus animo ac fiducia plenus loquitur archiepiscopus, nec flectit animum, sed turgidum et durum nescio quod super fortunæ et temporis modum loquitur, servitia et labores annuens suos.

Demum ille, me adhortante et in spem erigente, tandem dixit quod in judicium cum domino suo descendere non vellet. Voluisset mecum clam loqui; sed putavi consultius fieri, ut nihil nisi palam cum illo agerem.

Ille Thomas Dragi, ut ex-bono loco accepi, priusquam ad sanctitatem vestram venerit, Camerinum ad concessit cum illo Cintio Anconitano; nescio quid id sit, quod et nuncii domini de Camerino

---

[1] (Illi ?)
[2] Colocz, ville épiscopale de Hongrie.
[3] Visigrad ou Plindenbourg, ancien château fort et bourg, près de Bude.
[4] Gran, ville de Hongrie.
[5] (Hoc ?)

huc venerint et rursus dominus rex Romam missurus nuncios suos etiam per Camerinum iter egerint. Alia non sunt quæ scriptura digna putaverim. Optime ac felicissime valeat sanctitas vestra cujus sanctissimis pedibus humillime me commendo. Ex Buda, prima junii MCCCCLXXXVIIII.

Sed ego dum has litteras claudo, venit nuncius qui sanctitatis vestræ brevia defert. Legi illa, ut par est, reverenter, atque ipse ego ad manus suæ majestatis detuli, quæ etiam me presente legi jussit, et mox cum ea quæ continebant audivisset, prælatos qui ibi aderant, jussit abire : « Et vere, inquit, domine legate, ego intelligo in quem finem dominus sanctissimus hæc scribit, sed ista non dico eo animo quod velim legato domini sanctissimi respondere. Sua sanctitas vult decimas habere; vero non habebitis, ego scio quid loquar. Dicit sua sanctitas quod magnam habet cum soldano[1] intelligentiam; quam sua sanctitas habeat, et per istam crucem[2], quam utroque indice admoto fecerat, si portabitis illum Turchum[3] per mare, ego portabo fratrem suum Turchorum imperatorem per terram in Italiam; vos videbitis, inquit. » Cui respondi : « Nescio, serenissime rex, quorsum sua sanctitas scribat hæc, nisi ut communi consilio potentatuum christianorum bellum in Turchos decernat; sed si decimas vellet habere, non videtur majestati vestræ necessarium fore? Tanta enim res, tanta belli moles sine pecuniis, quæ bellorum nervi sunt, incohari, vel absolvi non potest. Nec puto quod majestas vestra bella quæ gessit sine pecunia absolvere vel incohare potuerit; sed pro Deo dignetur, quod non faceret, non dicere. Fuit hactenus majestas vestra murus et antemurale christiani nominis; cur tam propere vult de domino nostro et ejus consiliis male sentire, qui nil nisi communi potentatuum christianorum consilio bellum indicere parat? et quantum mihi pro ingenii tenuitate licet colligere, bellum hoc quod sua sanctitas indicere parat, aut classe aut terrestri exercitu fiet. De alterutro modo, legati christianorum potentatuum, quos ad se

[1] Sultan.
[2] Croisade.
[3] Allusion à Zizime, frère du sultan Bajazet.

vocat dominus noster, apud suam sanctitatem discutient; et si classe agendum erit, etiam communi consilio decernetur quis classis futurus sit præfectus; si terrestri exercitu, etiam mature decernetur per cujus provinciam et terras, et, quid scit majestas vestra, forte omnium erit consilium quod majestas vestra, tam ratione militiæ suæ quam regnorum situ, ad invadendum Turcum, commodissime bellum hoc conficiat. Sed ego puto, serenissime rex, quod terrestris exercitus sine classe, aut classis sine terrestri exercitu, huic negotio non sit satis, sed utrumque requiratur; nam si terra agendum erit, classis est necessaria ad hostium incursiones propulsandas, quas mari forte facerent adversus christianos, ut illorum vires diverterent, et e converso. »

Et cum in hoc sermone utrinque multa dicerentur, respondit sua majestas : « Vere sunt magna ista quæ, sicut dominus sanctissimus commemorat, fecit sedes apostolica; sed ego volo scribere ad suam sanctitatem, et videbit quod non sunt inferiora quæ ego et majores mei fecimus.

« Quantum ad deliberandum de isto bello, ego hoc negocium committam oratoribus meis, qui sunt in curia apud suam sanctitatem. De pace et concordia inter me et alios cum quibus ego haberem differentias, in quibus sua sanctitas pollicetur concordiam facere, ego habeo sanctitati suæ gratias, et credatis, domine legate, quod ego nunquam alicui damnum intuli vel injuriam, nisi cum fui provocatus, quia putavi quod tunc liceret mihi ut injurias propulsarem et me defenderem, et tunc male evenit illis qui mihi injuriam fecerunt.

« Et postquam sua sanctitas scribit de differentiis componendis, sciatis, domine legate, quod nunc sum advisatus quod rex Poloniæ et rex Bohemiæ fecerunt unam confederationem inter se contra statum et personam meam; et ego ne sim solus, volo etiam confederationem facere cum quibus possum, ne isti noceant mihi : et certe non multum miraretur, quia est pater et filius, sed quod expresse nominaverunt contra personam et statum meum. Hoc facit ut ego cogitem de amicorum confederatione qui mihi auxilium ferant. » Nec mora, instructiones exhibuit qui in illicito stupore[1] fuerant, de quibus quod copias daret est pollicitus.

Cui respondi : « Serenissime rex, non possum nisi dolere quod aliqua emergant quæ vestram majestatem habeant turbare, hoc præsertim tempore, quo dominus noster bellum hoc in hostes christiani nominis justissimis armis parat indicere. Puto non ab re esse suæ sanctitati significare, et si quid interea videatur majestati vestræ quod opera mea ad pacem fieri possit, illam polliceor et spondeo majestati vestræ. Nec a modesto videtur distare quod majestas vestra auxiliares amicos sibi quærat associare, quibus illorum regum vim et injuriam, si inferre illam vellent, propulsare possit, modo auxilia talia sint et ab illis proficiscantur, quorum religionem, si non societatem, non aspernantur[2], aut vitare deberet majestas vestra. »

Hæc, pater beatissime, de Turcho loquebar; subdidit protinus sua majestas, et maligno visu lætus : « Domine legate, rex Poloniæ etiam non curat vel aspernatur religionem auxiliorum suorum; immisit in regnum meum Tartarorum et hæreticorum copias ad prædam et populationem faciendam. Cur ego non Turcorum petam auxilia? Illorum societatem petere me oportet qui utiles ad propulsandam vim, quam parant isti pater et filius, esse possunt. »

Reverendissime pater, intuecor hunc dominum regem anxium et qui animo omnino concepisse videtur, quod sanctitas vestra bellum hoc classe sit indictura, eamque[3] ad commodum et gloriam Venetorum factura sit, quodque amplius est, si Torinus Turcus in classe ponatur, Venetos[4], quos futuros præfectos classis putat, in bellum contra Turcum non proficiscentur, sed privata aliqua commoda, et privatas eorum passiones ulcisci intendent. Quo fit, ut plurimum verear, ne scandalum aliquod rex ipse facere cogitet. Dixerat enim mihi quod oratorem Turci dudum a se mittere volebat, nec adhuc dimisit et adhuc hic moram ducit, nec de societate cum Turco ineunda clam

---

[1] (Quæ in indicato tenore erant?)
[2] (Aspernetur?)
[3] (Idque?)
[4] (Veneti?)

cogitat, sed palam et ingenue se facturum, inter loquendum cominatus est.

Quare, sanctitati vestræ supplico, pro sua divina prudentia, ut consuevit, optime consulat et disponat.

Agitur, ut audio, de sufficiendo hunc naturalem domini regis filium[1], ut patri in regnum succedat; ea[2] tamen ex levi nescio qua fama mihi auditur; habet tamen illum in magno honore et statu quem salutari et revereri pro primogenito cupit et mandat.

Venit, ut audio nunc, orator quidam ducis Mediolani, parvo tamen apparatu, ut sponsalia illa concludat, vel hunc recipi a baronibus in regni successorem videat.

Ad regem Poloniæ dominum Tagrabiensem, oratorem suum propediem mittendum, dominus noster rex designavit. Forte inter se concordabunt, quod Deus faciat pro sua clementia.

De domino Colocensi expecto a sanctitate vestra audire quid illa me facere velit.

De Anconitanis rursus, cum domino rege, sermonem intexui. Perstat in proposito, quod domino Thomæ Dragi rem delegaverit, ut omnia faciat quæ sanctitas vestra fieri mandat, modo sanctitas vestra per unum breve Anconitanis errata, quoad hanc causam, contemplatione suæ majestatis, indulgeat et remittat, et nunc idem pollicetur scribere et sanctitati vestræ, et Thomæ oratori. Recessit tandem orator iste Turchi, et ut mihi auditur etiam, dominus rex oratorem suum propediem mittet ad Turchum. Puto, pater beatissime, quod majestas sua inter spem et metum naviget, et pedem unum in duobus calceis habere velit ad effectum ut videat quid sanctitas vestra de isto Turcho, quem in palatio observat, statuat et decernat, ut si forte dandum illum in classem Venetorum statuerit, illico cum Turco fœdera jaciat; nec valeo majestati suæ suadere quod non solius dominii Venetorum exquirendum sit consilium, sed majestatis suæ præcipue, ac cæterorum christiani nominis potentatuum, habenda

---

[1] Jean Corvin, que ses partisans cherchèrent inutilement à élever sur le trône de Hongrie après la mort de son père.
[2] (Id?)

sunt vota. « Sit, quæso, boni animi majestas vestra, quia videbit quod dominus noster nihil a modesto alienum, nil denique quod sanctitatem suam et sedem apostolicam non deceat, decernet. — Ego dico vobis, domine legate, inquit, dominus sanctissimus de isto Turco non potest facere nisi quantum rex Franciæ mandat, et eum isto pacto recipit; cum et solum istud negocium est in manu de Balua[1], et ipse totum gubernat, licet rex Franciæ esset bene contentus quod veniret ad manus meas. » Dixi : « Serenissime rex, non sunt mihi nota ista particularia, ut illa dicit. Ego puto quod dominus noster liberum habeat de illo Turco arbitrium; set sua sanctitas cupit christianorum vota audire, quo melius et consultius de bello indicendo deliberet, et meminisse dignetur majestas vestra quod dominus noster plurimum adhortatur illam ne tantam fidem præstet delatoribus qui cupiunt semper scandala incitare. — Non credatis, inquit, domine legate, ista quæ loquor non veniunt de illo quem vos putatis; aliunde ego habeo. Et ex bono loco. » Ostendit sua majestas dudum binas litteras soldani, in arabico et turco sermone scriptas, et modeste a me pulsatus quid litteræ dicerent, velut obaudiens, alio sermone divertit.

Venerunt ad me ex Bohemia certi patres minores de Observantia, qui centum fratrum oratores se dicunt, et a me petierunt ista sibi concedi, super quibus volui sanctitatem vestram consulere, cum dudum noverim sedi apostolicæ speciali reservata.

Subinensis[2], Agriensis, Tagrabiensis[3] et Cenadiensis[4] petierunt a me consilium, quod de uxoribus quarum mariti, aut de maritis quorum uxores hostium Turcorum servi forent, quorum aliqui et aliquæ de facto novas insuper ducunt uxores aut maritos et in concubinatus vivunt, an illis ecclesiastica sacramenta danda forent, si nolint a concubinatu discedere? Allegant, ut isti domini episcopi referunt, grave esse quod ab ecclesiasticis sacramentis fiant alieni, attento quod nulla eorum vel earum culpa apud hostes maritus vel uxor detineatur, et

---

[1] Jean, cardinal de la Balue.
[2] Peut-être Sabaria, Stein-am-Anger, ville de Hongrie.
[3] Tagraba, ou Agram, autre ville de Hongrie.
[4] Chanad, ville de ce royaume.

cum maritis uxores, aut uxoribus maritos redimere facultas non sit, et carnem continere non valeant; si sacramenta denegentur, minantur se ad Turcos migraturos; et, ut novit sanctitas vestra, facilis Ungaris et Slavis ad Turcos est transitio. Ad sanctitatem vestram hos tam graves casus remittendos censui, quia si non sit culpa, tamen est causa.

Venerunt duo nuncii domini Maximiliani[1], levi tamen apparatu, ut vix quinque aut sex secum habebant. Pararunt[2] mandatum domini Maximiliani, in quo profitetur se a Cæsarea majestate patre suo habere plenam potestatem inducias prorogandi. Voluit dominus rex, pro sanctitatis vestræ reverentia, [ut] tractatui sæpius discusso adessem, et quia mandatum, quod primo exhibuerant, satis leve fuerat vel difficultatem habere videbatur, dominus rex remittendos et excludendos nuncios, si aliud non haberent mandatum, censuit; sed ubi apud eos arctius institum est, plenius mandatum exhibuerunt, ac spoponderunt dominum suum habiturum ratum quicquid, super mandatum, dominus rex concludi in treguis voluisset; sic que ad sex menses induciæ sunt prorogatæ, ac hodie qua sacratissimi corporis Christi celebritatem colimus, inter lætaniarum solemnia, D. Jauriensis inducias publicavit, adjiciens dominum regem imprimis, ob sanctitatis vestræ reverentiam et adhortationem, et Maximiliani complacentiam fecisse; quodque amplius est, D. Jauriensis, serenissimi regis jussu, omnium animos in spem maximam erexit, ut si pacem fieri contingat, vires regni et arma omnia in bellum, quod Turcus indicit, ex nunc convertet. Et profecto, beatissime pater, dominus rex longe mitius se habuit, et mitiores, ut dicunt, *oldas*, id est pecuniarum tributa imposuit urbibus Austriæ quæ restant bello occupanda, quam alias cum catholica majestate egerit. Quod totum et sanctitati vestræ, et Maximiliano tribuisse profitetur. Est quoque in induciarum capitulis illud, ut dominus rex diem dicat et locum quo Maximilianus ad superiorem ascendat Germaniam, ad colloquium cum domino rege de pace acturus; putant qui recte sentiunt pacem concludi debere. Amat enim dominus rex dominum

---

[1] Fils de l'empereur Frédéric III.   [2] (Præsentarunt?)

Maximilianum, seque facere posse[1] cum illo componere[2] negotia hæc profitetur. Quod de patre, aliter longe est; detestatur illius desidiam, infidelitatem et ingratitudinem, ac repuerascentis senis mobile et varium ingenium.

Habui ego publica concione, nomine sanctitatis vestræ, suæ majestati ingentissimas gratias, quod ad inducias primo, mox ad pacem quæ mutuo colloquio sperabatur, animum inclinasset. Laudavi insuper suam majestatem, quod non minus devote quam reverenter, et monitiones et adhortationes sanctitatis vestræ, ut catholicum decet principem, audiret.

Debet profecto sanctitas vestra majestati suæ plurimum, quæ etsi ad hanc rem a me, qui nullum ad rem hanc petendum mandatum habebam, pulsata non fuit, attamen publice majestas sua professa est se ob sanctitatis vestræ reverentiam facere, ac omnem exercitum, quem ex Silesia et Lusatia ad bellum hoc nuper eduxerat, alio convertit. Composuit enim Varadinus, qui nuperrime rediit, rem omnem quæ dudum fuerat, cum marchione illo Brandenburgensi et ducibus illis de Saxonia et Bohemis omnibus, qui a majestate sua defecerunt, non sine domini regis commodo, gloria et honore, ut Varadinus dicit.

Quare supplico sanctitati vestræ humiliter, ut ipsa quoque animum ad ea quæ domino regi ad gloriam sunt et honorem, ut facere consuevit et aliis suis ad me litteris professa est, inclinet, ac suis litteris majestatem suam, pro tam religioso et pio desiderio in sanctitatem vestram, commendet et laudet. Hic jam nihil hostile suspicamus, et præter arma quæ majestas sua in Carinthios et Styrios, qui treguas violarunt, movit, nihil auditur, nec pro illis oratores isti verba faciunt, sive quod juxta[3] arma rex moverit in eos qui, fide fracta, in causa sunt quod bello et armis lacessantur, sive quod non habeant in mandatis.

Occupavit jam dominus rex, nullo resistente, certa oppida cum arcibus, et victoriam prosequitur; nec quisquam fert opem, nisi quantum ope castelli aut murorum obsidionem pati possunt.

[1] (Posse ut?) — [2] (Componeret?) — [3] (Justa?)

Subinde cum litteras claudere instituissem, volui dominum regem alloqui, ut si quid foret ulterius, litteris mandare possem, et de industria repetito sermone de isto Turco quem sanctitas vestra servat, quod magnam scilicet foret huic bello, quod sanctitas vestra parat, allaturus utilitatem : « Domine legate, inquit, de isto Turco non est opus ulterius cogitare; orator soldani, qui est Romæ, supplicavit domino sanctissimo, pro parte istius Turchi, quod sua sanctitas sit contenta recipere a soldano ducenta millia ducatorum, et quod eum det ad manus soldani, et sua sanctitas fuit contenta; sic misit unum hominem ad Rhodum, sub pretextu quod pro aliquibus fratris[1] religiossimis Rhodiensium vadet ad Rhodum, sed inde, mutatis vestibus, ibit ad soldanum pro compositione istius pecuniæ et aliarum rerum. Ego, inquit, bene credo quod faciet magnum bellum contra fratrem suum Magnum Turcum; sed dominus sanctissimus deberet cogitare quod soldanus et ille Turcus ambo sunt infideles, et si isti fiant magni, erunt maximi inimici fidei nostræ, et si vincet iste Turchus, qui nunc est captus, credatis, domine legate, quod nos habebimus duriorem inimicum quam istum Magnum Turcum.

« Item dominus sanctissimus nunc alium hominem suum mittit, mutatis vestibus, ad Magnum Turcum. Nescio tamen, inquit, pro qua causa; quantum autem deceat unum papam ista facere, sua sanctitas, quæ prudentissima est, potest melius considerare, et quid sint dicturi alii christiani principes quando ista audierint. »

Dixi: « Serenissime rex, hæc sunt mihi omnia incognita, nec possem credere quod sua sanctitas, quæ per suas litteras omnium potentatuum exquirit oratores, ut communi consilio rem decernat[2], quod tam propere voluisset rem concludere, et non videtur mihi verisimile quod pro ducentis millibus...[3] hoc factum sit; nam meminisse potest majestas vestra, quod alias ego ad dominum nostrum scripsi, quod soldanus offerebat sexcenta millia, quare nunc pro ducentibus millibus? Tamen quando hoc foret quod dicit majestas vestra, forte ista ducentam illia volet sua sanctitas pro isto bello parato contra Turcos. »

[1] (Fratrum?) — [2] (Decernant?) — [3] (Ducatis?)

« Domine legate, inquit, si non scit hoc prudentia vestra, scio ego et forte quod plus sunt; sed de ducentis millibus ego sum bene certus. Et non credatis, inquit, quod sua sanctitas velit pro isto bello, sed vult pro bello quod intendit facere contra regem Neapolitanum [1]; et jam sua sanctitas est deliberata, in mense augusti proximo, eum excommunicare et certa alia facere contra eum. Ego, inquit, pro honore meo non possum eum relinquere, et credatis, domine legate, quod ista res habet majorem caudam quam credatis, et faciet tantum ignem quod sua sanctitas non poterit extinguere cum voluerit. »

« Serenissime rex, inquam, hæc omnino sunt incognita et nunc primum audio; imo quando discessi, videbam sanctitatem suam satis ad pacem inclinatam, et mihi commiserat quod cum majestate vestra facerem, ut illa partes suas interponeret et regem Neapolitanum adhortaretur quod capitula et conventa servaret, cum nullum adhuc servare voluisset. Et credat majestas vestra quod mirum est illius domini regis ingenium, qui nunquam fidem servat; tamen nescio quid ad hoc respondeam, cum nihil hactenus audiverim. »

« Domine legate, inquit, omnes nos amici sui hoc dicimus, quod rex Neapolitanus nunquam servat fidem. Tamen dominus sanctissimus ipsemet est in culpa : a principio quando vos, domine legate, venisti, ego incœpi super hac re laborare, et scio quod illud, quod promisisset, quod manus mea vellet, nollet ipse servasse. Immo dominus rex non libenter audiebat quod ego me interponerem, quia forte non intendebat servare quod promittebat; sed sua sanctitas istam rem commisit Laurentio de Medicis, postea domino Ludovico, postea Venetis. Quando ego audivi hoc, nolui me impedire. Dominus sanctissimus isto anno effecit quod dominus Ludovicus erat jam confœderatus cum sua sanctitate et deseruerat regem Neapolitanum; sed ego tantum feci quod concordavi eos, et hoc forte sua sanctitas ignorat.

« Præterea ego audivi, inquit, quod isti Veneti fecerunt querelam contra me ad suam sanctitatem, quod illum dominum de Came-

---

[1] Ferdinand Ier, de la maison d'Aragon, fils naturel du roi Alphonse, dit le Sage. Il mourut en 1494, après un règne de trente-six ans.

rino ego conduxi ad stipendia mea, et quod in capitulis ego promisi sibi[1], quod pecuniam, quam isti Veneti debent illi domino de Camerino, per vim solvere faciam. Ego, inquit, possem per Deum jurare quod non modo hoc non est expressum in capitulis, sed hoc nunquam scivi, nec unquam de hoc fuit mihi factum verbum. Est verum, inquit, quod postquam ego vidi quod dominus noster vadit ad istas suas passiones et non vult pacem habere cum rege Neapolitano, non possum cum honore meo relinquere eum. Ego consideravi, inquit, quod melius est quod ego habeam gentes de Italia et cum minore impensa quam mittere hinc; et propterea conduxi eum dominum de Camerino, qui vadat in auxilium ipsius regis, quando sit opus. Sed ego credo, inquit, quod intra paucos dies habebo novum, quod marchio Mantuanus erit ad stipendia mea. »

Dixi : « Serenissime rex, de rebus italicis ego possum liberius loqui, quia Italus sum. Ille dominus de Camerino est subditus romanæ ecclesiæ, et non puto quod audeat arma sumere, ubi senserit dominum nostrum habere interesse ; et quid putat majestas vestra, quod ille sit? præter montes nihil habet : bene puto quod in illis montibus aliquid posset, quia habet, ut dicitur, pedites sagittarios bonos, sed extra eorum loca et montes, præter istos qui dicuntur Cerretani, qui portant falsas indulgentias, nihil habet, nec aliquid valet ; sed credat majestas vestra quod adhuc de illo dictura est : Curva fia olas visit[2]. » Et ulterius ad rem non est locuta.

Audio quod ad vııı septembris sua majestas diem dixerat, quo ad colloquium de pace tractanda cum Maximiliano convenient; et nescio quo levi murmure mihi refertur, quod isti nuncii domini Maximiliani domino regi spem dederint, de filia Maximiliani[3] quæ in Gallia est, quod matrimonio cedet huic naturali filio regis. Alii referunt de filia regis Neapolitani, et hoc dominæ reginæ[4] in-

---

[1] (Illi?)
[2] (Curva via aulas visit?)
[3] Marguerite d'Autriche.
[4] Béatrix d'Aragon, fille de Ferdinand Ier, roi de Naples, et seconde femme de Mathias Corvin. Sa nièce Isabelle épousa, en 1489, Jean Galeaz Sforce, duc de Milan.

ventum est, ut turbet nuptias istius sororis ducis [1] Mediolani.

Præterea, ut audio, brevi dominus rex gubernationis regni Hungariæ titulum huic filio suo dabit, ac jurari in regem, ut post ejus obitum, in regno succedat. Efficiat optime ac fœlicissime valeat sanctitas vestra, cujus sanctissimis pedibus humillime me commendo. Ex Buda, vigesima quinta junii MCCCCLXXXVIIII.

Sanctitatis vestræ,

Humilissimus servus.

ANGELUS,
illius beneficio episcopus Ortanus.

XI.

LETTRES PATENTES

DE PHILIPPE LE BEAU, DUC ET COMTE DE BOURGOGNE,

À L'ABBÉ DE SAINT-VINCENT DE BESANÇON [2].

(Mémoires de Granvelle, I, 44.)

Bruxelles, 31 octobre 1500.

De par l'archiduc,

Révérend père en Dieu, très-chier et bien amé, pour réduire noz pays et conté de Bourgoingne en bon ordre et justice, avons délibéré et conclu de faire instituer et establir en nostre ville de Dôle nostre court souveraine de parlement [3], et icelle faire tenir et encommencer au XVIe jour de novembre prouchain. Et actendu que

---

[1] (Cum duce?)

[2] Pierre IV de Montfort, mort en 1501.

[3] Ce fut par lettres du 30 septembre précédent, aussi datées de Bruxelles, que ce prince rendit sédentaire le parlement de Franche-Comté et lui donna une nouvelle organisation. Elle fut complétée, le 12 février 1508, par décret émané de l'empereur Maximilien et de son petit-fils l'archiduc Charles.

pour ce faire, obstant autres noz grans affaires, ne nous povons trouver en personne par delà, ainsi que le désirons, nous avons commis et députe nostre très-chier et féal cousin, lieutenant général et gouverneur en noz pays de Bourgoingne le prince d'Oranges [1], et, en son absence, le sieur de Montron, son lieutenant, pour, en nostre nom, instituer et establir ladite court de parlement. Et vous avons entre autres ordonné et commis pour en ce assister nostredit cousin le prince d'Oranges, et en son absence sondit lieutenant, comme pourrez veoir par noz lettres patentes que sur ce avons fait expédier. Et pour ce que désirons estre procédé à l'exécution des choses dessus dites, sans plus de délay ou retraicte, nous vous requerrons, et néantmoins ordonnons et mandons bien à certes, que audit xvie jour de novembre vous veulliez trouver en nostredite ville de Dôle, et illec vous employez avec nostredit cousin le prince d'Oranges, ou sondit lieutenant en son absence, à l'institution et establissement de nostredite court de parlement, et à l'exécucion des autres choses qui en deppendent; le tout selon et en ensuivant le contenu de nozdites lettres patentes sur ce expédiées comme dit est, sans y faire faulte. Révérend père en Dieu, très-chier et bien amé, Nostre Seigneur soit garde de vous. Escript en nostre ville de Bruxelles, le dernier jour d'octobre l'an xve.

Signé PHS.

Et plus bas :

HANETON.

P. S. Révérend père en Dieu, très-chier et bien amé, ne laissiez point que pour l'affaire dessusdite, ne soyez audit lieu de Dôle le xve jour de cedit mois de novembre, car nostre président de Bourgoingne et aultres que y envoyerons de par deçà y seront lors avec les commissions, lettres et instructions à ce servans, sans point de faulte. Escript comme dessus.

---

[1] Jean IV, de la maison de Chalon-Arlay, mort au mois d'avril 1502.

XII.

LETTRES PATENTES

DE PHILIPPE LE BEAU, DUC ET COMTE DE BOURGOGNE,

À JEAN LUDIN DE BESANÇON.

(Mémoires de Granvelle, I, 45.)

Tolède, 28 août 1502.

L'archiduc d'Austriche, duc de Bourgongne, prince de Castille, etc. Très-chier et bon amy, nous escripvons présentement aux doyen et chapitre de l'église de Besançon sur la promotion du jeune prothonotaire de Vergy, nostre cousin, à la prélature de ladite église vacant par le trespas naguière avenu de fut messire François de Buselaidem [1]. Et sachant qu'en ladite église avez de bons amis qui feront beaucoup pour vous, avons chargé nostre amé et féal messire Charles de la Porte, président de nostre parlement, vous en touscher de nostre part. Nous vous requérons luy donner foy, et à désir de nostre intention vous vouloir employer, vous tenant asseuré que le reconnoistrons où nous requerrez de choses à nostre pouvoir. Très-chier et bon amy, Nostre Seigneur vous ayt en sa garde. Escritte à Tolette, le vingt-huitième d'aoust quinze cent et deux.

PHILIPPE.

Et plus bas :

DUBLIOUL.

A nostre très-chier et bon amy messire Jean Ludin de Besançon.

---

[1] Déjà les recommandations de Philippe, appuyées de celles de l'empereur son père, avaient fait nommer au siége de Besançon, en 1498, François de Busleiden, son ancien précepteur, originaire d'Arlon, dans le duché de Luxembourg. Elles ne furent pas moins efficaces, quatre ans après, en faveur d'Antoine, fils de Guillaume IV de

XIII.

INSTRUCION

DEL REY DON FERNANDO A M. LUIS FERRER,

SU CAMARLENGO, DE SU CONSEJO Y EMBAXADOR.

(Mémoires de Granvelle, I, 46-49.)

Saragoça, à 29 dias de julio año MDVI.

Lo que vos Luis Ferrer, mi camarlengo y del mi consejo, y mi embaxador, haveis de dezir de mi parte al serenissimo rey de Castilla, mi muy caro y muy amado fijo, y lo que hallá haveys de fazer es lo siguiente :

Primieramente, le diréys que porque es raçon que yo tenga de contino con él embaxador mio, para le comunicar todas mis cosas,

TRADUCTION [1].

INSTRUCTIONS

DU ROI DON FERDINAND (LE CATHOLIQUE) A LOUIS FERRER,

SON CHAMBELLAN, MEMBRE DE SON CONSEIL ET AMBASSADEUR.

Saragosse, le 29 juillet 1506.

Louis Ferrer, mon chambellan, membre de mon conseil et mon ambassadeur, voici ce que vous avez à dire de ma part au sérénissime roi de Castille, mon très-cher et bien aimé fils, et ce que vous avez à faire à sa cour :

Premièrement, vous lui direz qu'il est convenable que j'entretienne auprès de sa personne un ambassadeur ordinaire pour lui communiquer toutes mes

---

Vergy, maréchal de Bourgogne, et d'Anne de Rochechouart, sa seconde femme, quoiqu'il ne fût encore âgé que de quatorze ans.

(Voyez Dunod, *Histoire de l'église de Besançon*, I, 278-279.)

[1] La version de cette pièce, ainsi que

DU CARDINAL DE GRANVELLE. 49

y para que él me comunique las suyas, como entre padre y fijo se debe fazer, y para que en las cosas que compliéren á nuestros estados, podamos comunicarnos, y consejarnos, y fazer cada uno en favor del otro, lo que viniére y fuére menester, para el bien de nuestros comunes estados, segun el estrecho deudo y amor, y union que entre nosotros es; que por esto os embio, para que como mi embaxador residays de continuo en su corte, y que yo le ruego muy affectuosamente, que todo lo que él viére que cumple al bien de nuestros comunes estados, y á él, y á mi juntamente, ò á él, ò á mi en particular, que todo lo quiera comunicar comigo por vuestro medio, lo que fuére publico, publico, y lo que fuére secreto, secreto; que lo mismo faré yo con él : y desta manera, el deudo y amor, y union que entre nosotros es se conservará mejor, y se acrecentará cada dia mas, y asi todos sus negocios se farán con mayor autoridad, y mas sin inconveniente.

Item le diréys que yo, á Dios gracias, llegué muy bueno á esta ciudad, y como me parto para Barcelona, y que alli espero de me embarcar, plaziendo á nuestro Señor, un dia despues del dia de nuestra

TRADUCTION.

affaires et recevoir communication des siennes, ainsi que cela doit se pratiquer entre père et fils, pour nous consulter mutuellement et nous conseiller sur les choses qui intéressent nos états respectifs, faisant ensuite l'un en faveur de l'autre tout ce qui conviendra et sera nécessaire pour le bien de nos sujets communs, suivant ce qu'exigent l'étroite parenté, l'affection et l'union qui existent entre nous. Pour toutes ces raisons, je vous envoie auprès de lui en qualité d'ambassadeur destiné à résider continuellement à sa cour, et je le prie très-affectueusement de me donner communication par votre intermédiaire de tout ce qu'il jugera devoir intéresser le bien de nos états respectifs, soit des siens ou des miens en particulier, soit des uns et des autres réunis : je dis commu-

de toutes celles qui sont écrites en espagnol et en italien, est entièrement libre, le traducteur s'étant borné à en rendre le sens précis, sans s'astreindre à suivre littéralement les textes originaux, dans lesquels abondent les redites de tout genre.

Señora de agosto, para yr á visitar los mis reynos de Nápoles y Sicilia, con propósito y desseo de entender en cosas del servicio de Dios Nuestro Señor, y bien de la christiandad; y que aunque este sea mi principal propósito y intencion de my yda, pero que tambien se añade á esto, pensar yo que puede mucho aprovechar al rey my fijo, que vean en Castilla, que yo no paro en España, por fazer perder del todo á muchos la esperança que de mi podrian tener en Castilla si parasse en España, y por los juntar á todos mas con el rey mi fijo; porque aunque yo tengo mucho amor al rey mi fijo, y mi voluntad, y obras, y palabras siempre son y serán endereçadas, para su honra, y bien, y provecho de su estado, y en esto yo pienso de le fazer siempre mas buena obra, que no le fará el rey de Romanos su padre; pero no embargante esso, si yo quedára en estos mis reynos de acá, todavia, pensáran muchos de Castilla, que yo tenia otro fin

TRADUCTION.

nication publique de ce qui sera public, et secrète de ce qui méritera le secret. De mon côté j'agirai à son égard de la même manière, et c'est ainsi que les liens de parenté et d'affection qui nous unissent se maintiendront et se resserreront tous les jours davantage; c'est ainsi, en outre, que toutes les affaires qui le concernent se traiteront avec plus de poids et d'autorité et moins d'inconvénient.

En second lieu vous lui direz que, grâce à Dieu, je suis arrivé en bonne santé dans cette ville; que je vais en partir et me rendre à Barcelone, où j'espère m'embarquer le lendemain de l'Assomption pour aller visiter mes états de Naples et de Sicile, où les intérêts du service de Dieu notre Seigneur et ceux de la chrétienté réclament ma présence. Et bien que ce soit là le but principal de mon voyage, je m'y suis également déterminé par la considération de l'utilité qui pourra en résulter pour le roi mon fils. En effet, lorsqu'on verra en Castille que je ne m'arrête pas en Espague, beaucoup de gens perdront toutes les espérances qu'aurait pu faire naître pour eux mon séjour prolongé dans ce pays, et s'attacheront plus étroitement à mon fils; parce que, malgré la grande affection que j'ai pour lui, affection en vertu de laquelle toutes mes pensées, paroles et actions n'auront jamais d'autre but que les intérêts de son honneur, de son bien-être particulier et de celui de ses états; malgré la disposition où je suis de lui rendre encore de meilleurs offices que son père lui-même, le roi des Ro-

dél que tengo, y esto pudiera poner necessidad al rey mi fijo; y por le quitar d'esta parte toda necessidad y pensamiento della, y darle todo el favor que á su negocio se puede dar, no quiero parar en estos mis reynos, antes mando á mis lugares thenientes que dexo en ellos que en todas las cosas que pudiéren con estos mis reynos ayudar y favorecer los negocios del rey de Castilla mi fijo, lo hagan, como por mi persona, y assi encomiendo al rey mi fijo essos dichos mis reynos, para que si en mi absencia mis lugares thenientes generales alguna cosa hubiéren menester dél, para el bien de mi estado, lo quiera fazer, como yo lo faria por él.

Item diréys al rey mi fijo que crea y tenga por certissimo que yo soy en voluntad y en corazon su muy verdadero padre, y que assi lo mostraré por obra en todas las cosas en que lo pudière mostrar, donde quiera que estubiére : y que uno de los mayores cuydados,

TRADUCTION.

mains; malgré tout cela, dis-je, un séjour plus prolongé de ma part dans la portion de mes états où je me trouve présentement donnerait à soupçonner à beaucoup de personnes en Castille que j'ai des vues toutes différentes de celles que je me propose réellement, ce qui pourrait causer de l'embarras à mon fils. En conséquence, pour le délivrer de toute inquiétude à ce sujet, et l'aider autant qu'il est en mon pouvoir, j'ai résolu de ne pas m'arrêter plus longtemps dans ce pays; j'y laisse des lieutenants pour me remplacer, avec ordre de s'employer aussi activement qu'ils le feraient pour mon propre compte dans tout ce qui pourra intéresser les affaires du roi de Castille mon fils; je recommande également à ce prince, dans le cas où, pendant mon absence, lesdits lieutenants réclameraient de lui quelque service pour le bien de mes états, de vouloir bien les aider, comme je ferais en pareil cas à son égard.

Vous assurerez le roi mon fils qu'il trouvera toujours en moi le cœur d'un véritable père, et que je lui en donnerai des preuves dans toutes les circonstances qui pourront se présenter; vous lui direz en outre qu'un des plus grands soucis qui me préoccupent actuellement est de le voir maintenir dans la paix, la justice et l'obéissance, les états qu'il gouverne, libre lui-même de toute inquiétude et de tout embarras.

Vous lui donnerez à entendre que je crains beaucoup de voir certaines per-

que yo agora llevo, es dessear que el rey mi hijo tenga en paz, y en justicia y obediencia aquellos sus reynos, y que no tenga, ni se bea en ellos en ninguna necessidad.

Item le diréys que yo tengo mucho recelo que trabajen de poner differencias mas recias, que las que fasta aqui, entre él y la reyna mi fija, y que le ruego que siempre esté en esto sobre aviso, para que no pueda nadie poner las dichas differencias; y que la mayor securidad para esto seria estar muy conformes él y la reyna my fija, y en mucho amor, y como muy buenos casados, porque desta manera no podria nadie poner differencias entre ellos; y que todavia, tengo yo por muy cierto, que por bien y dulcemente y con amor, y muy bien tratamiento acabará mas con la reyna mi fija, que de otra manera, y que esto es lo que Dios quiere, y lo que á todos los buenos parecerá bien, y esto aprovechará assi mismo para salud de la reyna

TRADUCTION.

sonnes chercher à augmenter la mésintelligence qui a déjà régné entre lui et la reine ma fille[1]. Je ne saurais trop lui recommander d'être continuellement sur ses gardes à ce sujet; mais le moyen le plus sûr pour déconcerter de pareilles tentatives serait de vivre dorénavant en parfaite harmonie avec elle, comme c'est le devoir de tout bon époux. Bien plus, je tiens pour certain que des procédés doux à l'égard de ma fille seront plus efficaces sur son esprit que toute autre manière d'agir. Telle est évidemment la volonté de Dieu, et tel sera sans contredit l'avis de toutes les personnes prudentes : sans compter que la santé de la princesse en dépend. A ce propos, je désirerais que le roi mon fils prît toutes les mesures et les précautions possibles pour le rétablissement de cette santé à laquelle lui-même est si fort intéressé. En effet, si Dieu daignait la rendre à son épouse, comme il le fera, je l'espère, pourvu qu'on le seconde d'un autre côté, mon fils serait beaucoup plus tranquille et la princesse ne chercherait qu'à lui complaire en toutes choses. Quoi qu'il en soit, ayez grand soin,

[1] Jeanne, fille du roi Ferdinand et d'Isabelle la Catholique, épousa l'archiduc Philippe en 1496, âgée de dix-sept ans. Tous deux montèrent en 1504 sur le trône de Castille. Jeanne, attaquée d'une maladie mentale, perdit complétement la raison à la suite du décès prématuré de son époux et ne la recouvra jamais; elle mourut en 1555.

mi fija, y lo contrario daña para su salud; y querria que el rey mi fijo probasse y trabajasse todo lo que puede aprovechar para la salud de la reyna mi fija, porque con salud, si Dios se la diére, como espero que se la dará, si le ayudan, el rey mi fijo estaria mas descansado, y ella holgaria de le complazer en todo; y en este articulo fablad siempre de manera que el rey mi fijo conosca que lo digo por el amor que le tengo, y por su bien, como es la verdad; y tambien lo digo, porque como padre desseo ver mucho amor y conformidad entre ellos.

Item si por aventura se fablasse en poner en alguna forteleza á la reyna mi fija, como ya hoviéron platicado en ello, si os pidiéren mi parecer o voluntad sobre ello, diréys que yo, por el amor que tengo al rey mi fijo, nunca seria en tal voto ni en consentimiento; porque tengo por cierto que es la cosa que menos le cumple, y que si mi parecer y consejo sigue en esto, por causa del mundo, no la deve

TRADUCTION.

lorsque vous toucherez ce point, de parler de telle sorte que le roi mon fils comprenne bien que le seul motif qui me dicte ces avis est l'affection que je lui porte, ainsi que le désir, si naturel à un père, de voir la bonne intelligence régner entre ses enfants.

Si par hasard on venait à renouveler la proposition de placer ma fille dans quelque château fort, comme il en a déjà été question, et qu'on vous demandât mes intentions à ce sujet, vous répondriez que mon attachement au roi mon fils ne me permettra jamais de partager cet avis, car j'ai la certitude qu'il n'est rien de plus inopportun qu'une pareille mesure, et s'il veut suivre en cela mes conseils, il n'y consentira lui-même pour rien au monde. Je le répète encore, de bons procédés seront plus efficaces sur l'esprit de ma fille que toute autre manière d'agir. Cette voie est la plus sûre et la plus conforme à la volonté de Dieu; l'autre au contraire ne présente que de graves inconvénients.

Dans le cas où le roi mon fils vous chargerait de dire de ma part à son épouse quelque chose qui fût au préjudice de cette princesse, vous répondriez que vous me consulterez à ce sujet, et que vous exécuterez ensuite mes ordres, ajoutant que vous avez reçu de moi, comme il est vrai, des pouvoirs généraux pour faire tout ce qui pourra être utile à mon fils, mais que vous n'en avez aucun pour vous prêter à la moindre chose qui, directement ou indirectement, serait de

fazer; que, como dicho es, podria tener tan buena manera con ella, que acabe mucho mas con ella con amor y buen tratamiento, que de otra manera, y que la una es via segura, y lo que Dios quiere, y la otra es llena de inconvenientes.

Item si el rey mi fijo vos dixére que de mi parte digais á la reyna mi fija alguna cosa en perjuysio della, responderéis que lo consultaréis comigo, y que faréis lo que yo vos embiaré a mandar sobre ello; porque aunque teneis mandamiento mio general, para fazer todo lo que fuére en favor del rey mi fijo, pero que no teneys mandamiento, para fazer cosa que directa ni indirectamente sea en perjuizio ni defavor de la reyna mi fija, sino para consejar que lo mas sano y mejor es que esté él muy bien con ella, y ella con él.

Item vos llevais traslado de la capitulacion y escritura, que fuéron asentadas entre mi y el rey mi fijo, y si en ello alguno de los suyos vos fabláre, diréis siempre que mi fin y intencion es de guardar muy enteramente loque entre nosotros está asentado y capitulado.

Item si vos fabláren algunos en maravillarse de lo que fablan las dichas escrituras en perjuyzio de la reyna mi fija, diréis que no saveis cosa de aquello, ni saveis lo que en aquel articulo yo fize, ni dexé de

TRADUCTION.

nature à porter préjudice à ma fille. Que vos instructions sur ce point se bornent à donner à tous deux les avis que vous croirez leur être les plus salutaires, c'est-à-dire de vivre ensemble dans une parfaite intelligence.

Vous emporterez avec vous une copie du traité conclu entre moi et le roi mon fils. Si quelqu'un des siens venait à vous sonder sur ce point, vous auriez soin de répondre que mon intention est de me conformer fidèlement et entièrement à tout ce qui a été convenu entre nous.

De même, si quelqu'un paraissait témoigner devant vous quelque surprise au sujet de ce traité dont certains points semblent être préjudiciables à la reine ma fille, vous repondriez que vous ignorez complétement ce que j'ai pu faire ou ne pas faire à cet égard, mais que la seule chose que vous sachiez parfaitement, c'est que je porte à ma fille la plus grande affection, et que je suis disposé à faire pour elle, ainsi que pour son mari, tout ce qui sera en mon

fazer; porque saveis cierto que yo tengo mucho amor á la reyna mi fija, y que todo lo que pudiére fazer por ella, y por el rey su marido mi fijo, lo hé de fazer, y á este propósito lo que mas vos pareciére.

Item en todas las dichas cosas, y en todo lo que allá negociáredes y fabláredes, estad sobre aviso, en no dezir ni fazer cosa contra el rey de Castilla mi fijo, ni de que pueda haver enojo. Mas todo lo que dixéredes y ficiéredes sea endereçado para conservar y acrecentar el amor y union que entre nosotros es; y en esto poned todo vuestro cuydado y industria, en tener nos siempre muy juntos y conformes, y en mucho amor como es razon; y governaos de manera que imprimais bien en el entendimiento del rey mi fijo, que yo le soy verdadero padre, y que ando con él clara y verdaderamente, y con amor, porque no faltará quien todavia le dé a entender lo contrario; y tambien digo que esteis sobre aviso en esto, porque avrá muchos que dirán al rey mi fijo cosas de vos que dezis y que tratais, y os levantarán cosas, que nunca havréis pensado. Y digo esto, assi para que os guardeis dello, como para que tengais prevenido al rey mi fijo, que si algo le dixéren de mi, o de los mios, que no sea conforme al amor que yo le tengo, que os la diga cada vez que lo tal acacciére, para

TRADUCTION.

pouvoir. Vous ajouterez à cette réponse toutes les particularités que la circonstance fera naître.

Dans toutes les choses dont je viens de vous parler, comme dans celles que vous aurez à traiter par la suite, veillez avec le plus grand soin à ne rien faire ni rien dire de contraire aux intérêts du roi de Castille, ni qui puisse le mécontenter; mais que l'ensemble de vos paroles et de vos démarches tende à maintenir et accroître même l'union et l'affection qui existent entre nous. Ne négligez rien pour obtenir ce résultat, travaillant surtout à bien pénétrer mon fils de cette vérité, que j'ai pour lui les sentiments d'un véritable père, et que j'agis à son égard avec toute la franchise et la sincérité désirables, parce qu'il ne manquera pas de gens qui chercheront à lui persuader le contraire. Je vous recommande également une grande vigilance pour ce qui vous concerne vous-même, car il se trouvera infailliblement des malintentionnés qui rediront au

que vos le satisfagais, y deis razon, deziéndole la verdad de lo que supiéredes, y yo vos avisse de lo que nos supiéredes para que en todo quede satisfecho.

Item en las cosas de Roma, procurad que el rey mi fijo tenga alli embaxador, que mire y procure derechamente el servicio suyo, y de su corona real, y que no tenga ni siga otros fines de particulares; y sobre todo que tenga muy derecho fin, en conservar y acrecentar nuestra union y amistad, y sepa que don Antonio de Acuña no es para fazer lo que hé dicho por diversos respectos; y si fiziere mudança en el embaxador de Roma, y proveer de otro, fazer me lo eys saber, y procuraréis saber que sea persona que mi embaxador y él se puedan bien conformar, y estar conformes para todo lo que cumpliére á mi y al rey de Castilla mi fijo.

TRADUCTION.

roi mon fils toutes vos paroles et vos démarches, vous attribuant souvent des choses auxquelles vous n'aurez jamais pensé. Je vous préviens de ceci, d'abord afin que vous soyez sur vos gardes, ensuite pour que vous priiez le roi, dans le cas où on lui rapporterait au sujet de moi ou des miens quelque chose de contraire à l'affection que j'ai pour lui, de vouloir bien vous en avertir chaque fois, pour que vous puissiez lui donner toutes les satisfactions et explications nécessaires, lui disant franchement ce que vous savez; de mon côté, je vous transmettrai les renseignements qui vous manquent, afin de le rassurer entièrement sur ce point.

Quant à ce qui concerne les relations avec la cour de Rome, tâchez de déterminer le roi mon fils à y entretenir un ambassadeur pour veiller continuellement et avec chaleur à ses intérêts ainsi qu'à ceux de sa couronne, sans avoir d'autres fins particulières. Cet ambassadeur devra surtout travailler franchement à maintenir et resserrer les liens d'affection qui nous unissent. Or, il faut que le roi sache que don Antonio da Cunha est souverainement impropre, et sous plusieurs rapports, à un tel office. Dans le cas où on songerait à le remplacer à la cour de Rome, vous aurez soin de me faire savoir qui on lui destine pour successeur, vous employant de tout votre pouvoir pour que celui-ci soit un homme capable de s'entendre parfaitement avec mon ambassadeur dans tout ce qui concerne le service de mon fils et le mien.

Item todos los que fasta aqui an trabajado asi de dentro de los reynos, como de fuera dellos, en poner discordia entre mi y el rey mi fijo, es de creer que siempre trabajarán en lo mismo, y dirán y levantarán cosas que nunca se pensáron. Digolo porque si el rey mi fijo dixére que le han dicho en Castilla, ó que le han escrito de Roma, ó de Françia, ó de otra parte, algunas cosas que no sean conformes al amor que yo le tengo, podréys dezir y certificar sin duda que son cosas levantadas, y que no las crea, y que en toda parte le seré siempre verdadero padre, y que vos me las faréis saber; y que vos embiará yo dellas tal razon, de que él quede bien contento; y en lo de Françia, siempre que os preguntáren mi parecer, diréis que mi parecer es que lo que al rey mi fijo mas conviene por diversos respetos, es que estemos muy bien con el rey de Françia, y que con-

TRADUCTION.

Il est très-probable que tous ceux qui, tant à l'intérieur qu'au dehors du royaume, ont travaillé jusqu'ici à semer la mésintelligence entre mon fils et moi, ne ralentiront pas leurs efforts, m'attribuant comme précédemment des choses auxquelles je n'ai jamais songé. Je reviens encore sur ce sujet, afin que si mon fils venait à vous dire qu'il a appris sur mon compte, soit en Castille, soit par des lettres reçues de France, de Rome ou de tout autre côté, des choses peu conformes à l'affection que je lui porte, vous puissiez répondre sans hésiter, et lui affirmer en toute sûreté que ce sont de pures inventions, qu'il doit rejeter comme telles; ajoutant qu'en toutes circonstances il trouvera en moi un véritable père; que vous me donnerez à connaître ces bruits injurieux, et que je vous enverrai sur ce point des explications qui ne lui laisseront rien à désirer. — Pour ce qui concerne la conduite à tenir avec la France, toutes les fois qu'on vous demandera mon avis à ce sujet, vous répondrez que ce qui me semble convenir le mieux aux intérêts de mon fils est de vivre, lui et moi, en paix et bonne amitié avec cette puissance. S'il se trouvait présentement à la cour un ambassadeur français, et qu'il vînt à vous parler, répondez-lui avec beaucoup d'affabilité, vous attachant à lui persuader que le roi de France et moi ne faisons qu'un. Cependant ne le prévenez point sous ce rapport, et ne lui en parlez qu'autant qu'il vous mettrait sur la voie, de crainte de donner de nouveaux soupçons au roi mon fils, et peut-être à l'ambassadeur lui-même.

servemos su amistad; y si alli residiére embaxador de França, y os fabláre; fabladle con mucho amor, y mostrando que el rey de França y yo, somos una misma cosa : pero no procureys de fablarle, si él no lo procura, porque no pongais nuevas sospechas al rey mi fijo, ni tanpoco las pongais al dicho embaxador.

Item yo y la reyna que gloria aya capitulámos con el rey de Ingalaterra que daríamos en dote á la princesa de Gales, nuestra fija, dozientos mill escudos de oro, que son las dozientas mill doblas de oro, que los reynos de Castilla serviéron y pagáron para su casamiento, de las quales las cien mill le fuéron pagadas, y de las otras cien mill llevò buena parte en joyas, y oro, y plata, como lo sabe Juan Lopez; de manera que le quedan por pagar hasta veynte y seys quentos, poco mas ó menos; las quales joyas, y oro, y plata, entran en quenta de las otras cien mill coronas, que se le han de pagar; y lo restante dellas está asentado que se le pague en Lóndres, quinze dias antes de ser consumado el casamiento de la dicha princesa, y del principe de Gales, nuestros fijos; el qual casamiento está asen-

TRADUCTION.

Il avait été convenu entre moi, la feue reine mon épouse et le roi d'Angleterre, que nous donnerions en dot à la princesse de Galles, notre fille[1], deux cent mille écus d'or, qui ne sont autres que les deux cent mille *doblas* fournis par les royaumes de Castille pour son mariage. La moitié de cette somme a déjà été acquittée, et elle a reçu une partie notable du reste, tant en bijoux qu'en vaisselle d'or et d'argent, comme Jean Lopez le sait fort bien; de manière qu'il reste à lui payer environ vingt-six *cuentos*[2]. Les joyaux ainsi que la vaisselle d'or et d'argent entrent en déduction des cent mille couronnes formant le second payement stipulé, et le surplus de cette somme devait être compté à la princesse quinze jours avant la consommation de son mariage avec le prince de Galles,

---

[1] Catherine, née en 1485, et morte en 1536, femme d'Artus, prince de Galles, puis de Henri VIII, son frère puîné, tous deux fils de Henri VII, roi d'Angleterre.

[2] *Cuento* signifie un million. Mais rien dans le texte n'indique de quelle monnaie il s'agit ici.

tado que se hoviese de consumar luego en haviendo cumplido quinze años el dicho principe de Gales, nuestro fijo, los quales dize que cumplió el junio cerca pasado; y por causa de los negocios y ocupaciones que se ofreciéron en la venida en Castilla del rey y de la reyna mis fijos, no huvó lugar para poder se proveer en embiar á tiempo á Ingalaterra el cumplimiento de la dicha paga. Pero quedó concertado que para la dicha paga, serviessen las joyas de la reyna que gloria aya, que estan en poder de Juan Velasquez, y el dinero que está en poder de Juan Lopez, para ello, segun mas largamente vos informará dello el dicho Juan Lopez. Y porque la paga desta dote, es la cosa que mas encargada dexó por su testamento la reyna que gloria aya, y assi por descarga de su consciencia, como por lo que le cumple ala dicha princesa de Gales, mi fija; que si la dicha paga ne se fiziesse se pornia peligro de desatarse su casamiento, procuraréis con el arçobispo de Toledo, y con los otros testamentarios de la reyna que gloria aya, y principalmente con el rey mi fijo, que se dé luego órden en embiar á Ingalaterra el cumplimiento de la dicha paga,

TRADUCTION.

lequel mariage aurait lieu aussitôt que ce dernier aurait atteint l'âge de quinze ans. Or cette époque est arrivée au mois de juin qui vient de s'écouler; mais par suite des occupations que m'a causées l'arrivée de ma fille et de mon gendre en Castille, le temps m'a manqué pour recouvrer et envoyer à temps opportun en Angleterre le complément de la somme en question. Toutefois il a été résolu que pour la parfaire on emploierait les joyaux de la feue reine, déposés entre les mains de Jean Velasquez, ainsi que l'argent remis à cet effet à Jean Lopez, comme ce dernier vous en informera plus au long. Le payement de cette dot étant la chose sur laquelle mon épouse a le plus insisté dans son testament, tant pour l'acquit de sa conscience que dans la vue des intérêts de la princesse de Galles, dont le mariage courrait grand risque d'être rompu à défaut d'exécution de cette clause, insistez fortement auprès de l'archevêque de Tolède et des autres exécuteurs testamentaires de la reine, mais surtout auprès du roi mon fils, pour qu'on envoie le plus tôt possible en Angleterre le complément de la somme dont il s'agit, et que la consommation du mariage

para que en pagándola se consuma el dicho casamiento; porque de otra manera no lo farian, y la dicha princesa mi fija padeceria mucho daño y vergüença, y para escusarlo, haveis de procurar esto con todo la instancia y diligencia y cuidado, y recando que menester fuére, como cosa que mucho cumple a nuestro servicio. Y negociadlo á consejo de Juan Lopez, que está bien informado del negocio; que en negociar bien esto, es bien casada la dicha princesa mi fija; y en dexarse de fazer la dicha paga, se desfaze su casamiento, y queda ella perdida; asi que pues vedes lo que esto importa á mi honrra y servicio, fazed último de potencia porque se haga; y procuraréys que el rey don Phelipe mi fijo pague lo que montan las joyas, y que las tome para si. Vaya persona fiel con el dinero que faga la paga en Lóndres, y cobre carta de pago del rey de Ingalaterra.

Item si huviére alli embaxador de Ingalaterra fabladle mostrando que entre mi y el rey de Ingalaterra ay mucho amor y hermandad, y deudo como sabeys; y si os apuntáre algo, en que no se ha embiado el cumplimiento de paga dela dicha dote, daréis la razon que

TRADUCTION.

de ma fille ne souffre plus aucun retard; autrement il serait à craindre que tout ne fût rompu, et l'honneur de la princesse se trouverait alors gravement compromis. Vous concevez donc facilement l'importance que je dois attacher à une affaire où la dignité de ma famille ainsi que la mienne propre se trouvent si essentiellement intéressées, et vous ne négligerez aucun moyen pour obtenir que mes intentions soient promptement et complétement exécutées. Don Philippe gardera pour lui les joyaux de la feue reine; il en remettra le prix à une personne de confiance, qu'il chargera d'aller effectuer le payement à Londres, et qui n'oubliera pas de solliciter une quittance du roi d'Angleterre.

Dans le cas où il se trouverait à la cour de Castille un ambassadeur d'Angleterre, vous vous attacheriez à le convaincre qu'il existe entre son maître et moi toute l'amitié possible, ainsi que l'exigent les liens de parenté qui nous unissent. S'il venait à vous sonder sur les motifs du retard qu'a éprouvé le payement du reste de la dot de ma fille, vous lui expliqueriez la chose dans son vé-

ay dela dilacion que en ella ha havido; la qual no ha sido á culpa mia; pero que ello se cumplirá enteramente; y dezir le eys como está deputado el dinero para ello y que vos teneys cargo de solicitarlo con el rey mi fijo y con los testamentarios.

Item con el embaxador de Portugal, fablaréis assi mismo, mostrando mucho amor al rey y á la reyna de Portugal mis fijos, ofreciéndoles de mi parte mi persona y estado, para lo que cumpliére á ellos y á su estado.

Item á los embaxadores del papa y de Venecia, mostraréis assi mismo mucho amistad, como de palabra vos hé dicho, y lo mismo á los embaxadores de Navarra.

Item si por aventura quando fuéredes llegado, no huviéren dexado sacar de Castilla al duque de Valentinès, á Gil Nieto, y á Diego de Vera, que yo embié para que le traigan á essos mis reynos; en tal caso fablaréis sobre ello de mi parte al rey de Castilla mi fijo, diziéndole que al duque yo le mandé traer de mi reyno de Nápoles á Castilla, como á súbdito mio, que es, y como solía

TRADUCTION.

ritable sens, affirmant qu'il n'y a point eu en cela de ma faute; que, du reste, cette affaire sera bientôt terminée, puisque l'argent est prêt et que vous êtes chargé par moi d'en presser la remise auprès du roi mon fils et des exécuteurs testamentaires de la feue reine.

Vous parlerez de la même manière à l'ambassadeur de Portugal, l'assurant de mon attachement pour son maître[1] et l'épouse de ce dernier; mettant à leur disposition ma personne et ma fortune pour tout ce qui pourra intéresser eux-mêmes et leurs états.

Quant aux ambassadeurs du pape et de Venise, vous leur témoignerez toute l'affection possible, ainsi que je vous l'ai déjà recommandé; vous en agirez de même à l'égard des ambassadeurs de Navarre.

Dans le cas où, à l'époque de votre arrivée, on n'aurait pas encore laissé sortir

---

[1] Emmanuel, surnommé le Grand et le Fortuné, qui épousa successivement deux filles de Ferdinand : Isabelle, morte en 1498, et Marie, décédée en 1517.

mandar traer á Castilla otros prisioneros de los mis reynos dela corona de Arragon, quando per algun caso me cumplia, y despues quando convenia, los mandaba bolver á los dichos mis reynos de la corona de Aragon. Y que agora quando yo dexé los reynos de Castilla al rey y á la reyna mi fijos, que yo mandé traer comigo los prisioneros de mis reynos que havia mandado llevar á Castilla, y entre ellos al dicho duque por si onradamente, por le tener cabe mi, y dar conclusion en su negocio; que es la causa, por que yo le mandé traer á Castilla para tenerle cerca de mi. Y que lo que entiendo de fazer en su negocio es lo mismo que á él cumple, y tambien me cumple á mi para mis cosas de Italia, y que ya sabe el rey mi fijo lo que sobre ello me escribió el dia que llegué á Aranda de Duero, y lo que le respondi; sabido lo qual tengo yo por cierto, que el rey mi fijo havrá mandado que no se ponga embarazo en la trayda del dicho duque, por que lo tal mas seria fuerça que razon,

TRADUCTION.

de Castille le duc de Valentines que j'ai chargé Gil Nieto et Diego de Vera d'amener en Aragon, vous parlerez de cette affaire à mon fils, lui rappelant que j'ai donné ordre de conduire le duc de Naples en Castille, comme mon sujet, et de la même manière que j'ai fait transporter quelquefois dans ce dernier royaume certains de mes prisonniers de la couronne d'Aragon, lorsque la circonstance réclamait cette mesure, sauf à les renvoyer, s'il était nécessaire, dans leur pays. Mon fils doit se souvenir que lorsque je cédai à lui et à son épouse la couronne de Castille, je fis transporter à ma suite les prisonniers mes sujets, qui s'y trouvaient alors, et entre autres le duc de Valentines, que j'y avais fait amener avec tous les égards qui lui étaient dus, afin de l'avoir près de ma personne, et de statuer définitivement sur l'affaire qui le concerne. Or, je n'ai d'autre but, dans la décision qu'on attend de moi à ce sujet, que de déterminer ce qu'il y a de plus convenable pour lui et aussi pour moi relativement aux intérêts de mon royaume d'Italie. Mon fils n'aura pas oublié sans doute ce qu'il m'écrivit à propos de cette affaire le jour de mon arrivée à Aranda de Duero et la réponse que je lui fis. J'ai donc la conviction qu'il aura donné des ordres pour que l'on ne mette aucun obstacle à la translation de ce personnage. Toute autre manière d'agir, en

y seria fazerme mucha descortesia, y afrenta, y aun daño á mis negocios; y no creo yo que tenga él en mas ningun negocio de ningun hombre particular, que el negocio que toca á mi, y á mi honrra y estado, como es este; y dezidle, cerca dello, todo lo que de palabra os he dicho; y que espero dél que me ha de fazer siempre obras de verdadero fijo y amigo, y no de lo contrario, y procurad que mande al adelantado que luego lo entregue á los que yo hé embiado por él, para que me lo trayan, y no alceis la mano de procurarlo, fasta que sepais que se ha venido á Aragon, y luego, porque me importa mucho. Y en caso que todavia porfiassen en tenelle, faréis secretamente al adelantado un requerimiento como lo llebais ordenado, para que lo entregue, y daréis órden que lo saquen y trayan.

Item diréis al rey mi fijo, que ya debe saver que al tiempo de la guerra que tubimos con el rey de Portugal, don Gaspar Fabra

TRADUCTION.

effet, serait violente, abusive, injurieuse pour moi, et en outre préjudiciable à mes intérêts. Mais je ne puis croire que mon fils attache plus d'importance aux affaires de qui que ce soit qu'à celles qui concernent mon honneur et le bien de mes états : or celle-ci est du nombre. Vous lui répéterez, en conséquence, tout ce que je vous ai dit à cette occasion de vive voix, ajoutant que je m'attends à trouver toujours chez lui les procédés d'un fils et d'un ami et jamais d'autres. En attendant, veillez à ce qu'il donne à l'*adelantade* l'ordre de remettre le duc à ceux que j'ai envoyés pour le chercher, ne discontinuant pas vos démarches avant de savoir positivement que ce dernier a été transporté en Aragon, et cela le plus promptement possible; car il m'importe beaucoup.

Dans le cas où l'on ferait encore quelques difficultés pour le laisser partir, vous adresseriez une requête secrète à l'*adelantade*, suivant les instructions que vous avez reçues de moi, et vous donneriez des ordres pour que le prisonnier fût remis entre les mains des personnes chargées de me l'amener.

Vous rappellerez à mon fils qu'à l'époque de la guerre que nous eûmes à soutenir contre le roi de Portugal, don Gaspard Fabra s'empara, en vertu des ordres qu'il tenait de moi ainsi que de la feue reine, et au nom de la couronne

64   PAPIERS D'ÉTAT

tomó por mandado mio y de la reyna que gloria aya, para nuestra corona real de Castilla, á Villena y Almança que estavan contra nuestra corona, y para llevar gente para tomarlo, vendió un lugar suyo como muy buen servidor; y que entónces porque no huvọ́ dispusicion para pagar al dicho don Gaspar Fabra loque havia gastado en aquello porque llevó la gente á su costa, la reyna, que gloria aya, le fizọ́ y firmó cierta capitulacion conque le dió aquellas tenencias en empeño á él y á sus herederos, para que pagandoles lo que alli dize por lo que él gastó en ello, las restituya; y que lo que yo mas querria, es que el rey mi fijo proveyesse en pagar luego á su muger y fijos del dicho don Gaspar lo que por la dicha capitulacion debe hazer; y pagado aquello, proveyesse de las fortalezas á quien quisiesse. Procurad lo vos con diligencia, y que entanto que le pagan lo suso dicho se libre sus tenencias, como se suele fazer.

Item vos llevais cartas mias para el arçobispo de Toledo y para

TRADUCTION.

royale de Castille, des villes de Villena et Almanza qui s'étaient prononcées contre nous. Mais pour subvenir aux dépenses de cette expédition, ce fidèle serviteur vendit un village qui lui appartenait, et leva des troupes à ses frais. La couronne se trouvant pour lors dans l'impuissance de s'acquitter envers Fabra, la feue reine, en vertu d'un traité signé par elle, lui concéda l'usufruit des deux villes en question, tant pour lui que pour ses héritiers, jusqu'à entier remboursement de ses avances. Je désirerais bien que mon fils s'occupât de payer le plus tôt possible à la veuve et aux enfants de don Gaspard la somme qui leur est due, suivant les termes du traité, sauf à pourvoir après cela desdites places qui il jugerait à propos. Veillez vous-même à ce que mes intentions sur ce point soient exécutées, et les *tenances* restituées immédiatement après le payement, suivant l'usage.

Je vous charge de quelques lettres pour l'archevêque de Tolède, ainsi que pour les autres personnes de la cour de Castille. Vous parlerez de ma part à chacune d'elles suivant les instructions que je vous ai données de vive voix, n'oubliant rien pour les maintenir constamment attachées à mes intérêts.....

A l'époque de mon départ de Castille, on me pria, de la part du roi, d'écrire

todos los otros de aquella corte; fablaréis de mi parte á cada uno dellos, segund de palabra os hé dicho, travajando de los fazer y conservar por muy servidores mios......

Item al tiempo de mi partida de allá, me fué pedido por parte del rey mi fijo que escriviesse de mi mano á la reyna mi fija, rogándola que tomasse mugeres para su servicio, porque le parecia muy mal asi sola : diréys al rey mi fijo, y al arçobispo de Toledo que me fabló en ello, que stando para escrivir esso ala reyna mi fija me escriviéron como havia ya tomado mugeres, y que viendo que avia fecho, dexé de escrivir, pues ya para aquello no era menester; y ver carta mia, le pudiera hacer alguna alteracion. De Saragoça, á XXIX dias de julio, año de MDVI.

YO EL REY.

ALMAÇAN, secret.

TRADUCTION.

de ma main à la reine son épouse, pour l'engager à prendre des femmes à son service, étant assez peu convenable qu'elle demeurât continuellement seule; vous pourrez dire à don Philippe, ainsi qu'à l'archevêque de Tolède qui m'en avait parlé, qu'au moment où je me disposais à écrire à ma fille suivant leurs intentions, j'ai reçu l'avis qu'elle avait déjà fait ce qu'on désirait d'elle. Ce que voyant, je me suis abstenu de la démarche dont on m'avait prié, d'abord parce que cela était désormais inutile, et en second lieu parce que la vue d'une lettre de moi sur un pareil sujet aurait pu l'affecter péniblement. Saragosse, 29 juin 1506.

MOI LE ROI.

Et plus bas :

ALMAZAN, secrétaire.

XIV.

CARTA

DE EL REY DON FERNANDO EL CATHOLICO

A DON JUAN DE ARAGON, VICEREY DE NÁPOLES,

QUE SUCEDIÓ AL GRAN CAPITAN.

(Mémoires de Granvelle, I, 52.)

Burgos, á 22 de mayo 1508.

Illustre y reverendo conde y castellan de Amposta, nuestro muy caro sobrino, vicerey y lugarteniente general; vimos vuestras cartas de 6 del presente, y la carta clara, y la cifra que vos os remitíades, en que dezis que nos escribíades largamente el caso del breve que el cursor del papa presentó á vos, y á los de nuestro consejo que con vos

TRADUCTION.

LETTRE

DU ROI DON FERDINAND LE CATHOLIQUE

À DON JUAN D'ARAGON, VICE-ROI DE NAPLES,

SUCCESSEUR DE GONSALVE DE CORDOUE, SURNOMMÉ LE GRAND CAPITAINE.

Burgos, 22 mai 1508.

Illustre et révérend comte et châtelain d'Amposta, notre très-cher cousin, vice-roi et lieutenant général; nous avons lu vos lettres du 6 de ce mois, c'est-à-dire celle en caractères ordinaires et celle en chiffres; vous nous y annonciez de longs détails sur l'affaire du bref que le messager du pape vous a présenté; mais il faut que les membres de notre conseil qui résident auprès de vous aient

residen, deviera quedar por olvido, porque no vinó aca. Pero por lo que nos escrivió micer Zonch entendimos todo el dicho caso, y tambien lo que pasó sobrelo de la Caba. De todo lo qual havemos recebido grande alteracion, enojo, y sentimiento; y estamos muy maravillados y mal contento de vos, viendo de quanta importancia y perjuyzio nuestro, y de nuestras preeminencias y dignidad real, era el auto que fizó el cursor apostólico; mayormente siendo aucto de fecho y contraderecho, y no hé visto fazer en nuestra memoria á ningun rey, ni vicerey de my reyno; porque vos no fizistes tambien de hecho, mandando ahorcar el cursor que vos la presentó? que claro sta, que no solamente en ese reyno, si el papa sabe que en España y França le han de consentir fazer semejante aucto que ese, que le fará por acrecentar su jurisdiction. Mas los buenos vicereyes atajanlo y remedianlo de la manera que hé dicho, y con un castigo que fagan en un semejante caso, nunca mas se osan fazer otros, como antiguamente en algunos casos se vió por experiencia. Pero aviendo procedido las descommuniones que se dexáron presentar al comissario apostólico en lo de la Caba, claro estava que viendo que se sufria lo uno se havia de atrever á lo otro. Nos escribimos sobre este caso á

TRADUCTION.

totalement perdu de vue cette dépêche, car elle ne nous est point parvenue. Quoi qu'il en soit, une lettre de Zonch nous a mis au courant de cette affaire, ainsi que de celle concernant le monastère de la Caba. Nous vous peindrions difficilement l'indignation qu'a excitée en nous cette nouvelle, comme aussi la surprise et le mécontentement que nous a causés votre conduite dans une circonstance où nos prérogatives et notre dignité royale étaient si gravement compromises par la démarche de l'envoyé apostolique, démarche violente, contraire à tous principes d'équité, et qu'on ne s'est jamais permise, de mémoire d'homme, à l'égard d'aucun roi ou vice-roi de ces états. Pourquoi n'avez-vous pas aussi répondu sur le même ton, en faisant pendre le messager qui vous a présenté le bref? car il est évident que si de pareils actes demeurent impunis, le pape les renouvellera non-seulement dans ce royaume, mais encore en Espagne et en France, pour étendre plus loin sa juridiction. Mais les bons vice-rois savent

Gerónimo de Vicq, nuestro embaxador en corte de Roma, lo que veréys por las copias que van con la presente; y estamos muy determinado, si su santidad no revoca luego el breve, y los autos por virtud dél fechos, de le quitar la obediencia de todos los reynos de la corona de Castilla y Aragon, y de hazer otras provisiones convenientes á caso tan grave, y de tanta importancia. Lo que ay aveys de fazer sobre ello es que si, quando esta reciviéredes, no aveys embiado á Roma los embaxadores que en la carta de micer Zonch y en las de los otros dize que queríades embiar, que no los embieys en ninguna manera, porque seria enflaquezer y dañar mucho el negocio; y si los aveys embiado, que luego á la hora les escrivays que se buelvan sin fablar al papa, ni á nadie en la negociacion : y si por ventura huviéren començado á fablar, vuelvan á ese reyno sin fablar mas, y sin despedirse, ni dezir nada. Y vos fazed extrema diligenza por fazer prender el cursor que vos presentó el dicho breve, si estuviére en ese reyno; y si le pudiéredes haver, fazed que renuncie, y se aparte con acto de la presentacion que fizó del dicho breve, y mandad le luego ahorcar.

TRADUCTION.

couper court au mal et y porter remède de la manière que je vous ai dite; et avec un châtiment sévère infligé à propos on prévient le retour des abus, ainsi que l'expérience l'a souvent démontré à des époques antérieures. Tout le mal vient de ce qu'on a permis précédemment au commissaire apostolique de présenter la bulle de l'excommunication prononcée dans l'affaire de la Caba; car il est clair qu'en souffrant cette première démarche on autorisait par-là même la seconde. Vous verrez, par les copies qui accompagnent la présente lettre, ce que nous écrivons sur cette affaire à Jérôme de Vicq, notre ambassadeur à la cour de Rome. En attendant, nous sommes bien décidé, dans le cas où sa sainteté n'annulerait pas de suite le bref, ainsi que tous les actes qui en ont été la conséquence, à retirer de son obédience tous les états de la couronne de Castille et d'Aragon, sans préjudice des autres dispositions que réclame l'extrême gravité de la matière. Pour vous, voici ce que vous avez à faire présentement. Si, lors de la réception de notre lettre, les ambassadeurs que vous vous disposiez à envoyer à Rome, selon ce que m'ont écrit Zonch et d'autres, ne sont pas encore

Y si no le pudiéredeys aver, faréys prender á los que estuviéren ay, faziendo nuestra justicia sobre este negocio por los de Asculi; y tened los á muy buen recaudo en alguna cija en Castil-Novo, de manera que no sepan donde estan; y fazedles renunciar y desistir á qualesquier actos que sobre ello ayan fecho; y proceded á punicion y castigo de los culpados de Asculi, que entráron con banderas y mano armada en ese nuestro reyno, por todo rigor de justicia, sin afloxar ni soltar les cosa de la pena, que por justicia meresciéren, y digan y fagan en Roma lo que quisiéren, *y ellos al papa, y vos á la capa*. Y esto vos mandamos que fagays y pongays en obra sin otra dilacion ni consulta, porque cumple mucho e importa a nuestro real servicio. Quanto al negocio de la Caba, ya vos aviamos escrito, que no embargante qualquier cosa que dixiesse ó fiziesse la serenissima reyna nuestra hermana, si ella no fazia luego justicia alos frayles del monasterio de la dicha Caba, la favoreciézedes vos en nuestro nombre, y sin que vos lo mandásemos, fiziestes gran yerro en no lo fazer. Y porque el duque de Fernandina, y sus hijos y consejeros pongan ala dicha

TRADUCTION.

en route, ne les laissez point partir, parce qu'une telle démarche ne pourrait qu'affaiblir notre autorité et aggraver encore le mal. Si au contraire ils ont déjà commencé leur voyage, vous leur enverrez à l'instant l'ordre de revenir sur leurs pas, sans parler au pape, ni à qui que ce soit, de cette affaire; que s'ils étaient déjà entrés en pourparlers à ce sujet, ils quitteront Rome immédiatement, sans prendre congé ni ajouter un seul mot à ce qu'ils auront dit. De votre côté, vous allez prendre sur l'heure toutes les mesures convenables pour faire arrêter le messager qui vous a présenté le bref, s'il se trouve encore dans le royaume. En cas de réussite, vous le forcerez à rétracter par un acte authentique la présentation qu'il vous a faite de cette pièce, et le ferez pendre immédiatement après; dans le cas contraire, vous tâcherez au moins de vous assurer de tous ceux qui se trouvent compromis en cette affaire; vous les enfermerez sous bonne garde dans quelque cachot à Castel-Nuovo, de manière qu'ils ignorent le lieu où ils se trouvent; vous les forcerez à déclarer nuls tous les actes auxquels ils auront coopéré. Vous procéderez ensuite au châtiment des coupables d'Ascoli;

serenissima reyna nuestra hermana, en que faga cosas con que estorve la execucion de nuestra justicia, y lo que cumple á nuestro servicio, por eso no haviades de dexar de fazer. Por ende nos vos mandamos, pues la dicha serenissima reyna nuestra hermana no quiere fazer justicia en el dicho negocio, que vos proveays luego sobre ello todo lo que fuére justicia, castigando á los que tuviéren culpa, y desagraviando á los que estuviéren agraviados. Y si faziendo esto, la dicha serenissima reyna nuestra hermana viniére ala Vicaria en persona, como dezis que vos han dicho que lo fará, á sacar los presos que por la dicha razon mandarédes prender, en tal caso, vos mandamos muy estrechamente, e sopena de la fidelidad que nos debeys, e de nuestra ira e indignacion, que prendays al duque de Fernandina, y

TRADUCTION.

nous voulons dire de ceux qui sont entrés bannières déployées et à main armée dans notre royaume de Naples, et cela avec toute rigueur de justice, sans faiblesse ni indulgence; après cela qu'on dise et qu'on fasse à Rome tout ce que l'on voudra : *eux au pape et vous à la cape*. Tout ce que nous venons de vous ordonner, vous le ferez et exécuterez sans délai ni délibération, parce que les intérêts de notre service le réclament impérieusement.

Quant à l'affaire de la Caba, nous vous avions déjà commandé, dans le cas où la reine notre sœur [1] ne rendrait pas justice immédiate aux religieux de ce monastère, de la leur rendre, vous, en notre nom, sans égard pour tout ce qu'elle pourrait dire ou faire, et sans attendre de nouveaux ordres à ce sujet : vous ne l'avez pas fait et vous avez commis en cela une grande faute. Libre au duc de Fernandine, ainsi qu'à ses enfants et aux conseillers de la reine notre sœur de lui suggérer des mesures propres à entraver l'exécution de notre justice et à compromettre nos intérêts; mais vous ne deviez pas pour cela négliger l'exécution de nos ordres. En conséquence, nous vous commandons de nouveau, puisque la princesse se refuse de faire justice à qui la mérite, de la rendre vous-même en entier, châtiant ceux qui se trouveront en faute et dédommageant ceux qui auront souffert quelque tort. Dans le cas où la reine notre sœur viendrait en personne à *la Vicaria*, comme on vous a assuré qu'elle en menaçait, pour délivrer

---

[1] Jeanne, fille de Jean II, roi d'Aragon, seconde femme de Ferdinand, roi de Naples. Elle mourut en 1518.

á sus hijos, y á todos los consejeros de la dicha serenissima reyna nuestra hermana, y los pongays en Castil-Novo en la fossa del Millo adonde esten á muy buen recaudo; y que por cosa del mundo, no los solteis sin nuestro especial mandamiento. Y si la dicha serenissima reyna nuestra hermana quisiére yr al dicho Castil-Novo para libracion dellos, con la presente mandamos á vos, y á nuestro alcayde del dicho castillo, que no la dexeys entrar en él, aunque haga todos los estremos del mundo. Porque fijo, ni hermana, ni otro ningun deudo nuestro, no avemos de consentir que estorve la execucion de nuestra justicia; y los que en tal le pusiéren, no han de passar sin castigo. Y quanto á loque cerca dello fizó el commissario del papa, si estuviére alli prendedle, y tenedle donde no sepan dél, y secreta-

TRADUCTION.

ceux que vous allez faire incarcérer suivant nos ordres actuels, nous vous enjoignons formellement, au nom de la fidélité que vous nous devez et sous peine de notre indignation, de faire arrêter le duc de Fernandine, ainsi que ses enfants et tous les conseillers de la princesse, et de les enfermer sous bonne garde à Castel-Nuovo, dans le cachot *del Millo*, ne les relâchant, pour quelque motif que ce puisse être, sans notre commandement exprès. Si par hasard la reine se rendait à Castel-Nuovo pour mettre ces prisonniers en liberté, nous vous ordonnons par la présente, ainsi qu'au gouverneur de ce château, de lui en refuser l'entrée, nonobstant tout ce qu'elle pourra dire ou faire, parce que nous ne souffrirons jamais que ni fils, ni sœur, ni aucun de nos parents, quel qu'il puisse être, interrompe le cours de notre justice. Quant à l'envoyé du pape, nous vous enjoignons encore une fois de vous assurer de lui, s'il se trouve dans le pays, de le faire enfermer dans quelque endroit secret, et de l'amener à signer sans bruit une rétractation de tous les actes qu'il a tentés au sujet des excommunications dont nous avons parlé ci-dessus. Cependant vous aurez soin, autant que possible, de commencer par rendre justice dans l'affaire de la Caba, suivant les instructions que nous venons de vous donner; car le fait est scandaleux au dernier point et mérite un châtiment exemplaire.

Maintenant que nos intentions sur cette matière vous sont bien et dûment connues, ne souffrez dorénavant pour rien au monde que personne porte atteinte à nos prééminences royales. En effet, si nous ne veillons à la défense de

mente fazedle renunciar y desistir á los actos que ha fecho, sobre las dichas descomuniones : pero si fuére posible precedan á esto las provisiones de justicia que haveys de fazer en el dicho negocio de los de la Caba, en castigo de los culpados, y desagravio de los agraviados, como havemos dicho ; porque fué caso feo y de mal exemplo y digno de castigo.

Pues vedes nuestra intencion y determinacion en estas cosas, de aqui adelante por cosa del mundo no sufrays que nuestras preeminencias reales sean usurpadas por nadie. Porque si el supremo dominio nuestro no defendeys, no ay que defender, y la defension de derecho natural es permitida á todos, y mas pertenece á los reyes, porque de mas de cumplir ala conservacion de su dignidad y estado real, cumple mucho para que tengan sus reynos en paz y justicia, y de buena governacion. Otrosi, luego en llegando este correo proverréys en poner buenas personas fieles, y de recaudo en los passos de la entrada de ese reyno ; que tengan especial cargo de poner mucho recaudo en la guarda de los dichos passos, para que si algun commissario, ó cursor, ó otra persona viniére á ese reyno con bulas, breves, ó otros qualesquier escritos apostólicos y vos los traygan, de manera que no se consienta que las presenten, ni publiquen, ni fagan

TRADUCTION.

notre autorité suprême, sur quoi veillerons-nous donc? Certes la défense propre est permise à tout le monde de droit naturel, mais plus spécialement encore aux rois, car, indépendamment de la conservation de leur dignité, elle assure encore dans leurs états le maintien de la paix, de la justice et des principes d'un bon gouvernement.

Aussitôt cette dépêche reçue, vous aurez soin de placer, sur les divers points qui donnent entrée dans notre royaume de Naples, des personnes de confiance qui surveillent attentivement tous ceux qui se présenteront à la frontière, afin que dans le cas où un commissaire, un messager ou tout autre agent du pape tenterait de pénétrer dans nos états avec des bulles, des brefs ou tous autres actes émanés du pouvoir pontifical, elles se saisissent de lui et vous l'amènent. De cette manière on les empêchera de présenter de telles pièces, de les publier,

ningun otro acto acerca d'este negocio. Dado en la ciudad de Burgos, á 22 de mayo año de 1508.

YO EL REY.

' Y mas abaxo:

ALMAÇAN, secretarius.

TRADUCTION.

et de faire à ce sujet une démonstration extérieure quelconque. Burgos, 22 mai 1508.

MOI LE ROI.

Et plus bas:

ALMAZAN, secrétaire.

XV.

MARGUERITE,

ARCHIDUCHESSE D'AUTRICHE, GOUVERNANTE DES PAYS-BAS [1],

A M. DE VERGY [2].

(Lettres à Vergy, tom. I, fol. 2.)

Malines, 2 février 1511.

Mon cousin, nous avons receu voz lettres datées du xx⁰ de janvier dernier passé, et par icelles entendu bien et au long de voz nouvelles. Et combien que en avons de plusieurs coustez, si nous avez—

---

[1] Cette princesse, fille de l'archiduc depuis l'empereur Maximilien, et de Marie, héritière de Bourgogne, naquit à Gand en 1480, et mourut le 1ᵉʳ décembre 1530. Promise à Charles VIII, roi de France, qui lui préféra Anne de Bretagne, elle épousa successivement Jean, prince d'Aragon, fils du roi Ferdinand le Catholique (1497), et Philibert II, duc de Savoie (1501), qui mourut trois ans après son mariage. Nommée régente et gouvernante des Pays-Bas et du comté de Bourgogne après la mort de Philippe le Beau, son frère, elle déploya dans ce poste éminent les plus brillantes qualités.

[2] Guillaume IV, fils de Jean de Vergy et de Pauline de Miolans, était seigneur de Saint-Dizier, Champlite, Autrey, etc. che-

vous fait plésir nous en escripre, et vous en remercions, et prions, quant aucune chose vous surviendra digne d'escripre, que nous en advertissez.

Mon cousin, nous nous donnons merveilles que dictes n'avez eu nulle responce de nous à ce que par autres voz lettres nous avez escript, faisant mention de la descente de ceulx des Lighes[1] en Bourgoingne, attendu que par trois fois vous avons escript de ceste matière : l'une par ung homme de Dôle, autre par maistre Jehan Félix, et la tierce nostre secrétaire. Marnix avoit charge vous en deviser; et s'il advenoit que lesdites Lighes voulcissent faire la guerre au duché de Bourgoingne que tenons, ilz ne feront selon les nouvelles que avons, que sont telles, que le roy très-chrestien les fait pratiquer par tous moyens et leur fait de grandes offres, parquoy je tiens que quelque appoinctement se fera avec eulx, joinct que, comme vous sçavez, la pluspart le désirent; fauldra regarder, en ce cas, s'ilz délibéroient de passer par nostre pays, le meilleur moyen que l'on pourra, et en communiquer à nostre cousine la princesse d'Auranges[2] et autres grans de nostre pays, pour par ensemble y trouver quelque expédient à la maindre foule et dommaige de noz subjects que faire se pourra. Car, comme vous sçavez, n'est en nous leur deffendre le paissage, s'ilz l'avoient délibéré. Aussi l'empereur, mon seigneur et père, nous escript que bon seroit prendre garde aux places, et en advertir les cappitaines, afin d'y mectre quelque bonne provision, de manière que nul dangier n'en puist advenir; et nous semble que ferez bien le ainsi faire. Nous croyons fermement que lesdites Lighes, actendu l'aliance naguères faicte avec eulx par mondit seigneur et

---

valier de l'ordre de Savoie, sénéchal et maréchal de Bourgogne dès 1498, et lieutenant général des duché de Gueldre et comté de Zutphen. Il mourut en 1520. La glorieuse maison de Vergy le compte parmi ses membres les plus illustres. (Voyez, *Histoire de la maison de Vergy*, par Duchesne, J, 289 - 332.)

[1] Suisses.
[2] Philiberte de Luxembourg, douairière de Jean de Châlon-Arlay IV, prince d'Orange. Elle mourut sur la fin de mai 1539, au château de Mont-Saint-Jean, dans le duché de Bourgogne.

père, ne la vouldroient rompre en nulle manière, ne faire ou pourter dommaige en nozdits pays, ny aux subjectz et habitans en icelluy; touteffois, mon cousin, vous prie sur le tout faire le myeulx que pourrez, ainsi que nous confions en vous.

Au surplus, touchant les emendes dont nous avez fait parler, jà piéça l'empereur, mondit seigneur et père, donna à Helyon d'Andelost, en récompense de plusieurs pertes qu'il avoit faictes en son service, trois ou quatre cens l. à prendre sur les biens de l'Espangnard. Du surplus, je vous accordons voluntiers, et nous desplaît que ne vous povons donner le tout, actendu ledict don faict audit Helyon; car voluntiers le vous eussions acordé.

Si nous avons nulles nouvelles de la paix des Vénétiens, ou d'autre à escripre, vous en advertirons.

A tant, mon cousin, Nostre Seigneur soit garde de vous.

Escript à Malines, le IIe de février, A° xv^cxi.

Vostre cousine MARGUERITE.

Et plus bas :

BARANGIER.

A mon cousin le sieur de Vergy, maréchal de Bourgoingne.

XVI.

MANDAMIENTO

DEL SEÑOR DON FERDINANDO EL CATÓLICO, REY DE ARAGON,

EN LO DE LA NAVARRA.

(Mémoires de Granvelle, XXXIV, 65 et suiv.)

Burgos, á 3o de julio, año de 1512.

Nos, el rey de Aragon, de las dos Sicilias, de Jherusalem, etc. etc. fazemos saber á todos los que la presente viéren, que, como á todo el mundo es notorio, estos dias passados viendo nos la empresa que el rey de Françia tomó de ocupar el patrimonio de la sancta yglesia romana nuestra madre, y de dividir la unidad della, con

TRADUCTION.

MANDEMENT

DE FERDINAND LE CATHOLIQUE, ROI D'ARAGON,

AU SUJET DE LA CONQUÊTE DE LA NAVARRE.

Burgos, 3o juillet 1512 [1].

Nous (Ferdinand), roi d'Aragon, des Deux-Siciles, de Jérusalem, etc. à tous ceux qui les présentes verront, savoir faisons que nous avons, ces jours derniers, appris, comme tout le monde en est déjà instruit, le projet formé par le roi de France de s'emparer du patrimoine de la sainte église romaine, notre mère, et de détruire son unité par un schisme [2], au grand mépris de Dieu Notre Sei-

---

[1] Cette pièce fut produite de la part d'Antoine de Bourbon aux conférences de Cercamp, le 18 octobre 1558.

[2] Allusion au concile réuni à Pise, puis à Milan, contre le gré du pape Jules II, qui lui opposa celui qui fut tenu à Saint Jean de Latran.

cisma, en tanta ofensa de Dios Nuestro Señor, y daño universal de toda la religion christiana, luego que supímos esta nueba, que fué estando para passar nos en persona con nuestro exército á prosseguir la enpresa contra los infideles enemigos de nuestra sancta fé cathólica, sentímos della muy grabe pesar y dolor como hera razon de ver estorvar el daño de los infideles y poner tal fuego y guerra en la christiandat et inpiedat en nuestra sancta fé cathólica; y como esto no podimos remediar por ninguna via de negociacion, requeridos por nuestro muy sancto padre, que quisiessemos tornar por la defenssion y remedio de la yglesia, conociendo que esta es la mayor obligacion que todos los principes christianos tenemos, fezimos lo assi y assentamos con nuestro muy sancto padre, y con el serenissimo rey de Inglaterra, nuestro hermano y fijo, y con otros principes christianos, una sanctissima liga para defension de la yglesia, y para recobrar el patrimonio que por el dicho rey de Francia y sus adherentes le havia seydo ocupado, y para destrucion della dicha cisma; y porque pareçió que para acabar lo susodicho con ayuda de Dios Nuestro

TRADUCTION.

gneur, et au préjudice universel de la religion chrétienne. A la réception de cette nouvelle, qui nous est parvenue quand nous étions sur le point de nous mettre à la tête de notre armée pour continuer la guerre contre les infidèles, ennemis de notre sainte foi, nous avons éprouvé, comme de raison, la plus vive douleur, voyant la chrétienté et la sainte foi catholique ainsi troublées par l'audace et l'impiété, tandis que les efforts des infidèles étaient si heureusement comprimés au dehors. Toutes voies de négociations pour remédier à ce désordre étant devenues inutiles, et cédant aux instances que le saint-père nous faisait pour nous déterminer à prendre en main les intérêts de l'église, ce qui est le devoir le plus sacré des princes chrétiens, nous avons conclu avec sa sainteté, le roi d'Angleterre, notre frère et fils, et autres princes chrétiens, une très-sainte ligue pour la défense de l'église, le recouvrement de son patrimoine qui lui a été enlevé par le roi de France et ses adhérents, ainsi que pour la destruction dudit schisme. Afin d'atteindre ce but avec la grâce de Dieu Notre Seigneur, et pour détourner de l'Italie, où l'église a son siége principal, les forces des ennemis, il était né-

Señor, y para divertir de Italia, donde la yglesia tiene su principal
silla, las fuerças de los enemigos, hera necessario que los exércitos
del dicho serenissimo rey de Inglaterra nostro fijo, y nuestro ron-
piessen, por qui ayna contra el dicho rey de França, y para ello fuymos
requiridos por nuestro muy sancto padre, y su sanctidat octorgó in-
dulgentia plenaria á todos los que en los dichos nuestros exércitos
del dicho serenissimo rey de Inglaterra nuestro fijo, y nuestro, por
la parte de Bayona fuessen á servir la enpresa; y queriéndola poner
por obra, los exércitos del dicho serenissimo rey de Inglaterra nuestro
fijo, y nuestro, por lo parte de Bayona fuéron por via indirecta inpe-
didos por el rey y por la reyna de Navarra, nuestros sobrinos, assi
con la liga que han fecho y assentado con el dicho rey de França en
prejuyzio della dicha nuestra sanctissima liga y della dicha sancta enpresa y nuestro, como en las ayudas que del dicho reyno de Navarra, y del señorío de Bearne, han permitido para la fortification

TRADUCTION.

cessaire que l'armée du roi d'Angleterre et la nôtre fissent une brusque invasion du côté de Bayonne, sur les terres de France, suivant que le saint-père nous y avait convié lui-même, en accordant une indulgence plénière à tous ceux, Anglais et Espagnols, qui prendraient part à cette entreprise. Mais au moment où ce projet allait être réalisé, nous avons vu le passage de nos troupes contrarié indirectement par le roi et la reine de Navarre [1], nos neveu et nièce, par suite de la ligue faite entre eux et le roi de France au préjudice de la nôtre, de la sainte entreprise que nous méditons et de nos propres intérêts. Non contents de cette première démarche, ils ont encore fourni, de leur royaume de Navarre et de leur seigneurie de Béarn, des moyens pour fortifier et défendre Bayonne et la Guienne. En conséquence, voulant assurer l'effet de notre sainte ligue et détruire tous les obstacles que le roi et la reine de Navarre pouvaient susciter à notre expédition, nous avons dû commander au duc d'Albe, notre capitaine général, d'entrer avec l'armée sous ses ordres dans la Navarre, ainsi que nous y autorisait suffisamment la conduite de ces princes. Or, il a été stipulé expressément par sa sainteté, dans le traité d'alliance, comme une chose également nécessaire pour le bien de l'église et de

[1] Jean d'Albret et Catherine de Foix.

y defension de Bayona et de Guiayna; por lo qual seguiendo el effecto delo assentado en la dicha nuestra sanctissima liga, y para que la dicha sancta enpresa no se podiesse estorvar por los dichos rey y reyna nuestros sobrinos, fué necessario que mandássemos al duque d'Alba, nuestro capitan general, que entrasse con nuestro exército por el reyno de Navarra, como justamente lo podiamos y debiamos fazer, pues della manera susodicha los dichos rey y reyna, nuestros sobrinos, se oponian á la dicha enpresa; y en la capitulacion della dicha nuestra sanctissima liga fué firmado por su santidat por ser assi necessario para el remedio de la yglesia y de la dicha christiandat, que lo que por alguno de nos los dichos confederados fuesse tomado fuera de Italia, de los que en qualquier manera se oposiessen á la enpresa della dicha sanctissima liga, haun que fuessen reyes, lo podiessemos retener; y visto que el dicho duque d'Alba, nuestro capitan general, prossiguiendo la dicha enpresa, despues de

TRADUCTION.

la chrétienté, que tout ce qui serait pris hors de l'Italie, par l'un des confédérés, à ceux qui s'opposeraient d'une manière quelconque au succès de ladite ligue, fussent-ils même rois, pourrait être légitimement conservé. En conséquence, le duc d'Albe, notre capitaine général, s'étant rendu maître, dans le cours de son expédition, de la ville de Pampelune, capitale de la Navarre, ainsi que de plusieurs autres places, et voyant le royaume tout entier disposé à se rendre à lui, a conclu avec le roi notre neveu, tant au nom de ce prince qu'en celui de la reine son épouse, un traité contenant en substance qu'ils remettent entièrement à notre volonté et disposition l'issue de l'expédition dirigée contre eux et leurs états par le duc d'Albe, afin que nous en décidions à notre gré, ajoutant qu'ils s'y soumettront absolument et sans réserve. Nous, de notre côté, considérant toutes les choses susdites, et combien il importe aux intérêts de l'église et de la religion chrétienne que l'entreprise dirigée par nous contre les ennemis du saint-siége soit poursuivie jusqu'à entière destruction du schisme, réparation du tort qu'en souffre la chrétienté, et de l'injure faite à Notre Seigneur ainsi qu'à son église; sachant d'autre part que le succès de cette expédition réclame impérieusement que le royaume de Navarre et toutes ses forteresses demeurent en notre pouvoir jusqu'à son issue finale; usant en outre du pouvoir

haver se nos rendido la ciudat de Pamplona, cabeça del dicho reyno de Navarra, y otros lugares de aquel reyno, y estar todo el dicho reyno en disposicion de fazer lo mismo, ha assentado con el dicho rey nuestro sobrino, en nombre dél y de la dicha reyna nuestra sobrina, una capitulacion en laqual en sustantia se contiene que toda la enpresa causa y negocio que del dicho nuestro capitan general prosseguia contra los dichos rey y reyna, nuestros sobrinos, y su regno, los dichos rey y reyna la remiten enteramente á nuestra voluntad y disposicion, para que nos podamos disponer y ordenar segunt mejor nos pareciére, y que aquello se cumplirá y terná por los dichos rey y reyna, nuestros sobrinos, sin contravenimiento alguno ; nos, consideradas todas las cosas susodichas, y lo que va y inporta al bien y remedio della yglesia y de toda la religion christiana, que la dicha sancta enpresa que havemos tomado contra los que offenden á la yglesia con el ayuda de Dios Nuestro Señor passe adelante, fasta que la dicha cisma sea del todo destruyda, y la yglesia, por la christiandad remediada, y la honrra de Nuestro Señor y de su yglesia satisfecha ; y porque conoscemos que para seguridad de la dicha enpresa es muy necessario y conveniente que el dicho reyno de Navarra y las fortalezas dél esten en nuestro poder, fasta que toda la

TRADUCTION.

que nous accorde ledit traité de décider toutes choses à notre gré, nous disons par la présente que notre volonté est que le roi et la reine de Navarre, nos neveu et nièce, livrent et fassent livrer sur-le-champ toutes les villes, bourgs, villages et forteresses du royaume de Navarre, soit à notre capitaine général ou à toute autre personne qu'il désignera en son lieu et place, afin que ces villes, bourgs, villages et forteresses, ainsi que les sujets et naturels dudit royaume, de quelque état et condition qu'ils soient, demeurent soumis à notre pouvoir et obéissance, tout le temps que nous le jugerons convenable au succès de notre sainte entreprise, nous réservant exclusivement de décider à quelle époque et de quelle manière nous devrons plus tard faire la restitution dudit royaume à ses premiers maîtres ; le tout afin de nous assurer que par ledit roi, ni pour lui, il ne sera rien fait à notre préjudice ni à celui des terres

dicha sancta enpresa, con el ayuda de Dios Nuestro Señor, sea del todo acabada, declarando nuestra intencion cerqua de lo contenido en la susodicha capitulacion, que, como dicho es, fué remitida á nuestra voluntat, por la presente dezimos : que nuestra voluntad es que los dichos rey y reyna, nuestros sobrinos, nos entreguen y fagan entregar luego todas las ciudades, y villas, y lugares, y fortalezas del dicho reyno de Navarra, y que las reciba por nos el dicho nuestro capitan general, ó las personas que él embiáre á recebirlas, para que todas las dichas ciudades, y villas, y lugares fortalezas, y todos los subdictos y naturales del dicho reyno, de qualquiere estado et condicion sean, esten en nuestro poder y á nuestra governacion y obediencia todo el tiempo que nos viéremos que convenga para el bien y seguridat della dicha sancta enpresa en la manera susodicha, y que despues quede á nuestra voluntat y disposicion el quando, y la forma, y manera como ayamos de dexar el dicho reyno, para que dél ny por él no se pueda seguir daño á lo que se oviére fecho en beneficio de la dicha sancta enpresa, ni á ningunas tierras ni subdictos de las coronas de Castilla y de Aragon, ni á los subdictos, ni naturales de Navarra, ni alguno dellos; e que fasta que nos de nuestra voluntad fagamos dexacion del dicho reyno de Navarra, en la manera

TRADUCTION.

et sujets des couronnes de Castille et d'Aragon, ni des sujets et naturels de Navarre; nous voulons en outre que, jusqu'à l'époque où, de notre plein gré, nous consentirons à la restitution du royaume de Navarre en la manière susdite, tous les sujets et naturels soient tenus de nous obéir sans réserve, comme au dépositaire légitime de l'autorité du roi, et cela sous peine de trahison et des châtiments encourus par ceux qui résistent aux ordres de notre couronne.

Usant encore dans le même but du pouvoir que nous attribue le traité en question, nous voulons que le roi et la reine, nos neveu et nièce, envoient sur-le-champ le maréchal de Navarre, le comte de Saint-Estevan et don Jean de Beaumont avec ses fils résider dans les terres qu'ils possèdent en Navarre, de crainte que, restant au voisinage de la France, ils ne soient forcés de prendre parti en faveur des schismatiques contre notre sainte expédition. Pour le même motif, nous

susodicha, todos los subdictos y naturales dél sean obligados de nos obedecer enteramente como á depositario de la corona y reyno de Navarra y del señorío y mando dél, so pena de caer en caso de traycion, y so las otras penas en que incorren los que vienen contra la corona real.

Otrossi declarando mas la dicha nuestra voluntad por virtud de la dicha capitulacion, dezimos que nuestra voluntad es que los dichos rey y reyna, nuestros sobrinos, envien luego al marischal de Navarra y al conde de Sanct-Estevan, y á don Johan de Beamonte y á sus fijos al dicho reyno de Navarra, para que vivan en él y tengan sus tierras y bienes, porque, estando á la parte de Françia, no sean necessitados de servir y ayudar á los cismaticos contra la dicha sancta enpresa; y por la misma causa los dichos rey y reyna, nuestros sobrinos, sean obligados de dexar venir á vivir al dicho reyno de Navarra á todos los otros Navarros que estoviéren de aquella parte de Françia, que quisiéren venir á vivir en el dicho reyno; otrossi declarando mas la dicha nuestra voluntad por virtud de la dicha capitulacion, porque los dichos rey y reyna, nuestros sobrinos, teniendo de la parte de Françia al principe su fijo no sean constreñidos, so color de casamiento ó otro qualquiere color, ponerlo en manos del rey de Françia, queremos que los dichos rey y reyna, nuestros sobrinos, nos entreguen al dicho principe su fijo, para que esté en nuestra casa real, fasta que todo lo que toca á la dicha enpresa en la manera susodicha

TRADUCTION.

obligeons ces princes à donner l'autorisation de venir habiter le royaume de Navarre à tous leurs sujets, vivant actuellement hors d'icelui et dans le voisinage de la France, qui voudraient rentrer dans leur patrie. En outre, comme le roi et la reine, en laissant en France le prince leur fils[1], pourraient être contraints, ou par l'espoir d'un mariage ou par tout autre motif, à le remettre dans les mains du roi de France, nous voulons qu'ils nous le confient à nous-même

[1] Henri d'Albret, né en 1503.

sea del todo acabado con el ayuda de Dios Nuestro Señor. Otrossi declarando mas la dicha nuestra voluntad por virtud de la dicha capitulacion, dezimos que los dichos rey y reyna, nuestros sobrinos, sean obligados de no consentir ni dar lugar que por el señorío de Bearne se faga guerra ny daño directa ni indirectamente en los reynos nuestros de Aragon, ni den passo, para que por alli se pueda fazer daño alguno á los dichos nuestros reynos; y para que á todos sea notoria nuestra voluntad cerqua de las cosas susodichas, mandámos fazer la presente firmada de nuestra mano y sellada con nuestro sello.

Dado, en la ciudad de Burgos, á 30 del mes de jullio, año del nascimiento de Nuestro Señor Jesu-Christo, de mil quinientos y doze.

YO EL REY.

ALMAÇAN, secr.

TRADUCTION.

pour vivre en notre cour jusqu'à entier et parfait accomplissement de l'expédition suivant nos vues. Nous ordonnons enfin, toujours en vertu des pouvoirs que nous accorde la sainte ligue, que le roi et la reine de Navarre n'autorisent et ne tolèrent aucune tentative directe ou indirecte qui serait faite dans le Béarn contre nos états d'Aragon, et qu'ils ne livrent passage à qui que ce soit pour y porter la guerre; et, afin de rendre notoire à tous notre volonté, nous avons fait dresser la présente, signée de notre main et scellée de notre sceau.

Donné dans la ville de Burgos, le 30 juillet de l'année 1512 depuis la naissance de Notre-Seigneur Jésus-Christ.

MOI LE ROI.

Et plus bas :

ALMAZAN, secrétaire.

XVII.

L'ARCHIDUCHESSE MARGUERITE

A M. DE VERGY.

(Lettres à Vergy, t. I, f° 4.)

Malines, 27 mars.

Dans cette lettre, l'archiduchesse recommande à M. de Vergy l'affaire du prieuré de Mouthe, en Franche-Comté.

XVIII.

MARGUERITE D'AUTRICHE

A PIERRE DE LOQUENGHIEN ET A JEAN DE HESDIN.

(Mémoires de Granvelle, 1, 58.)

Bruxelles, 17 janvier 1513.

Marguerite, archiduchesse d'Austriche, duchesse et comtesse de Bourgoingne, douayrière de Savoye, régente et gouvernante, etc.

A nos amez et féaulx Pierre de Loquenghien, maistre d'hostel de monsieur mon nepveur, et Jehan de Hédin, nostre maistre d'hostel, salut. Pour certaines bonnes causes et considérations à ce nous mouvans, et mesmement pour accomplir et exécuter le commandement et bon plésir de l'empereur mon seigneur et père, à nous sur ce fait, nous voulons et vous ordonnons, et à un chascun de vous très-expressément et à certes, de par mondit seigneur et père, sur peine de désobéissance et de rébellion envers luy et nous, que, sans avertir personne, quelle que ce soit, vous vous transportiez incontinent en la ville de Malines, en l'hostel de don Juan Manuel, et que iceluy vous constituiez et déclariez prisonnier de par mondit seigneur et père, et vous saisissiez de sa personne, et l'ameniez seurement avec le capitaine des archers, que pour ce avons ordonné aller avec vous, accompagné d'un nombre d'archers, dedans le chastel de Willevord, ès mains du capitaine d'iceluy ou de son lieutenant, pour illec en faire bonne et seure garde, tant et jusques à ce que autrement par mondit seigneur et père en sera ordonné, et en ce ne faites faute, comment qu'il soit; car tel est notre plésir. Donné à Bruxelles, soubs nostre seing, le 17 de janvier, anno mille cinq cents et treize.

Loquenguien, ne faites faute de faire ce que dessus, et n'en parlez à personne du monde sur vostre vie.

MARGUERITE.
Par ordonnance de Madame :
DES BARRES.

XIX.

LE CARDINAL XIMENÈS DE CISNEROS,

RÉGENT DES ESPAGNES,

ET LE SÉNAT DE CES ROYAUMES,

AU ROI CHARLES 1 (V).

(Mémoires de Granvelle, I, 56-57.)

(Sans date [1].)

Ximenius, gubernator, et senatus regius Carolo regi salutem. Pro antiqua et fideli observantia, qua erga majores parentesque tuos et

---

[1] Cette lettre doit être de l'année 1516, époque de la mort de Ferdinand le Catholique, après laquelle Charles d'Autriche, son petit-fils et son héritier, prit le titre de roi d'Espagne.

nunc demum erga teipsum obnoxii sumus, ut fidos ministros, optimos cives et consiliarios incorruptos decet tuis reipublicæque commodis, ad quam suscipiendam, tot regni hæredibus parvo temporis intervallo extinctis, Dei nutu vocatus es, necessario prospicere cogimur; teque ipsum continuo admonere ea quæ reipublicæ convenire visa sunt. Ita enim nos culpa vacabimus, et crimine neglectæ reipublicæ, aut potius proditæ, liberti erimus. Magni principes et suspiciendi reges, tamdiu a Deo potestatem, et ab hominibus reverentiam consequi merentur, quamdiu justo et recto imperio populos eorum fidei commissos regunt. Id autem ab ipsis fieri nullo meliori argumento intelligi potest, quam si ad tantam molem sustinendam adjutores et socios quam spectatissimos et idoneos elegerint. Neque enim unus aliquis, quantumlibet præclaris dotibus et virtutibus excelluerit, rebus tam diversis obeundis par esse potest. Nam nihil aliud priscos illos centimanos esse existimamus, nisi reges consideratos et sapientes qui, per egregios et probos ministros, æque ac per seipsos regna sibi commissa tuerentur. Sed fabulosa ista relinquamus; majorum tuorum res gestas, cæteris exemplis prætermissis, intueamur. Enricus tertius, atavus tuus, qui propter assiduas in ætate florenti imbecillitates Valetudinarius cognominatus est, cum se viribus corporis destitutum regio muneri imparem videret, prudentissimo consilio usus, viros, literis et moribus et religione præstantes ad se accersitos, magno semper in pretio habuit, eisque comitibus et consiliorum participibus adeo rempublicam pacatam et optime institutam tenuit, ut magno ejus merito successoribus optimi principis exemplum sit habitum. Contra Enrico quarto, tuo majori avunculo, omnia dura et infausta contigerunt, quoniam eos rerum gerendarum suasores per summam socordiam apud se retinuit, qui nullo hominum pudore, nulla Dei immortalis reverentia, omnia sursum ac deorsum miscentes, gravissima mala reipublicæ intulerunt. Sed quid in aliis commemorandis immoramur? An non avi tui Catholici reges, satis magno documento esse possunt? Quibus id unum ante omnia curæ fuit, muneribus publicis viros egregios, quicumque tandem ibi essent, præficere? Unde, propriis ministris et aulæ familiaribus prætermissis, qui suo veluti jure hæc importune solent extorquere, ignotos homines nec sibi unquam visos, quod essent meritis suis commendati et publica opinione celebres, præter omnem expectationem ad res magnas vocarunt. Nemo, illis regnantibus, ambitus est convictus; nemo lege Julia de repetundis condemnatus; quod, proh dolor! miserrimo hoc tempore frequens esse magnopere dolemus. Fuit etiam illorum regum hoc præclarum institutum, raro cuiquam summa concedere, nisi per inferiores gradus devolutus, specimen suæ probitatis et virtutis exhibuisset; ut pro cujusque facultate et ingenio hæc aut illa munera deferrentur. Qua nimirum ratione factum est, ut omnia suis numeris quadrantia concentum quemdam reipublicæ constituerent qualem nunquam ad id tempus videramus. His igitur artibus et consiliis, ut de cæteris taceamus, rempublicam aliorum principum negligentia collapsam, et sicariis hominibus atque tyrannicis violentiis vehementer afflictam, suscipientes, tibi hisce difficultatibus liberam tradiderunt. Proinde cum Deus optimus maximus, sub cujus tutela reges estis, id tibi ingenium et judicium dederit, eam prudentiam in juvenilibus annis largitus sit, denique singularibus virtutibus majestatem tuam exornaverit, quales homini principi necessariæ sunt, æquum est ut quæ diximus animadvertas, et quantum ponderis habeant, consideres. Invenies enim gravissimam cladem et ingentem perniciem, si hæc contempseris, reipublicæ imminere: contra si hæc egeris, maximam quandam felicitatem promitti. Res universæ a principiis suis pendent, et errores in principio solent minimo labore emendari, ut facile in viam rectam redire possimus. Sero remedium parari a sapientibus dicitur, dum mala vires diutinas sumpserunt. Quare tuis pedibus Hispania universa supplex provoluta, ut ejus commodis prospicias, ut hominum corruptorum cupiditates reprimas, ut gliscentia vitia cohibeas, ut tuorum regnorum tranquillitati consulas, te votis omnibus et precibus orat et obtestatur. Id autem facile fiet, si Hispaniam, amplissimam et nobilissimam regionem suorumque principum obsequio devotissimam, secundum leges patrias et antiqua majorum instituta gubernari et vivere concesseris. Vale.

XX.

L'ARCHIDUCHESSE MARGUERITE

A M. DE VERGY[1].

(Lettres à Vergy, tome I, f° 5.)

Arras, 23 mai 1516.

XXI.

TRAITÉ DE PAIX

CONCLU À NOYON, LE 13 AOÛT 1516[2],

ENTRE FRANÇOIS Ier, ROI DE FRANCE, ET CHARLES Ier, ROI DE CASTILLE,

ET DU MARIAGE ENTRE CELUI-CI ET MADAME LOUISE DE FRANCE[3].

(Apologie de Charles-Quint, f°s 210-216.)

[1] Voir cette lettre dans l'Histoire de la maison de Vergy, I, 339-340.
[2] Ce traité se trouve imprimé dans Dumont, II, 69, et Léonard, II, 138-149.
[3] Cette princesse mourut en 1517, à l'âge de deux ans.

XXII.

CARTA QUE EL REY CÁRLOS
ESCRIVIÓ A LOS CARDENALES FRAY FRANCISCO XIMENES Y ADRIANO.

(Mémoires de Granvelle, I, 59 - 61, r°.)

Middelbourg, á 7 de setiembre 1517.

Reverendissimo in Christo padre cardenal de España, arçobispo de Toledo, primado de las Españas, chanciller mayor, inquisidor general y nuestro governador de los reynos y señoríos de Castilla, nuestro muy caro y muy amado amigo señor, etc. y muy reverendissimo in Christo padre cardenal de Tolosa, nuestro muy caro y muy amado

TRADUCTION.

CHARLES, ROI DE CASTILLE,
AUX CARDINAUX FRANÇOIS XIMENÈS ET ADRIEN FLORENT (D'UTRECHT).

Middelbourg, 7 septembre 1517 [1].

Très-révérend père en Dieu, cardinal d'Espagne, archevêque de Tolède, primat des Espagnes, grand chancelier, inquisiteur général, gouverneur, en notre nom, des royaumes et domaines de Castille, notre très-cher et bien aimé ami, et vous, très-révérend père en Dieu, cardinal de Tolosa, notre très-cher et bien aimé ami et notre ambassadeur, etc. nous avons reçu, à plusieurs reprises et de divers côtés, l'avis que nous devions, dans l'intérêt de notre service, travailler à rétablir l'ordre dans la maison de l'illustrissime infant notre très-cher et bien aimé frère [2].

---

[1] A cette date le monarque allait s'embarquer pour l'Espagne, accompagné d'Éléonore, sa sœur aînée, qui épousa peu après Emmanuel le Grand, roi de Portugal. Le 20 suivant, Charles arriva à Villaviciosa, d'où il se rendit à Tordesillas, où se trouvait alors sa mère.

[2] L'archiduc Ferdinand, depuis roi des Romains, était né à Alcala, le 10 mars 1503.

amigo y nuestro embaxador. Muchas vezes y por diversas partes avemos sido informados, que á n^ro servicio convenia dar órden y poner remedio en la casa del illustrissimo infante, nuestro muy caro y muy amado hermano; porque nos avisavan que las personas que estavan cabe él, le ponian en cosas livianas y bulliciosas, y malos pensamientos en deservicio nuestro, y daño del dicho infante.

Esto mismo se nos ha escrito en el mes passado por las postas que nos viniéron, y agora por la postrera posta que nos vinó; en la qual se nos avisa, que en casa del dicho infante se hablan muchas cosas en desacatamiento de nuestra persona, y aun de la paz y sosiego de sos reynos, creiéndolos turbar con la persona del dicho infante, hablando y escriviendo á algunos grandes y ciudades que en ausencia nuestra nombrasen por governador desos reynos, en nombre de la reyna mi señora al dicho illustrissimo infante, y que tomassen al dicho infante en su poder, por quanto diz que nos encargavamos á vos el dicho reyno, reverendissimo cardenal, que le traxéssedes con vos afin de le embarcar y sacar fuera del reyno, y otras muchas cosas de

TRADUCTION.

les personnes qui l'entourent cherchant, nous assure-t-on, à l'engager dans des démarches imprudentes et à lui inspirer des pensées préjudiciables à notre personne ainsi qu'aux intérêts de l'infant lui-même.

Tel est l'avis que nous avions reçu par les courriers arrivés le mois dernier, et que les dépêches les plus récentes viennent de renouveler; en effet, on nous affirme que dans la maison de l'infant il se tient des propos injurieux à notre nom et nuisibles à la paix de nos états, et que sa personne même est mise en avant pour les accréditer. On a sollicité divers personnages et plusieurs villes à désigner, pendant notre absence, l'infant pour gouverneur de Castille, au nom de la reine ma mère, les engageant en même temps à s'assurer de ce prince et à veiller sur lui, parce qu'en vous confiant l'administration, nous vous avions chargé, vous, révérendissime cardinal d'Espagne, de l'emmener avec vous, afin de le faire embarquer et conduire hors du royaume, ajoutant à cette insinuation beaucoup d'autres particularités fausses et perfides, tout à fait contraires à notre service et au bien de l'infant lui-même. Il est urgent d'apporter à ce mal un prompt

mala calidad, y en gran deservicio nuestro, y bien del dicho infante. De las quales si no las mandássemos proveer y remediar, se seguiria que al dicho infante ponrian en desconfiança del amor que le tenemos, y voluntad á su acrescentamiento. Y por esto seguiendo el parecer de muchos servidores nuestros, que de allá nos han escrito, acordámos de mandar al comendador mayor de Calatrava, que se vaya á su encomienda mayor, y al obispo de Astorga que se vaya á su obispado, y á Gonzalo de Guzman que se salga de la corte, como veréys por las cartas que para ello vos embiamos; escrivimos assi mismo al illustrissimo infante esta provision que hazemos. Y como la cosa principal que nos mueve á hazello es el bien del dicho infante y su acrescentamiento, y porque el amor que le tengo vaya siempre en crecimiento, rogándole que por mi amor lo aya por bueno; lo qual soy cierto de su cordura que si avrá.

La órden que en esto haveys de tener es la siguiente. Primeramente hablar al dicho illustrissimo infante solo y apartado con vosotros, declarándole mi voluntad y fin que en esto tengo, por las mejores y

TRADUCTION.

remède, autrement on finirait par inspirer de la défiance au prince, le faire douter de notre affection et rendre suspect notre zèle pour ses intérêts. En conséquence, et d'après l'avis de plusieurs de nos serviteurs qui, se trouvant sur les lieux, nous ont informé de cette affaire, nous avons résolu d'enjoindre au grand commandeur de Calatrava de retourner dans sa commanderie, à l'évêque d'Astorga de rentrer dans son diocèse, et à Gonzalo de Gusman de quitter la cour, ainsi que vous le verrez par les lettres que nous vous envoyons à cet effet. Nous avons écrit de même à l'infant pour le prévenir de ces dispositions, l'assurant que notre zèle seul pour ses intérêts et le désir de voir s'accroître notre affection mutuelle nous les ont dictées; le priant en même temps, au nom de l'amitié que nous lui portons, de vouloir bien se prêter à l'exécution de ces mesures, ce que nous attendons de sa sagesse et de sa prudence.

Voici dans quel ordre vous devez procéder. Vous parlerez d'abord à l'infant seul et sans témoins; vous lui ferez connaître ma volonté et le but que je me propose, usant pour cela des termes les plus insinuants et les plus persuasifs qu'il

mas dulces palabras que podais, por manera que lo tome bien. Lo qual esperamos mediante vuestras prudencias, y teniéndo os como vos tiene por muy amigos suyos. Dezirle eys assimismo, como en lugar destos mandamos proveer al clavero de Calatrava don Diego de Guevara, y á M. de la Chaux, mi embaxador; y hasta tanto que estos lleguen á don Alonso Tellez Giron, hermano del marqués de Villena.

Assi mismo diréys al dicho illustrissimo infante, que porque deseamos que en todo se conforme con nuestra costumbre y manera de vivir, embiamos á mandar y queremos que los dichos clavero, Moss. de la Chaux, el uno de los dos, duerma siempre en su cámara, y en ausencia dellos, el dicho don Alonso Tellez, como haze M. de Chévres en la nuestra, por que quando despertáre, si quisiére, tenga con quien hablar.

Certificalle heys que el amor que le tengo tan entrañable que es mas que de hermano, y que es mucha mas parte para llevarme en

TRADUCTION.

vous sera possible, afin qu'il prenne cette affaire en bonne part, ce qui arrivera probablement en agissant avec votre prudence accoutumée, et le prince sachant du reste combien vous lui êtes attachés. Vous lui direz que nous avons désigné pour remplacer auprès de lui les personnes susdites le porte-clefs [1] de Calatrava, don Diégo de Guevara, et M. de la Chaux [2], mon ambassadeur. En attendant leur arrivée, don Alonzo Tellez Giron, frère du marquis de Villena, remplira leur office.

Vous préviendrez en outre l'infant que, désirant le voir se conformer en tout à notre propre manière de vivre, nous voulons que l'un de ces personnages couche toujours dans sa chambre, c'est-à-dire le porte-clefs ou M. de la Chaux, quand ils seront arrivés, et en attendant, don Alonzo Tellez, comme M. de Chièvres

---

[1] *Clavero*. On appelait ainsi, dans quelques ordres militaires, le chevalier chargé de garder et défendre le principal château ou couvent.

[2] Charles de Poupet, seigneur de la Chaux, était originaire du comté de Bourgogne. Il devint gouverneur de l'archiduc Ferdinand après avoir été l'un des membres de la régence établie dans les Pays-Bas pendant la minorité de Charles-Quint. (Voyez la Biographie universelle, XXXV.)

DU CARDINAL DE GRANVELLE. 93

essos reynos quellos mismos, porque la verdad es esa; y que llegando, plaziendo á Dios, en ellos, la verá por la obra, y que lo primero que tengo de entender es lo que toca á su persona, y casa, y por su acrescentamiento, tengo de poner la mia cada hora: dezidle que porque sepa la mala informacion que le han fecho tomar ay de la conclusion que se tomó acá en su casa con el obispo de Astorga, que aquella dió el emperador nuestro señor y padre, y madama Margarita nuestra tia señora con los del nuestro consejo, y que despues de tomada esta, porque el mismo obispo me dixó que su casa estava alcançada, le mandámos acrescentar por seys meses, que era el tiempo nos parecia que nos podiamos detener acá, otros quatro mil ducados, y mas por respeto suyo. Y porque no hagase á su costa la venida del dicho obispo, le hizimos merced de otros dos mil ducados, como saveys. Dezidle tambien que menos verdadera fué la que hiziéron de M. de Chèvres, y de mi gran chanciller, porque le juro y certifico que son

TRADUCTION.

couche dans la nôtre, afin qu'à son réveil il ait quelqu'un avec qui il puisse converser, si cela lui fait plaisir.

Vous l'assurerez que mon affection pour lui est si vive qu'elle surpasse vraiment celle d'un frère, et que ce sentiment, beaucoup plus que le soin de mes propres intérêts, me rappelle en Castille. Il en aura la preuve, s'il plaît à Dieu, lorsque j'y serai de retour; car la première chose que je prétends faire en arrivant c'est de m'occuper de tout ce qui concerne sa personne, sa maison, en un mot son bien-être sous tous les rapports, auquel je suis disposé à me sacrifier moi-même à chaque instant. Quant aux explications sinistres qu'on lui a données au sujet de l'arrangement pris avec l'évêque d'Astorga, vous pourrez lui dire, pour en détruire l'effet, que cet arrangement a été conclu par l'empereur notre seigneur et grand-père, par madame Marguerite notre tante, et les membres de notre conseil. Comme le prélat nous représenta ensuite la triste situation des affaires de l'infant, nous donnâmes l'ordre de payer en excédant à ce dernier, uniquement en sa considération, quatre mille ducats pour les six mois que devait probablement durer notre absence. Enfin, dans la vue de lui épargner les dépenses occasionnées par le voyage de l'évêque, nous avons gratifié celui-ci de deux mille autres ducats, comme vous le savez fort bien. Dites encore à notre frère

tan servidores suyos, que ningun dia passa que no me hablen de su persona lo que se debiera hablar en su casa de la mia.

Dezidle, como oy dia de la fecha desta que es víspera de Nuestra Señora de setiembre, nuestra persona duerme en nuestra real armada, con una demonstrança de buen tiempo que es venida, y que plaziendo á Nuestro Señor, mañana de mañana, dia de su bendita madre, continuando el tiempo tomaré mi viaje, y llegado con verle y comunicarle, espero cumplir la mayor parte de mis desseos, y que assi hará él, porque conocerá á mi y al amor que le tengo por obra, y á la illustrissima infanta madama Leonor nuestra hermana, con quien se ha de holgar mucho.

Dezidle todo lo otro que á vosotros paresciére, por manera que tome bien esto que se provee, y dello no reciva pena, demostrándole que es endereçado á su acrescentamiento, como en verdad lo es. Y fecho esto dadle mi carta.

TRADUCTION.

que les rapports qu'on lui a faits au sujet de M. de Chièvres et de mon grand chancelier ne sont pas moins perfides, car je puis certifier par serment que ces deux seigneurs lui sont entièrement dévoués, et qu'il ne se passe aucun jour qu'ils ne me parlent de sa personne dans des termes que je désirerais voir employer lorsqu'on parle de la mienne dans sa maison.

Vous lui direz que, aujourd'hui, veille de Notre-Dame de septembre, je me trouve au milieu de ma flotte royale, grâce à une apparence de beau temps qui vient de se manifester; que, s'il plaît à Dieu Notre Seigneur, demain matin, jour de la fête de sa sainte mère, pourvu que le temps continue, je me mettrai en route. Arrivé près de lui, mes plus chers désirs seront satisfaits; il en sera de même pour lui, je l'espère, car il connaîtra par mes œuvres l'attachement que je lui porte. Il verra aussi l'infante Éléonore, notre sœur, dont la société lui plaira beaucoup.

Dites-lui, en un mot, tout ce qui vous semblera le plus convenable pour l'amener à prendre en bonne part les dispositions que j'ai arrêtées à son sujet, et à en voir l'exécution sans peine, vous attachant à lui persuader, comme c'est en effet la vérité, que je n'ai en cela d'autre vue que son bonheur. Après quoi vous lui présenterez ma lettre.

Despues que huviéredes hablado al dicho illustrissimo infante, hablad á los dichos comendador mayor y obispo de Astorga juntos, y á parte; y porque no aya dilacion, por buena manera detened los que no acompañen al dicho infante, y dezidles largamente las cosas de que hé sido informado, y que por contemplacion del dicho illustrissimo infante me contento con la provision que hago sin passar mas adelante; y porque por las relaciones que me han sido fechas, hallo muy mas culpado al dicho obispo que al dicho comendador mayor, quando los habláredes, mirad que al dicho obispo demostreys mas clara y abiertamente el enojo que dél tengo; y que le digays algunas palabras señaladas, por donde sienta y conosca que ha sido mayor pecado el suyo, que él del dicho comendador mayor.

Acavado de hablalles, dadles mis cartas que les embio, y dezidles que les mando, que luego á la hora, sin mas ver ni hablar al dicho illustrissimo infante, ni se despedir dél, cumplan lo que les embio

TRADUCTION.

En sortant de parler à l'infant, vous prendrez à part le grand commandeur, ainsi que l'évêque d'Astorga, veillant, pour éviter tout délai, à ce qu'ils ne suivent pas le prince. Vous leur donnerez pleine connaissance des rapports qui m'ont été faits à leur sujet, ajoutant que, par égard pour l'infant, je n'irai pas plus loin cette fois. Mais comme, dans ces rapports, l'évêque se trouve beaucoup plus inculpé que le grand commandeur, vous aurez soin, lorsque vous leur parlerez, de faire sentir plus clairement et plus ouvertement au prélat le mécontentement que j'ai de lui, ajoutant à cela quelques mots bien significatifs qui lui apprennent combien il est plus coupable que le commandeur.

A la suite de ces préliminaires, vous leur remettrez les lettres dont je vous ai chargés pour eux, et leur direz qu'à l'instant même, sans voir davantage l'infant, sans lui parler ni prendre congé de lui, ils aient à se conformer à mes ordres. Vous les placerez sous la surveillance d'une personne qui ne devra pas les perdre de vue un seul instant jusqu'à leur départ. Quant à Gonzalo de Guzman, il suffira de lui remettre ma lettre et de veiller à l'exécution de mes commandements. Vous concevez de quelle importance il est pour notre service que tout cela s'expédie avec promptitude et soit complétement terminé lors de notre arrivée; nous vous prions donc affectueusement, vous, révérend

á mandar, y proveed como no los dexe una persona, hasta que sean salidos dela corte, en cumplimiento de lo que assi mando; y al dicho G. de Guzman basta que le deys mi carta, y hagays que cumpla por la misma órden lo en ella contenido. Y pues vedes quanto importa á nuestro servicio la execucion desto, y que esté hecho, para quando llegáremos, rogamos affectuosamente á vos el dicho reverendissimo cardenal de España que por nos hazer singular plazer, procureys con toda diligencia, como assi se haga y cumpla luego á la hora y sin dilacion, no embargante qualquier cosa que para impedir esto, por qualquier persona, aunque sea el dicho infante, vos contradisca; y porque podria ser que el dicho don Alonso Tellez, que como dicho es, ha de estar con la persona del dicho infante, hasta tanto que sean llegados los dichos clavero y la Chaux, no esté en esa corte, luego á la hora, vos el dicho cardenal de España, le embiad una posta con esta mi carta, y assi mismo le escrivid paraque dexadas todas cosas venga luego, de manera que no ponga escusa ni dilacion alguna.

Y porque este proveymiento que hazemos como vedes es de mucha

TRADUCTION.

cardinal d'Espagne, de vouloir bien, pour nous complaire, prendre toutes les mesures nécessaires pour que nos intentions soient remplies sur l'heure et sans délai, nonobstant toute opposition quelconque, vînt-elle de l'infant lui-même. Comme il pourrait se faire que don Alonzo Tellez, désigné par nous pour être auprès de la personne du prince jusqu'à l'arrivée de don Diégo de Guevara et de M. de la Chaux, ne se trouvât point présentement à la cour, veuillez à l'instant même, vous, cardinal d'Espagne, lui envoyer ma lettre par courrier exprès, et écrivez-lui de votre côté que, toutes affaires cessantes, il revienne sur-le-champ, afin que nul délai n'entrave l'exécution de mes ordres.

Connaissant toute l'importance de l'affaire dont vous êtes chargés par nous, vous sentirez la nécessité de garder un secret profond, de manière à ce que tout soit terminé avant qu'on en ait même entendu parler. Nous vous recommandons en outre de mettre la main à l'œuvre immédiatement après la réception de cette dépêche, et malgré l'absence d'Alonzo Tellez, parce que, en attendant son arrivée,

calidad y importancia, conviene mucho el secreto dello, el qual mucho vos encargamos, por manera que sea primero executado que sabido. Vos rogamos y encomendamos que lo hagays luego como reciviéredes este despacho, no embargante que no esté ay el dicho don Alonso Tellez, porque hasta tanto que él legue, mandamos que vos el reverendissimo cardenal de España nombreys una persona que esté en servicio del dicho infante, que tenga mucho cuydado de serville y mirar por su persona.

Hazemos vos saber que nos fué tambien aconsejado remover al capitan de nuestra guardia, que anda con el dicho infante, y poner en su lugar un servidor cierto y antiguo nuestro. Pero porque contra su persona no nos ha sido dicho cosa ninguna, y le tenemos por cierto y leal servidor nuestro, acordámos de sobreseer en ello, y de contentarnos conque vos el dicho reverendissimo cardenal de España recivays dél juramento y pleyto homenage en nuestro nombre por la guarda de la persona del dicho infante, en lo que toca á su cargo, y que terná y guardará el dicho juramento y pleyto homenage secreto, y no lo descuvrirá á nadie.

TRADUCTION.

vous, révérend cardinal d'Espagne, vous désignerez quelqu'un pour tenir sa place auprès de l'infant, et avoir tous les soins possibles de sa personne.

Nous vous faisons savoir qu'on nous avait également conseillé d'éloigner le capitaine de notre garde qui est de service près du prince, et de lui substituer quelque ancien serviteur de confiance. Mais comme on n'a allégué contre cet officier aucune charge suffisante, et que nous le tenons pour homme sûr et loyal, nous avons résolu de surseoir à son remplacement : vous vous bornerez donc, révérend cardinal d'Espagne, à exiger de lui le serment de fidélité en notre nom pour la garde de la personne de l'infant, en ce qui concerne son office, serment qu'il tiendra secret et ne fera connaître à qui que ce soit.

Nous avons appris également que le grand commandeur et l'évêque d'Astorga ont congédié la gouvernante de l'infant, qui avait été placée par mon ordre auprès de lui, et cela sans me consulter le moins du monde. Comme c'est une femme

Y porque assi mismo somos informados que los dichos comendador mayor y obispo hecháron fuera de casa del dicho illustrissimo infante á su ama, haviéndose puesto por mi mandado, y sin me consultar sobre ello, siendo como es buena muger, y con esto agradable al dicho infante y servidora nuestra y suya, rogamos vos que luego la torneys á casa del dicho illustrissimo infante para que esté y duerma en ella, con tanto que sea fuera de su cámara, como está ordenado; y habladla, como os pareciére conviene á nuestro servicio, por manera que della sepays lo que passáre.

Assi mismo escrivimos al marques de Astorga y conde de Lemos, que son los parientes mayores de los dichos comendador mayor y obispo, la provision que hazemos, diziéndoles que vos escrivimos las causas que á ello nos moviéron; y que vos otros les escriviréys algunas dellas. Hazedlo assi, y embiadles nuestras cartas, y escrividles como os pareciére conviene á nuestro servicio.

Tambien escrivimos á Sancho de Paredes en creencia vuestra, porque nos han certificado que le pesava de lo que en casa del dicho

TRADUCTION.

excellente, agréable au prince et sincèrement affectionnée à ses intérêts ainsi qu'aux nôtres, nous vous prions de la faire rentrer sur-le-champ dans la maison de l'infant, afin qu'elle y loge et y couche, pourvu que ce soit hors de sa chambre, ainsi que nous l'avons établi. Vous lui donnerez les instructions que vous jugerez convenables, afin que nous puissions savoir par elle tout ce qui se passera à la cour.

Nous écrivons au marquis d'Astorga et au comte de Lemos, parents du grand commandeur et de l'évêque, afin de les prévenir des mesures que nous venons de prendre à l'égard de ces derniers, leur annonçant que nous vous faisons connaître les motifs de notre détermination, et que vous les leur communiquerez plus tard. C'est ce que vous allez faire en leur envoyant nos lettres, auxquelles vous ajouterez ce que vous jugerez convenable à notre service.

Nous écrivons aussi à Sancho de Paredes, parce qu'on nous a certifié qu'il voyait avec beaucoup de peine tout ce qui se faisait dans la maison de l'infant contre notre service, et que c'est un fidèle et prudent serviteur. Voyez-le,

infante pasava en nuestro deservicio; y que es cuerdo y buen servidor. Habladle y mandadle lo que os pareciére que convenga á nuestro servicio, y dadle nuestra carta.

Tornamos vos á rogar affectuosamente que esto que assi proveemos se cumpla luego á la hora con toda diligencia, y con el secreto necessario, por manera que como havemos dicho, sea primero executado que savido.

Porque havemos escrito al emperador y padre todo lo que vos escrivimos, y las causas que á ello nos han movido, y platicadolo, y comunicadolo con la princesa madama Margarita nuestra tia señora, y como lo huviéredes fecho y cumplido, y dela manera que lo tomó el infante, y en ello ha passado, nos advertid luego á la hora, al puerto donde está la Chaux, porque alli speramos allegando como lo abeys cumplido y que es lo que passó.

Reverendissimo in Christo padre, cardenal de España, nuestro muy caro y amado amigo señor, y muy reverendissimo in Christo padre cardenal de Tolosa, nuestro embaxador, la santa Trinidad sea en

TRADUCTION.

donnez-lui les instructions que vous jugerez convenables, et remettez-lui notre lettre.

Nous terminons en vous priant de nouveau de veiller à ce que nos ordres soient exécutés immédiatement avec toute la diligence requise et le secret nécessaire, de manière que tout soit terminé avant qu'on soupçonne la moindre chose.

Nous avons rendu compte à l'empereur, notre père, de tout ce que nous vous écrivons ici, comme aussi des motifs qui nous ont dicté les mesures que nous prenons; nous en avons également conféré avec la princesse madame Marguerite, notre tante. Vous aurez soin de nous faire savoir, le plus tôt possible, au port où se trouve présentement la Chaux, comment vous aurez rempli nos intentions, de quel œil l'infant aura vu toutes ces choses; en un mot, de quelle manière l'affaire se sera passée, afin qu'à notre débarquement nous ayons des détails précis sur le tout.

Très-révérend père en Dieu, cardinal d'Espagne, notre cher et bien aimé ami,

vuestra guarda e special encomienda. De Medialburg, siete dias del mes de setiembre de quinientos y diez y siete años.

YO EL REY.

Y mas abaxo :

COVOS, secret.

TRADUCTION.

et vous, très-révérend père en Dieu, cardinal de Tolosa, notre ambassadeur, que la sainte Trinité vous ait en sa garde et protection spéciale. De Middelbourg, le vii septembre xve xvii.

MOI LE ROI.

Et plus bas :

COVOS, secrétaire.

XXIII.

CARTA DEL REY CÁRLOS

AL INFANTE DON FERNANDO, SU HERMANO.

(Mémoires de Granvelle, 61 r° à 62 r°.)

Sans date. (Septembre 1517.)

Serenissimo infante, etc. muchas vezes y por diversas partes hé sido informado que algunas personas de vuestra casa os ponian en

TRADUCTION.

LE ROI CHARLES

A L'INFANT DON FERDINAND, SON FRÈRE.

Sans date. (Septembre 1517.)

Illustrissime infant, etc. nous avons reçu plusieurs fois, et de divers côtés, l'avis que certaines personnes de votre maison cherchaient à vous engager dans

cosas que eran desservicio de la cathólica reyna mi señora, e mio, e daño vuestro, y otros hablavan palabras feas y malas en desacatamiento y perjuyzio de mi persona, y hazian otras cosas dignas de mucho castigo; de lo qual fuimos largamente certificado por letras que me truxó una posta en el mes de agosto passado, y dicho, y requerido en ellas lo mandasse proveer; lo qual no quise hazer sin vos advertir primero dello, como saveys lo hize, rogándo os mucho en la carta, que sobre ello os escriví, os escusássedes de oyr semejantes dichos, y os acordássedes siempre del amor que yo os tengo, y del cuydado en que vivo por vuestro acrescentamiento, para que tengais en el mundo el estado que yo desseo, y vos mereceys; agora por diversas cartas, que con las dos postas postreras recivi, hé sido informado que aquello passa adelante muy desordenadamente, y que las personas que goviernan vuestra casa son los mas culpados, assi por consentillo, y no castigallo, como por ser participantes en ello. Y lo que peor me escriven, que alguna dellas se ha desmandado á hablar y escrivir á algunos grandes y ciudades desos reynos cosas

TRADUCTION.

des démarches contraires au service de la reine catholique notre mère, ainsi qu'au mien et à vos propres intérêts; que d'autres tenaient des propos injurieux et préjudiciables à ma personne, et se permettaient plusieurs choses dignes d'un châtiment exemplaire. Tout cela nous a été dûment certifié par des lettres reçues au mois d'août dernier, dans lesquelles on nous engageait à y mettre ordre. Nous n'avons pourtant point voulu le faire sans vous en donner d'abord avis, ainsi que vous devez vous le rappeler, vous priant en grâce, dans la lettre que nous vous écrivions à ce sujet, de fermer l'oreille à de pareils discours, et de vous souvenir continuellement de l'affection que nous vous portons, ainsi que de notre zèle pour vous procurer dans le monde une position conforme à votre rang et à nos désirs. Différentes lettres que j'ai reçues par les deux derniers courriers m'informent que le mal ne fait que s'accroître, et que les personnes qui gouvernent votre maison sont les plus coupables, soit en prenant part à de pareils désordres, soit en les laissant impunis. On va jusqu'à me dire que l'une d'elles s'est oubliée au point d'écrire à plusieurs individus et à quelques villes du royaume des

escandalosas y bulliciosas. Y porque todo esto, como vedes, si no lo remediassemos, seria en deservicio nuestro y daño vuestro, que es cosa que yo mucho sentiria, por lo mucho que os amo, y estimo; porque todo el fin de los que en esto entienden es ponerme á mi en descontentamiento de vuestra persona, y á vos en desconfiança de lo mucho que yo os quiero, y hé de hazer por vos, como lo hiziéron, quando os informáron que yo y algunos de los que mas cerca de mi estan, no estuvimos bien en el assiento que se dió en vuestra casa, sabiendo el obispo de Astorga que la condicion y estado que se tomó fué en presencia del emperador nuestro padre y señor, y de madama nuestra tia señora, y que loque se hizó fué loque su magestad acordó è mandó; y que despues sobre aquello, porque el mismo obispo me dixó que vuestra casa estava alcançada, mandé acrecentaros para medio año, que nos pareció, era el tiempo que yo aqui me podia detener, otros quatro mil ducados : y certifiqué al dicho obispo, que en siendo yo en estos reynos, la primera cosa en que entenderia, seria en dar órden en vuestra casa, y aun por excusaros

TRADUCTION.

choses scandaleuses et propres à exciter à la révolte. Dans cette conjoncture, nous ne pouvions différer d'y porter remède sans compromettre notre service et vos propres intérêts, ce qui nous serait fort pénible, vu l'estime et l'amitié que nous vous portons; car l'unique but de ceux qui se trouvent mêlés dans cette intrigue est d'exciter mon mécontentement contre vous, et de vous faire suspecter mon affection et la part que je prends à tout ce qui vous concerne. Ils l'ont bien prouvé lorsqu'ils cherchèrent à vous insinuer que moi et quelques-unes des personnes qui m'approchent de plus près ne nous étions pas accordés sur les déterminations qui ont été prises au sujet de votre état de maison, tandis que l'évêque d'Astorga savait fort bien que cette affaire avait été décidée en présence de l'empereur, notre père et seigneur, ainsi que de la princesse Marguerite, notre tante, et qu'on n'avait agi qu'en vertu de leur décision. On aurait pu vous dire également que, le même prélat m'ayant représenté l'état de gêne de vos affaires, je donnai ordre de vous compter en sus de vos revenus quatre mille ducats pendant les six mois que devait probablement durer mon absence. Je

de la costa que el dicho obispo havia fecho, hize merced como sabeys al dicho obispo, de otros dos mil ducados. Y assi como ay en tanta parte y tanto cuydado, procuré vuestro acrescentamiento, continuando el amor que os hé tenido; y porque aquel vaya siempre en crescimiento, y no aya cosa que lo pueda diminuyr, teniendo por inconveniente para ello si con semejantes personas tratássedes, y os aconsejássedes, embio á mandar al comendador mayor de Calatrava, que se vaya residir en su encomienda, y al obispo de Astorga á su obispado; y en lugar dellos que esten en vuestro servicio y acompañamiento el clavero de Calatrava don Diego de Guevara y M. de la Chaux mi embaxador, á los quales mando que su cuydado y vigilancia sea en dar os todo el plazer y servicio que sea possible; y que vuestra persona esté en la estima que merece. Y porque como saveys estos estan ausentes, hasta tanto que lleguen, embio á mandar que esté en vuestro servicio y compañia don Alonso Tellez Giron, hermano del marques de Villena, segun que mas largamente de mi parte estas y otras cosas os hablarán los reveren-

TRADUCTION.

J'assurai de plus qu'aussitôt arrivé en Castille, la première chose dont je m'occuperais serait de régler les affaires de votre maison, et même, afin de vous épargner les frais du voyage de l'évêque, j'accordai à ce dernier, ainsi que vous le savez, une gratification de deux mille autres ducats. Par cette conduite, vous pouvez juger si je prends part ou non à ce qui vous concerne. Comme mon affection pour vous est toujours la même, que je désire la voir augmenter sans cesse, et surtout éloigner ce qui pourrait y porter atteinte, comme, par exemple, la fréquentation habituelle de personnes mal disposées à mon égard, j'envoie au grand commandeur de Calatrava, ainsi qu'à l'évêque d'Astorga, l'ordre de retourner l'un dans sa commanderie et l'autre dans son diocèse. J'ai désigné pour les remplacer auprès de votre personne le porte-clefs de Calatrava, don Diégo de Guevara, et M. de la Chaux, mon ambassadeur, auxquels je recommande expressément de s'appliquer à vous rendre tous les services et à vous procurer toute la satisfaction possibles, veillant à ce que votre personne jouisse de la considération qu'elle mérite. En l'absence de ces deux personnages,

dissimo cardenal de España, y muy reverendo cardenal de Tolosa mi embaxador. Por ende affectuosamente os ruego y os pido que, por me hazer á mi plazer, ayays y tengays por bueno esto, y creyais que todo se haze por vuestro bien, y vos acordeys siempre del amor que vos tengo, porque con él tengays perdido cuydado de lo que tocáre á vuestro acrescentamiento, el qual yo tengo tomado, y por el avenir tomo á mi cargo, como es razon. Y assi espero en Nuestro Señor de veros y comunicar con vos presto estas y otras grandes cosas que no digo mas, de remitirme á lo que de mi parte vos dixéren los dichos cardenales, y rogar á vos que aquello cumplays, illustrissimo infante, etc. Porque esto es lo que conviene á mi servicio, y á vuestro provecho y assi os ruego que lo hayays por bueno y lo cumplays.....

TRADUCTION.

don Alonzo Tellez Giron, frère du marquis de Villena, remplira leur office auprès de vous. Le cardinal d'Espagne et le cardinal de Tolosa, mon ambassadeur, vous donneront de ma part, sur cette affaire, ainsi que sur plusieurs autres, tous les détails que vous pourrez désirer. Je termine en vous suppliant de vouloir bien, par attachement pour moi, prendre en bonne part toutes ces dispositions; demeurer convaincu que mon zèle pour vous les a seul dictées, et ne jamais perdre de vue l'amitié que je vous porte, vous reposant uniquement sur moi du soin de vos intérêts en tout genre que je prends et prendrai désormais à ma charge, comme la raison l'exige. J'espère, Dieu aidant, vous voir bientôt, et conférer avec vous sur cette affaire ainsi que sur d'autres encore plus importantes, que je réserve pour plus tard; je n'ajouterai rien maintenant à ce que vous diront de ma part les deux prélats, si ce n'est de vous prier encore de vouloir bien vous prêter à l'exécution de mes ordres, parce que mon service et votre propre avantage y sont également intéressés.....

XXIV.

CARTA DEL REY CÁRLOS

AL CARDENAL FR. FRANCISCO XIMENEZ.

(Mémoires de Granvelle, I, 62 r° et v°.)

Ellans, á 27 de setiembre 1517.

R^mo in Chro padre, card^l de España, arçobispo de Toledo, primado de las Españas, chanciller mayor e inquisidor general, e governador de los reynos e señorios de Castilla, n^ro muy caro e muy amado amigo señor. Vimos v^ra letra de 23 deste mes, y oymos lo que de vuestra parte nos habló Diego Lopez de Ayala, y de la indispusicion que nos dixó teniades nos ha desplazido mucho, assi por lo que

TRADUCTION.

LE ROI CHARLES

AU CARDINAL XIMENÈS [1].

Ellans, 27 septembre 1517.

Révérend père en Dieu, cardinal d'Espagne, archevêque de Tolède, primat des Espagnes, grand chancelier et inquisiteur général, gouverneur des royaumes et domaines de Castille, notre très-cher et bien aimé ami; nous avons lu votre lettre du 23 de ce mois; nous avons entendu également ce que vous aviez chargé Diégo Lopez de Ayala de nous dire, et avons appris avec beaucoup de peine l'indisposition qui vous est survenue, tant à cause de l'estime et de l'affection

---

[1] Ce prélat, l'un des plus grands hommes de son temps, mourut le 8 novembre 1517, disgracié peu de jours auparavant par son maître. Il était âgé de quatre-vingt-un ans.

estava dañada de pestilencia; y porque vos nos haviades escrito que aquel lugar y todos los otros que eran en camino para Valladolid los teníades mandado proveer, agora vos hazemos saver que por salir mas presto destas montañas, y porque haziamos mucho rodeo llegando á Sant Ander, avemos acordado de yr á San Vincente, é mandar de traer alli por de n^{ra} armada las cosas de que tenemos mas necessidad, e desde alli tomar n^{ro} camino, porque somos informado que lo podemos hazer mejor y sin ningun rodeo; y por esto, visto que v^{ra} persona no está con la disposicion que nos vos desseamos, y que podria ser algun inconveniente para vuestra salud qualquier mudança que hiziéssedes, y que esta tierra por ser montaña es tan esteril que no sufriria tan gran corte, ha nos parecido que vos y el dicho infante, y consejo, y nuestra corte al presente esteis quedos, y no os movays, y entretanto que nos detuviéremos en San Vincente nos informeys con diligencia de los lugares que estan sanos, y assimismo de las ciudades e villas destos reynos,

TRADUCTION.

ce pays était infecté de maladies contagieuses, et que vous aviez fait disposer toutes choses pour nous recevoir en cet endroit, ainsi que dans tous ceux qui se trouvent sur le chemin de Valladolid. Aujourd'hui nous vous prévenons que, pour sortir plus promptement de ces montagnes et éviter en même temps les détours que nous devions faire pour arriver à Santander, nous avons résolu de nous rendre à Saint-Vincent et d'y faire conduire par mer les choses dont nous avons un plus pressant besoin. De là nous continuerons notre route, parce que nous savons pouvoir le faire d'une manière plus commode et sans aucun détour. En conséquence, comme votre santé ne se trouve pas actuellement dans un état aussi parfait qu'on pourrait le désirer, qu'un déplacement la compromettrait encore davantage, et que d'ailleurs ce pays de montagnes est trop peu fertile pour fournir des vivres à une suite nombreuse, nous avons décidé que vous, l'infant, son conseil et notre cour, demeureriez où vous êtes, sans vous déplacer d'aucune manière; seulement vous aurez soin, pendant le temps que nous passerons à Saint-Vincent, de nous désigner promptement les lieux que la maladie n'a point envahis, ainsi que les villes et bourgs de ce royaume où

donde n^ra corte podrá bien assentar, que vista v^ra informacion y parecer luego vos escrivirémos lo que acordarémos de hazer, y adonde salgays para juntaros con nos.

Del movimiento de don Pedro Giron nos desplaze, y como quiera que tenemos por cierto que aveys proveido lo que conviene para que aquello cesse, y que el avrá obedecido lo que le avréys mandado, pero porque tenemos especial cuidado dela paz y sossiego destos reynos, affectuosamente vos rogamos nos aviscys luego de lo que huviére sucedido, juntamente con v^ro parecer de lo que en ello debemos mandar proveer. R^mo in Christo padre, card^l n^ro muy caro y muy amado amigo señor, la santissima Trinidad vos aya en su special guarda y recomienda. D'Ellans, á xxvii dias de setiembre de MD. XVII. años.

YO EL REY.

COVOS, secretario.

TRADUCTION.

notre escorte pourra s'établir avec commodité. Quand ces renseignements nous seront parvenus, nous vous avertirons aussitôt de notre détermination, et vous indiquerons la localité où vous pourrez vous rendre pour vous joindre à nous.

Nous avons appris avec peine les troubles occasionnés par don Pedro Giron. Vous vous serez empressé bien certainement d'y porter remède par tous les moyens convenables, et lui-même se sera conformé sans doute à vos ordres. Cependant comme nous avons grandement à cœur la paix et la tranquillité de ce royaume, nous vous prions en grâce de nous informer immédiatement de tout ce qui se sera passé, en même temps que vous nous enverrez votre avis sur les mesures qu'il convient d'employer dans cette circonstance.

Révérend cardinal, etc.

XXV.

FRÈRE FABRICE CARRETTO,
GRAND MAÎTRE DE RHODES,

A M. DE VERGY.

(Lettres à Vergy, tome I, f° 8.)

Rhodes, 10 avril 1518.

Fabrice Carretto, grand maître de l'ordre de Saint-Jean de Jérusalem, de 1513 à 1521, sollicite les bons offices de M. de Vergy en faveur de frère Jacques Gatineau, pourvu de la commanderie de la Villedieu, en Fontenottes, dans le comté de Bourgogne, en remplacement de frère Robert de Sarriat, qui en a été privé «comme rebelle et désobédient, et refusant de payer ce qu'il devoit «à la religion (au trésor de l'ordre) pour ladite commanderie.»

XXVI.

TRAITÉ D'UNE SAINTE LIGUE
CONCLUE À LONDRES, LE 2 OCTOBRE 1518[1],

PAR L'ENTREMISE DU PAPE LÉON X,

ENTRE L'EMPEREUR ET LES ROIS DE FRANCE, D'ESPAGNE ET D'ANGLETERRE.

(Apologie de Charles-Quint, f°⁵ 216 à 219.)

[1] Cette pièce est imprimée dans le recueil de Léonard, II, 169.

XXVII.

L'ARCHIDUCHESSE MARGUERITE,

A M. DE VERGY.

(Lettres à Vergy, tome I, f° 6.)

Malines, 10 janvier 1518. (v. s.)

Guillaume IV de Vergy avait été nommé chevalier de l'ordre de l'Annonciade par Charles III, dit le Bon, duc de Savoie, et il sollicitait de son souverain, le roi d'Espagne, l'autorisation d'en porter les insignes. Déjà l'empereur Maximilien, aïeul du roi, lui avait accordé cette faveur par une lettre qu'on peut lire dans l'Histoire de la maison de Vergy, I, 325. Par celle-ci l'archiduchesse lui annonce qu'elle a écrit au roi à ce sujet, et qu'elle ne doute pas de son consentement.

XXVIII.

CHARLES, ROI D'ESPAGNE,

AUX ÉLECTEURS DE L'EMPIRE D'ALLEMAGNE.

(Mémoires de Granvelle, I, 63.)

1519.

Vous avez esté advertis par ci-devant par aucuns noz députez[1] qu'avons envoyés vers vous, et principallement par nostre cousin le

---

[1] Les ambassadeurs de Charles auprès des électeurs étaient Mathieu Lang, évêque de Gurck, devenu plus tard archevêque de Salzbourg; Frédéric, comte palatin; Casimir, marquis de Brandebourg; Éberard, évêque de Liége; Bernard, évêque de Trente; Henri, comte de Nassau; Maximilien de Bergen, Bourcard de Plana,

conte Henri de Nassau, de la requeste qu'il vous a faict en nostre nom à cause de l'empire qui est présentement vaccant; et affin que cognoiscez encores mieulx nostre intention et le fond de nostre vouloir de ce que nous muelt à aspirer audict empire, derechieff vous avons bien voulu advertir par ces présentes:

Premièrement, comme sçavez, il at pleu à Dieu nostre Créateur, par bonne, vraye et légittime succession, nous faire parvenir aux royaulmes délaissez par feu, de glorieuse mémoire, nostre bon seigneur et grant-père le roi domp Fernand d'Arragon[1], dont à présent, la sienne grace et mercy[2], en sommes paisiblement joyssans. Et pour ce que depuis XL ou L ans en çà, n'at eu roi ne prince chrestien qui at faict tant de guerre à l'honneur, prouffit et utilité de la chrestienté, aux infidèles et ennemis de nostre foy, que ledict roi d'Arragon, et sommes en ce mesme vouloir de suyvre les traces d'icelluy; aussi, il n'y at rien si notoire ne plus vray que si Dieu nous faisoit ceste grace de parvenir à la dignité et majesté impérialle, nous pourrions tant plus aysément exécuter le bon vouloir en quoy nous sommes; car ce que nostredict grant-père roy d'Arragon a faict en plusieurs années contre les infidèles, par l'ayde et puissance de ceste noble nation germanicque, nous ferions ung gros exploict sur lesdicts infidèles en brieff temps, avec l'ayde des subjectz des royaulmes et autres païs que possédons à présent. Car nostre vray intention et vouloir est de nourrir et mectre paix par toute la chrestienté, et de dresser totallement nostre force et puissance à la deffension, conservation et augmentation de nostre foy.

Pareillement, nous vous advertissons que si nous n'estions de la vraye rasse et origine de la nation germanicque, et si nous n'avions bon fondement de patrimoine, terres et seigneuries en ladicte nation, nous ne nous vouldrions aucunement entreprendre ne ingérer d'as-

Cyprien de Seretein, Paul de Armstorff, Jacques de Villinger, Nicolas Ziegler et Jean Renner. Leurs pleins pouvoirs sont datés de Barcelone, le 8 mars 1519.

L'élection eut lieu le 28 juin suivant.

[1] Ferdinand le Catholique était mort le 23 janvier 1516.

[2] (Par sa grâce et merci.)

pirer audict empire; mais vous cognoiscez assez que nostre vray estocque et premier fleuron de nostre noblesse vient de la maison d'Austrice, dont à présent nous en sommes vray successeur et héritier; et que, de très-glorieuse mémoire, nostre bisayeul Frédérich troisième, et Maximilian nostre ayeul, nagaires trespassé [1], à cui Dieu par sa grace face mercy et pardon, ont longuement gouverné la nation germanicque en estat, dignité et majesté d'empereur, et de quelle sorte et conduicte nous nous en rapportons à vous et à toute ladicte nation. Si c'est le vouloir de Dieu que soyons leur successeur, nous nous conduyrons en ensuyvant les vestiges d'iceulx, en sorte et façon que la liberté de la nation germanicque, tant en spirituel que temporel, ne sera seulement conservée mais augmentée, tant en général que en particulier, dont espérons que nous n'en aurons reprosche devant Dieu, ne le monde : et s'il y a chose préjudiciable à ladicte liberté germanicque, vous promettons en foy et parolle de roy, de la redresser et mectre en son estat deu, comme il appartient, et n'y espargnerons nostre corps, noz estatz et biens.....

[1] Maximilien décéda le 12 janvier 1519, à l'âge de soixante ans. Il était fils de l'empereur Frédéric III et d'Éléonore de Portugal.

XXIX.

CARTA

QUE EL CONSEJO ESCRIVE AL REY DON CÁRLOS,

PIDIENDO SU VENIDA Y AVISANDO DE LOS ATREVIMIENTOS DE DON PEDRO GIRON.

(Mémoires de Granvelle, 1, 64.)

1520.

Muy alto, cathólico y muy poderoso rey nuestro señor, recivímos la carta de V. A. por laqual nos haze saver las causas de la dilacion de su venida al presente en estos sus reynos, y por ello besamos los pies y reales manos de su A. aunq^e sentimos la ausencia y dilacion, etc., etc.

Ya V. A. save como por causa del conde de Ureña se rebolvió

TRADUCTION.

LETTRE DU CONSEIL D'ESPAGNE

AU ROI CHARLES,

POUR LE PRIER DE HÂTER SON ARRIVÉE, ET L'INFORMER DES EXCÈS DE DON PEDRO GIRON.

1520.

Très-catholique et très-puissant roi notre seigneur, nous avons reçu la lettre par laquelle votre altesse nous fait connaître les motifs qui l'empêchent de se rendre pour le moment dans ses états[1]. Nous l'en remercions humblement et avec reconnaissance, malgré la peine que nous causent son absence et le retard apporté à son retour.

Votre altesse connaît déjà les troubles excités par le comte de Uréña dans la province d'Andalousie, immédiatement après la mort du roi catholique; ce sei-

---

[1] Ce monarque était alors en Allemagne.

toda la provincia del Andalusia, luego q^e el rey cathólico falleció, dando el d^{ho} favor y ayuda al d^{ho} don P^o Giron su hijo, para tomar por fuerça de armas al duque de Medina Sidonia su estado, q^e fué el primer movimiento q^e en estos reynos se hizo, como V. A. lo havrá savido mas largamente. Despues acá no contento con esto, á un official de la chancillería real de Granada, q^e fué enbiado por los oydores a él para hazer ciertos autos de justicia lo hizo prender y tubó preso muchos dias; y agora ultimamente á un relator de la chancillería de Granada, yéndole a notificar una carta de emplaçamento con seguro de V. A. q^e los oydores le diéron, sin tener acatamento a la carta de V. A. y seguro, q^e era official conocido, dizen q^e fué maltratado, y abofeteado, y messado, y le diéron una cuchillada en la caveça, segun que V. A. lo mandará ver en la d^{ha} carta; assi mismo otro q^e fué á la tierra del d^{ho} conde á executar por los maravi̯edis del servicio de V. A. fué resistido, y le diéron ciertos palos, y le tiráron con una ballesta, y en fin se vinó sin hazer la d^{ha} execucion, porq^e de hecho le tomáron las d^{has} prendas q^e ya él tenia. Todas estas cosas y otras q^e no se escriven a V. A. son de muy mal exemplo, y dignas de muy

TRADUCTION.

gneur ayant aidé don Pedro Giron, son fils, à dépouiller à main armée le duc de Médina Sidonia de ses domaines. Tel a été le premier acte de ses violences, et votre altesse aura déjà reçu à cet égard de longs détails. Mais ensuite, non content de ces démonstrations, don Pedro a fait arrêter et jeter en prison pour plusieurs jours un officier de la chancellerie royale de Grenade, que les auditeurs avaient dépêché vers lui pour remplir certaines formalités de justice. Plus récemment, un rapporteur de la même chancellerie étant allé lui signifier un acte d'assignation, muni d'un sauf-conduit de votre altesse que les auditeurs lui avaient donné, cet officier s'est vu, sans aucun égard pour le témoignage authentique dont il était porteur, maltraité et souffleté; on lui a même arraché les cheveux et donné sur la tête un coup d'épée, ainsi que votre altesse pourra l'apprendre par la lettre qui lui a été écrite à ce sujet. Un troisième, qui s'était rendu dans les terres du comte pour la perception des deniers dus à votre altesse, a éprouvé la plus vive résistance. Il a été frappé; on lui a tiré un coup d'arbalète, et il s'est vu obligé de s'en retourner sans avoir pu remplir son office;

grand punicion y castigo, y los oydores se duelen dellas, y las sienten con mucha razon, porque turban la paz del reyno y quiebran vuestras cartas de seguro selladas con el sello real e señaladas del presidente y oydores, enq^e está toda la auctoridad de V. A. y de los reynos, etc., etc.

TRADUCTION.

car on lui a même enlevé l'argent qu'il avait recueilli ailleurs. Toutes ces violences et d'autres encore que nous nous abstenons de rapporter à votre altesse sont du plus mauvais exemple et dignes d'un châtiment éclatant. Les auditeurs s'en plaignent à juste titre, à cause des troubles qu'elles causent dans le royaume, et du mépris que l'on fait de vos lettres de sauf-conduit, scellées du sceau royal, signées du président ainsi que des auditeurs, et dans lesquelles réside toute l'autorité de votre altesse et celle des états, etc.

XXX.

FRANÇOIS Ier

AU COMTE ALBERT DE CARPI, SON AMBASSADEUR A ROME.

(Apologie de Charles V, 219 - 221.)

Vergy, 19 juin 1521.

Mon cousin, j'ay receu vos lectres, une du viie et deux du viiie du présent, responsives à celles que vous avoye escript, touchant le traicté qui est affaire entre nostre Saint-Père, moy et les Véniciens, sur quoy m'escripvez que sa saincteté vous a dit qu'elle se esbayssoit comment avoye mis si longuement à faire responce et qu'il n'y avoit chose en mes lectres que me deusse mouvoir de si longuement différer, actendu ce que vous avoye escript auparavant, qui estoit quasi le contenu en mesdites lectres.

Mon cousin, vous luy avez très-saigement respondu, et oultre luy pouviez dire que, actendu que n'avoye aucune chose d'effect à luy escripre d'icelle matière, ainsi que sa saincteté a congneu par mesdites lectres, ne me hastoye de ce faire, actendant tousjours que survînt quelque autre chose pour luy faire savoir; et d'autre part l'ambassadeur de Venise vint à moy à Bar-sur-Seine, mal disposé de sa personne, tellement qu'il ne parla à moy; j'estoye sur mon retour à Dijon, et pour la suite que ay es petitz villaiges où me convenoit passer, j'estoye d'ung costé et lui d'autre; par ainsi ne pus si tost communiquer avec luy ne faire entendre à nostre sainct-père ce que avions arresté ensemble, et après tout je ne vois que ceste longueur ayt peu porter aucune nuysance, ne donner cause de plaindre.

Au demourant, quant à ce que m'escripvez que autresfois ayt escript que n'estoye d'oppinion que l'on deust aucune chose ouffrir à la seignorie de Venise pour parvenir audit traicté, et que par mes dernières lectres escripvoye que seroit bon leur ouffrir quelque chose, et que si n'eust esté le contenu en mes premières lectres, sa saincteté leur en eust faict toucher quelque chose par bon moyen, et eust parlé au cardinal Cornaire, quant print congé de luy, et que de présent il remect le tout à moy, et que de sa part sera content leur bailler les terres que sont en leurs confins jusques à la rivière du Paud; et pour les y conduire plus facilement seroit bon leur dire que sa saincteté veult avoir Ferrare pour l'ung des enffans de ses nepveurs. Mon cousin, il est vray que autreffois j'ay escript que n'estoye d'advis que l'on deust ouffrir aucune chose à ladite seignorie, et encoires parsiste en ceste oppinion, quant à les faire entrer au traicté que de présent est à faire entre sadite saincteté, moy et eulx, d'autant qu'il me sembloit que, sans leur promectre aucune chose, se consentiroient à faire icelluy traicté; aussi n'y avoit aucun propos de leur riens ouffrir pour ce faire. Mais ce que vous ay derryèrement escript concerne l'exécution du traicté conclud entre nostre sainct-père et moy, et estoit mon advis que, pour faire cesser toutes difficultez, leur devoye déclairer ledit traicté, par lequel eussent congneuz que l'article des protections, où gist toute leur difficulté, ne tendoit moings à mon prouffit que à celluy de nostre sainct-père, et que, ne le voulant accorder, pourroient entrer en guerre avec moy, qui seroit dissolucion des traictez entre nous fais. A ceste cause me sembloit que, en leur déclairant ledit traicté, leur devyons offrir quelque chose pour les induyre tenir la main plus gayement à l'exécution d'icelluy. Toutesfois, depuis mes lectres escriptes, par les propos que m'a tenuz l'ambassadeur de Venise, je me tiens pour asseuré qu'ilz envoyeront icy procuracion pour passer ledit traicté selon et ensuyvant la minute que m'avez envoyé ; et par ainsi, quant à présent, ne sera besoing leur faire autre déclaracion ne offre ; elle se pourra faire après ledit traicté faict, et quant viendra à faire icelle exécution si voyons que besoing soit. Et quant à ce que me mandez que nostredit sainct-père vous a dit que, sans actendre autre procuration de luy, j'aye à capituler avec iceulx Véniciens, prenant en main et me faisant fort de sa saincteté et qu'il le ratisfiera, vous luy pourrez dire que j'ay dit à l'ambassadeur de Venise (et il a escript à la seignorie) que nostre sainct-père avoit icy envoyé procuracion pour besongner; aussi vous m'aviez mandé qu'il l'envoyeroit, ce que me seroit ung groz desplaisir à présent qu'ilz me trouvassent en deux parolles, et si leur sembleroit que nostre sainct-père ne s'en cureroit[1] et que ce seroit moy seul qui pourchasseroye ceste affaire. A ceste cause, si sa saincteté veult que tire plus avant, fault qu'il envoye icy une procuracion, et ne fault craindre ce que m'escripvez par voz lectres; et si sa saincteté faict icelle procuration, fauldra que plusieurs personnes[2] le saichent que seroit descouvrir les matières secrettes, d'austant que icelle procuracion ne fera aucune mencion si n'est du traicté qu'est affaire entre sa saincteté, moy et les Véniciens, lequel sa saincteté, ainsi que m'avez escript par autres lectres, ne veult estre tenu à luy secret, ains publié ; et d'autre part icelle procuracion se pourra faire par ung bref signé de sa main, et scellé de l'anneau du pescheur.

Au surplus, quant à ce que me mandez du payement des Suysses, soyez certain que j'ay plus de regret que ne peulx complayre à la de-

[1] Prendre, donner soin.   [2] (Ne.)

mande de sa saincteté, qu'elle ne sçauroit avoir de ce que ne sattisfaictz à son plaisir; et sur ce que dictes qu'il n'est personnaige qui tienne grand compte d'argent, et que pour me satisffaire s'il en avoit ne m'en demenderoit, sadite saincteté peult estre assurée tout de mesmes de moy. Vous lui direz de ma part que je la prie bien fort de ne penser que pour si peu de chose, comme est argent, voulsise aucunement contrevenir à sa volunté, et que si avoye l'aysance pour ce faire, le luy bailleroye aussi promptement qu'il le me sçauroit demander; mais par sa prudence aura, s'il luy plaist, bon esgard que j'ay trois grosses armées sur nos bras: l'une en Navarre, l'autre à Mosson, et la tierce en Picardie, avec l'artillerie nécessaire, sans le demourant qui est delà les mons, prest à luy faire service. Il fault un groz argent pour entretenir ung telz faiz, actendu mesmement le groz nombre de gens qui est, comme luy ay faict sçavoir par mes derryères lectres, et oultre je dresse une armée sur mer; toutes lesquelles choses, à les bien entendre, ne reviengnent moins au prouffit de sa saincteté que au myen, d'austant que par ce moyen j'ay diverty nostre commung ennemy d'aller en Ytalie; s'il y fust allé, eust convenu à nostredit sainct-père faire une grosse despence pour obvyer à son entreprinse. Aussi ladite guerre le pourra mectre si bas qu'il aura plus de désir de se reposer que aller chercher noyse aux autres. Et pour ce que nostredit sainct-père, ainsi que m'escripvez, dit que nostre ennemy n'estoit pour aller en Ytalie de cette année, et par ainsi la despense que faiz pour messire Robert de la Marche[1] ne vient à propos, je ne sçay si sa saincteté a des nouvelles d'une sorte et moy d'une autre; mais tant y a que j'ay sceu, et de bon lieu, que saichant nostre ennemy que la cédition de Castille s'appaisoit, qu'estoit la chose qui luy faisoit différer son voyage d'Ytalie, estoit en délibéracion d'aller prendre la coronne à Rome, par la rote[2] d'Espaigne, et descendre à Naples et d'illec à Rome. Mais la guerre de messire Robert de la Marche et le desfict qu'il m'avoit faict, lequel j'avoye

---

[1] Robert de la Marck, duc de Bouillon, qui fut le prétexte ou la cause de la guerre commencée entre François Ier et Charles-Quint. — [2] Route.

gayement accepté, l'ont destourné de sa volunté, et l'argent qu'il devoit despendre en Ytalie, le despendra par deçà. Il vous peult recorder qu'il n'y a pas longtemps que m'escripvistes que seroit bon de faire quelque effort par deçà, par les mains de monsieur de Gheldres ou autres, ce que vous ay bien voulu escripre affin de le ramentevoir à nostredit sainct-père, à ce qu'il congnoisse si la despence que se fait par deçà se faict par son conseil, et si elle revient à son prousfit comme au myen. Et d'aultre part, soubz couleur d'icellui messire Robert de la Marche, nostredit adversaire avoit envoyé aux extrémitez de mon royaume une grosse armée, que jà avoit couru et pillé mes pays, et assiégé et prins Messencourt, qui est tenu en fief et hommaige de moy; par ainsi, actendu le défy qu'il m'avoit faict par escript, et ladite armée que veoyois aux extrémitez de mon royaume et ce qu'elle attentoit contre moy, m'estoit bien besoing de faire la despence que fais; et ce ne seroit honnesteté à moy laisser fouler, en ma présence, un mien serviteur qui n'eust voulu espargner sa vye ny ses biens pour obéyr à mes commandemens.

Et touchant ce que me mandez que sa saincteté n'eust faict lever iceulx Suysses, si ne fussent les propos que vous et Sainct-Marsault luy avez tenuz, et que peult congnoistre de combien m'a servy icelle levée pour parvenir au traicté de ligue qu'ay faict avec eulx, il me desplayroit grandement de dire ne vous escripre chose qui desplût à sa saincteté; mais vous sçavez que la vérité est, et croys que luy avez remonstré, que nostredit sainct-père praticquoit faire icelle levée avec les cantons, sans mon sceu et avant que vous ny Sainct-Marsault luy en eussiez parlé, et tellement que son ambassadeur eust à dire que ilz passeroient par ma duché de Millan, voulsise ou non, en démonstrant clèrement qu'icelle levée ne se faisoit en mon intencion; et quant l'eusse voulu empescher, le povoye faire, d'austant qu'il fut dit à mon ambassadeur[1], que si ne vouloye que les compaignons allassent au service de sa saincteté, que ne les luy accorderoient, et quant n'eusse voulu donner passaige à Milan, ilz ne fus-

[1] Par les cantons.

DU CARDINAL DE GRANVELLE.

sent passez; et avant que y vouloir passer, voulurent sçavoir si c'estoit de mon gré ou non. Mais pour l'amour que porte à nostredit sainct-père et pour satisfaire à son plaisir, je leurs fiz dire par mon ambassadeur que ne seroye mal-content qu'ilz envoyassent leurs gens au service de sa saincteté, et qu'ilz passassent par ma duché de Milan, auquel lieu mon cousin le sieur de Lautrech, pour l'honneur de sa saincteté, les recuilist et fist très-bonne chière, et les assura que, si pour le service de nostredit sainct-père leur convenoit entrer en quelque guerre, qu'il envoyeroit cinq cens hommes d'armes à sa saincteté. Et croys, mon cousin, que vous estes assez recours des lectres que vous ay par cy devant escriptes touchant cest affaire, par lesquelles vous mandions que si n'estoit question que se deffendre contre les Espaignolz, ne convenoit lever iceulx Suysses, d'austant que ouffroye bailler v^c hommes d'armes à nostredit sainct-père, lesquelz avec la gendarmerye de sa saincteté et quelques gens de pied que l'on eust peu lever en Ytalie estoient assez souffisans pour résister à son[1] entreprinse. Mais là où se fussent voulu obliger à faire l'entreprinse que sçavez, trouvoye bon de les recouvrer. Bien me sembloit toutesfois que ne vouldroyent s'obliger à icelle entreprinse, actendu la deffence que leur avoient faictz leurs supérieurs, à leur partement, de ne servyr sa saincteté contre moy ny le roy catholicque, d'austant que plusieurs gens présumoient que icelle levée se faisoit ou contre l'ung ou contre l'autre, considérant que autrement estoit frustratoire. Et ce que mandez que vous ay escript que en vouloye payer ma part, croyez que j'ay si grande volenté de complaire à sa saincteté, que toutes fois et quantes pour son affaire aura à besongner d'argent, et que l'opportunité se donnera que le pourray faire, et que ne seray empesché de grosse despence allieurs, ne luy refuseray; et si ay satisfaict à icelle promesse que s'entendoit de la première paye, ainsi que vous escripvez de Villanreva, qu'est d'ung mois avant que les mectent en besoingne. Et si ladite levée m'a servy à faire ligue avec eulx, ainsi que me mandez, je croys que en-

[1] (De Charles-Quint.)

tendez assez que le gros proffit que leur donne, et que les anciennes aliances que ont eues avec la maison de France[1] se sont mieulx trouvé que tous autres, pour la grosse foy et seurté que l'on leur a tenue (et que là où a convenu faire quelques exploictz, ont estez si bien accompaignez de gens de cheval et autres à pied avec l'artillerie, qu'ilz ont euz tousjours gloyre et honneur et peu perdu de leurs gens), les a méhuz d'entrer en icelle ligue et non autre chose; ains ladite levée que nostredit sainct-père fit, cuyda empescher nostredite ligue, ainsi que me fut escript par aucungs mes amys. Mais tant y a que ladite ligue, de quelque sorte que aye esté faicte, reviendra austant au prousfit de nostredit sainct-père comme au mien, d'austant que espère iceulx employer de mon povoir à son service, quant de ce faire me requerrera; pour laquelle ligue recouvrer n'y ayt rien espargné, et m'y a convenu employer grans deniers, à quoy sadite saincteté, si luy plaist, aura aussi regard.

Mon cousin, quant à ce que m'escripvez par voz n° lectres, que nostredit sainct-père le pape avoit ouy le gentilhomme Bigorne et le cordelier très-gracieusement, et après qu'estoient party de luy estiez entré en devise avec sa saincteté, et vous sembloit qu'il ne vous tenoit les parolles de la sorte accoustumée, et qu'il estoit troublé et en grand suspicion, et qu'il vous avoit réplicqué que ne tenoit grand compte, et qu'il ne sçavoit plus que me faire en déclaration de sa bonne volonté, actendu ce qu'il avoit faict pour moy à l'empire, et accordé par les deux traictez faiz par le moyen de vous et de Sainct-Marsault, depuis lequel temps avoit tousjours esté en suspens, actendant ma résolucion, et que jammès ne luy avoye volu complayre de chose grande ou petite qu'il m'eust demandé, ne pour ses serviteurs, aussi en matières spirituelles; et que encoires vous avoit dit qu'il ne sçavoit comme il seroit traicté quant l'entreprinse de Naples et Sécille seroit entre mes mains.

Mon cousin, il me semble, comme j'ay escript cy-dessus, que nostredit sainct-père n'a aucune chose de se douloir de moy; et quant

[1] (Dont.)

à ce qu'il dit avoir faict pour moy touchant l'empire, je croys que sa volenté estoit bonne, aussi m'eust-il trouvé personnaige pour mectre en icelluy lieu, et nul lui eust esté propice que moy; mais chacun est assez informé de la façon de faire et les devis que ses ministres et messagiers ont tenu en cest affaire, lesquelz me le firent en partie perdre et n'ayt aucung regret; et quant aux traictez faiz par vous et Saint-Mersault, au temps que furent faiz n'estoye en aucune affaire ny nécessité, et les causes d'iceulx a esté pour l'accroissement de noz estatz. Ilz sont austant à son adventaige que au myen, et les ay gardez et observez sans enfraindre, et par le moyen d'iceulx ay demeuré à capituler avec le roy catholicque et suis entré en grosse guerre contre luy, en deschargeant sa saincteté de celle que l'on luy eust peu faire; et si me suis mis en hazart pour le mectre en repos. Et de présent, quant sa saincteté me voit aux affaires, il vient faire doléance contre moy. Je ne sçay qu'il veult dire que lui aye refusé; mais pour l'amour de luy, j'ay reffusé les protections d'Ytalie qu'avoit mon prédécesseur, que luy vailloit cent mil ducatz par an, et ay assubjecté ma duché de Milan de prendre du sel de luy; luy ay rendu les brefz que j'avoye de sa saincteté pour Rège et Modène; l'ay favorisé de gens d'armes et argent contre Philippe-Maria[1]; sa niepce[2] a dix mil livres de rente en mon royaume, que donnay libéralement au feu duc d'Urbin son nepveur[3]; monsieur de Médicis[4] a eu de moy l'archevêché de Narbonne, l'évesché de Laval, l'abbaye de Chernaulx et Sainct-Victor de Marseille; le cardinal de Cibo[5] tient Sainct-Ouen et l'évesché de Marseille; j'ay baillé Coustance à feu le cardinal Saincte-Marie in Porticu[6], et Bayeulx à l'évesque de Tricarye[7]; Arras,

---

[1] Ou plutôt François-Marie de la Rovère, duc d'Urbin, chassé de ses états en 1516 par le pape Léon X.

[2] Catherine de Médicis, fille du suivant, née quelques jours avant le décès de son père.

[3] Laurent II, fils de Pierre II de Médicis, mort en 1519.

[4] Jules de Médicis, neveu de Léon X, et cardinal. Il devint pape en 1523, sous le nom de Clément VII.

[5] Innocent Cibo, originaire de Gênes, neveu du pape Léon X.

[6] Le cardinal Bibiena.

[7] Louis de Canassa.

à sa requeste, au cardinal d'Enconne[1]; et Novare au cardinal de Pavye, et pluisieurs autres choses dont il ne me recordt, car ne metz telle chose en mon entendement. Et avec ce les cardenaulx et curialistes de Rome tiennent quasi tous les bénéfices de ma duché de Millan, dont les gentilzhommes se deullent et plainnent à moy qui n'ont riens pour leurs enfans, comme si n'ont mes serviteurs; j'ay longuement poursuy le chappeau pour l'archevesque de Tholoze[2], la légacion pour mon cousin de Boysy, l'abbaye Sainct-Éloy pour le confesseur de ma femme, Borges pour mon confesseur, ce que n'ay peu avoir ne obtenir. Vous ne pourriez croyre qu'il me desplaît de ramentevoir ces choses que ne vaillent le parler ; mais voz lectres me contraignent de ce faire, affin que sa saincteté ne cuyde que ne saiche et entende comme les choses vont; s'il ha volenté d'estre et demeurer en l'amytié qu'il a avec moy, ne me fault user de telles choses; je ne sçay quel compte sa saincteté vouldroit que tenisse de luy plus que ne fais, etc.

[1] Pierre de Ascoli.
[2] Jean d'Orléans de Longueville, petit-fils du célèbre Dunois. Il ne devint cardinal qu'en 1530.

XXXIII.

PRÉCIS DES CONFÉRENCES DE CALAIS

POUR LE RÉTABLISSEMENT DE LA PAIX ENTRE FRANÇOIS I" ET CHARLES V,

SOUS LA MÉDIATION DU ROI D'ANGLETERRE.

(Apologie de Charles V, 174-208.)

1521.

Très-illustre, très-haulte, très-excellente et très-heurée[1] dame et souverainne princesse, ma dame Marguerite, archiducesse d'Austrice et de Bourgoingne, ducesse douaigière de Savoye, contesse de Bourgoingne, dame de Malines, etc.

Comme naguères, pendant l'assemblée de Calais, faicte à la poursuyte de très-hault, très-puissant et très-excellent roy d'Engleterre, où estoient grosses et très-notables ambassades, tant de la très-sacrée majesté de l'empereur vostre nepveu et nostre sire, que du roy de France avec le cardenal et légat d'Angleterre, tenant le lieu pour icelluy roy d'Angleterre, en pompe et triumphe magnificque et sumptueux; j'ay, suyvant ceste court et le service de ladite majesté, souvent ouy et entendu maints, qu'ilz, par vaine curiosité, convoytise de savoir ce qui n'appartenoit, et eulx entremectans en choses non estans en leur capacité et vocation, en devisoient et tenoient les rens en diverses manières, blasmans l'alée et demourée d'iceulx ambassadeurs de ladite majesté, et autres qui, à bonne occasion et désir bien ordonné, mectoient peine de conjecturer quelles choses se povoient traicter en icelle assemblée et que s'en devoit ensuyr. Après advenu le retour desdits ambassadeurs en cestedite court, me suis trouvé entre gens de grosse estime et réputacion, où aucuns des principaulx

[1] Heureuse.

d'icelle ambassade estoient, qu'ilz en devises disoient[1] toutes et chacunes les communications et parlemens heuz et tenuz en la dessusdite assemblée avoient estez mis, rédigez et compilez par escript en forme de dialogue, où non seullement la vérité de la substance des choses dictes et proposées estoit gardée sans fleschir, ains quasi les propres motz et parolles des collocutions estoient retenues et rapourtées par monseigneur le grand chancellier[2], chief de l'avantdite ambassade, personnaige en vérité saige, savant, sensé, expérimenté, austant laborieux et de grand travail qu'il affiert à la tant pésante charge à luy commise. Quoy oyant ne l'ay mis en nonchaloir, ains pour satisfaire à mon affection, et entendre ce que tant de gens convoytoient sçavoir, j'ay procuré que ledit dialogue, compilé et composé en langue latine, a esté mis en mes mains; lequel, après l'avoir leu et releu, j'ay trouvé de tel artifice, utilité et fruict que possible n'a esté m'astenir le translater en langue valonne ou françoise, affin qu'il vienne à l'entendement et intelligence des bons serviteurs et subjectz de ladite très-sacrée majesté, non sçavans la dessusdite langue latine. Et ayant parfaict et mis à fin ceste translation, me suis advisé que c'estoit chose convenante, pour premier et avant tous, vous présenter, à la fin d'en ordonner faire devant vous lecture, comme sur tous de telz affaires raison doit estre rendue méritoirement comme vraye zélatrice et instauratrice de paix, par le bon et prudent conseil de laquelle tous les affaires de la monarchie, voyre de l'universel monde, sont entenduz, gouvernez, moyennez et adressez, comme douhée de telle grâce que dame de renom par cy-devant, ny autre de présent, n'a sceu attaindre. Con-

---

[1] (Que.)

[2] Mercurin Arborio de Gattinara, d'une famille originaire du comté de Bourgogne, qui, dès le XIIIe siècle, était établie dans le Piémont, devint en 1508 président du parlement de Dôle, ensuite chancelier de l'empereur Charles V, puis cardinal en 1529. Il mourut l'année suivante, quelques jours après une visite qu'était venu lui faire le monarque dans la ville de Trente, où il s'était retiré. Dunod, dans ses Mémoires pour l'Histoire du comté de Bourgogne, III, 168, et de Gregory, *Storia della Vercellese letteratura*, partie II, 65, le citent comme auteur de la Relation curieuse et inédite que nous publions.

sidérant en oultre que ledit dialogue vous playra et sera moult agréable, ouquel se comprent la venue dudit cardinal-légat d'Angleterre en cestedite court devers la très-sacrée majesté, lorsqu'elle estoit en sa ville de Bruges; l'advenue des guerres, divisions et mutacions où avons estez et fusmes, et la cause d'icelle; la rompture des traictez de paix et aliances faictes par le roy de France; la nature, condicion et ligièreté des François pour entrer en traictez et confédéracions, et le semblable pour la dissolucion d'iceulx, que vous-mesmes avez autreffois gouttez, prové[1] et souffert à desnaturée, dampnable et pitoyable enseigne; leurs incessantes et continuelles praticques et machinacions contre leurs voysins, semblables ou plus grans, pour tousjours de leur possible les affoyblir; les tittres, bons et vrays drois que ladite très-sacrée majesté a ès royaumes de Navarre, Naples, duché de Bourgoingne, ressort de Flandres et d'Arthois, contey de Bourgoingne, Guynes, Masconnois, Ponthieu, les villes estans sur la rivière de Somme, que plusieurs autres pièces, principaultez, pays et seignories voyre en tout le royaume de France, et tant à raison de la succession de la maison de Bourgoingne, royaume d'Espaigne, archiducé d'Austrice que de l'empire; la nouvelleté faicte par le Turc derrièrement en Ungrie à l'inhortacion, comme aucuns présument, de certains pervers chrestiens; la bonne voye et moyen que l'on doit tenir pour faire bonne, seure, perdurable paix, avec plusieurs autres choses desquelles le bon serviteur de ladite très-sacrée majesté, s'entremectant ès choses de son estat, se peult bien fort édifier et informer. Si vous supplie en toute humilité, il vous plaise recepvoir cestedite translacion, et de vostre très-humaigne, très-benigne grâce et doulce clémence, supporter le groz, rude, lourt, maladjoncé et façonné langaige bourguignon du translateur[2], vostre très-humble subject et serviteur, ayant regard non pas à ses savoir et valeur, ains à

---

[1] Éprouvé.
[2] Suivant une note du chancelier de Granvelle, mise en tête du manuscrit dont la présente copie a été tirée, ce traducteur était messire Claude de Chassey, maître aux requêtes ordinaires de l'empereur, né dans le comté de Bourgogne.

la bonne, vraye, affectionnée et fervente volunté qu'il a au service de la dessusdite très-sacrée majesté de l'empereur, vostredit nepveu, de vous et de tous mes seigneurs et dames de vostre très-noble, très-pur et incomparable sang.

LES COMMUNICATIONS TENUES A L'ASSEMBLÉE DE CALAIX
EN L'AN MIL CINQ CENS XXI [1],

Par le moyen de très-hault, très-puissant et très-excellent prince, le roy d'Engleterre, pour l'appaisement des différendz suscitez d'entre nostredit sainct-père le pape, Léon X[e] de ce nom, Charles-le-Quint, par la divine clémence, empereur des Romains, tousjours auguste, roy catholicque de Germanye, des Espaignes, des Deux-Secilles, de Jérusalem, etc., et François premier, roy de France, composées par façon de dialogue, translaté de latin en français, ou personnaiges que l'on introduit disputans et parlementans sur icelles communications; et sont lesdits personnaiges quatre en nombre, assavoir le très-révérend cardinal-légat et lieutenant-général d'Engleterre [2], comme médiateur au nom dudit roy d'Engleterre; révérend père en Dieu monsieur l'évesque d'Asque, ambassadeur, nunce et commissaire député par nostredict sainct-père; messire Mercurin de Gattinaire, chevalier, baron d'Ozan et de Terruge, grand-chancellier dudit empereur, et messire Anthoine de Prat, aussi chevalier et chancellier dudit roy de France; et commence ledit cardenal en parlant comme s'ensuyt :

LE CARDENAL.

Magnificques et excellans messieurs les ambassadeurs, incontinant que le roy mon maistre a sentu et apperceu les débatz et contrariétez méhuz et suscitez, premier d'entre la très-sacrée majesté de l'empereur et le roy de France, et en après d'entre nostre sainct-père le pape et icelluy roy de France, et que guerre se mouvoit entre eulx, il a esté, en vérité, de tout son cueur dolant et desplaisant, tant pour ce qu'il est du tout desdié et adonné à nostredit sainct-père et au sainct-siége apostolicque, lequel, avec la saincte église romaine, il a tousjours tâché deffendre et tenir la main à son indempnité, que pour la commune amytié et confédéracion qu'il a avec les dessus nommez princes contendans, des discors et dommaiges desquelz, qu'ilz tant sont ses bons amys et aliez, il ne peult sinon amairement douloir et avoir regret, joint qu'il semble les armes des chrestiens, que se debvoient employer contre les ennemys de la foy, s'apprester

---

[1] Ces conférences, ouvertes le 4 août, durèrent trois mois et furent sans résultat.

[2] Thomas Wolsey, archevêque d'York.

et convertyr pour l'effusion du sang d'iceulx chrestiens; dont affin de conserver l'affection qu'il a envers ledit sainct-siége et l'avant-dite ferme amytié commune qu'il a avec iceulx ses aliez et confédérez, destourner les dommaiges éminens et subvenir à la chose publicque de la chrestienté, il a advisé s'entremectre et se offrir pour médiateur et amyable appaiseur, et à ceste fin envoyer ses embassadeurs devers ung chacun des dessusdits particulièrement, pour eulx rappourter et submectre desdits différens à luy, comme médiateur et commung amy, députer et ordonner par ung chacun d'eulx en droit soy leurs ambassadeurs fourniz de pouvoirs souffisans, lesquelz iceulx différends puissent amyablement estre traictez et appaisez; et que cependant, d'une part et d'autre, les armes fussent posées. Pour ausquelles choses entendre et les conduyre à bon port, il se fût très-volontiers icy transpourté en sa propre personne, sans les groz et pesans affaires de son royaume lesquelz l'ont retenu, et pour ce il m'a destiné et envoyé ceste part en son lieu, comme représentant sadite personne et son lieutenant-général, en ce nom constitué et fondé de très-ample auctorité et puissance, comme il est contenu en ses lectres patentes, lesquelles je vous exhibe et en fais hostencion, pour en faire, si bon vous semble, lecture. Pour à quoy satisfaire de ma part, sans avoir regard à l'indispocicion de santé de ma personne, à pluisieurs grands et pesans charges et affaires esquelles j'estoye détenu et empesché, et icelles arrière mises à la plus grosse diligence qu'il m'a esté possible, ayant eschappé parmy rudes et continuelz troubles et périlz de mer, suis arrivé en cedit lieu, prest et appareillé à m'employer de tout mon possible pour l'appaisement et amyable composition des dessusdits discortz et différens; grandement resjouy de ce que vous, messieurs les ambassadeurs, y estes semblablement venuz, que n'est, comme je tiens, sans bonnes et souffisantes lectres de procurations et pouvoirs, dont ung chacun de vous, en droit soy, pourra faire apparoir. Si vous requiers que, pour l'effect désiré des choses avantdites, ung chacun de vous veuille travailler m'assister pour rencontrer amytié et paix. Et pour ce que fort mal-séant seroit, comme il me semble, que traictant icy, les armées desdits princes feissent entre eulx la guerre, pour eschever qu'iceulx princes ne soient plus avant irritez et n'accroissent en noyse l'ung à l'encontre de l'autre, ains que plus tôt et facilement l'on puisse parvenir à moyenner ladite paix, sera pour le mieulx de, pendant ceste assemblée et que traicterons de concorde, faire surceoir et cesser ladite guerre, que se pourra faire d'ung commung consentement par vous respectivement, en vertu de vosdites lectres de pouvoirs et mandemens, que vous exhorte et pric faire, et que voluntairement et franchement me dictes et déclarez vos intencions; et pour ce que l'on doit commencer au plus digne, monsieur le nunce et commissaire apostolicque parlera le premier pour la part de nostredit sainct-père.

LE NUNCE DU PAPE.

Très-révérend monseigneur, la sanctité du pape a tousjours encliné et tendu à la paix, comme à son estat affiert, à l'occasion de quoy et que les princes chrestiens par ensemble dressassent la guerre à l'encontre du grand et publicque ennemy de nostre foy, elle avoit mis sus et procuré par cy-devant trefves de cinq ans non encoires expirez entre lesdits princes chrestiens, et ne meust oncques sadite sanctité guerres, mesmes contre les chrestiens, que par juste querelle elle n'ayt esté pressée et contraincte, mesmes envers ceulx quilz ont vouslu grever l'Église et occupé les biens à elle appertenans; par quoy je ne fais doubte que son avantdite sanctité n'accepte tous et quelzconques honnestes partiz et moyens de paix, et qu'elle ne conserve et deffende les drois de ladite Église plustôt par paix que righeur de guerre. Toutesfois, pour austant que je n'ay sur ce povoir ny mandement, et n'y puis aultre chose pour le présent, fors l'advertir et adviser des choses dessusdites, je ne m'estandray plus avant jusques j'en ay ordonnance, à laquelle de tout mon possible je mectray peine obéyr.

LE CARDENAL.

Je prendray en moy la charge comme légat du sainct-siége appos-

tolicque, et me feray fort pour nostre sainct-père le pape, que si les autres s'accordent en abstinence de guerre, sa saincteté ne l'excondira[1].
Et pour ce, qu'en dient messieurs les ambassadeurs de l'empereur?

LE GRAND CHANCELLIER DE L'EMPEREUR.

La très-sacrée majesté de l'empereur a tousjours désiré paix, n'ayant depuis le commancement de son règne vacqué ny entendu en aucune chose tant que à l'union et transquillité de la chrestienté, pour entièrement tourner toute sa force et possibilité à rebouter et ruer sus les cruelz et pervers ennemys de la foy catholicque, comme par effect il a démonstré; et pour le continuer et exploicter plus convenablement, il avoit passé certain traicté de paix et confédéracion avec le roy de France, lequel il a entretenu et gardé, sans l'enfraindre, durant que possible luy a esté; et jaçoit que par le contraire ledit roy de France en mainctes manières l'ayt enfrainct et rompu, néantmoings sadite majesté impériale n'a jamès voulu y contrevenir ny dresser aucune chose contre ledit roy de France; et tellement s'est contenue sadite majesté que oyres que tout certainement messire Robert de la Marche, au port, ayde et assistence dudit roy de France, et avec ses gens eust invahi certaine contrée de ses pays et esmeu guerre, dont sadite majesté impériale méritoirement et par raison eust peu deffier ledit roy de France, se déclarer son ennemy et luy faire guerre, elle a seulement faict poursuyr, par voye convenable, ledit messire Robert comme vassal rebelle, et pour partye de réparation faict abatre et démolir aucuns des chasteaulx tenuz par ledit de la Marche; et que plus est, dès lors, à l'inhortacion du roy d'Engleterre, comme commung amys et confédéré, sadite majesté impériale fut contente que par son moyen les débatz et discors que s'eslevoient et commançoient fussent amyablement traictez et appaisez, que ledit roy de France reffusa; et non content d'austant, il a depuis invahi, à grosse et puissante armée, les royaumes de Navarre et de Castille, soy ventant oultre qu'il conquesteroit et occuperoit,

[1] Refusera.

s'il povoit, tous et ung chacun les autres royaumes et pays de sadite majesté impériale, desquelles entreprinses ledit roy de France a esté rebouté et enchassé par la force et vaillance des subjectz de sadite majesté en Espaigne. Quoy véant présentement icelluy roy de France, comme il semble, prent son refuge à traicter de paix par le moyen dudit roy d'Engleterre; mais sadite majesté impériale, bien et à la vérité advertye des machinations, viles, deshonnestes et désordonnées menées à l'encontre d'elle, par et de la part dudit roy de France, que d'abondant s'est efforcé luy faire pardre ses royaumes de Naples et de Sécille, et a voulu faire aliance, comme il a de faict pourchassé, à la foulle, diminution et abaisement de l'estat, honneur et dignité de sadite très-sacrée majesté impériale, dont il appart et peult clèrement apparoir par les propres confessions et lectres dudit roy de France, ne veult, ny bon luy semble traicter de paix, que préalablement sadite majesté n'ayt réparation et vengeance desdits injures et dommaiges ains à elle inférées et fais. D'aultre part, sadite majesté est aliée et estraincte avec nostre sainct-père, de manière que sans luy elle ne peut traicter paix ny trefves; par quoy n'avons mandement ny puissance sur ce, et seullement fusmes envoyez de par sadite majesté impériale pour déclairer les invasions, hostilitez et violences faictes et parforcez faire par ledit roy de France et son adveu à l'encontre de sadite majesté, ses royaumes, pays et seignories, et en ensuyvant la forme des traictez d'aliance et confédéracion, requérir ayde et secours audit roy d'Engleterre contre ledit roy de France; et telles sont noz commission, charge et instructions que nous avons.

LE CHANCELLIER DE FRANCE.

Ceste présente assemblée semble vaine et frustratoire puisque d'autre part faillent les pouvoirs et procurations. Or ces querelles se viennent à vuyder par voye de guerre ou de paix, et nous désirons la paix, et si ne craignons ny rejectons la guerre; le roy très-chrestien, nostre maistre, nous a icy envoyé comme ses ambassadeurs pour complayre au roy d'Engleterre avec souffisante puissance et procuration pour appaiser tous discors et faire une paix; et quant aux traictez et confédérations que le chancellier de l'empereur a mis en avant avoir esté enfrainct et violé par ledit roy très-chrestien, il ne se trouvera véritable, ains que ledit empereur les a premier violez, non ayant entretenu les aliances de mariage, payé les deniers par luy dehuz et promis esdits traictez, ny fourni aux seurtez y déclarées, mais a soubstenu les ennemys dudit roy très-chrestien, méhu guerre à l'encontre de luy, assailly ses pays et actanté pluisieurs autres choses contre lesdits traictez. Et au regard dudit roy très-chrestien, il n'a aucunement assisté audit messire Robert de la Marche, ny faict ce dont l'on l'a icy chargé, et s'il a aydé au roy de Navarre pour le recouvrement de son royaume, il luy a esté permis par le traicté de Noyon[1]: par quoy le roy d'Engleterre doit plustôt bailler son ayde et assistance audit roy très-chrestien, à quoy nous tendons et le requérons.

LE GRAND CHANCELLIER DE L'EMPEREUR.

Ce que notoirement est advenu ne se peult bonnement par paliacions couvrir, et souffit aléguer les choses notoires sans autre nécessité de preuver; doncques puisque nous avons enseignemens par lectres et confessions propres dudit roy de France, qu'est chose toute clère et manifeste, et dont nous ferons prompte foy, y adjoustant ce que de faict s'en est ensuys, ne vient à mectre en doubte que ne doigeons consuir l'ayde et assistance dudit roy d'Angleterre, comme nous avons quis et requérons suyvant la forme desdits traictez.

LE CARDENAL.

L'on demande de tous costez ayde et secours au roy mon maistre; néantmoings je ne le peult ny doit bailler fors à l'ung; et pour ce luy conviendra savoir et entendre lequel a esté agresseur et lequel a esté agressé; si l'agression est telle qu'elle requiert ledit secours, et si en le demandant, la forme desdits traictez a esté gardée et ob-

---

[1] Conclu le 13 août 1516.

servée. Or ces choses requièrent congnoissance de cause, et pour ce que ledit roy mon maistre est entièrement délibéré d'entretenir et accomplir tout le contenu esdits traictez, eust esté bon faire l'abstinance de guerre dont j'ay parlé, et mectre par escript, d'une part et d'autre, voz demandes et reboutemens au contraire, et y joindre les preuves dont l'on se veult ayder; de quoy sortiroient moyens de paix plus facillement, à laquelle devrions plustôt entendre que sur le faict dudit secours. Et cependant vous, messieurs les ambassadeurs de l'empereur, quilz dictes non avoir apportez les povoirs pour ce faire, les pourrez faire venir et obtenir, à quoy je tiendray main; autrement j'auray juste cause me plaindre et doloir de, ayant mis en dangier ma personne à grosse peine et travail, estre icy venu toutes choses délaissées pour parvenir à une paix, et que j'aye perdu mes peines et soye mocqué. Par quoy je vous prie et requiers instamment que vuillez entendre et vous encliner à mes remonstrances et enhortations.

LE GRAND CHANCELLIER DE L'EMPEREUR.

Monseigneur très-révérend, nous accorderions très-volentiers ce que requérez, si nous estoit parmis; mais la liberté de plus avant entrer en propos nous est hostée, et n'y a parsonne de nous qui osast toucher de paix ou de trèves à la très-sacrée majesté de l'empereur nostre maistre, et moings requérir envers luy lectres de povoir et mandement sur ce; car la juste et raisonnable indignacion qu'il a conceue à l'encontre du roy de France est telle, que non seullement il nous a deffendu de ne traicter avec les ambassadeurs dudit roy de France, ains par exprès de non les veoir ou parler avec eulx : toutesfois, pour vous complayre, excédans ses commandemens, nous avons mitigué ceste righeur et nous fusmes trouvez en ce lieu avec eulx; de passer plus avant nous ne oserions. Par quoy, s'il vous plaist, nous tiendrez pour excusez; toutesfois, si d'aventure vous désirez tant ceste voie amyable et eschever de bailler l'ayde et secours par nous quis ou le remectre et dylayer en autre temps, vous en pourrez besongner et faire, s'il vous plaist, avec sadite très-sacrée majesté impériale.

Il y a pause pour ce que ce dit et faict, lesdits personnaiges se départirent d'ensemble, et par l'espace de trois jours ledit cardenal entretint lesdits ambassadeurs de France, avec lesquelz il s'accorda dez là aller devers l'empereur, qui pour lors estoit à Bruges, et qu'il mèneroit avec luy lesdits nunce du pape et ambassadeurs dudit seigneur empereur pour joindre[1] sa très-sacrée majesté à paix, prendre abstinence de guerre et renvoyer sesdits ambassadeurs avec povoirs souffisans; et ce pendant lesdits ambassadeurs de France attendroient son retour audit Calais.

Ledit cardenal, en ensuyvant ce, fut audit Bruges devers sadite très-sacrée majesté, où il sesjourna environ XIIII jours, et par pluisieurs grandes et importunes instances et solicitations obtint de sadite majesté qu'elle renvoyroit sesdits ambassadeurs audit Calais avec icelluy cardenal, fourniz de bonne et ample puissance et mandement pour traicter et conclure trèves ou paix avec quelzconques roys, princes, communaultez et seigneurs, à condition néantmoings que aucune chose ne s'i feroit sans les conseil, présence et consentement dudit nunce apostolicque ou d'autre ayant pour ce expresse et spéciale procuration et puissance de nostredit sainct-père.

Et après que ledit cardenal fut de retour audit Calais, il fit assembler devers luy lesdits nunce apostolicque et ambassadeurs impériaulx et françois, devant lesquelz il proposa et parla comme s'ensuyt :

LE CARDENAL.

Pour satisfaire à la charge que j'ay par le roy mon maistre adresser à quelque moyen de paix entre ces princes et faire cesser la guerre, ayant de prime face entendu des ambassadeurs de l'empereur qu'ilz n'avoient puissance ny povoir pour traicter ladite paix, ains ne la vouloient rencontrer, prétendans ayde et secours dudit roy

[1] Amener.

mon maistre; pour non rendre ceste assemblée et ma venue vaine et frustratoyre, il m'a semblé convenable de en personne aler devers l'empereur, l'inciter et induyre à ladite paix et concorde, que j'ay faict très-voluntiers; et m'a ledit empereur, en contemplacion dudit roy mon maistre, lequel je représente, tellement recueilli et traicté tant honnorablement, sumptueusement et abondamment à ses propres fraiz en toutes choses, et m'a admis si bénignement et humainement en devises et privées communications, que plus n'en pourroit estre faict audit roy mon maistre. Je l'ay trouvé prince en vérité autre que son eage n'en feroit juger, saige, affable, plain de grande humanité et doulceur, et aorné de toutes vertus, tant que prince renommé peult estre; je luy ay exposé les causes de mon voyaige devers luy, et remonstré les dangiers, calamitez et certains advénemens de la guerre, les bons et grans fruictz et émolumens de paix, comme elle est duysante et requise à toute la chrestienté, et luy ay faict ouverture d'aucuns moyens pour venir à icelle paix. Sur quoy il m'a donné bonne et gracieuse audience, et m'a meurement et prudemment respondu et déclaré l'advénement et les causes des mutacions: le tout à la coulpe et au tort du roy de France, se deffendant et purgeant de la rompture et violation des traictez et confédérations, démonstrant signes qu'il désiroit réparations et vengeance des tors et injures à luy faiz, et de telle ardeur que à peine se pouvoit contenir, comme il sembloit, sans toutesfois mépriser mes remonstrances; et me dit plus avant que deux raisons principallement le gardoient, pour lesquelles les choses estans constituées en l'estat où elles sont du présent, il ne pouvoit condescendre à traicter de paix ny de trèves: l'une pour l'aliance et convenance qu'il a avec nostre sainct-père, sans lequel il ne le doit faire, et n'estoit possible avoir si tost son consentement pour la distance du lieu où il est; l'autre pour ce que ce n'est chose seure d'adjouster foy et traicter avec celluy qui desjà a violé, forfaict et est alé contre son sacrement. Et au surplus ne luy estoit expédient de rompre et destandre ses armes jà prestes, et s'abstenir de guerre, sans préalable restablissement et réparacion des dommaiges que l'on luy a faict, et que tout ne soit réduict en son enthier et bon asseurement. Ausquelles deux raisons j'ay réplicqué et dit que, quant à la première, puisque autrement promptement ne si povoit faire, je, comme légat du sainct-siége apostolicque, prendroye la charge et me feroye fort pour nostredit sainct-père qu'il envoyeroit cy-après lectres de procuration pour la conclusion dudit traicté de paix ou de trefves; et de l'autre n^e raison, je la réduiroye et effaceroye, en ordonnant ses lectres et mandement de povoir pour traicter et conclure icelle paix ou trefves, et renvoyant en ce lieu avec moy ses ambassadeurs; de sorte que enfin il s'i est condescendu et a renvoyé sesdits ambassadeurs icy présens, avec lesdites lectres de procuration comme j'entens. Doncques, pour entrer en ceste saincte euvre, fault veoir d'une part et d'autre les procurations et povoirs que l'on a pour y vacquer.

LE NUNCE.

Quant à moy, j'ay desjà dit et déclaré que je n'ay procuration ny puissance en ceste partie.

LE GRAND CHANCELLIER.

Nous avons mandement et lectres de procuration en très-ample forme, à borne et limite néantmoings, de manière que ne povons faire traicté ny conclure chose sans la présence et consentement du nunce apostolique, deuement fondé de puissance et auctorité de nostre sainct-père, dont il nous appère : ainsi nous fault garder les termes et fins de nostre puissance sans la trespasser.

LE CHANCELLIER DE FRANCE.

Sans point de faulte, nous avons aussi très-ample procuration du roy très-chrestien, nostre maistre, pour traicter avec le roy catholicque, mais elle ne fait mencion du pape, pour ce que ledit roy très-chrestien le tenoit et cuydoit estre l'ung de ses meilleurs amys; et puisqu'il torne le doz audit roy très-chrestien sans sa coulpe, et tient le party de ses ennemys, menant guerre contre luy, si les ambassadeurs de l'empereur ne vuillent traicter sans luy, nous mectrons peine d'avoir d'autres procurations pour aussi pouvoir traicter avec ledit pape; et ce pendant, en la présence de son nunce, pourrons entrer en matière et la débatre; afin que, lesdites procurations venues, les choses soient plus prestes pour conclure.

LE NUNCE.

L'on ne doit blasmer nostre sainct-père, lequel ne se trouvera avoir faict ny emprins chose maulvaise ou injuste, comme l'on donnera à congnoistre en temps et lieu, et quant l'opportunité de parler le donnera.

LE GRAND CHANCELLIER.

Nostre sainct-père par raison vient à deffendre lequel[1] a esté invahi, et en ensuyvant la forme des traictez et confédérations, dehuement interpellé et requis, il assiste à l'empereur, qui semblablement a esté agressé et invahi; et si le roy de France a malveillance envers sa saincteté, l'on le doit imputer à icelluy roy de France, en estant cause par violence et rompture desdits traictez par luy faicte; et n'est chose désaisonnée[2] que les deux glaives spirituel et temporel se confortent et aydent l'ung l'aultre. N'est pareillement sans bonne cause que la très-sacrée majesté de l'empereur veult desmeller sa querelle conjoinctement avec celle de nostredict sainct-père, car aussi sadite majesté est advocate et protecteresse de l'Église. Or puisque le chancellier de France consent que toutes choses soient faictes et demenées en présence du nunce apostolicque, promectant fournir de nouvelles procurations, nous serons prestz, en tant que l'affaire touche et concerne sadite majesté, entrer en besongne, apprester et disposer l'affaire en attendant lesdites procurations et celle de nostredit sainct-père.

LE CARDENAL.

C'est ung bon commencement; mais avant que toucher et descendre au principal affaire ny à ses mérites, il me semble qu'il fault

[1] Celui qui. [2] Hors de saison.

dépescher aucuns poinctz requérans célérité fort convenable ès deux parties, et où il affiert de pourveoir incontinant sans plus différer : le 1ᵉʳ est touchant la pesche des arans[1], dont la saison est présentement, laquelle ne se peult pardre ou délaisser, sans le grand dommaige et interestz des subjectz d'une chacune desdites parties ; et pour ce est besoing y mectre telle provision que lesdits subjectz puissent franchement, sans aucung empeschement, pescher, et sans incursions, troubles ou molestes aller et retourner seurement avec leurs navières, fillez, engins et autres choses nécessaires pour ladite pesche ; le IIᵉ point, que les messaigiers des ambassadeurs d'une part et d'autre, et ceulx qui sont venuz en leurs compaignies, puissent aler et venir, sans lectres et avec lectres, et passer par les terres et seignories de leurs princes sans dangier d'y estre prins, détenuz ou arrestez pendant ceste assemblée ; le IIIᵉ, que les vivandiers quilz conduyront et amèneront vivres en ce lieu de Calais ne puissent estre prins ou empeschez en chemin ; le IIIIᵉ, que les avres, ports, pays et territoires dudit roy mon maistre soient asseurez pour tous les subjectz desdites parties, de sorte que nul y soit, en manière quelconque, empesché, troublé ne prins par les subjectz d'iceulx princes, leurs capitaines, gens de guerre ou soldoyers quelzconques. Sur lesquelz poinctz convient premier prendre conclusion, à laquelle, actendu qu'elle est juste et raisonnable, tendant au proffit, utilité et seurté de toutes parties, il faut vacquer et entendre diligemment.

LE NUNCE.

Ces choses ne me concernent ny touchent, fors quant aux vivandiers et messaigiers, à quoy je ne contrediray poinct.

LE GRAND CHANCELLIER.

Ce sont fort raisonnables poinctz mis en avant par vous, monseigneur très-révérend, et m'est advis que nous n'y contredirons pas ; mais puisque monseigneur le nunce dudit sainct-père n'a sur ce puis-

[1] Harengs.

sance ny mandement, et sans ce ne povons toucher èsdits poinctz ny à moindre chose, sera pour le mieulx advertyr la très-sacrée majesté impériale sur ce et savoir son bon plésir.

LE CHANCELLIER DE FRANCE.

Nous en advertyrons semblablement le très-chrestien roy nostre maistre, affin qu'il nous mande ce qu'il y veult estre faict, et ce pendant considéré qu'iceulx poinctz sont du tout raisonnables, l'on les pourra articuler par escript, après les veoir d'ung costé et d'autre, pour d'ung commun consentement et accord les conclure.

LE CARDENAL.

Je feray doncques pourjecter et concepvoir par escript lesdits articles, affin de lundy prouchain les veoir et accorder; mons^r Desly et le maistre des roolles auront ceste charge; ce faict et résolu, nous pourrons entrer ès mérites de l'affaire principal.

LE NUNCE.

C'est une bonne conclusion.

LE GRAND CHANCELLIER.

Je me tiens et arreste à ceste conclusion sans contredict.

LE CHANCELLIER DE FRANCE.

Et pareillement la conclusion me plaist, laquelle fera la voye et commancement ès autres choses.

Ici se fera la IIe pause, pour ce que ceste deuxième communication cessa ce que dessus dit; et s'ensuyt la troisiesme.

LE CARDENAL.

Pour ensuyr nostre détermination derrière, il nous fault veoir et lire le concept des articles rédigez par escript, et savoir si vous accorderez à iceulx.

LE NUNCE.

Ce sera bien faict, car la chose tend au proffit commung de tous.

LE GRAND CHANCELLIER.

Qu'ilz soient doncques leuz, et que ung chacun en dye son intencion, si quelque difficulté s'i trouve.

LE CHANCELLIER DE FRANCE.

J'entens de les lire à repos et appert en mon logis, et si je y treuve quelque chose à corriger, je le signiffieray.

LE CARDENAL.

Véés-les doncques ung chacun de vous, comme l'entendez et vous accordez par ensemble. Ce pendant, pour non perdre temps, nous pourrons commencer le principal affaire pour l'ouverture de paix; et pour austant que le nunce de nostre sainct-père n'a pouvoir ny mandement pour proposer et mectre en avant ses péticions et demande, il sera bon de esloncher[1] ce qu'est meslé et consiste entre l'empereur et le roy très-chrestien.

LE NUNCE.

Ainsi gaignerons-nous temps.

LE GRAND CHANCELLIER.

C'est très-bien advisé.

LE CHANCELLIER DE FRANCE.

Que les ambassadeurs de l'empereur commencent de déclairer ce qu'ilz demandent et l'on leur respondra.

[1] Extraire, choisir.

LE GRAND CHANCELLIER.

L'empereur a esté provocqué, agressé et offencé, et pour ce ne tient la partye de demandeur, ains de deffendeur.

LE CHANCELLIER DE FRANCE.

Déclairez doncques que vous ne demanderez aucune chose, et nous parlerons les premiers.

LE GRAND CHANCELLIER.

L'empereur poursuyt par armes pour recouvrer et venger les dommaiges et offences que par armes l'on luy a faict; mais pour austant que ceste assemblée s'est dressée à la poursuyte du roy d'Angleterre et de monseigneur très-révérend son lieutenant, pour entendre la source et commancement des débatz et différendz, et de ce tumber en ouverture d'accord et de paix, s'en doit ensuyr que qui premier a ouvert le débat et en est cause commance; après, si nous semble bon, pourrons user de reconvencion et contre-demande.

LE CHANCELLIER DE FRANCE.

Puisqu'ainsi est, pour non user le temps en vain, je commenceray sans fleschir de mot, protestant et prenant sur ce Dieu le créateur en tesmoinaige, que je ne rappourteray ou diray que la pure vérité, laquelle est telle : Assavoir que tost après que le très-chrétien roy nostre maistre commença régner[1], comme grand zélateur de paix, désirant vraye et perdurable aliance et confédéracion avec le roy catholicque, de présent eslu empereur, son parent, feit le traicté de Noyon, ouquel fut convenu du mariaige advenir d'entre ledit roy catholicque et ma dame Charlotte[2], fille dudit roy très-chrestien; en contemplacion duquel mariaige, icelluy roy très-chrestien donna son royaume de Naples, à charge d'une pencion de cent mil escus d'or payable chacun an, jusques à tant que ledit mariaige fusse con-

---

[1] Le 1er janvier 1515.
[2] Elle naquit après la date du traité, et mourut en 1524.

summé, moyennant aussi obligacions et seurtez d'aucuns nobles, citoyens et bourgeois que se debvoient bailler d'une part et d'autre, èsquelles ledit roy catholicque n'a jamais fourny; ains contrevenant à ladite convention de mariaige, a tâché ailleurs se marier, et faict poursuyr par son ambassadeur, sur ce, dispence du pape; il a reffusé le payement de ladite pencion, à tout le moings il a cessé de le faire pour certains termes expirez; il a usurpé et empesché la souveraineté et ressort des contez de Flandres et d'Arthois audit roy très-chrestien, et si n'en a faict les hommaige et fidélité ou temps qu'il estoit tenu faire; il a receu, recepté, favorisé et soubstenu les ennemys d'icelluy roy très-chrestien, assavoir le cardenal de Syon[1], le duc de Barry, Jhérosme Adurne et les bannys de Milan; il a appresté la guerre contre la duché dudit Milan et faict tout son effort d'empescher que ledit très-chrestien n'eusse les Suysses à son service pour la deffence dudit Milan. Et depuis il a directement desfié ledit roy très-chrestien et luy a méhu la guerre, prenant à sa soldée gens d'armes estrangiers et non subjectz ny aliez à luy, contrevenant audit traicté; et avec eulx il a invahy, faict courses et destrousses ès terres et seignories dudit très-chrestien, prins et desmoli le chasteau de Messencourt, mouvant du fied dudit roy très-chrestien; desquelles choses et autres faictes et attentées, et mesmes de la nouvelle occupation de la ville de Moson par ledit empereur et ses gens, ledit roy très-chrestien se prétend grandement injurié, et qu'icelluy empereur doit estre tenu pour premier violateur et infracteur dudit traicté. Et n'a ledit roy très-chrestien baillé aucune assistance à messire Robert de la Marche, ny permis de prendre ung seul poulet ou la valeur ès terres et seignories dudit empereur, jà fust qu'il eust armée preste ès lymites pour pouvoir ayder et assister audit messire Robert; et si il a secouru le roy de Navarre pour le recouvrement de son royaume, il luy a esté permis et loysible, car par ledit traicté de Noyon fut par exprès convenu que, si deans certain temps ledit roy de Navarre n'estoit contenté rai-

[1] Mathieu Schinner, devenu fameux par la haine qu'il portait à la France.

sonnablement par ledit roy catholicque, icelluy roy très-chrestien, selon la forme du traicté qu'il avoit paravant avec ledit roy de Navarre, luy pourroit bailler ayde et secours pour le recouvrement de sondit royaume de Navarre. Par quoy je conclus que ledit empereur doit estre dit et nommé agresseur et violateur dudit traicté, et pour ce estre tenu à la restitucion ou réparacion des frais, dommaiges et intérestz; et affin de savoir que nous devons faire, je requiers, avant toute euvre, que les ambassadeurs de l'empereur déclairent si doiresenavant il veult entretenir, garder et accomplir l'avantdit traicté de Noyon, tant en ce qu'il touche ledit mariaige, que autres choses y contenues; laquelle déclaracion faicte, nous parlerons plus avant.

LE GRAND CHANCELLIER.

Le chancellier de France avoit très-bien commencé, protestant que sans fleschir il diroit la vérité, et certes sa protestation fut esté saincte et sainne, si ce que s'en est ensuy n'estoit contraire à icelle; et pour ce que ce qu'il a récité dévoye du train de vérité entièrement, l'on peult penser qu'il n'a du tout souvenance des choses passées, ny bien leu et pesé ou réduict en mémoire la teneur et substance du traicté de Noyon, car il en est autrement qu'il n'a racompté. Et si le roy de France, au commencement de son règne, a désiré et aymé la paix, à Dieu, qui tout scet, en soit le jugement; et de l'aucteur d'icelle paix, qui l'a contregardé et contenu ses mains, sans ouvrir, de l'effusion du sang chrestien, c'est chose si congneue que mieulx eust faict ledit chancellier si s'en fust teu ; et en semblable du mariaige de dame Charlotte, fille dudit roy de France, duquel aucune mencion ne se trouvera avoir esté faicte au dessusdit traicté de Noyon; aussi n'estoit en ce temps ladite dame Charlotte en estre, née ny congneue. Bien est vray que par icelluy traicté fut convenu du mariaige de feu dame Loyse[1], jadis fille aisnée dudit roy de France, et si elle défailloit, luy estoit condicionellement et incertainnement

[1] Née en 1515, morte en 1517.

subrogué le fruict que la royenne de France pourtoit lors, s'il advenoit que ce fust une fille, que n'a peu obliger ne lyer ledit empereur à lyen de mariaige; et si ne luy a esté tollue ny hostée la franche et libéralle faculté de soy marier, par quelzconques peines que soient mises et apposées audit traicté. Considéré mesmes que, comme dit est, ladite dame Charlotte n'estoit encoires en ce temps en estre, si que ne se povoient faire ou contracter avec elle esposailles ou mariaige présent ou advenir; et ce néantmoings l'on ne peult véritablement dire que l'empereur ayt entendu ou procédé à autres praticques de mariaige, ne pour ce faire requis despence; et si ainsi estoit, comme il ne se trouvera estre, n'aroit ledit roy de France cause raisonnable de soy complaindre maintenant ne cy-après, si d'adventure ladite dame Charlotte, sa fille, n'estoit en eage pour povoir traicter mariaige, et ledit empereur, par l'empeschement d'autre, ne povoit satisfaire audit traicté de Noyon que ne peult encoires avoir lieu. Et pareillement, ne se trouvera par ledit traicté que le royaume de Naples ayt esté donné en dot par ledit roy de France, quil ne povoit donner ce qu'il n'avoit pas; et si l'on veult dire qu'il a donné le droit qu'il prétendoit audit royaume, il n'a aucune chose donné, car il n'y avoit comme il n'a poinct de droit, et ledit droict que povoit prétendre son prédécesseur et beau-père, Loys XIIe de ce nom, roy de France, en contemplacion du mariaige faict entre le feu roy catholicque d'Arragon et dame Germaine de Foix, niepce dudit feu roy Loys, fut assigné, donné et remis à ladite dame Germaine, et moyennant certaine somme de deniers et soubz aucunes conditions et moyens convenues et accordées à l'effect dudit mariaige, lequel depuis a sorty sondit effect et de présent encoires est en vye ladite dame Germaine. Et davantaige, ledit feu roy de France a esté privé dudit droit, à bonne et juste cause, par déclaration de feu le pape Julle derrier de ce nom[1], seigneur direct du fief, et pour ce que par commise, si droit y avoit ledit roy de France, il luy estoit dévolu et overt, et du tout en tout de nouvel

---

[1] Jules II de la Rovère, de 1503 à 1513.

en a esté par luy ledit feu roy catholicque investu et enhérité. De quoy semblablement s'ensuyt que les cent mil escus de pencion promis par ledit traicté, dont ledit chancellier de France a faict feste, n'estoient deuz, et non seullement ne se devoyent payer, ains ce que payé en a esté se peult répéter par ledit empereur quil, en temps d'icelluy traicté, avoit juste cause de ygnorer ce que dessus, entrant de nouvel en la sucession du droit d'aultruy ; et encoires ce nonobstant, il a payé lesdits cent mil escus d'or, oyres qu'ilz ne fussent dehuz, aussi longuement qu'il a semblé bon audit roy de France d'entretenir ledit traicté, et jusques à tant que ledit roy de France, par son ambassadeur, le sieur de Lusac, fit a déclarer audit empereur, luy estant en ses royaulmes d'Espaigne, que si ne donnoit hostagiers pour la seurté dudit mariaige, mencionné par ledit traicté (à quoy ledit empereur néantmoings n'estoit tenu), il tenoit ledit traicté pour rompu ; par quoy ne fust esté raisonnable de luy payer puisqu'il déclairoit icelluy traicté rompu, joinct que par faulte d'icelluy payement l'on ne povoit, comme l'on ne pourroit induire ou tirer rompture ou infraction dudit traicté ; car sur ce deffault estoit remédié par ledit traicté, icelluy demourant en autres choses en sa force.

Quant aux seurtez promises audit traicté, desquelles l'on débat et arguë successivement ledit empereur pour non y avoir satisfaict, l'on ne l'en peult véritablement accoulper par ce que dessus ; et oultre pour ce que c'estoit la charge dudit roy de France de premier choysir et nommer les douze villes et douze bons personnaiges desquelz il eust voulu avoir lesdites seurtez et obligations, dont si faulte y a, plustôt se doit attribuer audit roy de France, non ayant faict ledit choix et nominacion, que audit empereur ; et d'abondant qu'icelluy roy de France en réciproque devoit fournyr de sa part de semblables seurtez, ce qu'il n'a jamès faict. — Au regard des ressort et souveraineté des contez de Flandres et d'Artois, si nous véons les chartres anciens, il n'aparistra aucunement du droit desdits ressort et souveraineté, et advint son commencement du temps de monseigneur le duc Philippe, dit le Hardi, filz du roy de France, qui pour aucune cause le mouvant l'introduysit et mit sus, mesmes pour, par l'auctorité et puissance dudit roy de France, mieulx dominer et tenir en subjection et obéissance les vassaulx et subjects desdites contez que luy estoient novellement advenues par aliance de mariaige, et néantmoings ne le fit trancheément qu'il ne se retinse et réservasse plusieurs cas, esquelz iceulx ressort et souveraineté ne s'extendroient ny auroient lieu, comme aussi ilz n'ont heu, supposé que l'on se soit souvent efforcé de l'atirer et usurper, à quoy l'on a loysiblement obvié; dont est aussi que, par les reprinses, recongnoissances ou investitures que s'en sont ensuys, l'on dit tousjours lesdits ressort et souveraincté accoustumez, lesquelz ressort et souveraineté ne sont en manière quelconque par raison deuz audit roy de France; car par le traicté de Péronne louhé et passé d'entre feurent le roy de France, Loys XIe de ce nom, et jaidis de très-noble mémoire le duc Charles de Bourgoingne, bisayeul dudit empereur, en la ville de Péronne[1], fut expressément dit et convenu que si ledit traicté, ensemble de ceulx auparavant fais à Conflans[2] et Arras[3] n'estoient entretenuz et observez, ledit feu monseigneur le duc Charles, ses sucesseurs, pays et subjectz seroient et demeurroient francs, quictes et exemps desdits prétenduz ressort et souveraineté. Et parce que despuis ledit traicté passé et faict, ledit roy Loys XIe ne l'entretint pas, ains le viola, par la purificacion et advenue de la dessusdite condicion, icelluy feu monseigneur le duc Charles, tant qu'il vesquit, garda et maintint lesdites contez de Flandres et d'Arthois franches et libres des avantdits ressort et souveraineté; et si autrement a esté faict et attenté depuis son trespas, il est advenu par violance et voyes vicieuses, à quoy néantmoings depuis, par autres traictez, a esté remédié par façon qu'il a esté parmis de réintégrer, réduire et remectre le tout en sa première et précédente liberté et exemption, que pourroit en tous advénemens ledit empereur faire à présent, lequel eslevé à la très-haulte et souverainne dignité impériale ne

[1] 1468. — [2] En 1465. — [3] En 1435.

doit recongnoistre supérieur, car son avantdite dignité ne le peult comporter raisonnablement à la temporalité. De ce que conséquemment l'on a notté ledit empereur, disant qu'il a faict contre la forme dudit traicté de Noyon, d'avoir favorisé et porté les ennemys dudit roy de France, pour lesquelz l'on a particularisé et nommé le cardenal de Syon, le duc de Barry, Jhérosme Adurne, et les expulsez de Milan, il n'appert aucunement par ledit traicté, qui ne le calumpniera[1], que les particulières querelles des subgectz des contrahans en icelluy y soient comprinses, ne qu'iceulx contrahans fussent obligez de rebouter leurs subjectz et serviteurs médiatz ou immédiatz, jaçoit qu'ilz soient ennemys de l'ung d'eulx. Or ledit cardenal de Syon, lequel est prince du sainct empire, par cy-devant a esté privé et déjecté, par les faictz et partices[2] des François, de tous ses biens et bénéfices, par quoy dès lors il se retira et print son reffuge devers feu de très-excellente mémoire l'empereur Maximilian, ayeul dudit à présent empereur, nostremaistre, lequel le substenta, entretint et s'en servit jusques à son trespas, advenu lequel, icelluy cardenal de Syon s'est rendu pour continuer son service audit au présent empereur, lequel il a retenu, et non seullement luy a confermé ses gaiges et salaires, ains pour ses grandz mérites luy a accreu et augmenté; et de mesmes a esté faict audit duc de Barry, aussi prince de l'empire, quil tousjours a esté norry et alimenté par ledit feu empereur, et lequel desnué de tous biens n'avoit où mectre son chief à couvert, en quoy ledit empereur a faict œuvre de pitié et de très-humain prince; et si en semblable sa très-sacrée majesté, pleine de clémence, a donné audience audit Jhérosme Adurne, lequel est son vassal et subject de son royaume de Naples, ayant pardu ses biens estans en la seignorie de Gennes, et ausdits expulsez et fugitifz de Milan, serviteurs dudit feu empereur, et quilz pour son service avoient parduz leurs biens et en estoient déboutez, ne s'ensuyt pourtant que sadite très-sacrée majesté ayt contrevenu audit traicté de Noyon, par lequel est entendu et déclairé qu'il seroit loysible à ung

[1] Disputera. — [2] Pratiques.

chacun de garder ses subjectz, vassaulx et serviteurs d'oppressions et foulles, et si aucung avoit querelle contre eulx, il pourroit consuyr la justice devant leur prince et seigneur, que n'a ensuy ledit roy de France. Mais vrayment ceste poincte se peult bien inévitablement retourner et rétorquer à l'encontre d'icelluy roy de France, qui continuellement a attiré et soubstenu les félons et rebelles subjectz de Naples dudit empereur, et praticqué les ducz de Gheldres, de Lunembourg, de Wirtemberg, le conte de Fustemberg, ledit messire Robert de la Marche et autres, tous subjectz d'icelluy empereur, par grandz et excessifs appoinctemens et promesses, le tout pour cuyder nuyre audit empereur, l'affoyblir et troubler, que sont choses toutes communes et publicques. De ce qu'a esté touché des Suysses, il faict entièrement contre ledit roy de France; car par ledit traicté de Noyon a esté dit que nul des contrahans ne pourront avoir ny mener à ses soldes et gaiges gens de guerre estrangiers, ny soy servir d'eulx sans gaiges; et néantmoings, comme il a esté dit, ledit roy de France vouloit praticquer lesdits Suysses, à quoy ledit empereur a obvyé, qu'il en ce cas l'auroit peu faire loysiblement et aussi par autre chief; car lesdits Suysses sont suppôtz dudit sainct empire, n'ayant oncques admis aliance contre icelluy empire, et si ont ligue et aliance héréditaire et perpétuelle de toute ancienneté avec les maisons d'Austrice et de Bourgoingne, les pays, terres et seignories en mouvans et deppendans, laquelle ligue et confédéracion ledit empereur, tost après que la sucession de ladite maison d'Austrice luy a esté escheute et advenue, il a voulu confermer et approuver avec lesdits Suysses; en quoy faisant, ne luy estoit indécéant ny deffendu d'empescher que ledit roy de France ne traictasse avec eulx au préjudice d'icelle ligue héréditaire ou dudit sainct empire. Au regard de l'occasion prinse par ledit roy de France pour deffiance, elle est fort sobre, et pour vray, icelluy roy de France ne fut oncques deffyé par ledit empereur; bien luy a-il faict sçavoir que si ledit messire Robert, par son port et adveu, entreprenoit aucune chose contre ses pays, que seroit directement contrevenir audit traicté de Noyon, il tiendroit ledit traicté pour rompu ; lesquelles parolles n'ont signification de deffiance, car rompture de traicté se peult poursuyr et desduyre en congnoissance, non seullement par armes, mais par droit et raison, et ne fut oncques la manière entre les princes de prendre rompture de traicté pour deffiance; et si telles parolles avoient force et opéracion, ledit roy de France auroit esté le premier deffiant qui, comme cy-devant a esté dit, manda audit empereur en ses royaumes d'Espaigne, que s'il ne bailloit hostagiers, il tenoit ledit traicté pour nul et rompu, lesquelles parolles icelluy empereur n'accepta pour deffiance. Oultre plus, ledit empereur a faict déclarer de bouche et par escript audit roy de France qu'il n'entendoit avoir émis lesdits motz pour le deffier, comme il depuis par œuvre et effect démonstre, en faisant poursuyr ledit messire Robert tant seullement, sans dresser aucune chose contre ledit roy de France, et jusques à ce qu'icelluy roi de France a eu occuppé ledit royaume de Navarre et invahy Castille; et n'a levé ledit empereur à sa solde gens d'armes estrangiers, aussi ne luy a esté de besoing, car il a en ses pays tant de bons et vaillans hommes de guerre, ses subjectz, qu'il se peult bien passer des aultres. Mais telle chose est nécessaire audit roy de France, comme le sel, dont pour l'indigence, observant sa coustume, il a faict lever lesdits Suysses et des subjectz dudit empereur, tant impériaulx que patrimoniaulx, autant qu'il a peu, avant que ledit empereur se soit mis sus ny apresté pour venger ses injures et dommaiges. Et quant à Messencourt, que l'on a venté mouvoir du fief dudit roy de France, ce sont choses controvées et fainctes; car, comme il peut apparoir par anciennes reprinses et autres enseignemens, il y a plus de trois cens ans que ledit Messencourt meut et despend de la duché du Luxembourg, vray patrimoine dudit empereur, et pour tel l'a tenu et recongneu ledit messire Robert, et celluy duquel il a cause, par devant les officiers dudit Luxembourg; et s'il avoit déclaré et reprins d'autre, il a, ce faisant, commis et mesfaict à son seigneur, lequel l'a peu prendre et démolir, car ung chacun peult faire son plésir de sa chose; et encoires que ce ne seroit, ne seroit contrevenu au traicté en reboutant et vengeant par l'ung des contrahans son injure contre le vassal de l'aultre; car ledit traicté se vérisfie, dispose et s'entend de celluy qui actuellement et naturellement est ténementier et possesseur de la chose et non civillement tant seullement, considéré mesme que la civille possession, consistant en couraige et seule droicture incorporelle, ne se peult invahir, appréhender ny toucher; si que, en toute façon, ledit empereur est pur, net, innocent et sans colpe, de la dessusdite rompture d'icelluy traicté de Noyon. Mais quant audit roy de France, l'on ne l'en sauroit laver qu'il non seullement a vyolé et transgressé ledit traicté, ains a esté et est le provocateur, susciteur et aucteur de la guerre, ayant attiré à luy et à ses gaiges et penciones, et receu soubz sa protection ledit messire Robert, subject félon et rebelle dudit empereur, lequel messire Robert accompaigné de plusieurs gens de guerre, subjectz et soldoyers d'icelluy roy de France, a dressé, amassé et mis sus armée et en a faict sa monstre à son de trompettes, armes descouvertes et bannières desployées publicquement, en la ville et cité de Paris, le plus insigne et capital lieu du royaume de France, laquelle a esté norrie, accueillie et soustenue par pluisieurs journées, tant audit royaume de France que ès limites d'icelluy, desquelles limites à la fin ledit messire Robert a depuis conduict et mené icelle armée ès pays et terres dudit empereur, où il est entré et ouvertement desfié par lectres et trompettes ledit empereur, invahy, assiégé et canonné la ville de Vireton de la duché de Luxembourg, et dèslà rebouté, avec lesdits soldoyers et gens de France, par la vertu et bonne nature des habitans dudit Vireton, à son grand déshonneur et dommaige, pardicion de maintes de sesdits gens et partie de son artillerie demeurez à l'assault, il leva l'avantdit siége, et, non content de ce, en son retour il a couru et destruyt le pays, pillé et bruslé entièrement le villaige de Sainct-Marc, s'escriant et nommant tout communément ennemy dudit empereur. Et si telles choses sont esté faictes et entreprinses par ledit messire Robert oultre le gré dudit roy, et sans son ayde, port et intelligence, j'en laisse et remectz le jugement à ceulx qui bien sçavent et congnoissent les facultez et puissance dudit messire Robert, et les conditions et manières des François, qu'ilz ruent la pierre faignant de retirer la main, dient d'ung et pensent d'autre, comme l'on dit en proverbe tout commung. Et encoires avant ce que dessus advenu, ledit roy de France avoit bien efforcé ledit traicté de Noyon; car jaçoit qu'il contienne que l'entise, conversacion, passaige et entrecours devoit estre sûre, franche et libre, sans empeschement pour ung chacun des serviteurs, messagiers, postes et subjectz quelzconques de l'une des parties, par les pays, contrées et territoires de l'autre, que ledit empereur de sa part a tousjours permis et gardé, sans souffrir aucung destourbier y estre mis, ledit roy de France menant ses praticques tant envers ledit de la Marche que ailleurs, mesmes pour tirer contre ledit Navarre et Castille, et enflamber les mutacions[1] qu'estoient eslevées ès Espaignes, en l'abscence dudit empereur, il a faict lever et deffendre l'assiète des postes dudit empereur par les pays de France, détenir, faict prendre et emprisonner iceulx postes et courriers, alans et venans devers ledit empereur, et leur hoster leurs lectres, sans en faire restitucion; le tout affin qu'icelluy empereur n'eust nouvelles des choses que se faisoient èsditz Espaignes et qu'il ne pourveust aux affaires de celle part, et nonobstant que, oultre la forme dudit traicté, ledit roy de France eust par ses lectres patentes promis, accordé et consentu le cours et avantdite assiète desdites postes par cesdits pays; et de mesmes aucuns nobles personnaiges et gentilzhommes, envoyez tant par ledit empereur à ses subjectz et serviteurs que par iceulx à icelluy, en passant par ledit royaume de France, sont estez oultragez, battuz, maltraictez, retenuz et emprisonnez, voire composez et ransonnez, que ne se peult nyer, et en sauroit, en partie de bonne science, parler le magnifique premier président de Paris, icy présent[2], lequel avant aucung commencement de mutacion, et que aucune chose fust descouverte d'une part ny d'autre, fist prendre et

---

[1] Émotions. — [2] Jean de Selve.

détenir le propre serviteur de l'ambassadeur dudit empereur, estant pour lors en France, qui aloit et estoit envoyé devers icelluy empereur, et luy hosta les lectres que ledit ambassadeur escripvoit audit empereur, violant et efforceant, comme il scet, le droit humain et civil, combien qu'il eust de ce faire, comme il disoit, ordonnance dudit roy de France. Et par ainsi l'invention, source et origine de la guerre provient et procède d'icelluy roy de France. Et oultre plus, maints attentaulx audit traicté faiz et perpétrez par ledit roy de France, avant qu'il se soit servy du mestier dudit de la Marche, me surviennent en mémoire; car jaçoit que, par la forme dudit traicté, nul des contrahans ne devoit, directement ou par indirect, blesser l'honneur ne la réputacion et dignité de l'aultre, ny à icelluy les personnes, estat et biens attoucher par injure ou dommaige en manière que ce soit, que l'on me dye, pour l'amour de Dieu, de quel chose ledit roy de France s'est abstenu pour non déprimer, abbaisser et, s'il luy eust esté possible, du tout estaindre et anéantir les dignité, bon renom, fame et estat dudit empereur? C'est certes abhominacion et horreur d'y penser; mesmes des choses esfrénées et détestables qu'icelluy roy de France a faict porter et dire dudit empereur par ses ambassadeurs, au temps que l'on devoit procéder à l'élection de l'empire, tant envers les électeurs dudit sainct empire, les Suysses que ailleurs, et tant de bouche que par escript, que l'on ne diroit d'ung monstre, d'une beste brutte ou d'un homme n'ayant sens, le blaisonnant de tous vices en lieu des vertus estans en sa personne, et faisans tous effors affin qu'il ne fust esleu et eslevé à la dignité d'empereur, ains plustôt le fust ledit roy de France ou ung autre tier. Mais la parfaicte vertu et vérité, qu'est Dieu le créateur, a inspiré et alumé les cueurs et intencions desdits électeurs qu'ilz, d'ung mesme accord et consentement, toute ambicion et corruption arrière mise, pour le grand et évident bien de la chose publicque de chrestienté et exaulcement dudit empire, ont esleu ledit empereur, ydoine, apte et très-habille pour soubstenir ce faiz, et méritant sur tous autres tel honneur. Et depuis ceste élection ainsi faicte, quelles praticques a délaissé ledit roy de France, qu'il n'ayt mis en jeu et mené, pour empescher audit empereur l'administracion et gouvernement dudit empire, l'assistance et deue hobéissance desdits électeurs, princes et estatz d'icelluy empire, et pour dilayer et rendre infructueuse et vaine, par artz sinistres, apertises[1] et machinations, l'assemblée et journée impériale tenue à Wormes[2], povoir tant faire que ledit empereur, par longues dilations, fust constrainct s'en départir sans aucune chose y conclure, et laisser le tout sans mectre provision, police et bon ordre ès affaires et conduicte de ses pays, provinces et seignories? Et que a faict au surplus ledit roy de France, pour obvier que ledit empereur n'eust l'entrée et passaige en Ytalie et ne prinse illec, comme il est de coustume, les coronnes impériales, et comme a il poursuye pour induyre nostre sainct-père le pape, les Suysses, les Véniciens et tous les princes d'Ytalie à eux eslever en armes contre ledit empereur, ad ce qu'il ne solempnisa aux lyeus accoustumez les pompes et sérymonies de sa coronnation impériale, ou du moings qu'il ne luy fust parmis sans résistance d'y aler en armes, que fust esté chose très-malséante, périleuse et honteuse audit empereur de passer désarmé et nud parmy ses malvuillans en armes, et les pays de ceulx quilz se sont souvent monstrez et déclarez ses ennemys? Et qu'est-ce enfin que ledit roy de France a obmis pour mectre trouble, discention et révolucions ès royaumes, pays et seignories dudit empereur, pour, si la fortunne eust tourné à son désir, les assaillir et occupper? Et désjà il faisoit son compte de faire partaige des Deux-Sécilles et de toute l'Ytalie, et sur ce pourjectoit alliances et traictez, comme ses propres lectres le tesmoingnent. Et n'a-il pas commencé de invahir, efforcer et occupper le royaume de Navarre, d'entrer en Castille, y piller et brusler, assiéger et canonner la ville de la Grongne[3], en intencion et propos de plus avant procéder, si la bonté et justice divine, regardant l'innique et desraisonnable entreprinse dudit roy de France, n'eust miraculeusement appaisé les divisions d'Espaigne

---

[1] Adresse, intrigue. — [2] Avril 1521. — [3] Logroño.

lors estans, et réduict les couraiges des subjectz d'illec en union, dont les François sont estez vaincuz, déjectez, déchassez et tuez, et ledit royaume de Navarre recouvré et délivré de leurs mains entièrement; et quant à l'excuse que sur ce prent ledit roy de France, qu'est qu'il luy estoit parmis et loysible d'ainsi faire par ledit traicté de Noyon, c'est une évitacion[1] frivole; car qui bien advisera ledit traicté, les motz ny substance d'icelluy ne portent ce que d'autre part est prétendu, et n'est pas dit que ledit roy de France puisse assister à don Henry d'Alebret, prétendant ladite Navarre, fors en cas que ledit empereur aist reffusé de luy faire raison selon la forme dudit traicté. En quoy sont comprinses trois choses : la première, que de la part dudit d'Alebret fust démonstré le droit qu'il prétend, ou laquelle démonstracion emporte nécessaire ostencion de chose clère ; la seconde, que non seullement ledit empereur devoit ouyr ladite démonstracion, ains l'entendre : et entendre est quant par vraye science mentale l'on congnoît et conçoit quelque chose; la troisième, que ledit d'Alebret se devroit contenter raisonnablement. Et doncques il estoit premier de besoing prendre congnoissance dudit droit et entendre ce que justice et raison en povoit ordonner, devant que ledit empereur pensist raisonnablement contenter ledit d'Alebret, ny se povoit purifier la condicion de bailler, par ledit roy de France, ayde et assistance audit d'Alebret, que ledit droit ne fût clérement entendu par ledit empereur, et qu'il n'eust, ce fait, reffusé de contenter ledit d'Alebret; par raison que n'a jamès esté faict. Mais, que plus est, ledit empereur clérement démonstra à l'assemblée que se fist à Montpelier, où fut sur ce tenue aucune dispute, qu'il a audit Navarre le droit vray et légitime et non ledit d'Alebret; et d'autre part, depuis ledit traicté de Noyon, celluy de Londres[2] s'est ensuy, par lequel généralement et universalement a esté deffendu aux contrahans de ne mectre trouble ou empeschement ès choses tenues, possessées ou occupées par chacun d'eulx; par quoy ne peult dire ledit roy de France qu'il ayt peu invahyr ledit

---

[1] Subterfuge. — [2] Conclu le 2 octobre 1518.

Navarre et y troubler ledit empereur le possessant, ou bailler, pour
ce faire, ayde et assistance, sans violer lesdits traictez, et encoires
moings ledit Castille, auquel l'on ne prétend, comme l'on ne sçauroit prétendre droit. Par lesquelles causes et déductions, et autres
à déclarer en temps et lieu, s'il est besoing, je conclud que ledit
roy de France a esté l'agresseur, violateur desdits traictez et de la
paix et promoteur de la guerre, de laquelle conclusion deux autres
nécessairement s'ensuyvent : l'une, que le roy d'Angleterre est entenu, en vertu desdits traictez, assister et bailler ayde audit empereur, se déclarer ennemy dudit roy de France, luy mener la
guerre et la continuer jusques à ce que les choses invahies et endom-
magées par icelluy roy de France soient réduictes et remises en leur
enthier et premier estat, et tous dommaiges et intérestz réparez,
avec la restitucion des mises et fraiz pour ce faiz et supportez, selon
la liquidacion que s'en pourra faire; et l'autre, que toutes querelles
anciennes, lesquelles par lesdits traictez estoient suspendues, quant
aux œuvres de faict, sont réveillées et excitées par la dessusdite
rompture desdits traictez, tellement que la voye est ouverte pour
povoir poursuyr, et à port d'armes recouvrer ce que par armes et
violence a esté hosté et occupé aux prédécesseurs dudit empereur,
tant de la maison de Bourgoingne, d'Espaigne que de l'empire, si
d'aventure ledit roy de France, de soy-mesmes, ne vouloit faire
raison et justice et paisiblement se départir de tout ce qu'il détient
appartenant de vray et juste tiltre et de droit audit empereur, ayant
cause et accession des maisons de Bourgoingne, d'Espaigne et dudit
empire. Et pour ce, respondant aux interrogatoires dudit chancellier de France, je dis que puisqu'icelluy roy de France a premier
invahi, premier rompu et violé lesdits traictez et premier faulcé la
foy, ledit empereur n'est plus entenu d'entretenir iceulx traictez,
ny accomplir ou observer aucune chose d'iceulx, et moings resta-
blir les dommaiges à icelluy roy de France, par la reigle du droit
disant que foy ne doit estre tenue au parjure qui l'a rompue; et
par ainsi je déclare que doiresenavant ledit empereur n'entend ob-

server ledit traicté, ains de tout son povoir recouvrer ses droits, actions et querelles, et tout ce que ledit roy de France luy retient tirannise et occupe injustement, avec les fruictz, levées, dommaiges et intérestz.

LE CHANCELLIER DE FRANCE.

Pour réplicquer, je procéderay tout au rebours et prendray la derrière partie des choses desduictes par le chancellier de l'empereur, où il déclaire que ledit empereur avoit conceu en son couraige, avant ledit traicté, de non l'observer, quant il alègue que l'on ne doit entretenir la foy à celluy qui ne la garde ; de quoy se peult vaillablement inférer qu'avant ledit traicté ledit empereur n'avoit ferme volenté de l'entretenir, comme il a aussi démonstré par effect.

LE GRAND CHANCELLIER.

L'illacion[1] faicte par le chancellier de France n'est pas concluante, car la chose ne faict pas estre ce que sans elle peult bien estre, et semble que ledict chancellier vuille juger de la pensée des gens, sans autre expression, comme si ce n'estoit chose réservée à Dieu. Or, quoy qui dye, sans povoir venir à l'avantdite illacion, nécessairement l'empereur s'est peu et peult départyer dudit traicté, actendu que le roy de France, contrahant avec luy, l'a premier vyolé et rompu, en faulsant sa foy ; et sur ce procède l'alégation devantdite de la règle de droit : que l'on peult bien rompre foy à celluy qui premier l'a rompue, voyre la teste.

LE CHANCELLIER DE FRANCE.

J'ay ouy paciemment tout ce que l'on a voulu dire, sans faire interruption ; par quoy la raison veult que je soye de mesme ouy.

[1] Citation ou application d'un texte.

LE GRAND CHANCELLIER.

Et je suis aussi content de ouyr paciemment, et pour ce qu'il dye ce qu'il voudra, touteffois telles choses qu'elles vaillent d'estre ouyes, sans soy usurper ce que appartient à Dieu et non aux humains.

LE CHANCELLIER DE FRANCE.

L'on m'a notté et incrépé [1] de ce que j'avoye, au commencement de mon propos, protesté de dire vérité, et que n'ay ensuy ma protestacion; mais, certes, je ne vouldroye pour tout l'or du monde déjecter la vérité dire; et ce que j'ay dit du mariaige de madame Charlotte, fille du roy très-chrestien, dont j'ay esté resprins, pour ce que le traicté de Noyon n'en faict mencion, ains de feue madame Loyse, vray est qu'icelluy traicté n'en parle point, pour ce qu'elle n'estoit de ce temps née, et fut, sans nommer parsonne, subrogué le fruict que ladite royenne lors pourtoit, à ladite feue dame Loyse, si elle décédoit avant le temps convenable pour esposailles; et pour ce que depuis ladite royenne enfanta de ladite dame Charlotte, subroguée au deffault de ladite feue dame Loyse, je n'ay cuydé eslongner la vérité de, évitant circuit, dire que ledit mariaige avoit esté traicté d'icelle dame Charlotte; et de ce que j'ay plus dit, c'est assavoir que l'empereur avoit contrevenu ès promesses dudit mariaige, et faict requérir dispence pour en traicter ung autre, il a esté ainsi relaté par le pape, et rescript de Rome audit roi très-chrestien, comme l'on monstrera par lectres.

LE NUNCE.

Nostre sainct-père, quant oyres il seroit vray, n'a point accoustumé de tant légièrement descouvrir choses de telle importance, concernans si grands princes, ny commectre à aucung pour les faire savoir, et encoires moings quant il n'est pas vray.

[1] Blâmé.

DU CARDINAL DE GRANVELLE.

LE GRAND CHANCELLIER.

Quant oyres nostre sainct-père l'auroit escript ou faict escripre, sil ne se trouvera-il estre vray; et je l'ose bien dire et tesmoingner, comme celluy sans lequel telles choses ne se font devers l'empereur; par quoi le mectons en ny[1], et disons que l'affermant ne doit estre creu jusques à ce qu'il en face aparoir dehuement.

LE CHANCELLIER DE FRANCE.

Le conte de Carpy, ambassadeur pour le roy très-chrestien à Rome, luy a escript lectres le contenant, lesquelles nous pourrons monstrer.

LE CARDENAL.

Je puis mieulx desmêler la vérité de cest affaire que nul autre; car aussi tost qu'il me fust escript de la court du roy de France, que l'on y disoit ledict empereur avoit faict requérir dispence pour ung autre mariaige, je rescripz à nostre sainct-père qu'il me voulsist advertir de la vérité, et pourroye icy monstrer le bref que sa saincteté m'escript sur ce, contenant expressément que jamès ne luy a esté parlé de ladicte dispence; mais que ung certain secrétaire, suborné par argent d'aucuns Français, pour tirer de luy quelque secret, l'avoit inventé et contrové, à l'exemple du jovencel romain Papirius, lequel sa mère pressa de luy dire ce qu'avoit esté faict au sénat de Rome, et pour ne desplayre à sadite mère, ny déclarer le secret dudit sénat, controva et faignit qu'il y avoit esté conclud et ordonné que parmis seroit à ung homme d'avoir deux femmes. Ainsi a faict ledit secrétaire, qui, pour gaigner argent, a faict encroire qu'il révéloit quelque secret, commenté et contrové, que l'on poursuyvoit ladite dispence, que n'est aucunement véritable.

LE CHANCELLIER DE FRANCE.

Je ne parsisteray plus sur ce point, puisque vous, monseigneur

[1] En déni.

très-révérend, en tesmoingnez; mais descendray en autres choses objectées d'autre part. Il a oultre esté dit qu'il n'aparistra poinct que le royaume de Naples soit esté constitué en dot et mariaige, ny que l'on l'ayt peu faire, attendu la cession qu'en avoit paravant esté faicte à la royenne Germaine, et la privation du pape Jule; toutesfois la vérité est que ledit traicté de Noyon faict mencion de ladite constitucion, auquel se trouvera aussi convenu par exprès, qu'attendu qu'il n'eust esté convenable ou consonant lever et parcepvoir les fruictz dudit dot et mariaige, et n'en supporter les charges, que le roy catholicque payeroit audit roy très-chrestien la pencion de cent mil escuz chacun an, jusques à la consummacion d'icelluy mariaige; et quant à ladite privation, nous la mectons en ny expressément, du moings qu'elle ayt esté faicte vaillablement, partie debuement appellée et citée.

LE NUNCE.

Il m'est force de sur ce passaige prendre la parolle, pour garder l'honneur du sainct-siége apostolicque, et dire que la privation dont l'on a présentement parlé ne fut oncques faicte fors dehuement et vaillablement, observant les solempnitéz, sur ce, de droit requises et partinentes.

LE GRAND CHANCELLIER.

L'on fera apparoir de ladite privation, solempnellement faicte et dépeschée, laquelle ne se peult arguer d'invalidité, car il y a pluisieurs cas où citacion n'est requise, comme en chose notoire, et ès cas esquelz le fief, de droit, sans autre déclaration, est commis et dévolu, et l'utile seignorie consolidée à la directe, comme il est advenu en ce cas; et quand mestier sera, où il appartiendra, l'on le pourra disputer plus à plain; mais, pour maintenant, le chancellier de France fera bien de dire ce qu'il a sur le cueur, et nous faire entendre quel droit povoit avoir le roy de France au royaume de Naples, lorsque le traicté de Noyon fut faict, présupposant la cession que en avoit esté faicte en contemplacion et pour le dot de mariaige de la royenne Germaine.

LE CHANCELLIER DE FRANCE.

Ce sont merveilles d'ainsi me copper la parolle, sans me parmectre liberté de dire. Je dis que si oyres estoit que le royaume de Naples eust esté assiné et donné en dot à ladicte royenne Germaine, qu'icelle dation ou cession est nulle et de nulle valeur; car icelluy royaume, comme incorporé et annexé à la coronne de France, ne se peult aliéner, ny séparer d'icelle; et au regard de la promesse de cent mil escus, chacun an, que l'on alègue avoir esté faicte ingnoramment et sans cause, il me semble chose déshonneste de émectre ceste allégation, considéré que les principaulx conseillers du roy catholicque, ayans toute la charge et administracion de tous ses affaires, assavoir le sieur de Chièvres[1], et lors chancellier[2] entrevindrent audit traicté de Noyon, lesquels ne povoient prétendre cause d'ignorance. Et quant aux ressort et souveraineté de Flandres et d'Artois, l'on treuve par cronicques qu'ilz n'ont eu leur commancement à Philippe le Hardi, ains que plus de III^c ans devant ilz avoient lieu; et que lesdits Flandres et Artois estoient tenuz du fief et souveraineté de France; et s'il a esté remis par les traictez de Conflans et Péronne, je n'en sauroye que dire, non ayant veu iceulx traictez; néantmoings, depuis aultres traictez sont esté faictz, esquelz feu le roy don Philippe de Castille a recongneu lesdits ressort et souveraineté des roys de France, et ne doit la dignité impériale exclure la souveraineté de ce que n'est mouvant de l'empire; par quoy ne se peult excuser que en déniant et empeschant ledit ressort et souveraineté par ledit empereur, il n'ayt violé et enfrainct ledit traicté, dont aussi résulte et s'ensuyt commise et ouverture de fief. Et ne m'a respondu le chancellier de l'empereur, ès empeschemens mis ad ce que ledit roy

---

[1] Guillaume de Croy, seigneur de Chièvres, gouverneur et ministre de Charles V. Il venait de mourir à Worms.

[2] Jean le Sauvaige, chevalier, seigneur d'Escoubecke.

très-chrestien ne secourut ès sédicions et troubles que s'esmouvoient à Milan; que toutesfois faict démonstrance ledit empereur en ce a contrevenu audit traicté; et qu'il a dit et affermé qu'icelluy empereur n'a levé ny prins à ses gaiges et solde gens de guerre estrangiers, ains ceulx qui sont ses subjectz, tant à cause de l'empire que d'Austrice, je le dois relever, car ilz ne sont ses subjectz à raison d'aucune qualité ou seignorie comprinse par ledit traicté, et si n'a esté convenu avec ledit roy catholicque, fors pour les pays et terres qu'il possessoit et tenoit au temps qu'icelluy traicté fut passé; de sorte que ledit traicté bien entendu, les subjectz depuis succédez et advenuz audit roy catholicque doivent estre réputez pour estrangiers. Et au surplus du chasteau de Messencourt, indehuement prins et abatuz, qu'il soit et despende du fief dudit roy très-chrestien, il se peult veoir par anciens enseignemens; et comme la ville et seignorie de Mosson[1], de laquelle meust ledit Messencourt, fut autreffois eschangée et transportée, moyennant récompence, par ung arcevesque de Rains[2] au roy de France, pour ce que ledit arcevesque n'en povoit joyr à sa volenté: et de ce parvint que ledit roy très-chrestien est seigneur de fief dudit Messencourt.

LE CARDENAL.

Il est désjà tard, et si avons icy estez plus de quatre heures, et plusieurs choses sont estées dictes et ramenées à effect, désirans preuves; par ainsi remectons le reste à demain, que l'on pourra, d'une part et d'autre, vérisfier et enseigner des drois prétenduz et alléguez pour, tout veu et entendu, ouvrir moyen de paix et procéder à la charge à nous principallement commise.

Icy commance la quatriesme communication.

LE CARDENAL.

Revenons où nous estions demeurez, continuant ce que nous avons commancez, affin d'en tirer quelque bon fruict et expédient.

[1] Sur la Meuse. — [2] Reims.

LE GRAND CHANCELLIER.

Pour ce que le jour d'hier le chancellier du roy de France ne réplicqua du tout à tous les poinctz de ma déduction, parce que le temps ne le donna, convient sçavoir s'il veult aultre adjouster ad ce qu'il dit lors ; autrement je duplicqueray sur tout ce qu'il a mis en avant, pour en élicir et avoir la vérité.

LE CHANCELLIER DE FRANCE.

Il faut que je parachève ce que je n'ay peu entièrement remonstrer, et diray le vray discors des choses, lequel le chancellier de l'empereur n'osera nyer.

LE GRAND CHANCELLIER.

Je n'entens nyer la vérité, ains hardiement rejecter ce que sera contraire à icelle pour la donner à congnoistre.

LE CHANCELLIER DE FRANCE.

Je diray doncques la vérité, sans faire répéticion de ce que j'ay désjà respondu, et prendray le principal fondement sur lequel partie adverse s'est édifiée[1], assavoir sur l'invasion de messire Robert, laquelle l'on prétend avoir esté faicte par mandement, à la despence du roy très-chrestien et l'assistance de ses gens et subjects, comme l'on dit apparoir par ses propres lectres, escriptes au conte de Carpy, lesquelles choses mectons en dénégacion comme non véritables : car james ledit roy très-chrestien ne manda ou commist audit messire Robert d'aucune chose attenter à l'encontre des pays et seigneries de l'empereur ; mais d'austant qu'il lui a esté possible, luy a prohibé et deffendu, et si ne luy a donné pour ce faire ayde ny faveur, ou consentement pour user des gens et subjectz d'icelluy roi très-chrestien ; ains par le contraire, aussi tost qu'il sceust que ledit messire Robert faisoit son assemblée, il feit faire deffence que nul de sesdits sub-

[1] Appuyé.

jectz alast soubz ou avec ledit messire Robert; et en cest estat furent révocquez et rappelez tous ceulx quilz le suyvoient, et si rescript aux Suysses par ses lectres de ne parmectre aler aucuns de leurs piétons, soubz son nom, avec ledit messire Robert; et par ainsi, il a empesché, d'austant qu'il estoit en luy, que aucune chose ne fust attentée à l'encontre dudit empereur. Et quant à la présumption que l'on a mis en avant de l'assemblée et monstres de gens de guerre faicte à Paris par ledit messire Robert, sans contredict elle se peult estaindre par aultre présumption contraire, pour ce que ledit roy très-chrestien lors estoit à Blois, lieu distant et longtain dudit Paris; par quoy il est vraysemblable qu'il ne sçavoit ce que estoit faict audit Paris, et n'y povoit obvier si soudain, qu'il fit néantmoings incontinant qu'il vint à sa congnoissance; laquelle contraire présumption se conforte par autres : car ledit roy très-chrestien, comme j'ay désjà dessus touché, avoit armée et grosse puissance ès limites, dont il eust peu assister audit messire Robert, et garder que ses places ne fussent abatues et démolies, ce que toutesfois icelluy roi très-chrestien n'a faict ne voulsu faire. Et au regard des lectres escriptes au conte de Carpy, je sçay bien leur contenu, comme les ayant dictez et composez; et au commancement que j'ay sentu que l'on s'en ventoit, j'ay faict venir ma propre minute par laquelle appert qu'il va tout autrement de la chose que l'on ne prétend; et certes je veulx donner ma teste au chancellier de l'empereur, si feit monstrer par lesdites lectres que ledit messire Robert se soit mis sus et ayt méhu guerre à l'encontre de l'empereur par l'ayde et assistance, mandement ou consentement du roy très-chrestien.

LE GRAND CHANCELLIER.

J'accepte l'oblation et offre de la teste du chancellier de France, et pour purifier la condicion, j'appourteray icy demain les lectres originales, par lesquelles apparistra de ce que j'ay dit, et encoires d'autres choses plus énormes et reprochables.

LE CHANCELLIER DE FRANCE.

Je veulx conséquamment retourner au faict de Navarre, parlant duquel j'ay cy-devant dit que le roi très-chrestien avoit loysiblement peu ayder au roy dudit Navarre, pour le recouvrement de sondit royaume, en vertu du traicté de Noyon; contre quoy l'on a ramené au devant le traicté de Londres subséqutif, auquel je responds en pluisieurs manières : premier, que ledit traicté de Londres se doit interpréter et entendre selon l'estat auquel les choses estoient lors, et attendu que auparavant ledit roy très-chrestien avoit traicté avec icelluy roy de Navarre, pour le recouvrement de sondit royaume, ce traicté précédent ledit de Londres devoit demeurer en son enthier; la iie, que les parolles se doivent prendre et entendre conformes à l'intencion des contrahans : et pour ce que le roy catholicque estoit seullement comprins audit traicté de Londres, et les roys très-chrestien et d'Engleterre, principaulx contrahans, quilz ne pensoient audit royaume de Navarre, par icelluy traicté de Londres n'a peu estre préjudicié audit précédent faict avec ledit roy de Navarre, ny à celluy de Noyon sur ce disposant; pour la iiie, je mectray l'espée jusques à la racine, et dis que la spécialité desrogue à la généralité, et particulier et spécial traicté avoit esté faict pour ledit de Navarre. Or ledit roy de Navarre, ny autre pour lui n'entrevint stipulant audit traicté de Londres, par quoy ne luy a peu nuire, qu'il n'ayt deu joyr de l'effect et bénéfice du devantdit traicté particulier et espécial pour ledit Navarre, et ledit roy très-chrestien l'assister; la iiiie et derrière, que [1] ledit traicté mesmes de Londres il a esté expressément dit que l'on n'entend déroguer aux précédens traictés. — Quant au surplus de la prinse et détencion des postes et courriers de l'empereur, il ne se trouvera véritable, ne qu'il ayt esté faict en France, fors après les deffiances; mais l'on peult bien chargier de cas semblable ledit empereur, ès mains duquel se tiennent les lectres hostées ès postes dudit roy très-chrestien, après les avoir heu lue et murdry[2], sur quoy

---

[1] (Dans). — [2] Détruites.

ne fault autre tesmoinaige; doncques je conclus comme dessus, qu'icelluy empereur a esté aggresseur et violateur desditz traictés, par quoy l'ayde dudit roy d'Engleterre ne luy doit estre impartie, ains audit roy très-chrestien.

LE GRAND CHANCELLIER.

Je vouldroye savoir si l'on veult plus autre chose dire, affin que je responde à tout.

LE CHANCELLIER DE FRANCE.

Il me semble, par ce que j'ay dit, que tout ce dont l'on nous avoit accoulpé est tollu et rebouté.

LE GRAND CHANCELLIER.

Pour, sans repprandre ce que désjà a esté dit, répondre particulièrement à toutes les réplicques du chancellier de France, tant du jour d'huy que des précédens, je prendray premier ce qu'il a dit pour excuse au soubsténement de la protestacion qu'il avoit faict de vérité dire, qu'est que, parlant du traicté de Noyon, n'avoit esté faicte mencion de dame Loyse, pour éviter circuyt, en quoy n'avoit esloingné la vérité de prendre, ou lieu de ladite dame Loyse, dame Charlotte, surroguée à icelle dame Loyse; que sont excuses empeschez[1] : car certes, nous ne sçorions faire estre véritable ce que ne l'est pas, et jaçoit que la chose surroguée sente et sortisse la nature et condicion de celle dont elle tient le lieu, et néantmoings n'est la mesme chose, et n'eust esté long circuyt de parolles dire que Charlotte estoit substituée à Loyse, que ne contient toutesfois ledit traicté de Noyon, non faisant mencion de ladite dame Charlotte; aussi, comme j'ay devant dit, elle n'estoit en estre ny née; et si ledit chancellier de France eust premier faict mencion de ladite surrogacion, comme il a depuis, nous n'eussions arresté sur ladite protestacion, ains sur la vertu et force d'icelle surrogation, laquelle n'est d'aucun effect ou opéracion : car la chose non estant ne peult estre surroguée

[1] Embarrassées.

ni proroguée, et l'avantdite surrogacion, par fiction, se retire au temps du traicté, pour la validité de quoy fauldroit que les deux extrêmes fussent habilles et duysans au temps d'icelluy traicté, que ne pouvoit estre, considéré que ce que n'estoit encoires estoit surrogué ; par quoy, comme désjà a esté dit, n'avoit aucune répugnance que l'empereur, s'il eust voulu, n'eust peu traicter d'autre mariaige, qu'il n'a toutesfois faict. Du royaume de Naples, ledit chancelier de France parsiste encoires qu'il a esté constitué en dot et mariaige par icelluy traicté de Noyon, qu'est chose faulce ; pour ce que ledit traicté n'en faict mencion, ains du droit que ledit roy de France y prétendoit. Or, il y a grosse différence ; et quil donne son droit, il donne riens, si avant il ne face apparoir dudit droit, par ce n'est entendu à garantie, comme ne seroit ledit roy de France de son prétendu droit de Naples, puisqu'il n'en y avoit comme il n'a point, par les raisons jà alléguées, mesmes de la cession faicte à la royenne Germaine, et de la privation déclarée par feu le pape Julle ; sur laquelle cession réplicquant ledit chancellier de France, s'est bien coupé de son cousteau, et est tumbé en la fosse où il me cuydoit hier avoir mis, quant je luy dis qu'il vouloit jugier de la pensée d'aultruy ; et si démonstre bien les pervers engins et déceptions des François : car il a dit que ledit royaume de Naples estoit annexé et incorporé à la coronne de France, tellement qu'il n'en povoit estre aliéné ny séparé ; et s'il estoit ainsi, et qu'il n'eust peu estre baillé en dot à ladite royenne Germaine, beaucop moins à ladite dame Charlotte, tant de ce chief que desdits autres de cession et privation. Dont se peult véritablement et certainnement inférer et descouvrir que ledit roy de France, du commancement, n'avoit propos ny volenté de garder et entretenir ledit traicté de Noyon, ne ses promesses et transport faictes de ce qu'il ne povoit faire, comme présentement ledit chancellier de France a confessé de sa propre bouche. Je n'entends néantmoings advouer que ledit royaume de Naples soit ou ayt esté annexé à ladite coronne de France, lequel en est séparé et distant de si loing, et de tel chemin, droicture, condition et nature, que la conjonction non-seullement en est difficille, ains impossible; de laquelle conjonction ledit empereur le gardera, et préservera bien. De l'ignorance, laquelle, comme ledit chancellier de France a dit, ne povoit avoir lieu ès parsonnes de feurent le sieur de Chièvres et le chancellier mon antécesseur en office, quilz administroient du tout les affaires dudit empereur; elle est excusable, d'austant qu'ilz traictoient ès affaires de nouvelle succession, desquelz paravant ilz n'avoient bonnement peu avoir la congnoissance parfaicte. Mais il est inexcusable, déshonneste et de male foy à ceulx quilz entrevenoient pour ledit roy de France, de les avoir voulu circonvenir et illuder. — Et du ressort de Flandres et Artois, lequel, comme l'on a dit, estoit deu à la coronne de France IIIe ans avant Philippe le Hardy, et en apparoir par cronicques, il ne se trouvera jà, du moings par cronicques d'auctorité, approuvé; et si ne procéderoit la conséquence de dire que la conté de Flandres estoit tenue de fief de France, et que pour ce, le ressort et souveraineté en doit estre: car le vassal peult avoir les drois de régalie et l'exemption desdites droictures, lesquelles, encoires supposant que le roy de France auroit eues, ladite exemption a esté acquise par l'avantdit traicté de Péronne, et non observance desditz aultres traictez d'Arras et de Conflans, à quoy l'on ne sçauroit respondre; et n'empeschent les traictez ou recongnoissances qu'a peu faire depuis en son temps le feu de noble mémoire, le roy de Castille, don Philippe, père dudit empereur: car aussi de la part du roy de France ilz ne sont estez observez ni entretenuz, par quoy il ne s'en peult ayder. Et pareillement s'est ensuy derrièrement le traicté de Bloix, en l'an mil cinq cent et quatre [1], faict pour la seurté du mariaige de dame Claude, à présent royenne de France, par lequel fut convenu que si les choses y contenues n'estoient gardées et observées, comme elles ne sont estées de la part du roy de France, ledit feu roy de Castille et l'empereur nostre mestre demeureroient quictes et absolz envers ledit roy

---

[1] Le 22 septembre, entre Maximilien et Louis XII. L'archiduc Charles devait épouser Claude de France, fille du monarque, lequel serait investi du duché de Milan.

de France, de toutes et quelconques promesses, obligacions et lectres; et oultre devoit encourir ledit roy de France en grosses peines y contenues et audit empereur dehues.

LE CHANCELLIER DE FRANCE.

Il a esté renuncé ausdites peines par le traicté de Cambray[1] passé avec feu l'empereur Maximiliain.

LE GRAND CHANCELLIER.

Je sçay mieulx la substance et teneur du traicté de Cambray que nul autre, car il passa par mes mains; je le ditay et composay, et sans moi riens y fut faict, par lequel n'apparistra de telle renonciation faicte en nom de l'empereur nostre maistre, qui lors estoit en estat de pupillarité; et pour ce ne se fust peu faire ladite renonciacion de chose si cléré et liquide, tant simplement; semblablement ledit traicté a esté violé et rompu par le roy de France, parquoy toutes actions seroient resuscitées et demeureroient lesdites peinnes dehues comme devant. Et quant aux troubles et discentions de la duché de Milan, esquelz je n'ay respondu, comme prétend ledit chancelier de France, il fault qu'il n'ayt pas bien entendu tout ce que j'ay dit, et qu'il pensast ailleurs : car je n'ay obmis d'y respondre souffisamment; et ce qui a peu estre faict directement, par auctorité et consentement dudit empereur, est advenu longtemps après la rompture des traictez et l'agression dudit roy de France, et si a dehu ledit empereur, à bon droit, juste cause et raison, reprendre et retenir à luy ledit duché de Milan, en déjecter et rebouter ledit roy de France, comme torturier occupateur et vassal félon, et le transpourter et bailler à ung autre, puisqu'icelluy roy de France par contempt n'a jamès dégné prendre reprinse ou investiture dudit duché de Milan, soit envers ledit empereur ou feu son antécesseur, desquelz ledit Milan meust; et si a en aultres diverses manières commis félonye, par quoy ledit duché de Milan a esté, comme il est, overt et dévolu audit sainct empire.

[1] En 1508.

LE CHANCELLIER DE FRANCE.

Le roy très-chrestien en a esté investu et enhérité par le feu empereur Maximiliain, et en avons les investitures bien amples.

LE GRAND CHANCELLIER.

Vous ne ferez jà apparoir que le au présent roy de France en ayt obtenu investiture.

LE CHANCELLIER DE FRANCE.

Le roy Loys, son prédécesseur, en obtint investiture[1] pour luy, dame Claude sa fille, de présent royenne de France, et pour son mary, qu'est le roy très-chrestien, et pour ce en furent payez cent mil escus d'or.

LE GRAND CHANCELLIER.

Je respondray à cela et parferay le surplus, continuant sans interrupcion si l'on a la pacience de me ouyr. L'investiture que fut concédée par le feu empereur au roy Loys, prédécesseur du au présent roy de France, estoit condicionelle; que si les choses contenues au traicté de Cambray n'estoient accomplies, et icelluy traicté observé et gardé par ledit roy de France, la dessusdite investiture seroit nulle et de nul effect, de quoy peult clérement apparoir par ledit traicté de Cambray; et pour ce qu'il a esté failly à ladite condicion, et n'a esté purifiée, ains a esté contrevenu audit traicté par icelluy roy de France, l'on ne sçaroit vaillablement prendre fondement de ladite investiture. Davantaige, oyres qu'elle seroit vaillable comme elle n'est, néantmoings encoires estoit entenu ledit roy de France, après le décès dudit roy Loys, son beau-père, en requérir et obtenir autre nouvelle, comme nouvel successeur, deans le temps sur ce de droit introduict, et faire les foy et hommaige dehuz, que n'a esté

---

[1] Donnée à Haguenau en 1505 au cardinal George d'Amboise, plénipotentiaire du roi de France.

faict; par quoy commise a lieu; d'autre part, la dessusdite investiture ne forclovoit le droit d'autruy, ny hostoit la force des autres précédentes concédées à autres vassaulx. Et procédant oultre à ce que ledit chancellier de France a voulu inférer et dire, que l'empereur, sans vyoler le traicté de Londres, ne s'est pu ayder ny servir de ses subjectz des pays à luy depuis advenuz, tant d'Austrice que de l'empire, non plus que d'estrangiers; je respondz que c'est errer et faillyr en faict et vérité : car par ledit traicté de Londres mesmes est contenu qu'il s'extendra aux subjectz tant présens que advenir, et en semblable par le traicté de Paris[1], auquel se rapporte le traicté de Noyon, estoit comprins ce que dès là en avant escherroit par succession; et subsécutivement par l'ampliacion dudit traicté de Noyon, faicte appart, fut dit qu'il s'entendroit non-seullement ès biens jà acquis et possessez, ains que se pourroient après acquérir et posséder. Secondement, je respons que le chapitre faisant mencion de ne prendre à solde gens estrangiers s'entendoit de ceulx quilz seroient estrangiers ou temps que l'on les prendroit à ladite solde, et non restrainctement ou temps d'icelluy traicté : et telle est la significacion des parolles y apposées. Tiercement, l'on doit fuyr toutes interprétacions et entendemens dissonans, de lourt et parvers sens; et pour ce que non-seullement est dit par ledit chapitre de ne lever ou prendre à solde lesdits estrangiers, ains plus de ne accepter leur ayde et service gratuyt : s'il estoit entendu que les subjects acquis fussent tenuz pour estrangiers, s'ensuyvroit une chose fort rude et lorde et estrange, que lesdits subjectz acquitz ne pourroient servyr leur seigneur ny leurdit seigneur recepvoir leur service, mais en estre privé et frustré, que ne povoit bonnement convenir à l'intencion et volonté des contrahans. Finablement, quant toutes les dessusdites raisons cesseroient, il est vray que ledit empereur avoit esté invahy, agressé et offencé par ledit roy de France, lequel avoit levé pluisieurs lansquenetz, et appoincté avec les Suysses pour en avoir et retenir huyt mil contre icelluy empereur, avant

[1] En 1515.

qu'il print ne receut aucuns Allemans à son service pour mener guerre.

LE CARDENAL.

Je diroye mieulx que parsonne quelle estoit l'intencion et volunté des parties contrahans sur ce passaige, de non prendre ou retenir gens de guerre estrangiers; mais je m'en tairay pour le présent et jusques à tant qu'il sera temps de le dire.

LE GRAND CHANCELLIER.

Je suis records d'avoir veu lectres, lesquelles je pense avoir en ce lieu, où il est déclairé que ceste prohibicion fut faicte affin que nul desdits contrahans ne retînt ou salariât Suysses.

LE CARDENAL.

Il est vérité que du commancement que le concept et pourgect de la capitulacion fut faict, l'avantdite prohibicion faisoit mencion des Suysses tant seullement; pour ce que nous tenons pour tout certain que, sans la puissance desdits Suysses, l'on n'entreprendroit guerre; touteffois, messieurs l'évesque de Paris [1], et l'admiral de France [2] furent d'advis qu'il ne fust nomméement et particulièrement expressé desdits Suysses, ayns que ladite prohibicion fusse géneralle, soubs le nom des estrangiers, combien qu'il tournast à ung mesme sens, et estoit entendu que nul de ces contrahans ne deust lever ny louer desdits Suysses.

LE CHANCELLIER DE FRANCE.

Les choses me sont incongneues et ne m'arreste fors ès propres mots du traicté.

[1] Étienne de Poncher, qui mourut archevêque de Sens.

[2] Guillaume Gouflier, seigneur de Bonnivet.

LE GRAND CHANCELLIER.

Lesdits motz sont clers, et si sont plus esclarcis par la déclaration et entendement devant dit. Je passeray oultre, respondant à tout sans riens délaisser. Ledit chancellier de France n'ayant sceu démonstrer que son maistre ayt esté assailly ès pays par luy tenuz, a voulu fonder l'invasion sur la prinse et démolicion de Messencourt, parsistant ostinéement que ledit Messencourt est de fief du roy de France, nonobstant ce que j'ay amené au contraire que gist en faict, et s'advérera par inspection des tiltres et anciens enseignemens; et pour la partie que je tiens fait, et la conferme ce que a esté dit par icelluy chancellier de France que ledit Messencourt n'estoit ou mouvoit d'ancienneté dudit France; d'abondant l'on monstrera lectres d'ung des conseillers principaulx dudit roy de France, escriptes après l'avantdite démolicion, où il est escript que ledit roy de France n'avoit encoires secouru ledit messire Robert avec l'armée qu'il avoit toute preste, pour ce que l'on n'avoit encoires attenté ou faict aucune chose en ses pays, de quoy l'on peult assez inférer que ledit Messencourt n'appartenoit en manière quelconque audit roy de France. Et sur cestedite partie et propos, j'ay désjà allégué et dit pluisieurs choses, et, pour éviter prolixité, je ne les veulx reprendre, auxquelles ledit chancellier n'a sceu, comme il ne sceuroit, respondre ny les eschever. Au regard des fainctes et colorées présumptions et parsuacions par lesquelles icelluy chancellier de France c'est travaillé faire entendre que l'entreprinse dudit messire Robert n'a esté faicte de l'adveu et consentement dudit roy de France, le cuydant laver de son forfaict, alléguant pour ce certainnes deffences faictes comm'il a dit de ne suyvre ne adhérer audit messire Robert, et semblables choses, elles se peuvent rebouter par contraires présumptions jà cy dessus touchées, notoyres à ung chacun, mesmes à ceulx quilz seevent et ont expérimenté la condicion et povoir dudit messire Robert, avec les meurs et trafiques de France; et eusse bien voulu que ledit chancellier eust déclaré quelle exécution c'est ensuye desdites deffences, quelle pugnicion a esté faicte des transgresseurs d'icelle, et quelle provision y a esté donnée par ce souverain et tant extimé parlement de Paris, non-seullement représentant ledit roy de France, mais, comme l'on dit, luy menant et tenant le frain ou bride, lorsque, présent et séant icelluy parlement en ladite cité de Paris, ledit messire Robert fit lesdites coadunacions, assemblées et monstres; je crois certes que ledit parlement en dissimula bien, saichant que le tout procédoit de l'invencion, volenté et ordonnance dudit roy de France, que se déclare plus avant par ses propres lectres escriptes au conte de Carpy, desquelles j'ay promis faire, comme je feray demain, ostencion en ce lieu. Reste de encoires faire responce à l'affaire de Navarre, parlant duquel ledit chancellier de France a coulé légièrement ce que j'ay premier respondu, mesmes les interprétacions et vray sens du traicté de Noyon, de laquelle taciturnité mes responces sont confermées et fortisfiées; toutesfois soy sentant féru d'autre part par la forme du traicté de Londres, il s'est fort efforcé d'appliquer réparactif à ceste derrière playe, baillant quatre responces, lesquelles d'elles-mesmes se convertissent contre la partie adverse. Et premier, la première où il a dit que ledit traicté de Londres doit estre entendu selon l'estat que les choses estoient lors, de quoy s'ensuyt que ledit roy de France ne povoit muer ledit estat puisque les choses devoient ainsi demeurer, ny par conséquent assister au prétendu et asseré roy de Navarre; et me semble estre assez sobrement dit que les convenances et pactions demeurent en leur entière vigueur, si les postéricures subsécutives sont contraires comme au cas subject; et le droit ordonne que les pactions derrières se doivent observer et entretenir et non les précédentes à elles contraires. De sa seconde responce, où il a dit que les parolles doivent estre prinses selon l'intencion des contrahans, je le confesse; mais icelle intencion doit estre tirée et recueillie des motz du traicté, et si lesdits motz sont clers, il s'i fault arrester, lesquelz reçoyvent interprétacion de droit et déclairent la volenté et propos des parties, et si lesdits motz estoient obscurs et doubteux, en ce cas l'interprétacion s'en devroit faire contre les proférant et celluy en la puissance duquel estoit de plus ouvertement et clérement parler ou faire escripre. Par quoy, si ledit traicté de Londres estoit obscur, comm'il n'est pas, l'interprétacion se devroit plustôt faire contre ledit roy de France, principal contrahant; et dire que, par ledit traicté de Londres, n'estoit pensé du royaume de Navarre, ce sont frivolitez, car ledit roy de France comprint en icelluy traicté ledit asseré roy de Navarre pour son confédéré; et il est de droit que qu'il pense de la généralité il pense aussi de son espécialité, et qui dit ou parle du tout, il n'entend exclure quelque chose. Quant à la IIIe responce, où il a dit que l'espécialité déroge à la généralité, je dis qu'il ne se peult adapter à nostre cas : car il n'a pas esté traicté de la prétendue espécialité avec les mesmes personnes ayant contracté de la généralité; et pour ce, combien que ledit roy de France eust traicté de ladite spécialité avec ledit asseré roy de Navarre, néantmoings telle spécialité ne povoit déroguer à la généralité, sur laquelle il a puis traicté avec l'empereur et roy d'Engleterre; autrement s'ensuyvroit qu'il seroit parmis de illuder et tromper les autres traictans, accordant d'une manière avec ung et au contraire avec l'autre, que ne peut tollérer le droit : car promesses doivent estre interprétées et entendues estroictement, de façon que si l'on a promis à l'ung la généralité et à l'autre l'espécialité, l'on est entenu à satisfaire à tous deux entièrement, et si ne se povoit accomplir, l'on s'en acquite payant l'intérest. Et au pareil, si entre les mesmes parties estoit convenu de l'espécialité et en après, par intervalle de temps, estoit promise la généralité à icelluy qui auroit promis icelle specialité, ne seroit pourtant dérogué à la généralité par ladite spécialité, ny au contraire; doncques puisque la générale paction et convenance du traicté dessusdit de Londres faict derrièrement, entre autres parsonnes principalles comprent toutes spécialitez, sans exclure autre particulière paction précédente, si ladite particulière convenance ne povoit estre entretenue audit asseré roy de Navarre, le roy de France, en ce lieu, estoit seullement tenu à l'intérest, et non de invahir et assaillir ledit royaulme de Navarre, comm'il a faict, alant directement contre la forme dudit traicté de Londres. A la IIIe et derrière responce, où il a esté dit que ledit traicté de Londres contient que les précédens traictez seroient et demeurroient en leur force et vigueur, certes c'est une falace et frasque prinse pour évasion, non faisant à propos ; car ledit traicté de Londres, en ce cas, se doit entendre, quant auxdits traictez, de ceulx faiz et passez auparavant entre les principaulx contrahans et traictans, et non d'aultres faiz avec aultres, comme seroit de celluy particulier que l'on allègue avoir esté passé avec icelluy asseré de Navarre par ledit roy de France ; et de tant plus que en l'article faisant de ce mencion audit traicté est adjousté : « si lesdits premiers et précédens traictez n'estoient au dessusdit contraires. » Or est ledit particulier faict entre lesdits asseré de Navarre et roy de France contraire audit de Londres comm'il a esté dessus démonstré, par quoy appert clérement qu'il n'a esté loysible audit roy de France, sans faulcer et vyoler sa foy, soit en vertu dudit traicté de Noyon ou du dessusdit de Londres, assaillir ledit royaulme de Navarre, ny prester ayde ny secours pour le faire.

LE CARDENAL.

Nous sçavons bien à quelle intencion et fin ledit traicté de Londres se faisoit, et déclarâmes lors aux ambassadeurs de France nostre couraige, qu'estoit de hoster toutes occasions par lesquelles guerre puisist soldre entre les princes.

LE GRAND CHANCELLIER.

Il fut rescript expressément en ce temps à l'empereur que, en ratisfiant de sa part ledit traicté de Londres, il mectoit à seurté son royaume de Navarre, par façon que l'on ne luy pourroit bailler trouble, moleste ou empeschement en icelluy, où il seroit secouru et assisté, selon la forme dudit traicté ; dont il fut méhu et s'accorda à l'approbacion et ratisficacion avantdite dudit traicté, qu'il n'eust autrement faict ny consentu.

LE CHANCELLIER DE FRANCE.

Je ne sçay pas ces choses; et pource m'arreste ès motz du traicté.

LE GRAND CHANCELLIER.

Par lesdits motz, sans avoir autre part recours, le tort évident du roy de France se déclare assez, comme je l'ay souffisamment desduyt; mais il ne me faut obmectre de oultre reprendre la dénégacion faicte par ledit chancellier de France sur l'arrest, détencion et interruption des postes de l'empereur en France, qui est chose toute manifeste, et me donne merveille que l'on l'a osé nyer, attendu que le président de Paris, icy présent, a mesmes exécuté ceste charge envers le serviteur de l'ambassadeur dudit empereur, comme j'ay cy-dessus ramenteu.

LE PRÉSIDENT DE PARIS.

J'ay faict ce que m'estoit commis et encharge, sans lyre ny ouvrir les lectres qu'il pourtoit, lesquelles j'envoyai closes au roy très-chrestien.

LE GRAND CHANCELLIER.

Il a esté, en semblable, faict des aultres comme j'ay dit cy-devant, que ne se peult honnestement nyer; voyre encoires présentement aucungs sont détenuz prisonniers, et ne se peult excuser qu'il soit advenu depuis ou avant deffiance : car il n'y a eu deffiance faicte de la part de l'empereur. Au regard de ce que l'on dit icelluy empereur avoir faict le mesme des postes de France, que l'on prétend vérisfier en ymaginacion par les lectres dudit roy de France, estans en nostre povoir, il n'est vray ny vraysemblable; car le passaige d'iceulx postes de France n'estoit par les pays ou terres dudit empereur : bien pourroit estre que lesdites lectres sont esté hostées ou trouvées ès pays et seigneries détenues par ledit roy de France et dès là tombées ès mains de quelque ennemy d'icelluy, qui les a envoyées audit empereur : qu'a esté faict, comm'il peult apparoir par la date d'icelles, après les invasions, praticques et réelle déclaration de guerre faicte par icelluy roy de France. Finablement, pour clère intelligence des choses alléguées d'une part et d'autre, tendans à la rompture des traictez, lesquelles choses ne sont toutes telles que pour icelles ayt esté loysible recourir aux armes; affin de rebouter confusion de superfluyté, je feray une distinction des chapitres d'iceulx traictez : car ès ungs est pourveu des remèdes, en cas que l'on ne les observe, comme seroit, si l'on n'avoit entretenu la promesse de mariaige, de bailler seurté, faire payement et semblables choses; auquel cas, par non-observance, l'on n'est forclos de l'effect desdits traictez, mais l'on peult estre constrainct par lesdits remèdes, comme par peines, censures ou autre satisfaction. Les autres disposent et contiennent que, quil fera contre, sera tenu et réputé pour violateur desdits traictez et comme tel en sera forcloz, et quant aux autres, qu'ilz demeurent fermes et estables : comme seroit de lever et salarier gens de guerre estrangiers, recéler et porter les rebelles, donner passaige à l'ennemy de son confédéré et alié et semblables choses, et la peine de contrevenant est privation du bénéfice desdits traictez ; et néantmoings ne sont tenuz lesdits autres aliez eux déclarer ennemys d'icelluy contrevenant, ne bailler secours ou ayde contre luy. Et les autres chappitres par exprès déclairent que le défaillant ou contrevenant sera tenu pour ennemy des autres aliez quilz, par main commune, luy feront la guerre ; qu'est quant il y a invasion et entreprinse faicte, directement ou indirect, avec puissance ou armée contre son alié, ou autres offences et violences insupportables. De laquelle dessusdite distinction et déclaration se démonstre certeinnement que, quant oyres le mis-avant par ledit chancellier de France à la charge dudit empereur se trouveroit véritable, comm'il n'est pas, encoires néantmoings il n'y a cause ny occasion raisonnable pourquoy ledit roy de France ayt déhu commencer la guerre directement ou par autruy, ny dont le roy d'Engleterre, comme confédéré, luy doige bailler ayde ou secours, en vertu desdits traictez ; mais pour les choses desduictes au contraire par nous, mesmes les agressions, forces et violences faictes en la duché de Luxembourg et ès royaumes de Navarre et de Castille, ledit empereur, pour résister aux emprinses dudit roy de France, recouvrer et venger ses pertes et dommaiges, a peu loysiblement mectre gens sus, faire armes, mener la guerre et demander le dessusdit secours dudit roy d'Engleterre. Si sont les conclusions jà cy-dessus choisies, par moy fortisfiées et confermées par bonnes et concluantes raisons, ausquelles n'est possible vaillablement respondre.

LE CARDENAL.

Plusieurs choses sont estés élégamment et habundamment proposées, dictes, deffendues et réplicquées, tant de la part de l'empereur que du roy très-chrestien, tendans à la continuacion de la guerre et à secours d'armes, et non à la paix ou concorde; et pour austant que j'ay esté ordonné pour moyenner ladite paix, et que le roy mon maistre est celluy duquel ledit secours se requiert, je ne veulx aucunnement embrasser le jugement, pour déclarer lequel des deulx a esté l'agresseur et auquel doit estre baillé icelluy secours. Je pence aussi que nul de vous confessera l'agression ou intencion de son adversaire, et en adviendra, se nous n'entendons de prendre autre voye de procédé, que nous trouverons enfin qu'aurons consommé et perdu temps et labouré en vain; toutesfois il n'est que bon d'avoir débatu les choses dessusdites. Car jaçoit qu'elles semblent esloingner le train pour parvenir à ladite paix, elles feront trouver les moyens plus facillement pour y venir; et pource que la vérité d'icelles consiste sur l'intelligence des motz, des traictez et autres escriptures, il sera expédient les veoir, et en les véant le jugement d'elles-mesmes en résultera; par quoy suis d'advis que lesdits traictez, procurations et autres escriptures soient icy demain apportées d'une part et d'autre, pour, le tout veu, mectre peine d'achever et conduyre à port ceste bonne et méritoire euvre, à quoy je travailleray incessamment de tout mon possible, moyennant l'ayde et clémence divine.

LE NUNCE.

C'est une saincte délibéracion.

LE GRAND CHANCELLIER

Elle me plaist.

LE CHANCELLIER DE FRANCE.

Et à moy semblablement.

Icy commence la cinquième communication.

LE CARDENAL.

Ensuyvons nostre derrière conclusion, si véons, délaissant les autres contencions, les pièces et escriptures des parties, et premier fault sçavoir si ung chacun de vous a aporté les siennes.

LE GRAND CHANCELLIER.

Nous avons icy, quant à nous, ce qu'appartient pour justisfier tout ce que a esté dit pour la part de l'empereur.

LE CHANCELLIER DE FRANCE.

Et pareillement nous avons nos traictez et tout ce dont nous voulons ayder à la justisficacion des choses par nous proposées.

LE NUNCE.

Quant à moy, comme j'ai desjà souvent dit, je ne puis proposer ny produyre aucune chose que je n'aye nouvelles et ordonnance sur ce de nostre sainct-père.

LE CARDENAL.

Véons doncques ce que concerne et touche l'empereur et le roy très-chrestien ; et premier les fondement et procuracions des parties.

LE GRAND CHANCELLIER.

Véés la procuracion de l'empereur que je vous exhibe, en laquelle est contenue expresse condicion, comme j'ay ci-devant déclairé, de ne faire ou traicter chose sans le nunce apostolicque, ayant puissance et procuration de nostre sainct-père, et, quant au demourant, nostredite procuration est très-ample.

LE CHANCELLIER DE FRANCE.

Nous avons deux procuracions : l'une avons apportée avec nous à nostre arrivée, en laquelle n'est aucunnement parlé du pape ; et l'autre nous l'avons faict venir depuis qu'avons esté advertiz que l'empereur n'entendoit traicter sans ledit pape, laquelle souffira veoir et lire. Nous avons par icelle très-ample povoir de traicter et conclure paix, tant avec ledit pape que l'empereur.

Icy se faict la lecture des procurations.

LE CARDENAL.

Ces procuracions semblent assez amples ; toutesfois je me donne merveille que en la procuracion de l'empereur n'est faicte mencion du roy d'Engleterre, mon maistre, par le moyen duquel ceste assemblée s'est faicte, qui tant travaille pour dresser paix entre ces princes ; et en semblable suis esbahy que, supposé puissance soit donnée par ladite procuracion de traicter avec quelconques roys, néantmoings l'on y a teu le roy de France, sans en faire spéciale mencion, que se devoit, comm'il me semble, faire.

LE GRAND CHANCELLIER.

Monseigneur très-révérend, vous n'en devez esmerveiller ; car par l'aliance que l'empereur a avec nostre sainct-père, il ne peult sans luy traicter de paix ou de trèves avec le roy de France : et pour non y contrevenir, ne donner couleur de povoir tirer et elicir tacite consentement de ladite procuracion au contraire, il a semblé bon de non-seullement mectre la condicion devantdite, ains aussi comprendre les fins de ladite procuracion soubz généralité ; et en taisant ledit roy de France pour la cause dessusdite, il a convenu aussi tayre ceste assemblée faicte, par le moyen du roy d'Engleterre, pour traicter de paix avec icelluy roy de France.

LE CHANCELLIER DE FRANCE.

Il y a maintes clauses en ceste procuracion de l'empereur que l'on n'a accoustumé veoir ès procuracions des princes et roys, et si est tellement condicionnée que pluisieurs choses se pourroient dire à l'encontre ; et pour tant qu'il n'y a esté faicte mencion du roy très-chrestien, il est besoing d'en avoir une autre.

LE GRAND CHANCELLIER.

En ladite procuracion n'a clauses désacoustumées, ny autres que l'on ne puisse et doige mectre en toutes procuracions, et n'y a condicions fors celle que j'ay tousjours dit, limitant nostre povoir, que touche le consentement de nostre sainct-père, advenu lequel nous pourrons franchement particularizer le roy de France ; mais certes l'on pourroit plus justement contredire et réprouver la procuracion dudit roy de France, concédée tant seullement pour traicter et accorder avec le roy de Castille. Car l'empereur, comme roy de Castille, ny à l'occasion d'icelluy royaume, n'a que desmesler avec icelluy roy de France ; ains sur ce qu'il prétend et a esté allégué de sa part des royaumes de Navarre, de Naples et de ce qu'il usurpe, occupe et détient tant de l'empire que de la coronne d'Arragon et maison de Bourgoingne.

LE CARDENAL.

Ne consommons plus avant le temps sur ces procuracions; l'on en pourra, s'il est besoing, avoir d'autres plus souffisantes, si nous accordons jusques à là. Venons doncques à la vision des traictez et autres escriptures, pour tousjours faire la voie à ce concorde.

LE GRAND CHANCELLIER.

Avant que venir à la lecture desdits traictez, je veux satisfaire à ma promesse du jour d'hyer, quant le chancellier de France me donna sa teste si je monstroye que messire Robert de la Marche se soit eslevé contre l'empereur aus despens, port et poursuyte dudit roy de France, que j'ay accepté pardevant vous, monseigneur très-révérend, qui estes lieutenant général du très-puissant roy d'Engleterre et le représentez, qu'a esté faict comme judicialement et voluntairement en ce lieu de Calaix. Or j'entens promptement purifier ceste condicion, et par ainsi gaigner ce que por ce m'a esté offert et donné par icelluy chancellier de France, lequel s'est submis pour y estre contraint, à raison du lieu de la paction, sans se povoir ayder du prévilége d'ambassade et droict de retour; sur quoy je vous supplie me vouloir administrer justice; et si d'aventure ledit chancellier de France se vouloit repentir et retraire de sadite offre et dire que nul n'est seigneur de ses membres, à tout le moings il sera obligé à l'équipolant intérest.

LE CHANCELLIER DE FRANCE.

Vous n'arez pas ma teste, aussi ne monstrerez ce que dictes; car j'ay l'originale minute des lectres dont vous estes ventez, laquelle j'ay veu de prez et pesé tous les mots y escripts, lesquelz ont autre signisficacion que ne prétendez, comme l'on pourra veoir.

LE GRAND CHANCELLIER.

Jà qu'il advînt que vostredite teste me fût adjugée, je ne la vouldroye, mais plustost la teste d'ung porceau, que seroit meilleur pour menger; et en ce cas seray content l'avoir pour ranson, et en lieu de la peine et intérest : si feray apparoir que ce que j'ay dit est véritable. Regardez doncques le vray tesmoingnaige par les propres lectres du roy de France, signées de sa main et de son premier secrétaire Robertet, scelées de son petit seel armoyé de ses armes, datées du xixe jour du mois de jung, au lieu de Vergy, et adressées en superscription au conte de Carpy.

LE CHANCELLIER DE FRANCE.

Lesdites lectres sont longues, contenans maintes feulletz, et pour ce l'on pourra prendre la partie faisant à propos, et je, les ayant conceu et dicté, desclaireray quelle a esté nostre volenté et intencion les escripvant.

LE GRAND CHANCELLIER.

Il seroit besoing les lire tout du long; car elles contiennent pluisieurs déshonnêtes et sinistres praticques et alliances au préjudice des traictez commungs, la division des pays d'Ytalie, l'apprest des empeschemens trouvez pour obvier que l'empereur n'entre esdits pays d'Ytalie, l'usurpacion de l'empire et des drois d'icelluy et maintes autres semblables cas. Touteffois nous pourrons premier prendre et lire ce que concerne ledict messire Robert, duquel, entre autres articles en faisant mencion, en y a ung où formellement sont ses motz : « La despense que je faicz pour messire Robert de la Marche; » et après en la fin est adjousté : « Il m'estoit besoing de faire ladicte dé-
« pence que je faiz, et si ne seroit honneste à moy laisser fouler en ma
« présence ung mien serviteur quil n'eust voulu espargner sa vye ny
« ses biens pour obéyr à mes commendemens; » ce sont les propres motz formez en la lectre escripte par ledict roy de France, parlant

dudict messire Robert, desquelz sort clére preuve, quant oyres fauldrions à autres et cesseroient les véhémentes présumptions par nous alléguées, que ledict messire Robert s'est mis sus en armes à la despence dudict roy de France, ayant faict ce qu'il a faict comme serviteur d'icelluy roy de France, et exposé ses vye et biens pour obéyr à ses commendemens; et n'en saroit sortir sans calumpnier iceulx motz, autres sens ou entendement.

LE CHANCELLIER DE FRANCE.

Lesdicts motz ne se doivent ainsi entendre, estant narratifz de ce que le pape avoit dit au conte de Carpy, ambassadeur du roy très-chrestien, et non dépositifz; par quoy ne se peult faire preuve.

LE GRAND CHANCELLIER.

Iceulx motz sont acertifz, dépositifz, faisant entière et pleine preuve, conceuz en la propre parsonne du roy de France et non de nostre sainct-père ou d'autre, et ont signifiance du temps présent, émis et escriptz pour excuse, sur ce que ledit roy de France avoit promis et devoit pour sa part et rate payer les Suysses estant devers nostredict sainct-père, duquel payement il entendoit que son ambassadeur l'excusast, à raison des frais et despence qu'il faisoit aultre part pour la guerre; que se déclare plus oultre par ledict article en faisant mencion, où il est dit, « dont vous advertis affin de le ramentevoir à nostre sainct-
« père, à ce qu'il congnoisse si la despence que se fait par deçà se fait de
« son gré et conseil; » que sont choses cléres, desquelles interprétacion n'est requise, et sont encores plus exprès et ouverts lesdicts autres motz apposez en la fin d'icelluy article, où il est escript : « il
« n'estoit besoing de faire ladicte despence que je faiz, etc. »

LE CHANCELLIER DE FRANCE.

Ilz se doivent déclarer et entendre par les précédans, où il est narré que son adversaire avoit grosse puissance de guerre ès lisières de ses pays, et desjà avoit prins Messencourt, mouvant de son fief, et si l'avoit desfié ; à cause de quoi il estoit contrainct faire l'avant-dicte despence.

LE GRAND CHANCELLIER.

Ces parolles sont bien déclairées pour l'effect des choses, et comme elles gisent très-claires en leurs prémisses, moyens et séquences, lesquelles je veulx reprendre et répéter une autre fois. Ledict roy de France par lesdictes lettres dit : « Il m'estoit besoing faire la despence « que je fais, » et conjoinctement s'ensuyt : « Et si ne seroit honneste « à moy laisser fouller ung mien serviteur qui n'eust voulu espargner « sa vye ny ses biens pour obéyr à mes commendemens, » lesquelz motz « n'eust voulu, » etc., dénotent le temps passé plus que parfaict, auquelz se réfère ladicte despence, et non au temps de la prinse de Messencourt, quoy que veuille dire ledict chancellier de France, paravant laquelle ledict messire Robert, fournissant au-dessus des-dicts commendemens, avoit deffié ledict empereur, assiégé la ville de Vireton et faict les autres choses que j'ay cy-devant déclairées ; si n'estoit besoing ou nécessaire audict roy de France faire ladicte des-pence à l'occasion dudict Messencourt, non luy compétant en manière quelconque, comm'il a esté cy-dessus souffisamment montré.

LE CHANCELLIER DE FRANCE.

Le droit que le roy très-chrestien a audict Messencourt apparistra par tiltres ; et quant esdictz motz lesquelz le chancelier de l'empereur dit dénoter le temps passé, ilz dénotent et signifient le temps adve-nir ou présent, et se doyvent entendre que ledict messire Robert avoit telle affection au service dudict roy très-chrestien, qu'il exposeroit ses vye et biens pour obéyr à ses commandemens.

LE GRAND CHANCELLIER.

Il veult bien constraindre et torturer lesdicts motz devant nous, comme si nous n'entendions le langaige ; or nous sçavons assez que nullement se peuvent adapter au temps présent ou advenir, car pour le temps présent il eust esté dit, « ne veult, » pour l'advenir, « ne vouldroit; » mais en disant « n'eust voulu, » il a esté usé du temps passé plus que parfaict.

LE CHANCELLIER DE FRANCE.

Supposant encoires telle exposicion qu'ilz signisfient le temps passé, il est subjunctif et ne pose point.

LE GRAND CHANCELLIER.

Il ne peult estre subjunctif, car il y auroit ung si, et diroit, « si « n'eust, etc., » auquel cas il n'eust posé ny affermé la chose; mais ainsi qu'il est touché, il est positif, affirmatif du temps passé, plus que parfaict, optatif; de quoy résulte ferme posicion et preuve parfaicte de nostre proposé.

LE CHANCELLIER DE FRANCE.

Et encoires que ainsi seroit, ne s'ensuyt que ledict messire Robert eust le mandement de assaillir les pays de l'empereur; car il se peut entendre et vérisfier que longtemps devant, icelluy messire Robert eust voulu exposer sa vye et ses biens pour obéyr auxdicts commandemens du roy très-chrestien.

LE GRAND CHANCELLIER.

Le vray sens de la lectre ne peult comporter tel entendement; car ledict article des dessusdites lectres récite l'emprinse dudict messire Robert et de ce que en despendoit, à quoy se doyvent référer et estandre lesdicts mandemens, ausquelz icelluy messire Robert a obéy et non à autre cas ou en autre temps, non y touchez ou comprins, ny oncques advenuz; aussi n'est vraysemblable que ledict roy de France les eust voulu ramentevoir et en avoir considéracion, actendu le ligier et déléal cours de la vye et conduicte d'icelluy messire

Robert[1], quil une fois a esté François, puis a torné robe, est devenu Bourguignon, et enfin, comme félon et rebelle parjur, est repassé au service dudict roy de France, et pour son entrée a machiné et entreprins contre son souverain seigneur; à laquelle fin ledict roy de France l'a retiré à luy et soubstenu, comm' il soubstient à sa dépence.

LE CHANCELLIER DE FRANCE.

J'ay dicté et ordonné lesdictes lectres comme j'ay devant dit, et par ce doibs mieulx entendre la volunté et proposé, l'escripvant et comme le saichant, je faiz bon veuz[2] à Dieu que jamès ne procéda de l'intencion du roy très-chrestien, ny de moy, que l'on deust entendre par icelles ledict messire Robert eusse emprins contre l'empereur, par mandement et à la despence d'icelluy roy très-chrestien; comme en vérité n'a esté faict.

LE GRAND CHANCELLIER.

J'entens assez que, si l'interprétacion et jugement en estoit remis au chancellier de France, il gaigneroit la cause et perdroye l'offre de sa teste que j'ay acceptée; mais la raison ne le veult puisqu'il est partie, et si doubte y a, et soit de besoing recourir à interprétation elle doit estre faicte contre luy, ayant escript, dicté et proféré, qui devoit estre moing subtil ou escrire plus clérement.

LE CHANCELLIER DE FRANCE.

Je dis aussi, que oyres l'entendement eust esté tel que l'on prétend d'autre part, la date desdictes lettres bien véhue, il apparistra que sa esté après la desfiance dudict empereur et la prinse et démolicion de Messencourt.

---

[1] Robert II de Lamarck, fils de Robert I", seigneur de Sedan et duc de Bouillon succéda à son père en 1489. Il avait épousé Catherine de Croy, et mourut en 1535.

[2] Vœu.

LE GRAND CHANCELLIER.

J'ay souvent dit et deffendu qu'il n'y a heu desfiance de la part de l'empereur, et que le roy de France ne peult prétendre droit à Messencourt, comme l'on pourra congnoistre par lectres et actes; parquoy n'est besoing si souvent renfreschir ceste couverture, ny avoir esgard sur ce passaige à la date desdictes lectres, confession récitative de choses par avant advenue et faicte aux frais et mandemens dudict roy de France, comm'il est tout certain; lesquelles lectres, ainsi que j'ay desjà dit, contiennent pluisieurs autres poinctz déshonnestes et contraires ès traictez commungs, comme de diviser l'Ytalie, supprimer l'estat de l'empire, occuper les royaumes des Deux-Sécilles et en déjecter ledict empereur, et à ceste fin procurer et gaigner les Suysses, etc.....

LE CHANCELLIER DE FRANCE.

Je veulx autres fois donner ma teste, si l'on me scest monstrer esdictes lectres ung seul mot de Naples ny de Sécille.

LE GRAND CHANCELLIER.

Le chancellier de France se montre fort libéral de sa teste, laquelle desjà seroit perdue si elle se povoit donner; néantmoing je la veulx encoires accepter une autre fois pour en ce lieu avoir une autre teste dont je puisse joyr. Et pour congnoistre la vérité de ce que j'ay dit, véons premier les IIIe et IIIIe articles desdites lectres, où mencion est faicte de la manière pour exécuter ung traicté conclud, de bailler une portion aux Véniciens pour adhérer à l'exécution; de leur présenter ce qu'est près de leurs limites et fins en Ytalie jusques à la rivière du Pot, et des protections de l'empire [1] jà estans en division. Véons en après le ve article, où il dit : « Par le moyen de celle « guerre, j'ay empesché le voyage d'Ytalie. » Véons oultre le vi^e, où il parle du louaige des Suysses, faict par nostre sainct-père, lesquelz,

---

[1] Appelées communément les *présides*.

s'ils se fussent voulsu obliger à faire l'entreprinse qu'il entendoit, il trouvoit bon les recouvrer; et quelle estoit ladicte entreprinse pour laquelle il dit aussi celle part qu'il avoit desjà conclud deux traictez. Il est déclairé plus avant, par le xiiie article, où sont escriptz ces propres motz formellement : « Accordez par les deux traictez faiz par « le moyen de vous et de Saint-Marsault, » et en la fin : « Ne sçavoit « comment seroit traicté quant l'entreprinse de Naples et de Sécille « seroit entre nos mains. » Véez là doncques, comme par relacion esdicts articles précédans, il appert qu'il y avoit traicté pour invahir lesdictz royaulmes de Naples et Sécille, et pour l'exécuter, ledict roy de France eust bien voulsu recouvrer lesdicts Suysses; et par ainsi j'ay encoires gaigné ladicte teste. Et si pourroye davantaige faire apparoir par autres lectres, comme desjà aucuns espies avoient estez esdicts royaulmes quilz avoient faiz leur rapport.

LE CHANCELLIER DE FRANCE.

Lesdictes parolles faisant mencion desdictes Sécille et Naples sont relatives de ce que ledict conte de Carpy avoit escript, et non dispositives.

LE GRAND CHANCELLIER.

Quant elles seroient relatives ou énunciatives, si font-elles foy contre celluy ayant ou quil pourroit user de leurs signiffications et effect, si ne les impugne et contredict en les récitant. D'abondant, par ledict xiiie article, en autres parolles assertives s'advère que les traictez concludz y mencionnez tendoient affin d'occuper lesdictz royaumes de Naples et Sécille, et mesmes ès suygvans, assavoir : « Quant auxdicts « traictez fais par vous et Sainct-Marsault, ou temps qu'ilz furent faiz, « n'estoye en aucung affaire ny nécessité, et la cause d'iceulx a esté « pour l'accroissement de noz estatz, etc.... »

LE CARDENAL.

Magnifficques messieurs les ambassadeurs, je suis contrainct de rompre vostre dispute, car je me sens mal disposé en ma personne, et ne me puis plus contenir; je vous prie le vouloir patiemment porter, et, pour qu'il me conviendra purger et pourveoir en ma disposicion, me supporter. Cependant, s'il vous plaist, pourray commectre et députer M. Desly, et le maistre des roolles pour, avec aucuns de vous, vacquer et entendre à la visitacion des escriptures, titres et lectres que vous avez, et après m'en faire le rapport, pour icelluy par moy ouy, si santé m'est rendue, procéder oultre à moyen de paix.

LE NUNCE DU PAPE.

Il fault avoir cure de vostre santé, pour laquelle vous debvons solager, car elle peut profiter à maintes.

LE GRAND CHANCELLIER.

Nous ne vous debvons grever ny molester, monsieur très-révérend, en choses mesmes que se peuvent exployter par autres, et pour ce summes et serons prestz de entendre à la vision desdictes lectres et escriptures avec messieurs vos dessus nommez députez, toutes les fois qu'il vous playra.

LE CHANCELLIER DE FRANCE.

Nous désirons vostre santé comme la nostre propre, et serons appareillez à tel jour que l'on vouldra, et à toutes assignacions comparoir et nous trouver avec messieurs voz commis à la fin que dessus.

LE CARDENAL.

Il ne sera jà besoing vous assembler chacun jour, ains seullement de deux ou trois jours une fois, affin que j'aye meilleur loysir pour recouvrer santé ; par ainsi vous pourrez commencer mercredy prouchain après disner, et deux jours après, ès mesme lieu et heure, et conséquemment jusques je resoye sur pied et puisse ouyr ledict rapport, et au surplus entendre oudicte affaire à la fin de paix, si faire se peult.

Ici commence la sixiesme communicacion.

LES DÉPUTEZ DU CARDENAL.

Puisqu'il a pleu à M. très-révérend le cardenal nous commectre pour ouyr et rapporter, susmes icy affin d'exécuter et faire son commandement, et pour ce véez à quoy sera bon commencer.

LE GRAND CHANCELLIER.

Actendu qu'il a esté déduit et parlé de la rompture des traictez, il fault premier veoir le traicté de Noyon, et de chappitre en chappitre, poinct en poinct, esloucher s'ils sont estez entretenuz ou violez; et ce faict, faire le semblable du traité de Londres, et après l'on pourra passer oultre ès aultres justificacions des choses proposées d'une et d'autre.

LE CHANCELLIER DE FRANCE.

Ceste ordre nous semble bon; prenons doncques le traicté de Noyon, si en faisons la lecture.

LE GRAND CHANCELLIER.

J'ay icy la coppie en papier où la lecture s'en pourra plus facilement faire, aussi que sont notez et marchez les poincts servans à l'affaire.

LE CHANCELLIER DE FRANCE.

Nous ne voulons ester à voz coppies non autenticques : nous avons les originaulx.

LE GRAND CHANCELLIER.

Véons voz originaulx, esquelz nous arresterons et donnerons foy, si avant qu'ilz s'accorderont à noz coppies, autrement ferons venir les nostres.

LE CHANCELLIER DE FRANCE.

Or, bien; commençons au premier article dudit traicté de Noyon.

Icy se faict la lecture dudit traicté de Noyon; et sur le premier article, le grand chancellier de l'empereur s'arreste en parlant comme s'ensuyt :

LE GRAND CHANCELLIER.

Avant que passer plus avant, il y a en ce premier article pluisieurs motz quilz se viennent à peser; premier ces motz : « Amys « d'amys et ennemys d'ennemys; » et en après ces autres : « Et ne « favoriseront ou soubstiendront quelque parsonne que ce soit, l'ung « à l'encontre de l'autre; mesmement ne donneront passaige, ayde, « faveur, assistance ou recueil par leurs villes et pays, soit de vivres, « artyllerie, gens, argent ou aultres choses, à cellui ou ceulz quilz, « par invasion, pourroient ou vouldroient porter nuysance ou gre- « vance l'ung à l'autre, directement ou indirectement, etc. » Dieu scet comme ces motz et substance dessusditz sont estez observez et gardez par le roy de France; les faiz et actes de messire Robert de la Marche, dont j'ay cy-devant assez parlé, le tesmoingnent; et s'il a esté faict contre l'empereur, directement ou indirectement, l'advenue des choses le démontre.

LE CHANCELLIER DE FRANCE.

Nous pourrons aussi dire pluisieurs choses faictes par l'empereur contre la teneur de cest article, comme du recueil du cardenal de Syon, du duc de Barry, de Jhéronimo Adurne et d'autres.

LE GRAND CHANCELLIER.

Sur ce desjà a esté faicte souffisante et ample response, mesmes que les dessus nommez n'ont faict ou actenté aucune chose par voye de guerre, jusques après l'invasion et aggression du roy de France ès royaumes de Navarre et de Castille, et par le ministère dudit messire Robert.

LE CHANCELLIER DE FRANCE.

Laissons ceste disputacion, et poursuyvons à la lecture dudit traicté; si venons au second article.

Icy se faist ladite lecture dudit second article; et après, le grand chancellier de l'empereur prent la parolle comme s'ensuyt :

LE GRAND CHANCELLIER.

Pour tousjours justisfier nostre mis-avant, convient adviser sur un chascun article, lequel aura rompu le traicté, et qui non; et fault sur cestuy IIe encoires peser ces motz : « Et pourront lesditz « subjectz desditz roys de leurs royaumes, pays, terres et seignories, « licitement converser ensemble, aler, venir, retourner, demeurer et « fréquenter seurement et sainnement, etc...... » Or, je demande maintenant si le roy de France, pour bien observer ce que dessus, a peu empescher les postes de l'empereur, et ses autres messagiers et serviteurs, les détenir, ransonner, prendre les lectres qu'ilz pourtoient, et faire au demeurant sur ce ainsi que j'ay ci-devant dit.

LE CHANCELLIER DE FRANCE.

L'on y a souffisamment respondu; passons oultre.

LE GRAND CHANCELLIER.

Prenons conséquamment le IIIe article, où il est dit : « Sil tost qu'il « viendra à la congnoissance de celluy par quy ou par les serviteurs « subjectz duquel le dommaige aura esté donné ou procuré, inconti- « nent et sans délay le fera réparer, pugnira et fera pugnir les délin- « quans selon l'exigence des cas, et comme infracteurs et perturba-

« teurs de paix, etc.... » Où se monstrera doncques la réparacion et pugnicion des dommaiges faiz à l'empereur par ce notable ministre messire Robert, et les subjectz dudit roy de France qu'estoient en sa bande et compaignie, et la bonne observance de cest article ? Et quant aulx autres articles IIIIe et V^e suygvans, ilz nous servent pour monstrer et advérer ce que j'ay dit, qu'il n'avoit esté traicté du mariaige de dame Charlotte, ains de dame Loyse; et que la constitucion du dot n'estoit le royaume de Naples, mais le droit que le roy de France y prétendoit.

LE CHANCELLIER DE FRANCE.

Vous dictes vray; mais alons plus avant ès autres articles, et il apparistra de la surrogacion faicte à madame Loyse du fruict que lors portoit la royenne de France, duquel est venue ladite dame Charlotte, quant il est dit : « Et en ce cas, si de la royenne grosse « d'enfant qu'elle a de présent venoit une fille, ledit roy catholique « la prendra, ledit eage de onze ans et demy accomply. »

LE GRAND CHANCELLIER.

Ladite dame Charlotte n'y est nommée, parquoy tout retourne à mon propos; d'autre part, ces parolles n'ont force de surrogacion en mariaige, et si ce extendent et rapportent en temps de l'eage, que n'est encoires advenu, à l'encontre de quoy n'a esté aucune chose faicte. Au regard des autres articles suygvans, concernans ledit mariaige, combien qu'ilz ne touchent en riens à l'affaire subjecte, si semble bon, l'on les pourra semblablement lire.

LE CHANCELLIER DE FRANCE.

Lisons tout, affin que ces seigneurs députez l'entendent.

Icy ce continue la lecture jusques au XVIe article, sur lequel ledit chancelier de France s'arreste, en parlant comme il s'ensuyt :

LE CHANCELLIER DE FRANCE.

C'est en ce passaige où mencion est faite des seurtez et payemens des cens mil escus, à quoy l'on a failly.

LE GRAND CHANCELLIER.

L'article n'exprime lesdites seurtez, ains s'en réfère au traicté de Paris, où il estoit convenu du mariaige de dame Renée[1], seur de la royenne de France, et dit que lesdites seurtez se bailleroient de nobles gens et bons bourgeois quilz seroient nommez d'une part et d'autre. Or, n'a esté faicte la nominacion à laquelle devoit plustot commence faire ledit roy de France, par l'ordre de l'escripture, comme premier nommé audit traicté, ce qu'il n'a encoires faict; parquoi il ne peult imputer charge à l'empereur. Et du payement des cent mil escus, souffisamment y a esté cy-devant respondu, mesmes desduyt par bonnes raisons qu'il ne se devoit faire; et en tous advénemens, par le xviie article suivant, estoit pourvu au défault d'icelluy payement, en ces mots: « Lesquelz, en deffault de payement, icel« luy sieur roy très-chrestien pourra de sa propre auctorité, par luy « et les siens, sans garder aucune solempnité de droit, prendre, etc. » Quant au regard des autres articles subsécutifs, ilz ne servent à propos, et n'est mestier insister sur iceulx, fors sur l'article xxviiie.

LE CHANCELLIER DE FRANCE.

Il y a en cest article xxviiie une réserve, en vertu de laquelle a esté loysible au roy très-chrestien bailler assistance et ayde au roy de Navarre, pour le recouvrement de son royaume, où il est dit formellement: « Sans touteffois que par ce présent article ledict roy très-« chrestien se départe de l'alliance, promesse et traicté qu'il avoit avec

---

[1] Renée de France, seconde fille de Louis XII, promise en 1514 à l'un des deux petits-fils (Charles ou Ferdinand) du roi d'Aragon. Elle épousa en 1527 Hercule II, d'Este, duc de Ferrare et de Modène.

« ledict feu roy de Navarre et la royenne, laquelle demeurera en sa
« force et vertu. »

LE GRAND CHANCELLIER.

Ladicte réserve est condicionelle par ce que s'ensuyt après, où il est dit : « En cas que ladicte royenne ne seroit contentée selon la raison, « comme dit est. » Avant doncques qu'icelle réserve deust avoir lieu, ladicte condicion devoit estre vérisfiée, et la manière du raisonnable contentement refusée et remise, et come elle devoit estre est déclaré ès motz précédens d'icelluy article, quilz sont telz : « S'il plaist à la-« dicte royenne et ses enffans envoyer leurs ambassadeurs et députez « devers luy, pour luy faire remonstrer le droit quilz prétendent au-« dict royaume de Navarre, et après iceulx ouys, et icelluy roy catho-« licque avoir entendu ledict droit, il contentera ladicte royenne et « ses enffans, selon la raison et manière qu'ilz se devront raisonna-« blement contenter. » Par lesquelz motz l'empereur n'estoit abstrainct fors après qu'il eust eu congnoissance clère dudict droit, et concurrans les autres choses que j'ay cy-devant touché ; d'autre part ledict droit appartient entièrement à l'empereur et non à autre, comm'il est depuis venu en sa vraye congnoissance.

LE CHANCELLIER DE FRANCE.

Les royenne et roy de Navarre ont fait ce qu'estoit en eulx d'envoyer leurs ambassades en Espaigne devers l'empereur, faire déclarer la spoliacion faicte, par feu le roy catholicque, dudict royaume de Navarre et requérir la restitucion ; touteffois ilz ne sont estez contentez.

LE GRAND CHANCELLIER.

Ce ne fut esté assez alléguer spoliacion, laquelle par autre précédent et semblable vice se povoit purger et deffendre ; d'autre part, l'empereur n'a esté spoliateur, mais ledict royaume luy est advenu par succession et hoirie ; et pour ensuyr la forme dudict traicté de

Noyon sur ce point, l'on devoit démontrer le droit que l'on y prétendoit, que ne se peult souffisamment faire sans le liquider.

LE CHANCELLIER DE FRANCE.

Quelle liquidacion s'en povoit mieulx faire que remonstrer comme sont passé III^c ans, icelluy royaume de Navarre a esté possessé continuellement par les prédécesseurs desdicts royenne et roy, et nouvellement en sont estez déjectez et spoliez à force et violence? ne s'ensuyt pas de cela notoriété et avantdicte liquidacion?

LE GRAND CHANCELLIER.

Il ne soffit, pour démonstrance du droit cler et liquide, alléguer la fort ancienne possession des prédécesseurs, et peult bien estre que tost est, sans avoir aucun droit en une chose, et toutesfois ses ancestres l'avoient, et si ne trouvera que les anciens antécesseurs d'icelle assérée royenne, mesmes en droicte ligne, ayent continué sucession audict royaume de Navarre, ainsi qu'il a esté dict et avancé par le chancellier de France; car en l'espace de cent ans icelluy royaume est passé par cinq ou six diverses lignées et maisons, séparées de nom, surnom et d'armes, et a, quelquefois pendant ledict temps, esté tenu par Loys Huttin [1], qui depuis fut roy de France; après par Loys de Hévreux, qui estoit d'autre maison [2]; conséquamment par le roy don Joan d'Arragon [3], père du feu roy catholicque, qui en morut saisi et possesseur; successivement par Gaston, conte de Foix [4],

---

[1] Fils de Philippe le Bel et de Jeanne de Champagne, reine de Navarre, à laquelle il succéda en 1304, et neuf ans après au royaume de France.

[2] Philippe, fils de Louis, comte d'Évreux, épousa Jeanne de Navarre, fille du roi Louis le Hutin, et fut couronné à Pampelune en 1328.

[3] Jean, second fils de Ferdinand Ier, surnommé le Juste, roi de Castille, obtint la couronne de Navarre en 1425, par son mariage avec la reine Blanche, arrière-petite-fille de Philippe d'Évreux, et veuve de Martin d'Aragon, roi de Sicile.

[4] Qui fut déclaré successeur au royaume de Navarre en 1455, à la suite de son alliance avec Éléonore, issue de Jean d'Aragon et de Blanche, sa femme.

et depuis par Jehan d'Alebrect [1]; finablement il est retourné audict feu roy catholicque. Et quant oyres ledict royaume auroit esté possessé iii^c ans continuellement d'hoirs en hoirs en ligne directe par les ancestres d'icelle royenne, ce néantmoings ne s'en démonstreroit le droit d'icelluy d'Alebrect ou de son filx, puisqu'il est d'autre lignée, nom et maison; et par ainsi n'a esté déhuement faict apparoir comme en vérité l'on n'eust sceu, audict empereur du dessusdict droit prétendu par ledict d'Alebrect, mais par le contraire icelluy empereur a esté informé et accertené qu'icelluy d'Alebrect n'en peult aucung raisonnablement prétendre, ains appartenir à sa très-sacrée majesté, à cause et par accession dudict roy catholicque, son ayeulx.

LE CHANCELLIER DE FRANCE.

Quel tiltre y povoit avoir ou prétendre ledict feu roy catholicque, contre le roy de Navarre, pour l'en expulser et déjecter à port d'armes, auquel ledict royaume estoit advenu et succédé, par tant longue continuacion que j'ay dit, et vray et légittime sucession?

LE GRAND CHANCELLIER.

Il y avoit plusieurs bons et justes tiltres, lesquelz je vous réciteray en brief, si vous les voulez ouyr, dont se vérisfiera et esclarcira de plus que ledict d'Alebret n'y a aucun droit, et que témérement, à grand tort, et contre tous déuz devoirs, le roy de France a invahy et volu occuper ledict royaume de Navarre.

LE CHANCELLIER DE FRANCE.

Vous ne le sçariez démonstrer ny déclarer, et moings que ledict feu roy catholicque l'ayt peu licitement conquester et en spolier le vray possesseur.

---

[1] Jean, fils d'Alain, seigneur d'Albret, s'unit à Catherine de Foix, petite-fille de Gaston et d'Éléonore, et parvint au trône de Navarre en 1483.

LE GRAND CHANCELLIER.

Par la disposition du droit et raison, le possesseur n'est entenu allé-guer, démonstrer ou donner à congnoistre le tiltre de sa possession; néantmoings pour tousjours convaincre nostre adversaire, par bons moyens et justes raisons, nous ne reffuserons dire et mectre en avant le vray et raisonnable tiltre que ledict empereur a audict royaume de Navarre, confrontant celluy que peult prétendre ledict d'Ale-brect, ou le roy de France pour et en nom de luy. Et pour commencer, vray est que nous trouvons comme feu don Joan, roy d'Arragon, heust deux femmes : l'une et la première fut nommée Blanche, royenne de Navarre, de laquelle il eust trois enffans, assavoir : Charles, Blanche et Éléonore; ladicte royenne de Navarre, première femme d'icelluy feu roy don Joan, décéda constant le mariage [1], délaissant, à elle sur-vivant, ledit feu son mary et lesdicts trois ses enffans. En après ledict Charles, prince d'Arragon, et premier filz dudict feu roy don Joan, ter-mina vye par mort [2], icelluy sondict père le survivant, auquel Charles succéda ladicte Blanche sa seur, laquelle fut conjoincte par mariaige, à Henry, prince de Castille [3] : icelle Blanche, par le faict et ministère de ceulx quilz favorisoient et adhéroient à ladicte Éléonore sa seur puisnée, comme l'on a volu dire, fut empoisonnée du sceu et consen-tement de ladicte Éléonore : dont s'apercevant ladicte Blanche, prin-cesse de Castille, de son prouchain trespas par ceste traictreuse et des-naturée façon, céda et renonça avant sondict trespas tout le droit qu'elle avoit audict Navarre, à icelluy roy don Joan son père; et des lors ledict roy, à ce tiltre, en eust la paisible joyssance, long temps et durant sa vye continuellement, tousjours tenu, nommé et réputé roy d'Arragon et de Navarre; lequel de son aultre deuxième femme [4],

---

[1] Le 1ᵉʳ avril 1441.

[2] Charles, prince de Viane, mort en 1461, laissant de son mariage avec Anne de Clèves deux fils qui embrassèrent l'état ecclésiastique.

[3] En 1440, et séparée en 1453. Elle mourut onze ans après.

[4] Jeanne Henriquez de Cordoue et d'Ayala, fille de l'amirante de Castille, dès 1444.

eust ung filz que fut le feu roy catholicque, don Fernande, et de la fille aisnée d'icelluy feu Fernande est yssu et party ledict empereur. Après le trespassement duquel roy don Joan[1], demeurèrent vivans lesdicts don Fernande, filz du second lit, et ladicte Éléonore, fille du premier, laquelle eust à mary Gaston, conte de Foix; et jà fût qu'icelle Éléonore n'estoit habille ny digne de succéder audict Navarre, ains compétasse audict feu roy catholicque don Fernande, filz et héritier dudict feu don Joan, à la personne duquel cession et transpourt, comme j'ay dit, en avoit esté faicte, et depuis l'avoit prescript : toutesfois, par les pesantes et longues occupations esquelles ledict feu roy catholicque estoit en ce temps détenu et empesché pour la préservacion des royaumes et pays de Castille, appartenans à feu madame Élisabeth, royenne dudict Castille, sa femme[2], dont luy convint soubstenir et avoir pluisieurs cruelles guerres, tant contre les Portugalois et Sarrazins quilz occupoient Grenade, que autres, et par les port et faveur que donna le roy de France Loys XIe ausdictz Gaston et Léonore, mariez, lequel roy Loys avoit fait le mariaige de sa seur Magdeleine et de l'aisné filz d'iceulx mariez[3], advint l'occupacion et intrusion de faict audict royaume de Navarre faicte par iceulx Gaston et Éléonore mariez. Et c'est le premier tiltre, fondement et fortisficacion de la possession dudict empereur audict royaume de Navarre. Le IIe despend de ce que lesdicts Gaston et Léonore, mariez, eurent ung filz aisné, comme j'ay desjà dit, lequel fut nommé en semblable Gaston, qui esposa ladicte Magdeleine, seur dudict roy Loys, et ung autre filz second né, nommé Jehan[4]; et desdicts Gaston, aysné filz, et Magdeleine, descendirent

---

[1] Mort le 19 janvier 1479.

[2] Elle était fille du roi Jean II, et succéda à son frère, le roi Henri II, en 1474.

[3] Gaston, comte de Foix et prince de Viane, épousa Madeleine de France, fille du roi Charles VII, en 1461. Il périt en 1470, dans un tournoi. D'eux naquirent François-Phœbus et Catherine, femme de Jean d'Albret, qui occupèrent successivement le trône de Navarre.

[4] Jean de Foix, comte d'Étampes et vicomte de Narbonne. Il disputa à Catherine, sa nièce, le trône de Navarre, en 1483.

ung filz et une fille, ledict filz nommé François[1], et ladicte fille Catherine, et d'icelluy Jehan, second né, semblablement filz et fille, assavoir, Gaston, duc de Nemours, conte de Foix, lequel est naguères décédé sans hoirs en la bataille de Ravennes[2], et dame Germaine[3], seconde femme et relicte dudict feu roy catholicque. Or advint que, avant le trespas desdicts Gaston premier et Léonore sa femme, mourut ledict Gaston, leurdict aisné filz, duquel trespas demeurèrent survivans ledict Jehan, second né, et lesdicts François et Catherine, enffans dudict aisné, entre lesquelz fut contencion et différent dudict royaume et en print ung chacun desdicts Jehan et François une partie, eulx se nommans chacun par soy et pour le tout roy dudict Navarre, et maintenoit ledict Jehan qu'il devoit estre préféré en la sucession à ses nepveurs, lesquelz ne povoient représenter en ce cas leurdict feu père. Ladicte dame Germaine, descendue, comme j'ay dit, et seulle restant dudict Jehan, a vaillablement quicté, cédé, concédé et transpourté tout tel droit, querelle, action et réclamacion qu'elle avoit et povoit avoir pour les causes que dessus audict Navarre, à icelluy feu roy catholicque, et derechief encoirres audict empereur, de sorte qu'il est au lieu et ayant le droit dudict Jehan, si droit y avoit, ou dudict Gaston le premier et Léonore, ses père et mère; et n'y peult avoir difficulté, fors une, sur laquelle les docteurs en droit font longues et subtilles disputacions, assavoir, si le filz second ne doit estre préféré aux enfans de l'aisné, et la tiennent si doubteuse, qu'ilz dient seroit besoing en avoir expresse décision impérialle; par quoy en telle doubte doit estre jugé pour la partie deffenderesse, laquelle tient icy ledict empereur. La troisiesme provient de ce que dessus, car supposant oyres ledict François ayt déhu estre préféré en ladicte sucession de Navarre audict Jehan son oncle, qu'est chose indécise, comme j'ay dit, toutesfois après le décès d'icelluy François, qui termina vye par mort

---

[1] François-Phœbus, déjà nommé, roi de Navarre en 1479, couronné à Pampelune en 1481, et mort deux ans après.

[2] Le 11 avril 1512.

[3] Après la mort de Ferdinand le Catholique, elle se remaria à Jean, marquis de Brandebourg, et ensuite à Ferdinand d'Aragon, duc de Calabre.

sans hoirs, survivant encoires ledict Jehan son oncle, icelluy Jehan devoit succéder et estre préféré, actendu qu'il estoit masle et plus prouchain du trône à ladicte Catherine, seur dudict François, et femme de don Joan d'Alebrect, père de don Henry, de présent asséré et prétendu roy dudict Navarre. Et voyre plus, si ledict Jehan n'eust esté en vye, Gaston son filz, duc de Nemours, et frère de ladicte dame Germaine, venant du mesme estoc et en pareil degré que ladicte Catherine, comme masle devoit estre préféré à icelle Catherine, au lieu duquel, depuis son trespas, ladicte dame Germaine, sa seur, par proximité a esté constituée et mise, ayant de son droit faict le transport dessusdict. Le quatriesme meust de ce que quant oyres ladicte Catherine eust deue estre préférée ausdicts Jehan et Gaston, ses oncle et cousin, elle en a esté descheue par autre chief; car par traicté faict, passé et juré d'entre ledict feu roy catholicque et ladicte Catherine avec ledict d'Alebrect son mary, avoit esté convenu que lesdicts d'Alebrect et Catherine ne pourroient mectre ny recepvoir aucune puissance de François audict Navarre, autrement ilz descherroient de tout le droit qu'ilz y peuvent prétendre, et pourroit ledict feu roy catholicque prendre pour luy et occupper ledict Navarre; et pour ce qu'ilz n'entretindrent ledict traicté, ains le violarent, recepvant lesdictz François audict Navarre, ilz perdirent ledict droit tel qui povoit estre, et fut acquis audict feu roy catholicque, lequel licitement s'est peu mectre audict royaume de Navarre, le conquester et retenir [1]. Le cinquiesme est tout évident, notoire et de fresche mémoire, par la déclaration faicte contre lesdicts d'Alebrect et Catherine, assérez roy et royenne dudict Navarre, comme scismaticques [2], et sentence rendue d'auctorité apostolique par procès précédent, observant tout ce que pour ce faire se debvoit observer contre eux; par laquelle sentence ilz

---

[1] Le royaume de Navarre, envahi et conquis par Ferdinand le Catholique, fut réuni, en juillet 1512, à la couronne de Castille.

[2] Le pape Jules II, qui favorisait Ferdinand, avait prononcé l'excommunication contre eux, sous le prétexte qu'ils étaient fauteurs du concile de Pise, et par conséquent schismatiques. (Voyez le n° XVI ci-dessus.)

sont estez privez du tout de l'avantdict droit qu'ilz povoient avoir et prétendre audict Navarre, remis, transfondu et donné audict feu roy catholicque, pour luy et les siens. Et en vertu de ce, en a esté mis et envoyé en possession par commis exécuteurs apostolicques et à celle fin députez et ordonnez, dont peult apparoir par bons, vaillables et souffisans actes; et combien que la seignorie et propriété d'une chose ne se acquièrent par multiplicacion de tiltres, toutesfois ladicte multiplicacion d'iceulx et de causes raisonnables rendent la prinse et continuacion de possession plus colorée, fondée et soubstenable; et par ce que dessus, y joingnant le discours de noz communicacions, l'on peult entendre, sans regiper[1], la sobre et petite occasion que le roy de France a prinse pour assister audict don Henry d'Alebrect, esmouvoir les troubles, rompre et enfraindre lesdicts traictez.

LE CHANCELLIER DE FRANCE.

Les cessions et convencions dont vous avez parlé ne povoient préjudicier aux sucesseurs; et si ne peult estre vaillable la privacion du pape, n'ayant puissance de, par telle voye, hoster et transporter les royaumes non mouvans de l'Église en fief.

LE GRAND CHANCELLIER.

Les cessions et convencions, par diuturnité et continuacion de temps, se conferment et valident au préjudice et astriction[2] des sucesseurs. Or est aussi crime de sacrilége débatre et disputer la puissance du souverain prince, et n'est-il pas vray que tous les biens des scismaticques, quelz qu'ilz soient, sont confisquez de droit, comme ceulx des héreticques, et que le sainct-siége apostolicque les peult transporter et appliquer à autres? La partie adverse ne le peult nyer si elle advise bien; car par telle voye et tiltre les roys de France ont obtenu la conté de Toulouse et tous les pays de Languedoc[3], et Pepin le premier, par le

---

[1] Regimber (au figuré).
[2] Obligation.
[3] Allusion à l'excommunication prononcée en 1282 contre Pierre III, roi d'Aragon, par le pape Martin IV, qui disposa de ses pays.

déportement et déposicion de Childéric, obtint le royaume de France, comme les sanctions canonicques et cronicques tesmoingnent.

LES DÉPUTEZ DU CARDENAL.

Assez a esté travaillé pour ce jour. Nous pourrons à l'autre fois veoir et débatre le traicté de Londres, et rapporter à M. le cardinal ce qu'il appartiendra, pour trouver les moyens de paix.

Icy commence la septiesme communicacion.

LES DÉPUTEZ DU CARDENAL.

Nous pourrons lyre, sy vous plaist, le traicté de Londres, lequel a esté faict avec nous, et pour ce en sommes mieulx informez; et, sans faire autre interruption de la lecture, ung chacun de vous pourra toucher et prendre ce que servira à son propos et intencion.

LE GRAND CHANCELLIER.

Nous sommes contens.

LE CHANCELLIER DE FRANCE.

Lisons-le doncques, et ne perdons pas le temps en ultérieures disputes.

Icy se faict la lecture dudict traicté de Londres.

LE GRAND CHANCELLIER.

Du premier chapitre de ce traicté devons noter que, non-seullement il comprent les principaulx contrahans, leurs alliez et confédérez, ains s'extend à leurs héritiers, sucesseurs et subjectz présens et advenir, et non-seullement aussi deffend les biens possessez, ains les occuppez.

LE CHANCELLIER DE FRANCE.

Vous prétendez doncques occupacion et non juste possession, puisque vous pesez et nottez ce mot *occuppez*, et vous en esjoyssez?

LE GRAND CHANCELLIER.

La conséquence n'est pas bonne, et ce que le m'a faict notter et peser est affin que l'on congnoisse que vous ne povez prendre excuse de la rompture des traictez, alléguant occupacion contre nous. Il convient aussi peser certains motz sur le IIe chappitre d'icelluy traicté, où il est dit formellement : « que si aucung desdicts confé- « dérez ou comprins audict traicté, ou autre quelconque, par soy, son « lieutenant, capitaine général ou autre que soit, etc., » par lesquelz motz se démonstre que ce que l'empereur avoit mandé au roy de France, assavoir si messire Robert de la Marche ou autre invahissoit ses pays, il tiendroit les traictez pour rompus, avoit esté conceu et faict sur la forme dudict traicté, et ne se debvoit attirer ny interpréter desfiance, comme il semble que l'on a volu faire; et se démonstre pareillement que, en attentant par ledict messire Robert à l'encontre dudict empereur, sortoit rompture d'icelluy traicté : car oyres qu'il ne fût lieutenant ou capitaine général, il ne se peult nyer qu'il ne fût et ayt esté capitaine d'une compaignie d'hommes d'armes pour ledict roy de France.

LE CHANCELLIER DE FRANCE.

Il fault semblablement noter sur le VIe article, en ce qu'il parle de ne povoir lever gens de guerre estrangiers, qui se doit restraindre à ceulx quilz estoient subjectz des contrahans ou temps d'icelluy traicté, et non extandre aux autres depuis acquis ou advenuz.

LE GRAND CHANCELLIER.

J'ay desjà amplement respondu sur ce, et rabatu ceste objection à la charge de partie adverse, et se doit entendre cest article comme tous les autres par le premier, qualisfiant les subjectz présens et advenuz, laquelle qualité doit estre répétée par tout; et les motz dudict vi⁶ article, conceuz du temps advenir, le dénotent assez. Mais vrayement ledict roy de France, de sa part, n'a pas entretenu le contenu audict article, permectant que ses propres subjectz adhérassent et servissent en guerre audict messire Robert contre l'empereur.

LE CHANCELLIER DE FRANCE.

Le roy très-chrestien a fait tous devoirs d'empescher et deffendre que sesdicts subjectz n'y alassent.

LE GRAND CHANCELLIER.

Il peult avoir faict quelque faincte et semblant de verballe deffence; mais il a plustost guierdonné que pugny et chastié les transgresseurs et déshobéissans à celle deffence. Et si nous véons plus oultre les vii⁶ et viii⁶ articles dudict traicté, où il est deffendu de ne soubstraire, récepter ou recepvoir en protection le vassal ou subject de l'autre, et de ne bailler ayde, conseil, faveur ou consentement que aucune chose soit attentée par qui que ce soit, directement ou par indirect, tacitement ou en appert, et que expressément et par effect y sera contredict, obvyé et empesché de tout le possible. Dieu scet comme le roy de France l'a observé, et les actes que j'ay cy-devant dit le dénotent, lesquelz il n'est mestier répéter.

LE CHANCELLIER DE FRANCE.

Nous y avons aussi souffisamment respondu, et dit que par le roi très-chrestien n'a esté faict ou actempté contre les traictez, que premier l'empereur ne les ayt eu rompus ou violés, et envoyé desfiance audict roy très-chrestien.

LE GRAND CHANCELLIER.

Nous avons semblablement et souvent dit que la vérité n'est

telle, et l'avons assez desduicte et advérée, et pour le présent les humains en jugent et réfrènent l'obstinacion et arrogance de nostre adversaire; Celluy qui tout scet et congnoit en jugera, si pourtera et deffendra la juste cause et deffence de l'empereur, comme, par sa bonté infinie, il a desjà bien commencé.

LE CHANCELLIER DE FRANCE.

Vous faites groz festin de peu de chose, et pensez que Dieu a beaucoup faict pour vous. Nous avons aussi bonne espérance en luy, et que verrez de brief d'autres choses; nous congnoissons voz povoirs, force et puissance, et savons combien vous povez durer; nous vous monstrerons au pareil ce que nous povons, de façon que n'aurez cause de rire [1].

LE GRAND CHANCELLIER.

Certes, nous n'aurions tort de mener feste, nous resjouyr et rendre graces à Dieu, et non de peu de choses, ains de grosse et merveilleuse importance et conséquence, qui par sa vraye justice et provision a rendu les praticques, intelligences, machinacions, entreprinses et pensées des iniques et pervers ennemys et hayenneux de l'empereur, nostre maistre, vainnes et illusoires, et les a fait redonder à leur confusion. Il a soudannement pacifié toutes les Espaignes, qu'estoient en trouble, discention et intestine hostilité, et les a uny et inspiré tellement, que, en l'absence dudict empereur, leur roy et prince naturel, à leurs propres frais, par grand vertu, vaillance et prouesse, ilz ont recouvré le royaume de Navarre, lequel le roy de France, clandestinement et malvaisement avoit occuppé; en ayant déjecté et enchassé ses gens, tué une grand partie et gaigné son artillerie, à sa grosse honste et blasme, à diverses fois, et a

---

[1] Icy ce peult noter que, ou temps de ceste communicacion, les ambassadeurs de France sentoient prest leur maistre avec sa puissance, qui avoit entreprins d'entrer en Tournay, à quoy il ne peult parvenir, et s'en est ensuy ce que l'on a veu depuis. (*Note de l'auteur.*)

permis que l'ung des satalites et ministre principal dudict roy de France a esté pugny[1] par son art, et ses places démolyes et ruynées, et permectra que autres choses de brief se feront de plus grosse extime et solempnisacion de feste, par sa divine clémence et souverain jugement, lequel glorieux et victorieux envoye les victoires où et quant bon luy semble, et donnera à congnoistre aux François qu'ilz devoient, comme ilz doyvent faire, autre extime dudict empereur.

LES DÉPUTEZ DU CARDENAL.

Nous passons les bornes de ceste communicacion, et ne conviennent les choses par vous incidamment dictes, à la charge que nous est commise. Nous ferons la fin sur ce, s'il vous plaist, et le rapport de ce qu'avons ouy à M. le légat, pour entendre de luy ce qu'il sera oultre expédient faire.

Icy commence la huytiesme communicacion.

LE CARDENAL.

Magnificques messieurs les ambassadeurs, j'ay entendu le rapport de M. Desly et du maistre des rooles, de la vision et lecture des traictez de Noyon et Londres, les interprétacions et difficultez particulièrement faictes sur iceulx, lesquelles, ès proposicions et disputes passées devant moy, desjà j'avoye assez comprins. Et certes j'ay esté desplaisant que je n'aye peu ces jours passez tousjours continuer à ma commission et charge; ma maladie d'une fièvre tierce, défleux, et autres douleurs que j'ay enduré jusques à icy, l'ont causé et faict: et tout aussitost que je me suis peu soubstenir, j'ay advisé vous convocquer et faire venir pour ouyr ce que le cueur m'en juge, qu'est que, par les choses que j'ay ouyes et me sont estez rappourtées, peult sembler que lesdicts traictez sont esté violez et enfrainctz, que

---

[1] S'agirait-il ici d'André de Foix d'Esparre, qui commandait la malheureuse expédition en Navarre, et perdit la vue d'une blessure qu'il reçut à la bataille de Pampelune, le 30 juin 1521.

procède de mauvaises condicions apposées audict traicté de Noyon, lequel, de son exorde et commancement, fut diabolicquement et par mal art pourjecté et conceu, dont méritoirement l'on devroit maldire ceulx qui en sont cause ou acteurs, par lesquelz tant de hayenne, sizanie et malveillance s'est semée et méhue entre les princes chrestiens et toute la chrestienté, par troubles, divisions et guerres, infectée et opprimée comme elle est encoires de présent, et si avant que à grosse peine l'on pourroit appaiser la meslée et desracinner lesdicts maulx ; dont pendant que le sang des chrestiens est répandu, et les principaulx princes du monde se font la guerre l'ung à l'aultre, au grand esclandre et détriement de la chose publicque d'icelle chrestienté, le cruel et horrible ennemy de nostre foy, le Turc, ne doit, mais comme lyon affamé s'est mis sus pour engloutir et dévorer ladite chrestienté, et desjà y est entré, et a invahi, avec une moult puissante armée, le royaume de Ungrie, ferme et fort bolovart de ladicte chrestienté, y a prins à force aucuns des principaulx chasteaulx et forteresses, menassant de prendre et occupper toute la reste qu'il pourra faire, si par le secours et ayde des autres princes chrestiens n'y est résisté, comme il m'a esté ce jourd'huy dit par l'ambassadeur du roy de Ungrie, dont j'ay esté très-amairement dolant et triste; que doit mouvoir les cueurs et couraiges de tous bons chrestiens, s'ilz ne sont durs comme de marbre ou de fer, d'avoir pitié et compassion de ceste calamité et péril évident. Et si, pour charité cordiale, amour et dévocion que l'on doit à nostre religion et foy chrestienne, lesdicts chrestiens n'y peuvent estre incitez, à tout le moings la craincte du danger et péril instant et apparant quil touche à ung chacun les y doit attirer et contraindre de faire paix entre eulx, et s'asembler pour obvyer à ce discrime et perdicion de ladicte chrestienté, et pour icelle nostredicte foy, et Dieu, nostre rédempteur tout-puissant, prendre les armes. Et pour ce que vous prétendez d'une part et d'autre la rompture des dessusdicts traictez, lesquelz, en vertu comme qu'il en soit, sont estez rompuz et violez, jaçoit que nul de vous se vuille attribuer ny approuver de sa part icelle rompture, ains la remectez et rétorquez de l'ung à l'autre, il m'est advis pour le mieulx qu'iceulx traictez, d'où qu'il vienne, tenuz pour rompuz et violez, et la paix faillie, nous restaurions et remections sus icelle paix par nouveaulx traictez et moyens, et faisions convertyr la guerre tant parnicieuse et cruelle, estant entre les chrestiens, à l'encontre des commungs ennemys de nostredicte foy et religion chrestienne; pour laquelle chose je vous exhorte, requiers et prie, en l'honneur de la saincte miséricorde de Dieu, vous vuillez monstrer enclins et favorables, et travailler avec moy envers les principaulx princes du monde, voz maistres et seigneurs respectivement, affin qu'ilz embrassent et facent entre eulx icelle paix, laquelle sur toute chose, comme Dieu scet et congnoit, je désire, et pour laquelle, s'il est besoing, je mectray et exposeray mon sang et ma vye sans espargner, voyre me transporteray en ma parsonne devers le roy très-chrestien, comme j'ay desjà faict devers l'empereur. Vuillez-y doncques entendre rondement, et commençons à quelque bon bout pour la moyenner.

LE GRAND CHANCELLIER.

Monseigneur très-révérend, voz considéracions et intencion sont sainctes, pytoyables, de bonne et louable part, et conviennent à la dignité de vostre estat et parsonne. Quant à l'empereur, il a tousjours de tout son povoir tendu et veillé pour la paix universelle de la chrestienté, fuant les occasions de l'infraction et rompture d'icelle, désirant, d'ardant cueur et vouloir, convertir la guerre et les armes des chrestiens contre ce grand ennemy commung, le Turc, et autres adversaires de nostre foy catholique; et, à son très-grand regret, provocqué et contrainct par les opprobres, injures et dommaiges que luy sont estez inférez et s'apprestoient et menoient plus avant à l'encontre de lui, il a prins présentement les armes pour ses réparacion et deffence contre le roy de France. Lequel sondict regret et grosse amertume s'est accrue et accroist, sentant et ouyant l'entreprinse et troubles dudict commung ennemy de nostre foy, ayant prins ceste audace par les divisions desdicts chrestiens, advenues, comme Dieu scet, sans coulpe dudict empereur; et de tant plus, qu'icelluy commung ennemy, violant les traictez et convenances qu'il avoit faict naguères avec l'ambassadeur du roy d'Hongrie, beau-frère dudict empereur, s'est levé contre le royaume dudict Ungrie, clef principale de la chrestienté, et y a jà prins et gaigné certains bons et fors chasteaulx, en ce temps que ledict empereur, ailleurs empesché et occuppé, ne peult bonnement, comme il vouldroit, assister et bailler secours audict roy son beau-frère, ce qu'il a faict néantmoings incontinant qu'il en a esté adverty, selon l'estat, dispocicion et qualité des choses, et non tant avant qu'il vouldroit faire et fera, quant les facultez plus convenables y seront, et les empeschemens de guerre d'autre part cesseront. Et puis qu'ainsi va qu'estes d'advis et entendez que descendions à moyenner une paix, obmectant la déclaracion que nous avons tousjours requise du secours que prétendons nous devoir estre accordé par le roy d'Angleterre, selon la forme du traicté de Londres, pour les causes et déductions cy-devant alléguées et dictes, nous espérons sans grosse doubte que ledict empereur s'accordera à ladicte paix si nostre sainct-père s'y consent et elle est présentée et ouffertre par bons, égaulx et raisonnables moyens et condicions, et soit vraye, non simulée et perdurable; que ce fera plus facillement, extirpant et tirant hors les racines de semence de discorde, pacifiant les vielles et anciennes grevfes et querelles, baillant à ung chacun, endroit soy, son droit et ce que luy appartient, et raliant justice avec icelle paix, comme deux seurs que ne peuvent, bonnement ny convenablement, à la longue, estre l'une sans l'autre. Pour doncques faire voye et chemin à ladicte paix, et l'establyr perdurablement et à tousjours mais, fault commencer aux plus anciennes querelles non obliées, desquelles, mesmes de celles venues à ma congnoissance, je parleray succinctement et en brief, déclairant ce que demande et prétend l'empereur dudict roy de France, et observant l'ordre des maisons et sucessions escheutes et advenues audict empereur. Premièrement je prendray la querelle du du-

ché de Bourgoingne, tiranniquement et indeuement détenu et occuppé par ledict roy de France, et pour prémisses : il est vray que filles
sont capables à la sucession de l'estat et duché avantdicts de Bourgoingne, et pour ce en l'an IXe XLIIII, comme le tesmoingnent les cronicques mesmes de France, après le trespas de Gilbret[1], duc de
Bourgoingne, qui desfaillit sans hoir masle, délaissant une seulle
fille[2], femme de Othon, quil fut filz de Hugon le Grand, icelle fille
succéda, et fut ledict Othon duc dudict Bourgoingne par sa femme.
En l'an MIL II^c LXXIX[3], Robert, filz de Hugon, le second de ce nom,
duc de Bourgoingne, appréhenda la sucession dudict duché, nonobstant que Béatrix[4], fille de son frère aisné, qui, avant ladicte
sucession advenue, avoit terminé ses jours, prétendisse et deman-
dasse droit en icelle sucession, comme représentant son père, dont
ledict Robert appoincta et luy laissa certaines particulières seigneuries
dudict duché pour sa part et portion, régnant lors Philippe le Bel[5],
roy de France, filz du roy sainct Loys, de quoy nous avons bons et
autenticques enseignemens. Conséquamment ledict Robert, duc dudict Bourgoingne, eust trois enffans procréés en dame Agnès, fille du
roy sainct Loys, sa femme; assavoir Odot[6], Jehanne et Marguerite.
Jehanne fut mariée à Philippe de Valois, frère[7] dudict Philippe dit
le Bel, roy de France, de laquelle depuis vint et nasquit Jehan, roy
de France; et ladicte Marguerite fut aussi conjoincte par mariaige avec
Loys Huttin, roy de Navarre, filz dudict Philippe le Bel. Après le
décès dudict Robert, ledict Odot, son filz, succéda audict duché de
Bourgoingne, lequel eust ung filz nommé Philippe, qui décéda avant
luy, délaissant un filz mineur en droite ligne dudict Odot, lequel

---

[1] Gislebert, fils de Manassès de Vergy, et beau-frère de Raoul de Bourgogne, roi de France. Il mourut vers l'an 956.
[2] Leudegarde
[3] En 1272.
[4] Béatrix, fille de Jean de Bourgogne, comte de Charolais, épousa en 1272 Robert de Clermont, quatrième fils de saint Louis, chef de la branche royale de Bourbon aujourd'hui régnante.
[5] Philippe le Hardi.
[6] Eudes IV, duc de Bourgogne, après la mort de Hugues V, son frère aîné, de 1315 à 1349.
[7] Neveu de Philippe le Bel par son père Charles de Valois.

fut aussi nommé Philippe [1], et succéda audict Odot, son ayeul, après sa mort; depuis termina vye icelluy Philippe, sans hoirs; par quoy deffaillant la ligne masculine en sa personne, l'avantdicte sucession dudict duché, en l'an MIL IIIe LXI advint audict roy Jehan, comme filz de ladicte Jehanne, fille dudict Robert, et plus prouchain en degré, descendu néantmoings de fille, dénotant assez les filles estre habilles et capables à succéder audict duché; et, pour le prouver et démonstrer, ung seul acte des dessusdicts seroit souffisant. Ces choses tenues pour prémisses de ceste descendue, s'est ensuy, en l'an MIL IIIe LXVI [2], tost après que ledict duché fut advenu et escheu par droit de sucession audict roy Jehan, qu'icelluy roy Jehan, pour les vertus, mérites, vaillances, prouesses, grans, bons, cordiaulx et naturelz services de Philippe dit le Hardi, son filz maisné, en récompense et commémoracion d'iceulx mesmes que ledict Philippe magnanimement, de vaillant, preux et hardi cueur, l'avoyt aydé, servy et soubstenu, sans l'abandonner, en la guerre et journée de Poytiers [3] contre les Anglois, où les autres ses filz et vassaulx le délaissèrent, dont icelluy Philippe fut dès lors surnommé le Hardi, et pour pluisieurs autres justes et raisonnables causes, aux grosses et continuelles instances et poursuytes des estatz et subjectz d'icelluy duché, désirans un propre prince singulièrement dominer sur eulx, donna, concéda, céda et transpourta à icelluy Philippe, sondict maisné filz, ledict duché, avec le tiltre de doyen des pers de France, parpétuellement pour luy, ses hoirs légittimes et toute sa postérité, le tenir et le posséder héréditairement et paisiblement, tout ainsi soubz les mesmes priviléges et auctoritez, et par la forme et manière que auparavant les ducz de Bourgoingne, prédécesseurs dudict roy Jehan, en avoient joy; déclairant plus comme ledict duché lui estoit advenu par droit de proximité et sucession, et non à cause de la coronne de France; laquelle concession et transport, en l'an MIL IIIIe LXIIII [4], le roy de France Charles le Quint, frère dudict Philippe le Hardi, approuva,

[1] Dit de Rouvres.
[2] En 1353, le 6 septembre.
[3] 19 septembre 1356.
[4] Le 2 juin.

émologua, renouvella et conferma, promectant la garantir; desquelles choses dessusdictes appert par bons et vaillables tiltres, estans en noz mains. Dudict Philippe dit le Hardi descendit Jehan, son filz et héritier universel, lequel fut occis en trahison à Montereau[1], auquel succéda le bon duc Philippe, son filz, et audict bon duc Philippe, Charles, filz d'icelluy bon duc, qui mourut en la journée de Nancy l'an MIL IIII^c LXXV[2], la veille des Roys, délaissant une seulle fille unique pupille, nommée madame Marye, à laquelle Dieu face pardon et mercy, et deffaillit ledict duc Charles, le derrier filz masle descendu du dessusdict estoc et costé, possesseur dudict duché, c et XII ans[3] après la devantdicte concession et transport faict audict Philippe le Hardi. Ladicte feue, de noble recommendacion, dame Marie fut par marïaige conjoincte à Maximilian, archiduc d'Austrie[4], filz de l'empereur Frédérich, et derrier empereur cui Dieu pardoint; et auparavant ce mariaige, le lors roy de France Loys XIe, se nommant parrain de ladicte feue madame Marye, à cause qui l'avoit levée des sainctz fons de baptesme, son parant, tuteur et protecteur légitime, à l'umbre de ce, exerceant l'office, non pas de tuteur, mais plustôt de troubleur (faignant d'estre le bon pasteur, gaignant et attirant soubz ceste couleur les subjectz, comme loup affamé après sa proye) de ladicte feue madame Marye, enfin engloutit, usurpa, print et attribua par maistrise tout ce qu'il peult estant de la sucession dudict feu le duc Charles, et non-seullement ledict duché de Bourgoingne, ains le conté[5], le viscontè d'Auxonne et ressort de Sainct-Laurens, en spoliant ladicte feue madame Marye, à laquelle lesdicts duché, conté, viscontè et ressort estoient dévoluz et appartenoient comme héritière seulle pour le tout dudict feu duc Charles, son père. Et de mesmes ledict roy Loys, non content de ce, luy usurpa aussi et occuppa le conté de Masconnois, Bar-sur-Seine et autres terres et seignories, leurs appendances et appartenances,

---

[1] Le 10 septembre 1419.
[2] 1477.
[3] Cent quatorze ans.
[4] Le 19 août 1477.
[5] De Bourgogne.

cédées et transpourtées par le traicté d'Arras, en l'an MIL IIIIe XXXV [1], audict feu le bon duc Philippe, pour luy et les siens, masles et femelles quelzconques à jamès, en récompence et réparacion des dommaiges qu'il avoit heu et supporté à la poursuyte de venjance [2] de la mort dudict duc Jehan, son père. Pareillement occuppa et détint ledict roy Loys XIe le conté de Bolonnois, mouvant du fief d'Artois, lequel, à faulte dudict fief et hommaige non faict, avoit esté commis et ouvert audict bon duc Philippe, et en estoit en possession, prétendant avoir, comme il avoit d'autre part, droit audict conté par l'accession de ses prédécesseurs; oultre ce que, par ledict traicté d'Arras, il devoit demeurer et appartenir audict feu bon duc Philippe et ses sucesseurs. Et d'abondant encoires fut convenu, par le traicté de Conflans, que ledict conté demeureroit, sans contredict ou querelle, audict feu monseigneur le duc Charles, filz dudict bon duc Philippe, pour luy et les siens masles et femelles à tousjours, et seroit tenu ledict roy Loys XIe faire à ce consentir tous les y prétendans droit et querelle, et les récompencer. Occuppa et usurpa en après ledict roy Loys XIe le conté de Guynes et ses dépendances, lequel fut transpourté audict feu monseigneur le duc Charles, pour luy, ses héritiers et sucesseurs quelconques, par ledict traicté de Conflans, que fut confermé par le traicté subsécutif de Péronne; occuppa conséquamment les pays de la rivière de Somme, donnez et transpourtez par ledict traicté d'Arras audict feu monseigneur le duc Philippe et aux siens, à réachat de IIIIe mil escus d'or, et depuis de nouvel audict feu monseigneur le duc Charles, pour lui, ses hoirs et sucesseurs quelconques, par ledict traicté de Conflans, à réachat de deux cens mil escus d'or; occuppa en oultre le conté de Ponthieu, donné pour ypothèque et assinal audict monseigneur le duc Charles, de la somme de cent et vingt mil escus d'or, en traictant le mariaige de luy et de feu dame Catherine de France, sa femme, duquel audict temps de son trespas il estoit joyssant et possesseur. Et finablement il occuppa la rente annuelle et perpétuelle de quatre mil livres, à

[1] Le 21 septembre.   [2] Vengeance.

cause du conté d'Oistervant¹, assignée sur la recepte de Vermendois, laquelle devoit ensuyr à jamès ledict conté d'Oistervant et son possesseur, duquel ledict empereur, par droit de sucession, est, comme sont estez ses prédécesseurs, seigneur et joyssant, par quoy luy est ladicte rente deue. Toutes lesquelles pièces dessus mencionnées, indeuement et injustement occuppées, comme dessus est dit, à l'ombre de tutelle par ledict roy Loys XIᵉ, après le décès dudict feu monseigneur le duc Charles, sont tousjours depuis continuellement esté détenues jusques à présent à force et violence, fors ledict conté de Bourgoingne, lequel, certaines années après la prinse, fut rendu par ledict roy Loys XIᵉ tout destruict; et encoires les détient et occuppe ledict au présent roy de France, sucesseur en ce vice de spoliacion, lequel pour ce est entenu à la restitucion entière desdictes pièces et leurs appartenances envers l'empereur nostre maistre. Car de ladicte feue madame Marye, fille unicque dudict feu monseigneur le duc Charles, descendit le roy de Castille don Philippe, duquel est aussi yssu et descendu ledict empereur, son fils aisné, héritier et légitime sucesseur; laquelle restitucion dessusdicte doit estre faicte par ledict roy de France, avec trois qualitez : la première, qu'elle soit telle que ledict empereur ayt tenu et possessé lesdicts biens et pièces en la forme et manière que ledict feu monseigneur le duc Charles, son bisayeul, les tenoit et en joyssoit, francs et exemps de souveraineté et ressort de France, suyvant la forme dudict traicté de Péronne, passé d'entre feu monseigneur le duc Charles et le roy Loys XIᵉ; la deuxième, que tous les fruictz et levées euz et parceuz indeuement depuis l'avantdicte occupacion et spoliacion jusques au temps présent, et que l'on pourra percepvoir jusques à ladicte restitucion, selon la liquidacion que s'en pourra faire, soient semblablement restituez et renduz; la troisième, que restablissement et restitucion soit faict pareillement de tous dommaiges et interretz soubstenuz, et que cy-après se pourront soubstenir, à l'occasion de la dessusdicte spoliacion, occupacion et détencion, et tant par le

¹ Le comté d'Ostrevant, entre Valenciennes et la Scarpe, dans l'ancien Hainaut français.

moyen des guerres passées depuis ladicte spoliacion, que la présente esmeue à la grosse coulpe et grand tort dudict roy de France. D'autre part, il y a autres querelles lesquelles méritoirement ledict empereur peult proposer à l'encontre dudict roy de France, luy compétans à raison de ses royaumes d'Espaigne : premier, à raison de sa coronne et royaume d'Arragon, luy appartient le conté de Toulouse, Narbonne, Montpellier et tout le pays de Languedoc, distraictz, tolluz et usurpez par cy-devant injustement de ladicte coronne d'Arragon et des pays et seignories de Majorque, Cathelaigne et Rossillon, occuppez et détenuz en semblablement par ledict roy de France; secondement, par les mesmes tiltres, drois et raisons qu'il a esté démonstré cy-devant le royaume de Navarre appartenir audict empereur, les pays de Byart[1], de Foix et Bigort, avec les contez de Champaigne et de Brye, luy doivent appartenir, lesquelz furent concédez et transpourtez à dame Jehanne, fille de Loys Huttin, roy de France et dudict Navarre, et de dame Marguerite de Bourgoingne, laquelle dame Jehanne, après le trespas de sondict père, prétendoit succéder au royaume de France, dont elle obtint lesdicts pays et contez avec ledict royaume de Navarre; par quoy ilz doivent estre comme ilz sont des deppendances dudict Navarre, et en doit restitucion estre faicte, comme il a esté dessus dit, des querelles de la maison de Bourgoingne. Et conséquamment il y a autres querelles dépendans de la dignité impérialle : car ledict roy de France usurpe, occuppe et détient pluisieurs choses du sainct empire, lesquelles ledict empereur, pour le devoir de sadicte dignité impérialle, entend, par tous deux moyens, recouvrer et réintégrer ledict sainct empire en ses drois, d'austant qu'il sera possible à sa majesté. Premièrement, ledict roy de France usurpe indeuement audict sainct empire le Daulfiné, lequel fut baillé à ung filz du roy de France[2], à telle condicion que à jamès ne

---

[1] Béarn.

[2] Humbert II, dernier dauphin de Viennois, dont la famille descendait de la première race des ducs de Bourgogne, céda en 1349 ses états à Charles de France (depuis roi sous le nom de Charles V), fils de Jean, duc de Normandie.

seroit ou pourroit estre uny ou incorporé à la coronne de France, et succéderoit à l'aisné filz dudict roy de France vivant, ou au plus prouchain de la coronne dudict France, et que, par luy, foy, fidélité et hommaige en seroit baillé et faict à l'empereur, comme le tesmoingnent très-clèrement les cronicques et chartres anciennes; et de mesmes ledict roy de France occuppe le royaume d'Arles et toute la Provence, que ne se peult nyer, et dont est encoires que aujourd'hui, entre les trois archi-chancelliers dudict sainct empire (desquelz le premier est nommé pour la Germanye, et est l'arcevesque de Mayance; le deuxième pour Ytalie, et est l'arcevesque de Colonne), l'arcevesque de Trèves troisiesme est appellé archi-chancellier de l'empire pour la Galle Belgicque, celle partie que doit obéyr à l'empire, et le royaume de la province d'Arles. Et finablement, ledict roy de France occuppe les duchez de Milan et de Gennes avec la conté d'Ast, mouvans du fief dudict sainct empire, et dévoluz par commise et ouverture à icelluy empire pour les causes jà cy-devant desduictes, parlant dudict duché de Milan; par quoy méritoirement restitucion en doit estre faicte audict empereur, comme il a cy-devant esté dit des autres choses, ausquelles et chacunne d'icelles convient avoir considéracion et regard, et appaiser toutes les dessusdictes querelles et leur racyne, pour establir bonne et seure, certainne et permanente paix que doit estre conjoincte à justice, et affin, comme chante la saincte Escripture, qu'elles se rencontrent et baisent ensemble.

LE CHANCELLIER DE FRANCE.

Les choses proposées par le chancellier de l'empereur semblent fort estrangir et esloingner la voye de paix, par lesquelles peult assez apparoir qu'il n'a aucune bonne inclinacion à icelle, demandant ce qu'il ne pourroit à perpétuité obtenir, comme il peult assez sçavoir; car le roy très-chrestien tient à bon et juste tiltre tout ce qu'il demande. Et si nous voulions amener au devant noz vielles querelles, nous pourrions beaucop plus demander et quereller qu'il n'a esté faict d'autre part; car nous pourrions quereller les royaumes d'Arragon, de Valence, la principaulté de Catheloingne, la conté de Rossillon et tout ce que deppend de la coronne dudict Arragon, mesmes les royaumes de Naples et de Sécille, en après la conté de Bourgoingne, comme estant du fief de France, commis et dévolu à la coronne, les pays de Flandres et d'Artois, aussi commis à ladicte coronne de France, à faulte de hommaige non faict, et pour autres raisons à déclarer en temps et lieu. Mais pour tant que à nos[1] autres ambassadeurs dudict roy très-chrestien n'a esté donné puissance ny mandement de débatre ou disputer sur ces querelles, ains seullement pour transigir et dresser paix sur les différens suscitez par l'inobservance des traictez, requérir réparacion de ce que a esté faict contre la forme d'iceulx, les mieulx asseurer, et consuyr les dommaiges et interestz supportez par ladicte inobservance et rompture faicte de la part de l'empereur, nous ne povons disputer sur lesdictes querelles; toutesfois, affin qu'il ne semble que soyons ingnorans les drois dudict roy très-chrestien, et qu'il ne demeure ès ouyers[2] des présens que ledict roy très-chrestien détient ou occuppe indeuement et sans tiltre aucune chose, je prendray ce qu'il semble avoir plus de couleur et y respondray; et premier, quant au duché de Bourgoingne, ledict chancellier de l'empereur fault[3], pour qu'il ne fut octroyé ny baillé à Philippe le Hardi par le roy Jehan, ains par Charles le Quint, frère dudict Philippe, en récompence du duché de Tourainne, lequel ledict Philippe tenoit par avant, et avoit icelluy duché de Bourgoingne desjà esté incorporé à la coronne de France par ledict roy Jehan, dont, par la loy du royaume, nommée salicque, dèslors n'ont peu succéder filles en icelluy, ausquelles ne peult advenir ce qui est de l'appendance ou appenaige dudict royaume. Au regard de ce que l'on prétend par le traicté d'Arras, par honneur, l'on n'en devroit parler, car en ce temps le lors roy de France estoit comme destitué et privé de la plus grand part de son royaume, et ne povoit vaillablement traicter au préjudice d'icelluy et de ladicte coronne. Des

---

[1] Nous.
[2] Oreilles.
[3] Se trompe, est en défaut (de *faillir*).

querelles à l'occasion des Espaignes et de l'empire, ce sont choses vainnes, et telles les réputons, actendu que les pays, terres et seignories que l'on en prétend, passé a IIIe ans, à bon tiltre sont advenuz à ladicte coronne de France; du duché de Milan, oultre les investitures et enhéritemens obtenuz à gros poix d'or, par le roy Loys le dernier, de l'empereur Maximiliain, nous avons le vray tiltre à icelluy, pour ce que lorsque Philippe-Maria Visconte, duc dudict Milan, bailla en mariaige sa fille Valentine à Loys, duc d'Orléans [1], par le traicté dudict mariaige fut convenu et accordé que, si ledict Philippe-Maria décédoit sans hoirs masles, ledict duché de Milan adviendroit à icelle Valentine, sondict mary, et aux descendans d'icelluy mariaige; et pour ce que en ce temps l'empire estoit vacquant, le pape ayant, icelluy empire vacquant, toute puissance, approuva, décréta et auctorisa ledict traicté, et les conventions et sucessions dessusdictes, nonobstant que fiefs impériaulx de leur nature soient masculins, et que filles ne puissent succéder en iceulx, faisant ainsi de fief masculin, féminin; au droit de laquelle Valentine ledict roy Loys le dernier a succédé, lequel (comme cy-devant a esté dit) a obtenu de son vivant investiture pour luy, dame Claude, sa fille aysnée, royenne de France, et ledict roy, nostre maistre, son mary, qui pour lors estoit daulphin; par quoy à juste tiltre il tient ledict Milan. Mais puisque l'on met telles choses en avant, et que l'on renouvelle les playes anciennes, dont n'a apparence ou espoir de faire paix, meilleur sera, sans plus pardre de temps innutilement, que retournons devers ledict roy très-chrestien, nostre maistre, et que ung chacun endroit soy pourvoye à ses affaires.

LE GRAND CHANCELLIER.

Mes proposicions n'esloingnent tant la paix que partie adverse prétend, mais tendent plustost au vray fondement et establissement

[1] Ce prince était frère puîné du roi Charles VI. Sa femme, Valentine de Milan, qu'il épousa en 1389, était fille du duc Jean Galeas Visconti, et sœur de Philippe Marie, qui décéda sans héritiers légitimes.

d'icelle, et procèdent de justice, comme j'ay devant dit, sans laquelle bonne, vraye, ny certainne paix ne peult estre establye. Si ne doit estre réputée droicte conclusion de paix, si l'on délaisse ou omect derrière aucuns différendz indéciz, si les racines de discentions demeurent, se nourricent et borjonnent, et si l'advénement de guerre n'est empesché, ains plustost occasion délaissée pour bailler voye à nouvelles mutacions et troubles; et plustost en ce cas se devroit nommer ymaginacion ou conglutinacion de paix, que résolucion ou ferme conclusion. Nous en avons devant noz yeulx les exemples de tant de traictez faictz par cy-devant, lesquelz pour austant qu'ilz n'estoient fondez en justice, ilz n'ont eu durée, ains ont baillé cause et occasion plus grosse à la nouvelle guerre et discention; et semble que les François ne les rencontrent que pour gaigner le temps, tromper et décepvoir leur partie adverse. Et pour ce seroit chose vainne et illusoire, retumber présentement ès mesmes erreurs et inconvéniens que nous avons par cy-devant si souvent expérimenté, et derechief sans fondement traicter de paix, que, premier, les racynes et germons de tous différends et discors ne soient extirpez et desracinez. Et quant à ce que l'on avance et dit que le roy de France pourroit demander et quereller envers nous plus que nous n'avons faict envers luy, comme les royaumes, seignories et deppendances de la coronne d'Arragon, de Naples et de Sécille, les contez de Bourgoingne, de Flandres et d'Artois, il les pourroit bien demander, mais il ne les sçauroit obtenir par raison. Aussi l'on n'alègue pour ce aucung tiltre, combien que l'on se soit armé de droit de fief que ne se trouvera à jamès, et est chose inventée et songée; et certainnement à bons tiltres, plus justes, raisonnables et apparentes causes, nous eussions peu demander, de la part de l'empereur, nostre maistre, tout le royaume de France, où seroient toutes autres particulières querelles encluses, et par pluisieurs moyens: entre aultres que, par les propres cronicques de France, appert clèrement comme pape Boniface VIIIe priva le roy Philippe, dit le Bel, de tout le droit qu'il avoit audict royaume de France, et le concéda, donna et transpourta avec l'empire à Albert, duc d'Austrice, empereur, prédécesseur dudict au présent empereur nostre maistre[1]. Or ne se peult nyer que le pape et le sainct-siége apostolicque n'ayt l'auctorité et puissance de hoster ledict royaume à ung et le transpourter ou conférer à autre, si l'on ne veult impugner et arguer le tiltre d'icelluy royaume baillé et conféré à Pepin le premier par le pape Zacharias, en déportant et déposant d'icelluy le roy Childéric, et toute la descente dudictPepin, de tirannie indeue et non titulée usurpacion dudict royaume. Toutesfois nous avons obmis ceste péticion, mesmes pour non donner à congnoistre ou présumer que voulions préjudicier ou faire concurrence à la querelle que le roy d'Engleterre y a, et affin de non l'irriter ou mouvoir contre nous, lequel nous avons accepté et voulons avoir pour médiateur et amyable appaiseur en toutes noz querelles, actions et demandes; et en vérité, ce n'est sans cause que le roy de France ne veult entrer en ceste dispute, fuant la lice pour non alumer et esclarcir la vérité des choses, descouvrir son iniquité, tort et injustes occupacions. Et s'il avoit le tiltre dont il s'est venté par son chancellier, en général, ès parties que querellons et demandons, il ne reffuseroit sur ce le combat, mais feroit expresse déclaracion de ses drois, produyroit ses tiltres et enseignemens, pour démonstrer ladicte vérité; de quoy s'ensuyroit la congnoissance de la plus juste et raisonnable poursuyte et demande. Ledict chancellier m'a notté d'avoir erré et failli quant j'ay dit que le duché de Bourgoingne avoit esté transpourté par le roy Jehan à Philippe le Hardi, son filz, maintenant que ce fut par le roy Charles le Quint et non ledict Jehan; mais ce disant, il a descouvert que luy-mesmes fault et erre, et donne à congnoistre qu'il n'a veu les tiltres et lectrages à ce servans, lesquelz nous avons avec nous pour en faire prompte foy, et n'avons mis en avant que la pure vérité, fourniz d'enseignemens vaillables pour la justisficacion et preuve d'icelle; et, si semble bon, l'on pourra faire la lecture des lectres de concession et transport faict par ledict roy Jehan audict Philippe le Hardi, son filz,

---

[1] En l'année 1303.

d'icelluy duché, et après qu'il y fut advenu (comme j'ay dessus dit), sans le garder à peine deux ans en ses mains ; quant audict Charles le Quint, il est vray qu'il approuva, conferma et ratisfia ladicte concession, et la promyst garantir: doncques mal et impartinemment est alléguée l'union et incorporacion dudict duché à la coronne de France, que n'advint oncques. Et si faicte avoit esté, comme il ne se trouvera, elle avoit esté directement dissolue par celluy mesmes l'ayant faicte, du consentement du sucesseur, la chose estant en son enthier, et avant que le droit fût acquis à aultruy; par quoy ne se vient à comprendre ledict duché avec les appendances ou appennaiges de France, ny soubz la loy que l'on nomme salicque, laquelle néantmoings ne souloit exclure les femmes de la sucession d'iceulx appennaiges, comme par pluisieurs exemples et lectres auctenticques pourrions faire apparoir ; et en tous advénemens ladicte union hostée, laquelle aussi par prescription de plus de cent ans, commancée audict Philippe le Hardi et finie au trespas de feu monseigneur le duc Charles, cesse, tous drois d'appenaiges sont en semblable tolluz et hostez, et par conséquant le fondement de ladicte prétendue loy salicque. Du traicté d'Arras, que l'on a rejecté si ligièrement, c'est sans fondement ou apparence de raison, car jamais traicté ne fut passé entre les roys de France et la maison de Bourgoingne, à meilleur achoison[1], ny par plus fort et ferme lyen, confermé et approuvé par auctorité du sainct-siége apostolicque, et auquel entrevint le cardenal de Saincte-Croix, comme légat dudict sainct-siége. Et si d'adventure en ce temps le roy de France estoit privé de son royaume ou de la greigneure[2] partie d'icelluy, c'estoit par sa coulpe et son fourfaict, ayant parmis devant luy et en sa présence l'occision de feu monseigneur le duc Jehan de Bourgoingne, soubz ses lectres de saulf-conduyt, et soubstenu les homicides en sondict royaume, sans en faire la correction et pugnicion convenable ; pour la vengeance et réparacion de laquelle occision, feu monseigneur le bon duc Philippe, filz dudit duc Jehan, à bon droit et cause raisonnable,

[1] Occasion.   [2] Plus grande.

print les armes et mena bonne guerre audict roy de France; après laquelle et grosse effusion de sang chrestien, ne fut moings loysible audict feu bon duc Philippe sur ce transigir et appoincter, prendre et accepter tout ce que, par ledict traicté d'Arras, luy estoit accordé tant pour l'avantdicte réparacion, fondacion, sainctz édiffices, autres euvres pieuses, que les frais, dommaiges et interestz soubstenuz à la poursuyte et maintenement d'icelle guerre; en quoy n'a esté en riens blessé ou grefvé son honneur, et de tant plus que, comme devant dit est, ce fut faict et passé de l'auctorité avantdicte dudict sainct-siége apostolicque. Si ne doit icelluy traicté d'Arras moins estre observé ou gardé, et si les roys de France par cy-devant, à leur façon accoustumée, ne l'ont entretenu, il en est de tant plus dehu à l'empereur; aussi l'innobservance d'une partie ne forclot le droit et action de l'autre, ains plustot frustre et prive ladicte partie inobservante et contrevenant de toutes ses exceptions et deffences. Quant à ce qu'a dit ledict chancellier de France du duché de Milan, se sont ruses et songes, puisque aucung tiltre coloré ou vaillable ne s'en peult tirer; et qu'appartient-il à l'affaire si Philippe-Maria Visconte ayt faict paction de la sucession dudict duché de Milan si trespassoit sans hoirs masles, actendu que ceste condicion n'a esté purifiée? car il délaissa ung filz à luy survivant[1]; que telle convencion ne peult valoir au préjudice de l'aggnacion; que disposicion ou ordonnance de deffunct ne peult muer ou changer la nature du fief, et au surplus que fief ne se peult assigner ou donner en dot et mariaige, et n'en peult estre ordonné par derrière volenté ou contract entre les vifz, sans le congé et consentement du seigneur dudict fief et de ceulx à qui, par bénéfices d'investiture, ilz devroient succéder. Et si ne l'a peu valider l'approbacion du pape, le siége impérial vacquant, pource que oyres que l'on treuve icelluy pape, ledict siége vacquant, juge compétant en l'empire ès choses de justice et pour l'exercice d'icelle,

---

[1] Philippe-Marie Visconti, mort en 1477, ne laissa qu'une fille naturelle, Blanche-Marie, alliée à François Sforce, lequel s'empara à main armée de toutes les places du Milanais, sous prétexte de faire valoir les droits de sa femme.

toutesfois il n'a pas l'auctorité ou puissance de altérer la nature du fief impérial et hoster le droit d'aultruy, sans congnoissance de cause, en la temporalité et fiefz avant dicts séculiers et impériaulx, et mesmes où l'empereur a autrement pourveu et ordonné, comme en ce cas est advenu et ferons apparoir. Au regard de l'investiture prétendue du roy Loys le derrier, sur laquelle l'on se fonde, elle ne baille tiltre, pour les causes et raisons jà ci-dessus alléguées; par quoy doncques si ledict chancellier de France a si grosse horreur ès querelles, désespère de paix si l'on en faict mémoire ou mencion, et luy soit admis pour le meilleur de retourner, les choses demeurans en l'estat où elles sont, nous sommes de nostre part prestz de ce faire plustot que traicter paix, sans la fonder et renouveller ou relier les alliances, tant souvent violées ou rompues.

LE CARDENAL.

Je suis contrainct faire interrupcion en vostre altercacion; et certes voz proposez sont haulx, et avant que telles et si grosses querelles fussent discutées tant pour soffire, l'effusion du sang chrestien sera grande, la chose publicque de chrestienté souffrera beaucop, les ennemys de nostre foy prendront couraige et se fortisfieront, et comme loups forcenez esgareront le troupeau de Nostre-Seigneur, qui ne pourra pestre en ses pasquiers, et ce ne sont pas moyens de paix. Et pour ce convient prendre ung autre chemin : car trop grief me seroit, après tant de labeurs et peines que j'ay prins, ayant exposé ma parsonne en dangier de mer, esté devers l'empereur pour le disposer et induyre à la paix, délaissé les affaires du roy mon maistre, et les miens propres, sans prendre esgard à mes maladies et indisposicion corporelle, que nous eussions usé et consommé icy tant de temps en vain et sans aucung fruict, que ne seroit l'honneur dudict roy mon maistre, ni le myen; si ne nous en devrions par raison contenter. Par quoy je vous requiers et prie derechief, affin que pour Dieu, pour la foy, le bien publicque de la chrestienté et pour vous-mesmes, vuillez plus meurement adviser, d'une part et d'autre, sur lesdicts moyens de paix, et me descouvrir franchement ce que vous aurez sur le cœur; et à celle fin que je puisse mieulx entendre à la santé de mon corps, je desputeray encoires M. Desly et le maistre des rolles pour estre avec vous demain et ouyr ce que vous aurez advisé, et s'ilz sçavent ouvrir quelque voye pour ladicte paix, le vous déclarer; et de tout ce qu'aura esté faict entre vous m'en faire le rapport.

LE GRAND CHANCELLIER.

Le nunce de nostre sainct-père est malade, sans lequel ne povons besongner; toutesfois serons content nous trouver avec les autres, soubz protestacions que riens se conclura sans luy; si déclairerons franchement ce qu'il nous semblera convenyr pour moyenner paix.

LE CHANCELLIER DE FRANCE.

Nous serons prestz semblablement nous y trouver; toutesfois, pour austant que n'avons encoires veu povoir vaillable, soit de la part du pape ou de l'empereur, il seroit bien duysant que avant toute euvre les personnes fussent légitimées et fondées, d'ung chacun costé, de mandemens et povoirs souffisans.

LE CARDENAL.

Nous pourvoyrons assez ausdicts povoirs si les choses au demourant se peuvent apprester et disposer à paix; et je sçais que desjà nostre sainct-père de sa part a envoyé le sien, et que les ambassadeurs de l'empereur en sont souffisamment fourniz.

LE GRAND CHANCELLIER.

Or bien nous serons demain, à deux heures après midy, au lieu accoustumé pour ouyr ce que l'on voudra mectre en avant, et dire patiemment et ouvertement nostre volenté.

LE CHANCELLIER DE FRANCE.

Et nous ferons le semblable, si comparistrons ès lieu et heure ordonnez.

Icy commence la neufiesme communicacion.

LES DÉPUTEZ DU CARDENAL.

Messieurs, vous entendistes hier, par l'orghain du très-révérend M. le cardenal, la cause de nostre présente assemblée qu'est pour ouvrir quelque ouverture de paix, et, de tout ce que en nous sera, la trouver et procurer; par quoy nous ourrons très-volontiers ce que une chacune partie en vouldra dire après, et nous employerons de tout nostre possible pour dresser, si faire se peult, ladicte paix envers les princes.

LE GRAND CHANCELLIER.

Qui premier a rompu la paix parle le premier pour la remectre sus. L'empereur a esté envahy et provocqué, et le roy de France a esté l'aggresseur et infracteur d'icelle paix; si fault doncques entrer en communicacions de paix, que l'on propose premier de la part du roy de France.

LE CHANCELLIER DE FRANCE.

Le roy très-chrestien n'a esté l'aggresseur ny infracteur de paix, mais le contraire l'on luy a premier failly, et pour ce nullement voulons accepter le premier lieu de parler; ains expressément le reffusons.

LE GRAND CHANCELLIER.

L'on a démonstré ces jours passez habondamment quel est celluy qui premier a vyolé et faulcé sa foy, ensemble les traictez, et si avant qui ne restoit que sur ce former jugement, dont attendions et espérions, après les tant amples déductions, disputes, démonstrances et liquidacions de choses passées et instruction deue de cest affaire, consuyr la décision, et qu'il s'ensuyvroit que le roy d'Engleterre se déclaireroit contre celluy qui a vyolé et enfrainct lesdicts traictez; à quoy nostre charge et commission tendoit. Et pour ceste cause l'empereur, du commencement, n'avoit baillé povoir à ses ambassadeurs pour traicter paix ou trêves, ains seullement pour requérir secours à l'encontre de l'aggresseur, violateur et infracteur d'iceulx traictez, sans en faire dispute avec les ambassadeurs du roy de France, puisque la chose estoit toute notoire, si ouverte, clère et manifeste que l'on ne le povoit véritablement contredire ou nyer; et jaçoit que très-révérend M. le cardenal-légat ayt esté devers sa majesté impériale pour l'inciter et mouvoir à paix, néantmoings il a seullement obtenu que sadicte majesté impériale bailleroit procuration à sesdicts ambassadeurs, non pas pour traicter de ladicte paix ou de trêves avec ledict roy de France, mais pour desduyre, entendre et congnoistre lequel a contrevenu ausdicts traictez, et sur ce produyre justisficacion comme il appartiendroit, et conséquamment demander lesdicts secours selon et ensuyt la forme d'iceulx traictez, jusques à ce que tous dommaiges, pertes et intérestz fussent réparez entièrement ; et si, de la part dudict roy d'Engleterre ou par mondict seigneur très-révérend, quelque chose estoit mis en avant pour la pacificacion et appaisement des différendz, si n'a voulu sadicte majesté impériale que aulcune chose fût traictée ou faicte sans la présence et consentement du nunce apostolicque, ayant sur ce exprès et souffisant mandement de procuracion de nostre sainct-père. Puis doncques que mondict seigneur très-révérend, qui avoit la partie de médiateur, n'a voulu décider la contravencion devantdicte desdicts traictez, et luy a semblé pour le mieulx les tenir en suspence, pour passer et moyenner paix, ce n'est à nous de faire l'entrée ou ouverture ny des moyens; aussi nous n'avons icy présent ledict nunce apostolicque, détenu de maladie, et si ne sçavons s'il a puissance de nostredict sainct-père, sans lequel, comme nous avons souvent dit, tout pouvoir nous est interdict, et avons la bouche close.

LE CHANCELLIER DE FRANCE.

Raisonnable ne seroit que proposions en ceste partie aucune chose, puisque partie adverse n'a procuracion ny puissance, sans laquelle l'on ne peult bonnement procéder; aussi n'entendons que les ambassadeurs de l'empereur tirent de nous ce que sçavons et nous dicte le cueur, jusques à tant que voyons qu'ilz soient habilitez et fondez de souffisans povoirs.

LE GRAND CHANCELLIER.

Nous ne tenons pas les procuracions de nostre partie adverse pour souffisantes, non plus qu'elle faict les nostres, car il y a pluisieurs faultes et deffaillances, dont pour traicter besoing leur seroit en avoir d'autres.

LES DÉPUTEZ DU CARDENAL.

Nous ferons doncques nostre rapport comme nous avons esté assemblez, et que aucune ouverture de paix n'a esté touchée; ains, que pis est, n'en avez vouluz parler.

LE CHANCELLIER DE FRANCE.

Vous povez assez considérer que ne nous seroit duysable en faire parolle.

LE GRAND CHANCELLIER.

Et encoires moings ceste charge nous appartient; par quoy, si semble expédient faire ouverture à la fin que dessus, plustot appartiendroit à celluy tenant la partie de médiateur, car jamès l'une des parties n'agréera ou approuvera ce que par l'autre sera proposé ou mis avant.

LES DÉPUTEZ DU CARDENAL.

Concepvons doncques le premier article de paix, que sera, qu'entre nostre sainct-père le pape, l'empereur et le roy très-chrestien aura bonne paix et vraye amytié : les guerres, discors et contrariétez entre eulx cesseront, et seront à jamès bons amys ensemble, amys d'amys et ennemys d'ennemys, ainsi que communément, en tous traictez de paix, ce premier article se met et extend de coustume, et si nous accordons à icelluy, facillement la reste en dépendant se conclura.

LE CHANCELLIER DE FRANCE.

J'ay desjà déclaré que je me vouloye tayre sans plus dire.

LE GRAND CHANCELLIER.

Je ne délibère semblablement autrement parler, actendu que n'avons povoir, le nunce de nostre sainct-père absent.

LES DÉPUTEZ DU CARDENAL.

Pour Dieu! que ceste assemblée ne demeure ainsi vaine et illusoire, et affin que puissions faire quelque rapport, déclarez si ce premier article dessus touché vous aggréera; dès lors en après l'on pourra poursuyr la reste, tant pour obtenir et avoir souffisantes procuracions, la présence et comparicion du nunce apostolicque, que pourveoyr aux autres choses nécessaires pour la perfection et conclusion de l'affaire.

LE GRAND CHANCELLIER.

Je parleray, puisqu'ainsi plaist, de moy-mesmes, et non en vertu de nostre charge et commission, pour ce que l'on pourra tenir ce que je diray pour non dit, si le consentement du nunce apostolicque, et souffisante procuracion de sa part, n'entrevient avec le bon plésir et vouloir de l'empereur. Quant l'article proposé, comm'il a esté touché ou en semblable substance, se concluroit, la paix seroit faicte, et ce que se pourroit adjouster après ne seroit que accessoire; mais certes telle paix n'ayant déu fondement ne peult estre ferme et estable : car qui veult bastir ung bon, fort, estable et permanent édiffice, il fault premier le bien fonder, et adviser que si l'on treuve d'anciens fondemens, non puissant pour le fez et poiz de l'édiffice, il les fault tirer et arracher de racine et en faire de tous nouveaulx, sur lesquelz se puissent seurement et à prouffit édiffier. Or doncques, si ladicte paix entre ces princes se doit establir, il ne fault commencer par édiffice, ains par démolicion des ruyneux fondemens; car pour ce que les fondemens des traictez derrièrement faiz estoient foybles et caducques pour porter à la longue la construction et bâtissement de paix, icelle paix n'a heu durée; ains est le tout, par la débilité desdicts fondemens, dérochez et venu en perdicion et désercion. Par quoy convient, pour non retomber en cest erreur, arracher et abatre du tout telz fondemens, et tenir les traictez de Noyon et de Paris, auquel ledict de Noyon se rapporte, ayant causé la mutacion et hostillité où de présent nous véons, cassez, nulz, de nulle valeur, pour non faiz et advenuz, et que les parties soient remises en tel estat qu'elles estoient auparavant la laudacion d'iceulx, de sorte que toutes querelles et actions que compétoient auparavant à chacune desdictes parties soient et demeurent saulves, pour en faire poursuyte, comme ilz eussent lors peuz; pour lesquelles querelles vuyder et appaiser, icelles parties, une chacune endroit soy, pourroit déans six mois prouchains produyre tous ses droiz, tiltres et justisficacions devant le roy d'Engleterre, lequel comme médiateur et amyable appaiseur seroit tenu, ayant sur ce eu l'advis et conseil des saiges, déans autres six mois diffinir et déterminer lesdictes querelles, et par ceste façon se feroient bons et puissans fondemens, sur lesquelz asseurément se pourroit asseoir ladicte paix; ce que j'entends dire et avoir dit soubz les bons plésirs et condicions devantdictes.

LES DÉPUTEZ DU CARDENAL.

Monsieur le chancellier de France ne respond aucune chose; toutesfois il seroit bon qu'il parlast et déclarast ce qu'il luy semble.

LE CHANCELLIER DE FRANCE.

Je ne sçay qu'en dire, puisque le chancellier de l'empereur parle de soy-mesmes et non en vertu de sa commission, comm'il a dit, en adjoustant tant de condicions qu'il me semble riens dit; et si faict dépendre ses parolles du consentement du nunce du pape, du bon plésir de l'empereur et actendue de ses procuracions : par quoy ne seroit raisonnable respondre à telles proposicions.

LE GRAND CHANCELLIER.

Et si d'adventure après que vous serez accordé à nostre proposé, nous promections le faire ratisfier par l'empereur?

LE CHANCELLIER DE FRANCE.

Il ne me chault de vostre ratisficacion : car nous ne sommes en jugement où l'on admect telles satisdacions, et non mye en traictant de paix.

LE GRAND CHANCELLIER.

Il me semble que ratisficacion vault et se reçoit pour valider l'acte, non seullement ès jugemens, ains ès contraulx, pactions et traictez.

LE CHANCELLIER DE FRANCE.

Gardez-vous bien votre ratisficacion, car par ce boult ne tirerez le secret de ma pencée; si ne parleray plus avant, ny me descouvreray que je ne voye autre plus souffisante procuracion que vous n'avez.

LE GRAND CHANCELLIER.

Nous usons le temps en vain, actendu que l'on ne veult entendre à la déclaracion requise sur la rompture des traictez, ny à la prestacion de secours, ny pareillement à la congnoissance et déterminacion des querelles, ne conséquamment ès moyens pour l'ouverture de seure voye de paix; par quoy sera meilleur que ung chacun retourne là d'où il a esté envoyé et est ici venu. Et si la partie adverse treuve qu'il y ayt quelque deffaillance en nostre procuracion, il n'en y a pas moins ès siennes, comme nous monstrerons et avons desjà déclaré.

LES DÉPUTEZ DU CARDENAL.

Pourquoy aurions-nous ainsi innutilement consommé le temps sans avoir quelque bon fruict de ceste assemblée? Nous vous prions, en l'honneur de Dieu, que n'abandonnez encoires la chose et délaissez imparfaicte pour laquelle l'on a prins tant de peines; et vous, monsieur le chancellier de France, ne vous abstenez tant de parler que soyez cause de la rompture, et ne nous arrestons si fort ès procuracions, car si oyres elles sont moings que souffisantes, l'on y pourra remédier et en avoir de plus souffisantes; cependant il ne sera jà mal convenant que l'on asseure les choses par promesses de faire ratisfier; et pour ce ne perdons plus de temps, et déclarez si les moyens proposez par les ambassadeurs de l'empereur vous playront, ou si vous en avez d'autres meilleurs.

LE CHANCELLIER DE FRANCE.

Puisque le propos s'adresse à moy, s'il vous plaist quelque peu attendre, je communicqueray appart avec mes consors et compaignons d'ambassade cy présens, et après vous déclaireray nostre intencion.

LES DÉPUTEZ DU CARDENAL.

Nous sommes contens, en nom de Dieu, que le faictes, et advisez quelque bonne résolucion, pour en faire rapport à très-révérend M. le cardenal.

LE GRAND CHANCELLIER.

Que les ambassadeurs de France communicquent à leur bon plésir et dient ce qu'ilz vouldront; nous serons appareillez ouyr ce qu'ilz diront et ne retiendrons nostre pensée.

Icy se met appart le chancellier de France avec les autres ambassadeurs ses collègues et compaignons d'ambassade, et après il parle comme s'ensuyt :

LE CHANCELLIER DE FRANCE.

Je ne veulx parler de moy-mesmes, comme le chancellier de l'empereur a faict en son endroit; et soubz ces protestacions que je ne diray choses qu'en vertu de nostre commission et seullement soubz le bon plésir du roy très-chrestien, mon maistre, il semble que ledict chancellier vuille commencer l'édisfice par ruyne, et pour ce vouldroit que renuncissions aux traictez par cy-devant faictz, que le roy très-chrestien n'accordera jamès; car les drois acquitz une fois à sa coronne n'en peuvent estre distraictz ny séparez, et n'est à luy d'y povoir renuncer; et pour ce ne fault parler de ceste rétractacion, considéré mesmes que lesdicts traictez sont estez faictz avec les principaulx conseillers des parties, ès mains desquelz l'entière conduite et administracion de toutes choses estoit constituée: et pour la part du roy catholicque le sieur de Chièvres, le grand chancellier antécesseur de cestuy, et l'audiencier Harneton, tous bien sçavans et entendans l'estat et les drois d'icelluy roy catholicque, entrevindrent au traicté de Noyon, à l'instance et réquisition desquelz ledict traicté fut conclud et passé, lequel nous entendons devoir estre, non pas dissolu et retraicté, mais confermé, roboré et fortifié des meilleures et plus grosses seurtez que paravant, à quoy tend nostre charge et puissance, et seullement avons à ce commission, et que tout ce qu'a esté attenté contre ledict traicté de Noyon soit réparé et mis en son premier estat; que l'on acomplisse ce que n'a esté faict; qu'il soit doiresnavant entretenu, et soit pourveu sur la restitucion des dommaiges euz par l'inobservance d'icelluy, pour laquelle restitucion nous ne reffuserons prendre le roy d'Engleterre à médiateur. Et au regard de consentir à la congnoissance et décision des querelles, nous n'avons pour ce faire povoir ny mandement, aussi n'est de coustume de tellement submectre par compromis les différendz des royaumes, estatz et principaultez; par quoy ne povons semblablement accorder ceste partie, non consistant ou estant de nostre puissance, comme jà dit est.

LE GRAND CHANCELLIER.

Le chancellier de France n'a pas bien prins ce que j'ay dit, car je n'ay aulcunement parlé de renunciacion. Aussi l'on ne peult

renuncer à la chose non estant, ou non ayant force ou valeur, et ce
que j'ay dit tend affin que les traictez violez et rompuz soient tenuz
pour nulz et non faiz ou advenuz, et les drois des parties demeurent en leur enthière force et vigueur, en l'estat qu'elles estoient devant la passassion et conclusion d'iceulx traictez. Sur quoy impartinemment et sans propos ledict chancellier allègue que les drois
acquis à la coronne de France ne peuvent estre séparez et si n'y
peult estre renuncé; car nous ne faisons mencion de tollir ou séparer
quelque drois ou d'y renuncer, ains de la conservacion des précédens et premiers, et d'y rejecter lesdicts traictez non vaillables,
lesquelz en façon quelconque ne pourroient ayder ou suffruguer [1]
au roy de France, ny luy bailler droit, les ayant violés et rompus.
Quant à la suacion proposée par icelluy chancellier de France,
que lesdicts traictez sont estez faictz et passez par les principaulx
conseillers des parties quilz avoient la charge et gouvernement de
toutes choses et entendoient les drois de l'empereur, et pour ce
doivent iceulx traictez estre reformez, conformez et mieulx asseurez,
j'ay desjà, les jours passez, débatu et donné à congnoistre se ceulx
qui furent audict traicté de Noyon y procédoient meurement et
par bon conseil, quelle bonne informacion et congnoissance ilz
avoient des drois de l'empereur, et quelle diligence ilz firent pour
les sçavoir. Sa très-sacrée majesté impériale a depuis trouvé et
congneu que tout avoit esté faict à son grand dommaige et préjudice, et qu'on l'avoit obligé et lyé à indeues et iniques condicions; ce néantmoings ne l'a voulu arguer ny contredire, jusques
à ce que son adversaire les a euz violés et rompus; pourtant et
souffrant le tout paciement, voyre que ce fut à son très-grand
dommaige, payant ce qu'il ne devoit, remectant aucuns mariaiges
que l'on luy a oufferts, desquelz possible il eust desjà belle lignée,
et [ayant eu] soubtenemens de plusieurs autres dommaiges pour
conserver et garder sa foy, laquelle, quoy qu'il en fust, il eust continuellement à tousjours mais tenue et gardée, si d'autre part elle

[1] Profiter.

n'eust esté forfaicte et vyolée. Mais puisque ledict roy de France, comme j'ay démonstré et advéré, a esté l'occasion première, infracteur de ladicte paix, aggresseur, promoteur de la guerre, l'ayant premier suscité et méhu, ledict empereur est et doit estre absol et quicte des dessusdicts lyens et inicques obligacions; si n'entend sa majesté ressusciter les mors, ne permectre ralumer ce qui est estainct, à son tant grand et évident dommaige. Il est aussi de droit tout cler que le violateur de traictez est privé de tout le fruict et prousfit d'iceulx, qui doit perdre ce qu'il en a donné, faire restitucion de ce qu'il en a heu et emporté, et décheoir de tous drois et actions; et jaçoit que celluy ayant observé et gardé de sa part lesdicts traictez ayt le choix et obcion de contraincdre le deffaillant à l'observance et entretenement d'iceulx à l'advenir, ou de reprendre ses premières actions et querelles, toutesfois ledict deffaillant n'a ceste faculté, oyres qu'il voulsist purger toute demeure, accomplyr et observer de nouvel lesdicts traictez et réparer les faultes, si ce n'estoit de l'accord et consentement d'icelluy observant et gardant iceulx traictez. Puis doncques que si souvent nous avons déclaré que ledict empereur n'entend plus garder ny observer lesdicts traictez à luy violez et enfrainctz, ains plustot retourner aux anciennes querelles et actions, la partie adverse travaille en vain de cuyder faire réparer lesdicts traictez de plus fortes et meilleures seurtez. Et si les ambassadeurs françois n'ont mandement ny puissance pour entendre et vacquer esdictes querelles, ilz ne devoient ny doivent espérer ou actendre la paix, que ne se peult bonnement, seurement et vrayement dresser sans justice, ny renouveller sur traictez tant souvent violez et rompuz. Dire qu'il n'est de coustume submectre en compromis les querelles de royaulmes et principaultez, l'on pourroit aussi dire en semblable qu'elles n'ont accoustumé d'estre desduyctes en jugement, ny traictez par ordre de droit : car la convoytise des occupateurs est si effrénée, que quand ilz se sentent ou présument non avoir plus grand ou supérieur d'eulx pour les contraincdre et mectre à raison, jamès n'obéissent audict droit, raison ou équité, silz lesdicts droit et équité s'accordent à relâcher l'autruy. Toutesfois il est force que lesdictes querelles et actions soient vuydées et déterminées par voye de droit, amyableté ou de guerre, lesquelles querelles jusques à oyres sont estez suspendues par les traictez, et cesse de présent icelle suspension par la rompture d'iceulx traictez, si est la voye toute ouverte pour les restaurer et poursuyr. Et puis doncques que l'on rejecte sur ce l'amyableté et ne veult-on consentir à la personne du roy d'Engleterre pour médiateur, avec gens saiges et expérimentez, non suspectz, et par ce boult ne se vuille renger la partie adverse aux remèdes de droit et justice, comme nous véons qu'elle a mesme dit, [et qu'] au jugement de laquelle en sa propre cause ne seroit raisonnable estre ou s'arrester, l'empereur nostre maistre sera contrainct de, par guerre, poursuyr ses droiz et querelles avant-dicts, en ceste façon de faict recouvrer ce que en semblable a esté violamment et à force hosté à ses prédécesseurs, tant longuement, indeuement et à tort occupé, et réduyre tout en son premier et deu estat, comme droit et justice le permect et ordonne; en quoy ne fault doubter que sa majesté impériale n'ayt en ayde nostre Créateur, bon combatant pour justice; par quoy n'est besoing de contendre plus avant de parolles, ny user le temps en vain, mais regarder sur le retour au plus tost et que après ung chacun se travaille pour faire du mieulx qui pourra.

LE CHANCELLIER DE FRANCE.

Retirons-nous doncques; car à jamès ne parviendrez à ce que demandez, ni ne se départira le roy nostre maistre des traictez.

LE GRAND CHANCELLIER.

Il s'en est desjà départy en y contrevenant et les violant, et dire que nous ne parviendrons à ce que demandons, il ne dépend pas de vous ny de vostre puissance, ains de Celluy tout-puissant duquel toute victoire procède.

LES DÉPUTEZ DU CARDENAL.

Nous susmes de tout le cueur marrys et desplaisans d'ouyr telles choses ; car certes nous désirerions la pacificacion et appaisement de ces différends et que la guerre cessast pour l'indempnité de la chose publicque de la chrestienté, laquelle desjà par les troubles d'icelle guerre a souffert, et n'y a personne qu'il s'advise de résister au cruel ennemy de nostre foy, le Turc, qui comme un loup est après le peuple de nostre Saulveur, et se baigne en l'effusion du sang chrestien. Toutesfois nous ferons le rapport de ce que nous avons ouy à très-révérend M. le cardenal-légat, qui par adventure trouvera d'autres meilleurs moyens pour parvenir à paix, et de son auctorité osera faire ce qu'à nous ne loist; et si ladicte paix ne se peult tout soubdainement dresser, toutesfois l'on pourra prendre quelque terme de temps, et pendant icelluy traicter desdicts différends et par trêves ou abstinence de guerre tenir en suspens pour quelque brief temps icelle guerre; si croyons que mondict sieur le légat vous mectra en avant ceste voye et au meilleur y ayant pensé, comme celluy qui totallement est enclin et adonné au traicté et conclusion d'icelle paix.

LE GRAND CHANCELLIER.

L'affiert de vostre charge est de rappourter ce que vous avez entendu de nous à mondict sieur le légat, et s'il luy plaist avoir ou tirer de nous autre chose, serons content y respondre et de tout nostre povoir satisfaire à ce que nous est enjoinct.

LE CHANCELLIER DE FRANCE.

Nous ourrons en semblable ce que sa très-révérende Paternité nous vouldra dire, et luy descouvrerons nostre couraige[1] et tout ce que nous avons en mandement et d'ordonnance.

D'icy en après, les nunce apostolicque et ambassadeurs de l'empereur ne se trouvèrent avec les ambassadeurs du roy de France;

---
[1] Ame. cœur.

mais le cardenal-légat d'Engleterre, ouye la relacion de ses députez, véant que nul fruict povoit yssir des devantdictes communicacions, voulut assentir maintenant avec lesdicts ambassadeurs de l'empereur, et à l'autre fois avec lesdicts de France, pour trouver quelque moyen de paix; et après pluisieurs devises, hostant de ce son espoir, commença en semblable, une fois avec l'ung, puis avec l'autre, mectre en avant pluisieurs moyens de trêves ou d'abstinence de guerre; et pour ce que les condicions et qualitez sur ce amenées, si elles plaisoient ou estoient agréables à l'une des parties, elles desplaisoient à l'autre, tellement qu'il n'y povoit avoir conformité ny consonance, ledict cardenal ordonna et envoya aucungs des conseillers principaulx du roy d'Engleterre, tant devers ledict empereur que le roy de France, pour respectivement les disposer et induyre de prendre et embrasser pareilles et semblables condicions de trêves, ou à tout le moings consentir une simple abstinence de guerre. A quoy icelluy cardenal, tant par ambassades, messagiers et lectres envers les dessusdicts princes, que de parolles envers leursdicts ambassadeurs qu'estoient lèz luy, payenna[1] et travailla merveilleusement et sans cesse. Mais considérant qu'il ne povoit venir à son optat et désir; desplaisant que l'assemblée audict Calaix demeurroit sans fruict ou prousfit, et ainsi se devoit retirer; désirant continuer la praticque et poursuyte desdictes trêves, requist que aucungs ambassadeurs d'iceulx princes passassent la mer et alassent avec luy en Engleterre, fourniz de procuracions souffisantes pour la composicion d'icelles trêves, espérant parvenir en temps de l'iver, froideur et indisposicions d'icelluy, comme par contraincte, à ce qu'il n'avoit peu faire pendant les chaleurs d'indignacions et yre, enflamblement des cueurs, vouloirs et hostilité actuelle desdicts princes endroit soy: [ce] que lesdicts ambassadeurs, tant dudict empereur que de France, ne voulsirent accepter ny reffuser, ains le remirent à leurs maistres et seigneurs pour leur en faire rapport. Et en ceste façon fut faicte la départie dudict Calaix, et retourna ung chacun en

[1] Prit peine.

la cour de sondict maistre. Et le lendemain de l'arrivée des ambassadeurs dudict empereur en sa cour, deux postes y arrivèrent, quasi tous deux ensemble, desquelz l'ung appourta la nouvelle de la prinse de Milan [1] et fuyte des François qu'estoient celle part, et l'autre la reddicion de la cité de Tournay pour ledict empereur, qu'est une partie de la despouille et fruict que lesdicts François ont euz et rempourtez de leurs aggressions et invasions, infraction et rompture de foy et des traictez de paix; dont à Dieu le tout-puissant soit la gloyre.

XXXIV.

INSTRUCTIONS

DONNÉES PAR LE SACRÉ COLLÉGE

AUX CARDINAUX COLONNE, DES URSINS ET CESARINI,

DÉPUTÉS VERS LE CARDINAL D'UTRECHT, ALORS EN ESPAGNE,

POUR LUI NOTIFIER SON ÉLECTION AU SAINT-SIÉGE [2].

(Mém. de Granvelle, I, 67-75.)

Rome, 19 janvier 1522.

In Dei omnipotentis nomine, amen.
Die decima nona januarii 1522.

Institutiones sacri collegii cardinalium pro reverendissimis dominis, sanctæ romanæ Ecclesiæ cardinalibus de Columna, de Ursinis et de Cesarinis, legatis mittendis ad reverendissimum in Christo patrem et dominum, dominum Adrianum, tituli sanctorum Joannis et Pauli præsbiterum cardinalem Dertusensem, in romanum pontificem nominatum, in partibus Hispaniæ constitutum, ad presentandum ei-

[1] 19 novembre 1521.
[2] Élu souverain pontife le 9 janvier précédent, il prit le nom d'Adrien VI.

dem electionem de ipso factam et reducendum eum ad urbem, et reliqua eisdem commissa exequenda.

Imprimis sint memores reverendissimi domini, attenta damnosa et periculosa absentia romani pontificis ab urbe, cum multi sint anni quod similis electio in urbe non fuit celebrata de absente, cum omni sollicitudine, diligentia et celeritate arripere iter versus Hispaniam per mare, vel per terram, prout eis tutius videtur, cum utili et expedita comitiva, non numerosa, et minori numero officialium, quam fieri possit; ne videatur, propter absentiam multorum officialium romanæ curiæ, curia romana deserta, ac satisfiet curiæ et Romanis, et eidem electo tollatur occasio differendi ad hoc; at cum celeritate perveniant ad personam prefati electi, quem reperient forsan appropinquatum Italiæ ad hunc effectum, quia sic fuit præmonitus per nuncios sacri collegii, ut celeriter expediantur et possint ad urbem eum conducere, ubi romani pontificis sedes est; præsertim cum publice dicatur, aliquos sollicitatores ad eumdem cum legatis curiæ cum fasciculis supplicationum esse præparatos de materiis gravibus et exorbitantibus, quæ in curia debent expediri.

Item portare ex urbe omnia necessaria ad usum romani pontificis, una cum sacrista et magistro ceremoniarum juniori.

Item cum vestibus foderatis et simplicibus, albis biretis, caligis, sotularibus, cum cruce aurea, biretis, capuciis, manto seu pallio, cruce, campanella, capellis sericeis, capsa corporis Christi, chinea alba cum suis ornamentis, et aliis descriptis per prefatos sacristam et clericum ceremonialium, et equis sive mulabus, cum ornamentis solitis, et lectica si haberi poterint, non tamen cum multa supellectili et pompa, cum tutius sit eum[1] in urbe desiderare quam secum hic tunc.

Item annulum piscatoris sine literis nominis sui, quas ibidem poni faciet, et habeat modum scribendi juxta stilum et consuetudinem pontificum, postquam sibi nomen assumpserit, ut solet de more fieri in principio pontificatus.

Item portare instrumentum solemne in membrana, cum sigillis

[1] (Eam ?)

collegii, vel uno majori, electionis factæ de ipso per sacrum collegium cardinalium, subscriptum manu domini magistri ceremoniarum, vel amborum, quod, antequam mittatur, debet fieri et corrigi per alios dominos cardinales a sacro collegio deputandos, ut sit in forma, et habeat clausulas necessarias, cum materia sit nova et magnæ importantiæ ac periculi; similiter mandatum solemne sacri collegii manu Blosii in personam cardinalium legatorum ad presentandum sibi electionem, et reliqua.

Item declarent si debent prefati reverendissimi legati portare crucem, more aliorum legatorum, et tunc provideatur de illa, vel illis, prout creditur fore faciendum, cum sint legati apostolicæ sedis, et romanam Ecclesiam representent.

Item quod officiales curiæ secum ducere debeant, et unum qui serviat pro secretario pontificis ad brevia scribenda, videlicet Carpentoratensem Sadoletum, vel Paperutium, qui omnino est iturus, et Pimpinellum, secretarium reverendissimi domini de Columna, qui est doctus vir.

Item cum primum felicibus auspiciis pervenerint ad presentiam nominati romani pontificis, sint reverendissimi memores salutare reverendissimam dominationem suam, omni cum modestia et reverentia ac ceremoniis solitis, nomine sacri collegii, et congratulari cum[1] eodem electione ad summum pontificatum facta, et habita oratione latina per reverendissimum dominum cardinalem de Columna, qui est caput legationis, accomodata, et brevi continente effectum legationis eorum ad suam dominationem reverendissimam; deinde presentare eidem, et in presentia plurium prælatorum et baronum ac personarum egregiarum, numerum decem excedentium, instrumentum prædictum electionis de ea factæ, cum mandato commissionis collegii ad hoc faciendum, et requirere dominationem suam reverendissimam, cum omni instantia et humilitate et efficacia, ut illam electionem de se factam per sacrum senatum, divina gratia et Spiritu Sancto operante, ad totius christianæ religionis decorem et salutem, romanæque Ecclesiæ neces-

[1] (Tum eidem?)

sitatem, per omnes reverendissimos dominos cardinales unanimiter et concorditer, acceptare et ratam et gratam habere, et eidem suum consensum præstare velit: dato etiam, si incontinenti respondere nollet, totius diei illius spatio si voluerit; quo, ut Deo operante, credendum est ipsum facturum esse, acceptante et annuente, cum solemni notariorum rogatione, et per instrumentum desuper conficiendum in solemni forma requirat, quod sanctitas sua faciat et præstet consensum cum professione per sacra concilia ordinata, et per antiquos patres præstari solita, cujus forma portabitur per vos et in fine presentis instructionis scripta est. Quo præstito, reverendissimi domini legati, eo induto et ornato per sacristam vel magistrum aut clericum ceremoniarum, vestibus ac indumentis papalibus, et bireto ac rochetto, et calceamentis cum cruce aurea, et capucio seu mozetta, cum omni humilitate, reverentia ac summissione venerentur, et adorent eum ut pontificem et verum Christi vicarium, et Petri successorem, eique, sanctissimis pedibus deosculatis, reverentiam et obedientiam consuetas romanis pontificibus exhiberi, tam proprio quam totius collegii nomine exhibeant, præstent et faciant, eumque ut romanum pontificem et papam salutent et sanctissimum nominent: de quibus actibus solemniter exhibitis, et in presentia plurium nobilium personarum, instrumentum et instrumenta fieri faciant in forma valida. Si vero electus non acceptaverit electionem, per conveniens temporis spatium expectatus, vel expresse (quod Deus avertat) renunciaverit, hoc statim sacro collegio cum diligentia significabunt, ut ad aliam electionem procedatur.

Item quod post pedum oscula, vel sequenti die, prout eorum reverendissimis dominationibus videbitur expediens, commendent suæ sanctitati romanam Ecclesiam, sponsam suam, extra urbem augustissimam, pontificum sedem veram, et universum sacrum collegium reverendissimorum dominorum, exponentes eidem pro veritate seriem electionis suæ tanta concordia, et animorum alacritate, Spiritu Sancto operante, factam de persona suæ sanctitatis extra collegium in tam longinquis partibus existente, quod ad presens est refertum tam insignibus partibus et reverendissimis dominis, ætate, maturitate, doctrina, rerum agendarum experientia clarissimis, sanctitate vitæ pollentibus, qui pontificatu digni ab universo orbe judicarentur; quibus tamen omnibus posthabitis, divino afflatu patres inspirati oculos in personam ipsius dirigentes, ob ipsius sanctitatem, sapientiam, doctrinam, experientiam et cæteras innumeras virtutes, ipsum in romanum pontificem elegerunt, cum firma intentione et certa spe quod sua sanctitas statim, audito novo[1] suæ felicissimæ electionis, ad hanc almam urbem, sedem unicam romanorum pontificum, sine mora esset ventura. Et cum sit pastor universalis dominici gregis, ita omnes nationes christianas, rerum[2] principes, diligat qualiter præteritorum temporum et servitiorum oblitus, cum a collegio solum electus fuerit, Spiritu Sancto inspirante, absque alicujus privati vel principis consideratione; et præterea, ut tanta expectatio prædictæ suæ sanctitatis conceptæ opinioni respondeat, et non frustretur effectu, et ut ad consolationem reverendissimorum patrum sacri senatus, curiæ romanæ urbis officialium, et pro reparatione ruinæ totius ecclesiastici status, qui propter ejus absentiam et exitiosorum ac malorum audaciam diverso modo patitur, et in periculo manifesto consistit; ac etiam, ut bellis et hostium furori, qui continuo nos et ecclesiasticum statum turbare, invadere, et vexare non cessant, aliquis finis imponatur, et pax fieri possit interventu suæ sanctitatis; etiam ut infidelium immanitati, qui cervicibus nostris minantur, accurri possit; etiam multis aliis inexcogitabilibus causis et rationibus, orare, rogare, hortari, obtestari, et advoluti pedibus suæ sanctitatis, impetrare ab ipso, ut omnibus aliis præmissis, nihil aliud sanctitas sua pro nunc cogitet, operetur et nitatur, moliatur et provideat quam suum ad urbem adventum. Hoc sancta romana Ecclesia, sponsa sua, supplex exorat; hoc patres omnes, obortis lachrimis, in eorum fidei et observantiæ erga sanctitatem suam implemento et premio, in terram prostrati exquirunt et exoptant; hoc idem urbs alma et domini sui absentiam mœrens ac tristis et gemebunda suspirat; hoc universa curia, et Ecclesiæ status pro sui conservatione ab eorum patre, duce et pastore requirunt;

[1] (Nuncio?)   [2] (Eorumque?)

hoc postremo pro officii pastoralis debito sanctitas sua facere tenetur et debet, ne christianus sanguis effundatur et christianorum religio periclitetur, sed a tam imminente periculo liberetur ejus presentia; quod facere sanctitas sua debet, ne tanta spes de eo concepta evanescat, cum in extremo die judicii de hoc Deo rationem redditurus est.

Sint insuper reverendissimi domini legati memores hanc esse suæ legationis summam, hoc a patribus desiderari, ut omni die et hora, si fieri possit, quousque sua sanctitas iter arripiat ad urbem veniendi per mare vel terram, prout commodius fieri poterit, ad suæ sanctitatis memoriam reducant; cum ex hoc salus totius Ecclesiæ pendeat, ut vestræ reverendissimæ dominationes noverunt, et patres quiescunt in eorum fide et diligentia, ac eos abunde facturos sperant, et universa curia, et romanus populus.

Etiam sint memores reverendissimi domini legati cum omni modestia rogare et hortari sanctitatem suam, ut ab omnibus concernentibus apostolicæ sedis negotia, et pontificale officium, et creationem cardinalium, et confirmationem gestorum per Leonem decimum, pontificem maximum.........[1] vel aliter, et a concessione terrarum vel confirmatione alienationum, vel officiorum aut conductorum reformatione abstineat, usquequo urbem applicuerit, et intellexerit omnia; ne contingat ejus beatitudinem decipi, et ea concedere quæ postmodum, re bene intellecta, essent negatura, salvis indulgentiis et aliis levibus gratiis per sanctitatem suam per iter concedi solitis.

Similiter a signatura capitulorum usquequo ad urbem pervenerit abstineat, cum hic omnia melius fieri valeant.

Sint tamen memores commendare reverendissimos dominos qui suæ electioni præsentes fuerunt, pro laudabili consuetudine, quoad castra et terras in gubernium eis concessas ad vitam, et officia habita ad annum, quæ sunt exilia et pro expensis coronationis suæ sanctitatis, daturque[2] pro honore suæ sanctitatis et utilitate curiæ romanæ, ut illas confirmare dignetur, et gesta per sacrum collegium approbare, et deputari[3] ab ipsis, vacante sede, et post electionem de ipso factam ante

---

[1] Lacune dans le manuscrit. — [2] (Danturque?) — [3] (Deputare?)

acceptationem, bona fide fiant et facta sint pro necessitate electionis et custodiæ urbis et totius ecclesiastici status.

Item operari cum sanctitate sua, ut omnia ordinata per sacrum collegium pro administratione justitiæ et rotæ et auditores[1] causarum exercitio, ratificare et approbare dignetur, et statim hoc per proprios nuncios significare per brevia suæ sanctitatis, Romanisque et cardinalibus scribere, et adventum suum quanto celerius fieri poterit polliceri, quod erit ad magnam consolationem afflictæ urbis propter ejus absentiam

Deinde hortari sanctitatem suam, ut abstineat a creatione legatorum in urbe usque ad ejus adventum, ex quo per collegium datus est bonus ordo per tres cardinales mense quolibet deputatos, quos pro tempore absentium[2] legatos deputare poterit, vel illorum electionem collegio committat; et super omnia abstineat a creatione personarum, quæ urbis et senatus quietem turbare possent, et romanæ urbi ac patribus grati non essent; quia si hoc fieret, posset esse causa gravis scandali et majoris laboris suæ sanctitati. Et statim post acceptationem et consensum præstitum, provideat de auctoritate danda deputatis nomine sanctitatis suæ per collegium et alios, quorum gesta aliter non valerent.

Præterea sint memores reverendissimi domini nec omittant quod, his peractis et obedientia exhibita sanctitati novi pontificis, duobus ex ipsis cum sua sanctitate remanentibus, et eum comitantibus usque ad urbem ex ipsis duobus ultimis legatis, prout inter eos convenerint, si eis videbitur expedire, ut per aliquem probum virum vel prælatum, cum omni celeritate remittant ad urbem cum instrumentis rerum gestarum, et approbatione, et ratificatione, et informatione omnium gestorum usque ad diem recessus sui, quia erit hoc ad magnum gaudium et consolationem sacri senatus curiæ romanæ et officialium et populi romani, et cum auctoritate gerendorum per brevia suæ sanctitatis, videlicet constituenda eosdem cardinales qui sunt a collegio deputati legatos, vel prout eis melius videbitur.

[1] (Auditorum?)   [2] (Absentiæ?)

Expeditis tamen prius aliquibus nunciis qui celerius veniant per postas et cum diligentia, cum brevibus superius narratis, ut celerior notitia præmissorum habeatur.

Alii vero duo reverendissimi domini legati remanentes, vel tres, si quis ex ipsis non veniat, sanctitati suæ continuam societatem teneant, nec eum dimittant donec ad urbem sanctitatem suam adduxerint, quod nunquam operari desinant donec voti compotes nos fecerint, eosque videre, simul videamus in urbe.

Sint postremo reverendissimi domini memores, pro eorum modestia et integritate, nihil petere pro se vel aliis attinentibus, vel servitoribus aut amicis a sanctissimo Domino nostro, vel gratias impetrare, nisi prius expeditis omnibus supradictis publicis negotiis, et legatione eis commissa; et tunc modeste et temperanter pro se ipsis tantum, et prout eorum modestiæ videbitur, ut appareat eorum reverendissimis dominationibus hoc legationis munus suscepisse magis ex publica causa, et ut veros cardinales et probos decet, non ex privata utilitate; et ne videantur hæc quæ pro aliis ipsi sacri collegii nomine perhibituri sunt ne concedantur, per se ipsos obtinuisse et petiisse, vel pro suis.

Ultimo non omittant rogare sanctitatem suam, et eam inducere ad mittendam aliquam summam pecuniarum, reducendam ex donatione cleri Hispaniarum, vel fructibus ecclesiarum vacantium, vel spoliis illarum quæ sedis apostolicæ sunt, ad viginti quinque ad minus pro necessitatibus Ecclesiæ, et stipendio militum Ecclesiæ, statumque ecclesiasticum defendendum, quibus pro extrema paupertate Ecclesiæ his temporibus ex urbe subveniri non potest, prout vestris reverendissimis dominationibus est notissimum quæ una cum cæteris laborant ad reperiendum pecuniam pro eorum itinere necessariam.

Reliqua prudentiæ, sapientiæ, fidei et bonitati vestrarum reverendissimarum dominationum, quæ in facto erunt, relinquentur, prout reverendissimi domini cardinales firmiter sperant facturos, et in eorum opinione et sufficientia ac virtute quiescunt.

Ultimo non omittant commendare reverendissimi domini sanctissimo Domino nostro custodiam Palatii Elvetiorum antiquam, per romanos pontifices tenere solitam, et quæ ad presens servit, ob ipsorum fidelitatem, virtutem et fortitudinem, inconcussam fidem et confederationem cum romana curia, et fidelitatis experimenta invocationibus apostolicæ sedis ostensa sæpius, quod sanctitas sua dignetur illam refirmare in eorum stipendiis, una cum reliquis equorum quinquaginta custodiæ veteris.

Nec omittendum censetur præmonere sanctitatem suam, ut diligenter animadverti mandet et revideri computa et rationes domini Viannessi, nuncii apostolici in partibus Hispaniæ, propter varias intelligentias quas habet cum aliquibus curialibus et amicis suis, qui etiam dicuntur sibi scripsisse ex urbe, statim post Leonis obitum, per nuncium proprium, et monuisse et instruxisse eum quid sit facturus de illis redditibus et spoliis, quæ dicuntur esse in magna et notabili quantitate, et ex illis poterit exigi notabilis summa pecuniarum pro necessitatibus suæ sanctitatis et profectionis suæ et apostolicæ sedis, quæ reperitur ad presens in magna paupertate et indigentia.

Ulterius non tradatur oblivioni, quod fiat mandatum in forma valida, nomine collegii, in persona reverendissimorum dominorum legatorum, ad præsentandum electionem et operandum accessum ad urbem, cum omnibus dependentibus, manu Blosii secretarii collegii, cum sigillis collegii in solemni forma, ut supra dictum fuit, ut illud secum portare possint; quod mandatum habeat clausulam, quod quando tres non possint simul hoc facere propter infirmitatem vel alia impedimenta, alii hoc possint expedire, vel alias prout est de more in his actis periculosis, et moram, id est dilationem, non expectantibus.

Forma præstandi consensus et professionis per ipsum electum fiendæ hæc est :

Ego Adrianus, electus in papatu, omnipotenti Deo, cujus Ecclesiam suo præsidio regendam suscipio, et beato Petro, apostolorum principi, corde et ore confiteor, quod in hac fragili vita fuero, me firmiter tenere et credere fidem catholicam, secundum traditionem sacrorum Evangeliorum, et aliorum sanctorum Patrum ab Ecclesia probatorum, maxime autem sanctorum octo Conciliorum universalium, videlicet primi Niceni, secundi Constantinopolitani, tertii Ephesini, quarti Calcedonensis, quinti et sexti item Constantinopolitani, septimi item Niceni, octavi Constantinopolitani, necnon Lateranensis novissimi gloriosorum conciliorum, et illam fidem usque ad unum apicem immutilatam inviolatamque servare, et usque ad vitam et sanguinem confirmare, ritumque pariter sacramentorum ecclesiasticorum Ecclesiæ traditum commode prosequi et observare. Polliceor etiam fideliter laborare pro tuitione fidei catholicæ et extirpatione hæresum et errorum, præsertim novissime exortorum in Germanis partibus, reformatione horum, pace in populo christiano et inter christianos principes componenda et efficaciter procuranda pro mei pastoralis officii debito, ut teneor, et pro expeditione contra infideles ineunda. Juro etiam atque profiteor saluberrimam .....[1] sacri concilii continuare juxta sanctorum patrum instituta, et prout Ecclesiæ, et christianæ religioni, et reverendissimis dominis cardinalibus visum fuerit, expedire, et romanam curiam non transferre a loco ubi nunc est, sine expresso cardinalium consensu. Hanc autem professionem mea manu subscripsi, et ea omnipotenti Deo, cui redditurus sum, in die tremendi judicii, de hoc et cunctis meis operibus rationem, pura mente et sincero corde, et in fide veri et boni pontificis offero, et, si opus fuerit in primo publico consistorio repetere, repetam. Ego Adrianus, universalis ecclesiæ Episcopus, electionis de persona mea factæ, de divina miseratione confisus, in Dei timore cum debita humilitate consentio, eamque, licet immeritus, omni meliori modo accepto, præcedente professione et promissione præhabitis.

[1] (Reformationem ?)

XXXV.

LE PAPE ADRIEN VI

A JEAN DE VIGNACOURT, PRÉVOT DE MONS.

(Mémoires de Granvelle, I, 79.)

Vittoria, 14 février 1522.

Jan de Wignacourt, mon amy, j'ay receu vos lettres de congratulation de ceste nouvelle ma promotion, qui est plus grande qu'il ne convient à tant petites forces et pouvoir qui est en moy; mais j'espère que Cestuy qui me a imposé ce fais et charge me subministrera force pour le porter; à quoy vous et tous mes bons amis me pourront ayder, en priant Dieu, nostre créateur et rédempteur, qui ne me vuille, ne son épouse l'Église catholicque, délaisser. Vous ferez aussy bien, si vous volez à ce tenir la main, que sa majesté vienne par deçà bientost, affin que je le puisse voir avant mon partement de ces royaulmes, et vous aussy, et que l'enhortez tousjours à la paix et union de la cristienté. Et à tant, Jan de Wignacourt, mon amy, à Dieu soyez. De Victoire, ce XIII de février, an XVe XXII.

Vostre bon amy et esleu pape,

ADRIEN.

Au Sr Jan de Wignacort, prévost de Mons, gentil-homme de la chambre de l'empereur.

XXXVI.

TESTAMENT

DE L'EMPEREUR CHARLES V[1].

(Mémoires de Granvelle, I, 65.)

Bruges, 22 mai 1522.

Charles, par la divine clémence esleu empereur des Romains, tousjours auguste, roi de Germanie, des Espaignes, d'Arragon, de Navarre, des Deux-Siciles, de Jérusalem, de Hongrie, de Dalmatie, de Croacie, etc.; archiduc d'Austrice, duc de Bourgongne, de Lothier, de Brabant, de Stier, de Carintie, de Carniole, de Lembourg, de Luxembourg et de Gueldres; comte de Habsbourg, de Flandres, de Tyrol, d'Arthois, de Bourgongne-Palatin et de Haynnau; lantgrave d'Elsace, prince de Zwane, marquis de Burgau et du Sainct-Empire, de Hollande, de Ferrette, de Kiburg, de Namur, de Zutphen; comte-seigneur de Frise, des Marches d'Esclavonie, de Portenau, de Salins et de Malines,

Sçavoir faisons à tous présens et advenir, que nous cognoissons qu'il n'est rien plus certain que la mort, ne si incertain que l'heure d'icelle, et considérans le loingtain voyage que, pour nostre honneur et bien et celluy de nos successeurs, nous avons présentement proposé et empris faire en noz royaulmes d'Espaigne, pour les visiter et y conforter et consoler noz bons et loyaux subjetz; ne veuillant départir de ce monde sans faire et disposer nostre testament et ordonnance de

---

[1] On trouvera dans les volumes suivants deux codicilles du même empereur, l'un du 5 novembre 1539 et l'autre du 28 octobre 1540, de même que deux instructions successivement adressées à son fils le roi Philippe II, le 5 novembre 1539 et en 1548, aussi relatives à ses dernières volontés.

dernière volonté ; nous, (Dieu mercy) sain de corps et entendement, avons, au nom de la très-saincte et indivisée Trinité, le Père, le Fils et le Sainct-Esprit, faict et ordonné, faisons et ordonnons par ces présentes nostredict testament et ordonnance de dernière volonté en la manière que s'ensuit : Premièrement, nous recommandons nostre pauvre ame à Dieu, nostre créateur, et de tout nostre cœur luy supplions que par son infinie bonté et le mérite de la saincte passion que, pour nostre rédemption, il a voulu souffrir en l'arbre de la vraye croix, il en veuille prendre pitié, et au partir d'icelle de nostre corps la mettre et collocquer en son benoist royaulme de Paradis, et à la benoiste glorieuse vierge Marie, advocate et intercesseresse des paures pécheurs, aux benoists sainct Pierre, sainct Paul, sainct Philippe, sainct Jacques, sainct Charles, sainct Georges, saincte Anne, à la glorieuse Magdeleine, au bon larron, et généralement à tous les saincts et sainctes de Paradis, que à ce ils nous soyent intercesseurs et médiateurs. En après nous ordonnons que si Dieu, nostre créateur, nous appelle de ce mortel monde, nous estans en nosdicts royaulmes ou en chemin ceste part, que en ce cas nostre corps soit inhumé et mis en sépulture en la cité de Grenade, lez et avecq les corps de feurent don Ferdinand et de dame Isabel, et de don Philippe, en leurs vivans roys et royne d'Espaigne, nos ayeulx et père ; que s'il nous prend de cedict monde, en noz pays de pardeçà ou en nostre retour vers iceulx, que en ce cas nostre corps soit mis et sépulturé en l'église collégiale de Nostre-Dame en ceste nostre ville de Bruges, et avec le corps de feu nostre grandemère, dame Marie, duchesse de Bourgongne ; mais si à l'heure de nostredict trespas, advenant icelluy en noz pays de pardeçà, ou en nostre retour vers ledict pays, comme dessus, nostre duché de Bourgongne estoit réduicte en nostre obéissance, en ce cas nous voulons nostredict corps estre ensépulturé en l'église conventuelle des Chartreux, lez nostre ville de Dijon, audicte duché de Bourgongne, lez et avecq les corps de feurent nos prédécesseurs Philippe dict le Hardy, Jean son filz et Philippe dict le Bon, en leurs vivans ducs dudict Bourgongne, lesquels Dieu absolve. Et voulons que noz obsèques et funérailles soient faictz et célébrez le plus dévotement à l'honneur de Dieu, nostre créateur, et à la moindre pompe que faire se pourra, à la discrétion et ordonnance des exécuteurs de nostre présent testament, lesquels seront cy-après dénommez. Que en dedans l'an révolu du jour de nostre trespas soient célébrées en diverses religions et monastères réformez trente mille messes, la plupart de la benoiste passion de N.-S., et les aultres de la vierge Marie, de la Croix, de *requiem*, de saincte Anne, de sainct Andrieu, de sainct Philippe, sainct Jacques et sainct Georges, à l'ordonnance desdicts exécuteurs de nostre testament; que au lieu de nostredicte sépulture soyent seurement et souffisamment fondées de nos plus clairs et apparens biens meubles et immeubles, pour le salut de nostre ame et des ames de nos prédécesseurs, une messe à note et une basse messe de *requiem* perpétuellement par chascun jour; que après nostre trespas soient donnez et distribuez, pour Dieu et en aulmosne, quarante mille ducats d'or ou la valeur, à sçavoir, les dix mille à diverses pauvres cloistres réformez, aultres dix mille aux pauvres honnestes mesnaiges, ou à pauvres, anciennes et honnestes personnes, ou à honnestes pauvres gens affoulez[1], non puissant labourer et aultrement non ayants de quoy vivre; aultres dix mille à l'entretenement à l'estude des pauvres enfans de bonne nature et condition désirans estudier, les parens desquelz ne seroient puissans les y tenir; et les aultres dix mille à cens jeunes filles pucelles pauvres, pour les aider à marier, à chascune d'icelles cens desdicts ducatz. Que noz serviteurs touz soyent payez de ce que déu leur sera au jour de nostre trespas; que sy soyent toutes aultres noz debtes justes et léales à la descharge de leur conscience; que le testament de feu le roy, monsieur mon père, que Dieu absoille, touchant les dotz de mariage de noz sœurs, les dons, légatz et aulmosnes, la construction de la chapelle par luy ordonnée en nostre hostel à Bruxelles, et en tous ses aultres poincts et articles, sans exception ou réservation, soit entièrement fourny et accomply sitost que possible sera, et que l'ordonnance par nous à ce faicte sans contrevention soit inviolablement observée et furnie.

[1] Estropiés.

DU CARDINAL DE GRANVELLE. 255

Nous ordonnons en oultre et déclarons, nommons et instituons par cest noz vrayz et universelz héritiers et successeurs en tous et quelconques noz biens, meubles et immeubles, après nostre trespas, noz enfans légitimes procréez de nostre corps en léal mariage, pour y succéder en leur ordre et degrez, et à telle portion d'iceulx biens, et aussi à telle charge que, selon les natures desdicts biens, et les loix, droictz, usances et coustumes des lieux esquels seront, succéder, hériter et porter debvront; et au deffaut de délaisser enfant ou enfans procréez de nostre corps en léal mariage comme dict est, en ce cas nous déclarons et instituons nostre universel héritier et successeur en tous nozdicts biens, nostre très-chier et très-amé frère, don Ferdinande, sy lors il est vivant. Et pour l'accomplissement de nosdicts testament et ordonnance de dernière volonté, avons dénommé et dénommons pour exécuteurs messire Henry, comte de Nassau, sieur de Breda, nostre grand chambellan; messire Charles de Lannoy, sieur de Sainzelles, nostre viceroy de Naples, et grand escuier; messire Anthoine de Lalaing, comte de Hoochstraete, nostre second chambellain, chevalier de nostre ordre; frère Jean Glapion, nostre confesseur, et Laurent du Blioul, Sr du Sart, greffier de nostre ordre, nostre premier secrétaire et audiencier; leur donnant pouvoir, si aulcuns d'eux avant l'accomplissement décédassent de ce monde, que les survivans conjoinctement, toutes les fois que ce adviendroit, puissent et pourront en leurs lieux choisir et prendre aultres. Et pour les furnissemens de l'exécution de nostredict testament avons nous obligé et submis, obligeons et submettons par cesdictes présentes, tous et quelzconques nosdicts biens, meubles et immeubles, présens et advenir; et voulons et ordonnons nos biens meubles, par nous délaissez à l'heure de nostre trépas, soyent par nos héritiers ou héritières ou ses mambours[1] (dont chargeons leurs consciences) mis et renduz et délivrez entre les mains desdicts exécuteurs, si avant mesmement qu'il leur en fauldra pour accomplissement d'icelluy testament; en réservant les ornemens et joyaulx de nostre hostel, lesquels parties nous voulons y estre gardées

[1] Tuteurs, curateurs.

et conservées. Et se nosdicts biens meubles ne souffisoient au furnissement et accomplissement de nostre testament, en ce cas nous ordonnons à nosdicts héritiers, à la charge de leur conscience comme dessus, que réellement et par effect ils délivrent ès mains desdicts exécuteurs autant de revenu de nosdicts biens immeubles, que besoing leur sera pour ledict parfurnissement, lequel voullons diligemment et sitost que possible sera, en toutes ses parties estre accomply; auxquels noz exécuteurs, et à chascun d'eulx, pour souvenance et recongnoissance de leurs debvoirs en l'exécution de leur charge, nous avons donné et donnons la somme de mil livres du prix de quarante gros, monnoye de Flandres, la livre, pour une fois. Veuillans et ordonnans que nostre ordonnance présente soit vaillable par forme de testament nuncupatif, et si ce non, par manière de codicille et donation à cause de mort, ou aultrement en telle autre manière que, selon et en vertu du droict canon, mieux valoir pourra; et aussi voullons nous que l'addition que, par forme de codicille de date subséquente, y pourrions faire, si aucune en faisons, vaille et tienne lieu et soit accomplye pareillement que si icelle addition fust contenue et spécifiée en cedict présent testament, en révocquant à ceste fin tous et quelconques testamens et ordonnances de dernière volonté que pourrions avoir faict avant la date de cest, en réservant néantmoings à nous le pouvoir et faculté de révocquer ce même testament en tout ou en partie, et d'en détirer[1] ou y adjouster à nostre plaisir, toutes fois et si souvent que bon nous semblera. En tesmoing de ce que dessus nous avons signé ces présentes de nostre nom, et icelles faict sceller de nostre scel, données en nostre ville de Bruges le xxiie jour de may, l'an de grace mil cinq cens vingt-deux, et de noz règnes, assavoir : de ceulx des Romains et Hongrie le troisième, et d'Espaigne le septième.

[1] Distraire, ôter.

XXXVII.

L'ARCHIDUCHESSE MARGUERITE

AU COMTE (D'EGMONT) DE GAVRES.

(Mémoires de Granvelle, I, 87 - 88 v°.)

Malines, 25 juin 1524.

Mon cousin, pour ce qu'estes désirant sçavoir et entendre bonnes nouvelles de la disposition des affaires de l'empereur et de ses amys et alliez, vous veux bien avertir comme hier receu lettres de M. de Bourbon, du xvi° de ce mois, contenant la déclaration de la bonne et puissante armée qu'il apreste et équippe pour son bref partement d'Italie à la poursuitte de son emprinse contre noz ennemys [1], ainsy que lesdictes lettres plus à plain le contiennent, dont vous envoye la copie cy-enclose, et espère, à l'ayde de Dieu, que par son moyen sera à ce coup temps d'amener nostre commun ennemy à la raison, que seroit encore chose plus facile si le roy d'Angleterre vouloit faire le semblable de son costé ; à quoy de mon costé ne fauldray de donner advertissemens et remonstrances, que crains seront de petit fruict. Se autre chose me survient, vous en advertiray au semblable, vous disant sur cela que Dieu, mon cousin, vous ayt en sa garde. De Malines, ce xxv° jour de jung, anno xv° xxiiii.

Vostre cousine MARGUERITE.

Et plus bas :

MARNIX.

A mon cousin le comte de Gavres, gouverneur et capitaine général de Flandres.

[1] Bourbon envahit la Provence au commencement de juillet.

XXXVIII.

FRANÇOIS Ier

A SA MÈRE, LOUISE DE SAVOIE, DUCHESSE D'ANGOULÊME[1].

(Mémoires de Granvelle, I, 85.)

Sans date. [Après la bataille de Pavie, 24 février 1525[2].]

Madame, pour vous avertir comme je porte le ressort de mon infortune, de toutes choses ne m'est demeuré que l'honneur et la vie sauve, et pour ce que mes nouvelles vous seront quelque peu de reconfort, j'ay prié qu'on me laissast vous escrire. Cette grâce m'a esté accordée, vous priant ne vouloir prendre l'extrémité de voz fins en usant de vostre accoustumée prudence; car j'ay espérance à la fin que Dieu ne m'abandonnera point. Vous recommandant voz petits enfans et les miens; vous suppliant faire donner seur passage pour aller et retourner en Espagne au porteur, qui va devers l'empereur pour sçavoir comment il veut que je sois traicté. Et sur ce très-humblement me recommande en vostre bonne grâce.

Très-humble et obéissant filz,

FRANÇOYS.

---

[1] Louise, fille de Philippe II, dit Sans-Terre, duc de Savoie, et de Marguerite de Bourbon, était veuve de Charles d'Orléans, comte d'Angoulême, dès 1496; elle l'avait épousé huit ans auparavant.

[2] Cette lettre, avec quelques variantes, se trouve dans l'Histoire des Français par Simonde de Sismondi, XVI, 241-242.

XXXIX.

LOUISE DE SAVOIE,

DUCHESSE D'ANGOULÊME, MÈRE DE FRANÇOIS Ier.

A L'EMPEREUR.

(Mémoires de Granvelle, I, 83.)

Sans date [3 mars 1525].

Monsieur mon bon fils, après avoir entendu par ce gentilhomme la fortune advenue au roy mon sieur et fils, j'ay loué et loue Dieu de ce qu'il est tombé ès mains du prince de ce monde que ayme le mieux ; espérant que vostre grandeur ne vous feroit point oublier la prochaineté de sang et linaige d'entre vous et luy. Et dadvantaige, je tiens pour le principal le grand bien qui peut universellement venir à toute la chrestienté par l'union et amytié de vous deux ; et pour ceste cause vous supplie, monsieur mon bon fils, y penser, et en attendant commander qu'il soit traitté comme l'honnesteté de vous et de luy le requiert, et permettre, s'il vous plaist, que souvent je puisse avoir nouvelle de sa santé, et vous obligerez une mère ainsy par vous tousjours nommée, et qui vous prie encore une fois que maintenant en affection soyez père à vostre humble et bonne mère,

LOYSE.

A mon bon fils l'empereur.

XL.

LOUISE DE SAVOIE

A HENRI, COMTE DE NASSAU[1].

(Mémoires de Granvelle, I, 85 v°.)

Saint-Just sur Lyon, 3 mars [1525].

Monsieur mon cousin, j'ay esté par ce gentilhomme advertie de la fortune advenue au roy mon seigneur et filz et qu'il est prisonnier ès mains de l'empereur. De quoy j'ay loué et loue Dieu, sçachant qu'il est tombé ès mains du prince de ce monde où je l'ayme le mieux, espérant que sa grandeur ne luy fera oublier la proximité du sang et linaige qui est entre eux deux, et davantaige le bien universel qui en peut advenir en la chrestienté par l'union d'eux. Et pour ce, mon cousin, que je sçay ce que pouvez en la conduicte de telles choses, et qu'en préférant l'utilité publique à la particulière, vous ne laisserez perdre l'occasion de la mettre en perpétuel repos, j'ay bien voulu vous en escrire et vous prie tenir la main de tout votre pouvoir à ce qu'il soit permis à mondict seigneur et filz de me faire sçavoir nouvelles de sa santé le plus souvent que faire ce pourra. En ce faisant vous me ferez non-seullement plaisir, mais m'obligerez perpétuellement à vous. Priant Dieu, mon cousin, qu'il vous doint ce que désirez. Saint-Just sur Lyon, le IIIe de mars.

VOSTRE BONNE COUSINE LOYSE.

---

[1] Ce seigneur était fils de Jean, comte de Nassau, et d'Élisabeth, landgrave de Hesse. Né en 1483, il épousa successivement Louise-Françoise, fille de Jacques de Savoie, comte de Romont et baron de Vaud; Clauda, fille de Jean de Châlons-Arlay IV (1515), et Mencia-Mendoza, marquise de Zenète. Devenu grand chambellan de Charles V et chevalier de la Toison d'or, Henri décéda le 14 septembre 1538.

XLI.

L'ARCHIDUCHESSE MARGUERITE
AU COMTE DE GAVRES (D'EGMONT), SIEUR DE FIENNES.

(Mémoires de Granvelle, I, 81.)

Bruxelles, 6 mars 1524, V. S.

Marguerite, archiduchesse d'Austriche, régente et gouvernante, etc.

Mon cousin, je vous advise que par lettres de messieurs les ducs de Bourbon et de Milan[1], mes cousins, et de bouche par deux de leurs gentilzhommes venus en poste, lesquelz ont estez à la bataille de l'armée de l'empereur contre le roy de France, j'ay ce jourd'hui heu certaines nouvelles que le xxiiiie de febvrier, l'armée de l'empereur a assailly le roy de France en son camp[2], de sorte que combien il fût grandement fortifié, le roy y fut prins prisonnier, xiiii^m hommes de guerre tuez dedans le camp, et que la reste qui y fut print la fuitte et a esté entièrement prins ou tué, et ne sçait-on qu'il en est aulcun eschappé. Je vous requiers que, à la consolation des vassaulx et subjectz de vostre gouvernement, vous les advertissez et exhortez et leur ordonnez rendre grâces et louanges à Dieu de la victoire qu'il nous envoye, par feux de joye, par processions, oraisons et aultres pieuses œuvres, et surtout faire prier pour le salut des âmes de ceulx qui sont trespassez. Et pour adviser que avons à faire de pardeçà, vous requiers, ceste veue, venir vers moy à Malines, pour avec aultres en délibérer, selon quoy j'entends me régler; et à tant, mon cousin, je prie Nostre-Seigneur vous donner sa grâce. Escript à Bruxelles, le vi^e de mars xve xxiiii.

Vostre cousine MARGUERITE.

Et plus bas :
L. DU BLIOUL.

A mon cousin le comte de Gavres, gouverneur et capitaine général de Flandres et d'Artois.

[1] François Sforce, duc de Milan de 1521 à 1535. — [2] De Pavie.

XLII.

MARGUERITE D'AUTRICHE

AUX PRÉSIDENT ET CONSEILLERS DU CONSEIL DE FLANDRE.

(Mémoires de Granvelle, I, 81 v°.)

Malines, 13 mars 1524, V. S.

Marguerite, archiduchesse, duchesse et comtesse de Bourgongne, etc. régente et gouvernante, etc.

Chiers et bien-aymez, ayant entendu qu'aulcuns ont mis doubte en la bataille d'Italie, en la prinse du roy de France et en la deffaite des siens, dont vous escript, pour autant que n'en eussions lettre de monsieur le duc de Bourbon, ne le vice-roy; nous vous advisons que ceste nuict est arrivé l'escuyer Grospain, avec lettres desdicts sieurs, en conformité desquelles il nous a certiffié avoir esté en ladicte bataille et la prinse du roy de France par la main du vice-roy, et que luy-mesme a aydé à désarmer le roy en ladicte prinse. Aussy sont mortz des principaulx personnaiges du royaume, selon le billet qu'il nous en apporte, duquel vous envoyons la copie, et qu'à ladicte bataille ne sont mortz que cent cinquante hommes des nostres, et entre les aultres le marquis du Cundat; et que ledict sire roy a mandé faire délivrer le prince d'Oranges, le sieur de Bossut et aultres des nostres, qui estoyent prisonniers. Nous vous requérons faire prier Dieu pour les âmes des trespassez, luy rendre grâces de la victoire qu'il a envoyé à l'empereur, et luy prier pour sa longue vie et prospérité, honneur, estime et réputation, au bien, repos et seureté de luy et de ses pays et subjectz, et que la longue guerre que avons jà heu et encoires avons, puisse terminer par bonne et perdurable paix. Et sur ce, chiers et bien-aymez, Nostre-Seigneur vous ait en sa grâce. Escript à Malines, le xiiie jour de mars, l'an xv^c xxiiii.

MARGUERITE.

Et plus bas :

L. DU BLIOUL.

A nos très-chiers et bien-amés les président et gens du conseil de l'empereur en Flandres.

XLIII.

CHARLES V

A LA DUCHESSE D'ANGOULÊME.

(Mémoires de Granvelle, I, 85 et v°-86.)

Sans date [vers avril 1525].

Madame la régente, j'ay receu voz lettres par le commandeur de Pignoles, lequel m'a dit des nouvelles du roy vostre filz. J'ay esté joyeux qu'il est en bonne santé et sa personne libre de plus grands inconvéniens qui s'ensuyvent à la guerre ; et non-seulement le feray traicter comme l'honnesteté et grandeur avec l'affinité d'entre luy et moy le requiert, mais davantage, comme vous dira mon cousin et second chambellan le comte de Reulx[1], présent porteur, que j'envoye devers luy pour le visiter de ma part. J'ay aussy donné ordre qu'il n'ait faute de chose quelconque convenable à sa santé, tout ainsi que voudrois estre faict pour moy-mesme ; et aussi ay pourveu vers mon beau-frère le duc de Bourbonnois, mon lieutenant général, et au comte d'Entremont, mon vice-roy de Naples, afin que pour vostre consolation, et moy pour autant que touche aux affaires d'entre ledict roy

[1] Ferry de Croy, chevalier, seigneur de Reux.

vostre filz et moy et mes allyez, ayons souvent de ses nouvelles, comme me le requestés par vos lettres; ensuyvant le contenu desquelles, et principalement pour le grand bien qui peut venir à la chrestienté par l'union et amytié de nous deux avec noz allyez, que toujours avons désiré et encore désirons une bonne paix, nonobstant la bonne fortune qu'il a pleu à Dieu m'envoyer, si ne voudrois procéder à continuation de guerre que premièrement ne me soye mis en tous devoirs de ladicte paix. J'ay à cette cause faict mettre, tant en mon nom que de nosdicts allyez, ma résolution par escrit de ce qu'est mon intention d'avoir et recouvrer comme chose que justement m'appartient, lequel escrit mondict cousin de Reulx vous monstrera, et après le portera audict roy vostre filz, espérant que vous y penserez et ne me refuserez chose tant juste et raisonnable pour le bien et repos de l'universelle chrestienté.

Au surplus, madame la régente, puisque la prison de mon cousin le prince d'Oranges[1] et aultres gentilzhommes qui furent prins avec luy, ne vous peuvent maintenant de gaire ayder ny proffiter, espérant que vous me voudrez complaire en chose tant juste et honneste que la délivrance dudict prince, je vous prie bien affectueusement que le me vouliés envoyer par deçà avec les aultres gentilzhommes de sa compaignie. Et je vous promet par cette, signée de ma main, que soit par eschange d'aultres prisonniers équipollens ou autrement, je vous feray faire raison de leurs prisons, de sorte que vous ou autres qui peuvent avoir droict serez bien contens et satisfaicts, et me ferez plaisir très-agréable. Madame la régente, Nostre-Seigneur soit garde de vous.

CHARLES.

DEMANDES QUE L'EMPEREUR FAICT AU ROY DE FRANCE.

Premier, la duché de Bourgongne avec ses appartenances et les levées depuis la mort du duc Charles.

[1] Philibert de Châlons, fait prisonnier devant Nice au commencement de juin de l'année précédente.

Item, les comtez de Vermandois et de Boulongne, la rivière de Somme et le ressort de Flandres en perpétuité.

Item, de par Espaigne, qu'il renonce à la Provence et à la duché de Milan, avec sa pension de Naples.

Item, qu'il rende au roy d'Angleterre la duché de Normandie, de Guyenne et de Gastons[1] avec les levées.

N. B. L'on dict que de toutes ces demandes ledict roy a fait refus, et ceux de Lyon dient qu'il avoit répondu : *Plastôt mourir en prison que ce faire.*

XLIV.

CHARLES V

A CH. DE LANNOY, VICE-ROI DE NAPLES[2].

(Mémoires de Granvelle, I, 86 v°.)

Sans date [vers avril 1525.]

Mingoval, je ne faictz jamais doubte de choses que me dictes; mais puisqu'avés si bien accompli vostre parole, vostre crédit en sera plus grand. Et m'escrivez bien par voz lettres que n'espargnerés la vie pour me faire quelque bon service, et vous l'avés assez accomply, dont je loue Dieu de ma part, et à vous-mesme suis tenu et vous en mercye et sçay bon grez; et si sçaurois parolle souffisante à ce, elle ne seroit en rien espargnée. Mais je vous promect que beaucoup moins ne seront les biens que j'entens vous faire, comme cognoistrez par œuvres. Mes affaires sont à cette heure telles que par le sieur de Reulx et par les lettres escrites de la main du secrétaire verrez et

---

[1] Gascogne.
[2] Il appartenait à une des plus anciennes maisons de Flandre, et se distingua par sa bravoure non moins que par ses talents militaires sous les règnes de Maximilien et de Charles V. Vice-roi de Naples en 1521, il conserva cette haute dignité jusqu'à sa mort, arrivée en 1527.

sçaurés; en cette n'en feray autre mention. Ce qu'avés le plus à diligenter est d'assembler argent, car à tous il vient à point; je feray le semblable du costé de deçà. Je vous prie tost dépescher ledict sieur de Reulx avec vostre advis de ce que vous semble j'auray à faire. Car je désire tost me résouldre à quel chemin j'auray de tenir, et l'exécuter sans y perdre temps. Ainsy, puisque m'avez prins le roy de France, lequel vous prie me bien garder[1], et au demeurant comme je suis seur que bien le sçaurés faire, je vois que ne me sçaurois où employer si ce n'est contre les infidelles; j'en ay tousjours eu volonté, et à ceste heure ne l'ay moindre. Aydés à bien dresser les affaires, afin qu'avant que je deviene beaucoup plus vieux, je face chose par où Dieu peust estre servy et que je ne sois à blasmer. Je me dict vieil pour ce qu'en ce cas le temps passé me semble long et l'advenir loing. Et à tant faictz fin, en vous asseurant que tousjours me trouverés un bon maistre.

CHARLES.

XLV.

FRANÇOIS Ier, ROI DE FRANCE,

A CHARLES-QUINT.

(Mémoires de Granvelle, I, 82.)

Sans date [mars ou avril 1525].

Si plus tost la liberté par mon cousin le vice-roy de Naples m'eust esté donnée, je n'eusse si longuement tardé devers vous faire mon debvoir, comme le temps et lieu où je suis le mérite. N'aiant aultre confort à mon infortune que l'espérance de vostre bonté, laquelle, si

---

[1] Ce ne fut qu'à la fin du mois de juin suivant que le roi, détenu jusqu'alors à Pizzighitone, fut amené en Espagne par Lannoy.

luy plaist, par son honnesteté usera à moy le fruictz[1] d'estre vainqueur de sa victoire; aiant ferme espérance que vostre vertu ne vouldroit me contraindre de chose que ne fust honneste; vous suppliant jugier à vostre propre cueur se qu'il vous plaira faire de moy; estant seur que la volonté d'ung tel prince que vous estes ne peult estre accompaigniée que d'honneur et magnanimité. Par quoy si vous plaist avoir ceste honnesteté et pitié de moy, avec la seureté que mérite la prison d'ung roy de France, lequel l'on doibt rendre amy et non désespéré, vous pourrez estre seur de faire un acquest, au lieu d'un prisonnier inutile, de rendre un roy à jamais vostre esclave. Par quoy, pour ne vous ennuyer plus longuement de ma fascheuse lettre, fera fin, avec ses humbles recommandations à vostre bonne grâce, celuy qui n'a aultre aise que d'attendre que vous plaise vouloir nommer, au lieu d'un prisonnier,

Votre bon frère et amy.

FRANÇOYS.

Le sieur don Hugues[2] vous fera, s'il vous plaist, entendre de ma part ce que luy ai requiz. Et aussy vous prie croire Bryon[3], gentilhomme, que je vous envoie, comme moy-mesme.

---

[1] Une autre copie de cette lettre porte: *l'effet.*

[2] Hugues de Moncade, vaillant capitaine espagnol, prisonnier des Français après la bataille de Pavie, et remis presque immédiatement en liberté dans l'espoir que cet acte de générosité adoucirait la captivité du roi.

[3] Philippe de Chabot, amiral de France, élevé avec François Ier, qui lui accordait alors toute sa confiance.

XLVI.

FRANÇOIS Ier, ROI DE FRANCE,

A CHARLES V.

(Mémoires de Granvelle, I, 83.)

Sans date [avril ou mai 1525].

Pour ce que depuis la lettre que je vous ay escript il vous a pleu m'envoyer le sieur de Reux, lequel s'en retourne par devers vous, j'ay pensé vous escrire ceste lettre afin qu'il vous plaise cognoistre le debvoir en quoy je me veux mettre, ayant mandé à madame ma mère la résolution de ce qu'il me semble que je doibs faire pour ma délivrance; vous suppliant la vouloir recevoir et jugier en cueur d'empereur, qui désire plustost se faire honneur que honte à celuy qui espère tant de miséricorde et de bonté en vous, que de son esclave sera à jamais son bon frère, amy et trop obligé.

FRANÇOYS.

XLVII.

CHARLES V

A FRANÇOIS Ier.

(Mémoires de Granvelle, tome 1, f° 84.)

Sans date [été de 1525].

J'ay receu deux vos lettres, l'une par le sieur de Reux, l'autre par le sieur de Bryon, lequel m'a dit sa crédence, et le tout bien entendu; ce sont tant de bons propos et honnestetez, que de la vertu d'un tel prince que vous estes se doit espérer. Mais de vostre part, ny de celle de madame la régente, à laquelle vous m'escrivez que vous estez remis, ne m'a esté répondu aux moyens que j'avois mis avant, ny aussy m'a esté faict autre ouverture; que n'est pas le chemin pour parvenir à la paix, laquelle je désire générale et durable pour le service de Dieu et bien de la chrestienté, y gardant mon honneur sans souiller le vostre, conservant mes amys et aussy désirant de vous veoir délivré, que lors connoistrez le bon vouloir que j'ay de vous estre et demeurer vray bon frère et amy.

CHARLES.

XLVIII.

FRANÇOIS Ier

A CHARLES V.

(Mémoires de Granvelle, tome I, f° 83.)

Sans date [vers septembre 1525].

La nouvelle de ma seur[1] ayant faict voile pour venir icy me semble, veu ce que m'at escript mon cousin le vice-roy, ne vous devoir estre cellée; et aussy que l'occasion me seroit bien *petite*[2] si je pensois avoir le bien de vous escrire, que je la trouvasse grande; car après ne vous pouvoir voir, c'est le plus grand plaisir que puisse avoir celuy qui, si Dieu luy doint vie, a espérance de ne vous faire repentir de l'avoir appellé[3] vostre bon frère et parfaict amy, esclave s'il vous plaist.

FRANÇOYS.

---

[1] Marguerite, duchesse d'Alençon, et depuis reine de Navarre. Elle arriva à Madrid vers la fin de septembre, pour visiter le roi son frère, alors malade, et négocier sa délivrance.

[2] On lit *peu* dans une seconde copie de la même lettre.

[3] Autre leçon : « de l'avoir permis de « vous appeler. »

XLIX.

DEMANDES

DE L'EMPEREUR AU ROI DE FRANCE,

AVEC LES RÉPONSES.

(Mémoires de Granvelle, 1, 87 v° - 89.)

Sans date [vers décembre 1525].

Pour mieux establir la paix, se traictera du mariaige du dauphin et de la fille de Portugal.

Item, qu'il restituera la duché de Bourgongne, vicomté d'Auxonne, le ressort de Sainct-Laurens, comté de Masconnois et Auxerrois, seigneurie de Bar et toutes autres appertenances, le tout exempt de souveraineté; et cette restitution faicte, si le roy prétend droict, qu'il le demande par arbitres esluz entre eux.

Le roy respond par articles signés de sa main : Quant au premier, si on ne parle de son mariaige, celuy de son filz seroit de longue attente.

Au second, qu'il trouve cet article trop estrange qui veut parvenir à une forme de paix; car quant au jugement de Bourgongne, il ne se peut traicter que pardevant les vrays juges qui sont les pairs de France.

Item, propose l'empereur que les fondations traictées à Arras pour l'âme du duc Jean soyent accomplies.

Respond le roy qu'il accorde et consent, nonobstant que pour la mort du duc d'Orléans ne fut faicte fondation, pour venger la mort duquel ses serviteurs tuèrent ledit duc de Bourgongne.

Propose l'empereur que le roy renonce à tous les droictz et arréaiges des royaumes de Naples, duché de Milan, seigneurie de Gennes, comté d'Ast, seigneurie de Tournay, Mortaigne, Saint-Amant et cité d'Arras; rendre Hesdin et abattre Thérouanne.

Respond le roy qu'il s'en rapporte à ce qu'en a esté offert par ses ambassadeurs, sinon de la comté d'Ast, de quoy encore n'avoit esté parlé; et quant à Thérouanne, qu'elle luy a trop cousté pour l'abattre, et ceste demande luy faict penser qu'on luy garde quelque mauvaise volonté, qui est loing de vray amytié laquelle il désire.

Item, propose l'empereur qu'il quicte à jamais la souveraineté de Flandres, Artois et toutes autres terres tenues de la couronne.

Respond le roy qu'il ne quictera sinon ce que par les siens ambassadeurs a esté ouffert.

Propose l'empereur que par ces moyens il quictera au roy pour récompense Péronne, Roye, Montdedier et les villes de Somme, ensemble Boulongne et la comté de Guisnes, que luy appartient; par ce moyen [seront] estainctes toutes autres querelles d'un costé et d'aultre.

Respond le roy que l'empereur ne quicte rien du sien, car pour Péronne, etc., il tient Lille, Douay et Archies[1]; et quant aux villes de Somme, le roy Loys en rendit argent; de Boulongne laisse débattre ses ambassadeurs, qui bien monstreront évidamment que l'empereur n'a rien de Guisnes, et aymeroit mieux le présent faict par le roy d'Angleterre que par autre.

[1] Orchies.

Item, propose l'empereur que le roy, entièrement et avec effect, abandonne un Henry d'Albret, Charles de Gueldres, Ulric de Wirtemberg, La Marche et ses enfans.

Respond le roy qu'il seroit trop estrange d'ainsy abandonner ceux qui l'ont bien servy, et que ce donneroit occasion à l'empereur de penser que de chose que jamais il promist et promettroit seroit pour rien n'en tenir.

Propose l'empereur que de toute armée qu'il voudra mectre sus en Allemagne, pour quoy que ce soit sans exception, le roy en payera la moityé.

Respond le roy qu'eux estant bons amys, veut bien ayder à l'empereur; mais il veut sçavoir de quoy et pour quel temps.

Propose l'empereur que le roy luy donne son armée de mer quant il voudra s'aller couronner.

Respond le roy qu'à cest article il satisfaict par le précédent.

Propose l'empereur que voulant faire entreprise contre le Turc ou hérétiques, le roy contribuera à la moitié, et s'il plaist à l'empereur il ira en personne.

Respond le roy qu'à toutes entreprinses qui se feront pour l'honneur de Dieu il ne désire que de y estre avec la puissance qu'il a accoustumé de mener.

Propose l'empereur que le roy acquite tout ce que l'empereur promict au roy d'Angleterre, au traicté de Windosoire[1].

[1] Windsor.

DU CARDINAL DE GRANVELLE. 275

Respond le roy qu'il pense que le roy d'Angleterre est contant de luy.

Propose l'empereur que ainsy qu'il vouldra soit appointé à Bourbon et ses alliez.

Respond le roy que s'il plaist à l'empereur qu'il ayt pitié de Bourbon, pour l'honneur de luy il est contant de luy rendre son bien et non pour autre respect.

Item, propose l'empereur que des affaires de madame Marguerite et autres particulières soit traicté et conclud.

Respond le roy que c'est raison qu'on traicte de tout ce dont pourroit sortir différent.

Propose l'empereur que le roy, avant son délivrement, face ratisfier et accomplir tout ce qu'est contenu à l'unzième et dernier article de l'instruction de Beaurain [1].

Respond le roy qu'il ayme autant un jamais que la longueur du xie article desdictes instructions.

Depuis, l'empereur a respondu que les articles qu'il a baillé semblent si justes et équitables à son conseil, que l'on n'en rabattra jamais rien.

On n'est pas aussy d'advis de rien accorder outre ce qu'on a ouffert, et ne veut le roy passer outre. Par quoy l'on ne sçait encore que ce sera; on espère que Dieu y mettra bon ordre.

[1] Le seigneur de Reux.

L.

TRAITÉ

CONCLU À MADRID

ENTRE CHARLES-QUINT ET FRANÇOIS I[er][1].

(Apologie de Charles-Quint, 222-239.)

14 janvier 1526.

LI.

FRANÇOIS Ier

A CHARLES V.

(Apologie de Charles-Quint, 266.)

Sans date [février 1526].

Monsieur mon bon frère, j'ay receu la lectre que m'avez escript par mon cousin le visroy, et par luy entendu de voz nouvelles, qui m'a esté grant plaisir; je vous mercye que le m'avez envoyé. Je me parts maintenant pour m'en aler en France[2], et pour mectre à exécution les choses traictées entre nous deux, en quoy ne feray point de faulte. Vostre bon frère, amy et obligé.

FRANÇOYS.

A l'empereur, mon bon frère.

[1] Voyez *Recueil des Traités de paix*, par Léonard, II, 220 à 245; *Corps diplomatique*, par Dumont, II, 112 et suivantes.

[2] Ce départ eut lieu le 21 février.

LII.

FRANÇOIS Ier

A CHARLES V.

(Apologie de Charles-Quint, f° 266.)

Sans date [mars 1526].

Monsieur et bon frère, j'envoye le pourteur de ceste, mon secrétaire, pour vous faire entendre mon arrivée, et aussi de mes nouvelles; vous priant luy donner crédence, et vous ferez plésir à vostre bon frère, amy et obligé.

FRANÇOYS.

LIII.

FRANÇOIS Ier

A CHARLES V.

(Apologie de Charles-Quint, f° 266.)

Sans date [1526].

Monsieur mon bon frère, comme je vous ay escript par mon secrétaire Commacre, je vous envoye le sieur de Calvymont, second président de mon parlement de Bourdaulx[1], pour résider devers vous, et de jour à autre vous fère savoir de mes nouvelles, et vous dire

[1] « Par les instructions que ledit président apporta du roi son maistre, desquelles sa majesté a la coppie, et en vertu des lectres de crédence dessus escriptes, ledit

aulcunes choses que luy ai donné en charge ; je vous prie que luy donnez audience et crédence, comme feriez à ma propre parsonne, et vous ferez plaisir agréable à vostre bon frère, amy et à jamais obligé.

FRANÇOYS.

LIV.

MANDEMENT

DE L'ARCHIDUCHESSE MARGUERITE

AU CONSEIL DE FLANDRE.

(Mémoires de Granvelle, I, 94-95.)

Anvers, 10 février 1525. V. S.

Marguerite, archiduchesse d'Austriche, duchesse et comtesse de Bourgongne, régente et gouvernante.

Très-chers et bien-aymez, nous avons ce jour receu lettres de secrétaire Commacre, qui arriva en Séville sa majesté y estant, et ledit président, estant sa majesté en Grenade, dirent et certifièrent à sa majesté, de la part du roy de France, leur maistre, qu'il n'y auroit faulte qu'il accompliroit ce qu'il avoit promis et juré par le traicté de Madrid, avec plusieurs autres promesses sur cet effect. Et pour plus grande vérificacion, le roy de France estant en son royaulme a maintes fois affermé et dit qu'il vouloit accomplir ce qu'il avoit promis, disant « qu'il « ne vouloit faillir à sa foy ny à son hon- « neur. » Voyres a maintes fois dit, luy estant à Coignac et en la cité d'Angoulesme, qu'il se tenoit austant prisonnier de l'empereur que s'il estoit encoires à Madrid. Sa majesté a aussi plusieurs actes auctenticques que ledit roy de France et ceulx de son conseil ont donné aux ambassadeurs que sa majesté avoit lors en France, après qu'il y fut remis, persévérant qu'il vouloit et entendoit observer ce qu'il a promis audit traicté de Madrid, desquels actes, pour la prolixité et longueur des escriptures, ne se fait icy transcripcion, mais le tout se mectra en impressions publicques avec translations en toutes langues chrestiennes, affin que à tous soit notoire le tort et la faulte dudit roy de France. » (*Note tirée du volume des Mémoires de Granvelle intitulé*, Apologie de Charles-Quint, f° 266.)

l'empereur, mon seigneur et nepveu, d'advertissement du traicté de paix, amytié, alliance et intelligence perpétuelles d'entre sa majesté et monsieur le roy très-chrestien de France, grandement à l'honneur de sadicte majesté, et au bien, proufit, commodité, repos et seurté de leurs royaumes, pays et subjectz; vous ordonnant, de par mondict seigneur, faire publier ladicte paix par tous ses pays pardeçà, et la faire observer, ensuyvant ce que vous envoyons en cest escript, et par nostre ordonnance, soubzsigné de Laurens Du Blioul, audiencier, lequel, ou la copie d'icelluy, nous vous ordonnons envoyer en extrême diligence, par toutes les villes et bourgs du pays et comté de Flandres, esquelles l'on est accoustumé faire cris et publications, et le faire publier en dedans le xve de ce mois pour le plus tard, et observer et rendre, et faire rendre grâces et louanges à Dieu de ladicte paix, et de la grâce que Dieu, par sa divine bonté, nous faict et envoye : et ce, par processions, prières, et cérémonies et aultres œuvres pieuses et méritoires, et avec ce en faire les feux de joye; et oultre ce, faire bien estroictement observer icelle paix, et faire faire extrême et rigoureuse punition des infracteurs, se aulcuns s'y trouvassent, sans délay, simulation ou déport, et qu'il n'y ayt nulle faulte. Très-chers et bien-aymés, Nostre-Seigneur vous ayct en sa garde. Escript à Anvers, le xe jour de febvrier, l'an vingt-cinq.

MARGUERITE.

Et plus bas :

DU BLIOUL.

A nos très-chers et bien-amés les président et gens du conseil de l'empereur, en Flandres.

LV.

PUBLICATION

DU TRAITÉ DE PAIX DE MADRID.

Anvers, 11 février 1525. V. S.

L'on vous faict sçavoir qu'à l'honneur et louange de Dieu, nostre créateur, et pour le bien, seurté et repos de la chrestienté, paix perpétuelle, concorde, union et vraye et indissoluble amitié, intelligence et ligue offensive et deffensive sont traictées et jurées entre très-haultz, très-excellens et très-puissans princes, Charles, par la divine clémence, empereur des Romains, cinquiesme de ce nom, tousjours auguste, roy catholique des Espaignes, etc. archiduc d'Austriche, duc de Bourgongne, de Brabant, etc. comte de Flandres, d'Arthois, etc. [nostre] souverain seigneur naturel d'une part, et Françoys, aussy par la mesme grace, roy très-chrestien de France, premier de ce nom, d'aultre part; pour eulx, leurs hoirs et successeurs, et tous et quelconques royaumes, pays, terres et seigneuries, vassaulx, serviteurs et subjectz, en sorte que lesdicts seigneurs et princes, et d'icy en avant, seront amys d'amys et ennemys d'ennemys, et qu'au moyen d'icelle paix, union et accord, leurs vassaulx et subjectz pourront doresnavant aller, venir, fréquenter et converser ès royaumes, pays et seigneuries l'un de l'aultre, tant par mer comme par terre, marchandement et aultrement, seurement et saulvement, comme auparavant la guerre d'entre iceulx princes ils faisoyent ou faire pouvoyent, en payant les drois des tonlieux, payages [1], et aultres débites d'ancienneté accoustumez en temps de paix tant seulement; et que par icelle paix, tous les vassaulx et subjectz desdictz princes d'une part et d'aultre retourneront à leurs biens en quelque party

[1] Péages.

qu'ils soyent, et faict-on commandemens de par l'empereur à tous ceulx de sa subjection et obéissance, que doresnavant ils ayent à garder et observer ladicte paix inviolablement, et sans aulcune contravention, à peyne d'estre punis comme infracteurs de paix et traictez, sans déport ou grâce. Ainsy conclud par madame la régente, suivant les lettres de l'empereur, données en la cité de Tholedo, le xxiie jour de janvier. En Anvers, en la présence des chefz et plusieurs chevaliers de l'ordre et aultres du conseil d'icelluy seigneur, le xie jour de febvrier, l'an xve xxv.

Soubz-signé moi présent,
DU BLIOUL.

LVI.

RECUEIL

DE DIVERSES PIÈCES

RELATIVES À LA QUERELLE DE CHARLES-QUINT AVEC LE PAPE CLÉMENT VII.

(Mémoires de Granvelle, I, 96-135.)

1526.

Ce recueil, imprimé à Alcala-de-Henarez en 1527, par Michel de Eguia, in-4°, non paginé, avec signatures et réclames, porte le titre suivant :

« Invictissimi Romanorum imperatoris Caroli, hujus nominis
« quinti, ac Hispaniarum regis catholici, ad duo Clementis septimi,
« pontificis romani, brevia responsio, in qua ab ipso pontifice ap-
« pellat, petitque generalis christianorum omnium.... congregatio...
« cum nonnullis aliis litteris atque actis publicis, etc. »

Son contenu, qui rappelle certains événements de l'année 1526, est le suivant :

1° Avertissement au *pieux* lecteur ;

2° Le premier bref du pape Clément VII, du 23 juin 1526;

3° La réponse de Charles-Quint, avec l'acte de sa présentation, du 17 septembre 1526;

4° Le second bref du pontife, rapportant le premier, sous la date du 25 juin, et la réponse du monarque, du 18 septembre;

5° La lettre de l'empereur au collége des cardinaux, du 6 octobre suivant, avec l'instrument de sa présentation, daté du 12 décembre.

A la suite se trouve :

« Pro invictissimo Romanorum imperatore Carolo, hujus nominis « quinto, etc. ad ea quæ per oratores romani pontificis Clementis VII, « ac Francisci, regis Francorum, et Venetorum, ad generalem pacem « componendam nuper proposita fuerunt, responsio, per actum pu- « blicum promulgata in oppido Vallisoletano, die xii februarii, anno « D^{ni} 1527. »

LVII.

MEMORIALE

MANDATO DI ORDINE DI PAPA CLEMENTE VII A MONSIG^r ILL^{mo} FARNESE,

LEGATO IN SPAGNA,

QUANDO DI CASTELLO VOLEVA MANDARLO ALL' IMPERATORE.

(Mémoires de Granvelle, 161-172.)

Sans date [1526].

R^{mo} et Illmo Sig^{re}, nella difficoltà della provincia che è toccata alle mani di V. S. tanto grande, quanto lei stessa conosce, et in recordatione della somma et estrema miseria nella quale siamo, penso non sarà se non di qualche rilevamento a quella haver quella informatione che si può di tutte le actioni che sono accadute trà N. Santità et la maestà Cesarea, et in esse conoscere che V. S. va a principe del quale sua santità et casa sua è più benemerita che nessun altra, che nè per li tempi passati nè per li presenti si possi ricordare; et si qualche offensione è nata in quell'ultimo anno, non è causata nè da alienatione che sua santità havesse fatto della solita volontà et amore verso sua maestà, o per dissegno particolare di agrandire i suoi o altri, per abbassare la riputatione et stato suo, ma solo per necessità di non comportare di essere oppresso da che haveva et autorità et forze in Italia, et per molte prove che sua Beat^{ne} havesse fatto per nontii, lettere, messi et legati, non era mai stato possibile trovarsi remedio.

La santità di nostro S^{re} dà comincio a poter esser tale da poter servire la corona di Spagna, et la casa della maestà Cesarea, il che fu dal principio del pontificato della santa memoria di Leone suo fratello, con il quale poteva quanto ognuno sa, et la maestà sua ha provato, fu sempre di tanto studio et servitù della parte Spagnuola et imperiale, che non si potria numerare beneficio e gratia, o satisfatione di cosa alcuna, che questa parte ogni tempo habbia havuto dalla santa memoria di Leone et della Chiesa, nelle quali non solo la santità di N° Sig^e stando *in minoribus* non si sia trovato o adversario o consentiente solo, ma ancora autore, et indirezzatore et conduttore del tutto. Et per toccare quelle che sono di più importanza, solo la lega che si fece il secondo o terzo anno della santa mem^a di Leone per adversare alla venuta prima che fece in Italia il christianissimo rè Francesco passò sola per mano di sua santità: et se andò in persona legato per trovarsi in fatti come gli altri, dove essendo riusciti i dissegni diversamente di quello si era imaginato, et constretto la santa mem^a di Leone fare quelli accordi che potè con il christianissimo, il cardinal de' Medici hebbe quella cura di conservare l'esercito spagnuolo, che ognuno di quelli che all'hora vi si trovavano possono rendere testimonio, et usò tutta l'autorità che haveva col papa suo fratello, che la volontà et estremo desiderio che il rè christianissimo haveva di seguire la vittoria, et passare con tanto esercito et favore nel regno, fosse raffrenato, hor con una scusa, et hor con un'altra, et tra l'altre, che essendo il rè catolico vecchio, et per l'infirmità già alli ultimi anni, sua maestà aspettasse l'occasione della morte sua, nel qual tempo l'impresa riusciria senza difficoltà alcuna, et succedendo assai doppo questi ragionamenti la morte del rè catolico, che, credo, non ci fosse un mese di tempo, con quanta arte et fatica fosse necessario ad esprimere l'instantia grande, che il christianissimo ne faceva, ne farebbino testimonio le lettere di propria mano di sua maestà, se questi soldati che tra le altre cose hanno ancora saccheggiato tutte le scritture, o ce le restituessero, overo le mandassero alla maestà Cesarea; et queste cose con molte altre, che tutte erano in preparare quieta et stabile l'heredità et successione della persona hora dell'imperatore, et assicurarlo, *etiam vivente* l'avo, delli magistrati di Spagna; et tutto faceva il cardinal de' Medici, non per privato commodo alcuno suo, anzi direttamente contra l'utile particolare, non havendo rendita alcuna di momento se non nel dominio di Francia, et non procurando mai di havere ristoro in quello di Spagna. Successe la morte dell'imperatore Massimiliano, et essendo la santa memoria di Leone inclinato alla parte del christianissimo per quella dignità, et opponendosi alli conati della maestà Cesarea di hora, non passò il termine della elettione, che il cardinal de' Medici condusse il papa a non contravenirvi, et doppo fatta la elettione, ad approvarla, absolverlo dalla simonia, dal perjuro, che non poteva, essendo rè di Napoli, secondo la constitutione di papa..... procurare di essere imperatore, et reinvestirlo, et donarli di novo il regno di Napoli; in che non so se l'affettione grande, et l'opinione nella quale il cardinal de' Medici era entrato della bontà, et prudentia et religione della maestà sua, non s'escusasse, et fosse più o il servitio che può molto apertamente dire d'haver fatto grandissimo alla maestà sua overo il disservitio fatto al fratello, cioè al papa, et alla Chiesa, favorendo et nutrendo una potentia tanto grande, et da considerare che poteva indi da questo fiume erumpere una devastatione, et strage sì grande, come ora è seguito. Ma vedendo il cardinale queste due potenze di Spagna et Francia divise di sorte, che malamente, non contrapesando bene l'une et l'altre forze, si poteva sperare di pace, andò primo con questo dissegno di aggiungere tanta autorità et potere al rè di Spagna, che essendo equale al christianissimo dovesse haver rispetto di venire a guerre, et se pur la disgratia portasse, che non si potesse far di meno, essendo di opinione di anteponere il rè di Spagna al rè christianissimo, Spagna fosse in modo ferma, et gagliarda, che attaccandosi in un caso simile a quella parte, si potesse sperare esito et certa vittoria. Et se questo lo provasse con altro che con parole, se forse le cose sudette fossero così oscure che havessero bisogno di più aperta fede, ne farà testimonio la conclusa lega della santa memoria di Leone con la maestà Cesarea in tempo che era quella differenza dal stato della maestà Cesarea a quello di Francia, et tanto dissimili le conditioni che si proponevano da un lato a quelle dell'altro, che non solo la santa memoria di Leone non doveva venire a legarsi con l'imperatore essendo in libertà sua et arbitrio di eleggere quello che più faceva per lui; ma essendo ligato doveva fare ogni opera per spiccarsene, et per mostrar brevemente essere con effetto quanto dico. L'imperatore si trovava in quel tempo, che la santa memoria di papa Leone fece lega con la maestà sua, priva di ogni auttorità, nervo, amici et reputatione, havendo persa in tutto l'obedienza in Spagna per la rebellione di tutti i popoli, essendo tornato dalla dieta, che sua maestà haveva celebrata in Vormatia, escluso di conclusione bona, di aiuti, et favori, che si fosse proposta ottenere in essa; havendo la guerra già messa nei suoi paesi in due lati, in Fiandra per via di Ruberto de la Marcia, et in Navarra, il qual regno tutto era già andato via, et redottosi alla obedienza del rè favorito da' Francesi. Li Svizzeri poco avanti si erano di novo allegati col christianissimo, con una nuova conditione di obligarsi alla defensione del stato di Milano, che il christianissimo possedeva, cosa che mai per avanti havevano voluto fare. Il seneriss° rè d'Inghilterra, del quale forze l'imperatore faceva fondamento per la parentela tra loro, et per la inimistà naturale con Francia, mostrava esser volontieri per starsi a vedere, come con prove poi con gli effetti, non si movendo a dar pur un minimo aiuto all'imperatore per molta necessità in che lo vedesse, et per molta instanza che gli ne fosse fatta, salvo doppo la morte di papa Leone. Il christianissimo all'incontro, oltre la potentia grande unita da se et pronta, l'unione della illust^{ma} signoria di Venetia, questa nuova leanza de'Svizzeri, si ritrovava tanto più superiore nel resto, quanto gli causava la potentia sua, et la facevano magiore i molti et infiniti desordini, ne' quali dico di sopra che la maestà Cesarea si ritrovava; le speranze et propositioni dei premij, et commodità del sucesso et prosperità che le cose havessero havuto, erano molto diverse: il christianissimo voleva dare di primo colpo Ferrara alla Chiesa, avanti che per sua maestà si facesse altra impresa. Poi nel acquisto del regno di Napoli, a che sua maestà christianissima inhiava, per non venire alli particolari, dava tanta commodità alla Chiesa circa ogni cosa, che li tornava di più commodo et utilità et sicurtà assai che non saria stato se ci l'havesse lasciato tutto in quest'altra banda, non vi era cosa ninguna salvo proposito di mettere il stato di Milano in Italiani, et far ritornar Parma et Piacenza alla Chiesa; et nondimeno essendo et nella facilità dell'impresa in una parte, et nell'altra il pericolo così ineguale, et aggiongiendovisi ancora la disparità delli guadagni sì grande, potè tanto la volontà del cardinal de'Medici appresso il papa, et appresso sua signoria reverendissima, l'opinione della bontà et religione della maestà Cesarea, che mettendosi nella deliberatione, che era necessaria fare o in un luogo, o in un altro, questa imaginatione avanti agli occhi, non volle dar parte della vista ad altro consiglio, nè ad altro essamine, se non darsi in tutto, et per tutto a quella parte, donde sperava più frutti d'animo santo et christiano, che di qualsivoglia altri premij che temporalmente havessero potuto provenire per altra via. Et che sia vero chi ha visto che non essendo successe le cose in quel principio, secondo che si sperava, et essendo consommati i danari, che per la prima portione sua maestà Cesarea haveva dato, et vedendosi male il modo che si facesse provisione per più, la santa memoria di Leone per sua parte et sua signoria reverend^{ma} molto più per la sua, non mancò mettersi la sustantia della patria et sua, et di quanti amici et servitori che havesse et *ultimo loco* la persona sua propria, della quale si conobbe l'importanza et il frutto che ne seguì. Morse in questo la santa memoria di Leone, et benchè sua beatitudine si trovasse inimico tutto il mondo, perchè quelli che haveva offesi della parte francese, tutti si erano levati contra il stato et dignità sua temporale et spirituale, gli altri della parte dell'imperatore, parte non lo volsero aiutare, parte gli furono contrarij, come V. S. sa molto bene, nondimeno nè il pericolo o offerte grandi delli primi, nè ingratitudine o sdegno delli secondi bastorno mai tanto che lo facessero movere pur un punto minimo della voluntà sua; parendogli che così come l'animo della maestà Cesarea et la opinione di esso era stato suo scopo et obietto, così quello dovesse essere sua guida; et non potendosi imaginare che questo nascesse dall'animo suo, nè potendo per il tempo breve suspicarlo, volse più presto comportare ogni cosa, che mutarsi niente; anzi come se fosse stato il contrario, di niuna tenne più conto, che di fare un papa buono parimente per la maestà sua come per la Chiesa; et che l'opinione fosse, anzi certezza, che non fosse quasi differenza a far papa papa Adriano o l'imperatore proprio, ognuno lo sa, secondo che ancora che niuno fu più autore et conduttore di quella creatione del cardinal de' Medici. Hebbe a far pruova se il giudicio, il quale sua signoria haveva fatto della maestà Cesarea, li riusciva tale quale sua signoria rever^{ma} si era imaginata, perchè avanti l'animo di sua signoria tutto occupato a servir la maestà sua non haveva pensato di distraherle in cura sua, o de' suoi particulari, nè era sì avido o poco prudente, che s'imaginasse i premij corrispondenti a' meriti. Anzi in questo pareva di haver perfettamente servito et meritato assai, no havendo obietto niuno tale, et essendo rimesso in tutto et per tutto alla discretione et liberalità della maestà sua. È vero che trovandosi, più di due anni quasi primo che la maestà sua non pensava, nè credeva poter ricever tanto beneficio et servitio dalla casa de' Medici, promesso per scritto di sua mano, uno stato nel regno di Napoli di sei milla ducati, et una moglie con stato in dote di dieci milla, pur promesso a qual tempo per uno de' nepoti della santa memoria di Leone et di sua signoria reverendissima. Et non si essendo mai curati di entrare in possesso del primo, et venire ad effecto del secondo, per parergli di haver tutto in certissimo deposito in mano della maestà sua, morto papa Leone, et non essendo rimasto segno alcuno di bene verso la casa de' Medici che le facesse ricordo di haver havuto tanto tempo un papa, se non questo, mandando sua signoria reverendissima alla maestà Cesarea a farle riverenza et dare conto di se, dette commissioni della espeditione di questa materia, che se ne facesse la consignatione et li privilegi, et venisse all' effetto. Ma sucesse molto diversamente di quello, che non solo era l' opinione nostra, ma di ognuno, perchè in cambio di vedere che si pensasse a nuovi premij et gratitudine per li quali si conoscesse la ricognitione dei benefitij fatti alla maestà sua, et la casa de' Medici si consolasse vedendo non haver fatto molta perdita nella morte di papa Leone, si messe difficoltà tale nella speditione delle cose sudette, non come se si fosse trattato di un stato già stabilito et debito, et per conto molto diverso et inferiore alli gran meriti che si erano aggionti poi, ma disputare non altrimenti che se la casa de' Medici gli fosse stata nemica, facendo obiettione di sorte che ancorchè fosse stata in quel termine, non si dovevano fare, perchè la fede, et quello che è una volta promesso si vuol servare in ogni tempo. Pur si replicò et mostrò il torto che si riceveva, talmente che in cambio di sperar più, o di havere almeno intieramente quello era promesso d' un stato di sedici milla ducati, sei, di sua maestà propria, et dieci di dote che si doveva dare, se risolse in trè. Nel qual tempo essendo il cardinal de' Medici informato di tutto, se sua signoria reverendissima non si mosse dalla devotione della maestà Cesarea, perseverando non come trattato, *ut suprà,* ma come se fosse stato remunerato a satietà, si potrà dire che sua signoria rever^ma l'havesse fatto per forza, essendo la potenza dell' imperatore fermata di sorte che non poteva fare altro, overo per mancarle partito con altri principi, overo per trovarsi en qualche gran necessità, alla quale fosse più pronto prestare aiuto all' imperatore che ad altri. Ma chi si ricorda del stato di quelli tempi, che è facile, essendo assai fresca la memoria, conoscerà che l'esercito et parte imperiale in Italia, per il nuovo soccorso che Francesi havevano mandato, reparando l'esercito et forze loro con l'illustrissima signoria, era in grandissimo pericolo, et in man di nissuno era più in Italia, per l'opportunità del stato, amici, parenti, dependenti, danari, gente, che del cardinal de' Medici, far cadere la vittoria in quella parte dove gli fosse parso; et che al cardinal de' Medici furono mandati a far partiti amplissimi, come senza dirlo essendo tale si può imaginare; et che trovandosi con infiniti nimici intorno, li quali per stare sua signoria salda nella volontà verso l'imperatore cercavano oprimerlo, non solo poteva sperare aiuto dalli Cesarei, ma essi havevano mal fatto fatti loro, se da signoria reverendissima non havessero ricevuto ogni sorte d'aiuto, tanto ad acquistare la vittoria, quanto a mantenerla, essendosi spogliato sin' all' ossa, et se et la patria, per pagare una grossa contributione che fu imposta per pagare l'esercito et tenerlo unito. Direi volontieri con numerando tanti offitii et infiniti meriti del cardinal de' Medici et di casa sua, qualche beneficio che la maestà Cesarea o spetie di gratitudine havesse usato verso di loro, tanto per dir la verità, quanto ancora per escusare in questo modo la perseverantia mai interrotta per alcuno accidente verso la maestà Cesarea, et diffenderla da chi la volesse chiamare più presto ostinatione che vero giuditio. Ma non vi essendo niente, non lo posso far di novo, salvo se non si dicesse, che in cambio di 22 m. scudi d'entrata persi in Francia, sua maestà gli ordinò in Toledo una pensione di 10 m. escudi, dei quali ancora adesso in parte ne resta creditore. È vero che nelle lettere che sua maestà scriveva in Italia a tutti i suoi ministri, et oratori et capitani, li faceva honorata mentione di sua signoria reverendissima, et commetteva che facessero capo a quella, et ne tenessero gran conto per insino a commeterli, che se Dio disponesse della santa memoria di papa Adriano, non attendessero a far papa altro che sua signoria reverendissima. Donde nasceva che tutti facevano nei negotii loro capo a Firenze, et communicavano le facende, et quando si haveva a trattare di danari, o di altra sorte di aiuti, a nissuno si ricorreva con più fiducia che a sua signoria reverendissima, favorendola gagliardamente contra la mala dispositione che papa Adriano, per triste informationi ingeste da Volterra, mostrava havere di sua signoria; nelle quali cose non facendo ingiuria al buon animo che la maestà Cesarea potesse havere verso la persona del cardinale, dirò bene che sua maestà si governava prudentissimamente in volere che si mantenesse una persona di tanta authorità in Italia, la quale per poca recognitione che gli fosse stata fatta, non si era mai mutata un pelo del solito suo, et non potendo succedere come negli altri stati, che mutandoli forma e reggimento se ne fosse potuto, così in questo, sentire i medesimi frutti et commodità che faceva sua maestà stando integro et in Firenze il cardinal de' Medici. Morto Adriano fu il Card¹ creato papa, dove ancorchè i ministri et gli altri dependenti da Cesare havessero gagliarde commissioni, parte si portorno come volsero. Et alcuni che all'ultimo discesero poi a favorire a sua creatione, il primo protesto che essi volsero fu, che non intendevano per niente che sua signoria reverendissima conoscesse l'opera loro ad instanza dell'imperatore, ma quello facevano per mera dispositione privata. Et nondimeno fatto papa, ritenne sua santità la medesima persona del cardinal de' Medici, quanto comportava una unione tale insieme, con la dignità nella quale Dio l'haveva posta, et se in pesare queste due parti del debito del pontificato et dell'affettione verso l'imperatore sua santità non si havesse lasciato vincere, et fatto pesare più l'ultima, forse il mondo saria più anni fa in pace, et non patiriamo hora queste calamità. Perchè trovandosi nel tempo che sua santità fu papa due eserciti gagliardi di Cesare in Lombardia, et del rè christianissimo, et il primo oppresso di molte difficoltà di potersi mantenere se Nro Sigre non l'aiutava, come fece, con lasciar le genti ecclesiastiche et fiorentine in campo, con dar le tante decime nel regno, che ne cavò 80 m. scudi, et farli dare contributione da Firenze, et sua santità ancora prontamente danari et infinite altre sorti de aiuti, forse quella guerra haveria havuto più moderato esito, et da sperar fine di travagli, et non incominciamento a nuove et maggiori tribulationi; alle quali sperando nostro signore tanto più trovare forma, quanto oltre all' autorità ordinaria che credeva havere con l'imperatore, et per consigliarlo bene, ci haveva ancora aggiunto queste nuove demonstrationi, senza che non haveria potuto vincere, non solo non fu dato niun luogo al suo consiglio, che dissuadeva il passare in Francia con l'essercito, anzi in molte occurrenze s'incominciò a mostrare di tenere un poco conto di sua santità, et favorire Ferrara in dispregio di quella; et in cambio di lodarsi et ringratiarla di quanto haveva fatto per loro, querelarsi di quello non si era fatto a voglia loro, non misurando prima che tutto si facesse per mera dispositione, senza obligo alcuno, et poi se bene vene fossero stati infiniti, che molto maggior doveva esser quello che tirava sua santità a fare il debito suo con Dio, che con l'imperatore. L'esito che ebbe la guerra di Francia mostrò se il consiglio di N^{ro} Sig^{re} era buono, che venendo il christianissimo adosso all'esercito Cesareo che era a Marsiglia, lo constrinse a retirarsi, di sorte che il christianissimo seguiva con una celerità, che prima fu entrato in Milano che loro ci potessero provedere; et fu tanto terrore in quella giornata del signor vicerè, secondo che l'huomo di sua santità che era appresso a sua Ecc^{enza} scrisse, che non saria stato partito quale sua signoria non havesse accettato dal christianissimo, et prudentemente, vedendosi in estrema ruina, se la ventura non havesse aiutato di far che il christianissimo andasse a Pavia, et non a Lodi, dove non era possibile stare con le genti che vi si erano ridotte. Hora si le cose si ritrovavano in questi termini et tanto peggiori, quanto sempre in casi così subiti l'huomo s'imagina et nostro signore in molta male intelligenza col christianissimo, et poca speranza di non haver et sperare o temere se non male di sua maestà, per la memoria delli servitii fatti all'imperatore *in minoribus*, et per la continuatione della protettione et favore delle cose sue *etiam* venuto al pontificato. Et se il signor vicerè havesse potuto con honor suo chiedere o trovar partito, l'haveria preso molto volontieri, che doveva fare nostro signore, il quale non haveva speranza nè presidio alcuno con che aiutarsi, se non quanto havesse havuto la maestà Cesarea, et quello lo vedeva abietto, et quasi in ruina? Per che non si deve colpare anzi lodare sommamente la santità sua, che avendo commodità di provedere a se et agli amici non lo facesse, massime havendogli Iddio mandato opportunità di farlo, di sorte che non solo alcuno si doveva lamentare di sua santità, ma lodarlo, et rimanerle obligato in infinito. Fatto che fu nostro signore papa, non mancò il christianissimo di mandar subito messi a supplicare sua santità, che come Dio l'haveva posta in luogo sopra tutti, così ancora si volesse mettere sopra se stessa, et vincere le passioni, quali le potessero essere rimaste, et di troppa affettione verso la maestà Cesarea, o di troppa mala volontà verso la sua; et che rimarria molto obligato a Dio et alla santità sua se tenesse ognuno ad un segno, interponendosi a far bene, ma non mettendosi a favorire una parte contra l'altra. Et se pur per suo interesse o dessegni sua beatitudine giudicasse bisognarle un appoggio particolare d'un principe, qual poteva haver meglio che quello di sua maestà, che naturalmente era figlio della Chiesa et non emulo, desiderava et era solito operar grandezza di essa, et non diminutione? Et quanto alla volontà poi da persona et persona, le faria bene partiti tali che sua santità conosceria che molto più ha guadagnato in far conoscere quanto meritava offendendo et disperdendo sua maestà, che aiutando et favorendo l'imperatore. Venendo a particolari grandi, N^{ro} Sig^{re} accettava la primera parte, di essere amorevole a tutti; et benchè poi con gli effetti dependesse più all'imperatore, oltre all'inclinatione, lo faceva ancora con certissima speranza di poter tanto con l'imperatore, che facilmente lasciandosi sua maestà Cesarea governare et movere da sua santità, non fosse per esser sì grave quello que offendeva il christianissimo, quanto li saria più commodo in facilitare et aiutare gli accordi che si havessero havuti a fare nella pace. Ma succedendo altrimenti, et facendo il christianissimo, mentre l'esercito Cesareo era a Marsiglia, risolutione di venire in Italia, mandò, credo, da Ais un corriere con la carta bianca a nostro signore per mezzo del Sr Alberto da Carpi, con capitolatione favorevole et amplissimi mandati, et con una demonstratione di animo tale, che certo l'haveria potuto mandare al proprio imperatore; perchè da volere il stato di Milano impoi, era contento nel resto reporsi in tutto et per tutto alla volontà et ordine di nostro signore; et non essendo questo come Dio è, mai sua santità non si volse risolvere se non quando non la prima, ma la seconda volta, fu certa della presa di Milano, et hebbe lettere dal suo huomo, che tutto era spacciato, et che il signor viceré non lo giudicava altrimenti. Mettasi qualsivoglia amico o servitore, o fratello, o padre, o l'imperatore medesimo in questo luogo, et veda in questo subito et ancora nel seguente, che cosa haveria potuto fare per beneficio suo, che molto meglio sua santità non l'habbi fatto; dirò meglio, perchè son certo, che tra quelli da chi forse sua maestà ha sperato et spera meglior volontà, poichè si trovavano obligati, haveria voluto tener altro conto dell'obligo, che non fece la santità sua, la quale havendo reposto in mano sua di far cessare l'arme, nè far proseguire la guerra nel regno di Napoli, et infiniti altri commodi et publici et privati, non si era obligato ad altro in favore del christianissimo se non a fargli acquistare quello che già l'esercito de la maestà Cesarea teneva per perso, et in reprimirlo di non andare avanti a pigliare il regno di Napoli, nel quale non pareva fosse per esser in molta difficoltà; et chi vuol farsi bello per li eventi successi, al contrario deve ringratiare Dio che miracolosamente, et per piacerli, ha voluto così, et non atribuirsi niente a se, et riconoscere che il papa fece quella capitolatione per conservar se et l'imperatore et non per mala volontà, perchè trovando poi per sua disgratia il christianissimo difficoltà nell'impresa, per haverla presa altrimenti di quello si doveva, nostro signore lo lasciò due mesi intorno a Pavia, senza dare un suspiro di favore alle cose sue. Et benchè questo fosse assai in beneficio delli Spagnuoli, non mancò ancora far per loro dandogli del suo stato tutte le commodità che potevano designare, non mancando interporsi per mettere accordo quanto era possibile tra loro. Ma non vi essendo ordine e sollecitando il christianissimo che nostro signore si scoprisse in favor seco per fargli acquistare tanto più facilmente lo stato di Milano, et instando ancora che i Fiorentini facessero medesimo, a che parimente con la santità sua erano obligati, fece opera di evitare di haversi a scoprire, nè darli aiuto alcuno, salvo di dargli passo et vettovaglia per il suo stato ad una parte dell' esercito che sua maestà voleva mandare nel regno per far diversione, et indurre più facilmente all' accordo gli imperiali; nel che non so veder che ingiuria facesse sua santità agl' imperiali, o che servitio a' Francesi, concedendogli cosa, la quale era in facoltà loro di pigliarsi, ancorchè non ce l' havesse voluto dare, trovandosi disarmata et parendo pur troppo strano, che havendo fatto una lega con sua maestà christianissima, non l' havendo voluto servire d' altro, gli negasse quello che non poteva, et una publicatione di una concordia fittitia, come fu quella che si diede fuori all' hora per dare un poco di pastura al christianissimo, et far che di manco mal animo comportasse che la santità sua *ad unguem* la capitulatione. Et se si farà a dire il vero, il christianissimo fu più presto desservito che servito di quella separatione, perchè fu trattenuto et in Siena tanto, et poi in quella di Roma, che gli imperiali di Lombardia hebbero tempo di fare la prova che fecero nella giornata di Pavia; la quale ottenuta, che ragione voleva il mondo che l' imperatore et nè suoi agenti, nè huomo al mondo di quella parte si tenesse offeso di sua santità o pensasse a farle altro che servitio et piacere, se la religione non li moveva, et il seguitare gli essempi degli altri principi? li quali non solo non hanno offeso i papi, che si sono stati a vedere, ma quando hanno ottenuta vittoria contra quella parte, con la quale la Chiesa si fosse adherita, l' hanno havuta in somma riverenza, et posto termine alla vittoria sua in chiederla perdono, honorarla et servirla. Dove si trovò mai che a persona et stato, che non si occupa niente di quello a che tu ragionevolmente possa pretendere, anzi avendo una continuata memoria di haver tanti anni col favore, aiuto, et sostanza sua, et particolarmente della persona, ottenuto tante vittorie; et se hora si era adherito col christianissimo, lo fece in tempo nel quale non potendo aiutar se nè altri, le parse di havere una occasione divina di potere, col mezzo dell' inimici, fare quel medesimo effetto, non li dando più di quello che è la forza loro, et gl'impotentia degl' imperiali gli concedeva, et poi quando il corso della vittoria si fermò per Francesi, haverla piutosto dissuaduta che aiutata a spingere avanti. Che inhumanità inaudita, per non usare più grave termine, fu quella, come se a punto non vi fosse stata alcuna di queste ragioni o fossero state al contrario, subito ottenuta la vittoria in Pavia, et fatto prisione il christianissimo, cercare di far pace con altri, de' quali meritamente potevano presumere di esser stati offesi alla Chiesa, et alla persona del papa subito indire la guerra, et mandargli un essercito adosso! O gli imperiali havevano visto capitoli della lega col christianissimo, o non gli havevano visti, come siamo cierti, essendo andate in mano loro tutte le scritture di sua maestà, dovevano produrgli, et mostrando offensione in essi, o nel tempo che furono conclusi, overo gli particolari di cosa che fosse in pregiudicio della maestà Cesarea, giustificar con essi quello che contavano, se giustificatione alcuna però vi potesse essere bastante non gli havendo visti. Perchè usare tale iniquità contra chi, lasciamo benemeriti, ma che, nè *in scriptis* non havendo visto cosa tale, nè in fatti havendolo provato, non havevano sentito offensione alcuna? Ne restò nostro signore per poco animo, o per non potere, perchè si ha dell'animo et del potere loro in suo beneficio, l'havevano provato tanto tempo, et del primo, la età, non ne li poterono haver tolto niente, et del secondo, la dignità, gliene haveva aggionto assai, ne anco, perchè sua santità, non havesse intercette alcune lettere di questi signori, nelle quali si vedeva che stavano gonfij et aspettavano occasione di vindicarsi della ingiuria che non ricercavano di sua santità. Ma per non riputar niente, tutte queste cose rispetto alla giustitia et al dovere, et il buon animo della maestà Cesarea, senza participatione della quale mai penso che si mettessero a pensar niente, et non potendo mai persuadersi che sua maestà fosse per comportarlo. Però accade tutto il contrario, che subito, senza dimora alcuna, fecero passar l'esercito in quello della Chiesa et constrinsero sua santità a redimere la vexatione con cento milla scudi, et con fare una lega con loro, la quale mandandosi in Spagna, le dimostrationi che la maestà Cesarea fece di haverle a male, fu che se in essa se conteneva qualche cosa che fosse in beneficio di nostro signore et della Chiesa, non la volle ratificare, non ostante che quanto fu fatto in Italia fosse con li mandati amplissimi della maestà sua, et tra l'altre cose vi era la reintegratione dei sali del stato di Milano che si pigliassero della Chiesa, et la restitutione di Reggio, di che non volse far niente. Havendo nostro signore voluto gabbarsi tante volte, et sperar sempre che le cose dell'imperatore, ancorchè alla presenza paressero altrimenti, fossero poi per esser megliori, et havendo visto sempre riuscirli al contrario, cominciò a dare orecchie con tante prove che ne vedeva a chi gli haveva sempre detto, et perseverava che la maestà sua tendesse alla opressione di tutta Italia, et volersene far signore assoluto, parendogli strano che, senza uno obietto tale, la maestà sua si governasse per se et per i suoi di qua della sorte che faceva; et trovandosi in questa suspitione et mala contenteza, di vedere che non gli era osservata nè fede nè promessa alcuna, gli pareva che se fosse molto ben conveniente adherire all'amicitia et pratiche di coloro, i quali havessero una causa commune con la santità sua, et fossero per trovar modo di defendersi da una violenza tale, che si temeva; et essendo tra le altre cose proposto, che disegnando l'imperatore levar di stato il duca di Milano et farsene patrone, et che havendo tanti inditij che quello era più che certo, non si doveva perdere tempo in anticipare di fare ad altri quello che era disegnato di fare a noi: sua santità non poteva recusare di seguitare il camino di chi, come dico, era nella commune fortuna; et di qui nacque, che volendosi il regno di Francia, la signoria di Venetia, et il resto d'Italia unirsi insieme per rilevamento delli stati et salute commune, nostro signore dava intentione di non recusare di essere al medesimo a che gli altri offerivano; et confessa ingenuamente, che essendole proposto in nome, et da parte del marchese di Pescara, che lui come mal contento dell'imperatore, et come Italiano, si offeriva ad essere in questa compagnia, quando si havesse a venire a fatti, non solamente non lo recusò, ma havendo sperato di poterlo havere con effetto, gli haveria fatto ogni partito, perchè essendo venuto a termini di temer del stato et salute propria, pensava che ogni via, che se gli fosse offerta da poter sperare aiuto, non era da rifiutare. Hora lui è morto, et Dio sa la verità, et con che animo governò questa cosa. È ben vero et certo questo, che simil particolare fu messo a nostro signore in suo nome, et mandando sua santità a dimandarnegli, non solo non lo ricusò, ma tornò a confirmare lui stesso quello, che per altri mezzi gli era stato fatto intendere. Et benchè le pratiche procedessero di questa sorte, Dio sa se nostro signore vi andava più presto per necessità che per elettione; et di ciò ne possono far testimonio molte lettere scritte in quel tempo al nuncio di sua santità presso l'imperatore, per le quali se gli ordenava facesse intendere alla maestà sua li mali modi et atti a rovinare il mondo che si tenevano per quella, et che per l'amor di Dio volesse pigliarla per altra via, non essendo possibile che Italia, ancorchè si ottenesse, si potesse mantenere con altro che con amore et con una certa forma, la quale fosse per contentare gli animi di tutti in universale; et non giovando niente, anzi scoprendosi sua maestà in quello che si dubitava d'impatronirsi del stato di Milano sotto la presa de Girolamo Morone, et che il duca si era risoluto ribellare, sua santità perseverava tuttavia in acconciarla con levicome, descendendo a quello che voleva la maestà sua, et lei voleva venire a quello piaceva a sua santità, purchè il stato di Milano restasse nel duca, al quale effetto si erano fatto tutte le guerre in Italia; in che sua santità hebbe tanto poca ventura, che andando questo spacio di questa buona volontà sua all'imperatore in tempo che sua maestà voleva acordarsi col christianissimo, et potendo, si accettava prima lo accordo del papa, far più avantaggioso et poi più fermo quello del christianissimo, rifiutò di fare l'accordo con nostro signore per fare che quanto faceva col christianissimo fosse tanto più *quodam modo* vano, quanto non lo volendo sua maestà christianissima osservare, era per havere dei compagni mal contenti, con li quali venendosi fosse per tener manco conto della maestà sua. Nè è possibile imaginarsi donde procedesse tanta alienatione dell' imperatore di voler abbracciare il papa, non havendo ancor con effetto sentito offesa alcuna da sua santità, havendo mandato legato suo nipote per honorarlo et praticar queste cose, acciò conoscesse quanto gli erano a cuore, facendogli ogni sorte di piaceri, et tra gli altri concedendogli la dispensa del matrimonio, la quale quanto ad unire l' amicitia et intelligenza di quei regni per ogni caso, a cavar li denari della dote, ad haver presta sua successione, era dell' importancia che ognuno sa : et *tamen* non si movendo sua maestà niente, constrinse la santità sua a darsi a chi ne la pregava, non volendo l' imperatore suplicato, et a grandissimo torto, accettarlo. Et intervenne che stringendosi nostro signore col christianissimo, et con gli altri principi et potentati a fare la lega per commune diffensione, et precipuamente far la pace universale, quando l' imperatore lo seppe, volsi poi unirsi con nostro signore, et mandargli ad offerire per il signore don Ugo, non solo quello che sua santità gli haveva dimandato et importunato, ma quello che mai non haveva sperato di potere ottenere. Et se la maestà sua, o si vuol defendere, o calumniar nostro signore che, concedendogli per il signor don Ugo quanto di sopra, non l' havesse voluto accettare, non dani la santità sua, la quale, mentre fu in sua libertà, gli fece instanza di contentarsi di manco assai, ma incolpi il poco giudicio di coloro, che quando è tempo et è per giovare non voglino consentire ad uno, et vengono fuor di occasione a voler buttar tutto. La lega fu fatta, et principalmente per defensione delli convicini Itali, et per fare la pace universale, la quale non potendo seguire senza intervento della maestà Cesarea, gli fu lasciato luogo honestissimo, nè posto mano ad offendere cosa alcuna, che direttamente fosse di sua maestà, volendo prima tutti insieme, che havesse notitia della lega, et desse la risposta, se piaceva alla maestà sua di entrarvi; et sol si dicesse che si cominciò prima dalli fatti, mettendo l' esercito insieme, et andando a Milano, è vero che si cominciò da fatto, ma non con ragione, che se ben il duca fosse stato in quella colpa che se gli opponeva, non doveva procedere l'essecutione et il giudicio, et come di fatto era oppresso, di fatto si doveva rilevarlo con necessità, perchè essendo spogliato di tutto, et assediato in castello, ma sprovisto da vivere, se non si fosse fatta forza di soccorrerlo presto, si saria voluto fare a tempo che non saria poi stato possibile; et che sia vero che si cominciò per questa causa sola senza aspettare, perchè non pativa dimora, ne testimonia non haver posto mano nelle cose del regno, dove non essendo nè ordine, nè governo, nè modo alcuno, non è dubio che si saria fatto un grandissimo danno; et se bene nei capitoli della lega vi è, che si debba fare l'impresa del regno, et altre imprese contra la maestà sua, non è se non con somma giustificatione, cioè in tempo che sua maestà negasse di entrare nella lega con honeste conditioni, et che le imprese riuscissero in modo difficili, che altrimenti non si potesse ottenere l'intento commune. Et che dubitasse che l'impresa del regno non fosse stata per esser facile, lo può mostrare l'esito di Frusolone, et la presa di tante terre, considerando massime che nostro signore poteva mandare nel principio le medesime genti, ma non erano già atte ad haver nel regno in un subito tante preparationi quanto stentorno ad havere in molti mesi con aspettare gli aiuti di Spagna, et mentre non manca nella inimicitia essere amico, et volendo usare più presto officio di padre minaciando, che dando et procedendo con ogni sincerità, et non mancando discedere ancora a termini sotto della dignità sua in fare accordo con Colonnesi sudditi suoi per levare ogni suspitione, et per non mandare il ferro tanto avanti, che non si potesse tirandolo in dietro sanare facilmente la piaga, gli fu ordita a sua santità quella traditione, quale sa ognuno, et più se ne parla tacendo non si potendo esprimere, nella quale è vero che se sua maestà non ci dette ordine nè consenso, ne mostrò al meno gran dispiacere, o ne fece maggiori demostrationi, parendo che l'armata et tutti li preparationi, che potesse mai fare l'imperatore, non tendessero ad altro, che a volere vendicare la giustitia, che nostro signore haveva fatta contra Colonnesi, di rovinargli quattro castella. Non voglio disputare della tregua fatta qui in castello questo settembre per il signor don Ugo; se teneva o non teneva in mano l'assolutione dei Colonnesi, non teneva già in modo che nostro signore, essendo suoi sudditi, non gli potesse et dovesse castigare, et se quanto all'osservanza poi della tregua tra nostro signore et l'imperatore fosse stato modo da potersi fidare, si saria osservato d'avanzo, benchè nostro signore non fosse mai il primo a romperla; ma non gli essendo osservato nè qui, nè in Lombardia, dove nel tempo della tregua calando 12 m. lanzichinecchi (*lansquenets*), vennero nelle bande della Chiesa, et facendosi dalle bande di quà il peggio che si poteva, et sollecitandosi vicerè per lettere del consiglio di Napoli, che furono intercette, che sua signoria accelerasse la venuta, per trovare il papa sprovisto, et fornir quello che al primo colpo non havessero potuto fare, non potè nostro signore a se medesimo dimandare a fuor genti in Lombardia, le quali ancorchè venissero a tempo di far fattione nel regno, non volle si movessero da confini; et la rovina dei luoghi de' Colonnesi fu più per inobedienza di non haver voluto alloggiare, che per altro; et similmente di dar licentia a M. And^a Doria di andare ad impedir quella armata, della quale sua santità haveva tanti riscontri, che venivano alla sua rovina, non si può, senza nota di sua santità di poca cura della salute et dignità sua, dire con quante legitime occasioni constretta non abandonasse mai tanto tempo l'amore verso l'imperatore, et dopoi che cominciò ad esservi qualche separatione, quante volte non solo essendogli oblati, ma andava cercando i modi di tornarvi, ancorchè et del primo proposito, et di queste altre reconciliationi gliene fosse seguito male! Ecco che mentre le cose sono più ferventi che mai, viene il padre generale de' minori, al quale havendo nostro signore nel principio della guerra, andando in Spagna, dette buone parole assai dell'animo suo verso l'imperatore, et mostratogli quali sariano le vie per venire ad una pace universale, la maestà Cesarea lo rimandò indietro con commissioni et parole tanto ample, quanto si potessero desiderare, ma in effetto poi durissime. Pure desiderando nostro signore di uscirne, et venire una volta a chiarirsi *facie ad faciem* con l'imperatore, se vi era modo et via alcuna di far la pace, disse di sì, et accettò per le megliori del mondo quelle cose che l'imperatore voleva da nostro signore, et quelle che la maestà sua voleva dare; et volendo venire al stringere, et bisognando far capo col signor vicerè, il quale si trovava ancor lui arrivato a Gaieta, nel medesimo tempo, con parole niente inferiori di quello che il generale haveva detto, queste conditioni crescevano ogn'ora più, et erano cose infinite et insupportabili da poter fare; ma con tutto ciò niente premeva l'imperatore nostro signore che essere constretto a far solo accordo con l'imperatore in Italia, perchè la causa che moveva a farlo et con grandissimo danno et vergogna sua, era l'unione et pace in Italia, et il potere andare dall'imperatore; et se la signoria di Venetia non li consentiva, questo non poteva occorrere, et praticando il consento loro, stando il signor vicerè a Frusolone, si fece la suspensione di otto giorni, tra quali potesse venire la risposta di Venetia, et andando con essa il signor Cesare Ferramosca, non fu prima arrivato là, che già essendosi alle mani, et liberato Frusolone dall'assedio, non si potè far niente; nel qual maneggio certo è che nostro signore andò sinceramente, et così ancora monsignore romano legato; ma trovandosi già li nimici a vista, et con l'armi in mano, non era possibile trattare dette cose tante diverse ad un tempo medesimo.

Di qui avanti non si essendo trattata cosa, alla quale V. S. reverendissima non sia intervenuta, et non ne habbi quella piena notitia che possi havere io, saria superfluo se mi volessi estendere a narrarla, sapendo benissime, in quanto buon termine si era da ogni parte, et quanto progresso si era fatto con tre esserciti per mare et per terra nel regno, et quanto più facilmente si poteva ogn'hora sperar di fare, et in Lombardia havendo, o per munitioni delle terre, o per uscire alla campagna, molto più gente quasi che non bisognava, di sorte che chi non conoscesse la bontà et vita di nostro signore potria meritamente investigare donde nascesse questo sogno, che doppo haver provato l'animo di questa parte, et restatovi sotto con inganno, danno et vergogna, hora *volens* et *sciens*, senza necessità alcuna, libero di paura di perdere, sicuro di guadagnare, non sapendo che amicitia acquistasse, essendo certo della alienatione et inimicitia di tutto il mondo, et di quelli principi, li quali amavano di core la santità sua, andare a buttarsi in una pace e tregua di questa sorte. Ma havendo la santità sua provato che non piaceva a Dio che si facesse guerra (perchè ancorchè havesse fatto ogni prova per non venirci, et di poi essendo ci venuto con tanti avantaggi, et non haver havuto se non tristo successo, non si può attribuire ad altro), vedendo la povera christianità afflitta di sorte da noi medesimi, che quasi eravamo per lasciar poca fatica al Turco di finirla di rovinare, giudicava che niun rispetto humano dovesse, per grande che fosse, valer tanto, che havesse a rimovere la santità sua da cercar pace in compagnia di ognuno, non potendola haver con altri, farsela a se medesima, massime che a questi pensieri tornorno ad interponersi di quelli avvisi et nuove dell'animo et volontà di Cesare, disposto a quello che suol movere mirabilmente la santità sua, havendo havuto in un medesimo tempo lettere di mano propria della maestà sua, per via del signor Cesare, et per Paulo d'Arezzo, di quella sorte che era necessario credere che di acordarsi il papa con l'imperatore fosse per seguirne la felicità del mondo, overo imaginarsi che huomo al mondo non potesse mai nascere di pegior natura dell'imperatore, se fosse andato a trovar questa via per rovinare il papa, la quale fosse indignissima di ogni vilissimo huomo, et non del magior che sia tra christianità. Ma *absit* che si possa imaginare tal cosa, et si reputa più presto che Dio l'abbia permesso per recognitione nostra, et per dar campo alla maestà sua di mostrare più pietà et fede, et dargli luogo di assettare il mondo più che fosse mai concesso a principe nato.

Essendo venute in mano di questi soldati tutte le scritture, tra l'altre gli sarà capitata una nuova capitolazione che nostro signore fece cinque o sei dì al più avanti che seguisse la perdita di Roma, per la quale tornando sua santità ad unirsi alla lega, et consentendo a molte conditioni che erano in pregiudicio della maestà Cesarea, non penso che alcuno sia per volersene valere contra di nostro signore, di quelli della parte di Cesare, perchè non la potriano fare senza scoprire più i disfetti et mancamenti loro, li quali posto che si potesse concedere, che non si fosse potuto ritrahere Borbone dal proposito suo di voler venire alla rovina del papa, certo è che erano in quel campo tanti altri de' fanti et huomini d'arme, et persone principali, che haveriano obediti li commandamenti dell' imperatore se gli fossero stati fatti di buona sorte, et privato Borbone di una simile parte rimaneva poco atto a proseguire il disegno suo; et dato che questo si fosse potuto fare, benchè non vi possa essere escusatione che vaglia, come si giustificherà che havendo nostro signore adempite tutte le conditioni della capitolatione fatta col signor vicerè, secondo che la signoria vostra reverendissima potrà et ricordarsi et vedere rilegendo la copia di esta capitolatione, che portava seco, et dimandò sua santità allo incontro, che se gli osservasse il pagamento dei fanti, et degli huomini d'arme, che ad ogni richiesta sua segli erano obligati, ma non fosse stato osservato niente, si che non essendo stato corrisposto in una parte a nostro signore in quella capitolatione, da un canto facendosi contro quello che si doveva, dall'altro non se gli dando gli aiuti che se doveva, non so con che animo alcuno possi mettersi a voler calomniare la santità sua di una cosa fatta per mera necessità indotta da loro, et tardata tanto a fare, che fu la rovina della beatitudine sua, pigliarsi occasione di reputarsi offesi da noi. Della deliberatione che nostro signore fece dell' andata sua all'imperatore in tempo che niuno poteva suspicare che si movesse per altro interesse che per vero zelo della salute de' christiani, essendogli venuta quella inspiratione subito che si hebbe nuova della morte del rè d'Ungaria, et della perdita del regno, non lo negaranno gli nimici propij, havendola sua santità consultata et risoluta in consistorio due o tre dì avanti l'intrata de' Colonnesi in Roma, ne credo sia alcuno sì grosso, che pensi si volesse far quel zetto di gratia con l'imperatore prevedendo forse quella tempesta, perchè non era tale, che si fosse havuto tre hore di tempo a saperlo, non che tre dì, non si fossi con un minimo sono potuto scacciare.

Le conditioni che il padre generale di San Francesco portò a nostro signore furono queste : primo di voler pace con la santità sua; et se per caso alla venuta sua trovasse le cose di sua santità et della Chiesa rovinate, che era contento si riducessero tutte al pristino stato che in Italia daria pace ad ognuno, non essendo di animo volersi nè per se, nè per suo fratello, un merlo, anzi lasciare ognuno in possesso di quello in che si trovava tanto tempo fà. La differenza del duca di Milano si vedesse *de jure,* da giudici *deputandi* per sua santità et maestà, et venendo ad assolvere si restituisse, dovendo esser condennato, si desse a Borbone. Con Francia saria contento far l'accordo a danari, cosa che non haveva voluto fare sin qui, et la somma nominava la medesima che il christianissimo haveva mandata ad offerire, cioè due millioni d'oro; le quali conditioni nostro signore accettò subito; secondo che il generale ne può far testimonio, et le sottoscrisse di sua mano, ma non furono già approvate per gli altri, le quali V. S. sa quanto insupportabili et gravi petitioni gli aggionsero.

Hora non essendo da presumere se non che la maestà Cesarea dicesse da dovero, et con quella sincerità che conviene a tanto principe, et vedendosi per queste propositioni et ambasciate sue così moderato animo, et molto benigno verso nostro signore in tempo che la maestà sua non sapeva qual fosse quello di sua santità verso di se, et che estimava l'armi sue esser così potenti in Italia per li lanzichinecchi discesi, et per l'armata mandata, che ogni cosa havesse ceduto; non è da estimare se non quando sarà informata, che se la maestà sua mandò a mostrare buon animo, non fu trovato inferiore quello di nostro signore, et che alle forze sue vi era tal resistenza che nostro signore fece più presto beneficio a sua maestà in deporre l'armi, che lo ricevesse, come ho detto di sopra; et è chiarissimo che tutta la rovina seguita sta sopra la fede et nome di sua maestà, nella quale nostro signore si è confidato, vorrà non solamente esser simile a se quando andava *sua sponte* a desiderar bene, et esibirsi parato a farne a nostro signore et alla Chiesa, ma ancora agiongere tanto più a quella naturale dispositione sua, quanto ricerca il voler evitare questo carico, et di ignominioso che saria per essere, passandosene di leggiero voltarlo in gloria perpetua, facendola tanto più chiara, et stabile per se medesima, quanto altri ha cercato come suoi ministri deprimerla, et oscurarla. Et gli effetti, che bisognaria fare per questo tanto privatamente verso la Chiesa, et restauratione di essa, et nota di beneficij che se ancellassero (sic) le rovine, quanto in Italia et la christianità, estimando più essere authore di pacificarla, che qualsivoglia altro emolumento, sarà molto facile a trovargli, pur che la dispositione et giudicio di volere et conoscere il vero bene dove consiste vi sia.

Per non entrare nelle cause per le quali fossimo constretti a pigliar l'armi, per esser cosa che ricercaria più tempo, si verrà solamente a dire, che non pigliamo mai per odio, o mala volontà, che havessimo alla maestà Cesarea, o per ambitione di far più grande il stato nostro o di alcuni de' nostri, ma solo per la necessità nella quale ci pareva esser posta la libertà et stato nostro, et delli communi stati d'Italia, et per far constare a tutto il mondo, et all' imperatore che se cercava di opprimerci, noi non potevamo nè dovevamo comportarlo senza fare ogni sforzo di defenderci sin tanto che sua maestà Cesarea haveva quell'animo, del quale noi dubitavamo, intendesse, che le cose non erano per riuscirle così facilmente, come altri forse le havevano dato ad intendere, overo se noi ci fossimo gabbati in questa opinione, che sua maestà intendesse a farci male, et questi tali suspetti ci fossero nati più per modi di ministri, che per altro, facendosi sua maestà intendere esser così, da dovero si venisse ad una buona pace et amicitia non solamente tra noi particolarmente et sua maestà, ma in compagnia delli altri principi et signori, con li quali eravamo colligati non per altro effetto che per difender dalla violenza che si fosse fatta, o per venire con conditioni honeste et ragionevoli a mettere una volta pace nella misera christianità; et se, quando il signor don Ugo venne, la maestà Cesarea ci havesse mandato quelle resolutioni, le quali honestissimamente ci parevano necessarie per venire a questo, ci haveria nostro signor Dio fatto la più felice gratia che si potesse pensare, che in un dì medesimo che si presero l'armi, si sariano deposte. Et che sia vero che diciamo secondo che havevano havuto sempre in animo, ne può far testimonio la dispositione in che ci trovò il padre generale di San Francesco, con il quale communicando noi hora un anno che si trovava qui, et doveva andare in Spagna, le cause che noi, et Italia, e gli altri principi christiani havevano di star mal contenti della maestà Cesarea, et dandogli carico che da nostra parte l'esponesse tutte a quella, con farle intendere che si voleva attendere ai consigli et preghiere nostre, le quali tutte tendevano a laude et servitio di Dio et beneficio commune, così suo come nostro, ci trovaria sempre di quella amorevolezza che si haveva provato per avanti; et essendo de li alquanti mesi rimandato detto generale dalla maestà sua, con rispondervi humanissimamente, et che era contenta, per usare delle sue parole, et accettare per commandato quello che noi l'havevamo mandato a consigliare et pregare; et per darne di ciò certezza, portava tra l'altre due resolutioni, una di esser contento di rendere i figliuoli del christianissimo con quella ragione che l'era stata offerta da sua maestà, cosa che sin qui non haveva voluto mai fare; l'altra, che se tutta Italia, per un modo di dire, a quell'hora che sua paternità arrivasse a Roma fosse in suo potere, era contenta, per far bugiardo chi l'havesse voluto calunniare che egli havesse voluto occupare, di restituirse il tutto nel suo pristino, et mostrare che in essa, nè per se, nè per il ser^{mo} suo fratello, non ci voleva un palmo più di quello era solito anticamente possedervi la corona di Spagna, et perchè le parole si accompagnassero con gli effetti, portava di ciò amplissimo mandato in sua persona da poter risolvere tutto, o con il signor don Ugo, overo con il signor vicerè, se al tempo che lui capitava in Italia fosse arrivato.

Quanto poi fosse qui il nostro contentamento non lo potria esprimere, et parevaci un'hora mill'anni venire ad effetto di qualche sorte di accordo generale di poner l'armi, et sopragiongendo quasi in un medesimo tempo il signor vicerè, et mandandoci da Santo Stefano, dove prese porto prima in questo mare, per il commendatore Pignalosa, a dirci le megliori parole del mondo, et niente discrepanti da quanto ci haveva detto il padre generale, ringratiammo Dio che il piacere quale havevamo preso per l'ambasciata del generale non fosse per haver dubio alcuno, essendoci confirmato il medesimo per il signor vicerè, il quale in fare intendere la commisione dell'imperatore, si conformava in tutto, et poi ci mandava a certificare che niuno potria trovarsi con meglior volontà di mettersi ad esseguirla.

Qualmente mo ne succedesse il contrario, non è necessario durar molta fatica in dirlo, non essendo alcuno che non sappia le durissime, et insuportabili, et ignominiose conditioni che ci furono dimandate da parte del signor vicerè, non havendo noi posto dimora alcuna in mandarlo a trovare et pregare, che non si tardasse a venire alla conclusione di tanto bene; et dove noi pensavamo trovar ancor meglio di quello che ci era stato detto, essendo usanza di farsi riserva sempre delle megliori cose per farle gustare più gratamente, non solo si riuscì di non trovar niente del proposto, ma tutto il contrario: prima non haver fede niuna in noi, come se niuno con verità possa produrne testimonio in contrario, et per sigurtà dimandarci la meglior et più importante parte del stato nostro et della signoria di Firenze, poi somma di danari insupportabili, a chi havesse havuti monti d'oro, non che a noi, che ognuno sapeva che non havevamo un carlino; voler che con tanta ignominia nostra, anzi più dell'imperatore, restituissimo coloro, che contra ogni debito humano et divino, con tanta traditione vennero ad assalire nostra persona, saccheggiare la chiesa di San Pietro et il sacro palazzo, stringerne senza un minimo rispetto a volere che ci obligassimo strettamente di gire alla maestà Cesarea, sapendo tutto il mondo quanto desiderio ne mostrammo in tempo ch'eravamo nel più florido stato che fossimo mai, et (per non dire tutti gli altri particolari) volere che soli facessimo acordo, non lo potendo noi fare, se volevamo più facilmente condur la pace universale, per la quale volevamo dare questo principio, et così non si potendo il signor vicerè rimovere da queste sue dimande tanto incomportabili, et venendo senza niuna causa ad invadere il stato nostro, havendo noi in ogni tempo, et quelli pochi mesi avanti, lasciato star quello dell'imperatore nel regno di Napoli, accade la venuta del signor Cesare Ferramosca, il quale trovando il signor vicerè già nello stato della Chiesa, sappiamo che portasse tal commissione da parte dell'imperatore a sua signoria, che se si fossero esseguite, non si sariano le cose condotte in questi termini; et mentre sua signoria volse fare due cose assai contrarie insieme, una mostrare di non haver fatto male di esser venuto tanto avanti, overo non perdere l'occasione che le pareva havere di guadagnare il tutto, l'altra di ubidire li commandati dell'imperatore, quali erano, che in ogni modo facesse accordo; non successe all'hora ne l'uno ne l'altro, perchè sua signoria si trovò gabbata che non potè fare quello che si pensava; et tornando il signor Cesare con patti di far tregua per otto dì, sino a tanto che venisse risposta, se la signoria di Venetia le voleva entrare, quando arrivò in campo, trovò gli esserciti alle mani, et non si andò per all'hora più avanti, salvo che non obstante questo successo, et il conoscer certo nostro, che stando sicurissimi in Lombardia et in Toscana per le buone provisioni et infinita gente da guerra che ci era di tutta la lega, et che le cose del reame non havevano rimedio alcuno, come la esperienza l'haveva incominciato a dimostrare, mai deponemmo dall'animo nostro il desiderio et procuratione della pace; et in esser successe le cose così ben per noi, non havevamo altro contentamento, se non poter mostrare, che se desideravamo pace, era per vero giudicio et buona volontà nostra, et non per necessità, et per mostrare alla maestà Cesarea, che si commandò con buon animo, come credemmo, al padre generale, che ancora che tutto fosse preso a sua devotione, si restituisse, quel che di lei s'imaginava di fare quando il caso havesse portato da noi, essendo così in fatto, lo volevamo esseguire, ci aggionse un'ardore estremo a questo nostro desiderio più lettere scritte di mano di sua maestà Cesarea, et tra l'altre due, che in ultimo havessimo dal signor Cesare Ferramosca, et da Paolo d'Arezzo nostro ser[re], le quali sono di tenor tale, che mai ci pareva di havere errato, se in fede di quelle lettere sole, non solo non havessimo posto tutto il mundo, ma l'anima propria in mano di sua maestà, tanto si scongiura, che vogliamo dar credito alle parole che ne dice, et tanto esse parole sono piene di quella satisfatione, di quelle promesse, et di quell'animo, che noi a noi non lo desideramo megliore, et come in trattar la pace, sino che non eravamo sicuri, che corrispondentia si era per havere, non si rimetteva niente delle provisioni della guerra, così si sforzammo chiarirci bene, essendo due capi in Italia, Borbone, et il signor vicerè, era bisogno trattar con un solo, et quello saria rato per tutti, overo con tutti due particolarmente, acciochè se ci fosse intervenuto quello, che è la colpa, che è data d'altra sorte ad altri, non fosse data a noi di poca prudentia, et havendo trovato che quella facoltà di contrattare era solo nel signor vicerè, cene volemmo benessimo chiarire, et non tanto che fosse così, come in effetto il generale, il signor Cesare Ferramosca, esso signor vicerè, Paolo d'Arezzo nostro servitore ci dicevano, et esso Borbone, non una volta ma mille è stato inteso dire se l'era per obedirla, et proposto di voler fare accordo particolare con lui, et ricusarlo, et affermare che a quanto apportava il signor vicerè non faria replica alcuna. Hora fu facil cosa, et sarà sempre ad ognuno adombrar con spetie di virtù un suo disegno, et non le potendo condurre virtuosamente, ne all'aperta tirarlo con fallacia, come (venghi donde si voglia, che ci pare essere a termine, che non sappiamo indovinare donde proceda) ci par esser stato fatto a noi, li quali si vede che tutte diligentie, che si possono usare di non esser gabbati, sono state usate per noi, et tanto che qualche volta ci pareva essere superstitiosi, et da meritarne riprensione, perchè havendo il testimonio et di lettere, et di boca, dell'imperatore del buon animo suo, et di che Borbone obediva il signor vicerè, et a cautela dando sua maestà a Paolo lettere nove sopra questa obedienza del vicerè dirette ad esso Borbone, et facendosi il trattato con il poter sì amplo di sua maestà, che doveva bastare, et havendo Borbone mostrato di rimetterci in tutto al vicerè, et contentandosi poi esso di venire in poter nostro, fu una facilità tanto grande a tirarci al stato dove siamo, che non sapiamo già che modo si potrà trovare più al mondo di credere ad una semplice fede di un privato gentilhuomo, quando essendocene qui intervenuti mille, ci è riuscito a questo modo; era, per non cercar altro, che fare i fatti proprij molto più lecito et facile a noi, senza incorrere non solo in infamia di non servator di fede, ma ne anche d'altro usar delle occasioni, che la fortuna ci haveva posto, di starsi sicurissimi in Lombardia, come si stava, che mai non veniva Borbone avanti, se l'esercito della lega non si fosse rafreddato per la secreta pratica anzi conclusione della pace, et valutosi di quella commodità lo seguitar la guerra del reame, et da due o tre fortezze impoi levar lo tutto, et poi andare appresso in altri luoghi, dove si fosse potuto far danno et vergogna alla maestà Cesarea, et stando noi saldi in compagnia delli confederati rendere tutti i dissegni suoi più difficili. Ma parendoci che il servitio di Dio et la misera christianità ricercasse pace, ci proponemmo a deporre ogni grande acquisto o vittoria che fossimo stati per havere, et offendere tutti li principi christiani et Italia senza saper *quodam modo* che haver in mano. Ma assai pensavamo havere, se l'animo dell'imperatore era tale come sua maestà con tante evidentie si è sforzata darci ad intendere, et molto poco estimavamo l'offensione degli altri principi christiani, li quali de lì a molto poco ci sariano restati molto obligati, se fosse seguito quello che tanto amplamente sua maestà ci ha con mille argumenti replicato, che saria accordandoci noi seco, per rimettere in mano nostra la conclusione della pace con li principi christiani; et se alcuno volesse pensare che fossimo andati con altro obietto, costui conoscendoci non può in cosa alcuna più mostrare la malignità sua, non ci conoscendo, et facendo diligenza di sapere le attioni della vita nostra, troverà che è molto consentiente, che noi non habbiamo mai desiderato, se non bene, nè operato se non virtuosamente, et a quello fine posposto ogni altro interesse. Et se hora ce n'è successo male, ricevendo di mani di nostro signore Dio quanto giustissimamente gli piace con humiltà, non è che dalli huomini non riceviamo grandissimo torto, et da quelli massime, che se bene sino ad un certo termine possono coprirsi con la forza, et disubidienza d'altri (benchè quando si havesse a discutere si trovaria da dire assai hora et un pezzo fà), et per honor loro, et per quello che sono obligati secondo Dio, et secondo il mondo, si potriano portare altrimenti di quello che fanno. Non siamo entrati nel trattato fatto poi a Firenze con quelli di Borbone per mano del signor vicerè, et poi non osservato, perchè non volemmo parere di haver tolto assonto di fare invettive contro a chi è stato causa di trattarci, li quali Dio giudichi col suo giusto giudicio, doppo la misericordia del quale verso noi et della sua Chiesa non speramo in altro che nella religione, fede, et virtù dell'imperatore, che essendoci noi condotti dove siamo per la opinione che havevamo di esso, con il frutto che spetta a tal parte, ci ritragga, ci ponga tanto alto, quanto siamo in basso; dalla cui maestà aspettando della ignominia et danni patiti infinitamente quella satisfattione che sua maestà ne può dare equale alla grandezza sua et al debito, se alcuna se ne potesse mai trovare al mondo, che bastasse ad una minima parte, non intraremo esprimendo i particolari a torre la gratia delli che devemo sperare che haverà, et che ci mandarà, a proporre, dicemo bene mettendosi al più basso grado di quello che si possi dimandare, et che è per esser più presto vergogna a sua maestà a non concedere più et a noi a non dimandare, che parer duro a fare, che da sua maestà doveriano venire queste provisioni.

Che la persona nostra, del sacro collegio, della corte, dello stato tutto temporale e spirituale sia restituito a quel grado che era quando furono fatte le indutie col signor vicerè, et non ci gravare a pagare un danno delli obligati.

Se alcuno sentendo si burlava di noi, rispondemo che se le cose di sopra sono vere, et si miraviglia che ci acquietassimo di questo, ha gran ragione, ma se le paresse da dovero strano, consideri con che bontà lo giudica, o verso Cesare, o verso noi; verso Cesare, che ogni volte che non si promette di sua maestà, et questo, et molto più lo fà già participe di tutto quel male che qui è passato; verso di noi, che iniquamente ci vuol detrarre quello che niuno mai ardiria far bonamente, nè si deve guardare, che siamo qui, ma come ci siamo, et che è pur meglio far con virtù et giuditio quello che il tempo ad ogni modo ha da portare, se non in vita nostra, in quella d'altri......

LVIII.

DÉCLARATION DE GUERRE

FAITE À L'EMPEREUR

DE LA PART DES ROIS DE FRANCE ET D'ANGLETERRE,

PAR LEURS HÉRAUTS D'ARMES,

AVEC LES RÉPONSES.

(Apologie de Charles V, 246 - 254.)

Burgos, 22 et 27 janvier 1528 [1].

Le mecredi jour de feste Sainct-Vincent, XXIIe du mois de janvier mil cinq cens vingt et huit, stil d'Espaigne, en la cité de Bourgos, Guyenne, roy d'armes du roy de France, et Clarenceaulx, roy d'armes du roy d'Angleterre, se trouvarent en court au matin, environ les neuf heures, et firent supplier à sa majesté qui luy pleust leur donner heure d'audience. Monsieur de la Chaulx, par ordonnance de sa majesté, leur feit responce que ce seroit pour entre les dix et unze heures avant midi.

A ladite heure sa majesté impériale vint à la grande salle de sa court, en laquelle fut accompaigné de plusieurs prélatz et grans

---

[1] Cette pièce remarquable est rapportée incomplétement dans Léonard, II, 317; Dumont, II, 157, et dans le Corps diplomatique, 4e partie, I, p. 503.

d'Espaigne, ducz, marquis et contés, gens de ses consaulx, barons, nobles et autres bons personaiges de plusieurs nations de ses royaulmes et seignories en grand nombre, se assit en sa chayère préparée comme à sa dignité appartient; lesdits roys d'armes estoyent au boult de la salle, chacun sa cothe d'armes sur le bras gauche, feirent les trois révérences genoulx en terre, et eulx estans au bas du degrey, devant la présence de sa majesté accompaigné comme dessus, dirent par la bouche dudit Clarenceaulx, roy d'armes d'Angleterre, ce que s'ensuyt : « Sire, suyvant les loix et éditz inviolablement gardez et observez par vos prédessesseurs empereurs romains, roys, princes et cappitaines, nous Guyenne, roy d'armes du roy de France, et Clarenceaulx, roy d'armes du roy d'Angleterre, noz souverains et naturelz seigneurs, nous présentons devers vostre sacrée majesté pour vous déclairer aucunes choses de la part desdits roys noz maistres, vous suppliant, sire, que ayant regard aux susdites loix et éditz, usant de vostre bénignité et clémence, nous vuilliez faire donner sehur accès et bon traictement en voz pays, terres et seignories, actendans votre responce, avec sehure conduicte jusque ès pays, terres et seignories de nosdits souverains seigneurs. » — Sa majesté leur respondit : « Dictes ce que lesdits roys voz maistres vous ont donné charge; voz previléges vous seront gardez, et l'on ne vous fera nul desplésir en mes royaulmes. »

Après ceste responce, ledit Guyenne leut par escript ce que s'ensuyt, signé de sa main ainsi : GUYENNE, roy d'armes.

« Sire, le roy très-chrestien, mon naturel et souverain seigneur, m'a commandé vous dire qu'il a ung merveilleux regret et desplésir de ce qu'il fault que, ou lieu de l'amyté qu'il a tant désirée et souhaitée avoir avec vous, l'ynimité précédente demeure encoires en sa vigueur, de laquelle voit et congnoit que les maulx et inconvéniens longtemps jà commencez continueront et augmenteront, non-seullement à vous, à luy, à voz vassaulx et subjectz, ains à toute la chrestienté, et que les forces et junesse que l'ung et l'aultre deviez employer contre les ennemys de la foy se exécuteront à l'effusion du sang chrestien et offence de Dieu, et que vous et luy, esquelz Dieu a fait tant de grâces, ne jouyrés du bénéfice qui luy a pleu vous laisser par son testament, qui est paix, de laquelle procèdent tous biens; ains ou lieu d'icelle aurez guerre, dont pullulent toutes calamytez, hazards, inconvéniens, poureté et misère, et soy absubjectir à ceulx esquelz l'on pourroit commander, et mestre son sang et substance et de sesdits subjectz, à bources estrangières. Chacun, comme pour soy, y doit penser que, pour le brief temps qu'est la vie de l'homme, aucung ne doit tâcher de se priver de la tranquillité, joye et honneste passe-temps que les princes peuvent avoir, et ou lieu de ce et pour la guerre, estre en paour, tristesse et hazard, et avoir devant les yeulx que, après avoir eu maulvais temps en ce monde, sera encoires pis en l'autre à ceulx que en auront esté cause, et qui ne se seront voulu ranger à la raison. De sa part, il s'est mis et veult mectre en tout devoir et plus que d'icelluy, pour avoir paix et amyté avec vous, et par ce moyen ladite paix sera par toute la chrestienté et pourra l'on faire quelque service à Dieu en faisant guerre contre les infidèles, que luy sera si aggréable qu'il extaindra la culpe et faulte que pourroient avoir esté faicte par cy-devant, à cause de la guerre qui a trop longuement duré entre vous, et n'est pour cesser encoires, actendu les termes que tenez. Et d'austant que aucuns eulx advohans à vous ont assailly, prins et fourcé la cité de Rome[1], qu'est le lieu où se tient le sainct-siége appostolicque, où se sont commis tous les délitz et crismes dont l'on se pourroit adviser, les églises et relicques prophanées, le pape, tenant le siége de saint Pierre comme vicaire de Dieu en terre, prins et mis hors de sa liberté; ceulx qui ont commis et perpétrés lesdits exécrables délitz et maléfices, ensemble leurs acteurs et facteurs, sont tombez et encouruz aux peines de droit, et ceulx qui le tiennent captifz se advouhent à vous, et celluy qui le garde a esté et est l'ung des principaulx cappitaines duquel

[1] Le 6 mai 1527.

vous estes tousjours servy en voz guerres d'Ytalie[1]. Et d'autre part, le différend que, de présent, peut estre entre vous et le roy mon souverain et naturel seigneur, gist principallement sur la rançon et recouvrement de messieurs ses enfans, qui tiennent hostaiges pour icelle; il vous a plusieurs fois offert, et encoires vous offre la vous payer et bailler, non seullement celle que l'on pourroit dire estre raisonnable et accoustumée en tel cas, mais beaulcoup plus grande, et ne vous devyez arrester aux choses que par force et craincte vous a promises, lesquelles justement ne honnestement ne pouvoit garder ne accomplir. Vous eussiez beaulcoup plus gaigné à prendre ladite rançon telle que vous a esté offerte, que de continuer la guerre et estre cause des maulx et inconvéniens qui adviennent chacun jour en la chrestienté. Vous voyez le roy d'Angleterre, avec lequel y a amytié et fraternité perpétuelle, et aussi les Véneciens, Florentins, duc de Bar, et autres princes et potentatz suyvir et tenir la partye dudit sieur roy très-chrestien, pource qu'ilz voyent qu'il se mect à la raison, et que à cause de ce que n'y voulez entendre, la paix universelle ne se peut faire en la chrestienté; les ennemys de la foy gaignent pays, toute l'Ytalie est en armes, sang et rapynes, le siége appostolicque troublé; sy de vostre part n'aydez à y mectre fin, et les choses continuant ainsi que sont commencez, est à craindre que Dieu ne se courrouce. Et d'austant, sire, que par remonstrances que les susdits vous ayent sceu faire, offres et présentacions que ledit seigneur vous ayt faictes, n'avez voulu entendre ne acquiescer à faire ung traicté honneste avec luy et vous contenter d'une rançon plus que raisonnable, et ne voulez rendre à son bon frère et perpétuel allié et confédéré le roy d'Angleterre ce que luy devez, et mectre le pape en sa liberté, et laisser en paix et tranquillité l'Ytalie, il m'a commandé vous déclairer, signifier et notisfier, à son très-grand regret et desplésir, avec sondit très-bon frère le roy d'Angleterre, qu'ilz vous tiendront et auront pour leur ennemy, déclairant toutes manières de

[1] Philibert de Châlons, prince d'Orange, qui avait pris le commandement de l'armée impériale après la mort du connétable de Bourbon.

traictez et conclusions par avant passez entre luy et vous, en tant que concernent vostre proffit et utillité, estre nulz, et que de sa part ne les veult garder et observer, ains par tous les moyens qu'il pourra penser avec ses bons amys, alliez et confédérez, vous grèvera par toutes forces, vos pays, terres et subjectz et vassaulx, par guerre et autrement, ainsi qu'il congnoistra estre à faire, jusques à ce que luy aurez rendu ses enfans avec honnestes pactes et convenances sur leur rançon, délivré le pape, rendu au roy d'Angleterre ce que tenez de luy et acquicté la somme que luy devez, et laissé ses alliez et confédérez en paix, repos et tranquillité. Et proteste devant Dieu et tout le monde qu'il ne souhayte ne désire la guerre, qu'elle luy desplaît entièrement, et par ainsi n'est cause des maulx qui en sont ou pourront provenir; actendu qu'il s'est mis et veult mectre à toute raison, aussi le vous a offert et signisfié et à tous les aultres princes chrestiens, comme si fait encoires : et de tout ce appelle Dieu, qui scet toutes choses, à tesmoing. Et pource que, soubz umbre de la publication du prétendu traicté de Madril, faicte luy encoires estant prisonnier en Espaigne, plusieurs voz subjectz et plusieurs de ceulx dudit sieur roy d'Angleterre et siens auroient pourté leurs marchandises et autres biens ès royaulmes, destroictz et seignories l'ung de l'aultre, dont pourroient avoir groz domaige, si d'eulx n'estoit faicte mencion en ceste présente déclaracion et signisficacion, mondit souverain seigneur et le roy d'Angleterre sont contens que liberté soit donnée à tous voz subjectz estans dedans leursdits royaulmes, pays et seignories, de se retirer et partir de là avec tous leurs biens et marchandises, dedans quarante jours après la présente intimacion, pourveu que vous fecez de mesmes de leurs subjectz et toutes et chacunes leurs marchandises. Fait le xie jour de novembre, l'an mil cinq cens vingt et sept. »

Sa majesté respondit audit Guyenne les parolles que s'ensuyvent :

« J'ay entendu ce que vous avez leu de par le roy vostre maistre; je m'esbays qu'il me deffie, car estant mon prisonnier de juste guerre, et ayant sa foy, par raison il ne le peut faire. Ce m'est chose nouvelle estre deffié de luy, veu qu'il y a six ou sept ans qu'il me fait la guerre sans encoires m'avoir deffié. Et puisque, par la grâce de Dieu, je me suis deffendu de luy comme il a veu et ung chacun, sans qu'il m'en ayt adverty, et actendu la justisfication et raison en quoy je me suis mis, par lesquelles ne pense avoir démérité envers Dieu, j'espère à ceste heure que m'en advertissez, que d'austant plus me deffendray, de sorte que le roy vostre maistre ne me fera riens : car puisqu'il me deffie je suis à demy asseuré.

« Quant à ce que vous dictes du pape, nul n'a eu plus de regret de ce que s'est faict que moy, et a esté sans mon sceu ne commandement; et ce que s'est faict a esté par gens désordonnez et sans obéissance à nulz de mes cappitaines; et je vous advertis que le pape est jà pieçà mis en sa liberté[1], et hier j'en euz les nouvelles certaines.

« Quant aux enfans du roy vostre maistre, il scet bien comme je les ay hostagiers, et aussi messieurs ses ambassadeurs scevent bien qu'il n'a point tenu à moy qu'ilz ne soyent délivrez.

« Quant à ce du roy d'Angleterre, mon bon frère et oncle, je croys que s'il est ainsi que vous dictes, qu'il n'est bien informé des choses passées, et que si l'estoit, il ne me feroit dire ce que vostre escript contient; je désire luy envoyer mes raisons pour l'advertir à la vérité du tout, et croys, quant il les sçaura, qu'il me sera tel qu'il m'a esté. Je n'ay jamais nyé l'ayde qu'il m'a presté et suis prest à le payer, comme par droit et raison je suis tenu : et grâces à Dieu j'ay assez de biens pour le pouvoir faire. Toutesfois, s'il me veult faire la guerre, il m'en desplaira et ne puys moings que de m'en deffendre; je prie à Dieu que le roy ne me donne non plus d'occasion d'avoir guerre à luy, que je pense luy avoir donné.

« A la reste, pource que vostre escript est grand, et le papier monstre bien estre doulx, veu que l'on y a escript ce que l'on a voulu, vous me laisserez cest escript, auquel plus particulièrement je respondray en ung autre papier, auquel n'y aura chose synon véritable. »

[1] Le traité conclu à cet effet est du 26 novembre 1527.

Ceste responce faicte par sa majesté, et de sa propre bouche, audit roy d'armes Guyenne, icelluy Guyenne print sa cothe d'armes qu'il avoit sur son bras gauche, comme dict est, et la vestit; et ce fait ledit Clarenceaulx, roy d'armes d'Angleterre, dit à sa majesté non par escript, mais de bouche, ce que s'ensuyt:

« Sire, le roy mon souverain seigneur m'a commandé vous dire que voyant la nécessité de la paix en la religion chrestienne, tant au moyen de l'effort que par plusieurs années a jà commencé à faire le Grand-Turcq, ennemy de la foy, qui par force et puissance d'armes a levé de la main des chrestiens la cité et isle de Rhodes, l'ung des principaulx belouars de ladite chrestienté, et en Hongrie la fortalesse de Belgrade et partie du pays; que aussi, au moyen des hérésies et sectes nouvelles, puis naguères relevées en plusieurs endroitz de ladite chrestienté, semblablement saichant et cognoissant les grandes guerres alumées de toutes parts, au moyen desquelles icelle chrestienté est en trouble, confusion et division merveilleuse; et puis naguères, par voz gens et ministres militans et en vostre armée, et soubz voz cappitaines, a esté saccaigée et pillée la saincte cité de Rome, la personne de nostre sainct-père prinse prisonnière et gardée par voz genz, les cardinaulx semblablement prins et mys à rançon, les églises pillées, évesques, prebtres et gens de religion mys à l'espée, et tant d'autres maulx, cruaultez et inhumanitez faictes et commises par vosdits gens, si que l'air et la terre en sont infectez, et est vraysemblable que l'ire et fureur de Dieu en soit grandement irritée et provoquée, dont si par réparacion desdites grandes cruaultez et offences qui ont esté faictes elle n'est appaisée, maulx et inconvéniens innumérables en pourroient advenir à ladite chrestienté. Et pource que la racine et naissance desdites guerres procèdent des contencions et débatz d'entre vous et le roy très-chrestien, son bon frère et perpétuel allié, pour composer et mectre à fin lesdits débatz, le roy mondit souverain a envoyé devers vous ses ambassadeurs, et en a envoyé d'autres devers ledit roy très-chrestien, son bon frère, avec lequel il a tant faict que, pour l'amour qui luy pourte, il vous a fait offres si grandes et si raisonnables que vous ne les pouvez ne devez honnestement reffuser, comme condicions et offres oultre-passans et excédans la rançon accoustumée de tous roys, et en soy, n'eust esté la considéracion de ladite paix, de très-maulvais exemple pour les autres roys et princes chrestiens, subjectz à semblable fortune; desquelles offres et condicions il vous a fait advertir par lesdits ambassadeurs, prier et requérir que, pour l'honneur de Dieu, le bien de ladite chrestienté, les gracieusetez et plésirs qu'il vous avoit faiz en maintes manières et à vostre grand besoing le temps passé, vous eussiez à accepter lesdites offres et mectre fin auxdites guerres qui avoyent trop longtemps duré. Semblablement que, comme prince chrestien, tenu par tant de moyens à la protection du pape et du sainct-siége appostolicque, et par conséquent à la délivrance de sa saincteté, que sans trop grande offence et scandale vous ne pouvez ny devez tenir prisonnier ne captive, vous eussiez à faire mectre icelle sa saincteté à plaine et entière liberté. Aussi vous a fait par plusieurs fois remonstrer que par plusieurs obligacions et autres moyens estes redevable envers luy en plusieurs grandes sommes de deniers qu'il vous a baillé et presté comptans, à vostre nécessité, vous requérant luy en vouloir faire le payement. De toutes lesquelles choses vous n'avez tenu compte, et de temps en temps vous avez tousjours différé et tenu en suspens les ambassadeurs du roy mondit souverain, sans avoir regard à l'honneur de Dieu, à la nécessité de ladite chrestienté, à la révérance que devez avoir audit sainct-siége et à la personne de nostredit sainct père, vicaire de Dieu en terre, ne au plésir qu'avez receu de luy, ne à la foy, parolle et promesse que luy avez tant de fois réytérée. A ceste cause, le roy mondit souverain, par honnesteté, raison et justice contrainct, par grande et meure délibéracion de conseil, a prins conclusion finalle de vous faire et réytérer offres finalles plus larges et advantageuses que les précédantes, pour encoires plus se mectre à devoir, et vous rompre et oster toute autre occasion de différer et dissimuler de venir à la raison, lesquelles offres et accroissemens d'icelles vous ont esté faictes et réitérées avec toutes les remonstrances et raisons honnestes qu'il a esté possible; et de rechief vous a esté faicte instance de la délivrance de nostredit sainct-père, la saincteté duquel vous avez restraincte ou fait restraindre ou lieu de la délivrer; chose fort estrange, et contre le vray estat et devoir de prince chrestien. Ce que le roy mondit souverain, et le roy très-chrestien, son bon frère et perpétuel allié, ne peut plus longuement tollérer avec leurs honneurs et devoirs envers Dieu et l'Église, et veu que ne voulez vous condescendre à raison ne accepter lesdites offres plus que raisonnables, ne satisfaire au roy mondit souverain, desdites debtes par vous deues, comme vous estes obligé et tenu, il a conclud avec ledit roy très-chrestien, son bon frère et perpétuel allié, et autres ses confédérez, mectre peyne de vous contraindre, par force et puissance d'armes, de délivrer nostredit sainct-père, pareillement les enfans de France que vous détenez, en vous payant raisonnable rançon, et luy satisfaire de sesdites debtes. Parquoy le roy mon souverain seigneur, comme vray et constant prince, vuillant inviolablement garder la foy qu'il a promise audit sieur roy très-chrestien et autres ses alliez, ne voulant délaisser la personne de nostredit sainct-père en captivité, comme aussi ne fait ledit roy très-chrestien, le roy mondit souverain et icelluy roy très-chrestien vous somment, ceste fois pour toutes, d'accepter lesdites finalles offres pour la délivrance desdits sieurs enfans de France, et le bien de paix universelle, et délivrer la personne de nostredit sainct-père, et aussi de payer promptement et sans plus de délay les debtes par vous dehues au roy mondit souverain. Et actendu que vous reffusez lesdites offres finalles comme dessus, de délivrer la personne de nostredit sainct-père, payer sans délay lesdites debtes, comme ung bon prince chrestien et amateur de paix doit et est tenu faire, le roy mondit souverain, et le roy très-chrestien, son bon frère, non sans grand regret et desplésir, se déclairent voz ennemys, et par cy-après vous tiennent et réputent pour tel, vous déclairant et intimant la guerre par mer et par terre, et deffians de toutes leurs forces. Toutesfois, considérans qu'il y a

DU CARDINAL DE GRANVELLE. 319

plusieurs voz subjectz et grande quantité de leurs biens aux royaulmes d'Angleterre et de France, et autres terres et seignories des deux princes; semblablement y a plusieurs subjectz desdits roy d'Angleterre et de France et leurs biens en voz royaulmes, pays, terres et seignories, lesquelz pourroient recepvoir d'une part et d'autre groz et irréparable intérest et dommaige, si sans advertissemens et monicions ilz pouvoyent ou devoyent estre prins et détenuz, la majesté du roy mon souverain, et le roy de France très-chrestien, son bon frère, seront très-contens que liberté soit donnée à voz subjectz estans en leursdits royaulmes, pays et seignories, d'eulx retirer et départir desdits royaulmes, avec tous leurs biens et marchandises dedans quarante jours après ceste intimacion, moyennant que semblable liberté et permission soit pareillement ouctroyée à leurs subjectz. Ainsi signé : CLARENCEAULX, roy d'armes. »

Sa majesté respondit audit Clarenceaulx les propres parolles qui s'ensuyvent :

« J'ay entendu ce que vous m'avez dit, et ne puis croire que si ledit roy d'Angleterre estoit bien adverty des choses comme elles sont passées, et la raison en quoy je me suis mys, qu'il me feit dire ce que vous me dictes; et à ceste cause mon intencion est de l'en advertir.

« Quant à ce que vous dictes du pape, je ne fus oncques consentant de sa détencion, laquelle ne fut oncques faicte par mon commandement, et vous advertiz qu'il est libre, et qu'il me desplaît des maux qui se sont faiz, desquelz je ne pense avoir nulle coulpe, comme j'ay dit audit roy d'armes du roy de France; et ainsi cecy cesse.

« Et quant à la délivrance des enfans du roy de France, quant l'on m'a mis des moyens en avant, j'ay esté prest d'y entendre, et n'a tenu à moy que la paix ne s'est faicte; mais à ceste heure que vous me dictes que le roy vostre maistre me forcera à les rendre, je y respondray d'autre sorte que jusques à icy je n'ay fait, et espère les garder de sorte que par force je ne les rendray point; car je n'ay point accoustumé d'estre forcé ès choses que je fais.

« Quant à la debte que le roy d'Angleterre m'a presté, je ne l'ay jamais nyé ny ne la nye, et suis prest de la payer comme le droit l'ordonne, ainsi que luy ay fait dire, et moy-mesmes l'ay dit à ses ambassadeurs et fait bailler par escript; et je ne croys point que, pour telle chose dont je ne luy faiz point de reffuz, il me voulsit faire guerre; et quant il la me vouldroit faire, il me desplaira, et sauldra que je me deffende. Et je prie à Dieu que le roy vostre maistre ne me donne non plus d'occasion de la luy faire que je ne pense la luy avoir donné; et vous me baillerez par escript ce que vous m'avez dit, à quoy je respondray aussi par escript particulièrement. »

Ceste responce faicte par sa majesté, de sa propre bouche, audit Clarenceaulx, icelluy Clarenceaulx print sa cothe d'armes, qu'il avoit sur son bras gauche, comme dict est, et la vestit; sa majesté luy dit qu'il baillât par escript ès mains du sieur de Bouclans[1] tout ce qu'il avoit dit de bouche, comme dessus; ce que ledit roy d'armes Clarenceaulx dit qu'il feroit, et ainsi l'a fait depuis et signé de sa main, comme il est de mot à autre inséré cy-devant.

Et ledit Clarenceaulx, aprez avoir fait son office comme dessus, se retira incontinent; toutesfois avant partir, monsieur de Bouclans luy dit, et aussi audit Guyenne, les paroles qui s'ensuyvent : « Véez ycy cest escript en ma main; c'est la copie de la capitulacion faicte touchant la libération du pape, et comme il est désjà libre, et partit du chasteaul Sainct-Ange, le vi^e de décembre passé; mectez-le en vostre relacion. » Lesdits roys d'armes respondirent : « Nous le ferons ainsi. » Et en cest instant sa majesté appella auprès de sa personne ledit Guyenne, roy d'armes de France, et luy dit ce que s'ensuyt : « Puisque raison est que vous joyssez de voz priviléges, vous devez

---

[1] Jean Lallemand, conseiller et premier secrétaire de Charles-Quint, était Franc-Comtois. Sa conduite devint suspecte à l'empereur, qui le fit emprisonner, et le congédia ensuite avec des témoignages de son mécontentement.

aussi faire vostre office, et à ceste cause je vous prie que vous dictes au roy vostre maistre ce que je vous diray, et luy dictes à lui-mesmes. » Ledit Guyenne respondit à sa majesté : « Je le feray ainsi, sire. » Alors sa majesté luy dit : « Vous luy direz que depuis le traicté de Madril, contrevenant à icelluy, ont esté prins beaulcoup de mes subjectz, tant allant en leursdites négociacions que aultres allans pour me servir en Italie, lesquelz ont esté détenuz prisonniers, mal traictez et mis en gallères par force; et pour ce que j'ay de ses subjectz, lesquelz je puis prendre, vous l'advertirez que si me veult rendre les myens je luy rendray les siens, et synon, ainsi qu'il traictera les myens je traicteray les siens, et qu'il me responde dedans quarante jours de son intencion, ou synon je me tiendray pour respondu. » Ledit roy d'armes Guyenne dit à sa majesté : « Entendez-vous, sire, touchant les marchans ? » Sa majesté respondit : « Cecy est sans entendre à ce que vostre escript contient des marchans, auquel je respondray par escript. » Et cella dit par sa majesté, ledit Guyenne fit sa révérence pour partir. Sa majesté luy dit : « Vous avez ouy ce que je vous ay dit touchant vostre office, ce qu'estes tenu de dire, ce que vous prie faire. » Ledit Guyenne respondit : « Sire, je le feray sans poinct de faulte. » Alors sa majesté luy dit : « Dictes davantaige au roy vostre maistre que je croys qu'il n'a esté adverty d'aucune chose que je dis en Grenade à son ambassadeur, le président, lesquelles le touchent fort, et que le tiens en ce cas si gentil prince, que si les eust sceu qu'il m'eust respondu; il fera bien de les sçavoir de son ambassadeur, car par ce il congnoistra que je luy ay mieulx tenu ce que luy promis à Madril, que luy à moi; et je vous prie que le dictes ainsi au roy, et gardez bien d'y faillir. » Ledit Guyenne respondit : « Sans poinct de faulte, sire, je le feray. » Et sur ce, après sa révérence faicte, se départit, et sa majesté ordonna audit sieur de Bouclans qu'il pourveust que ne fût fait nul desplésir ny dit maulvaises paroles audit roy d'armes Guyenne, ne aussi à Clarenceaulx; ce qu'a esté faict à leur contentement. Ainsi signé, Guyenne, roy d'armes, et Clarenceaulx, roy d'armes.

Et depuis, assavoir le lundi xxvii° jour dudit mois de janvier, lesdits royx d'armes, Guyenne et Clarenceaulx, se sont trouvé devers ledit sieur de Bouclans, par ordonnance de sa majesté, auxquelz et à chacun d'eulx, ensuyvant ce que sa majesté leur avoit respondu comme cy-devant est faicte mencion, icelluy sieur de Bouclans a leu et baillé par escript le mesmes pour leur responce, dont la copie s'ensuyt; et premiers de celle pour ledit Guyenne, roy d'armes de France :

« Pour bien respondre à ce que vous, Guyenne, roy d'armes du roy de France, avez leu devant la très-sacrée majesté de l'empereur nostre sire, et depuis ce qu'il vous a respondu de bouche luy avez baillé par escript; pour plus particulièrement satisfaire aux causes y contenues, et pour plus ample justification de sa majesté, et afin que à Dieu et à tout le monde puist conster et soit notoire le grand tort et injustice dudict roy vostre maistre à faire ce qu'il fait, et comme, contre tous drois divins et humains, il vous a baillé la charge qu'avez déclarée, sa majesté a bien voulu que daventaige vous soit respondu ce que s'ensuyt en cest escript : Assavoir, quant au premier point que dictes qu'il vous a commandé dire qu'il a ung merveilleux regret et desplésir de ce qu'il faut que, au lieu de l'amyté qu'il a tant désirée et souhaitée avoir avec sa majesté, l'ynimité précédente demeure encoires en sa vigueur, énumérant les maulx et inconvéniens que de ce sont ensuyz, et se pourront continuer et augmenter au préjudice des subjectz d'une part et d'autre et de toute la chrestienté, vuillant donner à entendre qu'il s'est mis en grand devoir pour avoir paix, et pensant par ces couleurs rétoricques, assez loingtains de la vérité, gecter la culpe desditz maulx et inconvéniens sur sa majesté, et s'en descharger envers ceulx qui ne sont informez des choses passées, et qui sans entendre les justifications de sa majesté pourroient facilement croyre les persuasions non véritables faictes de par ledit roy de France;

« Sur quoy sa majesté vous mande respondre que les parolles que ledit roy vostre maistre vous a, quant à ce point, commandé dire sont belles, honnestes et sainctes, si ses œuvres fussent conformes ausdites parolles, comme la raison vouldroit; car certes ce seroit bien convenable qu'il en deust avoir regret et desplésir, et qu'il se deust estre mys en devoir d'éviter les maulx qu'il dit, et d'entretenir les traictez de paix qu'il avoit fait, sans les enfraindre, et succiter si grans troubles en la chrestienté comme il a fait; auquel cas méritement les forces et junesse de sa majesté et dudit roy vostre maistre, avec les forces de tous les aultres princes et potentatz chrestiens, se eussent peu emploier contre les ennemys de la foy, et éviter l'effusion du sang chrestien et offence de Dieu; mais il scet bien, et ne peut nyer ledit roy vostre maistre, que luy n'ayt esté l'origine et fondement de toutes les guerres que sont succédé depuis son règne. Car luymesmes fut celluy qui, sans nulle juste cause et sans nul droit, à l'entrée de sondit règne, commença la guerre en Italie pour occuper l'estat de Millan [1], et avec très-grande effusion de sang en dégecta le duc Maximilian Sforce, et le contraignit à luy renuncer le droit par luy prétendu, sans par ce se daigner d'en demander l'investiture, ny en faire le devoir du fiefz au sainct empire, comme la raison vouloit; ains contempnant et méprisant le direct seigneur du fief, qui estoit l'empereur Maximilian, grand-père de sa majesté: se rendant par ce indigne, selon les drois féodaulx, de pouvoir tenir ledit estat, et perdant quelconque droit qu'il y eust peu prétendre. Depuis venant sa majesté à la succession de ses royaulmes d'Espagne par le trespas du roy catholique et indisposition de la royne sa mère, ledit roy de France, soubz couleur de vouloir faire avec sa majesté plus estroicte amytié et alliance et la tenir pour son filz, en rétractant le traicté de Paris [2] et convencions de mariage d'entre sa majesté et madame Renée, belle-seur dudit roy de France, paravant faictes et passées entre sa majesté et ledit roy de France, voulsit de nouveau traicter en la cité de Noyon autres convencions de mariage entre sadite majesté et madame Loyse, fille dudit roy de France, à peyne née, et au deffaut d'icelle à autre sa fille non née, et au deffaut des

---

[1] Cette conquête fut le prix de la victoire de Marignan, en septembre 1515.

[2] Du 24 mars 1514.

deux encoires, avec ladite dame Renée; par lequel traicté de Noyon les minystres de sa majesté qui entreviendrent audit traicté, assez mal informez des choses des coronnes d'Espaigne, et de ce qu'estoit passé entre le roy catholique et les prédécesseurs dudit roy de France, se condescendirent à luy accorder plusieurs choses indehues et injustes, lesquelles toutesfois sa majesté, que ne désiroit que la paix, observa entièrement et inviolablement. Et pour l'observance d'icelluy, pour y estre comprins le roy d'Angleterre comme confédéré de sa majesté, désirant le roy de France innover et esmouvoir la guerre contre ledit roy d'Angleterre, à cause de Tournay, sa majesté dit et déclara à ses ambassadeurs et escripvit qu'il ne souffreroit riens estre actempté contre ledit roy d'Angleterre, son confédéré; ains que, en faisant le contraire, il ne pourroit synon l'ayder et assister, ce qu'il feit sans en estre requis de la part dudit roy d'Angleterre, pour entretenir paix et non venir à roupture. Et depuis n'a laissé de continuer en l'observance dudit traicté jusques à ce que ledit roy de France, par son ambassadeur le sieur de Lansach, en ceste cité de Bourgos, fit demander à sa majesté hostaiges pour l'accomplissement du mariage avec sadite fille, ensemble la restitucion du royaulme de Navarre, qu'estoient choses non contenues audit traicté de Noyon, ny promises par sa majesté; déclairant ledit ambassadeur, comme il le bailla lors par escript, que si sa majesté ne bailloit lesditz hostaiges en restituant ledit royaulme de Navarre, qu'il tenoit ledit traicté pour rompu, qu'estoit chose plus voluntaire que fondée en raison. Encoires que sa majesté ne voulsit par ce venir à aucune roupture, luy respondant tousjours gracieusement, et taichant par doulx et honnestes moyens entretenir l'amyté avec luy, combien que sadite majesté estoit assez informée que ledit roy de France, au temps qu'il monstroit plus d'amyté et qui l'appelloit son filz, et faisoit semblant de désirer sa grandeur, luy faisoit directement et indirectement tous les empeschemens qu'il pouvoit pour empescher toutes les bonnes choses ausquelles sa majesté tendoit pour le bien de la chrestienté. Car ayant sadite majesté premiers accepté les tresves de cinq ans indictes par le pape Léon, entre tous les roys, princes et potentatz chrestiens, pour pouvoir convertir les armes contre les infidèles, et ayant de sa part préparé puissante armée pour ce faire, et se traictant en ce temps de l'élection de l'empire, laquelle estoit desjà en trayn du vivant du feu empereur Maximilian, de glorieuse mémoire, ledit roy très-chrestien, pour l'empescher, fit faire diverses praticques, tant avec ledit pape Léon que avec aultres princes et potentatz, et mesmes avec aucuns des princes électeurs dudit sainct empire, cuydant ou par force de deniers, ou par craincte d'armes, les divertir de ladicte élection, et se faire eslire luy-mesmes ou autre à son appétit; combien que la vertu desditz électeurs fût telle que, unanimement, de commun accord, et méprisant les offres et menasses à eulx faictes, par inspiration divine eslirent sa majesté à l'administracion dudit sainct empire, lequel, ainsi qu'il est institué de Dieu, ainsi par sa main est régi et gouverné. Et véant ledit roy de France que ce ne luy avoit proffité à ses intencions, cuydant encoires empescher le fruict que de ce se devoit ensuyr, traicta[1] de l'occupation des royaulmes de Naples et de Sécille, comme par ses lectres se pourra clérement monstrer; et à cest effect soubz la conduicte de Pedro Navarro, et soubz couleur de vouloir faire guerre aux infidèles, selon la forme desdites tresves de cinq ans, envoya une armée de mer quil se vint désembarquer assez voisin dudit royaulme de Naples, à laquelle cause l'armée que sa majesté avoit desjà envoyé contre les infidèles, après avoir prins et réduit en l'obéissance de sa majesté lisle des Algerves[2], fut contraincte se retirer esditz royaulmes de Naples et Sécille pour la deffence d'iceulx. Et non content de ce, ledit roy de France, après avoir fait tout son possible, par lectres et autres moyens que encoires se peuvent veoir, d'empescher la conclusion de la journée impériale de Wormes[3], feit rompre la guerre contre sa majesté, et envahir ses pays par messire Robert de la Marche et ses enfans, avec armée faicte en France de gens de guerre et artillerie dudit roy de France; et tantost après envoya le sieur d'Esparre pour invahir et occuper le royaulme

[1] Avec le pape. — [2] L'île des Gerbes, sur la côte nord d'Afrique. — [3] Avril 1521.

de Navarre, dont s'en ensuyvit l'effect que chacun scet, y demeurant ledit sieur d'Esparre prins; et par les moyens avantditz violant les traictez de paix faiz avec luy, et ce a esté le vray commencement des guerres faictes entre sa majesté et ledit roy de France, desquelles il en a eu le fruict que chacung a congneu. Et après que, par jugement de Dieu et pour sa injuste querelle, il a esté fait prisonnier de bonne et juste guerre, a esté traicté, comme il est assez notoire en ces royaulmes et pays, non comme prisonnier ny ennemy, mais comme s'il eust esté naturel seigneur et prince desdictz royaulmes, en usant sa majesté avec luy de toute libéralité et clémence, pensant le faire de prisonnier amy, et de ennemy son beaul-frère, luy baillant en mariaige, à sa très-instante requeste, sa seur aisnée [1], qu'estoit lors la seconde personne en la succession de tant de royaulmes et pays, et à telles et si raisonnables condicions que, quant oires ledit roy de France eust esté en sa liberté et non prisonnier, il ne les pouvoit avoir ny désirer meilleures, ne luy demandant nulle rançon pour sa juste prison, synon seullement la restitution de la duché de Bourgoingne, et aucunes pièces que de toute ancienneté appartiennent à sa majesté par juste tiltre, et avoyent esté indehuement occupées; lesquelles, encoires que ledit roy de France eust esté du tout en sa liberté et jamais n'eust esté prins, estoient condicions si justes et si raisonnables que méritement il les eust deu désirer pour bien de paix, et mesmes que, par l'observance d'icelles, il eust peu méritement dire estre vray aucteur de la paix universelle de toute la chrestienté, ayant sa majesté bonne paix avec tous les aultres princes et potentatz chrestiens. Mais il a bien monstré par vrays effectz qu'il ne désiroit point la paix de la chrestienté, synon la guerre et turbacion, puisque, ayant baillé telz et si bons gaiges pour l'observance de sa foy, il n'a tenu cas ny de son honneur, ny de son sang, ains a voulu hazarder le tout et mectre en guerre ceulx qu'estoient en paix : pensant de soy venger de ce que Dieu avoit permis pour son chastiement, sans vouloir considérer que, encoires que les homes sont ceulx qui font la guerre, Dieu

[1] Éléonore, reine douairière de Portugal dès le 13 décembre 1521.

seul est celluy qui donne les victoires, et le plus souvent, contre la commune oppinion des hommes, donnant ladicte victoire à ceulx qui semblent moings apparens, ou qui sont de plus petit nombre. Pourquoy la coulpe de ladicte guerre se doit plustôt attribuer audit roy de France, lequel en contrevenant à sa foy et promesse, a plustôt voulu tirer les aultres princes et potentatz à la guerre, que de ensuyr le vray chemin de la paix qu'il avoit en sa main, en postposant les fruictz qu'il dit que la paix ensuyvent, et les maulx que de la guerre peulvent souldre, lesquelz méritement se peuvent attribuer à lui seul. Et si ledit roy de France se fût ainsi mis ou vouloit mectre en son devoir, comme il dit, pour avoir paix, et à icelle réduyre toute la chrestienté pour faire guerre aux infidèles et estaindre la coulpe et faulte passée, comme son escript le contient, il n'eust reffusé la grande grâce que sa majesté lui faisoit de vouloir entendre à l'innovacion du traicté de Madril, et suspendant le droit de la duché de Bourgoingne, son ancien patrymoine, et délaissant appart tant d'aultres choses que justement luy appartenoyent, tant en vertu des anciens tiltres que en vertu dudit traicté de Madril, et se contentant, avec les condicions et protestations faictes, se condescendre à la délivrance des enfans dudit roy de France, conforme aux communicacions sur ce faictes avec ses ambassadeurs tant en la cité de Palance que en ceste cité de Bourgos, puisque ses mesmes ambassadeurs ont publicquement dit et déclaré que la conclusion de ladicte paix tenoit seullement à ung petit poinct, qu'estoit si la restitution de Gennes et Ast, et la révocation de l'armée que le roy de France a en Italie se feroient avant la restitucion et délivrance desditz enfans, ou depuis; combien que, par les communicacions de Palance, sesditz ambassadeurs eussent expressément consenty que le second article du traicté de Madril, qui parle expressément de la restitucion et réparacion de tous actemptatz contre Génevoys et autres subjectz de sa majesté, tant avant ledit traicté de Madril que depuis, se deust entretenir et observer selon la forme d'icelluy, et que par ledit traicté se deust estre accomply avant la délivrance desdictz enfans. Mais pour laisser tousjours un garde-derrière, et non accomplir ce que par les ambassadeurs eust esté traicté, non plus que ce qu'il avoit promis par les traictés précédens, ledit roy a bien voulu mectre ce poinct en difficulté, pour avoir occasion de rompre et non parvenir à ladite paix, vuillant, soubz couleur d'aucunes schurtez et pegnes offertes de sa part, différer ladite restitution de Gennes et autres pièces, et révocation de l'armée jusques après la délivrance desditz enfans ; à quoy sa majesté méritement ne devoit ny pouvoit consentir, estant assez clérement adverty que la délacion n'estoit que pour laisser la porte ouverte à nouveaul débat, et que demeurant l'armée en Italie après la délivrance desditz enfans, pouvoyent souldre nouveaulx encombres et débatz que eussent esté cause de la roupture ; joinct que, selon ce que l'on publioit, l'intencion dudit roy de France n'estoit de après rendre ledit Gennes, ains monstrer que lesditz Génevoys se fussent rebellez contre lui, et que ce ne fût en son pouvoir de le rendre. Par quoy sa majesté, pour non estre plus trompé, et pour se mectre en plus grand devoir, et qu'il ne tînt à luy que la paix ne se conclue, afin que ladicte restitucion et révocation d'armée se fît avant la délivrance desditz enfans, encoires qu'il ne fût à ce tenu, fut content de se submectre aux mesmes et plus grandes schurtez et pegnes pour faire ladite restitucion et révocacion avant, que culx offroient pour la faire après la délivrance desditz enfans ; à quoy sesditz ambassadeurs ne voulsurent consentir, disans n'avoir autre pouvoir ; et par ainsi le préambule de votredit escript qu'avez leu devant sa majesté se peut plustôt rétorquer contre ledit roy vostre maistre, en lui baillant toute la coulpe des maulx présens et passez à cause de ces guerres et de ceulx que cy-après pourroient succéder, que d'en vouloir charger sa majesté, que méritement se treuve libre de toute coulpe, comme plus amplement se pourra veoir et congnoistre par la responce faicte à l'appologie que ledict roy de France a faict imprimer pour l'excusacion de ses faultes, à laquelle responce, quant à ce, sa majesté se remect.

« Quant au second poinct de vostre escript, qui parle de la prinse du pape et de la cité de Rome, et des maulx que illecques se sont faiz, commis et perpétrez, sa majesté vous a assez pertinemment respondu de sa bouche; et pour advérer ce qu'il vous en a dit, se pourra assez clérement monstrer par la capitulacion naguères faicte entre le pape et sa majesté pour la libéracion de sa sanctité, où il confesse expressément que ce a esté sans coulpe de sa majesté, et par ung exercite désordonné et sans chef; et le cappitaine que dictes estre à la garde de sa saincteté, qui est ung des principaulx qui ayt servy sa majesté ès guerres d'Italie, se trouvera avoir esté plustôt pour la deffension et préservation de la personne de sa saincteté, qu'il ne fût mal traicté des gens de guerre, que pour luy vouloir mal faire; comme a esté assez congneu en la délivrance et libéracion de sa personne, en laquelle ledit cappitaine s'est employé comme vertueulx et bon chrestien, et comme la raison vouloit. Et qui vouldra bien sercher la racyne dont est procédée la détencion du pape, et les maulx que se sont faiz en Rome à cause de cette guerre, l'on en pourra plustôt attribuer la coulpe audit roy de France, lequel a esté aucteur et promoteur de la lighe dont ladite guerre est procédée, que à nul aultre, dont sa majesté se tient assez pour justisfié et excusé de toute coulpe par les justisfications qu'il envoya à sa saincteté, luy estant en Grenade, en respondant à ce qui luy avoit escript; desquelles, pour avoir esté ymprimées et publiées en divers lieux, n'est métier faire yci plus ample récitacion.

« Au tiers point de votredit escript, auquel est dit que le différend que de présent peut estre entre sa majesté et ledit roy vostre maistre gist principallement sur la rançon et recouvrement de sesditz enfans qu'il a offerte, comme dictes, et que sa majesté ne se devoit arrester ès choses que par force et contraincte ledit roy lui avoit promises; sadite majesté vous fait à ce respondre que ledit roy vostre maistre ne vous a pas en ce bien informé, car le différend qu'est entre les deux ne gist en nulle rançon, synon en observer la foy et promesse dudit roy vostre maistre, pour laquelle sesditz enfans sont en hostaige. Et puisqu'il scet pourquoy ilz y sont, c'est à luy de les en retirer sans rançon, en faisant ce qu'il doit, et ce qu'il a promis et juré sans nulle contraincte ny force; car ung prisonnier de juste guerre, comme ledit roy de France estoit, ne peut justement, ny selon les loix et drois de guerre, impugner les convencions qu'il auroit faictes pour sa libéracion estre faictes par contraincte ny par force, ny par ce se excuser de tenir sa foy et promesse; car autrement ne fauldroit jamais prendre foy de prisonniers ny les laisser aller sans accomplir premiers et satisfaire, que pourroit estre cause de la perdicion et mort de beaulcop de gens de bien, que seroit chose fort inique. Et ne peult ledit roi de France, par nul droit divin ne humain, s'excuser qu'il ne soit entièrement tenu à l'observance dudit traicté de Madril, et qu'il n'ayt failly à sa foy et promesse, comme plus amplement est déclaré en ladite responce faicte à son apologie. Et encoires que sa majesté, pour bien de paix, se fust condescendue, par les protestacions par luy faictes, de suspendre la restitucion de Bourgoingne, et se déporter d'autres choses contenues audit traicté de Madril, et venir sur ce à autres convencions et luy rendre ses enfans, en faisant de sa part ce à quoy sa majesté s'estoit lors condescendue, tant aux communicacions de Palance que d'ici, ce estoit de grâce de sa majesté et non par obligacions, ny pour tenir le traicté de Madril de moindre vigueur; et puisque ledit roy de France n'a en ce sceu congnoistre la grâce que sa majesté lui faisoit, les offres sur ce faictes, actendu les protestacions précédentes, se trouveroyent de nul effect, demeurant sa majesté en son entier de pouvoir lycitement persister à l'observance dudit traicté de Madril. Et ce qu'il dit que sa majesté eust beaulcop plus gaigné à prendre ladite rançon, telle qu'elle a esté offerte, que de continuer la guerre, semble que ledit roy vostre maistre prent grand soulcy du gaing de sa majesté, pensant à l'adventure qu'il soit fort convoyteux d'argent, dont il est plus alyéné qu'il ne cuyde, et de la continuacion de la guerre: sa majesté l'a tousjours faicte par contraincte, en se deffendant des invasions et offences dudit roy vostre maistre, et de ses praticques, desquelles, quant il se vouldra deppourter, comme la raison veult, il trouvera plustôt le gain de son cousté que autrement.

« Touchant le quatriesme point dudit escript, où nommez les confédérez et alliez du roy vostre maistre, et dictes iceulx et aultres princes et potentatz tenir le party du roy vostre maistre, pource qu'ilz voyent qu'il se mect à la raison, et que sa majesté n'y veult entendre, et la paix universelle ne se peult faire en la chrestienté, dont s'ensuyvent les maulx desquelz dictes estre à craindre que Dieu ne se courrouce; à ce est assez satisfaict par la responce du premier point de vostre escript, où l'on pourra assez clérement congnoistre quel jugement ont ceulx qui prétendent que ledit roy votre maistre se mect à la raison, en faisant toutes choses contre raison et justice, et contre tous drois divins et humains, de quoy méritement Dieu se pourra courroucer, et comme juste juge, en congnoissant la vray raison et justice et l'intrinsèque des cueurs, en fera les jugemens et démonstracions qu'il est accoustumé faire.

« Quant au cinquiesme point de vostredit escript, contenant que pour non avoir accepté les offres et présentacions que ledit roy vostre maistre a fait faire à sa majesté, ny aquiescé à faire un traicté honnestement avec luy, et se contenter d'une rançon plus que raisonnable, et ne veult rendre au roy d'Angleterre ce que luy est deu, et mectre le pape en sa liberté et laisser en paix l'Italie, il vous a commandé déclairer et notiffier à sa majesté, avec ledict roy d'Angleterre, qu'ilz le tiendront et auront pour leur ennemy, déclairant tous traictez faiz entre luy et sa majesté estre nulz, et que de sa part ne les veult garder et observer, ains que par tous moyens il fera la guerre, etc.; et à ce vous a esté si bien respondu de la propre bouche de l'empereur sur le deffy que luy avez fait, qu'il n'y a que redire : car sa majesté méritement le pouvoit tenir pour ennemy, luy ayant fait la guerre actuelle si longuement, et continuant en icelle, que certes, comme il vous a dit, est chose bien nouvelle et digne de mectre en cronicque, et mesmes d'ung prisonnier de guerre, ayant baillé sa foy comme luy, lequel selon droit ne peut deffier nully, ne accepter deffi d'autruy, non plus que ung esclave ose emprendre de faire acte de dissidence contre celuy mesmes que tient sa foy en gaige, et duquel il est justement prisonnier; et les raisons qu'il allègue à cest effect sont bien frivolles, pour donner couleur de justification à ung tel et si grand acte. Car encoires que sa majesté n'aye accepté les offres et prétencions dudit roy vostre maistre, ny voulsu traicter à son appétit, il n'estoit tenu de ce faire, combien que, de sa grâce et pour avoir paix, il se soit mis en plus que rayson, offrant laisser beaulcop du sien, et de ce que justement luy appartient. De la debte du roy d'Angleterre, ce n'est chose pour deffier, veu que sa majesté, tant à ses ambassadeurs que à vous-mesmes, et plus clérement a respondu au roy d'armes dudit roy d'Angleterre. Et quant au pape, puisque comme dessus est dit, il est libre et cesse la cause de deffy, devroit raisonnablement cesser l'effect d'icelluy;[1] délaisser en paix l'Italie, appart assez par ce qu'est dit devant, et par les responces faictes aux susditz ambassadeurs de France et d'Angleterre, qu'il n'y a nully que en ce y ayt mis ny serché mectre plus de troubles ne nourrissement de guerre que ledit roy vostre maistre; lequel, quant il se vouldra deppourter, comme la raison le requiert, il congnoistra que l'Italie sera en paix et repos, et que sa majesté ne serche de faire tort à nully, synon de conserver ce que justement luy appertient; et ainsi cesse toutes les causes et raisons pour lesquelles le roy vostre maistre vous a commandé de deffier sa majesté. Et la déclaracion qu'il fait, que les traictez soyent nulz, requiert autre juge que luy, lesquelz encoires que voluntairement dye ne les vouloir garder ne observer, pourroit estre que Dieu et justice le contraignent à ce, encoires que son vouloir ne fût tel; et mesmes ayant regard que depuis sa délivrance et par ses propres lectres, estant en son royaulme, sans craincte ne force, avoit escript à sa majesté vouloir observer tout ce qui luy avoit promis, qu'est bien contraire à ce qu'il fait dire maintenant.

« Au regard du sixiesme point de la protestacion que vostredit escript contient, il semble que seroit chose plus convenable de faire les

[1] (Et quant à ?)

œuvres plus conformes à ladite protestacion, que de vouloir énerver l'effect d'icelle par effectz contraires; mais bien plus juste et véritable protestacion peut faire sa majesté devant Dieu et tout le monde, qu'il n'a tenu ne tiendra à luy qu'il n'y ayt paix universelle en toute chrestienté, et qu'il s'est mis et mectra tousjours en toute raison pour parvenir à icelle; et Dieu, quil congnoit les intencions de tous, en sera juge. Par quoy sa majesté proteste réciproquement que tous les intérestz et dommaiges que à cause de ces guerres il souffrera, il entend les recouvrer sur ledit roy de France, et non laisser ses enfans qu'il ne soit entièrement remboursé desditz dommaiges et intérestz, tant de ceulx qu'il a souffert depuis le traicté de Madril que de ceulx qu'il souffrera cy-après, et que tous les autres maulx, intérestz et dommaiges que se pourront ensuyr desdites guerres ne soient attribuez à la coulpe de sa majesté, mais plustôt à la coulpe du roy vostre maistre, comme aucteur, promoteur et provocateur de ladite guerre, sans aucune juste cause; de quoy ne sera mestier de appeller, comme il fait, Dieu à tesmoing, synon de luy en laisser faire le jugement et exécution, comme à sa divine justice appartient.

« Et quant au dernier point des quarante jours pour retirer les marchans et marchandises, pource que la chose ne seroit égale, ayant eulx piéçà adverty, et non ayant temps de advertir par tous les lieux où sont les subjectz de sa majesté par toute France et Angleterre, sa majesté ne le peut ainsi accepter, mais en prenant jour compétant pour pouvoir convenir à la restitucion des subjectz, marchans et biens que se pourroient prendre, ou seroient jà prins d'ung cousté et d'aultre, sa majesté sera prest d'y entendre, ayant responce sur ce. »

S'ensuyt la responce baillée audit Clarenceaulx, roy d'armes d'Angleterre :

« En respondant à ce que vous, Clarenceaulx, roy d'armes du roy d'Angleterre, avez proposé de bouche à la très-sacrée majesté de l'empereur nostre sire, au nom dudit seigneur roy vostre maistre, et après la responce verballe que sa majesté vous a sur ce faicte, l'avez à sa requeste baillée par escript, signé de vostre nom, pour vous y pouvoir plus au long et particulièrement respondre, sadite majesté a mandé vous respondre aussi par escript ce que s'ensuyt:

« Premièrement, quant au premier point que ledit roy vostre maistre, vous a commandé dire, que voyant la nécessité de la paix en la relligion chrestienne, tant pour le succès du Turcq en l'occupacion de Rhodes et invasion d'Hongrie, et suscitacion de sectes hérétiques, et aussi pour les guerres allumées en ladite chrestienté, et ce qu'il dit s'estre fait en Rome par l'exercite et minystres de sa majesté, avec les maulx exécrables contenuz en vostredit escript, et pource que la racine et débatz desdites guerres procèdent des débatz estans entre sa majesté et le roy de France, pour yceulx mectre à fin, avoit envoyé devers sadite majesté ses ambassadeurs, et aultres devers ledit roy de France, avec lequel il dit avoir tant fait que pour l'amour qu'il luy pourte, il avoit fait à sa majesté offre si grande et si raisonnable, que sadite majesté ne les pouvoit ne devoit honnestement reffuser, et que par toutes les remonstrances, en icelluy escript contenues, faictes par ses ambassadeurs, sadite majesté ne les avoit voulu accepter. Certes, jusques à présent sa majesté a tenu le roy vostre maistre pour vray médiateur et commung amy, et que luy seul deust estre le plus vray et confident ministre pour traicter ladite paix universelle entre les chrestiens que nul aultre; et mesmes non ignorant que luy-mesmes, et monseigneur le cardenal d'York en son lieu, avoyent, tant par lectres du roy de France que par aultres lectres et actes, après plusieurs disputacions sur ce faictes, veu, congnu et déclairé que ledit roy de France estoit le premier agresseur et invaseur et provocateur de la guerre, et violateur des traitez, pour laquelle cause ledit roy d'Angleterre, en vertu du traicté de Londres, eust à se déclarer ennemy dudit roy et prendre les armes contre luy, comme infracteur de la paix, et promoteur et aucteur de la guerre; parquoy méritement il devroit bailler plustôt la coulpe audit roy de France que à sadite majesté de tous les maulx que, à cause des guerres, depuis se sont ensuyz en la chrestienté, tant à Rhodes que en Hongrie, en Allemaigne et à Rome. Car Dieu et tout le monde scet bien qu'il n'a tenu à sa majesté ny tiendra que les provisions contre les Turcqz, infidèles et héréticques, ne se feissent, et que ce que s'est ensuy à Rome a esté sans consentement ny ordre de sa majesté, comme il vous a dit de bouche, et sans sa coulpe, comme le pape mesmes l'a confessé; et jamais n'a tenu à sa majesté qu'il ne se soit condescendu à tous moyens honnestes et raisonnables pour parvenir à ladite paix, en laissant assez du sien et de ce que justement lui appertient, pour complaire audit roy vostre maistre; voyres, par son respect, laissant beaulcop de ce que ledit roy de France avoit, de son propre mouvement, offert au vice-roy de Naples, avant que ledit roy vostre maistre se meslât de ceste paix, pour laquelle sa majesté, pensant luy gratiffier ou complaire, s'estoit condescendue à telles condicions que pour nulle autre personne du monde ne les eust voulu accepter ne consentir. Et par le contraire, se peult bien dire par vérité que ledit roy de France n'ayt en ce riens fait pour ledit roy d'Angleterre, synon dyminuer et copper par son moyen des offres qu'il avoit paravant faictes audit vice-roy; mais maintenant que ledit roy vostre maistre fait en ce si sinistre jugement, vuillant gecter toute la coulpe sur sadite majesté, et excuser ledit roy de France, vous ayant commandé piéçà de faire cest acte et se déclare ennemy, il fault ou qu'il ayt oblié les choses passées, ou qu'il soit mal informé de ce que s'est fait, ou que paravant il n'eust pas bonne volunté, dont sa majesté se fust trouvée bien desceu de la confidence qu'il avoit en luy.

« Quant au second poinct qu'il parle de la délivrance du pape, desjà vous a respondu sa majesté de bouche qu'il estoit libre, et a sa majesté nouvelle certaine comme il fut délivré, et partit de Rome sans nul empeschement le sixiesme du mois de décembre dernier passé; et de ce que fut fait contre sa saincteté, sa majesté en escripvit incontinent au roy vostre maistre ses justisficacions, le priant luy vouloir conseiller ce que luy sembloit estre à faire pour le bien de la chrestienté : à quoy il n'a jamais respondu. Bien doit savoir le roy vostre maistre, puisque par vostredit escript il charge sur la protection du pape et du sainct-siége appartenant à sa majesté, que en ce sadite majesté n'a fait ny vouldroit faire faulte à la charge que Dieu à cest effect luy a donné, et fera sa majesté aussi bien ce que appartient à l'office de protecteur du sainct-siége apostolicque, comme ledit roy vostre maistre à ce que appartient à l'office de deffenseur de la foy; et en faisant l'ung et l'aultre son devoir, la chrestienté en vauldra beaulcop mieulx, et ne seront soubstenuz ny favorisez ceulx qui fourvoyent de leur foy, laquelle, selon tous drois divins et humains, doit estre observée et gardée aussi bien aux ennemys que aux aultres.

« Touchant le IIIe poinct, qui parle des debtes par plusieurs obligacions et aultres moyens, sans déclairer que c'est, sa majesté vous a respondu de bouche qu'il n'a jamais nyé la debte des deniers prestez ny reffusé de les payer, et s'il y a eu délay au payement des deniers prestez, c'a esté pource que les ambassadeurs dudit roy vostre maistre, jusques au poinct de la roupture, traictoyent de se payer des deniers de France, et après la roupture, que ne fut que pour faulte de povoir, ilz demandarent le payement en comptant de toutes debtes, et baillarent ung escript où ilz demandoyent non-seullement les deniers prestez, mais demandoyent, davantaige, pour quatre ans et pour quatre mois l'obligacion de l'indempnité à raison de cent trente et trois mille trois cens cinq escuz par an, et de plus cinq cens mille escuz pour les peynes de non avoir accomply le mariaige avec la princesse sa fille. Sur quoy sadite majesté leur fit faire responce par escript: que quant aux debtes des deniers prestez, puisqu'ilz confessoyent n'avoir rière eulx les originales obligacions, ny les gaiges et joyaulx engaigez pour une partie desdites debtes, sa majesté, en confessant dès lors toutes les sommes que se trouveroyent dehues par lesdites obligacions, et s'en tenant pour condempné, se offrera payer toutes lesdites sommes prestées contenues esdites obligacions, deans le terme que le droit donne aux condempnez pour payer leurs condemnacions, pourveu que l'on choisist lieu convenable et sehur pour les deux parties où se deust faire ledit payement, et que tant et quant ledit roy d'Angleterre envoyât illec personnes avec pouvoir pour recevoir, quicter et restituer joinctement lesditz gaiges avec les originelles obligacions, pour les casser et annullir, comme la raison veult.

« Et quant ausdites demandes de l'indempnité et des peynes, fut respondu ausditz ambassadeurs que puisque leur pouvoir ne faisoit expresse mencion de les demander, synon seullement des debtes en général, que s'entendoit des liquides et clères, que sa majesté ne croist qu'ilz voulsissent parsister à telles demandes, ausquelles, en cas qu'ilz y persistassent, sa majesté respondroit pertinentement, et envoyeroit devers le roy d'Angleterre pour l'informer des raisons pour lesquelles ledit roy leur maistre se devroit dépourter de sesdites demandes et méritement s'en contenter. Et pource que lesdites raisons ne furent lors baillées par escript ausditz ambassadeurs, combien que aucunes d'icelles leur furent lors dictes de bouche, sa majesté a bien voulu que lesdites raisons feussent icy couchées par escript, afin que si ledit roy d'Angleterre, soubz ceste généralité, voulsit prétendre luy estre dehues les sommes contenues en ladite indempnité et lesdites peynes du mariaige, que tout le monde saiche qu'il n'auroit nulle juste cause de les demander ny prétendre, en la forme et manière que lesditz ambassadeurs l'ont demandé. Car quant à ladite indempnité, il y a cinq raisons bien urgentes par lesquelles sesditz ambassadeurs devoient estre répelliz de ladite demande, encoires qu'ilz eussent eu pouvoir spécial de la demander. La première raison est que ladite obligacion est fondée sur la restitucion des pensions et deniers deuz par ledit roy de France audit roy d'Angleterre, pour luy et ses sucesseurs, annuellement, en vertu des traictez et obligacions; et sans monstrer lesditz traictés et obligacions et qu'il conste de la debte principalle, ne pourroit estre vaillable obligacion de l'indempnité : car l'on ne doit croyre à ce que l'on narre en icelle obligacion, si ne conste des autres obligacions ausquelles elle se reffère; car l'indempnité est accessoire à la principalle obligacion, et ne subsiste l'accessoire sans la principalle. La seconde raison, pource que les causes sur lesquelles ladite indempnité se fonde ne se treuvent véritables; car ladicte obligacion fut faicte en Angleterre avant que sa majesté passât en Espaigne, et le mesme jour que fut faict le traicté à Windesorre; et ne peut estre vray ce qu'il dit que[1] pour l'ayde baillée à sa majesté à sa passée en Espaigne, non y estant encoires passé, et ne se pourroit ce vériffier pour le passaige de Calaix à Douvres, car pour icelluy fut accordé par ledit traicté de Windesorre que sa majesté seroit tenu bailler audit roy ayde équippoulente, quant il vouldroit passer d'Angleterre en France, et ainsi ladite ayde ne pouvoit estre en considéracion pour lui faire promectre ladite indempnité; [ne] aussi ce qu'il dit que pour soy estre déclairé ennemy du roy de France et prins les armes contre luy à cause de l'empereur, [car] ledit roy de France avoit desjà pour ung an entier retenu le payement desdites pensions. Car si veult dire qu'il s'estoit déclairé et prins les armes en vertu dudit traicté de Windesorre, sur lequel ladicte indempnité se fonde, il ne se pouvoit dire estre déclairé, ny avoir riens pardu en vertu d'icelluy, puisque par icelluy la déclaracion ne se pouvoit faire jusques en fin de may xv^c xxiiii; et s'il se veult fonder sur la déclaration faicte avant, que ne sçauroit estre ung mois avant ledit traicté de Windesorre, fauldroit confesser de deux choses l'une, ou que ladicte déclaracion eust esté faicte en vertu du traicté de Londres pour la contravencion du roy de France, ouquel cas estant l'obligacion dudit traicté réciproque, ne se pourroit dire qu'il y eust juste cause pour obliger sa majesté à ladicte indempnité; ou que ladicte déclaracion fut faicte, comme estoit plus vraisemblable, pour avoir le roy de France failly aux payemens de ce qu'il devoit : que en tous endroitz ne se pouvoit dire soubstraict ny retenu à cause de sa majesté, de sorte que en tous advénemens ladicte obligacion se trouveroit faicte pour cause erronnée et non véritable, et par ainsi ne seroit vaillable.

[1] (Ce fut?)

« La tierce raison est que, vuillant monseigneur le cardenal d'York, lequel fut aucteur et persuaseur de ladicte indempnité, user de bonne foy et confesser vérité, il n'aura pas oblié et tiendra bonne souvenance qu'il dit à sa majesté, en présence d'autres de son cousté, de par ledict roy vostre maistre, qu'il ne payeroit jamais riens de ladicte indempnité, et que ce faisoit pour donner contentement aux conseilliers et subjectz dudict seigneur roy, qu'ilz pensassent que ledict seigneur roy ne pouvoit en ce avoir domaige; et ainsi bien considérant les causes, le temps, forme de ladicte obligacion et devant cuy elle fut faicte, se pourra assez congnoistre que ladicte obligacion a esté nulle et de nul effect.

« La IIIIe raison est que, ayant ledit roy de France, par le traicté de Madril, affermé par serment que ledit roy d'Angleterre estoit payé et contenté de tous les arréraiges passez, et offrant d'en faire apparoir par le mesme traicté fait avec ledit roy, et prenant ladicte indempnité à sa charge, ce que les ambassadeurs dudict sieur roy, en son nom, ont accepté, consentans expressément que ledict traicté de Madril, quant à cest article, deust demeurer en son entier, ne seroit convenable que ledict roy vostre maistre, de ce voulsit estre payé deux fois.

La cinquiesme raison est que, quant ores ce seroit que non, en demandant pour quatre ans et quatre mois ce que, encoires que l'obligacion fût vaillable que non, ne se devroit que pour trois ans, se pourroit juridiquement nyer le tout.

« Et quant aux peynes que lesditz ambassadeurs demandoient, il y a trois raisons bien péremptoires et évidentes, par lesquelles lesdictes peynes ne sont ny pourroient estre dehues ne justement demandées : la première, que selon les drois civilz et canons telles stipulacions pénales, par lesquelles s'empescheroit la libre faculté de pouvoir contracter mariaige ailleurs, sont nulles et de nul effect, et ne se peuvent justement exigir ne demander; la seconde, que ledict roy vostre maistre, encoires que l'obligacion desdictes peynes eust esté vaillable que non, ne se pouvoit funder sur le traicté de Windesorre, où lesdictes peynes sont appousées, sans prouver qu'il eust entièrement accomply de sa part tout le contenu en icelluy, ce qu'il ne sçauroit prouver, et en ce cas ne devroit sa majesté se charger de nulle preuve, ains luy souffiroit seullement objecter que ledict roy n'ayt accomply de sa part, et que par ce ne se puist funder sur les promesses dudit traicté. La tierce raison est que avant que sa majesté se mariast, il feit requérir ledict roy vostre maistre de vouloir envoyer sadicte fille en ce royaulme pour satisfaire à ses subjectz quilz le pressoient de se marier pour avoir lignée, ou qu'il baillast son consentement pour soy marier ailleurs; lequel ayma mieulx d'envoyer pouvoir à ses ambassadeurs pour consentir à autres mariaiges avec aucunes condicions, que d'envoyer sadicte fille par deçà. Et davantaige, audit temps, non-seullement ledit roy vostre maistre avoit laissé d'accomplyr de sa part ce à quoy il estoit obligé, ains se trouvoit avoir contrevenu audit traicté en diverses façons, tant parce qu'il estoit assez publicque, et fut descouvert par lectres interceptées sur la mer, que ledict roy vostre maistre traictoit du mariaige de sa fille avec le roy d'Écosse, son neveu; et ceste praticque fut commencée longtemps avant le mariaige de sa majesté avec l'impératrix; de sorte que quant oyres la stipulacion desdictes peynes eust esté vaillable que non, ledict roy mesmes les eust encourues, et les devroit à sa majesté, pour estre lesdictes peynes réciproques, combien que sa majesté ne vouldroit insister en telle demande comme chose de droit réprouvée, comme est dict; que aussi pource que ledict roy d'Angleterre, contre la forme dudict traicté de Windesorre, avoit tenu près d'ung an en sa court, et fait venir devers luy soubz saulfconduyt ung nommé Jehan Jockin, traictant et praticquant secrètement de par ledict roy de France, et après y recevant publicquement le président de Rouhan [1], comme ambassadeur dudict roy, ce qu'il ne pouvoit faire sans infraction dudict traicté; et que pis est, pource que l'ambassadeur de sa majesté escripvoit la vérité de ce qu'il véoit et entendoit, et comme les choses passoyent, il fut audict royaume d'Angleterre maltraicté, menassé, prins les lectres qu'il escripvoit à

[1] Rouen.

sadicte majesté, et icelles ouvertes par les ministres dudict roy, contre tous drois divins et humains, et contre la forme dudict traicté. Et que pis est, depuis la prison du roy de France, estant ledict roy vostre maistre requis de par sa majesté, que ensuyvant ledict traicté, afin que l'on puist conjoinctement appoincter de tout ce que les deux prétendoyent contre le roy de France, pour faire de commun consentement une bonne paix, pour laquelle ung chacun d'eulx eust peu avoir sa raison, qu'il deust envoyer à ses ambassadeurs pouvoir pour ce faire avec les demandes de ses prétensions, en quoy faisant il est assez cler que l'on eust eu une paix perdurable en toute la chrestienté; à quoy ne voulsit entendre, pensant d'en faire mieulx son proffit, et ce fut cause de tous les troubles que depuis se sont ensuyz. Lesquelles choses furent toutes faictes et actemptées par ledict roy vostre maistre, avant que sa majesté se mariast[1], et ne traictast avec ledict roy de France, ouquel temps sa majesté ne se pouvoit dire plus tenu ny obligé à l'observance dudict traicté de Windesorre, ni par conséquent ausdictes peynes. Toutes lesquelles choses sa majesté avoit postposé sans en vouloir faire querelle, pensant de conserver l'amytié dudict roy vostre maistre, et a très-grand regret et desplésir que, sans sa coulpe et pour sa justisficacion, il soit ainsi contrainct de mectre telles choses en avant, lesquelles il eust volentiers taist et se fust dépourté de les dire, si l'acte que ledict roy vostre maistre vous fait faire ne touchoit si grandement à son honneur et à la deffence d'icelluy, et à la répulsion du blasme que ledict roy vostre maistre, par ses raisons coulorées et non bien fondées, tâche de luy mectre suz, luy vuillant attribuer coulpe là où il l'a[2].

« En tant que touche le quatriesme poinct, où, répilogant ce que avant est dit, impropère[3] à sa majesté que, sans avoir regard à l'honneur de Dieu, à la nécessité de la chrestienté, à la révérence qu'il doit au sainct-siége apostolique et à la personne du pape, ne au plé-

---

[1] Le mariage de Charles V avec Isabelle, fille d'Emmanuel, roi de Portugal, fut célébré le 10 janvier 1526.

[2] (Lui-même?)
[3] Reproche.

sir que sadicte majesté a eu dudict roy vostre maistre, ne à la foy, parolle et promesse tant de fois réitérée, pour ceste cause il vous a ordonné ce que en vostre escript se contient : certes, se sont impropéracions et convinces[1], desquelz sa majesté, comme avant est démonstré, se treuve assez libre et exempt; et est chose assez notoire que sa majesté n'est entaché de telz vices, lesquelz plus raisonnablement se peuvent attribuer à autres, dont sa majesté se depporte. Car ce ne semble bien convenable entre telz princes vouloir combaptre des parolles injurieuses, et eust esté plus honneste les taire; et quant à se fonder que sa majesté n'ayt voulu accepter les dernières offres qu'il dit luy avoir esté déclairé pour sa finalle résolucion, semble bien par ce que s'ensuit du présent acte que ledict roy vostre maistre avoit conclud de le deffier, sans actendre response si sa majesté auroit accepté lesdictes offres ou non; car s'il eust esté si résolu à la paix comme dictes, il devoit premier sçavoir ce que sa majesté auroit respondu sur icelles offres, et eust peu congnoistre à cuy estoit la coulpe, et eust trouvé que par les responces faictes sa majesté avoit mis plus de confidence en la seulle parolle dudict roy d'Angleterre que en toutes autres sehurtez, non saichant l'intrinsèque de son cueur, dont, selon les effectz qu'il monstre, n'avoit nulle juste cause de soy y confier; et mesmes que ayant sa majesté satisfait à toutes lesdictes dernières offres, au contentement de ses ambassadeurs, excepté en ung seul poinct de la révocacion de l'armée et des actentatz faiz depuis le traicté de Madril, que les mesmes ambassadeurs de France avoient consenty aux communicacions de Palance, selon le second article dudict traicté, qu'estoit des choses que l'on devoit accomplir avant la restitucion des enfans, et pour laisser ung garde-derrier, ilz la vouloient différer depuis la délivrance desdictz enfans, que n'estoit chose raisonnable. Par quoy l'on peut clérement congnoistre que, quelque responce que sa majesté eust baillé, n'estoit pour faire la paix, ains allumer plus grande guerre, actendu que l'escript baillé de la part dudict roy de France se trouve daté

[1] Injures.

dez le xie de novembre, et que lesdictz roys d'armes ont tousjours esté en ceste cité avec leurs escriptz durant les communicacions desdictz ambassadeurs, lesquelles, selon qu'ilz ont monstré par effect, n'estoient que pour ce pendant endormir sa majesté avec espoir de paix, en lui armant d'autre cousté la guerre, pour le prendre à dépourveu; de quoy il espère, à l'ayde de Dieu et de ses bons subjectz, s'en garder.

« Au regard du cinquiesme poinct, en ce qu'il parle de contraindre sa majesté par force d'armes, sa majesté vous en a si vertueusement respondu de sa propre bouche qu'il n'y gist autre responce; et que ledict roy dit inviolablement vouloir garder sa foy au roy très-chrestien et autres ses alliez, ce seroit chose fort raisonnable qu'elle se gardast, non-seullement par luy mais par tous autres, et que l'on ne serchât couleurs pour la rompre ne faire rompre à autres. Et quant à la déclaracion de la inymité et deffy de la guerre, sa majesté en a aussi respondu à souffisance et n'a esté sans cause, et que sa majesté prie Dieu que ledict roy ne luy doint non plus d'occasion d'avoir guerre à luy qu'il pense luy avoir donné : car s'il estoit vray ce que l'on publie, tant par Angleterre que par France et ailleurs, qu'il se veult séparer du mariaige de la royne, tanté de sa majesté, pour se marier autre part, ce que sa majesté ne peut bien croyre, ayant sa dicte majesté en ses mains les dispençacions si amples et si allyénées de toute subreption, qu'il est prest de faire exhiber là où il appartiendra, que sont telles que ne pourroyent justement donner lieu à ladicte séparacion, si l'on ne voulsit en ce impugner la puissance du pape, qu'il n'est créable que ledict roy voulsit actempter, pour les grans scandales que pour ce se pourroyent ensuyr, à la turbacion d'autres plusieurs royaulmes, pays et seignories; en ce cas auroit plus juste cause sa majesté de faire la guerre audict roy vostre maistre, que d'actendre guerre de luy, pour propulser si grande injure et exciter tous autres roys et princes ausquelz semblable injure pourroit concerner. Et en ce cas monstreroit bien ledict roy vostre maistre quelle foy, quelle religion, quelle conscience et quel honneur il auroit devant ses yeulx, et donneroit assez à congnoistre l'intencion qu'il auroit eu de bailler sa fille en mariaige à sa majesté, s'il tendoit à la faire bastarde; combien que sa majesté ne peut, comme dit est, bien croyre qu'il se laissât conduire à chose de si maulvais exemple, si n'estoit par sinistre et maulvaise informacion du cardenal d'York, lequel par son ambicion et cupidité, et pource que sa majesté n'a voulu employer son armée d'Italie à faire ledict cardenal pape[1] par force, comme luy avoit faict requérir par lectres du roy son maistre, et requis par lectres de sa main, ny satisfaire à son orgueuil, ambicion et convoytise, il s'est plusieurs fois vanté qu'il mectroit les affaires de sa majesté en telz broilliz qu'il ne fust veu telle broillerie en cent ans, et le broilleroit de sorte qu'il s'en repentiroit, encoires que le royaulme d'Angleterre se deust perdre. Que si ainsi estoit que ledict roy se laissât conduyre à croyre le maulvais conseil dudict cardenal, ce seroit le vray chemin pour y parvenir, et seroit le vray broilliz qu'il y auroit mis qu'il ne sçauroit après appaiser.

« Et par toutes les justisficacions avantdictes, lesquelles Dieu, qui est le juste juge et congnoit les cueurs des hommes, pourra mieulx considérer que les autres, espère sa majesté que la divine clémence ne luy fauldra à sa justice et à la deffension de sa juste cause, comm'il a faict du passé; et puis qu'il congnoit ceulx qui ont bonne inclinacion à la paix, ne fait à doubter que en son temps il la baillera à ceulx qui seront de bonne volenté; et proteste sa majesté devant Dieu et tout le monde que tous les maulx, domaiges et interestz, que desdictes guerres se pourront ensuyr, soient à la coulpe et charge de qui en est cause.

« Finablement, quant au dernier poinct de la retraicte des marchans, sa majesté respond le mesme que a esté respondu au dernier article de l'escript baillé de la part du roy de France, et davantaige dit avoir sceu comme pieçà a esté publié en Angleterre, soubz espoir de ceste roupture, que tous les subjectz dudit roy se gardassent de

[1] Après la mort d'Adrien VI, arrivée le 24 septembre 1523.

mener marchandises ès royaulmes et pays de sa majesté, monstrant en ce la intencion qu'il avoit plus à la guerre que à la paix, parquoy ne seroit la chose égale que les ungs eussent esté advisez et prévenuz, et les autres ne puissent estre advisez en temps pour pouvoir retirer leurs biens, et pour ce seroit convenable de faire sur ce une convencion réciproque que puist raisonnablement satisfaire aux subjectz d'une part et d'autre, comme a esté respondu sur l'escript dudit roy de France, à quoy sa majesté sera contente entendre, ayant sur ce responce. »

Les deux responces, assavoir celle au roy d'armes de France, commenceant, « Pour bien respondre à ce que vous, Guyenne, roy d'ar- « mes de France, avez leu, etc. » et celle au roy d'armes d'Angleterre que commence, « En respondant à ce que vous, Clarenceaulx, roy « d'armes du roy d'Angleterre, avez proposé de bouche, etc. » selon qu'elles sont de mot à autre cy-dessus escriptes, ont esté ainsi commandées et conclutes par l'empereur et roy, nostre souverain seigneur, estant en son conseil d'estat, auquel conseil sa majesté ordonna et commit à moy, Jehan Lallemand, sieur de Bouclans, de Vayte, Taveau et Crissey, conseillier et premier secrétaire de sa majesté, et en son nom lire, et après bailler lesdites responces par escript ausdits roys d'armes Guyenne et Clarenceaulx, ce que j'ay fait ledit jour lundi xxvii° de janvier oudit an xv° xxviii, présens messire Martin de Salinas, chevalier, conseillier et ambassadeur en ceste court pour très-hault, très-excellent et très-puissant prince, don Fernande, roy de Hongrie, de Bohème, de Dalmacie, de Croacie, d'Esclavonie, etc. archiduc d'Austrice, duc de Bourgoingne, de Wiertemberg, etc. conte de Tyrol, etc. frère unicque de sa majesté impériale; messire Bapthasar, prévost de Waltkirck, et évesque de Constance et vice-chancellier de l'empire; messire Eustace Chappuis, docteur ès droiz, official de Genesve, à présent conseillier de sa majesté et jadis ambassadeur de feu de très-excellente et immortelle mémoire, hault et puissant prince monseigneur Charles, duc de Bourbonnoys et d'Auvergne, que Dieu absoille; messire Guillaume de Montfort, chevalier, gentilhomme de la chambre de sa majesté; Jehan de Wynacourt, sieur de Fleters, prévost de Mons en Haynnault, aussi escuier de chambre de sa majesté; Claude de Cilly, gentilhomme de l'hostel et mareschal des logis de sa majesté; Estienne de Grospain, gentilhomme de la maison, cappitaine de chevaulx-légiers; Sanche Loppez, chevalier de l'ordre d'Alcantara, cappitaine d'hommes-d'armes en l'exercite de sa majesté en Italie; Jehan d'Adurra, chevalier, conseillier, trésorier et argentier de sa majesté; messire Julian de l'Espera, ung des cappitaines de gallères de sa majesté et solliciteur en ceste court pour illustrissime Anthonioto Adurno, duce de Gennes, conte de Reida; Ochoa de Lando, conseillier et trésorier de la royne dona Juana, nostre souverainne dame; Anthoine Perrenin, secrétaire de sa majesté, et pluisieurs autres gentilhommes et bons personnaiges, tant officiers de sadite majesté que aussi autres de plusieurs nations, Allemans, Espaignolz, Italiens et Bourguignons, qui à cest acte publicque se sont trouvez. Ainsi signé : Lallemand.

Et je Guyenne, roy d'armes du roy de France, et je Clarenceaulx, roy d'armes du roy d'Angleterre, confessons et par cestes certisfions pour vérité, avoir receu de mondit sieur de Bouclans, tant de sa bouche, comme par escript, les responces que dessus, lesquelles il nous a baillées en nom et de la part de sa très-sacrée majesté impériale, en ceste cité de Bourgos, les an, jour et présens les sieurs tesmoings devant nommez, et pour ce avons signé ceste de noz seings manuelz. Ainsi signé : Guyenne, roy d'armes, et Clarenceaulx, roy d'armes.

LIX.

CHARLES-QUINT

A MONTFORT, GENTILHOMME DE SA CHAMBRE[1].

(Mémoires de Granvelle, I, 136-137.)

Burgos, 8 février 1528.

De par l'empereur,

Chier et féal. Depuis vostre partement avons conclud le change que présentement vous envoyons, comme verrez ; assavoir une lettre qui se payera en Allemaigne de la somme de xx^m ducas : les xviii^m pour le premier mois des six mille payes d'Allemans que vous avons ordonné amener par deçà, et les aultres deux mille pour extraordinaires, sur lesquelz se pourra aussi prendre ce qu'il fauldra pour Colman, et pour l'amener par deçà. Et quant au second mois, vous envoyons une aultre lettre de change à payer en Flandres, comme verrez par icelle. Et pourrez recevoir l'argent quand viendrez d'Allemagne avec lesdicts Allemans, afin de les payer dudict second mois à leur embarquement. Et quant à la dresse des navyeres, envitaillement d'icelles et autres frais pour le passaige desdicts Allemans par deçà, nous avons fait dépescher une autre lectre de change de la somme de xii^m ducas, à payer aussy en Flandres, et en aura charge le sieur du Reulx ; car cependent que serez en Allemaigne, il fera appareiller lesdicts navyeres et leur envitaillement, afin que trouviez tout prest ;

---

[1] Guillaume de Montfort, gentilhomme du comté de Bourgogne, descendant de l'ancienne et noble famille des Taillant d'Yvorie, jouissait de toute la confiance de Charles-Quint, qui l'employa dans plusieurs missions difficiles. Il devint son grand écuyer, et mourut à Mantoue, où l'empereur était alors, au mois de mars 1530.

et par son ordonnance le rentemestre[1] de Zéelande employera lesdicts douze mille ducas à ceste effect, et en rendra le compte : et velà ce que avons pourveu quant auxdicts Allemans. Et quant à l'artillerie et munition dont avez pourté le billet, ledict sieur de Reulx pourtera aussy le change, jusques à xx^m ducas, pour payer le tout et envoyer par deçà avec lesdicts navyeres qui amèneront les Allemans. Parquoy en passant par Flandres, n'oblierez de faire la dilligence de ce que touche ladicte artillerie et municion devers le capitaine Terremonde. Vous aurez aussy souvenance d'advertir madame nostre tante, et nostre cousin le sieur de Bevres[2], afin qu'ils facent armer le plus de navyeres que faire se pourra, et à dilligence, pour tenir sur la venue du sieur du Reulx alentour de Calaix, envers la bouche de la Tamise ou au canal, s'il étoit possible, sans toutesfois donner à entendre pourquoy l'on arme lesdicts navyeres : car la venue dudict sieur du Reulx, pour bien faire, doit estre tenue secrette par delà, et souffit que celluy qui sera chief desdicts navyeres, qui serviront par la mer à l'effect que dessus, le saiche, et non point les compaignons, ni maroniers[3], jusques se face l'exécucion, comme bien entendez. A tant, cher et féal, Nostre-Seigneur soit garde de vous. Donné en nostre cité de Bourgos, le huit de febvrier anno xxviii.

Selon que par les lectres de change verrez de ladicte somme de vingt mille ducas, les ii^m sont à payer en Anvers ou Allemaigne incontenent la lectre viste[4], et les xviii^m en Ausbourg au commencement d'avril prouchain, pour le premier mois des Allemans; et les ii^m pourrez recevoir en passant par Anvers, puisque c'est incontinent la lectre vista, et vous en pourrez ayder pour, par le moyen du comte Félix[5], gaigner cappitaines et faire aultres choses extraordinaires, non comprins ce qu'il fauldra pour Colman, comme dict est cy-des-

---

[1] Payeur.
[2] Cet amiral était le petit-fils d'Antoine, bâtard de Bourgogne, issu du duc Philippe le Bon.
[3] Gens composant l'équipage, marins.
[4] A vue.
[5] De Werdenberg, marié à Élisabeth de Neufchâtel, en Bourgogne.

sus. Et quant au second mois du payement desdicts Allemans depuis estre arrivez en Flandres, et pour avec icelluy s'embarquer, la lectre de change porte à payer en my-may prouchain, afin que faictes dilligence qu'il n'y ayt faulte au payement, lequel ledict sieur du Reulx vous fera délivrer; car c'est à payer à luy ou à vous en son absence, ou à celluy qui aura le povoir de l'ung de vous deux. Et cecy avons fait ajouster en ceste lectre afin qu'entendez myeulx nostre intencion, et le contenu ès dictes lectres de change. Donné comme dessus. Nous avons ordonné à part à Henry Velser viiie ducas pour payer l'armurier Colman, oultre les ii^m ducas de ladicte ordonnance cy-dessus mentionnez.

CHARLES.

Et plus bas:

LALLEMAND.

A nostre amé et féal gentilhomme de nostre chambre, le sieur de Montfort.

LX.

L'EMPEREUR

A JEAN DE CALVYMONT, AMBASSADEUR DE FRANCE.

(Apologie de Charles-Quint, 264.)

Madrid, 18 mars 1528.

Monsieur l'ambassadeur, j'ay veu les lectres que m'avez escriptes touchant les parolles que vous ditz en Grenade, et aussi ay veu les extraictz de vostre procès-verbal, par lesquelz j'entends très-bien que ne voulez avoir souvenance de ce que alors vous dictz pour en advertir le roy de France, vostre maistre. Afin que vous redye lesdites paroles pour satisfaire à vostre désir, c'est que je vous ditz alors, après plusieurs propos qui n'estoient de grande substance, parquoy n'est besoing les répéter icy : « Que ledit roy vostre maistre avoit « faict laschement et meschamment de non m'avoir gardée la foy que « j'ay de luy selon le traicté de Madril, et que s'il vouloit dire du « contraire, je luy maintiendroye de ma personne à la sienne. » Velà les propres paroles substancialles que je ditz du roy vostre maistre en Grenade, et je croys que se sont celles que tant désirez sçavoir; car se sont les mesmes que je ditz audit roy vostre maistre en Madril, « que je le tiendroye pour lasche et meschant s'il me failloit de sa foy « que j'ay de luy. » Et en les disant je luy garde mieulx ce que luy ay promis qu'il ne faict à moy; je le vous escriptz voluntiers signées de ma main, afin que d'icy en avant, vous ny aultres n'en faisiez doubte. Donné en nostre ville dudict Madril, le xvIII^e jour de mars xv^c xxvIII.

CHARLES.

Et plus bas :

LALLEMAND.

A monsieur l'ambassadeur du roy de France, messire Jehan de Calvymont, chevalier, second président de Bourdeaulx, estant à présent à Poza en Castille.

LXI.

AUDIENCE DE CONGÉ

DONNÉE PAR LE ROI

A NICOLAS PERRENOT DE GRANVELLE, AMBASSADEUR DE L'EMPEREUR,

ET REFUS QU'IL FAIT D'ÊTRE PORTEUR DU CARTEL DE FRANÇOIS Ier.

(Apologie de Charles-Quint, 271-277.)

Paris, 28 mars 1528, V. S. huit

Le vingt-huictiesme jour de mars l'an mil cinq cens vingt-sept, avant Pasques, le roy estant en sa bonne ville et cité de Paris, accompaigné des princes de son sang, cardinaulx et aultres princes, prélatz et sieurs de son royaulme estans pour lors en sa court, et semblablement des ambassadeurs des princes et potentaz estans autour de luy, a fait venir vers sa magesté l'ambassadeur de l'empereur, nommé maistre Nicolas Perrenot, sieur de Grantvelle, lequel après luy avoir fait la révérance en la présence des dessusdits luy a remonstré que, puis treze jours, par l'adresse de monsieur le grantmaistre de France, il avoit receu lectres de l'empereur, son naturel et souverain seigneur, du septième du moys de février, contenant que messieurs les ambassadeurs du roy avoient le vingt-ungième jour de janvier prins congé de sondit maistre, et le lendemain vingt-deuxième ung hérault luy avoit, de part ledit sieur roy, intimé la guerre et le deffyé; et à ceste cause luy mandoit sondit maistre de prandre congé dudit roy le plutost qu'il pourroit et s'en retourner devers luy; et déplaisoit audit ambassadeur que les choses fussent passées en ces termes, et ainsi eslongnées et mises hors de chemin et moyen d'establissement de paix et amytié, laquelle sondit maistre avoit tousjours désirée et espérée, actendu le traicté de Madril, dont s'estoit ensuivy la délivrance du roy, et avoit tenu la main ledit ambassadeur, de tout son devoir et pouvoir, au bien de ladite paix. Mais puisque l'on estoit venu à ceste rigueur que, obéissant au bon plaisir de sondit maistre, il estoit venu prandre congé du roy, luy requérant qu'il [le] luy voulsit ouctroyer, avec bon et souffisant saulf-conduit pour en liberté et seurement retourner devers sondit maistre, comme la raison et honnesteté le vouloient et avoit tousjours esté fait et bien observé par les princes magnanimes et vertueulx; et qu'il ne pensoit avoir fait, durant ladite charge, chose pour bailler occasion d'en faire autrement; et néantmoings que si, de son particulier et privé endroit, il avoit esté ennuyeulx, ou se fust incivillement conduit, supplioit au roy l'excuser et de luy pardonner, en le merciant de l'honneur que luy, messieurs de sa court et aultres de son royaulme luy avoient fait durant sa légacion.

Sur quoy le roy, adressant la parolle audit ambassadeur, a de sa propre bouche dit les parolles que s'ensuyvent :

« Monsieur l'ambassadeur, il m'a despleu et desplaist très-fort que j'aye esté contrainct de ne vous traicter jusques icy si gracieusement et humainement que, par le bon et honneste office que vous avez faict, estant par deçà autour de moy, vous avez très-bien mérité, où je veulx bien dire que vous estes tousjors acquicté tant à l'honneur de vostre maistre et contentement d'ung chacun, que je suis tout asseuré qu'il n'a tenu à vous que les choses n'ayent pris aultre fin et yssue qu'elles n'ont peu fère, pour le bon zelle et affection que je vous ay tousjours congneu avoir au bien de la paix, conduicte et adressement des choses, en quoy je ne faiz doubte que vous n'ayez tousjours fait vostre bon et loyal debvoir. Mais ayant entendu ce que vostredit maistre avoit commandé contre tout droit, tant de la gent divin que humain, estre fait à mes ambassadeurs, et pareillement à tous ceulx de la ligue estans par devers luy pour le bien de la paix, et contre toutes bonnes coustumes, qui jusques icy ont esté gardées et observées entre les princes, non-seullement chrestiens mais infidèles, il me semble que je ne povoys riens de moings fère pour le devoir que j'avoys à mesdits ambassadeurs prins contre raison et detenus comme dit est, que de fère de vous le semblable, encoires que je n'eusse envye de vous maltraicter, pour les raisons dessusdites, pour lesquelles et pour le devoir en quoy, en ce faisant, vous vous estes mis, je vous advise, monsieur l'ambassadeur, que oultre ce que je panse que l'empereur, vostredit maistre, ne faillira à vous en récompenser, vous estes asseuré que là où je vous pourray particulièrement en aucune chose faire plaisir, je le feray d'aussi bon cueur que vous m'en vouldriez fère requérir. Et pour satisfère et respondre à ce que icelluy vostre maistre a dict de bouche à Guyenne et à Clarenceaulx, roys d'armes du roy mon bon frère, perpétuel et meilleur allyé, et de moy, sur l'intimacion de la guerre que luy a esté faicte de par nous, qui consiste en huit poinctz, je veulx bien que chacun entende, premièrement : que quant à ce qu'il dit qu'il s'ébahist que m'ayant prisonnier de juste guerre et ayant ma foy, je l'ay deffyé et que par raison je ne le puys ny doy faire, vous respondre pour luy dire que si j'estoye son prisonnier icy et qu'il eust ma foy, il eust dit vérité; mais je ne saiche point que ledit empereur ait jamais heu ma foy, dont il se sceust de riens valloir : car premièrement, en quelque guerre que j'aye esté, il sçait que je ne l'y ay jamais ny veu ny rencontré. Quant j'ai esté prisonnier, gardé de quatre ou cinq cens harquebusiers, malaide dans le lict à la mort, il n'eust pas esté malaisé à m'y contraindre, mais peu honorable à celluy qui l'eust fait; et deppuis que j'ai esté retourné en France, je ne congnoys nully qui ait eu puissance de la me pouvoir fère bailler; et de ma libéralle volunté, c'est chose que j'estime trop pour si ligèrement m'y obliger; et pource que je ne veulx que mon honneur demeure en dispute, encoires que je saiche bien que tout homme de guerre sçait assez que prisonnier gardé n'a nulle foy ny ne se peult obliger à riens, si envoye-je à vostre maistre cest escript, signé de ma propre main, lequel, monsieur l'ambassadeur, je vous prie vouloir lire et après me promectre de le bailler à vostredit maistre. »

Et ce faict, luy a ledit seigneur faict présenter par moy, Jehan Robertet, l'ung de ses secrétaires d'estat et de sa chambre, ledit escript que icelluy ambassadeur a pris en ses mains et puis fait son excuse, disant audit seigneur que, quant à luy, il véoit par la lectre que sondit maistre et souverain seigneur luy avoit escripte que sa commission estoit jà expirée, et que il n'avoit aultre commandement par icelle de sa majesté que de prandre congé et licence du roy le plus tost que bonnement fère le pourroit, pour se rendre devers luy en la meilleure diligence qui luy sera possible, ce qu'il supplioit très-humblement audit seigneur luy vouloir permectre, sans luy donner aultre charge ne commission; bien saichant toutes fois qu'il estoit assez en son pouvoir luy contraindre, quant bon luy sembleroit de le faire. A cela a respondu le roy : « Monsieur l'ambassadeur, puisque vous ne voulez prandre la charge de lire cest escript, je le feray lire en ceste compaignie, afin que chacun entende et congnoisse comme je suys justisfyé de ce que, contre la vérité, vostre maistre m'a voulu accuser; et si après vous ne voulez le luy pourter et présenter, je dépescheray l'un de mes héraulx cy présent pour aller en vostre compaignie, et pour lequel vous obtiendrez saulf-conduit bon et vaillable pour pouvoir aller vers vostredit maistre porter ledit escript et s'en retourner icy; protestant et demandant acte devant ceste compaignie, là où il ne vouldroit qu'il vînt à sa congnoissance, que je me suis acquicté de le luy faire entendre tout ainsi que je debvoys, et de sorte qu'il n'en sçauroit prétendre cause d'ignorance. »

Après avoir achevé lesdites parolles, ledit seigneur a'appellé moy, Robertet, et tout hault m'a commandé lire ledit escript, ce que j'ay fait de mot à mot en la manière que s'ensuyt :

« Nous François, par la grâce de Dieu, etc. Faict en notre bonne ville et cité de Paris, le xxviiie jour de mars l'an 1527 avant Pasques[1]. » L'escript achevé de lire, le roy, continuant son propoz, a dit audit ambassadeur : « Monsieur l'ambassadeur, il me semble que l'empereur congnoistra par ce que vous venez d'ouyr lire, que je satisfaictz assez à ce qu'il m'a chargé et à mon honneur, qui me gardera vous en dire aultre chose.

« Mais quant à ce que vostre maistre dit que ce luy est chose nouvelle de se veoir deffyé, veu qu'il y a six ou sept ans que je luy faiz la guerre sans l'avoir faict, je vouldroys qu'il souvînt mieulx à vostredict maistre des choses qu'il faict, ou à son conseil, pour l'en advertir après qu'elles sont faictes : car s'il s'en veult bien enquerir il treuvera que le domp prévost de Utrech, lors son ambassadeur devers moy, me deffya estant à Dijon, contre le contenu du traicté d'entre luy et moy; par quoy, puisqu'il me deffyoit, il se debvoit tenir pour adverti que je me devoys deffendre.

« Et en ce que vostre maistre dit qu'il ne pense en riens avoir démérité envers Dieu; icelluy Dieu sera juge de noz consciences et non pas nous; et tesmoing, quant à moy, que je ne désire tyrannie ny usurpacion de choses qui ne soient raisonnablement myennes, ny prétendant ou inspirant[2] à l'empire ny à la monarchie; car je sçay bien qu'il ne me appartient pas.

---

[1] C'est le cartel du roi de France. (Voy. ci-après, p. 360.) — [2] Aspirant.

« Et au regard de l'excuse que vostredit maistre a faicte de la prinse et détencion contre tout droit de nostre sainct-père, lieutenant et vicaire de Dieu en terre, personne sacrée et inviolable, je m'esbayz comme propoz où il y a si peu d'apparance de vérité s'ose mectre avant parmy les gens; car comment est-il raisonnable que vostredit maistre n'ayt esté consentant de ce que a esté faict en la parsonne de nostredit sainct-père, veu que sa prison a esté longue, et que au lieu de chastier ceulx qui, sans commandement de luy, comm'il dit, avoient faict note si exécrable et si peu chrestienne comme cestuy-là, il leur a permis prandre et traicter avec sa saincteté de sa rançon, luy en fère payer et desbourcer deniers, jusques à vendre et prandre argent des bénéfices et choses divines dans ses royaulme et pays : chose qui n'est seullement contre Dieu et la saincte église, mais très-dangereuse à prononcer et dire, veu les hérésies qui ont cours au temps qui est à présent.

« Et quant à ce que vostre maistre dit que mes enffans sont entre ses mains hostaigiers, et que mes ambassadeurs sçavent bien qu'il ne tient à luy qu'il ne les délivre, vous luy direz que je sçay très-bien que mes enffans sont entre ses mains, de quoy il me desplaist très-fort; et à ce qu'il dit ne tenir point à luy qu'il ne les délivre, je ne veulx aultre advocat en cela, pour deffendre le devoir en quoy je me suis mis pour les ravoir, si n'est que chacun sçait que je suis leur père, et quant ilz ne seroient mes enffans, mais seullement gentilhommes, estans au lieu là où ilz sont pour ma rançon, si debvroye-je pourchasser leur liberté de toute ma puissance, laquelle chose j'ay faict par si grandes et si excessives offres, que jamais les roys mes prédécesseurs, qui ont esté prisonniers des infidelles, ne furent requis de telles ne si desraisonnables sommes, à la quarte partie près, que toutesfois je n'ay reffusé de vouloir bailler pour parvenir au bien de la paix, repoz et soullaigement de toute la chrestienté. Et pour entre tant de grandes et excessives offres, vous en réciteray une seulle : vostredit maistre sçait très-bien que je luy ay faict offrir, à la délivrance de mesdits enffans, luy bailler et délivrer la somme de deux millions d'escuz, tant en argent comptent, quictement de ce qui est deu au roy d'Angleterre, mon bon frère et premier allyé, que en revenu de terres et rentes en ses propres pays; qui est somme telle et si grande qu'elle me rend innocent devant tout homme qui sera de bon jugement, que je ne me feusse voullu destituer de telle force pour après faire la guerre à celluy à qui je l'eusse baillée. Toutesfois si la détencion de mesdits enffans, [si] ne voulloir venir à nulle raison de traicté, voulloir me faire habandonner mes amys avant la restitucion de mesdits enffans, avoir pris ung pape, lieutenant de Dieu en terre, ruyné toutes les choses sacrées et sainctes, ne voulloir ny remédier à la venue du Turcq, ny aux hérésies et sectes nouvelles qui pullullent par la chrestienté, qui est office d'empereur; estant père et portant le nom de très-chrestien, je ne sçay si toutes ces choses ne me pouvoient esmouvoir à la guerre, quelles autres injures ou raisons eussent esté suffisantes à m'y provocquer et faire venir? Néantmoings, pour tout cela n'ay-je laissé à luy fère les ouffres que je vous ay dictes, comme vous sçavez assez, et par ceste raison se peult clairement congnoistre et juger que, à mon grant regret et déplaisir, je suis venu à fère la guerre, veu que j'acheptois la paix si chère, sans les aultres quictances, renonciacions de droictz et restitucions de villes et pays qui excèdent assez la somme que je vous ay dicte.

« Quant au roy d'Angleterre, mon bon frère et perpétuel allyé, je le tiens prince si saige, si vertueulx et si bon, qu'il ne fait ny fera chose là où son honneur n'ait esté ny ne soit entièrement gardé, et aussi qu'il fera si bien et si vertueusement respondre des choses qui luy touchent, que on lui feroit tort d'en voulloir respondre pour luy. Bien vous dis-je, monsieur l'ambassadeur, que la bonne, ferme et perpétuelle amytié qui est entre ledit roy, mon bon frère et perpétuel allyé, et moy, est telle que là où il seroit en estat par indisposicion de sa personne, dont Dieu le garde, de n'en pouvoir respondre, je vous advise que je n'y vouldroys en riens moings fère que je vouldroys fère pour moy-mesmes, y employant non-seullement les forces de mes royaulme, pays, seignories et subgectz, mais ma propre personne, laquelle ne sera jamais espargnée en chose là où il en aura besoing, et cela veulx-je que tout le monde entende.

« Aussi, monsieur l'ambassadeur, pource que mon hérault Guyenne m'a dit que vostredit maistre luy donna charge de me dire qu'il croit que je n'ay esté adverti de quelque propoz qu'il tint à mon ambassadeur, le président, lui estant à Grenade, pour me fère savoir, lesquelx me touchoient très-fort, et qu'il m'estimoit si gentil prince que si je les eusses enteduz je y eusse respondu : je veulx bien à cela vous dire que mon ambassadeur m'a adverti de beaulcop de propoz, mais non point de chose qui sceust toucher mon honneur; et s'il eut faict, vous estes asseuré que je n'eusse failly ne si longuement demeuré à y respondre; car dez que j'ay entendu les choses que je vous ay dictes, je y ay fait la response que je vous ay baillée à lire, signée de ma propre main, laquelle je tiens si suffisante qu'elle satisfaict non-seullement à ce que vostredit maistre sçavoit avoir dit par cy-devant, mais entièrement à tout ce qu'il pourroit dire contre mon honneur par cy-après.

« Et au regard de ce qu'il dit, que par lesdits propoz je congnoistray qu'il m'a mieulx tenu ce qu'il me promit à Madril que je ne luy ay tenu ce que je luy promis, je ne me souviens point luy avoir faict quelque promesse ; car quant au traicté qui[1] par escript, je me tiens pour assez justisfié du peu d'obligacion que je y ay, veu que je ne fuz en liberté ny devant ny deppuis ledit traicté, jusques à ce que j'aye esté en mon royaulme, ny mis sus ma foy pour pouvoir la garder et observer; et du demeurant, que je y ai bien pensé, je ne treuve point avoir eu avec luy aultres propoz d'obligacion, si ce n'est quant à l'entreprinse du Turcq, qui estoit que toutesfois et quantes qu'il entreprandroit et que sa personne y seroyt, je m'y treuveroys pour l'y accompaigner avec mes forces, laquelle chose je advoue et treuve très bonne. Et pleust à Dieu vouloir convertyr les passyons particulières d'ung chacun tant au bien général de toute la chrestienté, que toutes noz forces feussent employées en ung si sainct et bon effect;

[1] (Est?)

luy promectant, quant à moy, qu'il peult estre tout asseuré qu'il n'aura jamais pour ceste occasion si tost le pied à l'estrier que je n'ay plus tost le cul sur la selle pour ce faire, encoires que je n'aye les Turcqs de si près mes voisins, comme de nouveau il les a en Hongrye, et par conséquent en Allemaigne. Mais il est plus aisé à croire, veu les effectz que l'on voit, que ceulx qui en parlent et mectent telles choses en avant ont plus d'envye d'usurper toute la chrestienté que d'empescher le commun tyrant et ennemy d'icelle. »

Ledit ambassadeur reprint au roy que, comme desjà il avoit respondu, il n'avoit plus de charge de sondit maistre, et ne pouvoit présentement respondre plus oultre de ce que l'empereur en avoit respondu, déclairé et fait bailler par escript auxdits ambassadeurs de France et héraulx ayant fait la desfyence; et que aussi c'estoit matière de trop grande importance à luy, pour se ingérer d'en tenir plus long propoz sans commission, et encoires si précisément et sans avoir esté adverti de cestuy acte et en si grosse assemblée; mais que ledit sieur grant-maistre luy avoit seullement escript et fait dire qu'il seroit mandé devers le roy pour prandre congé. Mais toutesfois que, comme très-humble subject et serviteur de sondit maistre, il vouloit bien respondre et asseurer que quant le roy feroyt entendre à sondit maistre, fust par ledit hérault ou aultrement, les choses avantdictes, et comme il est requis et appartient en matières et affaires de telles importances, sondit maistre en respondroit et se acquicteroit comme il a tousjours fait en bonne conscience, et selon son debvoir quant à Dieu et à son honneur envers tout le monde. Et quant au contentement que le roy disoit avoir de la conduicte dudit ambassadeur en son particulier, l'en mercioit en toute humilité, et qu'il pensoit avoir tousjours faict selon son devoir et le bon plésir de sondit maistre, et l'intencion d'icelluy qu'il tousjours a eu à la paix universelle, bien et repoz de la chrestienté, et conserver l'amytié du roy; persistant au surplus ledit ambassadeur à son congé et d'avoir saulf-conduit pour retourner devers son maistre et sortir de ce royaulme en l'instant que lesdits ambassadeurs du roy y rentreront.

Et sur ce luy a repplicqué le roy : « Monsieur l'ambassadeur, vostre maistre m'a contrainct, par ce qu'il m'a mandé, vous fère la responce que je vous ay faicte, laquelle je tiens véritable, et vous prie luy dire que ayant receu ce que vous avez ouy, signé de ma main, je l'estime si gentil prince que, veu ce de quoy il m'a chargé et la responce que je luy faiz, il me respondra en gentilhomme et non en advocat, par escript; car si aultrement il le faisoit, je feroys respondre à son chancellier par ung advocat et homme de son estat qui seroit plus homme de bien que luy. Mais quant à vous, je vous advise que je vous ferai accompaigner jusques à la frontière, afin de ravoir mes ambassadeurs en ung mesme instant que vous passerez de là, ayant toutesfois obtenu saulf-conduit pour mon hérault, comme je vous ay jà dit, ce que je croys que vous ferez facillement. »

Toutes les choses dessusdites ont esté rédigées et mises par escript le plus prez de ce qu'elles ont esté dictes et profferées qu'il a esté possible, par moy Jehan Robertet, conseiller du roy, et son secrétaire d'estat et de sa chambre, les an et jour dessusdits. Ainsi signé par commandement de sa majesté :

ROBERTET.

LXII.

PROCÈS-VERBAL

DE LA REMISE FAITE A L'EMPEREUR CHARLES V,

PAR GUYENNE, ROI D'ARMES DE FRANCE,

DU CARTEL À LUI ENVOYÉ PAR FRANÇOIS 1ᵉʳ, ET AUTRES PIÈCES.

(Mémoires de Granvelle, I, 89 et seqq.)

Monçon, 7 et 8 juin 1528.

En el dia de la Trinidad, domingo, 7 dias de junio de 1528 años, Guiana, rey de armas del rey de Francia, llegó á las cinco horas despues de medio dia en la villa de Monçon, que es en el reyno de Aragon, accompañado de un gentilhombre llamado Gonçalo de Montalbo, el qual es gobernador de Fonterrabia, por mandado del em-

TRADUCTION.

CARTEL

DE FRANÇOIS Iᵉʳ A CHARLES V,

DU 28 MARS 1527, V. S.

ET PROCÈS-VERBAL DE SA REMISE PAR GUYENNE, HÉRAUT D'ARMES DE FRANCE.

A Monçon, les 7 et 8 juin 1528.

Le jour de la Trinité, septiesme du mois de juing l'an mil cinq cens vingt-huit, Guyenne, roy d'armes du roy de France, arriva environ les cinq heures après-midi dudit jour en la ville de Monsson, au royaulme d'Arragon, accompaigné d'ung gentilhomme nommé Gonsalve de Montalvo, lequel le gouverneur de Fontarabie, par le commandement de l'empereur et roi nostre seigneur, avoit ordonné,

perador rey nostro s^or avia ordenado para que tanto mejor el dicho Guiana fuesse tratado, guiado, y endereçado por el camino á que ninguno osasse hacerle ningun desplacer al dicho Guiana, por cumplir lo que s. mg^d avia mandado para siempre le haçer buen tratamiento, vinó á apearse á la possada de Juan Aleman s^or de Bouclans é del cons^o y primer secret^o de s. mg^d, y el dicho Guiana dijo al dicho s^or de Bouclans como él venia para cosas muy importantes que tenia el cargo de declarar á s. mg^d é no á otro ninguno, é preguntándole el dicho s^or de Bouclans si avia bien entendido la diligencia que s. mg^d avia mandado hacer para embiar al dicho Guiana el salvo-conduto que avia desseado, aunque no le fuesse necessario segun los privilegios de su officio, entónces el dicho Guiana dijo que era verdad que desde 4 dias de mayo mas cerca passado que él era venido á casa del embajador micer Nicolo Perrenot s^or de Granvela para le rogar de le hacer aver el dicho salvo-conduto para entrar en los reynos de acá y venir á executar su cargo, tal diligencia avia sido fecha que avia placido á s. mg^d de le hacer embiar tres salvos-condutos para tres partes de la front^a de Francia, é avia sido bien tratado

TRADUCTION.

afin que ledit Guyenne fust tant myeulx traicté, guidé et adressé par le chemin, et que nul ne lui osast faire desplaisir. Ledict Guyenne, ainsi que sa majesté l'avoit commandé, pour tousjours luy faire bon traictement, vint descendre ou logis de Jehan Lallemand, Sr de Bouclans, etc. conseillier et premier secrétaire de sadicte majesté; et illec ledict Guyenne dit audict Sr de Bouclans comme il venoit pour choses très-importantes, qu'il avoit charge déclairer à sa majesté et non à aultre quelconque. Et en luy demandant ledict Sr de Bouclans s'il avoit bien entendu la diligence que sa majesté avoit fait faire pour envoyer audict Guyenne le saulf-conduit que avoit désiré, combien ne luy en fût besoing selon les previléges de son office, alors ledict Guyenne dit qu'il estoit vray que, dois le quatriesme de may derrier passé qu'il estoit venu à Tartas devers l'ambassadeur de l'empereur, messire Nicolas Perrenot Sr de Grantvelle, luy prier alors luy faire avoir ledict saulf-conduit pour entrer ès royaulmes de par deçà pour venir faire sa charge, telle diligence avoit esté faite qu'il avoit pleu à sa majesté luy envoyer trois

en los reynos de acá seguro que s. mg^d de su liberalidad y bondad lo avia mandado, y que demas él avia encontrado en su camino por este reyno un correo de s. mg^d con cartas del dicho s^{or} de Bouclans al dicho gentilhombre Gonçalo de Montalvo, encargándole otra ves de parte de s. mg^d el buen tratamiento del dicho rey de armas, y que no fuesse dicho ningun desplacer, y que el dicho gentilhombre le avia dicho que quanto mayor diligencia hiciesse en venir á executar su cargo que avia del dicho rey de Francia su amo, tanto mas placer recibiria s. mg^d, y que en este negocio hiciesse libremente y á su voluntad todo lo que el dicho rey su amo le avia mandado sobre la materia por que venia. El dicho s^{or} de Bouclans respondió al dicho Guiana que fuesse bien venido y que s. mg^d entendia que assi fuesse fecho en su tratamiento como el dicho Montalvo le avia dicho, y que siempre de bien en mejor tratado y honrrado en estos reynos él fuesse, y que avisaria á s. mg^d de su llegada, y no hacia duda que él seria bien y muy presto despachado.

Y el dia siguiente, que fué lúnes 8 dias del dicho mes de junio, á la

TRADUCTION.

saulf-conduictz par trois coustez de la frontière de France, et avoit reçu l'ung par la main dudict ambassadeur le xxiiie du moys de may, et avoit esté bien traicté ès royaulmes de par deçà, selon que sa majesté, de sa libéralité et bonté, l'avoit commandé. Et davantaige, il avoit rencontré en sondict chemin par ce royaulme ung courrier de sa majesté, avec lectres du Sr de Bouclans audict gentilhomme Montalvo, lui enchargeant de rechiefz son bon traictement et qu'il ne luy fust faict nul desplaisir; et que ledict gentilhomme luy avoit dit que, de tant qu'il feroit meilleur diligence de venir exploiter la charge qu'il avoit dudict roy de France, son maistre, ce seroit plus de plaisir à sa majesté, et que en ce il fist librement et à sa volunté tout ce que ledict roy son maistre luy avoit commandé pour la matière pourquoy il venoit. Ledict Sr de Bouclans respondit: qu'il fût le bien venu et que sa majesté l'entendoit ainsi que ledict gentilhomme Montalvo luy avoit dit; et davantaige vouloit et entendoit qu'il fût encoires myeulx traité qu'il avoit esté, et qu'il advertiroit sa majesté de sa venue et ne faisoit doubte qu'il seroit bien et briefvement dépesché.

mañana, el dicho s^or de Bouclans por mandado de s. mg^d dijo al dicho Guiana que podia demandar audiencia quando quisiesse, porque s. mg^d desseava mucho saber su cargo, é sobre esso el dicho s^or de Bouclans hiço dar adereço al dicho Guiana para ir al s^or conde de Nassau, y marques de Cenète, camarero mayor de s. mg^d, para saber dél la ora que placia á s. mg^d de le dar para su audiencia. El dicho Guiana llegado al dicho s^or conde de Nassau en su possada le dijo, haciendo la reverencia : « S^or, yo tengo cargo del rey mi amo y soberano s^or os rogar
« de saber la ora que yo podré ser oydo de s. mg^d, porque tengo man-
« dam^to de le presentar un cartel é le deçir algunas cosas de parte
« del dicho rey mi amo que son de grande importancia. » Sobre que el dicho s^or de Nassau le dijo : « Rey de armas, el imperador os verá
« de muy buena voluntad, y yo me boy á hablar á s. mg^d para saber
« la hora que le placia de os dar audiencia, y esperadme que yo os
« trayré luego respuesta. » Lo q^e el dicho s^or conde de Nassau hiço diciendo al dicho rey de armas : « El emperador a mandado q^e bengais
« á las quatro horas despues de medio dia, que él os oyrá de muy

TRADUCTION.

Le lendemain, qui fut le viiie dudit mois de juing audict an xv^c xxviii, ledict Sr de Bouclans, au matin, dit audict Guyenne qu'il pouvoit demander audience quant il vouldroit, car sa majesté désiroit bien de savoir sa charge; et sur ce ledict Sr de Bouclans feist donner adresse audict Guyenne pour aller devers monsieur le conte de Nassau, marquis de Zenette, etc. grand et premier chambellain de sa majesté, pour savoir de luy l'heure qu'il plairoit à sadicte majesté lui donner pour sadicte audience. Ledict Guyenne, estant venu devers mondict Sr de Nassau en son logis, luy dit en lui faisant la révérence : « Monsieur,
« j'ay charge du roy, mon souverain seigneur et maistre, vous prier savoir l'heure
« que je pourroye estre ouy de l'empereur, car j'ay ordonnance de luy présenter
« ung cartel, et lui dire aucunes choses de par ledict roy mon maistre qui sont
« de grande importance. » Sur quoy monsieur de Nassau luy dit : « Hérault, mon
« amy, l'empereur vous verra très-voluntiers, et je m'en voys parler à sa majesté :
« actendez-moy; car je vous appourteray incontinant responce. » Ce que feit mondict Sr de Nassau, en disant audict hérault : « L'empereur a commandé que

46.

« buena voluntad y que os embiará á llamar á la dicha hora, porque
« s. mg^d quiere que seais honnrado y bien tratado y que no vos sea
« fecho desplacer ninguno. »

El dicho dia, lúnes ocho de junio, á la hora de las quatro despues de medio dia, el emperador y rey nostro soberano s^{or}, seyendo en la dicha villa de Monçon, en la casa donde possava el duque don Hernando de Aragon, viserey de Valencia, en la qual casa solia posar de ántes el rey católico de gloriosa memoria, siendo s. mg^d en una grande sala, estando en su silla real adereçada, como á su dignidad imperial pertenecia, é accompañado de muchos prelados é grandes señores é caballeros algunos de los quales serán nombrados á la fin d'esta por testigos de presente auto publico, fizo venir al dicho Guiana, rey de armas, honradamente accompañado; é despues que el dicho Guiana fué entrado en el cabo de la sala, vistió su cota de armas y andando

TRADUCTION.

« venez à quatre heures après-midy, qui vous ourra très-voluntiers et vous en-
« voyerra-l'on querre, car sa majesté veult et entend que soyez honoré et bien
« traicté, et que ne vous soit fait nul desplaisir. »

Ledict jour vIII^e de juing, à quatre heures après midi, l'empereur et roy notre souverain seigneur, estant audict Monson ou logis du duc don Hernando d'Arragon, vice-roy de Valence, ouquel logis souloit louger par cy-devant le roy catholicque, que Dieu absoille, estant sa majesté en une grande sale, assis en une chayère préparée comme à sa dignité impériale appartient, et accompaigné de grant nombre de noblesse, dont les noms d'aucungs seront en fin de ceste nommez pour tesmoings de cestuy présent acte publique, feit venir ledict Guyenne, roy d'armes, que sa majesté feit honorablement accompaigner; et après que ledict Guyenne fut entré, il se mist au bout de ladicte sale, vestit la coste d'armes, marcha avant, faisant jusques à cinq révérances genoulx à terre, et ainsi, par le milieu de toute ceste compaignie, qui estoit ordonné à luy faire place, approucha devant la personne de sa majesté et dit ledict Guyenne ce que s'ensuyt, ayant un genoulx à terre tant qu'il parla : « Sire, suyvant les bons
« traictements que par cy-devant avez commandé me fère et encoires à présent
« vous a pleu me fère, je supplie vostre très-sacrée majesté me donner licence de
« faire mon office, et que après m'en puisse retourner séheurement comme je suis

hácia s. mg^d hiço cinco reverencias hasta el suelo, é desde la grada mas baja del estrado donde s. mg^d estava el dicho Guiana, teniendo una rodilla en tierra mientras hablaba, dijo lo siguiente : « Syre, segun « los buenos tratamientos que de ántes aveis mandadome hacer é al « presente os a placido q^e se me hiciessen, supplico á v. sacratissima « mag^d me dé licencia de haçer mi officio y que despues yo me pueda « bolber seguramente como yo soy benido. » S. mg^d le respondió : « Rey de armas, decid lo que aveis á cargo, que yo quiero que seais « siempre bien tratado. » Entónces el dicho Guiana se levantó en pié y dijo : « Syre, el rey mi amo y soberano s^or aviendo entendido por « mi las palabras q^e s. mg^d me dijo é mandóle decir, é lo que ántes « y despues vos aveis dicho é proferido contra su honra, queriéndola « dar por limpia é pura é sin ninguna sospecha delante del mundo, « como verdaderamente él lo puede hacer, me mandó por respuesta

TRADUCTION.

venu. » Sa majesté lui respondit : « Dictes, hérault, ce que avez en charge; je « veulx que soyez tousjours bien traicté. » Alors ledict Guyenne se leva droit, et dict ce que s'ensuyt : « Sire, le roy mon maistre et souverain seigneur, ayant « entendu par moy les paroles que vous m'avez dictes et commandées luy dire, « et ce que devant et deppuis vous avez dit et profféré contre son honneur, « vuillant le rendre net et pur et sans aucune suspicion devant le monde, comme « véritablement il le peut faire, m'a commandé pour response vous présenter ce « présent escript signé de sa propre main, lequel, sire, il vous plaira de veoir, car « par là congnoistrez-vous qu'il satisfaict à tout entièrement; au demourant me « vouloir donner congé de m'en retourner devers sa majesté, pour n'avoir charge « ne commission de luy que ceste-là. »

Ledict Guyenne, en disant les parolles que dessus, tenoit ung papier en sa main, monstrant que c'estoit pour le présenter et donner à ladicte majesté; surquoy sa majesté, avant que de prandre ne recevoir ledict papier, dit audict Guyenne : « Hérault, avez-vous commission du roy vostre maistre lire cest escript « que vous appourtez? » Ledict Guyenne respondit : « Sire, ledict roy mon maistre « ne m'a donné aulcune charge de le lire. » Sa majesté dit alors audict Guyenne : « Hérault, j'ay entendu ce que m'avez dit; je verray l'escript que vous m'appour- « tez, et feray de sorte que je y satisferay et garderay mon honneur, et je prens

« os traer este presente escrito, firmado de su propria mano. El qual,
« syre, os plaçerá ver, porque por él vos conoceréis que él satisface
« enteramente en todo; en lo demas me quiera v. mg^d dar licencia
« de me poder bolber al dicho rey mi amo, porque no tengo com-
« mission ni cargo de otra cosa. » El dicho Guiana, diciendo las palabras sobre dichas, tenia en su mano un papel, mostrando que era
para lo presentar é dar á s. mg^d; sobre que s. mg^d, ántes que tomar
ni recibir el dicho papel, dijo al dicho Guiana : « Rey de armas, aveis
« vos comission del dicho rey vuestro amo de leer este escrito que
« vos traeis? » El dicho Guiana respondió : « Syre, el rey mi amo no
« me a dado cargo ninguno de lo leer. » Entónces dijo su mg^d al dicho
Guiana : « Rey de armas, yo entiendo lo q^e me aveis dicho, y veré el
« escrito q^e me traeis, y haré de manera que yo satisfaga á ello y guar-
« daré mi honra y esto tomo yo á mi cargo, el rey vuestro amo tendrá

TRADUCTION.

« cela à ma charge; le roy vostre maistre aura fort à faire de ainsi le faire et luy
« seroit chose quasi impossible; et quant à ce quil peult toucher à mon droit,
« mon chancelier dira ce qu'il a à dire. » Et alors monsieur le chancelier se approucha et dit ce que s'ensuyt : « Sa majesté, en adhérant aux protestacions par cy-
« devant faictes de sa part, proteste que quelque chose qu'il dye ou face main-
« tenant ou cy-après, il n'entend préjudicier ny déroguer aux drois que luy
« compètent et appartiennent par le traicté de Madril et par la inobservance
« d'icelluy ou aultrement, ains entend iceux debvoirs demeurer en leur force et
« vigueur; et que ceste protestacion s'entende estre répétée en toutes actes qu'il
« fera ou pourra faire cy-après touchant ceste matière. »

Cela dit par le S^r chancelier, sa majesté, au mesme instant, dit audict Guyenne
ce que s'ensuyt : « Hérault, combien qu'il y a aulcunes causes par lesquelles le roy
« vostre maistre pourroit estre tenu pour inhabille de faire tel acte, fût contre moy
« ou aultre, néantmoings pour le bien de la chrestienté et pour éviter plus grande
« effusion de sang, et que les guerres ayent fin, puisque par aultre moyen il n'y
« à voulu entendre, je veult le tenir en ce cas icy, et non en aultre, pour habille; »
et en cela disant, sa majesté print en sa main ledict papier ou escript que
tenoit ledict hérault Guyenne, et tout ainsi plié que ledict papier estoit, sa
majesté le tint tousjours deppuis en sadicte main sans le lyre ni voir dedans

« mucho que hacer en lo hacer assy, y le seria casi cosa impossible;
« y quanto á lo que puede tocar á mi derecho, mi canciller dirá lo
« que a de deçir. » Y entónces el s^{or} gran canciller dijo lo siguiente :
    « S. mg^d á las protestaciones á mi hechas por su parte protesta que
« qualquiera cosa que diga agora ó despues, él no entiende de perju-
« dicar ni derrogar á los derechos que le competen y le perteneçen por
« el tratado de Madrid, y por la obserbancia dello otramente, ansy
« entiende essos derechos dever quedar en su fuerça é vigor, y que
« esta protestacion se entienda ser repetida en todos autos que s. mg^d
« hará ó podrá hacer de aqui adelante tocantes á esta materia. »
    Esto dicho por el dicho s^{or} gran canciller, s. mg^d en el mismo ins-
tante dijo al dicho Guiana lo siguiente : « Rey de armas, aunque yo
« tenga algunas causas por las quales el rey vuestro amo podia ser te-
« nido por inábil de haçer tal auto, fuesse contra mi, ó otro, esto no

TRADUCTION.

durant cest acte. Ledict Guyenne dit à sa majesté : « Sire, si la response que vous
« ferez au roy mon maistre est la séheurté du camp, et qu'il vous plaira me
« commander de la pourter, j'ay charge et commandement exprès de le faire;
« mais si c'estoit autre chose que ladicte séheurté, je n'ay aulcune commission ny
« commandement d'en rien rappourter. Pourquoy il vous plaira, sire, autrement
« ne m'y contraindre comme il n'est accoustumé d'estre ; fault ici riens au roy
« mon maistre aultre chose que la séheurté dudict camp, car il ne fauldra à s'y
« treuver avec les armes dont il a intencion de se deffendre comme il vous escript.
« Et quant à moy, il vous plaira me ouctroyer, sire, congé et licence de m'en
« pouvoir retourner par devers ledict roy mon maistre et souverain seigneur,
« luy rendre compte de ma charge. » Sa majesté respondit audict Guyenne : « Ce
« n'est à faire à vostre maistre de me bailler loy par laquelle je me dois conduire ;
« je feray comme devant vous ay dis. Et à ceste cause, et parce que peult-estre
« y auroit chose à l'escript que maintenant vous m'avez baillé, à quoi vouldroye
« respondre et envoyer homme propre, je vous encharge de me faire avoir ung
« sauf-conduit pour iceluy, puisque vous-mesmes n'estes voulsu venir sans avoir
« un de moy. » Lors ledict Guyenne dit : « Sire, je feray debvoir de devers le
« roy mon maistre, et luy escripray afin d'avoir ledict saulf-conduit, et croy il
« n'y aura point de faulte. » Et sur ce, sans plus tenir aultre devys de sa charge,

« obstante, por el bien de la cristiandad é por evitar mas grandes der-
« ramamientos de sangre y que las guerras ayan fin, pues q^e por otro
« medio no a querido entender en ello, yo le quiero tener en este
« caso y no en otro por habilitado; » é diciendo esto s. mg^d tomó en
su mano el dicho escrito que el dicho Guiana rey de armas tenia,
é assi cojido el dicho papel como estava, s. mg^d le tuvó despues en
su mano, sin le leer ni ver lo de dentro durante èste auto. El dicho
Guiana dijo a s. mg^d : « Syre, si la respuesta que vos haréis al rey mi
« amo es la seguridad del campo, é que os plega de me mandar de
« la llevar, yo tengo mandamiento expresso de lo hacer; pero si fuesse
« otra cosa que la dicha seguridad, yo no tengo commission ni man-
« damiento alguno de llevar nada dello; por ende os placerá, syre, de
« otra manera no me constreñir cómo no es accostumbrado, ni em-
« biar nada al rey mi amo otra cossa que la dicha seguridad del campo,
« porque él no faltará de se hallar en ello con las armas con las quales
« él tiene intencion de se defender cómo él os scrive; y quanto á mi,
« os placerá me otorgar licencia de me bolber al dicho rey mi amo y
« soberano señor, para le dar cuenta de mi cargo. » S. mg^d respondió
al dicho Guiana. « A vuestro amo no es á mi dar ley por la qual yo
« me deva conducir; yo haré como ántes vos é dicho, y á esta causa,
« y porque puede ser que abria cosa en el escrito que aora vos me

TRADUCTION.

se départit pour s'en aller; et avant sondit partement sa majesté au mesme instant, présent ledict Guyenne, ordonna audict Jehan Lallemand, son conseillier et premier secrétaire, faire acte de tout ce que dessus.

Et après ce, ledict Guyenne, qui estoit desjà départi, monstrant avoir achevé et s'en aller au logis, se réadvisa et retourna devers sa majesté, mectant genoulx en terre dit : « Sire, j'ay davantaige charge de présenter à vostre majesté ung aultre « escript ès mains de monsieur de Bouclans, vostre premier secrétaire; il vous « plaira luy ordonner le recepvoir. » Ce que sa majesté commanda audict Jehan Lallemand; ainsi ledict Jehan Lallemand print ledict escript de la main dudict Guyenne, lequel, ce faict, marcha soubit contre son logis ostant sa coste d'armes, et fut honnestement accompaigné par ceulx qui l'avoient amené, comme sa

« aveis dado, á la qual yo querria responder y embiar persona propria.
« Yo os encargo de me facer aver un salbo-conduto para la dicha per-
« sona, pues que vos no quisisteis venir sin mi salbo-conduto. » Entónces el dicho Guiana dijo : « Syre, yo haré todo lo possible con el dicho
« rey mi amo, y le escriviré para aver el dicho salvo-conduto, y creo
« que no abrá falta en esso. » Y con esto, sin tener otra causa de cargo,
se partió para salir de la sala. Y s. mg^d, en el mismo instante, presente
el dicho Guiana, mandó al dicho Juan Aleman, y de su cons° y su primer secret°, hacer auto de todo lo sobre dicho; y despues el dicho
Guiana que era ya partido de alli, mostrando aver acabado é irse á la
possada, se recordó é bolbió á s. mg^d, y la rodilla en tierra dijo : « Syre,
« yo tengo de avantaja cargo de presentar á v. mg^d otro escrito sobre
« lo que de parte de s. mg^d de mandar al s^{or} de Bouclans vuestro se-
« cret° que lo reciba. » Lo que s. mg^d mandó al dicho Juan Aleman,
é assy el dicho Ju° Aleman tomó el dicho escrito de la mano del dicho Guiana, el qual despues de esto fecho se fué luego á su possada,
quitada su cota de armas, é fué honestam^{te} accompañado por los que
lo avian traydo, como s. mg^d lo avia mandado ; é no fueron en presencia del dicho Guiana rey de armas abiertos ni leydos el dicho
cartel ni el dicho escrito presentados por él, como dicho es. Todas las
cosas sobre dichas, assi como ellas fuéron dichas é proferidas al mas

TRADUCTION.

majesté l'avoit commandé ; et ne furent en présence dudict hérault Guyenne ou-
vers ny leuz ny ledict cartel ny ledict escript présentez par lui comme dit est.

Toutes les choses susdictes ainsi qu'elles ont été dictes et proférées, et au plus
préz qu'il a esté possible de faire, ont esté rédigées et mises par escript en cestuy
acte publicque par moy ledict Jehan Lallemand, Sr de Bouclans, etc. conseillier
et premier secrétaire de la très-sacrée, très-chrestienne et catholique majesté de
l'empereur et roy, mon naturel et souverain seigneur, les jour et an dessus dicts,
présens lesdicts excellans et illustres duc don Hernando d'Arragon, vice-roy de
Valence ; don Fernando, filz du roy de Bougyes; l'arcevesque de Sarragosse;
l'évesque de Syguense, vis-roy de Cathelongne; l'arcevesque de Tarragonne,
chancellier d'Arragon; l'évesque de Palance; l'évesque de Barselonne, et plu-

cerca de la berdad que fué possible, fuéron puestas por escrito en este auto publico por mi el dicho Juan Aleman s^{or} de Bouclans, etc. del cons° y primer secretario de la sereniss^a cristianis^a católica mag^d del emperador rey é mi natural e sobrano s^{or}, el dia é año sobredichos, siendo presentes los dichos excelentes illustres duque don Fernando de Aragon, viserey de Valencia, don Hernando, hijo del rey de Bugia, y el arçobispo de Çaragoça, el obispo de Siguenza, viserey de Cataluña, el arçobispo de Tarragona, canciller de Aragon, el obispo de Palencia, el obispo de Barcelona, e muchos otros obispos; el duque de Cardona, marques de Pallares, condestable de Aragon, el conde de Benavente, el conde de Nassau, marques de Cenete, los condes de Ribagorça, de Aranda, de Salinas, de Belchite, de Fuentes, de Sastago, cavalleriço mayor de Aragon, don Ju° Manuel; el conde don Hernando de Andrada, don Ju° de Lanuza, viserey de Aragon, los

TRADUCTION.

sieurs autres évesques; le duc de Cardonne, marquis de Pallarès, connestable d'Arragon; le conte de Bonavente; le conte de Nassau, marquis de Zenette; les contes de Ribagourse, d'Arande, de Salines, de Belchit, de Fuentes, de Sastago, grant escuyer d'Arragon; don Jehan Manuel; le conte don Hernando d'Endrade; don Jehan de Lanoussa, vis-roy d'Arragon; les grands commandeurs des ordres de Calatrava et d'Alcantara; le Sr de la Chault; messire Loys de Flandres, Sr de Pract; messire Nicolas Perrenot, Sr de Grantvelle, naguerres ambassadeur de sa majesté en France, et plusieurs aultres nobles gens d'estat et d'auctorité de plusieurs nations, que seroit trop prolixe à les nommer tous pour tesmoings. Ainsi signé, LALLEMAND. Et je, ledict Guyenne, roy d'armes de France, certifie comme vray, disant qu'est l'ancien nom de mon office, que les choses cy devant escriptes sont ainsi esté dictes et passées, et pour tesmoing de ce ay icy mis mon seing manuel, les an, jour, moys et heure dessus dicts. Ainsi signé, GUYENNE, roy d'armes.

Le douzième dudict moys de juing, estant ledict roy d'armes Guyenne au logis dudict Jehan Lallemand, Sr de Bouclans, ledict Jehan Lallemand dit audict Guyenne, en présence des tesmoings cy-après nommez, les paroles que s'ensuyvent : « Guyenne, l'empereur m'a demandé si n'estiés encoires parti; j'ay « respondu à sa majesté que non, mais que je pensoye que partirez ceste nuyt.

comendadores mayores de las órdenes de Calatrava y Alcántara; señor de la Xao, miçer Luis de Flandres señor de Praet, el dicho miçer Nicolos Perrenot S. de Granvela, poco a embajador de s. mg^d en Francia, y muchos otros nobles y grandes de estado y de autoridad de muchas naciones, que seria prolijo nombrarlos todos por testigos. La firma del dicho Ju° Aleman é yo el dicho Guiana, rey de armas de Francia, certifico como verdadero, diciente que es el antiguo nombre de mi officio, que las cosas ariba escritas an sido assi dichas é passadas. En fé y testimonio de lo qual puse aqui mi firma, el año, mes, dia e oras sobre dichas. GUIANA, rey de armas.

Despues que el dicho rey de armas de Francia se partió de la dicha sala, en la qual quedó s. mg^d assentado é accompañado; cómo ariba se dice, s. mg^d mandó al dicho Ju° Aleman leer alto el escrito que tenia en mano, que el dicho rey de armas de Francia le avia dado

TRADUCTION.

« Sa majesté m'a commandé que s'il restoit quelque chose à vostre dépesche, « qu'il se feisse soubit, afin que vous en puissiez aller quant vouldrez. Çà ainsi « Guyenne, si vous estes prest, pouvez partir à ceste heure, s'il vous plaît. Mais « avant vostre partement, il ne fault que je oblye que sa majesté m'a encoires « expressément ordonné vous dire et certisfier de sa part, qu'il est résolu d'envoyer « ung sien roy d'armes devers le roy de France, avec réponce que sa majesté « veult faire sur le cartel que luy avez baillé, lequel sa majesté a veu et leu, et « n'attend après aultre chose pour envoyer sadicte responce que le saulf-conduit « pour ledict roy d'armes, que sa majesté vous a enchargé faire venir. Parquoy sa- « dicte majesté de rechiefz vous encharge que vous faictes diligence à ce que « ledict saulf-conduit soit envoyé ès mains du capitaine de Fontarabie aussitost « qu'il a esté fait à vous, ensuyvant ce que vous avez respondu ; car sa majesté « désire que en ce n'ait nulle dillacion, afin que sondict roy d'armes n'attende « après ; et vous ferez grant plaisir à sa majesté. » Sur quoy ledict Guyenne a respondu qu'il fera deue diligence de faire avoir ledict saulf-conduit, et avec ce que desjà il en a escript, encoires en escrira-il si tost qu'il sera à Bayonne, et fera dépescher la poste tout propre; et si plus tost n'est dépesché, en fera la sollicitacion quant il sera en court devers le roy son maistre. Les choses dessus dictes ont ainsi esté dictes et respondues les an et jour que dessus, présens messire

que era el cartel del rey de Francia, el cual cartel s. mg^d pusó en manos del dicho Ju° Aleman, su tenor del qual es este que se sigue :

« Nos François, por la gracia de Dios, rey de Francia, s^{or} de Jenova,
« etc. á vos Cárlos, por la misma gracia, emperador de los Romanos
« é rey de las Españas, hacemos saber que nos seyendo avisados que
« en algunas respuestas que aveis fecho á nostros embajadores y he-
« raldos embiados á vos por el bien de la paz, queriendoos sin ra-
« çon escusar, nos aveis accusado diciendo que aveis nostra fé, é
« que sobre ella, ultra de nostra promessa, nos eramos ydos é par-
« tidos de vestras manos é de vestra puzança ; para defender nostra
« honra, la qual en este caso seria demasiadamente cargada contra
« verdad, avemos bien querido os embiar este cartel por el qual, aun-
« que todo hombre guardado no puede aver obligacion de fé, é
« que esso nos fuesse escusa harto sufficiente, esto no obstante, que-

TRADUCTION.

Martin Salinas, chevallier, conseillier et chambellan de très-hault, très-excellent et très-puissant prince, le roy de Hongrye et de Bohême, archiduc d'Austrice, duc de Wirtemberg, conte de Tyrol et son ambassadeur en ceste court ; messire Nicolas Perrenot, Sr de Grantvelle, conseillier ordinaire, Claude de Cilly, mareschal-des-logis de sa majesté, et aultres tesmoings à ce requis. Ainsi signé LALLEMAND. Ainsi dit et respondu et fait comme dessus, et signé : GUYENNE, roy d'armes.

Et deppuis que ledict roy d'armes Guyenne fut party de ladite sale, en laquelle demeura sa majesté assis et accompaigné comme dessus est dit, sa majesté ordonna audict Jehan Lallemaud de lire tout hault l'escript que sa majesté tenoit en sa main, lequel ledict roy d'armes de France luy avoit donné, qu'estoit le cartel dudict roy de France, lequel cartel sa majesté mit en la main dudict Jehan Lallemand, et d'icelluy cartel la teneur s'ensuist :

« Nous Françoys, par la grâce de Dieu, roy de France, seigneur de Gennes, etc.
« A vous Charles, par la mesme grâce, esleu empereur des Romains, roy des Espai-
« gnes, faisons savoir que, nous estans advertiz que en aulcunes responces qu'avez
« faictes à noz ambassadeurs et héraulx envoyez devers vous pour le bien de la
« paix, vous vuillant sans raison excuser, nous avez accusé en disant qu'avez nostre
« foy, et que sur icelle, oultre notre promesse, nous estions allez et partiz de

« riendo satisfacer á cada uno dicha honra, la qual nos avemos que-
« rido guardar é guardarémos, si á Dios pluguiere, hasta la muerte, os
« hacemos entender que, si vos nos aveis querido ó quereis cargar no
« solam^te de nostra dicha fé é delibrança, pero que nos ayamos ja-
« mas fecho cosa que un gentilhombre guardando su honra no deba
« de hacer, nos decimos que vos aveis mentido por la gola, y que tan-
« tas veces que lo diréis mentiréis, siendo deliberado de defender
« nostra honra fasta el postrer cavo de nostra vida; por onde, pues
« que contra verdad vos nos aveis querido como dicho es cargar, y
« de aquí adelante no nos escrivais alguna cosa, ántes nos assiguraréis
« el campo, é nos llevarémos las armas, protestando que si, despues
« de esta declaracion, en otras partes vos escribis ó decis palabras
« que sean contra mi honra, que la bergüença de la dilacion del com-
« bate será vuestra, visto que biniendo al dicho combate es el fin de

TRADUCTION.

« voz mains et de vostre puissance. Pour deffendre nostre honneur, lequel en ce
« cas seroit trop chargé contre vérité, avons bien voulu vous envoyer ce cartel,
« par lequel, encoires que tout homme gardé ne peult avoir obligacion de foy,
« et que cela nous fust excuse assez souffisante; ce nonobstant, vuillant satisfaire
« à ung chacun et nostredict honneur, lequel avons voulu garder et garde-
« rons, si Dieu plaist, jusques à la mort, vous faisons entendre que si nous
« avez voulu ou voulez charger, non pas de nostredicte foy et délivrance seu-
« lement, mais que nous ayons jamais fait chose qu'un gentilhomme aymant
« son honneur ne doit faire, nous disons que vous avez menty par la gorge,
« et austant de foys que vous le direz vous mentirez, estant délibéré de deffendre
« nostredict honneur jusques au dernier bout de nostre vye. Parquoy, puisque
« contre vérité, vous nous avez, comme dit est, chargé, doiresenavant ne nous
« escripvez aulcune chose, mais nous asseurez le camp, et nous vous pourterons
« les armes, protestant que si, après ceste déclaration, en aultres lieux vous
« escrivez ou dictes paroles qui soient contre nostre honneur, que la honte
« du délay du combat en sera vostre, veu que venant audict combat c'est la
« fin de toutes escriptures. Fait en nostre bonne ville et cité de Paris, le vingt-
« huitième jour de mars, l'an mil cinq cens vingt-sept, avant Pasques, signé FRAN-
« ÇOYS. » Et dessus est mis ung cachet en placart sur cire vermeil.

« todas las escrituras. Hecho en nostra buena villa é ciudad de Paris
« á 28 dias de março de 1528 años, ántes de Pascua. Assy firmado :
« François. » E debajo de la firma estava fijo un sello ó careta y en
cera colorada.

El qual cartel, como ariba se contiene, el dicho Ju⁰ Aleman leyó en la lengua francesa escrito, é otra ves se leyó en lengua española por el dicho Ju⁰ Aleman, y haciendo la letura del cartel en cada una de aquellas lenguas, quando venia á la palabra q^e dice *mentis*, s. mg^d, assi como con risa, dijo que aquel que avia fecho é firmado el cartel era el mentiroso; y acabada la dicha letura s. mg^d endereçó su palabra á toda aquella compañia, y dijo en lengua castellana la quenta et causas que avian movido á s. mg^d de hacer lo que hasta aquí avia fecho, porque todos sepan lo que entre s. mg^d y el rey de Francia a passado, hasta traerles en este estado. La qual habla largamente por fecha resumia y concluia que tenia por tales y tan fieles bassallos suyos los que alli estaban presentes, é á todos los otros que estaban ausentes, que en esta materia tan importante, aun-

TRADUCTION.

Lequel cartel, comme dessus est contenu, ledict J. Lallemand leut en la langue françoise qu'il estoit escript, et une aultre fois se leut en langue espaignole par le mesme J. Lallemand ; et en faisant ladicte lecture d'icelluy cartel, en chacune des dictes lectures, quant venoit aux parolles du desmentyr, sa majesté, comme soubriant, dit que celluy qui avoit fait et signé ledict cartel estoit le menteur; et achevé ladicte lecture, sa majesté en adressant sa parolle à toute icelle compaignie, récita en langue castillane le discors et les causes qui avoient meu sa majesté de fère ce jusques icy il a fait, afin que tous saichent ce que entre sa majesté et ledict roy de France est passé jusques à les mener en ces termes; lequel propoz fait au long et bien résumé, sa majesté concluoit qu'il tenoit et réputoit pour telz et si féables et bons vassaulx les présens illec et aussi tous les autres qui estoient absens que, en ceste matière tant importante, combien que tous portent à sa personne vray et naturel amour, nully luy conseilleroit sinon ce que touche à son honneur.

Et comme sa majesté, dans l'entrevue dont il s'agit, s'en est remise aux pièces authentiques où se trouve consigné le détail des choses qui se sont passées entre

que todos ellos tengan amor á su persona, no le aconsejáran sino lo que le tocaba á su honra [1].

E porque s. mg^d en aquella habla se remitió á las escrituras auténticas que recan el processo de las cosas passadas entre él y el rey de Francia, que es cosa muy larga é ya son por alguna parte publicadas é puestas en molde, para que lo demas sea bien entendido y la verdad benga en luz, se porná aquí por no ser prolijo tan solam^te algo de lo que sirve á este propósito, todo sacado de su proprio original.

LAS PALABRAS QUE S. MG^d DIJO AL REY DE ARMAS DE FRANCIA, QUANDO EL DESAFIO DE BURGOS.

« Bien aveis oido lo que tocante á vuestro officio os é dicho; lo q^e « soy obligado á decir os ruego yo que lo hagais. » El dicho rey de armas respondió : « Syre, sin falta alguna yo lo haré. » Entónces s. mg^d le dijo : « Allende desto, diréys al rey vuestro amo, que creo no a sido « avisado de cierta cosa que yo dije en Granada al presidente su em- « bajador, que á él ha mucho, y que lo tengo yo en este caso por tan

TRADUCTION.

elle et le roi de France, pièces fort longues et dont une partie a été déjà publiée par voie d'impression ; dans la vue de faire mieux comprendre le reste, comme aussi pour mettre la vérité dans tout son jour, on se bornera à rapporter ici une partie seulement des choses relatives à cet objet, le tout parfaitement conforme à l'original dont il est tiré.

PAROLES ADRESSÉES PAR SA MAJESTÉ AU ROI D'ARMES DE FRANCE, À L'ÉPOQUE DU DÉFI DE BURGOS.

« Vous avez bien entendu ce que je vous ai dit relativement à votre office ; je « vous prie en conséquence d'exécuter ce que je suis dans l'obligation de vous « signifier. » Le roi d'armes répondit : « Sire, je l'exécuterai sans faute. » Sa majesté ajouta ensuite : « Vous direz au roi votre maître que je ne pense pas qu'il

---

[1] Les alinéa qui suivent ont été récemment traduits pour combler la lacune qui existait dans l'ancien texte français en cet endroit.

« gentil príncipe que si lo ubiesse sabido me abria ya respondido;
« que hará bien de saberlo de su embajador, porque por ello conocerá
« como le é yo mejor guardado lo que en Madrid le prometí que no
« él á mi; yo os ruego que se lo digais assy al rey, y mirad q° no ha-
« gais falta. » El dicho Guiana rey de armas respondió : « Sin falta al-
« guna syre, yo lo haré. » Y hecha su reverencia, se fué.

LAS PALABRAS SUBSTANTIALES QUE SU MAGESTAD ESCRIBIÓ AL PRESIDENTE
É EMBAJADOR DE FRANCIA, PORQUE LO REQUERIA DE DEÇIR Á QUE NO SE
ACORDABA DE LO QUE SU MAGESTAD LE DIJO EN GRANADA.

« Que el rey de Francia vuestro amo avia hecho *láchement* y *mes-*
« *chantment* (que quiere decir vil y malamente) de no me aver guar-
« dado la fé que yo tengo dél, segun la capitulacion de Madrid, é que
« si él queria decir en contrario, yo le manterné de mi persona á la
« suya; y que son estas las mismas palabras que yo dije al rey vuestro
« amo en Madrid, que yo le tendria por *lásche et meschant* (vil y bajo)

TRADUCTION.

« ait été informé de certaine chose fort importante que j'ai chargé à Grenade
« le président, son ambassadeur, de lui transmettre, car je le crois trop noble
« prince pour ne m'avoir pas répondu si la chose fût arrivée à sa connaissance.
« Il fera bien de s'en informer auprès de son ambassadeur, car il connaîtra de cette
« manière que j'ai observé plus fidèlement que lui les conditions stipulées entre
« nous à Madrid; je vous prie en conséquence de fixer l'attention du roi sur cette
« affaire, et de prendre bien garde d'y manquer. » A quoi ledit Guyenne, roi
d'armes de France, répondit, « Sire, je l'exécuterai sans faute, » et se retira après
avoir fait sa révérence.

SUBSTANCE DES PAROLES ÉCRITES PAR SA MAJESTÉ AU PRÉSIDENT ET AMBASSADEUR DE
FRANCE, QUI PRÉTENDAIT NE PAS SE SOUVENIR DE CE QUE L'EMPEREUR LUI AVAIT DIT
PRÉCÉDEMMENT À GRENADE.

« Je vous ai dit que le roi votre maître avait agi *láchement et méchamment*
« en violant la parole qu'il m'avait donnée lors du traité de Madrid, et que, s'il
« prétendait le contraire, je le lui soutiendrais d'homme à homme. Ce sont les

« si él me faltaba de su fé que tengo dél, y en lo decir yo le guardo
« mejor lo que le é prometido que él no hace á mi. Dada en Madrid,
« á 18 de março. »

LA FÉ DEL REY DE FRANCIA COMO ESTÁ ESCRITA EN LA CAPITULACION DE MADRID.

« Y demas de lo susodicho el dicho rey cristianissimo desde agora
« a en este dia dado y da su fé á su magestad, prometiendo por esta
« presente capitulacion, como él a fecho prometido y jurado en fé de
« buen rey e príncipe que, en caso que dentro del tiempo de seis
« semanas el dicho señor rey no ubiesse cumplido la restitucion de
« Borgoña é pieças ariba declaradas, y tanbien en caso que las ratifi-
« caciones é otras seguridades susodichas no fuesen dadas dentro de
« los dichos quatro meses como ariba es conbenido é capitulado,
« en cada uno d'estos casos el dicho cristianissimo tornará en poder
« del dicho señor emperador, y verná luego, passado el dicho tiempo,

TRADUCTION.

« propres termes dont je me suis servi à l'égard du roi votre maître à Madrid,
« lui disant que je le tiendrais pour lâche et méchant s'il manquait à la parole
« qu'il m'avait donnée, et en le qualifiant ainsi, je tiens plus fidèlement mes pro-
« messes que lui les siennes. Donné à Madrid, le 18 mars. »

PROMESSE DU ROI DE FRANCE TELLE QU'ELLE EXISTE DANS LE TRAITÉ DE MADRID.

« Et davantage le roi très-chrestien, en le mectant en liberté, sera tenu bailler
« sa foy à l'empereur ou son commis, et dès maintenant pour lors l'a cejour-
« d'hui baillée et donnée à sadicte majesté, et promectant par ce présent traicté,
« comm'il a de faict promis et juré, en foy de bon roy et prince, que en cas
« que en deans ledict terme de six sepmaines icelluy roy n'eust accomply ladicte
« restitucion de Bourgoingne et pièces dessus déclarées, et parcillement en cas
« que les ratifications et autres séhuretez dessus mencionnées ne fussent délivrées
« dans lesdicts quatre mois, comme il est cy-dessus convenu et traicté, en chacun
« desdicts cas ledict seigneur roy très-chrestien retournera en pouvoir dudict sei-
« gneur empereur, et viendra incontinent, passé ledict temps, par devers sa

« á su magestad en qualquier parte que él sea é se rendirá su prisio-
« nero de guerra como es al presente, para tener prision donde placerá
« al dicho señor emperador de mandar, tanto y tan largamente que
« lo contenido en esta capitulacion sea enteramente acabado é cum-
« plido, é entónces y en el mismo instante que el dicho señor rey
« bolberá, sean restituidos sus rehenes. »

OTRO CAPÍTULO EN LA CAPITULACION DE MADRID.

« La qual capitulacion de paz en todos é cada uno de los capítulos
« é puntos suso declarados, nos el dicho rey cristianissimo émos con-
« firmado é aprobado, confirmamos é aprobamos en nostro proprio
« nombre, lealmente et de buena fé y en palabra de rey, sobre nostra
« honra é con nostro juramento; é por esso avemos dado é tocado
« corporalmente en los santos evangelios de Dios, prometido é prome-
« temos de guardar acabar é cumplir de punto en punto todo lo suso-
« dicho. Fecha en Madrid, á 14 de henero de 1526; firmado de su
« mano : FRANÇOIS; y de los siguientes : Charles de Lannoys, D. Hugo
« de Moncada, Juan Aleman, embajadores de s. mg^d; François de
« Tornon, arçobispo de Ambrun; Ju° de Selves, Felipe Chabot, em-
« bajadores de Francia. »

TRADUCTION.

« majesté, quelque part qu'il soit, et se rendra son prisonnier de guerre comm'il
« est à présent, pour tenir prison là où il plaira audict seigneur empereur luy
« ordonner, tant et si longuement que le contenu de ce présent traicté soit en-
« tièrement furny et accomply. Et lors et au même instant que ledict seigneur
« roy retournera, seront renduz et délivrez sesdits hostaiges. »

AUTRE ARTICLE DU TRAITÉ DE MADRID.

« Lequel traicté de paix, en tous et chacun les poinctz et articles cy-dessus dé-
« clarez, nous, ledict roy très-chrestien, en nostre propre nom, avons loyalement
« et de bonne foy, en parole de roy, soubz nostre honneur et par nostre saire-
« ment que pour ce avons donné et touché corporellement aux sainctz évangilles

COPIA DE TRES CARTAS QUE EL REY FRANCESCO I° DE FRANCIA ESCRIVIÓ DE SU MANO AL EMPERADOR CÁRLOS V, ASSI DESPUES DE LA CAPITULACION DE MADRID, CÓMO DESPUES DE BUELTO Á FRANCIA.

« M⁺ y buen hermano, yo é recebido la carta que me aveis escrito
« con mi primo el viso-rey, y entendido por él de vuestras nuevas, y
« me a sido muy gran plaçer; yo os doy gracias de que me lo aveis
« embiado. Yo me parto aora para me ir á Francia, y para poner en
« execucion las cosas tratadas entre nos, en lo qual no hará falta.
« Vuestro hermano amigo é obligado : FRANÇOYS. » Y en el sobrescrito
decia al emperador : « Mi buen hermano. »

« M⁺ mi buen hermano, yo embio al portador mi secret° para os
« hacer saber mi llegada y tanbien de mis nuebas, rogándoos que le
« deis credito, é vos haréis placer à vuestro buen hermano obligado
« y amigo : FRANÇOYS. »

« M⁺ mi buen hermano, segun lo que os é escrito con mi secret°,
« cómo aora yo vos embio el signor de Calvimon, segundo presidente
« de mi parlamento de Burdeos para residir cave vos, é de dia á otro

TRADUCTION.

« de Dieu, promis et promectons de furnir, entretenir et accomplir de point en
« point.... Faict.... en Madrid, le 14 de janvier 1526. Confirmé de sa main, FRAN-
« çoys ; et de celle des suivans : Charles de Lannois, don Huges de Moncade, Jean
« Lalemand, ambassadeurs de sa majesté ; François de Tournon, archevêque
« d'Embrun, Jean de Selves ; Philippe Chabot, ambassadeurs de France. »

COPIE DE TROIS LETTRES AUTOGRAPHES ADRESSÉES PAR FRANÇOIS 1er, ROI DE FRANCE, À L'EMPEREUR CHARLES-QUINT, TANT APRÈS LE TRAITÉ DE MADRID QUE DEPUIS SON RETOUR EN FRANCE [1].

[1] Ces trois lettres, écrites en français, sont rapportées sous les n°ˢ LI, LII et LIII, p. 274-276 ci-devant. La pièce qui les suit forme la note des pages 275 et 276.

« vos hacer saver de mis nuevas, é vos deçir algunas cosas que le é
« mandado; yo vos ruego que le deis audiencia y creencia como á mi
« propria persona, é vos haréis placer agradable á vuestro buen her-
« mano amigo é por jamas obligado : FRANÇOYS. »

Y por las instruciones que el d^{bo} presidente trujó del rey su amo,
de las quales su magestad tiene traslado, y por virtud de las cartas
de creencia arriva escritas los dichos secret° como otros, que llegó
á su magestad en Granada digéron y certificáron á su magestad de
parte del rey de Francia su amo que no abria falta, que él cumpliria
lo que avia prometido é jurado por la capitulacion de Madrid, con
otras muchas promessas á este effeto, y para mas berificacion que avia
el rey de Francia, estando en su reyno, muchas veces afirmado que
queria cumplir lo prometido, diciendo que no queria faltar á su fé
ni á su honra. Su magestad tiene muchos autos auténticos que el dicho rey y los de su consejo diéron á los embajadores que su magestad tenia entónces en Francia, de los quales por la prolijidad no se
pone aquí traslado. Basta lo dicho paraque la falta de fé sea notoria
al mundo.

LXIII.

EL EMPERADOR CÁRLOS V

Á D. DIEGO, DUQUE DEL INFANTADO.

(Mémoires de Granvelle, I, 191.)

Monçon, á 15 de junio 1528.

Duque primo, por la parte que de nuestras cosas vos avemos dado teneis entendido el estado dellas hasta aquí. Aora os hago saber que el lúnes, 8 del presente mes de junio, llegó á esta villa de Monçon un faraute del rey de Francia, con cartel de desafio de su persona á la mia, á causa de ciertas palabras que yo avia dicho á sus embajadores y al dicho faraute, al tiempo que él y él del rey de Ingalaterra hiciéron el desafio que en Burgos, las quales yo les dije viendo

TRADUCTION.

CHARLES-QUINT

A DON DIEGO, DUC DE L'INFANTADO.

Monçon, 15 juin 1528.

Duc, notre cousin, vous connaissez l'état de nos affaires par les communications que vous avez précédemment reçues de nous. Aujourd'hui il nous reste à vous dire que lundi, 8 du présent mois de juin, est arrivé, dans cette ville de Monzon, un héraut du roi de France, porteur d'un cartel de défi que son maître m'envoie au sujet de certaines paroles que j'avais adressées à ses ambassadeurs, à ce même héraut, ainsi qu'à celui du roi d'Angleterre, lors du défi de Burgos. J'avais proféré ces paroles, voyant que la mauvaise volonté du roi de France rendait inutiles tous les moyens employés, toutes les concessions faites de ma part pour rendre la paix à la chrétienté, dans l'espoir d'arriver plus promptement à mon

que con el dicho rey de Francia no avian aprovechado ningunos medios ni cosas en que yo é venido por assentar la paz en la christiandad, creyendo que por esta manera le consiguiria mas presto, pues por ella se acababan n^{ras} differencias y se escusaba la guerra y efusion de sangre que se espera. Por lo qual y por no aver tantos trabajos, muertes y daños en mis reynos, bassallos y serbidores, tuve por bueno aventurar mi persona á trance de Dios n^{ro} s^{r} que sabe mi intencion, y de mi justitia que á todos es manifiesta y notoria, espero la vitoria. Yo le dí lugar que hiciesse sus autos libremente y en publico por que assi^{me} lo supplicó, y ansi los hiço estando presentes conmigo todos los prelados, grandes y caballeros que aquí se halláron. Lo que en ello real y verdaderam^{te} a passado veréis por la escritura que irá con esta, y porque por ser el caso de la calidad é importancia que es, no é querido responder hasta aora, desseando ber primero v^{ro} parecer, porq^{e} tengo por cierto que me aconsejaréis lo que mas conbenga á mi honra y á la de n^{ros} reynos, que es toda

TRADUCTION.

but, puisque de cette manière nos différends se terminaient de suite, et nous évitions la guerre et une effusion de sang imminente. En conséquence, et pour épargner à mes états, à mes sujets et serviteurs les désastres de toute espèce que la guerre entraîne à sa suite, je me suis déterminé à courir avec ce prince les chances d'un combat singulier, d'où, avec l'aide de Dieu, qui sait mes intentions, et avec mon bon droit, qui est connu de tous, j'espère sortir victorieux. J'ai donc laissé audit héraut toute liberté de faire publiquement les actes dépendants de sa charge, ainsi qu'il m'en avait demandé la permission, et il s'en est acquitté en ma présence et devant un concours nombreux de prélats, de grands et de chevaliers de ma cour.

Vous trouverez dans la pièce ci-jointe un récit exact et fidèle de toute cette affaire; mais attendu l'importance de la matière, je n'ai pas voulu donner une réponse définitive avant de savoir votre avis, bien certain que vous me conseillerez tout ce qui sera le plus convenable à mon honneur et à celui de mes états.

Vous connaissez suffisamment les mauvaises intentions du roi de France, et combien il importe de lui enlever, par une prompte réponse, tout prétexte de les

una; y pues vos conoceis las mañas del rey de Francia y quanto me conbiene responderle con brevedad, porque con la dilacion no pueda tomar ni tome occasion de ponellas en obra, yo vos ruego y encargo que, porque mi partida de aquí será muy breve, y ántes que parta entiendo responderle, porque de camino no abrá buena desposicion para ello, me le embieis por escrito, de manera que yo le tenga á 25 dias de este mes, á mas tardar, que hasta allí, aunque sea con algun inconbiniente, podré esperar, y dende en adelante sin poder esperar mas por cumplir con lo que debo soy forçado á responderle. El cuydado trabajo y diligencia que en esto pusiéredes é tubiéredes porque v^{ro} parecer venga al tiempo que os é dicho, os tendré en singular placer y servicio. En Monçon, á 15 dias de junio de MDXXVIII.

YO EL REY.

Por mandado de S. M.:
Franc. DE LOS COVOS.

TRADUCTION.

mettre à exécution. En conséquence, comme je dois partir dans peu de cette résidence, et qu'avant de la quitter je prétends lui répondre, vu qu'en voyage il ne me serait guère possible de le faire, je vous prie et vous charge de m'envoyer votre avis par écrit, de manière qu'il me parvienne le 25 de ce mois au plus tard. D'ici à cette date je pourrai encore différer, quoique cela me contrarie; mais, passé ce terme, je me vois dans la nécessité absolue de répondre sans aucun délai ultérieur.

Comptez sur ma gratitude pour le soin et la diligence que vous apporterez à me faire parvenir votre avis à l'époque susindiquée. A Monzon, le 15 juin 1528.

MOI LE ROI.

Par mandement de S. M.:
Franç. DE LOS COVOS.

LXIV.

RESPUESTA

DEL DUQUE DEL INFANTADO AL EMPERADOR CÁRLOS QUINTO.

(Mémoires de Granvelle, I, 191 v°, 192.)

20 de junio 1528.

Recebi una carta de v. m^{gd}, y é visto y entendido lo que por ella me manda, y en verdad, s^{or}, si mi edad lo sufriera, quisiera mas tomar el presente peligro que dar el consejo que en honra del menor hombre del mundo ternia por grave dar mi parecer, quanto mas del mayor príncipe de la christiandad que sois vos, s^{or}; y assi no con

TRADUCTION.

RÉPONSE

DU DUC DE L'INFANTADO A CHARLES-QUINT.

20 juin 1528.

Sacrée majesté catholique et impériale, votre lettre que j'ai reçue m'a fait connaître vos ordres. En vérité, si mon âge le permettait, je préférerais prendre pour mon propre compte l'affaire dont il s'agit, plutôt que de donner mon opinion sur une chose qui, déjà fort grave lors même qu'elle n'intéresserait que l'honneur du moindre des hommes, le devient encore bien plus lorsqu'il est question du plus grand prince de la chrétienté. Ce n'est donc point à titre d'avertissement que je vais exprimer mon avis, mais comme indication pure et simple de ce que je ferais moi-même en une circonstance analogue : c'est à son courage, à sa prudence seuls que votre majesté doit demander ici conseil, et aux personnes aussi

nombre de consejo, mas como aviso de lo que yo haria si tal caso por mi passára con otro de mi medida, diré á vuestra magestad mi opinion, y el consejo quedará para la gran prudencia y coraçon de v. magestad y para los que mas esperiencia y juicio alcançáren en estos vuestros reynos, que serán muchos. Y digo, muy poderoso s^{or}, assi que esta cosa presuppongo que por mí a passado, y este con quién tengo debate me a desafiado, diciendo que dije á sus mensageros palabras que tocaban á su honnra, que era no aver cumplido lo que conmigo avia assentado, lo qual si él dijesse que si le mantendria lo contrario, él me responde que entrará en battalla conmigo para me defender lo que digo, de manera que está aquí la averiguacion de lo que dije, y de lo que él dice que me defenderá. A mí, s^{or}, me parece que ni yo pido justo en lo que dije, ni él en lo que me responde, porque la declaracion desto no está en el juicio de las armas, mas está en la verdad de las escrituras que entre nos otros an passado, y en el juicio de sabios y caballeros; porque este debate es claro y descubierto que qualquier buen juicio lo averiguará, y la averiguacion

TRADUCTION.

éclairées que remplies d'expérience qui se trouvent en grand nombre dans son royaume.

Je suppose donc pour le moment que c'est de moi qu'il s'agit : l'homme avec lequel je suis en contestation m'a défié parce qu'il me reproche d'avoir dit aux envoyés de sa part des paroles qui le blessent dans son honneur, telles, par exemple, que de l'accuser d'avoir manqué aux conditions arrêtées entre nous; je lui réponds que s'il persiste dans une telle imputation, je lui soutiendrai le contraire l'épée à la main, et lui à son tour réplique en me défiant à un combat singulier, pour prouver ce qu'il avance; de manière que c'est aux armes à trancher la difficulté qui nous divise sur ce que j'ai dit ou n'ai pas dit.

Il me semble, seigneur, que nous avons tort tous deux, moi dans ma demande et lui dans sa réponse, parce que la décision d'un tel différend ne doit point être remise au sort des armes, mais dépend uniquement de l'existence et de l'authenticité des traités faits entre nous, ainsi que de l'arbitrage des hommes de science et d'honneur consultés sur ce sujet. Il est clair en effet qu'un jugement sain suffit

no es jurisdiccion de las armas, que en lo que las armas tienen jurisdiccion es en las cosas escuras y encubiertas que no se pueden justamente declarar, y estas tales son del juicio de las armas, porque alli Dios, que es el verdadero juez, acclara y descubre la verdad, dando la vitoria al que la trae. Pero donde ay palabras y escrituras por donde se puede muy bien averiguar y jusgar, no me parece que justamente ay lugar de venir á las manos con mi enemigo, sin que primero la declaracion y averiguacion se haga por los términos que el mismo debate requiere y demanda, porque lo al seria soberbia é injusta demanda é injusta respuesta. Pero averiguado esto, y acabado por estos términos que é dicho, daria yo á mi enemigo que él buscasse nunca querella, y á esta yo le satisfaria por la manera y medida que él quisiesse, si tanta gana tenia de berse en campo conmigo; y esta ley y la ternia entre caballeros como yo y passaria por ella assy.

TRADUCTION.

pour terminer la contestation, ce que les armes ne sauraient jamais faire. La juridiction des armes s'étend exclusivement aux choses obscures et embrouillées, où les règles ordinaires de la justice sont en défaut : c'est dans des cas pareils que l'on y a recours, parce qu'alors Dieu, qui est le juge infaillible, manifeste la vérité en donnant la victoire à celui qui a le bon droit de son côté. Mais dès lors que je puis invoquer des serments et des actes authentiques, je ne pense pas qu'il me soit permis d'en venir aux mains avec mon adversaire, avant d'avoir au préalable employé les voies ordinaires de la justice. Toute autre conduite serait illégale et violente. Après m'être ainsi conformé aux règles, j'ôterais à mon ennemi tout prétexte à une nouvelle querelle, en lui donnant satisfaction de la manière qui lui conviendrait le mieux, s'il voulait absolument entrer en lice avec moi.

Telle me semble devoir être en pareil cas la règle de conduite des personnes de ma qualité, et je serais le premier à m'y soumettre. J'ignore si, pour ce qui les concerne, des princes aussi puissants que vos deux majestés, la reconnaissent, mais il me semble, suivant mes faibles lumières, que cette loi de l'honneur s'applique aux princes, quelque grands qu'ils soient, aussi bien qu'aux chevaliers, et que la différence de rangs n'en établit aucune quant au résultat. Il serait vrai-

No sé si la de los príncipes tan poderosos como v. magestades excede á esto, pero de mi mal juicio creo, poderoso señor, que esta ley de honnra se estiende á los príncipes por grandes que son, y á los caballeros que somos de una misma maña, y no difiere en la calidad á uno mas que á otro. Bueno seria, señor, que deuda tan grande y tan nombrada en el mundo y sabida, que el rey de Francia os la pague con desafiar v^a real persona; desta manera si esto assy pasasse, haria ley vuestra magestad en sus reynos que todas las deudas conocidas passen por el rigor de las armas, lo qual seria sacrificio de sangre mas que ley de misericordia ni de justicia. Todo esto escribo á v. m^{gd} porque ayuda á mi propósito, á laqual supplico crea de mí que si yo otra cosa alcançasse mas cercana á la verdad, yo avisára á v. m^{gd} con la fidelidad que os debo, porque esto en parte de lealtad á todos los grandes de vuestros reynos nos toca.

TRADUCTION.

ment singulier, seigneur, qu'une dette aussi grave, aussi universellement reconnue que celle contractée par le roi de France envers votre majesté fût acquittée par le moyen d'un duel. Si un fait semblable pouvait s'accomplir impunément, bien des individus ne pourraient-ils pas s'en autoriser pour soumettre au jugement des armes le payement des dettes les plus évidentes, ce qui serait plutôt un sacrifice de sang qu'une loi de justice et de miséricorde?

J'entre dans ces détails avec votre majesté, parce qu'ils se rattachent à mon sujet, et je la supplie de croire que si je connaissais quelque chose de plus à propos dans la circonstance, je lui en ferais part avec la fidélité que je lui dois, parce que tous les grands du royaume sont également intéressés à l'observation des lois que l'honneur dicte en pareil cas.

LXV.

CÁRLOS V
AL DUQUE DEL INFANTADO.

(Mémoires de Granvelle, 1, 192, r° et v°.)

Monçon, á 23 de junio 1528.

Duque primo, bi v^{ra} letra de 20 junio, y mucho os agradesco é tengo en serbicio lo que en ella decis que me a parecido muy bien, y que todo es dicho con el amor é voluntad que me teneis. Vistos todos los pareceres, entenderé en tomar resolucion de lo que se debe responder, y os avisaré de la determinacion, pues sé que todas mis cosas aveis de tomar é tener como muy cierto é verdadero servidor mio. De Monçon, á 23 dias de junio de 1528 años.

YO EL REY.

Por mandado de S. Mg^d:

F_{RA}° DE LOS COVOS.

TRADUCTION.

CHARLES-QUINT
AU DUC DE L'INFANTADO.

Monçon, 23 juin 1528.

Duc, mon cousin, j'ai lu votre lettre du 20 juin, et il me reste à vous témoigner ma satisfaction et ma reconnaissance pour les avis qu'elle contient, avis que vous ont dictés votre attachement à ma personne et votre zèle pour mes intérêts. Après avoir recueilli les diverses opinions, je prendrai une résolution finale sur la réponse que je dois faire, et vous en donnerai communication, parce que je sais que vos sentiments à l'égard de tout ce qui me concerne sont ceux d'un véritable et loyal serviteur. Monçon, 23 juin 1528.

MOI LE ROI.

Par mandement de S. M.:

F_{RANÇOIS} DE LOS COVOS.

LXVI.

EL DUQUE DEL INFANTADO
AL SECRETARIO COVOS.

(Mémoires de Granvelle, I, 192, r° et v°.)

Sin fecha (junio 1528).

S. m^{gd} me escribió con un correo, a dos dias, haciéndome saber el cartel que el rey de Francia le escribió y el desafio, mandándome que yo le diga mi parecer; respondo á lo que s. m^{gd} me manda que diga en verdad con entrañable amor, é determinando mi respuesta y aun mirando el caso, como si todo fuera de mi propria honnra. No sé como á s. m^{gd} parecerá; la voluntad mia es buena, sino acertáre en el consejo será falta de no alcançallo. Pidoos, s^{or}, por mrd, me escribais lo que os a parecido, por que en ley de honnra yo digo lo que osára defender á otro como yo, si me tornasse de unos treinta años.

TRADUCTION.

LE DUC DE L'INFANTADO
AU SECRÉTAIRE COVOS.

Sans date (juin 1528).

Sa majesté m'a écrit, il y a deux jours, pour m'informer du cartel que le roi de France lui avait envoyé, et me demander mon avis sur ce qu'elle avait à faire à ce sujet. Je le lui ai donné suivant ses intentions, avec franchise et une affection sincère, mesurant bien ma réponse, et examinant le cas comme si mon propre honneur s'y trouvait intéressé. J'ignore ce qu'en pensera sa majesté : ma volonté du moins a été bonne; et si je n'ai pas réussi, ce n'est point elle qu'il faut en accuser.

Veuillez, seigneur, je vous prie, m'écrire pour me communiquer votre opinion, parce que, en matière de point d'honneur, je ne dis rien que je ne fusse prêt à soutenir le fer en main contre mon égal, si j'avais quelque trente années de moins.

LXVII.

RESPUESTA

DE COVOS AL DUQUE DEL INFANTADO.

(Mémoires de Granvelle, I, 192, r° et v°.)

Monçon, á 24 de junio 1528.

Muy illustre señor, el emperador n^{ro} recibió el parecer de v. s^a tan bien quanto es dicho todo lo que en él dice. S. m^{gd} responde á v. s^a como verá; á mi no me queda que decir sino que, si ubiére en que le pueda serbir, recibiré mucha mrd en que melo mande; nostro señor, etc. De Monçon, á 24 de junio. B. l. m. de v. s^a su muy cierto servidor,

Fra° DE LOS COVOS.

TRADUCTION.

RÉPONSE

DE COVOS AU DUC DE L'INFANTADO.

Monçon, 24 juin 1528.

Très-illustre seigneur, l'empereur notre maître a reçu avec beaucoup de satisfaction l'avis de votre seigneurie, et il lui a semblé très-convenable sous tous les rapports. Sa majesté ne tardera pas à y répondre. Pour moi, je n'ai rien à ajouter, si ce n'est que dans le cas où je pourrais être de quelque utilité à votre seigneurie, elle me fera grand plaisir de disposer de son serviteur. Monçon, 24 juin 1528.

François DE LOS COVOS.

LXVIII.

RELATION

DE L'AVIS DEMANDÉ PAR L'EMPEREUR AUX GRANDS D'ESPAGNE,

AU SUJET DU CARTEL;

DU DÉPART DE BOURGOGNE, ROI D'ARMES, ET DE SON ARRIVÉE À FONTARABIE.

(Apologie de Charles V, 284-286.)

24 au 30 juin 1538.

La très-sacrée magesté de l'empereur feit partir sondict roy d'armes Bourgoingne, ledict xxiiiie de juin; mais avant rien conclure en si grandes affères, sadicte magesté voulsit avoir l'advis tant de pluseurs principaulx grands de ses royaulmes de Castille en grant nombre, comme aussi de ses royaulmes d'Arragon, Vallance et Cathelongne et d'autres royaulmes et nations à luy subjectes, et par bonne, meure et grande délibération de conseil, après avoir heu l'advis desdicts grands, fut faicte la dépesche dudict roy d'armes Bourgoingne, selon que de mot à aultre elle est cy-devant insérée; et jà par avant, mesme dez que ledict Guyenne eust son audience audict Monson, avoient esté mandez courriers aux capitaines des places importantes d'Espaigne faisans frontière à France : assavoir à Sancho de Leyva, gouverneur de Fontarabye et capitaine général de la province de Guyposcoa, pour envoyer vers le sieur de Saint-Bonnet, gouverneur de Bayonne; à don Martin de Cordova et de Velasco, vis-roy et capitaine général du royaulme de Navarre, pour envoyer au sieur de Hautbourdin, capitaine de Dacqs, et à don Françoys de Baulmont, capitaine de la conté de Rossillon, résidant à Perpignan, pour envoyer à Narbonne au sieur de Clermont, gouverneur de Languedoc; ausquelz capitaines de Fontarabye, Navarre et Perpignan fut ordonné par sa majesté que non-seullement ilz envoyassent incontinant les pacquetz triplicatz que ledict Guyenne, roy d'armes, escripvoit audict roy son maistre, au sieur de Montmorancy, son grand-maistre d'hostel et aultres, pour à la requeste de l'empereur obtenir saulf-conduit dudict roy de France pour Bourgoingne, roy d'armes de sa magesté, afin d'aller exécuter sa commission sans délay; mais encoires sadicte majesté, pour plus diligenter cest affaire, ordonna à sesdicts cappitaines, que par trompettes ilz eussent à dépescher de huit en huit jours sollicitans, chacun en son endroit, devers lesdicts de la frontière de France pour obtenir ledict saulf-conduit, et la première dépesche que en viendroit l'envoyer incontinant audict Bourgoingne, roy d'armes, lequel alla actendre son saulf-conduit en ladicte ville de Fontarabye, pour estre plus prest à passer en France incontinant qu'il le pourroit avoir; et arriva ledict Bourgoingne audict Fontarabye le dernier jour dudict juing.

Lesdicts capitaines de Fontarabye, Navarre et Perpignan feirent leur debvoir de solliciter d'avoir ledict saulf-conduit comme dessus, et aussi fit ledict Bourgoingne dès qu'il fut audict Fontarabye; mais ilz ne peurent pour lors avoir aultre response desdicts capitaines de la frontière de France, mesmes dudict Bayonne et Narbonne, synon qu'ilz avoient envoyé lesdictes lectres de Guyenne, roy d'armes de France, au roy leur maistre, et avoient escript pour ledict saulf-conduit; que icelluy venu ilz l'envoyeroient, disans davantaige que semblablement ledict Guyenne estoit jà lors de retour en France, fort se louant du bon traictement, présens et desfrayemens que sa majesté luy avoit fait faire par deçà, et qu'il estoit allé par postes vers ledict roy de France, son maistre, faire son rapport, et ne faisoient doubte qu'il solliciteroit et envoyeroit ledict saulf-conduit.

LXIX.

PROJET

DE LA RÉPONSE DE L'EMPEREUR

AU CARTEL DU ROI DE FRANCE.

(Mémoires de Granvelle, I, f° 89 v°.)

Monçon, sans date (juin 1528).

Pour respondre à vostre cartel, je dictz que mon très-clair droict et vostre tort sont si manifestes à Dieu et à touts les oyans, que les paroles déshonnestes contenues en iceluy sont trop plus à vostre répréhension qu'à la mienne, qui mectés ma volonté en très-grande seurté et repos. Et puisque j'ai cet advantage, qui est le principal, j'espère que Dieu, vray juge de toutes choses, me donnera ce qu'ordinairement en succède, qu'est la victoire. Et pour ce, joinct que je connois le bien qui viendra en la chrétienté à éviter la mort de plusieurs par l'une des nostres, je suis très-contant d'accepter vostre demande; et pour l'effect d'icelle je consens et accepte le camp et le choix d'iceluy, comme par vostredict cartel le m'avez mandé. Et quant aux armes, ne m'en veux débatre, ains ensuyvre les loix de noz prédécesseurs : car en nostre propre faict ne devons inover, ne chercher coustume non permise à telles personnes; pour ce vous diz que m'envoyez monstrer les armes, si elles sont telles que chevalier puisse combattre d'icelles, et ce faisant, n'aura délay à nostre journée, et se autrement le faictes, tout le monde cognoistra qu'avez plus la volonté à cautelles qu'à combattre. Et pour ce que les hommes de basse condition et de peu de cœur usent de telles astuces, pensant par icelles trouver l'avantage qu'ilz n'espèrent en leurs personnes, et qu'à telz, comme vous et moy, n'est licite ni permectent les loix de noz prédécesseurs, et ne seroit bien faict laisser le permis pour choisir le cauteleux et indeu, me conformant à justice et raison, vous prie que choisissez les armes et les me signifiez, et que tost en sois adverty; et sçachant en quelles armes devrons combatre, vous envoiray incontinant trois champs qui seront seurs, afin que choisissez celluy qui sera le plus agréable à vostre volonté; et en iceluy, j'espère que, à l'ayde de Dieu, qui est le vray justicier, deffendant mon très-clair droict, la vérité donnera à cognoistre vostre tort à tout le monde. Faict à Monçon.

LXX.

RÉPONSE

DE L'EMPEREUR CHARLES-QUINT

À LA DÉCLARATION FAITE PAR LE ROI DE FRANCE LE 28 MARS 1528, V. S.

DONNÉE À MONÇON, LE 24 JUIN SUIVANT.

(Apologie de Charles V, v° 277-284.)

La très-sacrée majesté de l'empereur et roy, nostre souverain seigneur, ayant veu l'acte daté en la cité de Paris, le vingt-huitième jour de mars dernier passé, signé du secrétaire Robertet, présenté par le hérault Guyenne à sa majesté, et en présence d'icelle et par son ordonnance receu par Jehan Lallemand, Sr de Bouclans, etc. conseiller et premier secrétaire de sadicte majesté, a commandé de y respondre par escript de point à aultre comme s'ensuyt cy-après; laquelle responce sa majesté eust volontiers dit de bouche en assemblée de bonne compaignie, s'il y eust eu en sa court ambassadeur françoys, comme ledict roy de France pourtit les propos mentionnez oudict acte, les adressants à messire Nicolas Perrenot, Sr de Grantvelle, lors ambassadeur de sadicte majesté en France; et se faict cette présente responce, afin de justisfier sa majesté contre lesdicts propoz, et qu'ils ne circonviengnent les ouyans et offuquent la vérité des choses passées, esquelx n'estoit loisible oudict ambassadeur respondre, et à bon droit s'en excusit pour estre desjà révocqué de sa charge, et aultres causes lors par luy dictes.

Et premièrement, quant à l'intitulacion dudict acte, là où par ledict escript est contenu avoir fait venir devers le roy de France ledict ambassadeur, narrant les motz que par luy furent illecque profférez, ce fut bien fait déclarer aussi audict acte la forme et manière avec laquelle ledict ambassadeur fut mené pour comparoir devant si bonne compaignie, avec ung maistre d'hostel qui le conduisoit au milieu de six archiers, plus en forme de prisonnier que aultrement, comm'il avoit desjà esté par l'espace d'environ quatre mois; car ce n'estoit honnesteté déue avec ung ambassadeur d'ung si grant prince qu'est l'empereur.

Au regard du second article, des parolles que ledict roy dit de la conduite dudict ambassadeur, quant plus ledict roy déclare en ce le bon, loyal et honneste office que ledict ambassadeur avoit fait en sa court, tant plus est à blâmer le maulvais traictement que luy a esté faict à le détenir si longuement prisonnier; car de prandre excuse sur la détencion de ses ambassadeurs et de ceulx de la ligbe, ne se treuve qu'ilz ayent esté détenuz comme prisonniers, ne que l'on ayt touché à leurs personnes et biens, ny visité leurs coffres et prins leurs escriptures, ny leur faict aultre mauvais traictement comme a esté faict audict ambassadeur de sa majesté. Ains seullement après le désaffy[1] fait en Bourgos, leur fut ordonné aller en lieu nommé Poza, assez voisin de France, jusques à ce que ledict ambassadeur fût délivré et conduit à la frontière, pour au mesme instant fère l'eschange des ungs aux aultres, selon raison et équité, et s'en pouvoir chacun retourner devers son maistre. Et si en ce a eu violacion du droit divin ou humain, ce a esté par ledict roy et non par l'empereur: car sa majesté a fait si bien et honnorablement

[1] Défi.

traicter lesdicts ambassadeurs de France et de la lighe, que par raison ne s'en debvroient plaindre.

Touchant le tiers article, où ledict roy de France dit vouloir satisfère et respondre à ce que l'empereur avoit dit de bouche à Guyenne et Clarenceaulx sur la infimacion de la guerre, qu'il dit consister en huit pointz; certes pour bien satisfère à son debvoir et à son honneur, ledict roy eust deu trouver aultre satisfaction que de parolles controuvées; car de se vouloir excuser qu'il ne soit prisonnier de l'empereur et qu'il n'ait sa foy, soubz couleur que en quelque guerre qu'il ayt esté, il n'y ait jamais ny veu ny rencontré sa majesté, il souffit qu'il ait esté prins des ministres et serviteurs de sa majesté et en son nom, et par eulx réduict en sa captivité et pouvoir, et il ne peult justement nyer que ce que font les ministres, au nom du maistre, ne soit de mesme effect et valeur comme s'il eust esté exécuté de la personne mesme. Et ce qu'il dit que, estant prisonnier gardé de si grand nombre de harquebutiers et malade deans le lict à la mort, il n'eust pas esté malaisé à luy contraindre, mais peu honorable à celluy qui l'eust faict; ces parolles sont bien excusées, car du temps de sa maladie ne luy fut jamais parlé de bailler sa foy ny d'autre chose dont il deust avoir regret, ains luy fut usé de tout honneur et cortoisie, et baillé toute assistance pour le réduire à la santé, dont il rend mal guerdon; mais après la convalessence et à sa très-instante requeste, et pour se libérer de sa juste prison où il estoit détenu comme prisonnier de guerre, fut par lui conclute et jurée la capitulacion du traicté de Madril, signée de sa propre main et de ses principaulx conseillers, mesmes de l'arcevesque lors d'Embrun, et maintenant de Bourges[1], du premier président de Paris sieur de Cromieres[2], et du sieur de Bryon, admiral de France, par lequel traité fut baillée et jurée la foy dont est question, et icelle receue par le vice-roy de Napples, pour et au nom de sa magesté, en vertu du pouvoir à luy baillé;

[1] François de Tournon, depuis cardinal.
[2] Jean de Selve, chevalier, docteur en tous droits.

laquelle foy ainsi baillée dure en sa vigueur, et par icelle demeure tousjours ledit roy astrainct comme captif et esclave, sans qu'il puist par raison être tenu pour libéré. Par quoi n'estoit nul mestier, lui estant retourné en France, de luy faire bailler de nouveaul la foy qu'il avoit desjà baillée, et est assez à croire ce qu'il dit que de sa libéralle volunté il n'y se vouldroit obliger; mais celui qui tout voit et cognoit, et qui par ses secretz mistères l'avoit réduit à bailler sadite foy pour sa libération, est assez puissant pour le conduire à pis.

Quant au quatrième article, en ce que ledit roy dit ne vouloir que son honneur demeure en dispute, ce seroit fort bien fait à luy s'il en sçavoit venir au bout, estant les choses où elles sont; car à cest effect estoit mestier euvre d'accomplissement, et non parler de frivolles excuses et interprétacions comme est celle qu'il dit: que tout homme de guerre scet assez que tout homme gardé n'a nulle foy ny se peult obliger à riens, c'est allégacion de clerc mal prins, plain de cavillacion et de calompnie et non de roy, ny chevalier, ny gentilhomme; et mesmes en ce cas où la foy dudit roy estoit conféré[1] après sa délivrance, en temps qu'il seroit sans garde et en son royaulme, en cas que deans le temps promis il ne accomplist ce que il avoit traicté et capitulé, qu'il s'en retourneroit tenir prison comme devant; joinct qu'il estoit expressément traicté et conclud de le garder seurement jusques au jour du bail des hostaiges, que devoit estre au mesme instant que sa majesté le feroit mectre en France, comme ainsi fut faict et accomply. Et quant à ce que ledit roy voulsit tenter ledit ambassadeur de l'empereur de prandre l'escript ou cartel pour le lire et pourter à sa majesté, sembloit assés estrange et dehors toute honnesteté; et pour ce tant plus juste et louable est l'excuse que sur ce ledit ambassadeur feit, et encoires mieulx [fit] son debvoir avec toute diligence pour obtenir le saulf-conduit de l'hérault, lequel lui fut envoyé par trois voyes, afin qu'il puist plus librement venir devers l'empereur pour exécuter sa charge, comm'il a fait, et après s'en retourner devers ledit roy son maistre, avec son exploit.

[1] Prorogée.

Au regard du cinquième article, contenant la lecture et substance du cartel, parce que l'empereur respond particulièrement au contenu d'icelluy par aultre cartel cy après inséré, n'est besoing d'en tenir icy aultre propoz, ny pareillement de l'article suyvant deppendant dudit cartel.

Touchant le septième article, où le roi de France respond à ce que l'empereur dit à l'hérault, [que?] n'est chose nouvelle de se veoir deffyé après six ou sept ans de guerre, disant qu'il vouldroit qu'il souvînt mieux à l'empereur des choses qu'il fait, ou à son conseil ; et pour l'en advertir, se vuillant fonder que le domp-prévost d'Utrecht, ambassadeur de sa majesté, eut deffyé ledit roy, estant à Dijon [1]. C'est chose contre toute vérité, car jamais ledit dom-prévost ne deffya ledit roy, ny eut charge de ce fère ; et ne sont actes que se commectent à gens d'église de deffyer ung roy ou prince à la guerre, en quoi n'y peult avoir apparence ny vraisemblance. Et posé que ledit dom-prévost lui remonstra que, en baillant assistance à Charles de Gheldres et à Robert de la Marche, faisoit contre les traictez, à cause qu'ilz, peu paravant, avoient desjà par son ordonnance commancé la guerre contre sa majesté (comme il appert par lectres signées de la main dudit roy de France, et de feu son trésorier Robertet, et que la meilleur part des gens d'armes qu'estoient avec ledit Robert de la Marche estoient des ordonnances de France, et les piétons assemblez à son de tabourin par France), sa majesté feit lors dire par ledit dom-prévost audit roy de France, que si lesdits de Gheldres et de la Marche ou aultres quelconques, que s'entendoit (et deppuis fut déclaré au Barrois, son ambassadeur lors devers sa majesté) que c'estoit pour eulx et leurs semblables deppendens de luy, faisoient guerre à sa majesté, il tiendroit les traictez pour rompuz. Toutesfois telles parolles ne pouvoient avoir effect de deffiance ; et mesmes considéré que beaulcop paravant, estant le sieur de Lensac, ambassadeur dudit roi de France, en la cité de Bourgos, en requérant, entre aultres choses, que sa majesté deust bailler hostaiges pour le mariage de

[1] En 1521.

sa fille[1], que aultrement il tiendroit les traictez pour rompuz, ne fut pourtant tenu ceste requeste pour deffiement, ains fut continué l'amytié jusques à ce que ledit roi de France print apétit de commancer la guerre sans deffiance quelconque.

Quant au huictième article, où il parle des consciences et tyrannie; Dieu, qui est le vray juge d'icelles et scrutateur des cueurs des hommes, et congnoit le intrinsèque de ung chacun, scet assez la conscience de l'un et de l'autre, et qui est entasché de tyrannie ou usurpacion, pour sçavoir rétribuer à ung chacun selon ses mérites et faultes. Et si ledit roy de France se veult bien souvenir des propoz qu'il tint à l'empereur à Madril, vuillant inciter sa majesté de fère[2] tant contre le pape que contre Vénéciens et aultres potentatz d'Ytalie, si l'empereur eust voulsu adhérer à sa subgession, se trouvera que icelluy roy de France se démonstra bien entaché de tyrannie et usurpacion; ce que n'est sa majesté, auquel ledit roy tient usurpé son ancien patrimoine et aultres pièces et provinces de grande importance, ayant ampli[3] ses limites de biens d'aultruy, indehuement usurpez et occupez par luy et ses prédécesseurs. Et de dire qu'il n'aspire à l'empire ny à la monarchie, saichant qu'il ne luy appartient, il fait bien de ainsi le dire, puisqu'il n'y a peu parvenir, encoires qu'il en eust fait extrême diligence; tant y a que sa majesté a obtenu ledit empire par unanime et conforme élection de tous les électeurs, qui ne peult estre sans inspiration divine; et tous les aultres pays et seignories qu'il tient luy sont advenuz par droicte succession.

Au regard du neufième article dudit acte, où il touche de la prison et détencion dudit pape, vuillant sans cause attribuer ledit culpe à l'empereur et faire bouclier du fait d'autruy; certes, il debvoit souffire audit roi de France et tous aultres que le pape, par ses briefs voire de sa propre main escripts à sa majesté[4], que ce qu'est succédé en Rome a esté sans culpe de sa majesté, et que par ses mains il a esté mis en sa liberté. Et si ladite libéracion a esté plus retardée que

---

[1] La fille du roi de France.
[2] (Des entreprises?)
[3] Amplifié.
[4] (Déclare?)

sa majesté n'a voulsu, ce ne se doit attribuer à culpe de sa majesté, laquelle en feit et en a fait tousjours son léal debvoir; combien que Dieu a voulsu que ladite libéracion a esté délayée par le trespas du vice-roy de Naples, qui avoit de ce la charge principalle, et pour les empeschemens tant de la mer que de la terre, dont après fut causée la insolence des gens de guerre, qui ne sont tousjours si bien desciplinez quant ilz se treuvent sans chief. Mais si ledit roy de France et ses colliguez ont si grande pitié du pape, comm'ilz en font semblant, ilz debvroient considérer que eulx-mêmes ont esté la principalle cause de son mal, le tirant à la guerre; et après lui ont fait pis qu'il ne peult avoir eu de l'exercite de sa majesté, en lui faisant révolter Florence, et en oster à luy et aux siens l'administracion, pour la tirer à la lighe, et lui occuppent Cervie et Ravenne, et ayant fait tout leur effort de occuper et surprendre Parme, Plaisance et Boulongne, et le vuillant contraindre à aultres choses; que, certes, seroit plus honneste satisfère à sa saincteté (comme est raison), que de le vouloir mectre de nouveaul à la guerre, en calumpniant les maulx d'aultruy, et faisant pis de leur costé, comme celluy qui regarde la paille en l'œil de son compaignon, et ne voit le groz traveaul[1] qu'il tient au sien. Et si ledit roy de France estoit bien informé que feirent les gens de guerre en France après les guerres des Angloys, et combien d'ans demeurèrent ses prédécesseurs à les mectre à la raison, il ne treuveroit si estrange que l'exercite de l'empereur victorieulx, et sans chief, eut faict ce qu'il dit, et n'en donroit la culpe à sa majesté, que en son absence ne les eust peu resduire à obéyssance. Car il est tout notoire à chacun que si mons[r] le duc de Bourbonnois et d'Auvergne, lieutenant et capitaine général de sa majesté audit exercite, eust vescu quant Rome fut prinse, jamais les maulx qui y furent faiz ne fussent advenuz, pour ce qu'il estoit si gentil prince chrestien, aymant et craignant Dieu, et si bon filz d'église et protecteur de vertuz, plain de noblesse et d'amour au pouvre peuple, que eust obvyé et remédié; ce que ne se peult faire après

---

[1] La grosse poutre.

son trespaz, pour estre ledit exercite demeuré sans chief, ordre, ny gouvernement, et le tout au grant regret et déplaisir de sa majesté, qui estoit si loingtain du lieu et les passaiges tant sarrez et cloz, que jamais n'y eust peu mectre ordre à temps comm'il désiroit fère.

Touchant le dixième article, en ce que l'empereur ait dit aux ambassadeurs dudit roi de France que ses enffans sont ès mains de sa majesté hostaiges, et qu'il n'ayt tenu à luy qu'il ne les délivrast. C'est chose assez notoire, que si ledit roy de France eust gardé sa foy et accompli ce qu'il avoit traicté, promis et juré, sa majesté n'eust fait difficulté en la délivrance de sesdits enffans; et s'il eust esté si bon père qu'il dit, il eust pourchassé leur délivrance par aultre voye qu'il n'a fait, sans actempter nouvelles déceptions et tromperies, vuillant innover aux choses traictées : car les ouffres qu'il dit avoir fait si grandes et excessives n'estoient équipolentes à ce en quoy il estoit tenu, et y avoit tousjours une garde-derrière pour laisser la porte ouverte, et de rechiefz tempter Dieu et fortune pour sa seulle vindication appassionnée, et fère nouvelle rompture de guerre, l'ayant provoqué et si longtemps norrye; de sorte que sa majesté, veu les choses passées, et que en faisant parler de paix pour abuser et endormir sa majesté, ledict roy de France faisoit tant plus aigrement poursuyr la guerre, sa majesté ne se pouvoit bonnement asseurer des offres et promesses dudit roy de France, encoires qu'elles eussent esté deux foys plus grandes; combien que sa majesté s'estoit mis en tel debvoir, en délaissant beaulcop de son droit pour le bien de la paix universelle : que la conclusion de ladite paix ne demeura par aultre chose, sinon pour vouloir ledit roy de France réserver la plus dangereuse partie de l'accomplissement de ses offres jusques après la délivrance de sesdits fils enffans, et ne vuillant sa majesté s'en fyer plus en luy ny en ses promesses et seurtez, sinon que ledit accomplissement se fit tant et quant, on délivrant sesdits enffans, puisque sa majesté ne pouvoit en ce avoir meilleur seurté que eulx; et qu'il n'estoit raison de s'arrester à autres promesses et seurtez, ayant ledit roy de France, en préjudice de son honneur et de sesdits enffans, ainsi contrevenu à sa foy et son sairement comm'il a faict. Et si soubz ceste couleur et aultres raisons frivolles, que ledit roy de France allègue, il cuide mectre de son cousté la justice de la guerre, Dieu en sera le juge, duquel deppendent les victoires, et ne se peult en ce attribuer culpe à sa majesté, ayant son droict bien fondé par le traicté de Madril, auquel ne se peult ne doit faire innovation sans son exprès consentement.

Quant au unzième article, il doit assez souffire audict roy de France de mectre à fin sa injuste querelle sans plus vouloir emprendre, et mesmes pour sa inhabilité toute notoire ; et quant à ce que concerne sa magesté et le roy d'Angleterre, ce que en dit le roy de France n'a icy lieu, et ne tiendra à sa magesté, s'il y a quelque chose de mal-entendu entre luy et le roy d'Angleterre, son bel oncle, qu'ilz ne conviengnent bien ensemble.

En tant qu'il touche le douzième article dudit escript, où il parle de ce que l'empereur dit à l'hérault Guyenne des propoz tenuz au président de Bourdeaulx en Grenade, lesquelz semble que ledit roy de France veult ignorer, disant n'avoir entendu chose qui touche à son honneur, il pourra, par la response que sa majesté fait à son cartel, entendre, si jà ne scet, clérement et tout amplement lesdits propos.

Au regard du treizième article, où en respondant à ce que sa majesté a dit audict hérault qu'il avoit mieulx tenu ce qu'il avoit promis à Madril audict roy de France, que lui n'avoit fait à sa majesté, il fainct n'estre souvenant de luy avoir fait quelque promesse, disant que, quant au traicté qu'est par escript, il se tient assez pour justisfié, pour non avoir esté en liberté, ny devant ny deppuis, jusques à estre en son royaulme ; l'on peut assez clérement congnoistre de quel pied cloche ledit roi de France, vuillant si deshontéement désadvouher et impugner ung traicté par luy fait, promis et juré, pour la libéracion de sa personne et de sa juste prison, non ignorant que telz traictez sont vaillables de tous drois divins et humains, et n'est en faculté dudict roy de France de soy eximer de son obligation ainsi promise et jurée; et mesmes ayant esgard au pouvoir dudit roy qu'il avoit baillé à madame la régente, sa mère, avant qu'il passast en Italie, et assez avant sa prison, en vertu duquel pouvoir, et de la commission par elle baillée à ses ambassadeurs pour traicter de la délivéracion dudit roy son filz, fut, par les ambassadeurs de ladicte dame régente, fait et conclud ledit traicté de Madril, par lequel ledict roy de France, encoires qu'il ne fût entrevenu en la conclusion d'ycelluy, demeuroit et demeure entièrement obligé à l'observer et accomplir. Et d'autant moings peult s'excuser qu'il ne fut à ce obligé, estant luy-mesmes entrevenu en iceluy, l'ayant leu et ouy lire en présence de sesdits ambassadeurs, et ayant juré de le observer et garder inviolablement, et sur ce baillé sa foy bien solempnellement de retourner prisonnier de sa majesté. Et si ledict roi de France veult bien penser à son honneur et conscience, luy pourra souvenir que luy-mesmes, estant bien guary, bien traicté et sarvy, non comme prisonnier, ains comme beau-frère de sa majesté, présenta et fut luy-mesmes l'inventeur de présenter à sa majesté sadite foy, en la sorte qu'il la bailla et luy envoya offrir par escript; laquelle foy sa majesté commanda à ses ambassadeurs accepter, et pour ce fut receue et prinse dudict roy de France par ledict vice-roy sur ce autorizé par les deux princes, et en prononça ledict roy de France les propres parolles de sa bouche; et appert de sadite foy par signature de sa propre main et des principaulx personnaiges y présens : de sorte que le cas est si notoire, que s'est mouquerie de le mectre en dispute. Et quant à ce que ledict roy de France vouldroit fère entendre à son royaulme[1] le contrère de ce que dessus, et les parolles et le sèrement entre sa majesté et luy, en déguisant le tout s'il le pouvoit fère, sa majesté ne sçauroit mieulx démonstrer et justifier la vérité que par escriptures auctenticques, quant à ce que touche la foy dudict roy de France et ledict traicté de Madril. Et de ce que ledict roy de France, désirant changer propoz, a parlé par sondict acte de l'entre-

[1] Dans le lit de justice tenu le 16 décembre 1527, en la grande salle du parlement de Paris.

prinse contre le Turcq, ce sont parolles pour donner lustre à son harangue ; car la forme de fère ladite entreprise contre le Turcq estoit expressément accordée par ledit traicté de Madril, joinctement avec les remeides de la secte de Luthère et aultres hérésies ; et si ledict roy de France n'eust failly à sa foy et sèrement comm'il a fait, et eust esté si prest qu'il dit de mectre le cul sur la selle pour si bonne euvre, il eust satisfaict audict traicté, et treuvé en sa majesté la deue correspondance, et ne se fussent ensuyviz les maulx qu'il dit tant en Hongrie que ailleurs estre succédez. Mais pour sa contravention et violation dudict traicté de Madril, et pour avoir ledict roy de France voulsu succiter nouvelles guerres en la chrestienté, et divertir en ce les forces de sa majesté de si bonne et saincte emprinse, se monstre assez la petite volunté que ledict roy de France avoit au bien de la chrestienté, ny à la répulsion du commung ennemy.

Sur le quatorzième article contenant la response dudit ambassadeur de l'empereur, elle est si honneste et raisonnable qu'il n'y a que redire.

Touchant le quinzième article, qu'est le dernier, à ce que le roy de France dit avoir esté contrainct à faire ladite response, et qu'il la tient véritable, l'on peult assez congnoistre, par ce que dessus est dict, quelles sont les véritez dudict roy de France, qui se monstre assez mal coustumier d'en user ; et quant à ce qu'il dit qu'il extime l'empereur si gentil prince, qu'il luy respondra en gentilhomme et non en advocat ; l'on verra response du cartel que sa majesté lui envoye, signé de sa main, comme dessus est dit, et pourra-l'on congnoistre les effects : car il ne tiendra que audit roy de France de soy saouler du combat qu'il monstre si fort désirer. Mais en ce qu'il a dit de fère respondre au chancellier de sa magesté par ung advocat et homme de l'estat dudit chancellier qui seroit plus homme de bien, ledict roy de France se pourroit bien passer de vouloir ainsi, de parolles publicques et par escript, ouctraiger ung serviteur pour bien servir son maistre, et luydebvroit souffire qu'il eust ung tant homme de bien net et entier dont il se contentast, qui le osast conseillier seulement à garder sa parolle et tenir ses promesses et sa foy, et luy dire vérité franchement, pour lui faire appliquer son cueur et entendement à choses grandes, magnanimes et vertueuses, et non à choses basses et viles, que ne conviengnent à telz princes et roys, ausquels apartient mieulx de observer inviolablement sa parolle, et aymer les gens vertueulx, que de fère le contraire.

Ce présent escript a ainsi esté ordonné et commandé par la très-sacrée majesté de l'empereur et roy, mon naturel et souverain seigneur, et délivré à son roy d'armes Bourgogne pour, par luy, estre baillé à tel du conseil du roy de France que ledict roy luy dira. Fait en la ville de Monson, le vingt-quatrième jour de juing, l'an mil cinq cens vingt-huit.

Par commandement de sa majesté :
LALLEMAND.

LXXI.

CARTEL

DE L'EMPEREUR CHARLES-QUINT

ENVOYÉ À FRANÇOIS Ier.

(Apologie de Charles V, 269-271.)

Monçon, 24 juin 1528.

Charles, par la divine clémence, empereur des Romains, roy des Allemaignes, des Espaignes, etc. à vous François, par la grâce de Dieu, roy de France, faiz savoir : comme par Guyenne, vostre hérault, j'ay le huitième de ce moys de juing receu vostre cartel du vingt-huitième de mars, lequel, de plus loing que de Paris en ce lieu, eust peu plus tost venir; et ensuyvant ce que de ma part fut dit à vostredict hérault, je vous responds à ce que dictes que, en aulcunes responces par moy faictes à voz ambassadeurs et héraulx envoyés devers moy pour bien de paix, me vuillant sans raison excuser, vous ay accusé, que je n'ay jamais veu hérault venant de vostre part synon celluy qui vint à Bourgos me intimer la guerre. Et quant à moy, ne vous ayant en riens failly, je n'ay nul mestier me excuser, mais vostre faulte est celle que vous accuse ; et en ce que vous dictes que j'avoye vostre foy, vray est, entendant de celle que vous avez donnée par le traicté de Madril, selon qu'il appert par escriptures signées de vostre main, « que retour- « neriés en ma puissance comme prisonnier de bonne guerre, en cas « que n'accomplissiez ce que par ledict traicté m'aviez promis. » Mais que j'aye dit, comme audict cartel dictes, que sur icelle et oultre vostre promesse vous estiés alé et parti de mes mains et de ma puissance, ce sont motz que oncques ne ditz; car jamais n'ay prétendu d'avoir vostre foy de non partir, mais bien celle de retourner en la forme traictée. Et si eussiez ainsi faict n'eussiez failly à vos enffans ne à l'acquist de vostre honneur; et à ce que dictes que, pour deffendre vostre honneur, lequel en ce cas seroit trop chargé contre vérité, vous avez bien voulu envoyer vostredict cartel, par lequel dictes que encoires que tout homme gardé ne puisse avoir obligacion de foy, et que cela vous fust excuse assez souffisante, ce nonobstant vuillant satisfaire à ung chacun et à vostredict honneur, lequel dictes vouloir garder et que garderez, si Dieu plaît, jusques à la mort, me fètes entendre que si vous ay voulu ou veulx charger, non pas de vostre foy et délivrance seullement, mais que vous ayez faict chose que ung gentilhomme aymant son honneur ne doive faire, dictes que j'ay menty par la gorge, et que austant de foys que le diray que mentiray, estant délibéré de deffendre vostre honneur jusqu'au dernier boult de vostre vye; je vous respondz que, ensuyvant la forme traictée, vostre excuse d'avoir esté gardé ne peult avoir lieu. Et puisque tant peu extimez vostre honneur, il n'est merveille que nyez estre obligé d'accomplyr vostre promesse; voz parolles ne souffisent pour satisfaire à vostredict honneur, car j'ay dit et diray sans mentir, que voz avez fait laschement et meschamment de non m'avoir gardé la foy et promesse que j'ay de vous, selon ledict traicté de Madril; et en ce disant, je ne vous charge de choses secrètes ou non possibles de preuver, puisqu'il appert par escriptures signées de vostre main, desquelles ne vous pouvez excuser ny les nyer. Et si vous voulez affermer le contraire, puis seulement en ce cas je vous tiens habilité pour combatre. Je vous ditz que pour le bien de la chrestienté, et éviter effusion de sang et mectre par ce fin à ceste guerre, et pour deffendre ma juste querelle, ce que dit est de ma parsonne à la vostre estre véritable; et ne veulx user envers vous de telz motz que vous faictes, veu que voz euvres mesmes sont celles, sans ce que je ne aultre le dye, qui vous desmentent, et aussi que chacun peult user de telz propoz plus seurement de loing que de prez. A ce que dictes que, puisque contre vérité vous ay voulu charger, doiresnavant ne vous escripve chose, mais que je vous asseure le camp et vous me porterez les armes; il vous fault avoir pacience que l'on dye ce que vous faictes et que je vous escripve ceste responce, par laquelle je vous ditz que je accepte de vous livrer le camp, et suis contant pour ma part le vous asseurer par tous les moyens raisonnables que sur ce seront advisez. Et à cest effect, et pour plus prompt expédiant, je vous nomme dois maintenant le lieu dudit combat sur la rivière qui passe entre Fontarabye et Andaya, en tel endroit et de la manière que de commung consentement sera advisé plus seur et plus convenable; et me semble que par raison ne le pouvez aucunement refuser, ne dire de non estre bien asseuré, puisque y fustes délivré, en recepvant voz enffans pour hostaiges, et moyennant vostre foy paravant baillée pour vostre retour, comme dit est; et veu aussi que sur mesme rivière fyates vostre parsonne et celle de voz enffans, pouvez bien fyer la vostre seule, puisque je y mectray la myenne, et que, nonobstant la situation dudict lieu, se trouvera bon moyen qu'il n'y aura avantaige plus à l'ung que à l'autre. Et à l'effect que dessus, et pour appoincter sur l'élection des armes que je prétendz me appartenir et non à vous, et afin qu'il n'y ayt longueur ne dilacion en la conclusion, pourrons envoyer sur ledict lieu gentilzhommes d'ung chacun cousté, avec souffisant pouvoir d'adviser et conclure tant de la seurté esgalle dudict camp que de l'élection desdictes armes, pour l'effect dudict combat et du surplus touchant à ce cas. Et si deans quarante jours après la présentacion de ceste ne me respondez et ne me advisez de vostre intencion sur ce, l'on pourra bien veoir que le délay du combat sera vostre, que vous sera imputé et adjoinct avec la faulte de non avoir accompli ce que vous promistes à Madril. Et quant à ce que protestez que sy, après vostre déclaration, en aultres lieux je ditz ou escriptz parolles qui soient contre vostre honneur, que la honte du délay du combat en sera myenne, veu que venant audict combat c'est la fin de toutes escriptures, vostredicte protestacion est chose bien excusée ; car ce n'est à vous me garder[1] que ne dye vérité, encoires qu'il vous griefve, et aussi je suis bien seur que par raison ne puis recepvoir honte du délay du combat, puisque tout le monde peult congnoistre l'affection que j'ay d'en veoir l'effect. Donné à Monson, en mon royaulme d'Arragon, le vingt-quatrième jour dudict mois de juing, l'an mil cinq cent vingt-huit.

CHARLES.

(Et scellé de son scel du secret.)

[1] Empêcher.

LXXII.

INSTRUCTIONS

DE L'EMPEREUR A BOURGOGNE, SON HÉRAUT D'ARMES,

QU'IL ENVOIE AU ROI DE FRANCE.

(Apologie de Charles V, 267-269.)

Monçon, 24 juin 1528.

Mémoire à Bourgoingne, nostre roy d'armes. Qu'il preigne son chemin d'icy à Fontarabye, et si son sauf-conduit estoit desjà arrivé, que en ce cas, par vertu d'icelluy, de quelque forme qu'il soit, il passe incontinent oultre à Bayonne; et synon qu'il actende ledict saulf-conduit, et de quatre en quatre jours il envoye ung trompette audict Bayonne pour le solliciter, en prenant tousjours instrument de sa diligence, selon que bon semblera à nostre gouverneur dudict Fontarabye.

Quant ledict Bourgoingne sera arrivé à Bayonne, qu'il ne séjourne point, mais en la meilleur diligence qu'il pourra s'en voise droit au lieu où sera la personne du roy de France, et travaille incontinant de treuver moyen de parler au grant-maistre, ou, en son abscence, à aultre principal de sa court pour avoir plus tôt audience publicque, et de ceste diligence fera mémoire pour sa relacion.

Ledit Bourgoingne aura si bonne conduicte et prudence en soy que à personne vivante il ne déclaire ne descouvre une seulle parolle de sa charge, de quelque manière qu'on luy en demande, synon qu'il a ordonnance de dire le tout audict roy de France mesmes.

Après que ledict Bourgoingne aura obtenu heure d'audience, se treuvera à ladicte heure, sa cothe d'armes vestue, là où sera ledict roy; et, après avoir fait la révérance, dira tout hault et droit : « Syre, la très-sacrée majesté de l'empereur et roy, mon souverain et naturel seigneur, m'envoye devers vous; il vous plaisra, syre, me donner licence de fère mon office comm'il m'est commandé, et, au surplus, m'entretenir et faire garder vostre sauf-conduit. »

Sur ce, ledict Bourgoingne ourra ce qu'il lui dira, et comm'il fait à croire luy accordera sa requeste, parquoy dira ce que s'ensuyt :

« Syre, l'empereur vous envoye par moi cestuy cartel, pour responce à celluy que Guyenne, vostre roy d'armes, luy a naguères apporté de vostre part, et m'a sa majesté commandé de le lire et puis bailler en vostre main. »

En cela disant, ledict Bourgoingne ouvrera le cartel et le lira tout hault, et après le baillera ès mains dudict roy de France, et le luy avoir donné luy dira :

« Syre, j'ay aussi commandement de l'empereur de lire et puis vous donner cet escript, qu'est ung extraict auctenticque du IIIe article du traicté de Madril, par lequel apert évidemment estre véritable ce que sa majesté vous escript par son cartel ; » et en cela disant, ledict Bourgoingne ouvrira ledict escript et le lira tout hault, et après le baillera ès mains dudict roy de France.

Et s'ainsi est qu'il dit à Bourgoingne qu'il ne lise point ny ledict cartel ny ledict escript, ou démonstre ne luy vouloir permectre, ledict Bourgoingne lui respondra en tel cas ce que s'ensuyt : « Syre, vous m'avez donné congé de fère mon office comme il m'est commandé; il vous plaira ne me forcer au contre; » et sur ce travaillera de lire ledict cartel, et que ce soit tout hault, et le semblable fera dudict escript par l'ordre que dessus.

Et si ledict roy de France, avant que vouloir rien ouyr lire, demande si nous luy asseurons le camp, ou veult savoir aultre chose dudict Bourgoingne à ce propoz, ledict Bourgoingne luy respondra, « Syre, vous l'orrez par le cartel de sa majesté, » et sur ce lira comme dit est.

Et si tout ce nonobstant, ledict roy luy deffend, ou ne luy veult souffrir lyre ny ledict cartel ny ledict escript, dira lors, « Syre, puisque ne voulez que je face mon office selon ma charge, je me tiens pour forcé et en feray la relacion ; » et sur ce baillera ledit cartel ès mains propres dudict roy de France.

Et si desjà ne luy avoit parlé dudict extraict du traicté de Madril, luy en parlera alors par la forme et ordre, et avec les parolles que dessus, en travaillant de aussi le lire, et après le bailler ès mains dudict roy de France.

Et si ledict roy de France ne vouloit prendre ledict cartel, alors ledict Bourgoingne le gectera devant ledict roy de France, et luy dira : « Syre, puisque ne voulez recepvoir ce cartel de responce, je pro« teste que sa majesté impériale le notisfiera et publiera en tous lieux « où luy semblera bon et convenable. » Le semblable dira aussi quant audict extraict de Madril, qu'il gectera aussi devant ledict roy de France, en cas qu'il ne le voulsit prandre.

Et si sur cela procèdent parolles dudict roy de France ou d'autres, il fault que ledict Bourgoingne les oye bien et responde tousjours ce que s'ensuyt, sans s'eslargir en aultres parolles pour non faillir : « Syre, je feray rapport du tout à sa majesté, lequel suis seur fera tousjours ce que ung prince vertueulx doit pour son honneur. »

Et si ledict roy de France prent le cartel, et qu'il face instance audict roy d'armes Bourgoingne qui porte la responce, il respondra qu'il la portera très-voluntiers et en la meilleur diligence qu'il pourra; et s'il dit qu'il envoyerra sadicte responce par aultre, et qu'il faut qu'on luy face avoir pour ce saulf-conduit, respondra que en tel matière n'est besoing saulf-conduit pour officiers d'armes, lesquelx sont privilégez; et que si son hérault n'eust demandé saulf-conduit le premier, que l'on n'en eust point demandé de nostre cousté; et que si celluy qu'il vouldra envoyer avec sa responce désire entrer par saulf-conduit, que, en nous advertissant, il sera incontinent envoyé à Bayonne, comme a esté fait audict hérault Guyenne. Et s'il se veult fier de venir par deçà par le chemin de Fontarabie, qu'il ne lui sera faict nul empeschement pour amour de la qualité de ceste matière, en faisant ledict roy de France fère le semblable de sa part.

Cela dit, et achevé son office, soit par l'une ou l'autre des voyes que dessus, ledict Bourgoingne monstrera de vouloir partir dudict roy de France, et, faisant sa révérance, dira : « Syre, l'empereur m'a aussi commandé de bailler ès mains du bailly Robertet, vostre secrétaire, ou d'autre tel qu'il vous plaira, ung escript que vécz icy, pour satisfaire à celluy que ledict Guyenne porta dernièrement de vostre part, quant il bailla vostre cartel. » Et sur ce, ledict Bourgoingne baillera ledict escript à tel que ledict roy de France ordonnera le prendre, ou en faulte que nully le preigne, le laissera illec, et dira à celluy roy qu'il luy plaise luy donner congé, pour s'en retourner en vertu de son saulf-conduit; et sur ce, ouye la responce dudict roy, ledict Bourgoingne partira de sa présence, sans plus soy y treuver ne parler à luy.

Et en cas que ledict roy d'armes Bourgoingne feusse détenu en paroles, sans le vouloir dépescher en France pour retourner par deçà, il fera de rechiefz demander son congé, et non le pouvant avoir, il le demandera après au plus tôt qu'il pourra, et en place publicque, quant ledict roy de France yra à l'église à messe, ou aultres lieux qu'il luy pourra parler, et luy dira qu'il proteste estre détenu contre sa volunté.

De son besoingné il prendra acte pour sa relacion à la vérité, comme en tel cas est accoustumé faire.

Et au surplus, ledict Bourgoingne aura regard surtout de point se copper, et qu'il parle moings qu'il pourra et si peu qu'il n'en soit reprins. Donné en Monzon, le xxiiie jour de juin, l'an xv^c xxviii.

CHARLES.

Par ordonnance de sa majesté :
LALLEMAND.

LXXIII.

ANNE DE MONTMORENCY,

GRAND MAÎTRE DE FRANCE,

A GUYENNE, ROI D'ARMES.

(Apologie de Charles V, 286.)

Paris, 29 juin 1528.

Guyenne, j'ay monstré au roy la lectre que luy avez escripte, par laquelle lui faictes savoir comme avez exécuté, au plus près de son vouloir et intencion, la charge et commission qu'il vous avoit donné envers l'empereur; et pour ce que par vostredicte commission ledict seigneur, comme vray gentilhomme aymant son honneur, a entièrement satisfaict à ce dont l'empereur le vouloit charger ou vouldroit charger à l'advenir, il n'est besoing que ledict empereur envoye icy hérault ne autre, que pour apporter audict seigneur le lieu du camp seur, si ledict empereur veult venir au combat. Pour ceste cause, ledit seigneur m'a chargé de vous escripre expressément que vous vous enquerez bien à la vérité de ce que apporte celluy qui vient avec vous; et si ainsi est qu'il apporte le lieu dudit camp seur, en ce cas que vous l'accompaignez jusques icy, et luy faictes le meilleur traictement dont vous vous pourrez adviser par tout ce royaulme. Et là où vous serez adverty qu'il apporte aultre chose que ledict camp, ne l'accompaignez aucunement, ne laissez entrer dedans les pays dudict seigneur : car entendez qu'il ne veult en façon quelconque qu'il entre ambassadeur, héraulx, trompettes, ne autres personnaiges de par ledict empereur en son royaulme, s'il ne apporte ledict lieu du camp: car ledit seigneur ne veult plus estre mené par escriptures. Vous disant à Dieu, Guyenne, que je prie vous avoir en sa sainte garde. Escript à Paris, le xxixe jour de juin, l'an xv^c xxviiie. Le tout vostre,

MONTMORANCY.

LXXIV.

LE SIEUR DE CLERMONT,

GOUVERNEUR DE LANGUEDOC,

A DON FRANÇOIS DE BEAULMONT, CAPITAINE GÉNÉRAL DU ROUSSILLON.

(Apologie de Charles V, 285-286.)

Béziers, 7 juillet 1528.

Monsieur de Beaumont, j'ay receu présentement une lectre qu'il a pleu au roy m'escripre, par laquelle me fait entendre qu'il a receu celle que son hérault Guyenne luy a envoyé, l'advertissant avoir exécuté la charge qu'il luy avoit donné, qu'estoit de présenter à l'empereur ung cartel pour satisfère à son honneur et [à] tout le monde des choses que ledict empereur l'avoit, contre vérité, voulu ou vouldroit par cy-après charger. Et pour ce que la responce a d'estre[1] l'asseurance du camp que par ledict cartel luy a esté mandé, pour venir au combat, qu'est la fin de toutes escriptures, et qu'il est adverty par ledict Guyenne que ledict empereur envoye, pour luy fère responce, l'ung de ses héraulx, nommé Bourgoingne, qu'il veult et me mande que si ledict Bourgoigne vient sur la frontière de Languedoc apportant l'asseurance du camp, comme le roy pense qu'il doit fère, que en ce cas je le recuille et recovre, ou faise recuillir et entrer en son royaulme, luy faisant tout le bon traictement qu'il sera possible, et le faisant passer seurement, tant luy que serviteurs et chevaulx, sans qu'il y aye en aucune chose destourbier ny empeschement, ce que je vous assure sur mon honneur faire. Mais si tant estoit qu'il vînt appourter aultre responce que ladicte asseurance du camp, veu que par ledict cartel le roy a protesté qu'il ne veult en recevoir nul aultre : en ce cas ledict seigneur ne veult ny entend que ledict hérault

[1] (Doit être ?)

entre en son royaulme ny aultre offreur[1] d'armes, ni trompette quel qu'il soit, si ce n'est qu'il apportast l'asseurance dudict camp, comme dit est, et ouquel cas je le feray passer seurement, et auront tousjours telle seurté et saulf-conduit qu'ilz le demanderont. J'envoye audict hérault d'armes Guyenne une lectre que monsieur le grand-maistre luy escript touchant cest affère, laquelle vous prie luy faire tenir et me fère responce de la réception des présentes, par le mesme porteur d'icelles. J'escriptz aussi audict Bourgoigne une lectre, ensuyvant l'intencion du roy, vous priant luy faire tenir, ensemble celle dudict grant-maistre. Monsieur de Beaumont, je prie Nostre-Seigneur vous donner bonne vye et longue. De Bésiers, ce viie juillet. Le tout à vostre commandement et service.

P. DE CLERMONT.

LXXV.

LE SIEUR DE SAINT-BONNET,

GOUVERNEUR DE BAYONNE,

A BOURGOGNE, ROI D'ARMES DE L'EMPEREUR.

(Apologie de Charles V, 287.)

Bayonne, 9 juillet 1528.

Monsieur le hérault d'armes, à ce matin ay receu le poste du roy, mon souverain seigneur et maistre, lequel me fait entendre que Guyenne, son roy d'armes, luy a escript que l'empereur, vostre maistre, vous vouloit dépescher pour vous envoyer devers sa magesté luy rendre responce au cartel qu'il luy avoit envoyé, et me mande ledict seigneur que, avant vous donner parmission d'entrer en ses pays,

[1] (Officier?)

je saiche de vous si de la part dudict empereur vostre maistre apportez le camp asseuré, ce que ledict seigneur entend que faictes, et que, ce faisant, je vous souffre et laisse passer par tous ses pays; vous faisant faire la meilleur chère qu'il sera possible, et vous accompaigner jusques à la part que sera sa majesté. A ceste cause vous envoye ce trompette, à celle fin que par luy me vuillez mander par escript, et à la vérité, si avez aultre charge que celle de l'asseurance dudict camp; qui sera la fin, priant Nostre-Seigneur de vous donner bonne vye et longue. De Bayonne, ce ixe de juillet; le tout vostre amy,

SAINT-BONNET.

LXXVI.

RÉPONSE

DE BOURGOGNE AU SIEUR DE SAINT-BONNET.

(Apologie de Charles V, 287.)

Fontarabie, 16 juillet 1528.

Monsieur, j'ay receu voz lectres du ixe de ce moys faisant mention que ledict roy vostre maistre vous a commandé, avant que me donner parmission d'entrer en ses pays, savoir de moy si de la part de l'empereur, mon souverain seigneur, j'apporte le camp asseuré, ce que dictes que ledict seigneur vostre maistre entend que je face, et que, ce faisant, me souffrez et laissez passer par tous ses pays; désirant que vous envoye par escript, et à la vérité, si j'ay autre charge que celle de l'asseurance dudit camp.

Monsieur, quant me partiz de l'empereur, je n'euz commandement de sa majesté de déclairer ma charge à aultre quelconque que au roy de France; à ceste cause j'ay incontinant envoyé en postes devers sa majesté pour savoir son bon plésir de ce que vous dois respondre. Sadicte majesté m'a commandé vous faire savoir que je porte l'asseurance du camp, et aultres choses concernans le combat, et responce au cartel dudict roy vostre maistre; parquoy de rechief vous supplie, monsieur, me faire avoir saulf-conduit dudict sieur roy, afin de pouvoir aller exploicter ma charge librement et saulvement à la personne dudit sieur roy vostre maistre, comme l'empereur le m'a commandé, et ainsi que Guyenne l'a fait par deçà, sans qu'il y ait heu délay, ny ayt esté requis ny pressé de déclairer sa charge à aultre que à la personne de sa majesté; et sur ce vous plaise m'envoyer vostre responce le plus tost que possible sera. Monsieur, je prie Dieu vous donner bonne vye et longue.

LXXVII.

LE SIEUR DE SAINT-BONNET,

A BOURGOGNE, ROI D'ARMES.

(Apologie de Charles V, 287-288.)

Bayonne, 17 juillet 1528.

Monsieur le roy d'armes, j'ay receu la lectre que m'avez escript par ce trompette du XVI° du présent moys, par laquelle me faictes entendre que incontinant que eustes receu les lectres que vous ay escript derrièrement, dépeschastes la poste devers l'empereur pour l'advertir du contenu en icelles et savoir son bon vouloir et intencion; et que deppuis ledict seigneur vous a mandé me faire savoir que apportez l'asseurance du camp, et autres choses concernans le combat, et responce au cartel du roy mon maistre; n'ayant charge de dire vostre commission sinon à la majesté du roy mon maistre.

Quant est de cest affère, je me tais et déporte pour plusieurs raisons; bien vous veulx advertir que le roy mondict maistre, par le cartel qu'il a envoyé à l'empereur par son roy d'armes Guyenne, signé et scellé de ses armes, luy semble bien avoir satisfaict audict empereur à tout ce qu'il a dit et pourra dire par cy-après contre son honneur, comme celluy qui le veult rendre net et pur devant Dieu et le monde, et non point venir à escriptures et responce ainsi que par ledict cartel a assez protesté; ains bien à l'effect du combat qui fait cesser tous escriptz. A ceste cause, si l'empereur vostre maistre veult que aillez en France devers le roy, portant seullement le camp asseuré sans aultre chose, comme dit est, faictes le moy savoir, et tout incontinant envoyeray ung gentilhomme jusques à Hendaye, pour vous y recepvoir au sortir de Fontarabye et vous amener en ceste ville, là où vous feray bonne chère, puis vous feray conduire par les pays dudict seigneur, jusques à ce que serez devers sa majesté, où j'espère serez le bien venu; priant Dieu de, monsieur le roy d'armes, vous donner bonne vye et longue. De Bayonne, ce xviie de juillet mil cinq cent vingt-huit. Le tout vostre amy,

SAINT-BONNET.

LXXVIII.

RÉPONSE

DE BOURGOGNE AU SIEUR DE SAINT-BONNET.

(Apologie de Charles V, 288.)

(Sans date.) Fontarabie..... juillet 1528.

Monsieur, j'ay receu voz lectres du xviie de ce moys, et pour vous y faire responce, quant à ce que dictes que de cest affère vous taisez et depportez pour plusieurs raisons, c'est bien à très-bonne cause comme de chose qui, à la vérité, touche tant au roy vostre maistre et son honneur, et auquel convient l'entendre et mectre la main à l'euvre. Et à ce que vous dictes que vostre maistre entend avoir satisfaict à sondict honneur et qu'il en aye protesté, il pourra congnoistre, par ce que je luy porte, qu'il fault qu'il use d'aultre chose que de parolles, escriptures ny protestacions, et semble qu'il n'est honneste ny convenable de ainsi me mener par délays que vous faictes. Car je vous déclaire encoires, comme j'ay desjà fait, que je porte l'asseurance du camp, et si j'ay aultre chose en charge, elle ne concerne que le combat seullement et avancement d'icelluy; et puisque ainsi est, ne me doit estre reffusé d'aller fère mon office : car c'est chose non jamais ouye que celluy qui parle ne veuille que l'on luy responde, et ne se pourroit mieulx manifester à tout le monde que ledict roy de France ne veult deffendre son honneur par l'effect du combat, puisque démonstrez bien qu'il voudroit prétendre avoir achevé cest affère en ayant baillé son cartel sans plus. Parquoy, et que sa majesté entend venir au point, je vous soumme et interpelle encoires ceste foys pour toutes, que m'envoyez sans plus de délay saulf-conduit du roy vostre maistre, pour librement et saulvement aller devers luy fère ma charge, comme fut fait par deçà à son roy d'armes Guyenne, et que desjà par tant de fois vous ay escript. Et à vostre reffuz ou délay, je proteste d'avoir fait ma diligence à l'acquist de la très-sacrée majesté de l'empereur mon maistre, comme le cas le requiert, et que vous entendez assez qu'il emporte. Actendant en ce vostre briefve responce, dont encoires, pour la fin de ceste, vous supplie, et au Créateur, vous donner bonne vye et longue.

LXXIX.

LE SIEUR DE CLERMONT

A DON FRANÇOIS DE BEAULMONT.

(Apologie de Charles V, 289.)

Béziers, 28 juillet 1528.

Monsieur de Beaulmont, j'ay receu vostre lectre du vingt-sixième de ce moys et feiz entendre au roy le contenu en icelle, et suis par trop seur que ledict seigneur extime tant son honneur qu'il aura pourveu de mectre fin à l'affaire du combat pour en venir à son intencion, et copper chemin à toutes escriptures; et croys que son hérault d'armes Guyenne, qui est venu par Fontarabye, s'en retournera par là mesmes pourter l'intencion du roy à Bourgoingne, hérault d'armes de l'empereur. Incontinant que j'auray responce sur vostredicte lectre, la vous feray plus amplement entendre, et sur ce prie Nostre-Seigneur vous donner, monsieur de Beaumont, bonne vye et longue. De Bésiers, ce xxviii° de juillet. Le tout à vostre commandement,

P. DE CLERMONT.

LXXX.

SAUF-CONDUIT

DU ROI DE FRANCE

POUR LE ROI D'ARMES BOURGOGNE.

(Apologie de Charles V, 290.)

Fontainebleau, 1ᵉʳ août 1528.

Nous, Françoys, par la grâce de Dieu, etc. à noz lieutenans, gouverneurs, maréchaulx, admiraulx, vis-admiraulx, bailliz, séneschaulx, prévosts, capitaines, chiefs et conducteurs de gens de guerre tant à cheval que à pied, aussi maires, eschevins, gardes et gouverneurs de bonnes villes, citez, chasteaulx, forteresses, pontz, portz, passaiges, jurisdicions et destrois, et à tous noz aultres justiciers et officiers, ou à leurs lieutenans, et à chacun d'eux en droit-soy, si comme à luy appartiendra. Nous voulons et vous mandons que le porteur de cestes, qui est l'ung des hérault de l'esleu empereur, nommé Bourgoingne, auquel lui cinquiesme de personnes et autant de chevaulx, avons donné et donnons bonne seurté et loyal saulf-conduit en nous apportant la seureté du camp, vous faictes, souffrez et laissez venir devers nous, et s'en retourner devers sondict maistre, seurement, franchement et sauvement, sans luy faire ou donner aucung arrest, destourbier ou empeschement, tant de l'aller que du retour, en sa parsonne, biens, serviteurs, chevaulx, bagues[1] ny aultres choses quelconques, en aucune manière que ce soit; lequel, si fait, mis ou donné luy estoit ou avoit esté, faictes-le incontinant lever, reparer et oster, le faisant mectre à plaine et entière délivrance et au premier estat deu ; le faisant au demeurant recueillir et bien traicter partout où il

[1] Bagages.

passera, et luy administrer vivres, guides et aultres choses nécessaires, pourveu touteffois que, en faisant ledict vouaige, il ne fera ne pourchassera rien contre nous, noz royaulmes, pays, terres, seignorie et subgectz. Donné à Fontaine-Bleau, soubz le scel de nostre secret, le premier jour d'aoust, l'an mil cinq cent vingt-huit.

Par le roi :

BAYARD. (L. S.)

LXXXI.

LE ROI DE FRANCE

AU SIEUR DE SAINT-BONNET.

(Apologie de Charles V, 289.)

Fontainebleau, le 13 août 1528.

Monsieur de Sainct-Bonnet, j'ay veu ce que vous m'avez escript, ensemble les doubles que vous avez envoyé à mon cousin le grant-maistre, par lesquels ay entendu qu'il y a à Fontarabye ung hérault de l'esleu empereur, lequel dit qu'il vient devers moy pour m'apporter l'asseurance du camp et aultres choses concernans le combat et avancement d'icelluy. Et pour ce que j'entends que ledict hérault en ce cas puisse venir par devers moy exécuter sa commission, et s'en retourner devers sondict maistre, et lui rapporter responce seurement et sainement, je vous envoye ung saulf-conduit pour luy, suyvant lequel vous le ferez conduire, bien traicter et deffrayer jusques au lieu où je seray, par quelque saige gentilhomme, et n'y faictes faulte; et trouve bien estrange, veu qu'il vous a escript qu'il porte la seurté du camp, que vous ayez tant différé de le laisser venir, actendu le saulf-conduit que vous avoye par cy-devant envoyé. Vous disant à Dieu, monsieur de Saint-Bonnet, qui vous ait en sa garde. Escript à Fontaine-Bleau, le xiiie jour d'aost, l'an mil cinq cent vingt-huit.

FRANÇOYS.

Et plus bas :

BAYARD.

A M. de Saint-Bonnet, gouverneur et capitaine de Bayonne.

LXXXII.

LE SIEUR DE SAINT-BONNET

A BOURGOGNE, ROI D'ARMES.

(Apologie de Charles V, 289.)

Bayonne, 17 août 1528.

Monsieur le roy d'armes, j'ay tout présentement receu la poste du roy, mon souverain seigneur et maistre, lequel m'a envoyé le saulf-conduit que demandez, pour pouvoir seurement aller devers sa majesté exécuter vostre charge et commission, et m'escript ledict seigneur n'estre content de moy du long temps que vous ay détenu au passaige, ainsi que plus amplement pourrez voir par la lectre dudict seigneur que je vous envoye, laquelle après l'avoir veue vous prie me renvoyer et m'advertir quant estes délibéré venir icy, et je vous envoyeray ung gentilhomme des myens jusques à Hendaye avec vostredict saulf-conduit, lequel vous amènera en ceste ville, et d'icy vous feray accompaigner jusques la part que sera ledict roy. Monsieur le roy d'armes, je prie Nostre-Seigneur vous donner bonne vye et longue. De Bayonne, ce xviie d'aoust mil cinq cent vingt-huit. Le tout vostre amy,

SAINT-BONNET.

LXXXIII.

RÉPONSE

DE BOURGOGNE AU SIEUR DE SAINT-BONNET.

(Apologie de Charles V, 290.)

Fontarabie, 18 août 1528.

Monsieur, j'ay receu vostre lectre, avec celle que le roy de France, vostre maistre, vous a escript, laquelle je vous renvoye; et à ce que m'escrivez avoir receu le saulf-conduit que je demande pour pouvoir seurement aller devers ledict sieur roy vostre maistre exécuter ma charge et commission, et que vous advertisse quant suis délibéré aller là, et vous m'envoyerez ung gentilhomme des vostres jusques à Hendaya, avec mon saulf-conduit, qui me mènera à Bayonne et des là me ferez accompaigner jusques la part que sera ledict sieur roy.

Monsieur, je vous mercye et vous advertiz, comme plusieurs fois vous ay escript, que ne suis icy actendant sinon ledict saulf-conduit, et incontinant que je le pourray avoir, suis prest et appareillé passer pour le plustost que pourray aller devers ledict sieur roy vostre maistre exécuter madicte charge et commission [1]. Pourquoy, monsieur, de rechief vous prie le me vouloir envoyer; priant sur ce le Créateur vous donner bonne vye et longue. De Fontarabye, ce mardy xviiie d'aost mil cinq cent vingt-huit. Vostre serviteur.

Le roi d'armes,

BOURGOGNE.

---

[1] Bourgogne fut introduit devant François Ier le 10 septembre 1528. (Voyez l'Histoire de François Ier, par Gaillard, III, 463-473.)

LXXXIV.

FRAGMENT

DE L'ACTE DE PUBLICATION D'UNE TRÊVE DE HUIT MOIS[1]

ENTRE LES PAYS-BAS, LA FRANCE ET L'ANGLETERRE.

(Mémoires de Granvelle, I, 95.)

Sans date. [Juin 1528.]

LXXXV.

CHARLES-QUINT

AU SIEUR DE MONTFORT.

(Mémoires de Granvelle, I, 149.)

19 juillet [1528].

Monfort, j'ay reçu vos deux lettres : à l'une, je respond par main de secrétaire; à l'autre, j'ai laissé de vous répondre jusques à ceste heure pour ce que plus tost n'a esté possible. Je ne le dis pour me louer, mais je vous promect que je crois que j'ay prins la peine qu'il est possible à homme pour dresser ce que verrez que vous escriptz et à monsieur de Reulx, par la lettre générale. Vous savez l'ayde que j'ay; je me contenterois que ce ne me fust empeschement. Je cuiday beaucoup haster la chose à en parler en Valence; la haste fust telle,

[1] Provoquée par le cardinal Wolsey, et signée à Hamptoncourt le 15 juin.

que je ne sçait que j'en dois dire. J'ay esté ferme en la foy et seray jusques au bout. Je heusse bien voulu avoir de vos nouvelles et je crois que vous des miennes, et que checun a fait ce qu'il a peut, et il n'y a heu faulte d'empeschement; et il me semble que, combien que tard, les choses sont en bon trainct, et vont mieulx ainsin que jamais. Je ne faictz doubte que Madame[1] a la volonté que m'escripvez; solicitez que la chose ce meste en œuvre. De celle de monsieur de Liége, je luy escriptz; vous luy baillerez la lettre dont m'escripvés; je l'ai consommé (sic) et de desplaisir et de désir de plus avoir. Je crois que celuy qui est auprès de moy en est devenu malade : il crainct, je ne sçayt que Dieu fera. Il me souvient bien des devises passées; chose qui vous touche n'ay volonté de l'oblier. J'ay pensé à ce que vous dis au partement; je crois que ne fauldray en quelque chose. Quant au pacquet, il a esté bien baillé; de ceste sorte je seray bien ayse d'en avoir responce, et sur ce vous dis l'adieu. Escript en [2]..... ce dix-neufvième de juillet, de la main de vostre vray bon maistre et qui jamais ne vous fauldra.

CHARLES.

N'obliez d'amener Colman avec estouffe[3] et ouvriers, si d'avanture il me falloit combattre, ce que crois que non, comme verrez par ce que ce pourteur porte. Je crois que en saichant que c'est pour ce, il ne vouldra demeurer et hastera vostre venue.

[1] L'archiduchesse Marguerite.
[2] Lacune dans la lettre.
[3] Matériaux.

LXXXVI.

INSTRUCTIONS

DE L'EMPEREUR A GÉRARD DE RYE, SEIGNEUR DE BALANÇON [1],

ENVOYÉ VERS LE PRINCE D'ORANGE (EN ITALIE).

(Mémoires de Granvelle, I, 173-177.)

Madrid, septembre 1528.

Ce que vous, Balançon, aurez à dyre à monsieur le prince de ma part, outre l'autre instruxion que vous baillay au partir pour l'advertyr de ce qui est puis succédé, est ce qui s'ensuit :

Premier, que je ne fays nulle doute que il se sera assez esbay de veoyr vostre longue demeure. Et je ne m'en esmerveille; car sans faute eût mieulx valu que elle ne fût esté si longue; et pour ce que je sçay que luy ferez rapport des raisons [2] [qui, s'opposant à votre?] partement, furent cause de tant de [retards, je ne] vous en ferez en cete mention, si [la nécessité ne l'exigeoit?]. Mais, pour ce que je suis sehur que vous trouverez aussy estrange vostredite longue demourée, depuis vostre partement, que luy, et en pourriez estre, comme la rayson veult, assés fasché; affin que par ceste povés veoyr les causes et vous en satisfeyre, pour luy en fayre à vostre venue le raport, en veus cy mestre par escrit aucunes, lesquelles, je vous promés, m'ont plus fasché que à nul eût peu fayre, tant pour la difficulté en quoy m'ont mis la chose que plus je désire, que pour la crainte que j'avoys, que par le délay ne se causât la rompture. Toutefois, par ce que verrez

---

[1] Gérard de Rye, seigneur de Balançon, chambellan et second sommelier du corps de Charles V, était issu d'une des plus illustres maisons du comté de Bourgogne, qui s'est éteinte dans le xviie siècle.

[2] Cette lacune et les suivantes sont dues à l'état de détérioration de cette dépêche, écrite tout entière de la main de l'empereur.

cy-après, j'espère avoyr pourvu à tout et ramandé ce en quoy avoyt eu faute.

Je me fays aussy doute que il trouvera estrange, que puisque avez tant tardé, que ne luy envoye plus grosse somme; à quoy je satisferay par ceste cy après, et diray les causes qui à ce me meuvent: et pour commenser à ce fayre, ce sera avec ces deux poins:

Dez que après avoir escript votre autre instruxion, laquelle vous envoyay, que n'avoys fayt sans demourer fort las, tant des affayres des co[ronnes], que de avoyr escript ycelle et autres choses.... pour la despesche de Flandres, j'estois bien ayse d'avoir achevé et povoyr ung peu reposer du travayl passé, ce que fus constraint de fayre, moy estant arryvé en ce lieu, où pensois trouver receute la somme d'argent contenue en vostredicte autre instruxion, du servyce de ces réaumes de Castille; et outre pensois tost avoyr quelques nouvelles de la venue des Allemans, et tant plus pour ce me haster d'apareyller les choses nécessayres à l'effect de la résolution que avoye fayt, selon que est contenu en vostredite instruxion; outre j'espéroys tost sçavoir l'arryvée des Allemans au secours de Naples.

Et davantage, pour ceste heure je cuydois bien avoyr conclut avec le roy de Portugal; mès il me samble que j'ay bien compté sans l'oste: car l'argent que cuydois jà deu estre receu, ne l'est point encores. Vray est que dedans deux moys pourray anvoyer recuidre[1] ce dont me pourray ayder promptement, et la reste que viendra à ce recevoir à plus longs termes servyra à la parpaye de deux en deux moys de ce que auray à payer à Andrea Dorya; de sorte que ce que pensois me devoyr couster à acoustrer les XXVI ou trente galères, la somme ne sera sy grande en argent contant, dont me pourray de tant plus ayder, et ce que ici ne ce reçoit ne [se dépense aussi?], mais vyent bien à point pour la paye dudit Dorya comme des Allemans que j'attendois.

Vous aurez jà sceu la venue de Monfort, lequel me trouva en Guadalajara le jour que je arrivay en ceste ville, et estoit passé par France et n'avoyt assemblé lesdits Allemans pour ne fayre despence

[1] Recueillir.

perdue, luy semblant et à ceulx de delà que la sayson estoit tardive, de sorte que ils ne sont venus, ny a pour ceste heure aparance de les mander, ny n'en est besoing. Du secours des Allemans qui devoyent aller à Naples, vous sçavez jà comment ils sont retournez en leurs maysons sans riens fayre.

De l'apoinctement de Portugal, le roy est venu à aucunes condycyons qu'els ne sont bonnes, et la somme n'est sy grande qu'il offre que bien voudroys. Il n'y a riens de [conclu]; mès si j'avoys affayre à gens quy [eussent] un peu de sens, je penseroys [tost] avoir fayt avecques eulx; mès pour ceste faute je ne vous en sçauroys ancores que dyre, synon que ils seront bien desraysonables sy je ne achève et conclue tost quelque chose; de sorte que toutes ces choses me sont venu [au contraire de ce?] que pensois, et n'y a eu que [le traité?] avec ledit Dorya, lequel [s'est trouvé bien?] à propos avoyr esté fait plus tost que je ne pensois[1]. Outre vous avez sceu la venue du cardynal avec ledit Wanry, pour lequel cardynal dépescher ay perdu plus de tamps que besoing me eût : toutefois il ne s'en est peu moyns fayre.

Et velà les raysons qui ont causé vostre demeure tant longue, tant pour attendre ledit cardynal, lequel passe avec vous, que pour me résoudre comment je remédyrois à ces fautes survenues tant mal à propos. Et puisque je pense pouvoir sytost fayre un si bon secours à monsieur le prince, comme cy-dessoubz entendrés, ne m'a samblé nécessayre luy envoyer autre somme que celle que portés, avec laquelle il résoudra de fayre selon que par vostre autre instruxion est dit, et que présentement par lettre de main de secrétaire vous est [écrit], et luy dyrés de ma part que surtout il travaylle d'apointer avec l'armée, selon la charge que vous ay paravant ordonné luy dyre; car cela ne peut que servyr à tous avénemens.

Et affin que il soit averty de la sorte que me suis résoulu, me semble mon intencion ce pourra exécuter selon mon désir, qui est de me trouver en lieu où je puisse gagner et accroistre honneur et réputation. Vous luy direz que, ayant entendu par la langue, d'au-

---
[1] Voyez la pièce suivante, page 439.

cuns [amiraux?] que n'y avoyt pour le présent moyen plus prompt
ne meilleur de enprendre par autre lieu que par le chemin d'Etalie,
me suis délibéré, aulx condicions et de la sorte que en vostre autre
dite instruxion est contenu, de prendre le chemin par la mer du levant
en Ytalye, et de apareiller pour cest effect, et lesser tous autres, pour
ne perdre tamps à l'accessoyre et laysser le princypal. Et pour ce que,
attendant jusques au printamps, les affayres n'en eussent de riens
mieulx valu, et cest argent, que ay peu et pourray assembler, feut esté
despandu avant ce tamps, et par ce n'en eusse plus peu avoir en effet
mon désir, ou si je ne l'eusse voulu despandre, le dylay eût peu causer
grant inconvényent à mes affayres, et ne sçay comment mon armée
ce eust peu soustenir, m'a semblé, et aynsy exécuteray l'apareyl,
d'envoyer promptement deux mille hommes en Cecyle, pour fayre ce
que ledit prince leur commandera, comme est contenu en une lettre
que luy escrips de mayn de secrétayre par vous; et outre les VIII galères que j'ay commandé armer, sans les deux compaingnies de la
vostre, entens, sy.... est incontinent, en armer à[1].... de XVIII ou XX,
lesquelles avec celles de Andrea Dorya et de Cecyle et Naples seront
bon nombre, selon les nouvelles que journellement auray dudit
prince et que elles seront prestes, selon ce les envoyeray à la file,
ou attendray à les envoyer ensamble. Outre, je despesche Ribade-
neyre avec charge bien expresse à Antoyne de Leyve que, avec X ou
XII^m[2] hommes, tant Allemans que autres, il voye au réaume de Naples, soyt pour secourir ou ayder à jetter, sy possible est, les ennemys dudit réaume, et deût-il abandonner la cyté de Mylan et autres
villes, et seullement garder les chasteaus ou places princypales.

Et davantage, je feray incontinent et à toute diligence assembler
icy jusques à VIII^m homes, et avec les bateaulx de l'armée des Indes
feray prendre autres bateaulx à ce nécessayres pour povoyr porter
lesdits VIII^m hommes, et les feray pourveoyr de ce que besoing
sera pour povoyr passer seurement à Naples, et sy besoing fayt après,

[1] Peut-être le nom d'un port de mer.
[2] Aille.

toute ou partye servyr d'armée de mer; car je la feray accoustrer à ce propos, et avec ycelle entens me embarquer pour passer audit Naples, et me joyndre avec ledit prince et l'armée qui là est; et sy le tamps est propice, pour[roient] aussy aller les galères coste à coste ou d'ysle en ysle, ce que espère pourront fayre. Je fays mon compte adresser tout ce que dessus pour vers la fin de novembre, ou my-dessembre; car je ne pense laysser de l'exécuter en ce tamps pour l'iver, sy le vent ne me veut estre contrayre; en dedans lequel je et ung checun verra clèrement le peu de voulonté que le roy de France a monstré de venyr à l'effect du combat. Et de ceste sorte, sy j'ay cest heur de pouvoyr passer, et que Antoyne de Leyve puisse arryver et nous joyndre tous ensemble, j'espère que, combien que il eût mieulx valu estre fayt comme par vostre instruxion je pensois ce deut fayre, que par ce moyen mon désir s'exécutera, et les fautes pourront estre amendées. J'espère, sy ce de Portugal ne me fault, que n'aurray moyndre somme que celle en vostredite instruxion contenue, mès plus tost plus; et pour ce que je désyre avoir tost responce dudit prince et de son avys, vous ferez toute dyligence de retourner pour m'en avertyr : car ce est le meilleur servyce et plus agréable que luy et vous me sauriez fayre; combien que dès maintenant je feray prendre les navyres nécessaires........ et que celles de ces réaumes ne sont si grandes que les caraques génevoyses.

Vous direz audit prince que il face avec Andrea Dorya que par son moyen l'on en envoye ycy troys ou quatre, lesquelles, sy elles viengnent à tamps, seront receutes et m'en servyray bien. Aussy sy luy semble que ledit Dorya peut ou doyve venir avec cesdites galères, il le poura envoyer pour le tamps avant dit. Pour ce que hier je eus nouvelle que ledit prince et mes gens commensoient à ce mieulx porter, et avoyr force contre les ennemis, si d'aventure il luy sembloyt que je me pourroys joyndre avec luy et que serions souffisans pour les ennemis, en ce cas il pourroit contremander Antoyne de Leyve, affin que il n'abandonnast l'estat de Mylan; et sy luy samble meilleur le leysser venyr vers luy, le pourra haster selon que le besoing en [sera plus nécessaire?]; et luy dyrez que aynsy le veuille fayre, que il fera bien de se ayder et servyr de luy, et le bien traiter et hounourer en quelque charge convenable. J'ay ceste chose autant à cueur que vous avez peu connaistre : je dis ce voyage; et pour ce, vous en advertyrés ledit prince affin que il dresse les affayres selon [ce].

De mon cousté, il n'y aura faute à ce que dessus; car quand ce de Portugal me fauldroit, sy espéreroys trouver autre moyen souffisant; et quand aynsy ne pourroit estre, fût par faute d'argent, ou pour ne povoyr contenter ny veoir moyen de satisfayre à l'armée, sy feray-je apareiller le tout, pour me régler selon que ledit prince m'avertira; et luy prierez de ma part que ce soit tost, et par vous gardant le secret : car tout ce que je apreste est sous ombre de secourir et jetter les ennemis du réaume, et nul ne se doute de mon intention, ne n'en scayvent riens. Et priez audit prince de ma part que il n'en escripve à nuls de ceulx qui sont auprès de moy ny à autres, et derechief que tost il me avertisse de ces nouvelles et je feray le semblable des miennes. . . . . et que pourray. . . . . . . Wanry, lequel je pense envoyer avec eulx pour l'avertyr en l'estat que les choses seront; mès il n'est besoing que il l'attende pour vous despescher, car il n'y a que bien que quant l'un va l'autre [retour]ne. Faict en Madrit, de ma mayn. . . . . .. de septembre, an XXVIII.

Vous n'oublierez, ce besoing fait, de jecter ceste à la mer, et en quelque cas qu'il peulle survenyr, pourvoyez-y de sorte qu'elle ne soit veue que par monsieur le prince, et tel que par luy vous semblera povoyr avertyr et bien informer ledit prince.

CHARLES.

LXXXVII.

PHILIBERT DE CHALONS,

PRINCE D'ORANGE,

A M. DE BALANÇON [1].

(Mémoires de Granvelle, I, 179-184.)

Sans date. [Après septembre 1528.]

Intrucyons à vous, monsieur de Balençon, de ce qu'aurez à dire à l'empereur touchant ce quy vous a donné de charge à me dire, et qu'yl luy plest escouter et commander que l'avertisse, sera ce qu'y s'ensuyt:

Et premièrement, après luy avoyr faytes mes très-humbles recommandatyons, luy remercyerés de l'onneur qu'yl luy plest me fayre de se fier en moy de chose tant d'importance que d'aventurer sa personne, sur le raport que luy ferez de ma part, et pour avoyr conneu l'afectyon qu'yl a, et le commandement qu'yl me fet, comme serviteur suys contraint de luy répondre en cest endroyt. Et d'aultre part, véant l'importance de sa personne et l'inconvényant qu'en pourroyt soudre, non-seulement à luy seul, s'il en mésavenoyt, mais à toute critienté, me remets en son électyon de l'entreprandre ou le lesser: car je suis asseuré que luy et tant de gens de bien quy sont en son servyse, saront bien eslire le meilleur. Mès pour responde et donner avys, sy tant est quy treuve pour le meilleur party venyr ilcy plustost qu'en autre lieu, luy direz que, pour satisfacyon de moy-mesmes, m'a semblé que sy jeune teste que la mienne ne devoyt seule respondre en cas sy grant [2], et que puysque sa magesté m'avoyt mys en liberté de communyquer cest affère avec ceus quy

---

[1] On trouve quelques fragments de cette dépêche dans les Mémoires de littérature par Desmolets, IV° partie, I, p. 56 à 58, et dans les Mémoires sur le cardinal de Granvelle, par D. Prosper Lévesque, I, p. 53-56.

[2] Philibert était alors âgé de vingt-six ans.

me sembleroyt qu'yl luy pourroyt donner conseil seur, secret et léal; après avoyr pris la foy d'eux d'ainsy le fère[1]. . . . . . prie leur dire à fère comme avez. . . . que pourrez nommer, pour puis après pouvoyr plus résolutivement luy répondre ce que met cy-après par escript :

Quy sera que, après avoir veu le tant grant désir quy montre de se trouver en quelque lieu, pour donner à cognoytre à tout le monde ce que pieçà nous aultres ses serviteurs avons cogneu, qu'est d'avoyr le cœur tel qu'il a, ores qu'yl a pleut à Dieu que juques ycy ne vouloyt oblier ceus quy se sont entremys en son servyce, il est à croire que beaucopt moins lesserayt en nécécyté le maistre que nous autres, veu qu'il ne vient pour nos mérytes; et quant au monde, il peult estre asseuré que le nom de sa personne seulle luy vaudra dix mille hommes, et que beaucop de gens quy ne sçavent quelz ilz doyvent estre, ou bons ou mauvais, fauldra adonques quy démontrent le dedens. Toutefoys, au contrayre il y a beaucoup de dangiers, tant d'aventures de guerres, que aussy par faulte d'argent, venyr quelque mutynacyon et d'icelle souldre quelque revers au rebours de son intencyon et de nous autres ses servyteurs; parellement faulte de vivres, qu'est ung cas où yl doyt bien penser; car, comme vous le pourrez bien informer, la nécécyté est extrême en toute l'Italie universelle. Parellement aussy n'est rayson que sa personne s'aventure comme moy ou un autre feroyent; et là où je pourroys atendre le tamps à une nécécyté à mon honneur et par rayson, à luy seroyt honteux de s'arester pour nul détourbier d'ennemys; j'apelle de force : car il fault que la sienne soyt sy grande qu'elle passe par-dessus le ventre à tous autres quy se mestroyt au devant. Pour quoy luy suplierez me vouloir pardonner sy je m'aventure, comme son servyteur très-humble, luy ramentevoyr et suplier de bien vouloyr penser deux fois, et après, sy se détermine de choysir ce voyage plustot que les autres, le mesme il veuille faire, si je luy escrips par vous; et c'estes la fason qu'il me semble il doit venyr

[1] Cette lacune et les suivantes existent dans le manuscrit, fort endommagé.

DU CARDINAL DE GRANVELLE. 435

non sy grande que beaucop de gens pourroyt dire quy seroyt nécessayre pour sa personne, ni aussy sy petite que s'il vouloyt demeurer, queque aultre personne quelle qu'elle fût ne s'en deut bien contenter; et quy pense, soyt la fesant ainsy ou non, qu'en moy ne trouvera jamais autre sinon luy estre obéissant [avec] grant ou petite ou moyenne provision, comme il luy plaira le me commander; car je ne seray jamès restif à luy estre tel que je doys. Meys il doyt bien penser que pour le premier, que c'est belle chose de se fère craindre et de mestre tel pour[1] par tout le monde, que l'on pense que là où il ira tout est perdu pour ses ennemys.

Je fays ces escuses afyn qu'il ne pansât que je luy fays le cas sy gros pour ce que je y soiys, et panse ores que ces affères mériteroyent ceste mesme provysion, non yl venant sa personne : toutefoys, s'yl ne le peult fère, il vault trop mieus que un de ses servyteurs eusse faute que luy. Il prendra, s'yl luy plest, la bonne voullonté de quoy il sest[2] que je le dis. Et quant à la sagesse, je croys quy ne m'a jamais tenu pour ung Aristote : pourquoy, si ceste est toute malfayte, après la luy avoyr montrée, la pourés jeter au feu; s'il y a queque peu de bien, il en pourra prendre ce qu'il lui en plaira, et la reste le lesser; et s'il luy semble bien le tout, luy supplierés que je soys tost avisé de son intention : car, comme j'ay dit dessus, elle sera suyvye de la plus grande et melleur affectyon que serviteur saroyt fère. Et surtout, n'obliés ce point, que je soye souvant averty : car vous savez combien yl ymporte.

Donques, pour commencer à l'avertir de ce quy me semble qu'il est besoin il prouvoye avant sa venue, commenserez par les vivres: car c'est chose de quoy l'on ne se sauroyt passer, et la provision quy me semble il y doyt mestre est de fère troys grosses mounycyons : l'une en ce royaume, car il en y a grande nécésyté; l'autre à ung port sur les Génoys, et me semble que Port-Ercules seroyt bon pour ce, si le pape et André Doria, quy le tient, leur rendent comme ils espèrent et einsy ont dit quy le feroyent; l'autre à Gennes. Celuy de

[1] Peur.   [2] Sait.

Naples pour la seurté du royaume; celuy de Seines[1] pour le chemin de ceste armée pour passer en Lombardie; et ausy que ne savons sy sera besoin séjourner en queque lieu pour fère queque effet; lequel cas avenant, ne seroyt possible, pour queque importance que se fût, sy je n'avoie vivres; et par tout le chemin n'y en a nulx. Celuy de Gennes pour sa venue et désembarquement et pour les gens qu'Antoyne de Leyve a en la duché de Myllan, et ausy pour nous quant nous y serons passé. Parquoy luy dirés que s'il luy plet venir, quy pourvoye ces troys lieux grossement de vivres; car estant le plus fort sur la mer, il peut tousjours assembler les troys en ung quand il voudra. Et la fason de ce fère est de venyr de Cecylle, de Sardaygne et d'Espaygne; et posé ores que le vissroy de Cecylle dit quy en y a peu au païs, toutefoys pourra-yl beaucop ayder : par quoy est besoin que sa magesté luy escrive sur ce, selon qu'il ara envye que le cas se fase, et quant il y envoyeroit ung gentilhomme tout exprès, me semble quy n'y auroit que bien. Des deux autres lieux, je ne say leur puissance, pourquoy n'en dis riens.

Autre provision quy semble très-nécessayre que sa magesté pourvoye est que, comme luy sarez bien raconter, et quy a jà seu par autres mes lestres, il y a troys ou quatre villes en Poulle[2] quy tiennent pour les Vénicyens. Et posé ores que le marquis de La Guast y soit allé, toutefoys je ne saroys juger ce quy en aviendra, ou de la faulte de les prendre, ou de l'adresse, ou d'aucunes d'elles ou de toutes. Et à cas qu'yl le fallit, que Dieu ne veulle, je ne sçay ny ne voys moyen comme je seusse sallir[3] ors de ce royaume, le lessant seurement garder et sallir fort[4] : car vous luy sarez bien à dire les gens que j'ay et la meschante mauvayse voulonté qu'ont ses sugets en ce royaume, et aussy l'asiète des villes sudites, lesquelles, hors deus ou troys d'elles, sont ports de mer, et est fort facille aux Vénissiens d'envoyer gens, argent et vivres auxdits lieux toutes et quante foys quy voudront, sil la mer ne leur est empêchée; j'apelle celle de

[1] (Sienne?) [3] Sortir.
[2] Pouille. [4] Dehors.

Poulle; car, comme yl set bien, ou autres quy sont entour luy quy l'en saurons bien informer, son armée sur ceste autre mer ne les peut empêcher; par quoy pourroyt dépêcher quatre ou cinc mille Espagnols payés, et quand se seront jusques à vi, il n'y aroyt point de mal, pour contreseger[1] ces terres par terre. Et sy tant est quy se veulle ayder de André Dorie pour son passage, c'est bien raison que ce soyt préféré à toutes choses. Meys aussi s'il luy semble que ce doive faire tost, me semble quy doit commander audit Dorie de venir par mer défendre quy n'y entre nul secours; car ausy bien sera-yl contraint d'y envoyer ou luy ou autres, depuys sa venue, et en ce temps pouroyt estre tart; car ils pouroient estre ravitallés. Et ceste pourvision des Espagnolz solyciterés que ce soyt tost, afin que je puysse sortir, disant que pour ce je ne lerrés[2] de chercher tous moyens pour ce fère le plus tost que pouray; mès que juques à ceste heure je n'en ay veu nulx, ny ne say sy se pourra trouver sans ce que je dis, ou que les Vénissiens vinssent à acord avec luy; en quoy ferés tout mon effort, comme il luy plet le commander.

Vous luy direz ausy qu'il est besoing quy face désendre un bon nombre d'Allemans en la Lombardie, bien payés et bien conduis; et me semble que le nombre que m'avez dit de douze mille est assés souffisant, et qu'yl est très-nésaysayre quy y soyent au tamps que je y pouroys ariver : car au bruyt que j'entens quy court pardedans ceux que j'ay ycy, s'il j'aprouchons la frontière d'[Alle]maygne, il sont gens pour nous lesser, et le tiendroys qua[si pour vrai]; car le mesmes coronel me l'a dit.

Encore, oultre ce me semble quy pourra encore fère une porvysion, qu'est d'envoyer queque gentilhomme au roy de Hongrie, avec queque argent, s'il luy semble bon ainsy, pour fayre arester, sus hombre qu'yl dit que y veulle dessendre en personne, juques à xvi ou xviii mille lansquenets, asseurant les capitaynes et queques gens de bien, leur donnant queque peu d'argent. Et poura sortir de ceste porvysion troys biens : l'un, le premier, s'il en avoyt à fère sou-

---

[1] Contre-assiéger.   [2] Laisserai.

daynement, il les pourroyt recouvrer; l'autre, il mettra en pensement le roy de Franse, quy ne sara comme desfornir son royaume de gens, et parellement les Suysses et baucop de ceux de Italie et princypalement les Vénicyens; et le tier, que les ayant retenu l'empereur, ledit roy de France n'en ara nulz, ou au moins yl ne ara que le refus.

Direz aussi à sa magesté comme, avec l'ayde de Dieu, j'ay commencé à accorder son armée, et qu'il n'y aura désaccord avec les piétons espagnols et les Allemans, en la sorte qu'il verra par une autre instrucyon fayte en italien de main de secrétayre; et suys après pour feyre le semblable avec les hommes d'armes, chevaulx-légers et Italiens, pour parachever de mestre le tout en obéïssance. Il pourra voir la grant somme quil monte, laquelle, ores qu'elle est grande, ne pensay jamais y pouvoir venyr, et n'a esté sans force mercèdes à tous les capitaynes, comme il poura veoyr par une autre instrucyon où je luy mets les nons d'eux et le nombre des mercèdes; tout soux son bon vouloyr, ou de reconfermer tout ou révoquer tout, ou prendre et lesser ceux quy luy semblera pour le mieux. Et luy supliérés quy ne s'esbaïsse s'il y en y voyt de bien fougueux; car j'ay esté contraint de donner à tous, ou je ne fusse jamès venu au bout à l'apointement dit.

LXXXVIII.

CHARLES-QUINT

AU SIEUR DE MONTFORT.

(Mémoires de Granvelle, I, 150.)

Tolède, 9 novembre [1528].

Mémoire en brefz de ce que vous, Monfort, aurez à dire à Madame, en Flandres, et au roy mon frère, en Allemaigne.

Premier, leur direz comment, quant arrivâtes vers moy, avois dépesché Casteau, pensant que le sieur de Reux estoit party, lequel pour le vent contraire demeure encour quelque temps après, et je contre-manday ledit Casteau, pour ce que le dépesche qu'il pourtoit audit du Reux et à vous (lequel pourteur a à présent baillé les lettres et la conclusion que par ce je faisois), estoit sorty, le tout en vain, pour les causes que savez. Et leur direz plus au long sur la faulte de la venue des Allemandz icy, le retour des Allemandz qui vindrent en Ytalie, la longueur de la conclusion des Portugois touchant l'espicerie, que l'argent des Serviens ne se peult plus tost recepvoir, que les appareilz ne sont si légers à faire en ces royaulmes que ailleurs. Plus, leur direz la déclaration que fis à ceulx de mon conseil en Valence, la contradiction que treuvay en eulx, et en ce mectant temps à estre la venue de Balançon avec la nouvelle du siége de Naples, les succès que depuis sont venuz, desquelz, je ne fais doubte, ilz sont advertis; que toutes ces choses et contradictions ont esté cause de n'estre les choses, au temps que bien besoing fust, si propices qu'il fauldroit elles fussent. Aussi leur direz depuis vostre retour et celluy de Wanry, que sais la venue de Andrea Dorya[1] en mon service, la détermination en quoy j'estois et la peyne pour ce que j'avois peu de gens à qui je le pouvois dire, pour le contredict que je savois trouverois en plusieurs ou en tous, comme lors me vint la nouvelle, et ne délibéray plus perdre temps, et à cest effect déclaray madicte intention, conclusion et détermination sans demander conseil; et pour ce que concluz est en vostre instruction de main de secrétaire, n'en feray redicte, depuis les contredictz que j'ay à tous eulx et espère avoir, mais que je seray ferme et ne changeray les difficultez de ce de l'espicerie, mais que je ne fais doubte que le tout se conclura et tost; et que dez cy en avant n'entendray en aultre chose que en vendre; que laisray en mon absence haster mon armée de mer et gens de guerre, et chercher tous les moyens que pourray

---

[1] On sait que, dans le mois de septembre précédent, ce célèbre Génois avait passé avec ses galères, du service de François Ier à celui de Charles-Quint, parce que le roi de France lui avait refusé la restitution de Savone.

pour avoir plus d'argent que je n'ay; avec les plus soudains partiray et les aultres laisray ordre pour les retreuver après. Aussi direz à Madame touchant ce du dom-prevost, de la capitaynerie générale, que je suis bien ayse de la venue de monsieur le grand-maistre pour ce qui touche à monsieur Jean Lalemant, et aussi par ce que par luy sauray plus freschement de ses nouvelles et que incontinant l'avertirez s'il reste plus longtemps à advertir. Faict en Tolède, ce neufième de novembre, de ma main soubscrite.

CHARLES.

Touchant ce du deffault [1], vous pourtiez ce que s'y est faict; n'oubliez de en tous endroictz sçavoir si je suis tenu à plus ou dois faire aultre chose pour honneur, car je n'y vouldrois faillir.

LXXXIX.

CHARLES-QUINT

AU SIEUR DE MONTFORT.

(Mémoires de Granvelle, I, 151-152.)

Tolède, 16 novembre [1528].

Monfort, j'ay puis vostre partement receu une lettre en chiffre du sieur du Reulx, la quelle venoyt en chiffre et a esté deschiffriez par Antoyne Pernyn, sans le sceu de son maistre. Je la vous envoye et sy fay-je la lettre que respons audict de Reulx, par lesquelles verrez ce que il m'escript et [ce que] je luy respons; et par ce que sur tous ces poincs est fayte mension bien ample en vostre instruction, je m'en remectz à ce que luy en direz; et ensuyvrez ycelle à l'informer

[1] Défi.

du tout; car je veux bien que il le sache et que luy satisfaictes, selon que luy escrips. Vous bruslerez sa lettre après l'avoyr veue, et clorez la mienne que luy escrips avec le tylet[1] et ung peu de cire; et sur ce, vous dis adieu. De Tolède, ce xvi⁶ de novembre. Je vous envoye ceste par mayn dudict Antoyne Pernyn; vous verrez sy l'y a eu ouverture. C'est de la mayn de vostre vray bon maistre,

CHARLES.

Au sieur de Monfort.

XC.

CHARLES-QUINT

AU SIEUR DE MONTFORT.

(Mémoires de Granvelle, I, 153-157.)

Saint-Juan, près de Tolède, 23 décembre [1528].

Monfort, parce que par monsieur de Vara[2] peu de jours a vous ay escript, pourrez avoyr veu le[3] contentement que j'avoys du délay de la responce de Portugal et que je l'atendoys tous les jours. Elle est venue, et vous verrez ce que à vous et à Mongeron j'escrips conjoynctement par lettre de main de secrétayre. Par icelle lettre je ne déclère ouvertement la rupture de ceste praticque, mès soyez sehur que je ne la tiens pour entière, ayns est de sorte que je croys que tard nous acorderons; et affin que sachez comant il en va et à quoy gît l'affayre, je le vous dyray en brief; et est en sustance que je leur avoye offert ce que à vostre partement vous dis touchant la fason que

[1] Filasse, fil.
[2] Peut-être Jean de la Palud, comte de Varax et de la Roche, dans le comté de Bourgogne. — [3] (Peu de contentement?)

devoyent navyger mes subjectz ès mers de delà, dont croys vous souviendra, et ont esté sur ce point tout le temps que pouvez veoyr, faisant ung aultre article à leur fantasye, et Dieu sait quel. Car à chasque bout de champ ne maytent aultre peyne sinon que je perds le droyt du rachapt en cas qu'il y eust faute, et l'article est couché de sorte que la faute de mon cousté ne peut fayllyr; et velà quant à ce point. Oultre l'argent que je demandoys estre payé en ce mois, que sont iii^c l^m escuz, ne me veullent bayller que les ii^c en dedans ledict temps, et le reste de ce mois en ung an, plus autres petites choses que soufisent, selon leur condition, pour dylayer la conclusion à jamais; et tant plus les pourchasserey, je voys bien que tant pis je ferey, et tant plus me mesterey en raison ou désyreray abréger, et tant plus eslongeront et faudront d'elle. Et que pis est, sy je rentre en la praticque, ils cuyderont que je le fais par pure nécessité, et pour ce feront beaucoup pis et délayront tant qu'ilz pourront; et à ceste cause je me délibère de ne plus fayre fondement sur ce, et pense rompre du tout la négociation et révoquer Lope Hurtado, lequel n'aura ja là plus que fayre que trois. Ilz sentiront et davantage, je vous asseure, que, pour beau-frère que sommes, ilz n'auront blé, ancres ny javelynes, ny nulle aultre chose dont ilz pourroyent avoyr affaire de mes réaumes; car ilz me sont trop marchans, et sont acoustumés de aynsi le fayre. Il pourroyt bien estre que, véant que je ne pensois plus à ceste chose, que lors ils se mestryont en la rayson; mays je ne say si lors je l'accepteroys, n'estoyt que je ne trouvasse nul autre moyen d'argent; mès je vous asseure que sy j'en trouve d'aultres, que je ne accepteray point leurs offres, quant ilz vouldroyent. Je n'ay lessé de sentir ce temps perdu sur chose que tenois si sehure, et que pis est, je vous promès que je n'en ay esté content, et m'en a despleu et l'ai senty autant que chose que m'eût peu avenyr: car, comme je faysoys mon fondement sur ce, et je veoys qu'il m'estoit faylly, je tenoys la mayson pour tumbée sans remède de la refayre, et estoys désespéré de mon voyage; et vous pouvez penser si j'avoys de belles pensées et de belles paciences. Je vous promés que il ne les faylloyt chercher en moy; car je ne pense point que je feusse oncques plus marry. Or mons. le grant-maistre m'est venu bien à point; car estant de ceste sorte, me suis déclaré à luy et luy ay dit l'ennuy que j'avoys de ceste chose et de veoyr mon voyage rompu; et si ay-je fayt le semblable à mon confesseur, lequel est aussy de mon opinyon; et de fait m'ont dit choses et parlé de tel sorte que je n'en suis désespéré, ains suis plus détermyné en yceluy que oncques, et je vous assure que combien que d'ung cousté il m'en a despleu de ceste chose, sy en ay-je esté bien ayse de l'autre, car c'estoyt chose que le réaume sentoyt fort, et soyez sehur que je ne la pense fayre, si je puis retourner, ce que cy après vous dyray; car j'aymeray mieulx fayre ce voyage avec ce peu de gens que sera besoing, sans cela que avez. . . . . et en avoir aultant plus; d'aultant que j'ay esté marry, je croy qu'il en y a heu d'aultres ayses; mais je leur ay dit, après avoyr parlé aux susdits, que je n'estois en fasson du monde délibéré de lesser de fayre ce voyage, et que je ne me pouvoys satisfayre de moy-mesme, si je ne le faisoys; et à ceste cause me délibéroys plus tost de le faire sans argent que de demourer; et Dieu sait quels visages il y a heu sur ce. En la fin l'on est venu que l'on regardât quelques aultres moyens d'argent il y avoyt; et m'ont tousjours dit ceulx qui plus parlent et ne dorment, que à moings de v ou vi^{cm} escuz ne le debvois faire; anays la somme de quoy je me suis résolu avec les dessusdicts est de trois cens milz escuz, et soyez sehur que s'yl est possible de les avoyr, et fussent-ilz quelque l.^{m} moyngs, que je ne lesseray de l'exécuter, si toutes choses ne me sont trop contrayres : que seroyt chose que je sentyrois plus que nulle aultre. J'entens incontinant aulxdits moyens d'argent, et espère que l'on treuvera la somme nécessayre, et en estant quasi asseuré de la treuver, ou voyant espérance sehure de ce, j'entens déclerer mon intencion et perdre la honte de le dyre, et apareiller et [appeler?] ceulx que vouldré qui m'accompaignent.

Je croys que aucungs eussent bien volu que je eusse rechangé vos instructyons, ou vous eusse contremandé; mès il ne m'a semblé bon, ains désire que ascheviez vostre charge et à toute la dilligence que pourrez : car j'espère de trouver ladicte somme des trois cens M escuz, et deussé-je vendre ceste ville; et en les ayant je exécuteray l'affayre. Bien crois-je que la chose ce délayerat d'aultant plus; mès soyez sehur que pour ce ne layrat[1] l'affaire, sy Dieu seul ne l'estourbe [2], et aussy que le délai ne sera trop long; et pour ce exercerez vostre charge le plus tost que pourez. Mès pour ce que mon argent ne fust oncques trop, et à ceste heure sera moyngs, me semble que il vauldroyt mieulx n'avoyr tant de gens que j'ay, à ce dernyer coup, dit et vous escript vouloir avoir. Toutefoys, pour ce que les choses changent, par la vertu de la lettre de crédence et par vos instructions au roy mon frère, luy pourrez dire que selon que les choses seront, selon ce, il m'envoye les gens, tant de cheval que de pied, que il sera besoing selon le temps et que bon luy semblerat pour le mieulx, et que ce ne soyt point plus que le besoing, puisque l'argent n'est tant que bien besoing seroyt; et à ceste cause je m'en remetz à luy et consens que ce qu'yl en dirat soyt faict. Je seray aussy bien ayse que, selon le besoing que verrez, lui en dyés ce que il vous en samblera, et que dirés que je désire n'y en ayt plus, sy aultre chose ne lui samble. J'ai fayt escripre ceste aultre lettre de main de secrétayre, affin que eusse cause de despescher courier, et vous escripre ce que dessus, qu'est assez pour ce coup, et sur ce feray fin. De Sainct-Juame, près Toledo, ce XXIIIe de décembre, de la mayn de vostre vray bon maistre,

CHARLES.

Au sieur de Monfort.

[1] Laisserai.   [2] L'empêche.

XCI.

CHARLES-QUINT

AU SIEUR DE MONTFORT.

(Mémoires de Granvelle, I, 158-160.)

Tolède, 24 janvier 1529.

Monfort, j'ay receu vostre lettre escripte à Vernier[1] le premier de l'an, à laquelle n'ay respondu, pour ce que j'espérois vous pouvoir de jour en jour advertir du moien que pouvois avoir pour treuver argent, puisque celuy de Portugal m'estoit failluet avoit tant tardé, et n'estoit sehur d'aucun et de la somme vous escripre plus résolutement du tout; je ne sais à quoy diable il tient, mais je vous advertis que jusques à ceste heure je n'ay jamais peu tant faire que, sur quelque chose que j'ay voulu ou sceu faire, n'ay trouvé homme qui m'eût peu certiffier ou voulu asseurer de l'argent que je désirois avoir, que n'estoit troupt grande somme, plus qu'elle ne méritoit, de trois cent mil escus. Je crois que pour estre tous tant contraires à mon aller, et chacun sait ou croit que l'argent que je cherche est à ceste fin, que les uns ne sollicitent les moiens comme ilz devions ou selon mon désir, et les aultres sont plus difficiles à faire partie pour y plus gaigner, ou pour la crainte qu'ilz ont d'y perdre en mon absence. Toutefois, je suis tousjours après, et ung soir il me semble que la chose est achevée, et tant plus près est d'achever; le lendemain je me trouve plus loin que jamais; et Dieu sçait la belle patience et le beau mérite que j'ay. Il me semble que je ne suis pour

---

[1] Il y a évidemment ici substitution d'un nom d'homme à un nom de ville; mais cette maladresse de l'ancien copiste ainsi que quelques autres peuvent d'autant moins être rectifiées, que la collection Granvelle ne possède qu'un fragment de la lettre originale.

ceste heure loing de la conclusion, et espère la pousser oultre ou jamais; car le temps se passe trop de ce qu'il en sera. Si c'est tost je vous advertiray, si vous n'estes lors party. Il me semble que Dieu a esté long à vous donner le vent cy vous recepvez ceste, et la diligence du partement de ceux de la galère n'a esté fort grande, comme je crois, à la mesme occasion. Toutefois, j'ay nouvelles qu'ils estoient arrivés en Jaines[1] et party pour Naples, et celle que j'ay peu faire de treuver argent sera, à ce que je crois, la plus longue. Je prie à Dieu que puisque le tout s'est tant allongé et retardé, que ce soit pour ung mieulx et affin que toutes les provisions se joyndent ensemble; car je crois qu'il en sera bien besoing, puisque mes voysins sont advertys et ont temps pour y pourveoir. Mais pour ce ne lesray de mestre en œuvre mon désir, si tous les élémens ne me sont contraires; et pour les empeschemens que du cousté de Naples y avons, comme vous escripvis, et que la chose continue de la mesme sorte, et que depuys ay eu nouvelles que Anthoine de Layve n'a encour guères plus de deux milles hommes, ou pour le plus ils ne sont trois milles, je dis Allemans et Espagnols, et que ce sont les principaulx élémens dont j'ay affaire, je désirois sçavoir vostre besongné touchant la dernière instruction que vous envoyay touchant la descente des Allemans, et encores désire que faisiés tout ce que en vous sera pour m'advertir de ce que en pourrés sçavoir, tant dez Flandres que d'Alemaigne, affin que je me saiche tant mieux régler; et ce non point pour choses que je attende aultre nouvelle pour exécuter mon désir, mais je seray bien ayse, si possible est, de sçavoir ce que se pourra faire à la reste. Les autres nouvelles que j'ay d'Ytalie me font plus de mal d'achever le voyage que devant, car elles sont tout à ce propos, et la grande famine qu'il y a est le cas plus principal; car j'ay (loué soit Dieu) blés pour y porter tant d'icy que de Cecile, et en pourray faire argent et au double. Vous verrez ce que je vous escrips des nouvelles que j'ay eu de France; je serois bien marry que ainsi fust. Je pourvois en ung cas et en l'aultre

[1] Gênes.

comme verrez; et si vous envoye lettre à Madame, affin que ceste somme soit délivrée à vous deux, pour estre sullement employée à ce que j'ay ordonné et non en aultre chose. De la reste dont vous m'escripvez j'en useray selon que le temps le dira; vous m'avez faict plaisir m'en escripre vostre advis. Ils ont estés bien oultrés en Portugal de ma responce. Ilz m'ont respondu de nouveau; mais ilz sont si long que je n'ose mesler la leur avec la mienne. Ce que avez faict des lectres de monsieur Jean Lalemant s'a esté bien faict. Il n'y a aultre chose que vous dire, sinon vous recommandant la haste de la départie des Allemans en Ytalie à tout effect, soit du prest de monsieur de Liége ou du crédit que le roy mon frère print deçà sur moy; et pour ce que sçay que en ferez ce que en vous sera, je ne vous en recommanderay aultre chose et feray fin. En Toledo, ce xxive de janvier, de la main de vostre vray bon maistre,

CHARLES.

XCII.

CHARLES-QUINT

AU SIEUR DE MONTFORT[1].

(Mémoires de Granvelle, I, 142-145.)

Siguenza, 16 mars [1529].

Monfort, j'ay receu trois voz lettres avant mon partement de Madryt, auxquelles n'ay respondu pour ce que par la dernière seux[2] que vouliez faire voile, et seux par aultres que l'aviez faict; et deux jours avant que partisse seux que estiez retourné, ayant esté neufz jours sur la mer. Je sçay combien il vous en a despleu et à

---

[1] Une faible partie de cette lettre a été publiée par D. Prosper Lévesque (*Mémoires sur le cardinal de Granvelle*, I, p. 8 et suiv.) et dans les Mémoires de littérature de Desmolets, 4e partie, I, p. 46-49.
[2] Sus.

toute la compagnie, si a-il faict à moy, comme pourrez mieulx penser. Ces deux jours avant mon partement ne me fust possible vous respondre pour les choses que sçavez surviennent en ung tel cas. Despuis j'ay quelques jours prins mes plaisirs sans perdre journée, et à l'arrivée à icelle avois si grand sommeil que jusques à ceste heure ne vous ay respondu. Je pense aussi, que selon que vous dictes que le vent ne vous est si favorable, que ceste ne vous trouve au port. Je l'aymasse mieux aultrement, mais il m'a tant bruslé le visage en ce chemin que je crois que[1]...... vous recepvrez ceste, combien que j'aymasse mieux que non, et en deussé-je perdre ma peyne.

Par la première lettre des trois que de vous j'ay receu, ay entendu la doubte que faisiez de mon aller et de ma dilligence. Je vous y ay jà satisfaict, comme me donnez à entendre par aultre que aviez receu les missives; de l'aller je vous en escripray en ceste, en la fin, plus au long; de la dilligence, si je ne le fais en ce cas, je me rendz en tous les aultres. Vous me faictes plaisir m'advertir en toutes choses de ce qu'il vous semble, et je vous prie continuer avec icelle; car m'en envoyâtes une à laquelle je respondz sans dissimulation. Vous la pourrez bailler, disant que je vous ay escript que c'est en responce de ces tant honnestes remerciementz de si peu de chose; elle va si enclose et sans superscription. Vous n'en ferez point de cas, ains direz que vous ay escript que c'est pour ce que la sienne estoit ainsy. A une seconde lettre par ce que dessus ay satisfaict et satisferay quant à mon voyage. Si après il ne reste que de vous advertir que j'estois en quelque doubte si vostre lettre avoit été veue, ou tombée en aultre main, ce que j'ay avéré que non. Et a esté quelque négligence de Jan Martynès de reculer, de sorte que puisqu'il n'y avoit aultre importance, j'en suis satisfaict. Par vostre dernière lettre m'escripvez, et despuis l'ay sceu, que le bruit que les François faisoient courre de la mort de monsieur de Liège estoit sans cause : il m'eust despleu que ainsy fust esté; je suis bien ayse

[1] (C'est là que?)

qu'il en va aultrement. Je luy escris une lettre luy donnant toute haste; vous en userez selon que cy-après vous escriprai. Quant au sieur de Vienne, j'ay entendu non par lettres de Madame, mais par pratiques serviales, ce que me escripvez : si c'est pour cest appoinctement de Geldres, le tout est bien employé, et n'est besoing d'user d'aultres punissions; mais s'il falloit, j'entendz que ce que j'ay pourveu ay exécussion. Et en ce de la récompence, j'en auray souvenance avec le temps, et le plus tost que pourray, et ne reste-il aultre chose à vous respondre sinon ès choses que m'escripvez touchant mon voyage, et vous advertir de ce qui depuis est succédé et vous en feray ung compte :

Qu'est que depuis que vous escripvis, j'ay tant faict que je suis party de Toledo et suis arrivé en ce lieu, et, si Dieu plaît, je seray le mardy de la sepmaine saincte à Sarragoça, et le huit ou neuf d'appvril en Barcelonne [1].

Depuis que vous escripvis, n'ay heu nulles nouvelles en Talye que fussent substantieuses, et mesmes du prince d'Orenges; car je n'ay receu lettre sienne en chemin. J'ay rencontré ung quil y avoit quarante jours qu'il en estoit party, quil disoit que l'on avoit appoincté avec les piétons, tant Allemandz que estrangers, et debvoient estre en obéisseance; et que Balançon estoit despesché et venoit à Gennes par terre pour passer en la galère. Je ne sçay qu'ilz apportent de Wanry. Je ne sçay nulles nouvelles. Je sçay bien qu'il y a heu de la fascherie entre eulx deux. A la reste, tant pour envoyer à Anthoine de Leyve, que journellement envoye gens pour argent, et auquel ne puis envoyer que du bled et non tant que bien seroit besoing, que pour mon partement et payer quelque chose à ma maison, apprester l'armée, laquelle est fournye à trente milz ducatz pour jusques au jour de l'embarquement, il ne me demeure rien et mesme m'a faillu prendre d'avantage de ce que j'avois pour parfournyr, oultre pour la nécessité qu'il y avoit aux frontières;

[1] Ce ne fut que le 27 juillet suivant que l'empereur quitta le port de Barcelone et fit voile pour l'Italie.

et aussi, comme crois, me cuident empeschés, sont estés les advis
de faire les provisions qu'il me falloit faire si grandes, ou eust pehu
sembler que je voulois laisser ce de deçà despourveu, que, avec ce
qu'il y a peu de gens qui veuillent achepter ne qui ont grand volonté de bien servir, crois que il ne restera guères de ce que pensois avoir par le moyen que vous avois escript. Je m'estois désavéié[1]
avec Portugal; j'espère que nous retournerons à appoincter, et que
j'auray la somme tout entière. Soyez seur, et selon ce faictes voz dil-
ligences, que si les provisions ou ceulx de delà, tant par Italie que
par Flandres et Allemaigne, ne me faillent, que je ne sauldray, si
Dieu ne m'en veult oster le moyen. Je dis ce, pource que, comme
vous ay escript, Madame[2] envoye Rossbos[3], et, à ce que j'en ai pehu
entendre, ne porte aultre chose que ce quil se traictoit en Bourgos,
comme savez combien elle estoit contraire à ce et ce qu'elle me fit
dire par le sieur de Reulx et aussi par vous. Vous le luy ramenterez,
et luy direz, s'il ne porte aultre chose, et que le roy de France
ne veuille accomplir ce de Madryt, la difficulté qu'il y auroit de
pouvoir m'accorder avec luy; car, s'il ne l'accomplit, je ne sçay comment je me pourrois desdire de ce que j'ay dit de luy, ou souffrir
qu'il ne se desdie de ce qu'il m'avoit desmenty, que sont deux
choses fortes à faire; et suyvant vostre charge luy direz qu'elle l'exécute et qu'elle ne se fonde sur ces embassades; car elles ne peuvent
estre de gros train ny seureté, ains de peu de substance. Et certes
je m'esbahis, si aultre chose n'y a, comme elle change si tost de
opinion. Car, comme vous sçavez, sans l'arrivée du sieur de Reux et
de vous, et ce que me dictes par l'advis d'elle, la chose estoit conclute selon l'avis de ceulx qui estoient près de moy; et à ceste heure
que j'ay suivy iceux, pour la honte que de ce me pourroit venir,
changer sur belles parolles de l'élu Bayard par lettres de la régente,
c'est volonté de femme et ne si faict point bon fier. Vous ne direz
que ce que verrez estre besoing, mais ce est la substance. Davantaige, j'ay receu lettres du roy mon frère, où il me sollicite de la

[1] Brouillé. — [2] L'archiduchesse Marguerite. — [3] (Rosamboz?)

paix le plus fort du monde, et comme si je n'y avois nulle volonté, et mesme me semble qu'il désire la traicter. Il est bien loing pour ce faire et n'a moings à entendre que moy. Je la désire, non point pour estre trompé et après inculpé d'avoir faict faulte. Et de ce le pourrez asseurer, luy disant [de] ce que dessus ce que verrez estre de besoing et par les meilleures parolles que pourrez et saurez. Je vous escriptz ce que dessus comme homme qui n'a entendu ce que ils portent ; mais aussi les pourrez asseurer que plustost que faire paix non honorable ou sans asseurance, que aymerois mieulx y mectre le tout à l'adventure.

Ledict roy mon frère m'escript de la venue du Turc, et je le crois très-bien selon les inciteurs qu'il en a, et il peult estre seur que de tout mon pouvoir je l'ayderay et assisteray, et de ce que je pourray l'en adviseray, moy estant arrivé en Sarragoce; et s'il m'est possible m'y trouveray moy-mesme, et luy pourrez dire quelcunes des principales choses qui m'ameynent en Italie, et d'approucher plus de luy, et si plus de haste il en a, je luy prie m'en advertir: car je feray ce que ung bon frère doibt faire. Mais aussi pour ce, et deussé-je par nécessité y aller seul à le secourir, si ne vouldrois-je pour ce faire paix ou chose que me fust honteuse ou de peu d'asseuranse. Comme je vous dis, je luy en escriprai plus au long moy estant en Sarragoce. Il fault qu'il entende que l'argent est court en ces lieux, et en tous lieux est nécessaire. Mais avec tout ce, je feray ce que ung vray bon frère doibt faire, et je désire quant à ce de luy avoir de ces nouvelles; car je vous asseure qu'il avienne que si toutes choses me failloient, et je ne puisse partir d'icy comme je debvrois pour ce que je désire, que pour ce cas j'aymerois mieulx que l'on die que je y fus seul par faulte de compagnye, que pour l'attendre je n'y allasse; mais se seroit assez de mal quant là viendroit[1].

L'on a icy parlé de la venue du pape; je la crois d'ung coustel et ne la laisse de croire de l'aultre, si par cecy je pense rompre mon voyage. Je ne sçay ce qui en sera; je sçay et vous asseure que je feray

[1] (Quand la chose en viendrait là.)

quelque chose, ou je fauldray à mes attentes et laisray tout là. Et sur ce feray fin, car j'espère en faire une raison; de vostre coustel sollicitez en ceste saison ce que verrez estre nécessaire. Je prie à Dieu d'ung costel que ceste vous treuve, et de l'aultre qu'elle ne vous treuve, et que il à vous doingt sa grâce, ce que plus son service sera. Cest de Cinguença, ce seizième de mars, de la mayn de vostre vray bon maisre,

CHARLES.

J'escrips au roy mon frère, et à Madame, et à monsieur de Liége. Vous leur baillerez mes lettres, et à celuy de Liége parlerez selon vostre première charge et selon ce que vous escris.

XCIII.

CHARLES-QUINT

AU SIEUR DE MONTFORT.

(Mémoires de Granvelle, I, 146-147.)

Saragosse, 18 avril [1529].

Monfort, je vous ay plusieurs fois escript vous estant au port, et dernyèrement vous escripvis; mais jà estiez party. Il n'y a autre chose que dyre, sinon ce que entendrez par ce porteur. Vous solliciterez vos charges aynsy que vous est ordonné, et à tant vous dis l'adieu. Cest de Sarragoça, ce xviiie d'avryl, de la mayn de vostre bon maistre,

CHARLES.

Mongeron, pource que suis lasse d'escripre, sy Monfort est passé, ceste sera pour vous. Faytez et solicytez le contenu de vostre charge.

Au sieur de Monfort, ou an son absence au sieur de Mongeron.

XCIV.

FRANÇOIS Ier

AUX ÉTATS DE L'EMPIRE ASSEMBLÉS A SPIRE

(Mémoires de Granvelle, I, 90-91.)

Blois, 25 mars 1528, V. S.

Françoys, par la grâce de Dieu, roy de France, aux très-nobles et très-puissans princes noz bons et très-chers cousins, les princes de la Germanie, salut. Messieurs, j'aymerois beaucoup mieux en ce temps de guerre et à cette présente perturbation de toute la province d'Europe, entendre et communiquer avec vous par mes ambassadeurs à l'apaisement et tranquillité de la chose publique de la chrestienté et à ce employer tout mon avoir, entendement et esprit, que de perdre temps à me purger des calomnies que mes ennemys ont voulu et me veulent imposer. Néantmoins, pource que suis adverty de plusieurs costez, tant par messagers que lettres, que mesdicts ennemys ne cessent encore à me calomnier et imposer crimes dont ils sont plus coupables que moy, faisant publier partout lesdictes calomnies et menteries, pour me faire haïr d'un chaqu'un, sans aucune cause ni rayson, et afin que par ce moyen leur grande cupidité et désir qu'ilz ont de dominer puisse estre dissimulé et couvert, ilz font leur mieux de mectre lesdictes calomnies, fautes et abus sur les autres, dont toutesfois ilz ne sont aucunement excusables; il m'a semblé bon, messieurs, veu que tenés les premiers lieux en la chrestienté, et que de tout temps mes prédécesseurs ont tousjours eu et entretenu bon amour et aliance avec vous et le sainct empire, escrire le tout et me (par vrayes raisons et argumens) bien et déuement purger desdictes menteries; à quoy j'ai aussi plus d'espoir pour ce que je vous cognois estre princes vertueux, saiges et belliqueux, sçachant très-bien par vray jugement discerner et distinguer les choses feintes et dissimulées. Au moyen de quoy j'ay ferme espoir que mon innocence sera, par vostre unanime sentence, trouvée et approuvée [exempte] desdictes menteries, et que seray tenu pour d'icelles innocent devant tout le monde, et mes ennemys coulpables, et leurs trafiques et menteries et tromperies cogneues et descouvertes; lesquels, sans aucune honte ni crainte de Dieu, ont jusques oires tasché de me publiquement charger par leurs iniques et sacriléges menteries.

Et premièrement me semble qu'il n'est aulcunement besoing de faire aucune mention de mon honneur, de ma foy, prééminence et dignité; car toutes ces choses sont tousjours esté et sont en moy si entières, constantes et parfaictes, que toute la chrestienté et vous, messieurs, en estes assés adverty; car nous l'avons assés donné à cognoistre à chacun; par quoy, quant à cela, n'est besoing de me aucunement excuser desdictes menteries. Et si, messieurs, n'en estes encoires assés advertis, je suis délibéré vous envoyer mes ambassadeurs, qui vous advertiront bien du tout, moyennant qu'ils y puissent aller à seurté, et vous feront saveoir et amplement entendre que, sans cause, injustement et indeuement, ilz m'ont voulu charger desdicts crimes, desquels ilz ne se sçauront aucunement excuser. Et touchant ce qu'ilz dient que, non seullement suis cause de la guerre en la chrestienté et de l'empeschement de la tranquillité et paix d'icelle, mais davantage que j'ay empesché le Grand-Turc de faire paix avec Fernande [1], pour ce que ledict Grand-Turc vouloit que fusse comprins dans ledict traicté, il me semble que ledict Grand-Turc est beaucoup plus à louer que l'empereur; car je trouve plus d'humanité et clémence en un roy payen qu'à l'empereur, qui veut estre tenu et réputé pour prince chrestien, lequel ne peut aucunement nyer luy avoir offert, pour la rédemp-

---

[1] L'archiduc Ferdinand, frere de Charles-Quint, roi de Bohême et de Hongrie en 1527, élu roi des Romains le 9 janvier 1531.

tion et délivrance de mes enfans estans demeurés ostaiges, aussy honnestes conditions et moyens qu'il a esté possible, dont, messieurs, je vous faictz et requiers estre juges; estant bien asseuré que j'ay offert pour mesdicts enfans, afin de les délivrer, plus qu'il n'est licite ny juste pour la rédemption du plus grand prince des roys de la chrestienté. Et combien que cy-devant vous ay bien adverty de cecy et d'autres choses, néantmoins il me semble bon les répéter, et mesmement comme pour la duché de Bourgongne, laquelle, selon les saines loys et constitutions de ce royaume, ne se peult aulcunement aliéner ny estre séparé du royaume, j'ay voulu payer et donner douze cent mil escus et plusieurs autres choses, mesmement d'assister l'empereur, avec toutes mes armées et puissances, partout où il auroit affaire, et tout pour ravoir mesdicts enfans. Au moyen de quoy, messieurs, pouvés bien clairement entendre que suis celuy qui a tousjours désiré faire paix et tranquillité en la chrestienté, pour par icelle prévenir à touts obstacles et empeschemens, afin que cette guerre, qui a si longuement duré, fût une fois faillie, et que la chrestienté pût retourner en ses anciennes forces et puissances, et vivre en tranquillité. Mais ledict empereur, qui devoit avoir accepté icelles offres pour subvenir au pauvre peuple, demeurant en son obstination mauvaise et perverse, a icelle refusé, comme si la chose ne luy touchoit aucunement, sans avoir pitié à la grosse effusion du sang chrestien, à la persécution et prophanation des choses sainctes et sacrées, et aussy à la pauvreté et misère dudict pauvre peuple, qui sont en danger d'estre totalement destruictz et spoliés par l'évocation des Turcs qui sont desjà ès limites d'Allemagne; dont, considéré ce que dessus, l'on devroit plustôt dire l'empereur auteur que nul autre, combien qu'il m'ayt imposé ledict crime par ses menteries, ce qu'il ne sçaura jamais prouver : car je suis autant marry, pour la pitié que j'ay de toute la chrestienté et mesmement de ladicte Germanie, pour ce qu'elle contigue aux pays de l'empereur et par ce moyen leur pourroit, par la cruauté dudict Grand-Turc, mésadvenir, que ne sçaurois estre plus marry.

Et pour à ce obvier et afin de faire paix en la chrestienté et de résister audict Turc, et mesmement pour la conservation de la liberté de la Germanie, qui a esté de tout temps amye et allyé à nous et à noz prédécesseurs, et pour conserver toute la chrestienté, je vous promect, messieurs, qu'en cas que l'empereur, par vostre moyen et comme à ce principaux acteurs, accepte les conditions de paix que tant de fois luy ay offertes, cessant les armes, me rendant mes enfans, postposant la guerre pour avoir paix, et que au surplus il se veuille conduire également et comme de raison en tout, afin que la paix soit faicte en la chrestienté, de me trouver en personne avec vous pour résister audict Grand-Turc avec trente mille piétons et deux mille chevaux bardez, sans la garde de ma personne que je suis accoustumé avoir quand je va à la guerre. Par quoy, messieurs, vous pouvés évidamment voir et congnoistre que ne désire autre chose que ladite paix et tranquillité de la chose publique de toute la chrestienté ; ce que je doute les autres ne sçauroient et ne pourroient dire en vérité, tant sont ilz lasches et meschans, laissant tant ruiner et aller à perdition, combien qu'ilz doivent estre ceux qui y devroient donner ordre. Et vous sçavés bien, messieurs, en quelle pauvreté, misère, désolation et estat a esté la Germanie soubs la domination et régime de la maison d'Austriche ; car estans tousjours ardans à cette ambitieuseté de dominer en Italie et autres pays voisins estant delà les montz, a mésestimé et peu tenu conte de la noble Germanie, la tenant à comptemnement et réputant pour déserte, en manière que cette Italie est la mère ribaulde et principale cause des pauvretez, misères et inconvéniens que jusques à présent ont esté en ladicte noble Germanie et à toute nation. Comme vous estes de ce mieux instruictz et informez, et en sçavés mieux à parler que nulz autres, par quoy n'en faut icy faire grande mention.

Mais, messieurs, je vous diray une chose, que aussy ne dois ny ne puis taire, car il est véritable, non point menterie, comme mes ennemys sont accoustumez mectre en avant, qui ayment mieux sembler véritables et vertueux que de l'estre ; et est, messieurs, que s'il vous plaist également, et selon droict et raison, considérer toutes choses, comme aussy j'espère ferés, vous entendrés évidamment que suis esté enclin à la paix universelle, repos et tranquillité de toute la chrestienté, et y avoir labouré entièrement et le mieux que j'ay peu, considérant la grande misère et pauvreté en laquelle elle a si longuement esté, et congnoistrés clairement ceux estre pervers et mauvais qui autrement et au contraire dient ou parlent de moy. Car ilz le font pour me transférer leurs crimes et fautes dont ilz sont principalement coupables. Et mesmement ilz ont puis naguaires faict courir le bruict que je suis cause, autheur, inventeur et alimenteur des schismes, discordes, séditions et autres mauvaises sectes estant à présent et régnans en ladicte chrétienté. Mais l'on sçait bien clairement que toutes les choses cy-dessus sont faulses, bourdes et menteries, pour quoy ne m'en excuseray bien fort, estant assés contant du repos de ma conscience, que j'appelle à tesmoing. Néantmoins, messieurs, je vous requerray et prieray vouloir bien considérer ce qu'est du tiltre et nom du roy très-chrestien que moy et mes prédécesseurs ont bien et inviolablement porté, ayant eu tousjours abomination de telles et semblables sectes comme aussy je faictz à présent, ce qui pourroit estre facilement prouvé par plusieurs raisons et argumens; et mesmement que en moy, ni en mes sujectz ou pays, seront treuvés les choses qu'on nous objice : car en mon royaume tout est pacifique, en paix et tranquillité, et n'y a gens plus obéissans à faire le commandement de leurs princes que ma gent gallicane, comme aussy estes advertis. Et pour ce que tout cecy est vray, j'espère, messieurs, que, y pensant, ne adjousterés plus de foy à ces cycophantes et gens sans honneur et par trop légers, en ce qu'ilz vous disent de ce que dessus, afin que ma bonne et noble fame et renommée puisse demeurer en honneur, sans estre ainsy blasmé de ces mauvaises langues de mes ennemys, qui jamais ne cessent d'injurier madicte noble renommée envers vous et tous autres princes et nations, tant barbares que autres. Par quoy, messieurs, ferés bien vertueusement et constamment ne croire aucunement lesdicts mesdisans de moy, ains d'iceux et de leurs menteries et faulses paroles me défendrez absent; désirant et requérant, messieurs, vouloir user de moy et de mes biens et richesses quant à faire en aurez, comme feriés des vostres propres; car vous verrés par effect que me trouverés plus enclin à vous assister et ayder que prince quelconque chrestien; ce que sçait Nostre Seigneur, qui vous doint ce que désirés. De Bloys, le xxv° jour de mars 1528.

FRANÇOYS.

Et plus bas :

ROBERTET.

XCV.

TRAITÉS DE BARCELONE,

L'UN PATENT ET L'AUTRE SECRET,

CONCLUS ENTRE LE PAPE CLÉMENT VII ET L'EMPEREUR CHARLES-QUINT,

LE 29 JUIN 1529 [1].

(Apologie de Charles-Quint, 302-311, et 316-317.)

[1] Voir Dumont, *Corps diplomatique*, II, 2° part. p. 1 et seq.

XCVI.

INSTRUCTIONES

PRO REVERENDISSIMO DOMINO LEGATO APOSTOLICO,

MITTENDO AD MAGNIFICOS DOMINOS SENENSES, DEINDE AD MAGNIFICOS DOMINOS FLORENTINOS,

SI OPUS FUERIT.

(Mémoires de Granvelle, I, 201-208.)

Sans date [1529?]

Imprimis cum Senos venerit, a magistratibus, qui rempublicam gubernant, visitabitur, præsentato apostolico brevi benedicet dominis, civitati et populo Senensi, ex parte sanctissimi domini nostri [1] et eis salutem dicet.

Tum verbis accommodatis et gravibus, ut decet, exponet paternam charitatem, qua semper sanctissimus dominus noster prosecutus est rempublicam Senensem et populum, prout in occurrentiis superiorum temporum ipsi clare cognoscere potuerunt; et hoc sanctitas sua fecit, tum quod etiam in minoribus existens semper illi civitati fuit affecta, tum etiam quia semper cognovit populum Senensem devotissimum fuisse et obsequentissimum sanctæ Romanæ Ecclesiæ et sanctitati suæ, proinde non minorem curam esse suæ beatitudini illius civitatis felicem et quietum statum, quam civitatum sanctæ Romanæ Ecclesiæ.

Sanctissimus dominus noster summa animi molestia intellexisse seditiones et populares tumultus, quibus Senensis civitas jam pluribus mensibus exagitata fuit, timuisseque semper ne aliquid maximi mali tam diurna commotio pareret, ut fieri solet; verum cum didicisset sanctitas sua illius populi modestia, et bonorum civium, et

[1] (Clément VII?)

domini cardinalis præsertim Senensis solerti cura ac diligentia res in dies melius componi, et interposito maxime juramento coram sacratissima hostia reconciliationem factam fuisse, et summa quiete reipublicæ magistratus pro futuro tempore ordinatos imbursatosque, sperasse suam sanctitatem jam seditiones omnes esse sublatas, omnesque ad veram rediisse concordiam, ac spem certam datam omnia pro quiete illius civitatis in posterum melius successura, proinde quod jam prius cogitarat, destitisse ab aliquo oratore mittendo, qui suæ sanctitatis nomine concordiam inter eos procuret. Nunc vero cum sanctissimus dominus noster, relatione oratoris illius civitatis, cognoverit, procurante malo tyranniarum satore, novam scissuram factam esse ac seditionem priore pejorem, ita ut jam ad civile bellum proruperint, prudentissime considerans sua sanctitas rem hanc perniciosam esse illi civitati, scripsit quamprimum ad dominos Florentinos, monuitque eos per breve apostolicum, ut ab omni favore et auxilii specie exulibus Senensibus, qui Montem regionis[1] occupaverant, præstando abstinerent, et illud idem eidem oratori, ac aliis christianissimæ ligæ qui postea Romam venerunt, efficacissimis verbis replicavit, ostenditque quantum hæc res suæ sanctitati cordi esset, quantumque periculosi ignis ex hac scintilla posset conflari, statuit omnino aliquem ex reverendissimis dominis cardinalibus ad eos mittere, jussitque se quamprimum illuc conferre.

Exponat deinde sanctissimum dominum nostrum hoc novo tumultu valde commotu messe, doloreque vehementer illi civitati quæ tantis vexetur angustiis. Verum cum nullum validius salubriusque tantis malis remedium sua sanctitas cognoscat, quam civium reconciliationem atque unionem, hortari atque obsecrari Senenses cives, et eos maxime qui rempublicam gerunt, ut dimissis odiis ac suspicionibus, quibus se ac rempublicam perdunt, tandem se uniant, veram animorum reconciliationem procurent, præteritorum obliviscantur, patriæ saluti in tanta necessitate succurrant, itaque agant, ut cives omnes quieti et securi in dulcissima patria vivere possint.

[1] Montereggioni, dans le Siennois.

Quod si hactenus privatis passionibus simultatibusque superati facere noluerunt, nunc tandem in tanto tamque manifesto libertatis patriæque periculo facere non negligant; considerent rerum Italicarum præsentem statum, vicinorum dispositionem ac studia, quos habeant amicos, quosve inimicos aut emulos, sanctissimum dominum nostrum, propter superiorum temporum afflictiones, non multum de se polliceri posse, tamen defensioni eorum pro viribus non defuturum, civitatemque de sua sanctitate et apostolica sede bene meritam nullo unquam tempore deserturum; sed nulla certiora validioraque præsidia Senenses habere posse, quam a seipsis. Uniant sese, condonentque patriæ posterisque quicquid injuriarum hactenus utrinque exercitatum est, vere atque ex animo, non ficte sibi ipsis reconcilientur, et qui ejusdem civitatis sunt cives, eodem sacro fonte renati, iisdem legibus moribusque nutriti, consanguinitatibus, affinitatibus, amicitiis, societatibus clientelisque conjuncti, idem sapiant, seque omnes ut concives, ut fratres ament, dentque operam ut nulli, aut quam paucissimi, extra civitatem manere cogantur. Hoc si fecerint, nullos esse qui eis nocere possint; inventuros semper adjutores et defensores, si sint uniti; sin vero, quod absit, pertinacius insolitis contentionibus perseverare malint, vereri sanctissimum dominum nostrum ne ita hoc malum crescat quod ei obviare non possit.

Audisse suam sanctitatem aliquos cives, indignatione vel timore impulsos, jam despicere ad desperatorum præsidia; cogitent quid agant, neque in eum locum prosiliant unde postea pro arbitrio resilire non liceat, curentque libertatem, quam a patribus suis accepere, etiam filiis relinquere, cum servitus malorum omnium sit extremum.

Et ob hanc præcipue causam missum se esse a sanctissimo domino nostro, ut hanc unionem et reconciliationem inter eos procuret omni studio et diligentia, et quæ communi consensu conventa erunt, etiam, si opus sit, apostolica firmentur auctoritate, se paratissimum esse exequi quæ sibi commissa sunt, neque se parsurum labori aut molestiæ, dummodo prodesse queat.

Hæc omnia prædictus reverendissimus dominus legatus amplioribus verbis pro sua prudentia et sapientia exponet, et bonam mentem paternamque charitatem sanctissimi domini nostri erga illam civitatem aperiet.

Deinde, si erit expediens, ibit Florentiam et excelsis dominis Florentinis eodem modo benedicet, et eos salutabit nomine sanctissimi domini nostri, præsentato brevi apostolico.

Tum exponet, sanctissimum dominum nostrum non sine animi molestia intellexisse, quæ de novo, occasione terrarum illarum sive oppidorum, dominium illud contra Senenses intentaverint, de qua quidem novitate sanctitas sua, attenta temporum et rerum conditione, non parum miratur.

Debere considerare dominos Florentinos, Italiam satis superque esse turbatam ac implicitam, Senenses civili seditione ita esse afflictos, ut parum absint ab aperta desperatione, cum jam consilio propter perniciosam scissionem careant omnino. Non esse prudentis consilii eos impellere ad ruinam, quando quidem vicina domus sine collæsione contiguæ ruere non possit. Senenses Romanæ curiæ et Florentinis vicinos fuisse non timendos, cavendumque pro agno succedat lupus; proinde sua solita sapientia prudentiaque utantur, neque igni quo minus ardet Italia novum addant incendium, forsitan non minus periculosum.

Rem Ferrariensem sibi ante oculos ponere Florentinos debere, quæ non parum mutationis haberet, si novum hinc suscitaretur bellum, quod non minorem illis molestiam afferre posset quam illud, et consilia pleraque de re Ferrariensi facile subverteret. Propterea sanctissimus dominus noster[1], ut quietis amatorem et cupidum, ut Ferraria aliquando a periculo liberetur, ad tollendum omnia obstacula quæ emergere possent, nuper per apostolicum breve monuisse eos ne, exulibus Senensibus qui Montem regionis occuparent, essent auxilio, et ipsorum oratori, ac aliis serenissimæ ligæ qui Romam venerunt, accuratissime replicasse.

[1] Sanctissimum dominum nostrum.

Hanc totam controversiam in alia tempora reservent, ut sanctitati suæ remittant, non tam juris rigore, quam paterno affectu dirimendam.

Quod si omnino rem prosequi statuerint et Senenses hoc tempore infestare, sciant sanctissimum dominum nostrum non posse hoc dissimulare, tum quia civitati Senensi, et sibi confœderatæ et optime de sede apostolica merenti, deesse non potest, tum quia hæc omnia suæ sanctitati merito possent ascribi, cum quando sua sanctitas aliis fœderibus conjuncta erat, Florentini quieverint, nunc autem pontifici confœderatis Senensibus insultant.

Hortetur tandem reverendissimus dominus legatus excelsam Florentinam rempublicam, ut a novitatibus ac armis contra Senenses omnino abstineant, remque per concordiam finire curent; offerat ad hoc omnem sanctissimi domini nostri operam ac diligentiam, et eis significet quando alias statuerint, sanctitatem suam non posse cum Deo, et sanctæ sedis apostolicæ honore, permittere, ut Senenses, confœderati sui, per vim opprimantur, præsertim occasione quæ apud tribunal suæ sanctitatis agitatur, cum pendente lite nihil debeat innovari.

Esse præterea Senenses invitatos ad intrandum ligam communem et eis reservatum locum, ut sciunt, quæ omnia viderentur nunc violata ab omni via facti [1].....

Cætera pro sua solita prudentia et sapientia præfatus reverendissimus legatus ampliabit et ornabit, servata temporum, personarum et locorum conditione.

[1] Lacune.

XCVII.

SOMMAIRE DU TRAITÉ DE CAMBRAI[1]

ENTRE L'EMPEREUR ET LE ROI DE FRANCE.

(Mémoires de Granvelle, I, 209-213.)

5 août 1529.

Sommaire de la capitulacion et traicté de paix faict en la cité de Cambray entre l'empereur et le roy de France, le cinquième du mois d'aost l'an xve xxix, par le moyen et intervention de très-haultes et très-excellentes dames, mesdames Marguerite, archiducesse d'Austrice, etc. tante dudict seigneur empereur; et Loyse, dame d'Angoulesmois, mère dudict seigneur roy très-chrestien.

Premièrement, que doiresenavant aura bonne et sincère payx et amytié entre lesdictz empereur et roy, et cesseront toutes les discordes, inimitiés et malvuillances qui ont esté entre eulx, mesmement dois le traicté de Madril jusques à présent.

Que la capitulation faicte audict Madril demeure en sa force et vigueur, excepté les III, IIII, XI et XIIII articles, lesquelz seront réformez en la manière suivant:

Quant au duché de Bourgoingne et ses deppendances, l'empereur, pour le singulier désir qu'il a au bien de la paix, se contente de demeurer au droit et action qu'il avoit audit duché avant ladite capitulation de Madril, pour par voie amyable ou de justice poursuir sondit droit, nonobstant quelconque prescription.

Le roy de France quicte et délaisse les mille livres viennoises de

---

[1] Voyez Léonard, *Recueil des traités de paix*, II, 346-367; Dumont, *Corps diplomatique*, II, 170, et, dans les manuscrits Granvelle, le volume intitulé *Apologie de Charles-Quint*, 318 335.

rente qu'il prétendoit avoir sur la saulnerie de Salins, à cause dudit duché de Bourgoingne.

Que pour le bien de paix, et retirer messieurs les daulphin et duc d'Orléans, ledit roy, leur père, baille deux millions d'escuz, assavoir en XII^c M escuz à la reddition de sesdictz enfans, que sera au plus tard deans le premier de mars prouchain [1].

Contentera le roy d'Angleterre de deux cens et nonante mille escus prestez à l'empereur, et en mesme temps fera restituer à sa majesté impériale les obligation et gaige qu'il a ès mains dudit roy d'Angleterre.

Et pour la reste desdits deux millions, ledit roy de France baillera à l'empereur, ès propres terres de sa majesté, XXV^m et V^e escuz de rente au denier XX à réachat sur vassaulx.

Les escuz seront de LXXI et demy par marq, et l'or de XXII quillates [2] et trois quars.

Six sepmaines après que l'empereur aura ratiffié ce présent traicté, ledit roy de France retirera et expédiera tous les capitaines et gens de guerre qu'il a en Italie, de manière que cecy sera entièrement accomply au moings XV jours devant que lesdits enfans hostaiges soient renduz.

Quinze jours après que la ratiffication de sa majesté du présent traicté sera présentée audit roy de France, il restituera la ville et chasteau de Hesdin avec toute l'artillerie et munition.

Les renunciations contenues oudit traicté de Madril ont esté déclairées comme sensuyt :

Le roy de France renunce, cède et transporte à l'empereur et ses successeurs, en très-ample forme, la souveraincté, tout le droit que en quelconque manière il tenoit et avoit, pouvoit tenir et avoir et prétendre ès contez de Flandres et Arthois, et aux contes, prélats, églises, vassaulx, subjectz, manans et habitans en iceulx contez.

Renunce davantaige le droit de réachat qu'il avoit ès seigneuries et villes de Lille, Douay et Orchiers.

---

[1] Ces princes ne furent mis en liberté que le 1er juillet 1530. — [2] (Carats ?)

Renunce au droit qu'il avoit en la cité de Tournay, et villes de Mortaigne et Saint-Amand.

Renunce au service ou ayde ordinaire de xiiii^m livres tournois, qu'il avoit chacung an ou conté d'Arthois.

Semblablement l'empereur renunce audit roy de France et ses successeurs quelconque droit que luy peult appartenir ès terres que tient et possède ledit roy de France, mesmement de Péronne, Montdidier et Roye, et au contez de Boulongne, Guines et Poitou[1], et aux villes et ri[vages] de la rivière de Some d'une part et d'aultre.

Et au surplus demeure ung chacun d'eulx ès limites de ses royaulmes, comme ilz estoient avant la guerre, saulfz ce qu'est contenu et déclairé en ceste présente capitulacion.

Les procès qui se trouveront en Paris, entre les subjectz de Flandres et Arthois commencez, seront remis et renvoyez aux cours et parlements de sa majesté.

Les sentences donnécs à Paris, avant la guerre, entre lesditz subjectz seront exécutées en Flandres et Arthois.

Le parlement de Paris envoyera deans trois mois audit parlement à Malines le procès commencé par le conte de Nevers[2] contre le roy don Philippe de Castille, sur certaine hoierie.

Que les subjectz de l'empereur puissent succéder en leurs biens, héritaiges et hoieries, et les François en celles de l'empereur, cessant la loy faisant au contre.

Que madame Marguerite, et aussi l'empereur, joyront, pendant les vies de chacung d'eulx, du conté de Charolois avec sa souveraineté, et que après, ladite souveraineté retournera audit roy de France, comme à présent il la tient.

Que conforme audit traicté de Madril, et pour les causes en icelluy contenues, se paieront à madite dame Marguerite les xxve livres y mencionnées.

Ledit roy de France restituera à sa majesté quelconques villes, chasteaulx et citez qu'il tient, ou aultre en son nom, ou duché de

---

[1] (Ponthieu?) — Voir la note 2 de la page 469.

Milan, et ce deans six sepmaines après la ratiffication de ce présent traicté.

Restituera et délaissera le conté d'Ast et ses appertenances, deans six sepmaines après ladite ratiffication.

Restituera Barlette et tout ce que se trouvera qu'il tient ou royaulme de Naples au plus tost que faire se pourra, au moings quinze jours avant que sa majesté luy rende ses enfans, et dedans quinze jours après de la publication de ce traicté; et requerra aux Véneciens, et aultres ses confédérez, qu'ilz restituent deans le temps de six sepmaines tout ce qu'il tiendront occupé ou royaume de Naples; et non le faisant, les désaffiera[1] et déclairera ses ennemys, et baillera à l'empereur trente mille escuz d'or chacung mois pour leur faire la guerre, jusques à ce qu'il aura le tout recouvré; et à cest effect ledit roy baillera seurté à l'empereur, se avant la restitution desdits enfans le tout n'estoit recouvré.

Ledit roy de France ne recepvra, ny favorysera nulz des rebelles du royaume de Naples ayans prins les armes contre l'empereur.

Ledit roy de France restituera à sa majesté tout ce que se trouvera des galères prinses en Portesfin[2].

Que ledit roy de France ne s'entremectra en nulles praticques d'Italie ou Allemaigne, au préjudice de l'empereur.

Le mariage dudit sieur roy et de la royne Élionnor, seur de l'empereur, se effectuera, et sera ladite royne délivré audit roy de France ou mesme temps de la restitution de ses enffans.

Le roy de France baillera à l'empereur, deans deux mois après qu'il en sera requis, douze galères, quatre naves, les meilleures qu'il ayt, et quatre gallions, et pouvoyera le tout d'artillerie, galliots, mariniers et municions, paiez pour cinq mois, que se compteront dois le jour qu'ilz arriveront au port que par sa majesté leur sera nommé.

Semblablement paiera ledit roy de France audit sieur empereur les deux cens mille escuz qu'il a promis pour l'aide du passaige

---

[1] Défiera. — [2] Portofino (*Portus Delphini*), dans l'état de Gênes.

de sa majesté en Italie; la moitié deans six mois et l'aultre moytié dans aultres six mois.

L'empereur quicte au roy de France les six mille payes de gens de pied qu'il avoit promis à sa majesté pour six mois, à condition qu'il augmentera le douayre de la royne de cent mille escuz.

Que les biens meubles et rentes ou revenus, que auront esté donnés par l'empereur et le roy de France à tiltre de confiscation durant la guerre, seront et demeureront à ceulx qui les auront heu et ne leur pourront estre redemandez.

Que les préviléges baillez par ledit roy très-chrestien aux manans et habitans des contez de Flandres et Arthois demeurent par ce présent traicté confermez.

Les prisonniers d'une part et d'aultre seront délivrez deans deux mois, sans paier nulle rançon.

Sy Robert de la Marche ou ses filz vouloient actempter quelque chose ou duché de Bouillon contre l'église de Liége, ledit roy très-chrestien ne leur baillera ayde ny faveur.

Que les héritiers de feu monsieur le duc de Bourbonnois auront des biens d'icelluy sieur, tant meubles comme immeubles, la mesme part et portion qu'ilz eussent peu et deu avoir si ledit sieur duc ne fût jamais sorty du royaume de France; et par ce traicté demeurent cassées et nulles toutes et quelconques sentences contre icelluy données et proférées, ou contre son honneur et au préjudice de ses biens.

Le conte de Pointhièvres sera mis et restitué en tous les biens que son père tenoit au temps que ledit conte partit de France et vint au service de l'empereur.

Tous les aultres confédérez, alliez et serviteurs de mondit sieur de Bourbon, ecclésiasticques ou séculiers, jouyront entièrement des biens que leur appartenoient et tenoient en France.

Que le conte de Pont-de-Vaulx [1], grand-maistre d'hostel de l'em-

---

[1] Laurent de Gorrevod, comte de Pont-de-Vaux, vicomte de Salins, était originaire de la Bresse et né sujet du duc de Savoie. Il fut l'ami et l'un des plus fideles

pereur, sera mis en la possession des terres par luy acquises dudit sieur de Bourbon, et ce deans six sepmaines.

Monsieur le prince d'Oranges sera restitué et réintégré en sa principauté d'Oranges et souveraineté d'icelle, selon qu'il estoit et la tenoit avant la mainmise.

Madame de Vendosme[1] et monsieur de Nevers[2] retourneront en la jouissance des biens et actions qu'ilz ont ès terres et seignories de l'empereur.

Que le conte de Gavres, seigneur de Fiennes, sera restitué en sa maison et chasteau d'Augey.

Le différent d'entre M. le marquis d'Arschot et les enfans de M. de Lautrecht touchant les terres que M. de Chièvres acheta de la royne Germaine[3] a esté appoincté par lesdites dames.

Le procès d'entre monsieur de Bèvres[4] et le procureur général du roy de France se compromectera sur quatre personnaiges arbitres.

Les comprins en ce traicté de paix comme principaux contractans sont : le pape et le sainct-siége apostolicque, les roys d'Ongrie, d'Angleterre et de Polonie, le roy Christierne de Dannemarcque, les roys de Portugal et d'Escosse, et madame Marguerite ;

Et comme confédérez sont comprins, les électeurs du sainct-empire, le cardinal de Liége, les ducz de Lorraine et de Savoie, et aultres princes du sainct-empire obéissans à l'empereur, les sieurs des lighes et cantons d'Allemaigne, et aultres que dans six mois seront nommez de commung consentement.

Ledit roy très-chrestien procurera que les Florentins se appoinc-

---

serviteurs de Charles-Quint, qui le créa chevalier de la Toison d'Or, grand maître de son hôtel et maréchal de Bourgogne.

[1] Marie, fille de Pierre de Luxembourg, comtesse de Saint-Pol, morte en 1546, veuve de François de Bourbon, comte de Vendôme.

[2] François, fils de Charles, comte de Nevers et de Marie d'Albret, fut créé duc par François Ier en 1538. Il descendait de Philippe le Hardi, duc de Bourgogne.

[3] Voir la note 3, à la page 202. Cette reine mourut en 1538.

[4] Petit-fils d'Antoine de Bourgogne, bâtard de Philippe le Bon.

teront avec l'empereur deans quatre mois, et estant ainsi appoinctez seront compris en ce présent traicté.

Le duc de Gheldres[1] est nommé et comprins comme confédéré de l'empereur, et tous aultres icy non nommez demeurent dehors.

Le présent traicté et celluy de Madril seront conjoinctement ratiffiez et jurez par lesdits sieurs empereur et roy, et seront insérez en leurs ratifications.

Ledit roy très-chrestien fera ratiffier lesdits deux traictez par le daulphin, son fils, et par les estats particuliers de son royaume, avec plusieurs autres seurtez oudit traicté déclarées.

L'empereur fera faire les mesmes par les estatz de ses royaumes et pays.

Le présent traicté de paix sera publié en tous les royaumes, terres et seigneuries desdits sieur empereur et roy dans le xve de septembre prouchainement venant, au plus tard.

Si aulcune chose a esté prinse ou robbée d'une part ou d'aultre dois la datte du présent traicté, le tout sera restitué, ensemble les dommaiges et intérestz de partie.

---

[1] Charles d'Egmont, fils du duc Adolphe de Gueldre. Il avait été forcé de se reconnaître pour vassal de l'empereur par un traité du 3 octobre 1528. Cet acte, qui est imprimé dans les Recueils diplomatiques, se trouve aussi au IXe volume des Ambassades de Chantonnay, fol. 15 et suivants.

XCVIII.

POUVOIRS

DONNÉS PAR L'EMPEREUR A L'ARCHIDUCHESSE MARGUERITE,

POUR TRAITER DES ALLIANCES DE MARIAGE ENTRE SES ENFANTS ET CEUX DU ROI DE FRANCE.

(Mémoires de Granvelle, I, 215.)

Bologne-la-Grasse[1], 8 novembre 1529.

Charles, etc. à tous ceux qui ces présentes verront, salut.

Comme depuis le traicté de paix dernier, faict et conclud en la cité de Cambray, entre très-hault, très-excellent, et très-puissant nostre très-chier et très-amé bon frère, cousin et allyé Françoys, par la grâce de Dieu, roy de France très-chrestien, et nous, soyons esté adverty de par nostre très-chière et très-amé tante, dame Marguerite, archiducesse d'Austrice, duchesse et contesse de Bourgongne, etc. que aucungs propos soient esté tenuz entre elle et madame la duchesse d'Angousmois, mère dudit sieur roy très-chrestien, de faire plus estroictes intelligences et traicter allyances de mariage des enffans dudit sieur roy très-chrestien et nostres, pour le bien et establissement de ladite paix, et icelle soulder et rendre perpétuelle. Nous, désirant de tout nostre pouvoir et cueur, non-seullement observer ladite paix, mais l'establir et rendre durable et indissoluble à tousjours entre ledit sieur roy très-chrestien et nous, et nos hoirs et les siens, sçavoir faisons que ces choses considérées, et pour la très-grande, parfaite et entière confidence qu'a-

---

[1] Charles-Quint était dès le 4 novembre dans cette ville, où le pape l'attendait. Il y reçut, le 20 février suivant, des mains de ce pontife, la couronne de Lombardie, et trois jours après celle de l'empire.

vons de nostredite dame et tante comme de nous-même, et de
son expérience et prudence, laquelle s'est employée à la conduicte,
conclusion et perfection de ladite paix fête à Cambray; avons icelle
nostre tante constitué et ordonné, constituons et ordonnons par
ces présentes, nostre procuratrix générale et spéciale et irrévocable,
en luy donnant et ouctroyant tout plain pouvoir, puissance, auctorité et mandement spécial par ces présentes, de pour, au nom de
nous, et représentant nostre personne, pourparler, communiquer,
traicter, accorder, et conclure avec ledit sieur roy très-chrestien, et
ladite dame duchesse d'Angousmois, sa mère, ou leurs procureurs,
ambassadeurs et députés souffisàmment fondés de pouvoirs et procurations quant à ce, telles plus étroictes intelligences et aussi alliances de mariages entre les enfans dudit roy très-chrestien et les
nostres, d'ung ou de plusieurs, fianceailles, espousailles par mots
et parolles de présent et futur, pactz et convenances tant des dottes
et assignations d'icelles, successions d'enfans, que aultres choses
quelconques que à madame nostredite tante semblera bon, expédient et convenable; pour lesdites plus estroictes intelligences et
alliances de mariage et establissement de perpétuelle paix et indissoluble amytié, et généralement faire, besoigner, traicter et conclure,
quant aux choses dessusdites, toutes et singulières leurs circonstances et deppendances, tout ce que nous-même en nostre propre
personne ferions et pourrions faire, oyres que ce fût chose requérant
de soy mandement, pouvoir, procuration, déclaration et spécification
plus ample, expresse et espéciale que ces présentes. Promectans en
parole d'empereur et roy catholique, et soubs l'obligation de nos
royaulmes, pays, seignories et biens quelconques présens et advenir,
que nous aurons ferme, estable, et perpétuellement agréable, et
observerons tout ce que par madame nostredite tante et procuratrix sera convenu, traicté, capitulé et accordé quant auxdites intelligences, alliances de mariage et choses dessusdites, circonstances
et deppendances d'icelles, et d'en bailler noz lettres souffisantes et
pertinentes de ratiffication, toutes fois que requis en serons, sans en

DU CARDINAL DE GRANVELLE.

aucune manière dire, faire ne venir au contre, tacitement ni expressément. En tesmoing de ce nous avons signé ces présentes de nostre nom et à icelles faict mectre nostre grand scel. Donné en la cité de Bouloingne-la-Grasse, le $vIII^e$ jour de novembre, l'an de grâce mil cinq cent vingt-neuf, et de nos règnes : assavoir des Romains, le XIe, et des Espaignes et aultres, le XIIIe.

XCIX.

TRAITÉ CONCLU A BOLOGNE,

LE 23 DÉCEMBRE 1529[1],

ENTRE LE PAPE, L'EMPEREUR, LE ROI FERDINAND SON FRÈRE,

LA RÉPUBLIQUE DE VENISE ET LE DUC DE MILAN,

POUR LA DÉFENSE MUTUELLE ET LA TRANQUILLITÉ DE L'ITALIE.

(Apologie de Charles-Quint, 336-341.)

C.

TRAITÉ DE BOLOGNE,

DU 23 DÉCEMBRE 1529[2],

ENTRE L'EMPEREUR ET FRANÇOIS SFORZE, DUC DE MILAN.

(Apologie de Charles-Quint, 347-351.)

---

[1] Voyez Dumont, *Corps diplomatique*, 2ᵉ partie, p. 53 et suiv.

[2] Voyez Lunig, *Archives de l'empire*, Part. spéc. Continuat. Iʳ.

CI.

L'EMPEREUR CHARLES V

A M. DE NOIRCARMES.

(Mémoires de Granvelle, tome II, f° 1-4.)

Augsbourg, 29 juillet 1530.

Instruction à vous notre amé et féal chevalier, conseiller et premier sommeller de corps, le sieur de Noircarmes, de ce qu'avez à faire et dire de nostre part en la court de France, où que présentement vous envoyons.

Premièrement, vous en irez en ladite court le plus tôt et diligemment que pourrez, et, y estant arrivé, entendrez préalablement de nostre ambassadeur[1] résidant en ladite court, ce que sera succédé dois les dernières lettres qu'avons reçus de luy et noz aultres ambassadeurs, escriptes à Bourdeaux, le quinzième de ce mois, par vous veues.

Aussi ferez entendre à la reyne, nostre meilleur seur[2], vostre arrivée, et devers elle prandrez vostre première adresse, lui présenterez les lettres que lui escripvons de nostre main, et déclarerez vostre charge, et direz que vous avons ordonné de vous y conduire selon son bon plaisir, moyen et advis, suivant lequel, et ayant enquis d'elle se avant que pouvez tous occurrans, prendrez vostre adresse devers le roy, nostre très-chier et bon frère, madame la ré-

---

[1] François Bonvalot, alors chanoine et trésorier de l'église métropolitaine de Besançon. Il devint aussi abbé de Saint-Vincent et de Luxeuil, puis administrateur du diocèse pendant la minorité de l'archevêque Claude de la Baume. Bonvalot, dont le chancelier de Granvelle avait épousé la sœur, mourut au mois de juillet 1567.

[2] Éléonore, douairière d'Emmanuel, roi de Portugal, venait d'être unie à François Ier à l'âge de trente-deux ans. Le mariage fut célébré à Mont-de-Marsan, d'où la cour se rendit à Bordeaux.

gente, nostre bonne mère, et messieurs les daulphin et duc d'Orléans, nos bons cousins et nepveurs; leurs présenterez nos lectres, et respectueusement conforme à icelle, leur direz comme vous avons expressément dépesché pour leur congratuler la venue en France de nosdits meilleur seur et cousins, et leur dire le très-grand et singulier plaisir qu'avons receu d'avoir entendu que la chose soit esté conduicte de si bonne manière, et au contentement des parties, signamment dudit seigneur roy et nostredite mère.

Aussi d'avoir seu par lectres de nostredite meilleur seur et de noz ambassadeurs, le bon et honorable recueil et cordial traictement que lesdit sieur roy et nostredite mère ont fait et font à nostredite seur, qu'est le plus grand contentement que sçaurions avoir, tant pour la singulière affection plus que fraternelle que pourtons à nostre dite meilleur seur, que aussi pour ce que s'est certain tesmoignaige à nous de la vraie, sincère et parfaicte amitié d'entre nous et les nostres, laquelle avons tousjours surtout désiré comme chose non-seullement convenable à nous, noz royaumes, pays et subjectz, mais au bien publicque et commung de toute la chrestienté.

Et selon que verrez venir en taille et au propos, adjousterez envers lesdits sieurs et dame tout ce que verrez et vous semblera convenir à déclairer et expliquer le grand plésir, affection et contentement qu'avons d'entendre leurs bonnes volentez en la conservation et entretènement de nostredite amitié, leur repromettant et asseurant aussi le mesme de nostre coustel, comme véritablement s'est nostre parfaicte intention et volenté.

Signamment direz que ladite amitié d'entre nous, avec ce qu'elle est tant nécessaire, convenable et utile pour les considérations susdites, ayant égard à la consanguinité, affinité et attenance d'entre nous et pour la qualité de noz maisons, encoires est et doipt estre ladite amitié tant plus stable et facile d'observer et entretenir, puisque, Dieu grâces, toutes contentions sont vuydées par les traictez et toutes choses accomplies.

Et mesmes mercierez à madite dame la régente, nostre bonne

mère, le bon et grand debvoir qu'elle a faict à dresser et encheminer ceste paix et amytié, et en l'observance d'icelle, et le bon et cordial office de bonne mère qu'elle faict en l'endroit de nostredite seur, et que nous confions entièrement que, comme elle a mis les choses à si bon effect, qu'elle en sera la conservatrice et tiendra tousjours lieu et fera office de bonne et commune mère, l'asseurant que aussi de nostre coustel elle nous trouvera son bon filz et l'observerons [1] et ferons pour elle, et en son endroit, comme vouldrions faire pour notre propre mère; avec ce que ce luy sera renommée et réputation durable à tousjours, non seulement d'avoir conduict ceste si bonne œuvre, mais encoires plus la conservation d'icelle.

Vous visiterez aussi de nostre part nostre cousin le prince d'Allebrech [2], nostre cousine sa femme, et userez envers eulx, touchant ce qui concerne cette paix et amytié et le plésir qu'en avons, et du traictement de nostredite seur, selon l'advis d'elle, et que vous et nosdits ambassadeurs verrez convenir à nostre intention et à vostre charge, pour avec réputation et selon les occurence et exigence complir envers tous.

Que si par adventure l'on vous venoit à parler desdits traictez faiz, et d'y vouloir aucunnes choses changer, muer ou modérer, ou de chose qui les concerne ou en puisse dépendre, soit de ce qui concerne l'Ytalie, réachat des terres de Flandres, royaume de Navarre, restitution et pardon des foreseides [3] de Naples, affaires des particuliers ou aultres choses; vous en desmellerez et excuserez d'en respondre, pour non vous estre meslé desdits traictez, ny savoir le contenu d'iceulx, et pour avoir entendu et creu, mesmes à vostre partement devers nous, que toutes choses soient vuydées, faictes et accomplies, et qu'il ne soit plus question que de jouyr du bénéfice de ceste paix et bonne amytié, et l'accommoder au bien publicq de la chrestienté; et si vous estes requis de nous persuader quelque

---

[1] La respecterons.
[2] Henri II, sire de Béarn et d'Albret, roi de Navarre, marié, en 1527, à Marguerite d'Angoulême, veuve de Charles, duc d'Alençon, sœur aînée de François Ier.
[3] Bannis.

chose touchant lesdits traictez, regarderez de vous en excuser le plus gracieusement que pourrez, puisque vous en allez dois là en vostre maison, et ainsi qu'adviserez que plus honnestement le pourrez faire.

Et si nostredite seur vous en parle, ou que véez estre à propos pour nostre service ou encoires emporter[1] à l'endroit d'elle, lui pourrez dire, par manière de confidence et secret, que, si avant qu'elle pourra convenablement, elle évite et empesche de retourner à parler des choses susdites, pour non bailler occasion à nouvelle difficulté, et que si elle est requise par ledit sieur roy, sadite mère, ou aultres de leur part, de nous en escripre et requérir, que s'il est possible, elle s'en excuse.

Quant à faire nouvelles alliances, dont a esté encoires dernièrement parlé à nosdits ambassadeurs, et comme ils nous ont adverty on a escript à madame notre tante; aussi vous en démellerez pour n'en avoir autrement charge, ni en avoir plus entendu, sinon que pourrez dire en parolles générales que vous sçavez que nostredite tante a pieça pouvoir de nous pour y entendre, et que nous ne deffauldrons en chose que puisse emporter au bien et establissement de ceste paix et amytié, de la rendre durable à tousjours, et que vous tenez la chose en si bonne main, qu'elle ne pourroit être en meilleure ni de personne que y aye plus de bonne volenté, et que pour ce n'est besoing que aultres s'en meslent que les dames ayant faict ladite paix.

Selon aussi que vous verrez duyre[2], soit que vous en soit parlé ou que l'opportunité s'addonera, avec l'advis dudit ambassadeur pourrez excuser ce que nostredit frère a démonstré mescontentement des poursuittes faictes pour les affaires particulières, signament de feu nostre cousin de Bourbon, en faveur de notre cousine de la Roche-sur-Yon[3] et son fils, pour austant que c'estoit pour l'accom-

---

[1] Importer.
[2] Convenir.
[3] Louise, fille de Gilbert, comte de Montpensier, veuve de Louis de Bourbon, prince de la Roche-sur-Yon, et sœur du connétable.

plissement des choses traictées, et que ne pouvions délaisser par honnesteté, selon que vous sçavez, l'obligation que nous avons audit deffunct, et luy prierez de nostre part n'en vouloir estre mal content, ains observer ce qu'a esté faict et traicté avec nostredite cousine jusque il se face ung appoinctement total du différand, lequel appoinctement désirons.

Vous direz à nostredict bon frère, pour les nouvelles de ce coustel, que nous sumes tousjours après, pour par tous moyens possibles réduire et remédier les choses concernant nostre saincte foy; et combien que trouvons aucungs princes et villes durs[1], si espérons-nous y faire quelque bon fruict et aux aultres affaires de ceste Germanie, et l'advertirons de ce qu'en succédera de temps à aultre, confiant entièrement de sa bonne volenté et faveur en ce et aultres choses que nous concerneront, et qu'il aura plésir le bon succès, pour austant qu'il emporte à nostre saincte foy et en nostre endroit, comme bon frère et allyé, et comme aussi de nostre part il trouvera tousjours ceste correspondance.

Sy par adventure sur ce poinct il vient à parler du concille ou que vous véez le pouvoir faire venir au terme, vous aurez regard au propos qu'il en tiendra, et si apercevez qu'il le gouste et lui semble faisable, lui pourrez dire que ne vous estes meslé des choses de ceste dyette, signamment en ce qui concerne la foy et auctorité de l'Église, et n'en avez point de charge; mais que toutefois il peut sembler que ung concille seroit nécessaire pour le bien de toute la chrestienté, et que, à ce qu'il vous semble avoir entendu, nostre saint-père y est bien enclin, et que de nostre part ne deffauldrons en chose qu'emporte à ceste fin, et de nous y emploier avec ledit saint-père et luy, et par leurs advis.

Aussy s'il vous parle touchant d'obvyer au Turcq, dont ledit

---

[1] L'empereur présidait alors la diète assemblée à Augsbourg. Les princes et états d'Allemagne qui avaient embrassé les nouvelles opinions religieuses venaient de lui présenter, le 25 juillet, leur confession de foi, appelée par cette raison, et jusqu'à nos jours, la *confession d'Augsbourg*.

sainct-père a escript à luy et aultres princes, pourrez dire que c'est chose que concerne et touche à tous lesdits princes et bons catholiques, et que, puisque Dieu nous a mis en paix, ne nous sçaurions emploier en meilleur chose que à la répulsion de l'ennemy commun de la chrestienté, deffense et exaltation de notre saincte foy, et que avons envoyé nostre pouvoir à Rome pour entendre à tout ce que semblera estre à faire, pretz d'y exposer et la vie et les biens, confians entièrement qu'il se emploiera comme très-chrétien et pour bailler l'exemple aux aultres.

Trouverez aussi l'opportunité pour lui parler de l'affaire du divorce intenté contre nostre tante la royne d'Angleterre, lui priant de notre part non vouloir allouser[1] au roy d'Angleterre en sa poursuite, ains plus tost le lui déconseiller, puisque, comme il est tout évident, s'est au détriment de sa conscience; et qu'il veuille aussi pourveoir que ses serviteurs et subjectz, tant de l'Université de Paris que aultres, ne favorisent indeuement audit sieur roy d'Angleterre par d'indeues praticques, ains à la raison et équité; et veuille nostredit frère avoir regard, comme prince magnanime, très-chrétien et bon allyé, au bon droit de ladite royne, que sera à nostredit frère euvre méritoire envers Dieu, et dont recepvrons gros plésir. Et requerrez à nostredite seur que selon qu'elle verra mieulx le moien à pouvoir servir, elle en parle et fasse instance devant ledit sieur roy

Vous baillerez aussi nos lettres au grand-maistre de France, luy ferez noz affectueuses recommandations, et mercierez le bon debvoir qu'il a faict et faict journellement envers nostredite seur, et au bien de la paix et amitié d'entre nous, et luy prierez d'y continuer et que où nous luy pourrons faire plésir, le ferons de bon cueur.

Et au surplus vous ferez ces choses susdites, leurs circonstances et deppendances, comme par vostre prudence et selon l'entière confidence qu'avons de vous congnoistrez estre et empourter à nostre service. Faict en nostre cité impériale de Auspourg, le vingt-neufvième de juillet, l'an mil cinq cens et trente.

[1] Approuver.

CII.

LES ARTICLES

DE L'INSTRUCTION DU SIEUR DE RABAUDANGES,

AMBASSADEUR DE FRANCE,

PRÉSENTEZ PAR LUY À L'EMPEREUR, SUR LESQUELS IL A REQUIS AVOIR RESPONSE.

(Mémoires de Granvelle, II, 5-7.)

Cognac, 31 juillet 1530.

Premièrement, que le très-chrestien roy l'envoye par devers la magesté de l'empereur, pour le mercier très-fort de la délivrance de messeigneurs ses enfans, et soy congratuler avec luy de l'arrivée de la royne, en laquelle il a trouvé tant de vertuz et d'honnesteté qu'il n'est possible d'avoir plus grand contentement que celuy qu'il a d'icelle, et que le plus grand aise qu'il a de présent, s'est de la veoir honorer et traicter ainsi qu'elle mérite.

Aussi déclairera le bon et ferme vouloir que ledit sieur a à l'entretènement et accroissance de l'amytié qui est entre eulx, et qu'il est délibéré de sa part de la continuer et perpétuer par tous moyens à luy possibles; et pour

Augsbourg, 28 août 1530.

Ce a esté très-singulier plaisir à l'empereur d'avoir entendu par le sieur de Rabaudanges, en conformité de ce qu'il avoit desjà sceu par les lettres de la royne, sa meilleur et très-chère seur, et aussi des sieur de Praet et ambassadeurs de sa majesté résidant en court de France, et du secrétaire des Barres, le très-grand contentement que le roy très-chrestien, très-chier et bon frère dudit sieur empereur, a de la venue en France de ladite dame et messieurs les princes, et du bon recueil et honorable traictement de ladite dame; ne faisant doubte sadite majesté de la continuation de la bonne voulunté dudit sieur roy envers ladite dame, dont sadite majesté très - affectueusement le prie.

Le sieur de Praet n'est encoires retourné devers sadite majesté, laquelle a seullement entendu en sommaire par ses lettres les devises heues sur le contenu en cestui article; et néantmoings escript à madame l'archiduchesse, sa

la rendre plus indissoluble, a baillé par escript au sieur de Praet les estroites alliances que se peuvent encoires faire, entre eulx, pour les mettre ès mains de madame l'archiduchesse, afin que la bonne euvre commencée par elle et par madame, mère du roy [soit consommée].

Item, que l'une des principales causes pour lesquelles le roy a dépesché ledit Rabaudanges a esté pour sçavoir nouvelles de la santé dudit empereur, et de l'estat et prospérité de ses affaires, qu'il a en telle affection comme les siens propres, et qu'il le prie luy vouloir amplement advertir, ensemble s'il a envye d'aucune chose quil soit en sa puissance, et que l'en advertissant, maintenant qu'il peut librement exécuter sa volunté, il en fera de très-bon cueur.

Et à la seconde fois que ledit Rabaudanges yra devers ledit empereur, il luy remonstrera comme, le dernier jour d'aoust prouchainement venant, aura cinq mois que les galères du roy sont entre les mains des députez dudit empereur, et le priera de dépescher mandement souffisant à ceulx qui les ont de par luy, pour les rendre audit dernier jour d'aoust, qui est le temps contenu en la promesse qu'il en a faicte.

Item, il poursuivra que ledit empe-

bonne tante, ayant de longtemps ample et souffisant pouvoir pour le faict des estroites allyances, d'entendre le bon plaisir dudit sieur roy et de madame la régente, qu'ils lui pourront faire sçavoir, et il ne restera vers sadite majesté chose quelconque [à souhaiter, sinon] qui soit au bien de paix, vraie, sincère et singulière amytié avec ledit sieur roy et qu'elle soit perpétuelle et durable à tousjours.

Ledit sieur de Rabaudanges a entendu les occurrans, et sçait très-grand grey l'empereur au roy, son bon frère, du désir qu'il a d'entendre la prospérité de sadite majesté et bon progrès de ses affaires, et sa bonne et cordiale volunté à l'adresse et direction d'iceulx, ensemble les bonnes offres contenues en cestuy article; et aussi peult ledit sieur roy confier du réciproque, auquel sadite majesté fera sçavoir de temps à aultre, et le plus souvent que faire se pourra, de ses nouvelles par son ambassadeur, désirant sa majesté le semblable dudit sieur roy.

L'empereur veut et entend que les galères soient rendues, et a escript expressément et pourveu pour la rédition d'icelles, de manière qu'il y sera satisfaict, comme sadite majesté a escript ci-devant à son ambassadeur, pour en advertir ledit sieur roy.

Combien que la condition avec la-

reur veuille bailler par escript signé de sa main, ce qu'il accorda quant monsieur l'admiral[1] alla devers lui : c'est assavoir que le réachat des terres engaigées pour le faict des deux millions d'escuz se puisse faire à deux fois; et pour autant que lesdites terres sont obligées pour plus grand somme qu'il ne reste à paier desdits deux millions, après les douze cent mille escus fourniz et les debtes et gaige d'Angleterre desduictz, priera iceluy seigneur empereur de déclairer par escript signé de sa main, que cest oultre plus soit le premier rabattu, en réachetant lesdites terres, suivant ce qui en a esté dernièrement faict à Bayonne entre les ambassadeurs dudit sieur et les siens.

Et en tant que touche une obligation de xxxii^m florins faicte par le feu empereur Maximiliain, comme mainbourg et tuteur dudit empereur, ledit Rabaudanges en pourte ung vidimus qu'il monstrera audit empereur, luy remonstrant que par le traicté il est tenu déduire entièrement tout ce qu'il

[1] Philippe de Chabot.

quelle l'empereur avoit accourdé le réachat mentionné en cestuy article à monsieur l'admiral de France, ne soit esté observé; néantmoings sadite majesté de nouvel accorde voulentiers et est bien contente que les terres transpourtées en Flandres soient réachetées à deux fois, se réservant de déclairer celles qui se debvront premier réachepter, soit de madame de Vendosme ou aultre, après que sadite majesté aura entendu la value et qualité desdites terres et le prix pour lequel elles sont esté transpourtées, dont elle escript à madite dame sa tante et s^{rs} des finances ès pays d'embas, ayant entendu au transport et assiète d'icelles, pour en estre informé; et selon ce qu'en respondra sadite majesté, et gratiffiera en tout ce que se pourra faire convenablement. Aussi sadite majesté confie, que selon ledit sieur de Rabaudanges luy a dict, que ledit sieur roy fournistra la rente de quinze cens escus, au lieu de celle assignée en la terre d'Anglemostier, puisqu'elle est litigieuse, selon aussi que par raison et ensuyvant les traictés de paix faire se doibt.

L'empereur n'ayant jamais ouy parler ny riens entendu jusques dernièrement de l'obligation mentionnée en cest article, s'en informera et en escript à madame sa tante et auxdits des finances, et en fera response le plus tôt qu'il sera possible.

se trouvera estre deu au roy d'Angleterre, tant par lettres que sur gaige, et que ceste obligation a esté faicte par ledit empereur Maximiliain, comme son tuteur, et pour ses affaires : c'est assavoir pour convertir et employer au reboutement et subjugation de M. Charles de Gheldres, et à la conqueste dudit pays de Gheldres. Et poursuibvra que l'empereur déclaire que la somme contenue en ladite obligation soit rabatue en faisant ledit réachat des terres dessusdites, ou faise apparoir souffisamment que ladite somme ayt esté acquittée, pour austant que le roi est tenu paier au roy d'Angleterre entièrement tout ce qui se trouvera luy estre deu par ledit sieur empereur.

Et davantaige priera ledit empereur, de la part du roy, de vouloir user de grâce envers les foressis de Naples, et ordonner qu'ils soient remis en leurs maisons et biens, et descharger le roy d'austant d'importunité et despence.

Toutes lesquelles choses il communicquera au sieur de Morette.

En oultre ce que dessus remonstrera à l'empereur, comme la paix est universelle en la chrestienté, hormis à l'endroit de Florence[1], et que le roy le

L'empereur a ouctroyé pardon général et fort ample aux foressis de Naples, réservant seulement aucuns particulièrement et en petit nombre, que sa majesté a entendu estre plus coupables et sédicieux. Remectant néantmoings l'affaire en justice et ayant envoyé commissaires exprès, notables, sçavans et de bonne conscience, pour leur faire et administrer justice, et sans entendre leur besoigne n'y peut présentement sa majesté faire davantaige.

L'empereur tient que de ceste heure le roy très-chrestien, son bon frère, soit adverty comme nostre sainct-père et sa majesté ont usé honestement et en

---

[1] Le 12 août 1530 les Florentins, anciens et fidèles alliés de la France, venaient d'être obligés, après un siége de dix mois, de se rendre aux armées réunies du pape et de l'empereur, et de reconnaître pour leur souverain Alexandre de Médicis, neveu du pontife et gendre de Charles-Quint.

prie afin d'appaiser du tout la guerre, qu'il soit content que lesdits Florentins soyent receus à amyable et honneste party, et que de cela ledit sieur se tiendra grandement tenu à luy.

Fait à Coignac, le dernier jour de juillet l'an mil cinq cent et trente.

Depuis la présente instruction signée, le roy a commandé audit sieur de Rabaudanges très-expressément de remonstrer à l'empereur comme ledit sieur roy a sa belle-sœur marié avec le filz ayné du duc de Ferrare[1], et que ceste raison le meult à avoir les affaires dudit duc en très-singulière recommandation, et à prier ledit sieur empereur que en l'affaire qu'il a de présentement entre ses mains, il le veuille avoir pour recommandé à la conservation de son droit.

très-grande clémence et bénignité envers ceulx de Florence, et si grande que plus l'on ne pourroit.

L'empereur désire et a bonne espérance de mectre fin aux différentz estant entre nostredit sainct-père et le duc de Ferrare, et y fera volentiers, comm'il a jusques oyres, tout ce que luy sera possible.

Faict en la cité d'Ausbourg, le xxviiie du mois d'aoust, l'an mil cinq cent et trente.

CIII.

AUTORISATION

DONNÉE PAR FRANÇOIS Ier A LA REINE ÉLÉONORE SON ÉPOUSE,

DE RENONCER AUX SUCCESSIONS DE SES PÈRE ET MÈRE ET DE SON AÏEUL PATERNEL.

(*Mémoires de Granvelle*, II, 15.)

Amboise, 16 octobre 1530.

Françoys, etc. à tous ceux qui ces présentes lettres verront, salut. Comme par les traictez de Madril et de Cambray faictz et passez

---

[1] Hercule II, fils d'Alphonse Ier, duc de Ferrare et de Modène, avait épousé Renée de France, fille de Louis XII.

entre notre très-chier et très-amé bon frère l'empereur, d'une part, et nous d'aultre, ait esté, entre aultres choses, convenu et accordé que nostre très-chière et très-amée compagne la royne, après la consommation de nostre mariaige, renonceroit et quicteroit les biens, hoiries et successions de l'empereur Maximilian, son ayeul, et domp Philippes, roi de Castille, son père, et de la royne donna Johanna, sa mère, soit à la vie de sadite mère, soit après son décès et trespas, saulf toutesfois et réservé tant seulement à nostredite compaigne l'eschoite et succession collatéralle, en cas que ledit sieur empereur et nostre bon frère domp Fernande, infant des Espaignes, roi de Honguerie, frère dudit empereur et d'elle, alassent tous deux de vie à trespas (que Dieu ne veuille) sans hoirs de leurs corps, et en deffault de tous deux et de tous leursdits hoirs et descendans d'eulx, et non autrement, et que pour ce faire l'auctoriserions; sçavoir faisons que nous, désirant de tout nostre povoir accomplir, garder et observer le contenu audit traicté de Madril, en ce quy n'est aucunement changé, mué, ne innové par celluy dudit Cambray, avons, de nostre certaine science, et par l'advis de nostre conseil, auctorisé et auctorisons par ces présentes nostredite très-chière et très-amée compaigne la royne, à faire, consentir et accorder lesdictes renonciacions, au prouffit dudit sieur empereur, nostre bon frère, et des siens; comme aussi l'avons cejourd'hui personnellement auctorisé à ce faire, ès présences des témoings dénommez ès lettres et instrument publicque fait et passé en nostredicte présence par nostredicte compaigne sur ladite renonciation; icelles lettres receues par telz et telz, etc. notaires et secrétaires, auxquelles lettres ces présentes, signées de nostre main et scellées de notre scel, sont par nostre ordonnance attachées soubz notre contre-scel; lesquelles lettres, et le contenu en icelles, nous avons agréables, ratisfions et omologons, et promectons en bonne foy et parolle de roy ne venir ou souffrir venir directement ou indirectement au contraire. Fait à Amboyse, soubz nostre seing et scel, le sezième jour du moys d'octobre, l'an de grâce mil cinq cens et trente, et de nostre règne, etc.

CIV.

DEUX INSTRUCTIONS DE L'EMPEREUR
AU SUJET DES DÉMÊLÉS DE LA VILLE DE GENÈVE

AVEC SON ÉVÊQUE ET LE DUC DE SAVOIE.

Sans date[1].

PREMIÈRE INSTRUCTION.

(Mémoires de Granvelle, II, 60-61.)

Fault faire lectres de crédence bien expresses sur le président de Bourgoingne[2], trésorier de Besançon[3], et Guttières Loppes, et les deux d'eulx à M. de Savoye et ceulx de Genesve, aussi à l'évesque dudit Genesve[4], pour la paciffication, vuidange et décision des différendz estant et que pourroient soldre par ci-après entre les dessusdicts respectivement, pour raison des droitz par chacun d'eulx prétenduz audict Genesve, et que sa majesté, ayant regard en leur endroit, comme bon empereur et pour éviter à plus d'inconvéniens, a enchargé lesdicts président, trésorier et Loppes d'entendre et s'informer desditz différendz et s'employer à la paciffication et vuidange d'iceulx, et advertir sa majesté du debvoir en ce d'ung chacun, et comm'ils entendront plus au long desdits commis.

[Fault aussi faire] aultres lectres particulières auxdicts de Genesve, aussi de crédence sur les dessus dicts, narrant généralement que sa majesté a entendu que aucungs de leur ville ont été notez de

---

[1] Ces deux instructions paraissent être du mois de novembre 1530. (Voyez *Fragments historiques sur Genève avant la réformation*, 1823, p. 168 et suiv.)
[2] Hugues Marmier, seigneur de Gastel.
[3] François Bonvalot.
[4] Pierre V de la Baume-Montrevel, d'une famille illustre du comté de Bourgogne, de 1522 à 1544.

s'adonner aux erreurs, hérésies et nouvelles sectes excitées contre nostre saincte foy, ce que sa majesté n'a voulu légièrement croire, pour l'estime qu'il a tousjours eu d'eulx et leurs prédécesseurs de bons catholicques, et que sa majesté les exhorte d'y persévérer constamment, selon que plus au long ils entendront desdits commis.

Item une lettre à monseigneur de Savoie, de tenir la main que ceux dudit Genesve persévèrent constamment en la foy.

DEUXIÈME INSTRUCTION.

(Mémoires de Granvelle, tome II, f° 59-60.)

Il faut une lectre que servira d'instruction esdicts trois commis dessus dicts, pour en ce que dessus entendre le plus tôt que convenablement sera possible.

Et que en l'affaire ilz procèdent comme l'exigence d'icelluy requiert et que il convient à la dignité impériale et conservation des haulteurs, prééminences et droitz d'icelle, aussi de celles de monsieur le duc de Savoye, comme deppendans et provenans dudict saint empire.

Ayant bon regard, selon que l'empereur confie, de leurs prudences et discrétions, d'entendre audict affaire par telle et si bonne dextérité, que ce soit le moïen de pacifification desdicts différendz, éviter occasion de plus grand rigueur entre les parties, ne délaissans ouvertures ne expédiens quelconques que leur semblera pouvoir duyre à l'effect susdict, soit comme d'eulx-mêmes, ou par l'advertissement des parties et signamment dudict duc de Savoye.

Et sy lesdicts expédiens et ouvertures sont telles qu'il soit besoing que l'empereur les doige auctorizer, et il leur semble que ainsi le doige faire sa majesté, s'en feront fortz d'icelle, ou se la chose est de telle importance qui leur semble ladicte majesté en debvoir estre consultée, qu'ils le facent.

Regardans aussi lesdicts commis songneusement tout leur possible d'obvier, par toutes persuasions et remonstrances convenables, et si besoing fault et si il leur semble expédient, entremellées de modeste sévérité, pour retenir et empescher que lesdicts de Genesve ne deffaillent de nostre saincte foy, ny pour cette occasion ou raison desdictz differendz, entre ledict sieur duc et eulx, et preignent appuy de ceulx des lighes; mais se contiennent et en tant que faire se pourra, se remettent, réduisent et retournent pleinement en obéissance et jugement de sa majesté : bien entendu toutefois que lesdictes remonstrances se facent de sorte que, par despération de la bonne volunté de sadicte majesté, lesdicts de Genesve ne facent pis.

CV.

RÉFLEXIONS

SUR UNE ALLIANCE PLUS ÉTROITE

À CONTRACTER AVEC LE DUC DE SAVOIE.

(Mémoires de Granvelle, tome II, f° 40 v° - 42.)

Sans date [derniers mois de l'année 1530 ?].

Sur ce que monsieur de Savoye [1], oultre le devoir qu'il a au saint empire, parciste à plus estroicte alliance avec l'empereur et le roy des Romains et leurs pays patrimoniaulx :

Faict beaucoup à peser, pour non y facilement encliner, la qualité dudict Sr duc et la situation de ses pays assis deçà et delà les mons, en lieux assez subjects de soy à souffrir par toutes mutations danger de guerre, et nécessité d'ayde et secours.

---

[1] Charles III, dit le Bon; il était le second fils du duc Philippe, dit sans Terre, et avait succédé, en 1504, à son frère aîné, Philibert le Beau, époux de l'archiduchesse Marguerite.

Aussy les querelles et occasions de débat et émotion de guerre que desjà il a avec les François et les Suysses et Valésiens, tant pour cause de Genesve et du voisinaige et lymites, que pour raison de nostre saincte foy.

Que l'empereur est desjà assez empesché, pour les considérations susdictes, et à raison de l'empire, de se démeller quant au secours, assistence ou faveur que tousjours, mesmes dois ung an en çà, ledict duc a requis et demandé à sa majesté.

Oultre ce que ledict duc est assez mal-aysé, duquel il semble l'on ne peult espérer ayde ne assistence de gens et moings d'argent, ses affaires estant ès termes où ils se retreuvent, et se vouldra vraysemblablement tousjours excuser, soubz couleur d'impossibilité.

Avec ce que il est de soy assez muable et enclin à mouvement, et mal fondé à les parbouter oultre[1], et si est vraysemblable que par pure nécessité et faulte d'aultre appuy, et passion de se vouloir vanger, il vient à requérir ceste plus estroicte alliance.

Davantaige, que en tous advénemens, faict bien à considérer la lighe desfensive que sa majesté a traicté avec nostre sainct-père pour l'Ytalie, où que la meilleur part de l'estat dudict duc est assise; et aussi que le toutaige d'icelluy despend de l'empire, en quoi convient avoir esgard, pour garder l'auctorité impériale et le debvoir à la dignité et choses traictées.

A l'opposite d'aultre part, pour condescendre à ladicte allyance, se peult prendre considération que comme ledit estat est en lieu subject aux motions de guerre, pour ce emporte-il de s'en asseurer austant qu'il est possible, et peut sembler qui vauldroit mieulx estroict lyen amyable, que d'espérer ou confier au debvoir général qu'il a au sainct empire, mal communément observé.

Mesmement que c'est l'entrée de l'Italie par les deux ou trois coustez plus suspectz: par les mons Sainct-Bernard, Senys et par le coustel du Dauphiné.

Que en reboutant et désestimant ceste offre et conjuncture, avec

[1] Suivre, accomplir.

laquelle l'on le peult lyer à la deffension d'Italie et desdicts passaiges, nostre sainct-père le pape, Vénéciens et aultres potentats italiens s'en pourroient resentir, et se ledict duc se allyoit ailleurs, la repentence en seroit tarde.

Et encoires que ledit duc deviegne à ceste ouffre par pure nécessité, tant mieulx pour en faire son prouffit à l'amener à conditions plus convenables.

Et quant aux questions qu'il a avec les Suisses, et tant qu'elles sont en considération de usurper sur son estat, l'empereur, à cause de sa dignité, est tenu l'assister, et à mesme cause, et comme prince catholique, s'employer à le deffendre en ce de la foy.

Davantaige, que le traicté de la plus estroicte alliance le pourroit lyer de sorte, quant à ce et pour la deffense des estats patrimoniaulx d'un coustel et d'aultre, qu'il seroit plus retenu et oseroit moins riens mouvoir.

Que oultre la considération générale de la deffense d'Ytalie, l'estat dudit duc est fort duisant[1] pour la deffencion de la maison d'Austrice et de Bourgoingne, et pour retenir les François, Suisses ou aultres qui vouldroient riens mouvoir, de quelque coustel que ce soit, voyres quant ce seroit du coustel de Flandres, Navarre ou aultre coustel d'Espaigne.

Et si ne seroit en conséquant mal, à propos de la difficulté que se retreuve en Allemaigne, touchant l'élection du roy des Romains[2].

Vient aussi à considérer la sollicitation et respect que le roy de France a eu de le tenir de son coustel, et que le malcontentement qu'est maintenant entre eulx n'est que pour jalousie et craincte que ledit S[r] roy de France a de l'amytié que l'empereur pourte à la duchesse[3] et pour cause qu'elle attire ledit duc à la dévotion de sa majesté.

Item, l'alliance d'entre l'empereur et ledit S[r] duc, proximité et

---

[1] Convenable.
[2] Élection qui eut lieu au mois de janvier 1531.
[3] Béatrice, fille d'Emmanuel le Grand, roi de Portugal, et de Marie de Castille, avait épousé, en 1521, le duc de Savoie.

attenance des enffans (et que comme qu'il soit des conditions ou façons de faire dudict S^r duc), tousjours la considération de l'obligation à ladicte duchesse et ses enfans doit seurmonter et passer la chaite[1] que se retreuve audict duc, lequel sera merveilleusement honteux et malcontent s'il est esconduit de cette offre et réquisition, et serchera le moyen ailleurs, à la déspération de ladicte duchesse.

Et en fin peult sembler que l'on pourroit respondre aux gens dudict duc, louhant fort son bon et honneste vouloir et acceptant son ouffre, pour laquelle déduire à bon effect comme il convient et avec fondement, et mesme pour l'asseurance dudict duc et luy éviter tous inconvéniens, que sadicte majesté, venue en Allemaigne, procurera de le réduire et mectre en bonne intelligence avec les estatz du saint empire et de le comprendre dans la lighe de Souabe; et le semblable se traictera avec nostre sainct-père, afin qu'il entre, ensemble ses pays, en celle d'Ytalie, et [pour] que ce soit sans jalousie ny mescontentement raisonnable de personne, et avec la plus grande seurté dudict duc, l'empereur et le roy son frère traicteront plus particulière intelligence avec ledict duc.

Quoy faisant, sera gaigner temps et entretenir ledict duc content et lui copper chemin à aultres pratiques, et bonne œuvre de procurer lesdictes compréhensions; et ce faict selon que l'on verra le succès des affaires, l'on advisera quel aultre particulier traicté l'on pourra faire avec luy. En ce cas le lyant, [afin] qu'il ne puist riens mouvoir ou actempter directement ne indirectement que baille occasion de débat où que ce soit, sans l'exprès advis et conseil de l'empereur et du roy des Romains; et voire en comprenant le roy de France comme alligé[2] et aultres à qui l'empereur peult avoir considération, pour l'observance de la générale et commune paix, et clausulant et déclarant les choses de sorte que tout ce qui se traicteroit fût à l'advantaige et au bon plaisir de sa majesté, et retenir ledict duc obligé, et en somme seroit, comme l'on dit, avoir plus d'amys et moins d'ennemys.

[1] Chaitis, chaitiveté : chose de peu de valeur. — [2] Allié.

CVI.

PROPOSITIONS DE MARIAGE

DANS LES MAISONS DE FRANCE ET D'AUTRICHE,

FAITES À CHARLES V PAR FRANÇOIS Iᵉʳ.

(Mémoires de Granvelle, II, 64-65.)

Sans date (fin de 1530).

PREMIÈRE NOTE DIPLOMATIQUE.

Pour plus grande seurté, corroboration et perpétuelle amour et amytié de très-haultz, très-puissans et très-excellens princes, Charles, par la grâce de Dieu, esleu empereur des Romains, tousjours auguste, roy de Germanie et des Espaignes, etc. et Françoys, par icelle mesme grâce, roy de France très-chrestien, en continuant le traicté d'alliance et confédération faict et conclud entre eulx, ledict S^r roy très-chrestien désire et aura pour agréable que mariaige se face entre ses très-chiers et très-amez enfans, et les filz et fille et niepces dudict S^r empereur. C'est à savoir : monsieur le dauphin, filz aisné dudict S^r roy très-chrestien, à la fille aisnée dudict S^r empereur, et le fils dudict S^r empereur à l'une des filles dudict S^r roy très-chrestien, au choix dudict S^r empereur, et monsieur d'Orléans à la niepce dudict S^r empereur, fille de la royne, et mons. d'Angolesme à la fille d'Hongrie, s'il plaît audict S^r empereur les accepter et y consentir ; et se feront iceux mariaiges avec tels pactz et conditions que lesdits S^r empereur et roy très-chrestien verront estre à faire. Et aussi s'adviseront les meilleurs moiens que se debvront tenir pour le reboutement du Turc, et pour estaindre, abbatre et extirper les hérésies qui sont et pullulent en chrestienté, et quelles forces lesdits S^{grs}

pourront dresser pour ce faire, tant d'eulx que de leurs amys. Et est à croire que moiennant lesdites alliances, ce sera un mesme vouloir desdicts seigneurs, une âme en deux corps, et qui picquera l'ung, l'autre s'en resentira, comme si c'estoit une mesme maison, qui reviendra au grand prouffit, commodité et utilité desdicts seigneurs, leurs pays, terres et subjectz, et pourront eulx deux ensemble mectre la loy telle que bon leur semblera en ladicte chrestienté; et telz les ont renduz tributaires durant leurs différendz, qui auront grande joie et plésir d'eulx réduire et estre en leurs bonnes grâces. Sur lesquelles choses ledict S^r roy très-chrestien désire sçavoir l'advis et intention dudict S^r empereur; et sur ce s'il treuve bon faire avec luy traicté plus estroict et particulier que celluy qui a esté dernièrement faict entre eulx, ledict S^r empereur advisera à ce dont il vouldra particulièrement traicter, et advertira ledit S^r roy très-chrestien.

DEUXIÈME NOTE DIPLOMATIQUE.

Pour entretenir en perpétuelle et indissoluble amytié les maisons de l'empereur et celle du roy très-chrestien, ainsi qu'elles sont jointes et unies de présent, qui est chose revenant au bien universel de la chrestienté, semble estre très-expédiens de faire les mariaiges que s'ensuyvent:

C'est à savoir que monsieur le prince des Espaignes[1] ayt à femme et espouse celle des filles dudict S^r roy[2] que ledict S^r empereur vouldra choisir; que monsieur le daulphin[3] ayt la fille d'icelluy S^r empereur[4]; monsieur d'Orléans[5] ayt l'infante de Portugal, madame

---

[1] Depuis Philippe II.
[2] Elles étaient deux : Madeleine et Marguerite; la première épousa Jacques V, roi d'Écosse, la seconde Emmanuel-Philibert, duc de Savoie.
[3] François, mort à dix-huit ans et sans alliance, en 1536.
[4] Marie d'Autriche, qui devint la femme de l'empereur Maximilien II.
[5] Depuis Henri II.

Marie, fille de la royne de France[1], et mons. d'Angoulesme[2], l'une des filles du roy d'Hongrie.

Et affin que ces choses puissent estre de brief mises à effect, les députez desdicts S^rs empereur et roy, ayans pouvoir sur ce souffisant, se trouveront aux lieu et jour qu'il sera advisé, pour accourder et conclure les pactes, convenances sur ce nécessaires, par lesquelles lesdicts S^rs empereur et roy feront promesse l'ung à l'aultre de procurer effectuellement iceulx mariaiges estre faictz et accompliz entre leursdicts enfans respectivement : c'est assavoir les fiansailles et espousailles quand ilz seront parvenuz chacung d'eulx ou temps et eage requis de droit à faire fiansailles et espousailles; et sera besoing que le roy d'Hongrie, pour sa fille, face de mesme, et que la royne de France et le roy de Portugal donnent leur consentement quant à ladicte dame Marie.

Item, fauldra convenir quelz mariages et dotz se bailleront pour les princesses d'Espaigne, de Hongrie et de Portugal, et aussi pour la fille dudict S^r roy, et comment et en quel temps elles seront payées; quel douayre chacune d'icelles aura, et en quel lieu ilz seront assignez, et comment se rendront, en cas de dissolution, icelles dotz. Pareillement fauldra sçavoir les appanaiges qui se donneront esdicts enfans dudict S^r roy; car, quant à celluy de l'empereur et de mons^r le daulphin, ilz sont aisnez et chacun scet et entend à quoy ils doibvent succéder.

D'aultre part, il faudra sçavoir quelle seurté se bailleroit d'ung cousté et d'aultre pour la parfection desdicts mariaiges; et, après ces choses faictes, si le cas est que l'empereur viegne en ses Pays-Bas, ledict S^r roy se trovera volontiers au lieu qui sera advisé, afin qu'ilz s'entrevoyent, comme ledict S^r empereur a dict à Rabaudanges, et puissent ensemble converser familièrement et domestiquement, et parler de leurs affaires, tant présens que advenir; et là se pourra faire quelque bonne conclusion contre les Turcq et luthériens, à

---

[1] Et d'Emmanuel le Grand, roi de Portugal.

[2] Charles, duc d'Angoulême, puis d'Orléans, mort célibataire en 1545.

l'honneur et louange de Dieu, exaltation et augmentation de la foy chrestienne, et aussi se pourra ratisfier et confermer ce qui aura esté faict par lesdictz ambassadeurs, touchant lesdicts mariaiges.

CVII.

NOTE RESPONSIVE

REMISE, AU NOM DE CHARLES V,

PAR LE SIEUR DE RECIN DES BARRES, A BAYARD[1], GÉNÉRAL DE BRETAGNE,

AU SUJET DES ALLIANCES DE MARIAGE PROPOSÉES PAR FRANÇOIS Ier.

(Mémoires de Granvelle, II, 65.)

Cologne, 6 janvier 1531.

Que l'empereur a entendu par ledict des Barres la charge que ledict général avoit devers feue, de bonne et recommandée mémoire, madame l'archiduchesse, tante de sa majesté, de la part du roy trèschrestien son bon frère, et madame la régente sa bonne mère, touchant les alliances, par laquelle ladicte majesté apperçoit tousjours de plus la bonne et honneste volenté que lesdicts S^r roy et dame ont à l'establissement de la paix, et à rendre l'amitié d'entre sadicte majesté et ledict S^r roy perpétuelle et indissoluble au bien de la chose publique chrestienne et de leurs royaumes, payz et subjectz; dont sadicte majesté mercye grandement lesdicts S^r roy et dame, et leur en désire faire bonne response, laquelle pour le changement survenu à cause du trespas de feu madicte dame sa tante a esté détardée. Et encoires estant sadicte majesté de chemin pour aller en ses Pays-Bas,

---

[1] Gilbert Bayard, seigneur de la Font, l'un des secrétaires d'état du roi François Ier; il fut emprisonné sous le règne suivant.

lui a semblé le mieulx de différer jusques alors, que sera prouchainement; et adoncques sadicte majesté dépeschera expressément personnaige de confidence et instruict pour aller visiter lesditz S^r et dame, et leur faire entendre de ses nouvelles, et son intention sur ladicte charge, et choses que la peuvent concerner; et requiert ledict sieur général faire cependant en ce, et aultres choses empourtans à ladicte amytié, ce qu'il y verra convenir, comme il a tousjours faict et dont sadicte majesté luy scet très-bon grey. Fait à Coloingne, le vi de janvier l'an 1531, prins à la nativité Nostre-Seigneur.

CHARLES.

Et par ordonnance de sa majesté :

PERRENIN.

CVIII.

LES ARTICLES

SUR LESQUELZ SEMBLE ESTRE BESOING CONSULTER

POUR LA CHARGE ET INSTRUCTION DE MONS^r DE PRAET[1],

CHEVALIER, CONSEILLIER ET SECOND CHAMBELLAN DE L'EMPEREUR,

ALLANT PRÉSENTEMENT DE LA PART DE SA MAJESTÉ VERS LE ROY TRÈS-CHRESTIEN.

(Mémoires de Granvelle, II, 66 et suiv.)

Bruxelles, 1er février 1530, V. S.

Sy l'on debvra assentir au mariage ou l'excuser absolutement d'entre le daulphin et la princesse infante d'Espaigne, pour estre desjà aultre mariage faict entre ledit S^r daulphin et la princesse de Portugal, fille du premier lict

Après que l'empereur a bien veu et entendu en son conseil les présens articles, sa majesté a esté advisée d'y respondre comme s'ensuyt :

Monsieur de Praet ayant communicqué sa charge à l'ambassadeur de sa

---

[1] Louis de Flandres, sieur de Praet, nommé chevalier de la Toison d'Or en 1531.

de la royne de France, par le traicté de Madril, confirmé par celluy de Cambray : actendu mesmement que c'est chose empourtant à l'observance desdicts traictez, et de garder honnesteté par l'empereur et le roy, tant en l'endroit de ladicte royne que du roy de Portugal, et quelz mariages aultres l'on pourra en ce cas proposer.

Ou s'il sembleroit mieulx faire civillement les remonstrances susdictes, et en cas que ledict sieur de Praet apperçeut qu'elles ne fussent bien prinses, et s'en peust engendrer inconvénient et reboutement à la provision et remède des affaires de la chrestienté, et à l'amytié et bonne intelligence d'entre l'empereur et le roy son frère et le roy de France, si mieulx sera que ledict sieur de Praet temporise pour encoires adviser en cestuy affaire et consulter l'empereur, et cependant avoir l'advis d'Espaigne pour austant que cestuy affaire y empourte grandement et sçaivent mieulx que c'est de la sucession.

Et audict cas le sieur de Praet pourroit de luy-mesme, comme il verroit mieulx convenir, remonstrer l'inéqualité et grandeur du mariage de ladicte princesse d'Espaigne au regard des aultres, en cas mesmement qu'il vînt à faute de hoirs masles, et s'il debvroit mectre avant les deux choses : l'une, assavoir, ou que le mariage ne tînt, audit cas du moings s'il n'estoit expressément aggréé par la princesse venue en eage souffisant, et par les royaumes et pays, tant d'Espaigne que de Flan-

majesté résidant en court de France, et entendu les occurans et advisé entre eulx ce que semblera convenir au bon effect de ladicte charge, et avec l'assistance dudict ambassadeur, excusera en premier lieu le mariage de monsieur le daulphin à l'infante d'Espaigne, selon que contient ce premier article, et proposera le mariage de nostre prince à la plus jeune princesse fille de France, pour plus de conformité des eages ; baillant civillement à entendre comme l'empereur, sans soy arrecter à l'inégalité desdicts eages, encline volentiers auxdicts mariages, pour le désir qu'il a d'establir l'amytié d'entre luy et ledict sieur roy, et icelle perpétuer et rendre durable à tousjours entre leurs maisons et messieurs leurs enfans et successeurs ; bien confiant que, sans avoir regard que ladicte princesse soit la plus jeune, ains à la grandeur du prince et du mariage, l'on luy constituera dot convenable, et en ce et au surplus sera traicté comme la raison veult.

Et quant aux mariages de messieurs les ducs d'Orléans et d'Angoulesmes, l'empereur ayant entendu qu'il soit esté tenu propoz du mariage de l'ung ou l'autre desdicts princes, et qu'ilz ont esté à diverses fois tous deux mis en avant à nostre sainct-père pour sa niepce, de la part du roy très-chrestien, mesmes encoires naguères par le duc d'Albanye, sa majesté n'y scet que résoldre ny en l'ung ny en l'autre, jusques il en saiche la déterminée volunté dudict sieur roy touchant ledit mariage, et

dres, ou si l'on y pourroit regarder aultre seurté ou moyen convenable.

Du mariage de nostre prinse se debvra excuser et proposer aultres mariages de messieurs les enfans du roy des Romains, actendu l'inéqualité de l'eage, ou sy l'on y debvra entendre; et en ce cas à laquelle des filles du roy de France, ayant regard à la disposition de leurs personnes et aultres qualitez.

duquel des deux il vouldroit qu'il se feit; et ne vouldrat sadicte majesté en riens quelconque empescher ledict mariage, ny chose que soit et puyst duyre à l'amytié d'entre lesdicts sainct-père et roy très-chrestien, afin que sadicte saincteté soit et demeure commung père et de sadicte majesté et dudict sieur roy, et que ce soit une mesme chose, unanime volunté d'entre eux, au bien de nostre saincte foy et de la république chrestienne, et que joinctement et avec toute entière confidence eulx trois puissent entendre à la convocation du concille, répulsion du Turcq, et aultres choses nécessaires et convenables à l'effect susdict.

Et non-seulement ne vouldroit sadicte majesté empescher ledict mariage, mais de son pouvoir le accourder, et faire tout ce que ledict sieur verra et congnoistra estre au bien de ceste amytié, et y entrevenir par tous bons et convenables moiens que ledit sieur roy vouldra sur ce adviser. Et afin que ledict sainct-père demeure entièrement asseuré que sadicte majesté et ledit sieur roy très-chrestien, comme bons et premiers filz de l'Église, pourteront et deffendront le sainct-père en l'auctorité de l'Église et en sa dignité, et ce que particulièrement le pourra concerner, et afin que rien reste du coustel de sadicte majesté, elle sera contente que, ayant lieu ledict mariage d'entre l'ung desdicts princes et la niepce de nostre sainct-père, selon que adviseront ensemble nostredict sainct-père et le roy très-chrestien, que l'on entende au mariage de l'aultre prince avec l'une des filles du roy des Romains.

Si [malgré] toutes remonstrances faictes sur ce poinct de l'allyance de la niepce dudict sainct-père, pour y garder l'honnesteté selon que l'intention de sa majesté y est sincère et bonne, est persisté aux aliances proposées desdicts deux princes, dira ledict sieur de Praet que, moiennant que la chose se conduise avec le contentement dudict sainct-père, sadicte majesté sera contente d'entendre aux mariages desdicts deux princes avec les deux filles du roy des Romains; mais il fauldra avoir regard que l'empereur a entendu qu'il y ayt mariage traicté entre le filz du roy de Polone et l'une des filles dudit sieur roy des Romains, et que en parlant desdicts deux mariages, ce soit à condition d'en pouvoir advertir ledict sieur roy des Romains et de sçavoir son intention, pour austant que l'empereur n'a eu temps, obstant aultres affaires, de luy parler et entendre son intention sur lesdictes alliances, et aussi ne s'est peu faire pour raison de l'incertitude des mariages avantdicts; asseurant néantmoings de la volenté dudict sieur roy à rendre perpétuelle l'amytié avec la maison de France, et qu'il ne vouldra laisser chose qu'il puisse faire à cestuy bon effect.

Et si nonobstant les remonstrances et excuses faictes en premier lieu, de persister[1] au mariage d'entre ledict sieur daulphin et ladicte princesse infante ou d'elle avec monsieur d'Orléans, et qu'il ne le puist excuser sans scrupule, dissidence ou mescontentement, et voye ledict sieur de Praet que avec ces alliances se puist prendre fondement d'amytié et bonne volunté, et pour traicter et faire intelligence quant aux affaires publicques de la chrestienté, comme de la foy et du concille, et aultres choses publicques communes et particulières, entendra à traicter le mariage de ladicte infante avec le sieur d'Orléans, pour non empescher celluy qui est traicté comme dessus entre ledict daulphin et la princesse de Portugal; et aussi que ce seroit plus de contentement aux royaulmes et pays en cas que ladicte princesse vînt à hériter; bien entendu toutesfois que ledict mariage se traicte à desdicte et peyne telle que sera advisé, de quatre cens mille ducatz et au-dessoubz, la moindre qui convenablement faire se pourra au contentement dudit sieur roi très-chrestien, si ladicte princesse infante venue en eage souffisant, elle ne vueille agréer ledict mariage, et que lesdicts royaumes et pays, tant d'Espaigne que d'en bas, n'y consentent.

Si ce que dessus nonobstant est percisté au mariage d'entre ledict daulphin et ladicte infante, et il semble qu'il empourte aux bons effectz susditz, et se advise le moyen pour garder l'honnesteté en l'endroit de la royne de France et du roy de Portugal, ledit sieur de Praet enfin en pourra traicter, à condition et pourveu que l'empereur ayt hoirs masles (ladicte princesse infante venue en eage pour contracter ledict mariage); et si n'y a hoirs masles, que ce soit avec ledict sieur d'Orléans et ladicte infante, moiennant ledict consentement d'elle et desdicts royaumes et pays, et à la desdyte susdicte, remettant audict sieur de Praet, de, en tous les cas et moiens prédéclarez, y faire comme il luy semblera selon le temps, exigence des affaires et la volunté qu'il trouvera dudict sieur roy et des siens; pourvu toutesfois que en tous lesdicts cas faisans mention de ladicte princesse infante, la desdyte y soit moiennant la peine. Et si l'on dit qu'icelles peines apposées à mariages, que le droit veult estre libres, sont réprouvées, l'on respondra qu'il y a bien moyen, mesme quand c'est pour tierse personne, et en

[1] (Est persisté?)

faveur de mariages et iceulx procurer, pour les faire seheures et recouvrables si elles se commectent.

Quel dot l'on debvra demander en cas du mariage de nostredict prince à l'une des filles de France, et la façon, manière et terme du paiement et seurté d'icelluy?

Que ledict sieur de Praet entende avec la dextérité que convient quel dot le roy vouldra donner, et les façon, manière et termes de payement et de la seheurté.

Item.

Aussi quel dot se debvra accorder pour les filles dudict sieur roi des Romains, en cas que l'on en traicte, et de la forme et façon du paiement?

Des douaires et assignation d'iceulx, ayant regard que ceulx que se bailleront du cousté de l'empereur et du roy des Romains soient en lieux non suspectz.

Item.

Sy, quant aux fiansailles et espousailles se debvra tenir le temps mis avant, quant les personnaiges seront venus en eage, ou si l'on y debvra adviser aultre terme?

Il y a austant d'avantaige et plus de s'arrester à ce qu'a esté mis avant par les François, quant aux fiansailles et espousailles, d'icelles faire quant les personnaiges seront venuz en eage et chacun d'eulx respectivement, que de y adviser aultre plus long terme, ny encoires faire en ce diversité quant à la princesse d'Espaigne, puisqu'elle est du moindre eage que tous les aultres.

Sy l'on debvra riens adviser ny traicter de la forme de la délivrance des personnaiges, comme et aux frais de qui elles se debvront faire?

Il se pourra adviser, en concluant les traictés, comme chose incidente en iceulx.

Quelles seheurtez se debvront traicter et accorder pour la perfection et complissement des mariages; et se suffira promesse et obligation générale, ou par apposition de peine, selon que par droit elle se pourra asseurer, ou si semble en estre besoing d'aultres; et en cas qu'il s'en propose du

Il semble bien raisonnable que quant à tous les aultres mariages que seront traictés, fors quant à celuy de la princesse infante, en quoy est déclarée cy-dessus l'intention de l'empereur, que l'on traicte qu'iceulx mariages soient observez et compliz les personnaiges venuz en eage, et de temps à

cousté de France que s'y debvra redire?

Sy se debvra point parler d'alliances pour les filz du roy d'Hongrie, dont l'escript baillé du cousté des François ne faict mention, ou s'il en est parlé, qu'est-ce que le sieur de Praet en debvra respondre?

Sy ledict sieur de Praet debvra pourter pouvoir pour traicter, et quel, en cas mesmement que résolution certaine se preigne touchant lesdicts mariages, attendu que chacun d'iceulx mariages requièrent pouvoir spécial, tant de l'empereur que du roi des Romains respectivement?

Et pour ce que ledit sieur roy très-chrestien ouffre de, en traictant lesdictes alliances, prendre intelligence et traicter de l'affaire de nostre sainte foy, touchant le concille, contre le Turcq, et aultres affaires présens et advenir, et démonstre désirer l'entretènement; semble besoing adviser des poinctz suivans pour traicter de ce qu'en semblera nécessaire joinctement :

Touchant la foy, si l'on debvra ensuyr le département[1] de la diette impériale d'Augsbourg, et traicter pour l'observance d'icelluy, et se l'on y adjoustera aultres moyens et quelz, soit jusques au futur concille ou après?

aultre qu'ilz y perviendront respectivement, avec telle seheurté que l'on advisera estre raisonnable.

Sy n'en est riens mis en avant du coustel de France, ne sera besoing en parler, et si l'on propose quelque mariage desdicts filz, ledict sieur de Praet entendra que ce sera et en advertira sa majesté.

Il peut sembler qu'estant les choses encoires si entières, n'est besoin présentement de pouvoirs jusques l'on y voie quelque apparence et certitude, pour les faire selon l'exigence, et esquelz ne se fera dilation; et que pour maintenant avec lectres de crédence il y aura assez de confidence, et pourra asseurer ledict sieur de Praet de furnir lesdicts pouvoirs souffisans comment et quant besoing sera.

Ledict sieur de Praet aura avec luy le translat du département faict en la diette impériale à Augsbourg, et, selon que les choses trouveront l'opportunité et prendront le bon chemin, le communicquera confidemment au roy très-chrestien, pour assentir de luy et ceulx de son conseil quelz moiens sembleront davantaige pouvoir duyre. En

[1] Reces.

502 PAPIERS D'ÉTAT

Quelz moyens et scheurtez se debvront adviser pour la convocation et célébration du concille, exécution de ce que y sera résolu et pour la perfection dudict concille?

quoy, jusques l'on voye l'intention et volenté dudict sieur roy, seroit difficile bailler instruction ny moyens plus particuliers.

Aussy deppendront les moiens et seurtez concernant ledict concille de la volunté que ledict sieur de Praet trouvera au roy, lui ayant baillé à entendre ce que ledict sainct-père en a faict dire à sa majesté dernièrement par le prothonotaire de Gambara[1], et des difficultez que sa sainteteté y mect, et aussi des façons de faire des luthériens et aultres de pire secte, soubz couleur qu'ilz prétendent ledit concille devoir estre franc et libre.

Sy sera point de besoing de regarder ce de quoy principalement se debvra traicter audict concille?

Il fault persister avec bonne dextérité, et mesmes en persévérant de non engendrer suspicion au pape, qu'il se traicte audict concille de ce que l'on verra convenir au bien de nostre saincte foy et à la respublicque chrestienne, et y commencer par ce que sera plus nécessaire; ayant regard au surplus de rendre tousjours le pape asseuré de ce que concerne l'auctorité de l'Église, sa dignité et personne.

Aussy si l'on debvra communicquer la charge entièrement du prothonotaire de Gambara, évesque de Tortone, au roy de France, et ce que l'on luy dira qu'il en semble à l'empereur?

Ledict sieur de Praet communicquera la charge dudict prothonotaire avec la discrétion que l'affaire requiert, pour non engendrer suspicion ou scrupule en l'endroit dudict sainct-père ny dudict roy très-chrestien; et sur ce et

[1] Ce protonotaire, en même temps évêque de Tortone, avait été envoyé à l'empereur en qualité de nonce apostolique pour négocier, de concert avec le cardinal Campèche, légat en Allemagne, et l'évêque Vasione, le concile projeté, l'aide contre le Turc, etc.

Sy l'on debvra particulièrement spéciffier et exprimer la forme de faire auctoriser ledict concille, et obéir aux déterminations d'icelluy ; et s'il est besoing de la force, comment et par qui elle se fera, et l'ayde et assistance de gens et argent, tant pour ce que concerne ledict concille que aussi à remédier et retirer les desvoiés de nostre saincte foy ; et en cas qu'ilz soient obstinez pour procéder allencontre d'eulx?

Ce que se debvra traicter touchant la deffension et offension contre le Turcq, soit en ensuyvant le département sur ce faict à la journée impériale d'Augsbourg, ou aultrement par meilleurs moiens; et mesme, en cas que ledict Turcq fist invehissement en la chrestienté en ceste année, où que ce soit : ayant bon regard que pour l'instante nécessité, l'ayde du roy très-chrestien seroit plus prompte et mieulx au propos d'argent que de gens, et que, comme qu'il soit, l'argent est très-nécessaire.

Sy sera point expédient de refréchir au surplus usera envers le nonce, estant en court de France, comme y congnoistra l'exigence et convenir à sa charge et au bon effect d'icelle, et éviter tous scrupules envers ledict sainct-père et le roy très-chrestien.

Il fault que le contenu en cest article se fasse selon l'amytié et volenté que ledict sieur de Praet trouvera et par assentement ; et jusques l'on y voye plus de clarté, ne s'y pourroit treuver plus de particularité.

Ledict sieur de Praet orra ce qu'a esté traicté à la diette impériale touchant l'offension et deffension contre le Turcq, et parsistera, austant que sera possible, pour remédier à l'instante nécessité, en cas que ledict Turcq, selon que les nouvelles en viennent journellement, voulsist invader la chrestienté, soit du cousté de la Germanie et de l'Ytalie, et que l'ayde et assistance que ledict sieur roy vouldroit faire soit en argent si avant que sera possible. Et si il est parlé d'ayde de gens ou navieres en tous cas de deffension et offension, soit pour ladicte instante nécessité, ou comme que ce soit, aura regard que ce soit tousjours soubz la main et obéissance de l'empereur, si avant que possible sera, pour toutes bonnes considérations.

Il sera bien de, en temps et lieu,

ou employer la lighe, signamment deffensive, qu'est, par les traictez de Madril et Cambray, entre l'empereur et le roy très-chrestien, et y comprendre principal contrahant le roy des Romains et d'Hongrie, et les royaulmes, pays, estats et dignitez que lesdicts princes tiennent de présent.

Sy sera besoing en ce cas de comprendre l'élection et couronnement dudict sieur roy des Romains, la duché de Wirtemberg qu'il possède, et pour l'empereur la duché de Gheldres et ses appertenences pour après le décès et trespas de celluy que présentement le tient[1], selon le traicté dernièrement faict entre sa majesté et luy; aussi de la comté de Bourgoingne que feue madame tenoit?

Sy l'on debvra proposer et tenir main d'y comprendre le soubstènement du droit et justice de la royne d'Angleterre, mesmes en cas que ledict roy d'Angleterre ne voulsit obéir à la congnoissance et décision que s'en fera par auctorité de nostre sainct-père le pape, et actempter de faict aultre mariage, ou inférer tort ou violence aucune à ladicte royne?

S'il y auroit aultre chose à traicter concernant ledict roy d'Angleterre?

percister au contenu en cestuy article, si avant que l'empliation se pourra faire, et à la lighe deffensive faicte par le traicté de Madril et confirmé par celluy de Cambray, et y comprendre l'élection et coronnement dudict sieur roy des Romains, les duchez de Wirtemberg et de Gheldres, et le comté de Bourgoingne, s'il est possible.

L'on peult mectre en avant le contenu en cestuy article, et y persister civilement, pour austant qu'il est honneste et raisonnable.

Il n'est besoing d'en riens mectre en avant du cousté de l'empereur; et se de la part du roy très-chrestien en est parlé, fauldra avoir bon regard que tout ce que se fera en l'endroit dudict roy d'Angleterre soit pour le bien, meilleure et plus sûre direction de l'affaire

---

[1] Le duc Charles, qui régna de 1492 à 1537.

de nostre saincte foy, touchant le concille, le Turcq et aultres choses concernant le bien publicque de la chrestienté, et sans préjudicier, comme qu'il soit, au droit de ladicte royne d'Angleterre; ayant bien regard de copper chemin que, à l'occasion dudict roy d'Angleterre et soubz couleur de le faire entrevenir ès traictez d'entre sa majesté et le roy très-chrestien, ne s'en ensuyve plus d'empeschement, longue suspicion et difficulté que aultre mieulx.

Quel respect l'on debvra avoir en l'endroit du pape, tant à raison de sa dignité que de sa personne, et aussi de sa maison de Médicis?

Il fault avoir bon regard en toutes choses que se traicteront, envers nostre sainct-père, que ce soit, si avant que possible sera, par tous moiens à son contentement, et pour, comme dessus est mencionné, en l'asseurer et tenir à repoz d'esprit en ce que le concerne, tant à raison de sa dignité que de sa personne, et pour le soubstènement et deffense de sa maison de Médicis.

Sy l'on debvra faire mencion des Véneciens, et quelle, actendu l'appoinctement dernièrement faict avec eulx depuis lesdictz traictez?

Sy n'en est point parlé, se debvra faire mencion de l'Ytalie pour la deffense et seurté d'icelle, ou se l'on se debvra arrester à ce que contiennent lesdictz traictez de Madril et Cambray?

Il semble que se n'en est rien parlé, que ledict sieur de Praet n'en doibt entrer en propoz; et si d'adventure s'en mest quelque chose en avant, soit en général ou particulier, s'en arrestera ausdicts traictez de Madril et Cambray. Et se l'on parle particulièrement de Milan et de la conté d'Ast, dira comme l'empereur en a traicté pour le repos et quiétude de l'Ytalie, selon que ledict sieur de Praet scet, et n'est la chose en sa main, ny pourroit penser sadicte majesté que ledict sieur roy y print plus de fantaisie ne considération, actendu lesdicts traictez, depuis lesquelz il a

Item de ceulx de Gennes, actendu les difficultez survenues depuis le traicté de Cambray entre le roy et eulx?

Touchant les Suisses, se s'y debvra riens adviser, soit pour le soubstènement de ceulx que persévèrent en nostre saincte foy, ou aultrement; en quoy peut-estre le roy de France se condescendroit plus voluntiers venant à ce présent traicté, tant pour éviter la despense avec eulx et excuser le paiement des debtes qu'ilz prétendent?

Sy sera besoing de faire expresse mention que le présent traicté que se fera soit sans invocation[1] ny préjudice des susdictz traictez de Cambray et Madril, ès choses èsquelles ne sera ex-

[1] (Innovation?)

tousjours dit qu'il ne vouloit riens prétendre en ladicte Ytalie.

Venant à traicter avec ledict sieur roy très-chrestien, et les choses principales accoudées, fauldra persister qu'ilz soient comprins et nonmez entre les confédérez; et cependant aura regard ledict sieur de Praet, s'il y a quelc'ung de la part desdictz Genevois, de les tenir asseurés que l'on aura regard en leur endroit comme il l'appartiendra; et favorisera ledict sieur de Praet et baillera l'adresse qu'il pourra à ceulx qui seront ambassadeurs en court pour la république de Gennes.

Qui pourroit desjoindre l'alliance d'entre ledict sieur roy très-chrestien et les Suisses ne seroit que bien, tant pour l'affaire de nostre saincte foy que aultres choses de la république chrestienne, et encoires pour plusieurs considérations de l'empereur et roy des Romains son frère et de leurs royaulmes, pays et subjectz; et regardera ledict sieur de Praet d'y accommoder les causes mencionnées en cest article, et toutes aultres choses qu'il conguoistra y pourront duyre, du moings s'il est possible, pour le soubstènement de ceulx qui demeurront en sincérité de foy contre les aultres.

Le contenu en cestuy article est nécessaire.

pressément ny particulièrement desrogué par cestuy, et non plus.

Que ce que deppend desdicts traictez de Madril et Cambray soit comply et observé, mesmes touchant les subjets des pays d'embas et limites d'iceulx pays, tant de l'imposition foraine, des haulx passaiges déprédez que aultres choses.

Touchant la succession de feu monsieur de Bourbon et ce que concerne la princesse de la Roche sa seur, pour en avoir une bonne fin et effacer la malveillance que ledict sieur roy très-chrestien lui porte.

Le roy très-chrestien n'y debvra mectre difficulté, selon le bon vouloir qu'il dit tousjours avoir aux choses traictées; et sy est besoing que le tout soit esclarcy et appoincté pour éviter toutes occasions de contention.

L'empereur a ouy la charge du président de Bourgoingne sur cestuy affaire, et entendu comme le roy s'excuse de non estre tenu, selon les traictez de Madril et Cambray, de restituer les biens que tenoit feu mons. de Bourbon et ses hoirs, et qu'il faut la chose estre veue par justice préalablement, laquelle il ouffre; prétendant (que) l'appoinctement qui avoit esté faict avec la princesse de la Roche, au temps qu'il se agissoit de la restitution des princes, fut par doubte de non les ravoir, selon que dénotoient les propoz que lors en furent tenuz de la part de sadicte majesté, et que à bon droit il avoit rétracté, et prenoit mal et à regret d'estre poursuy plus avant: comme la royne de France, seur de sadicte majesté, a enchargé ledict sieur président luy dire, et qu'elle crainct que cecy ne baillit occasion (y persistant) d'empescher aultres bons effectz et plus indigner ledict sieur roy à l'encontre de ladicte princesse, contre laquelle il pourroit treuver, comme il dit, occasion faire procéder criminellement en lèze-majesté; comme sadicte majesté ne faict doubte que ledict sieur de Praet pourra entendre de ladicte royne. Et combien que sur toutes choses sadicte majesté désire en tout et par tout obvier de bailler mescontentement audict sieur roi, et complaire en tout ce que possible sera à la royne sadicte seur, toutesfois sadicte majesté treuve qu'elle ne peut aussi délaisser la chose, et qu'en bien regardant en équité et raison lesdicts traictez, selon qu'il a été remonstré, débattu et soubstenu par les commis de sa majesté et ceulx de ladicte princesse, les héritiers dudict sieur de Bourbon doivent estre remis en la possession des biens qu'il tenoit héréditables, et que ledict sieur roy n'en peult prendre occasion souffisante de mescontentement, ny des poursuictes en faictes ou parolles sur ce pourtées; et se semble, puisque appoinctement en avoit esté faict par ledict sieur roy et ladicte dame, que mieulx fût esté lui délaisser la jouissance des biens que luy avoient esté donnés par icelluy traicté. Et toutesfois, puisque la chose est retournée ès termes qu'elle est de présent, sadicte majesté entend que ledict sieur de Praet et l'ambassadeur de sadicte majesté estant en court de France tiennent la main avec toutes honnestetez, persuasions et moiens possibles, tant devers ledict sieur roy, la royne, madame mère dudict sieur roy, et signamment avec mons^r le grand-maistre de France, pour en faire quelque gracieux appoinctement; et selon que lesdicts sieurs de Praet et ambassadeur verront l'opportunité et commodité, qu'ilz y percistent et tiennent main, comme en chose que l'empereur désire prendre bonne fin, et qu'il tient empourter à son honneur, debvoir et réputation, non pour aultre cause quelconque que pour son acquit envers lesdicts héritiers; oyres que à la vérité ilz n'en poursuivent sadicte majesté ny ait habitude quelconque avec eulx, mesmes avec ladicte princesse, laquelle il ne scet jamais avoir faict chose par quoy ledict sieur doige avoir mescontentement ny indignation envers elle, et souffira à sadicte majesté que l'appoinctement soit faict, comme qu'il soit, ou en faveur et réquisition de sadicte majesté, ou par la seule magnanimité et bénignité dudict sieur roy, lequel en ce fera très-grand plésir à sadicte majesté.

Sy se debvra point parler et aucune chose traicter, en cas que l'empereur vuille retourner en Espaigne, soit par mer ou par terre, en quelque temps que l'opportunité et commodité s'adonnera?

Les principaux articles venant à taille, l'on pourra mieulx considérer ce que conviendra à cestuy, et n'est besoing en faire semblant pour maintenant.

Que se debvra respondre et faire touchant la veue de l'empereur et du roy, dont l'escript fait mention?

Touchant le veue, si les choses susdictes preignent quelque bonne conclusion, selon l'apparence que ledict sieur de Praet y verra, il y allosera, ayant tousjours regard que en cas qu'elle se doige faire, que ce soit après toutes choses faictes et traictées, et que ne soit lors question que de choses de plaisir et amiableté, pour éviter ce que l'on dit que des veues de princes provient aucunes fois inimitié.

Et enfin l'empereur, pour estre encoires ceste matière entière et empourtant plusieurs poinctz et degrez, sur lesquelz il fault entendre la volunté dudict sieur roy très-chrestien, et ce qu'il vouldra et pourra faire, remect le tout audict sieur de Praet et audict ambassadeur, pour soingneusement et à la discrétion et dextérité que convient et qu'ilz verront le meilleur et plus expédient, en communicquer et entendre tout ce qu'ilz en pourront tirer, pour du tout advertir sadicte majesté, ensemble leurs advis, et le plus tôt et convenablement que sera possible, afin que sadicte majesté plus certaine saichant et informée de l'exigence, qualité et considération y empourtans, s'en puisse mieulx résoldre et déterminer, et advertir lesdicts sieurs de Praet et ambassadeur et les rendre certains de ce qu'ilz devront faire.

Ainsi faict, advisé et conclud par l'empereur en son conseil, en la ville de Bruxelles, le premier jour de février l'an mil cinq cens et trente.

CIX.

MANDEMENT

DE CHARLES V A SES AMBASSADEURS EN FRANCE.

(Mémoires de Granvelle, II, 12-13.)

Bruxelles, 14 février 1530, V. S.

L'empereur a faict communiquer aux commis de sa majesté que furent au traicté de Cambray la response faicte par ceulx du privé conseil du roy très-chrestien, à la requeste des subjectz de la conté d'Arthois, contre les fermiers de France qui veullent exiger les drois d'imposition foraine, hault-passaige, seincture de la royne, et yssue du royaume sur lesdicts subjectz d'Arthois; et la chose bien veue et entendue, se treuve que l'article dudit traicté commençant : « Item « que nonobstant iceulx transportz, etc. » fut bien entendu d'ung coustel et d'aultre, et le rédigearent l'esleu Bayard et secrétaire Desbarres par escript, selon la conclusion lors en faicte, de manière que les commis dudit sieur roy n'ont occasion en charger personne, ny convient ceste excuse; ains par raison et honnesteté se doibt-t'on arrester précisément, plainement et réalement au texte et pied de la lettre dudit traicté, dont avec ce qu'il est tout cler et certain que, la chose bien et longuement examinée et débattue, l'intention et résolution commune lors fut déclarée tout ouvertement et expressément que lesdits d'Arthois ne fussent de pire condition quant aux droits dessus dits, qu'ils estoient paravant les guerres, du temps qu'ils ressortissoient en France.

Et quant à ce que par ledit traicté est dict : « Tant et si avant qu'ils « jouissoient du temps qu'ils estoient subjectz de la couronne, etc. » il est tout cler, plus que certain et notoire, que de tout le temps passé, dont n'est mémoire du contraire, ils ont paisiblement et sans contredict jouy desdits droits, et en sont demeurés exemps, francz et quittes, et mesmes desdites imposition foraine, hault-passaige et yssue du royaume; et quant au droit de la seincture de la royne, bien pourroit estre que pour ce que l'on a accoustumé de la prendre en la cité de Paris, et que ne se reliève que de trois ans, lesdits subjectz n'ont en ce grand regard, que aucungs d'eulx l'auroient mieulx aymé payer que d'en débattre quant on leur demande; en quoy, selon équité et raison, l'on ne debvroit avoir regard, ains à la générale exemption, et favorablement faire observer et ensuyre ledit traicté. Mais quant aux aultres poinctz de l'imposition foraine, haultz-passaiges et yssue du royaume, puisque l'exemption est toute clère, notoire et évidente, et par ledit traicté et par la paisible possession d'exemption, fault en tous advénemens précisément persister à l'observance dudit traicté, et que, selon icelluy, soit imposé perpétuel silence esdits fermiers, et déclaré, comme il appartient, que lesdits d'Arthois en jouyront doiresenavant, avec ce qu'ilz seront restituez et rembourcez de ce que lesdits fermiers en ont levé, et d'eulx et de leurs cautions, par exécution de justice et aultrement. Sur quoy messieurs les ambassadeurs de l'empereur estant présentement devers le roy très-chrestien auront bon regard, comme en chose grandement important à l'auctorité de sa majesté et au pays d'Arthois, à relever les manans d'icelluy des gros dommaiges, foule, oppression et travail que journellement ils portent et souffrent avec grandes exactions et vexations, soubz couleur et occasion desdits préasserez-drois; et sera bien de, avec l'opportunyté et commodité, si aultrement la chose ne peut passer, en parler audit S^r roy très-chrétien, et le requérir que ensuyvant la bonne, honneste et vertueuse volunté qu'il a tousjours dit et démonstré avoir à l'entière observance et complissement des choses traictées, que signamment en ce que dessus il veuille mander expressément que ainsi en soit faict.

Faict et conclu par l'empereur en son conseil, à Bruxelles, le XIII de febvrier, l'an quinze cent et trente.

CX.

COMMISSION

DE RECEVEUR DES GABELLES ET GRENIERS A SEL

À NOYERS ET CHÂTEAU-CHINON,

DONNÉE PAR L'EMPEREUR À GIRARD VARNEROT, SON TRÉSORIER.

(Mémoires de Granvelle, II, 16-17.)

Bruxelles, 13 mars 1530, V. S.

CXI.

L'EMPEREUR

A SES AMBASSADEURS EN FRANCE.

(Mémoires de Granvelle, II, 27-31.)

Gand, 3 avril 1530, V. S.

Très-chiers et féaulx : ensuyvant ce que vous escripvimes du xxviiie du précédent, nous avons depuis consulté et pensé sur l'escript à vous baillé, Sr de Praet, de la part du roy très-chrestien, nostre bon frère, en responce de celluy qu'avez donné; et enfin, après avoir bien débattu, pesé et examiné ledict escript, nous sommes résolu sur iceluy comme verrez par les appostilles mises sur un chacung article, et les vous envoyons avec ceste, vous remectant de bien considérer lesdictes appostilles; et se avez depuis entendu choses que vous semble empourter occasion d'y changer, adjouster ou dyminuer, que le faictes, ou sinon que baillez lesdictes appostilles audit S^r roy, en la forme et substance qu'elles sont, usant de tous les bons mots que verrez pouvoir convenir et estre à propos, afin qu'elles soient bien prinses dudit S^r roy, et sans démonstrer quelque mescontentement, mais plustôt de toute entièrement bonne confidence en son amytié. Car comme qu'il soit que l'escript dudit S^r roy soit fort crud et avec mots et termes assez estranges, et que dénotent qu'il n'ayt grande volunté aux alliances pourparlées et qu'elles soient esté mises en avant de nostre cousté, et que l'on puisse inférer bien apparemment qu'il ayt peu de bonne affection envers nous et le roy monsieur notre frère, n'y à se vouloir emploier aus nécessitez instantes de la chrestienté, pour raison et considération desquelles nous sommes principallement inclinez èsdictes alliances, mesmes pour joinctement.et au moien d'icelles, traicter du reboutement des hérésies régnans et convocation du concile et à la répulsion du Turcq, dont il ne respond aucune chose; sy avons-nous advisé de non en faire semblant de mescontentement, ains seulement, par lesdites appostilles, lui rendre raison ou paiement sur ledict escript, et user de toute doulceur si avant que la chose le peut pourter sans desréputation, et parcister en ce que nous semble convenable à l'effect susdit, et vouldrions bien que cela peut proffiter. Et comme qu'il en soit, désirons que avec la prudence, modestie et dextérité que la chose requiert, y faictes civilement tout ce bon office que verrez convenir, et par ensemble et particulièrement, comme adviserez le mieulx, tant envers ledit S^r roy très-chrestien, que la royne, madame nostre meilleur seur, madame la régente, le grand-maistre de France et aultres, conforme à l'instruction pourtée par vous, Sr de Praet, mesme à la fin dudit concile et qu'il se puist tenir, si y treuvez nulle bonne volunté, sans paravant faire assemblée; combien que, à la vérité, nous tenons pour certain ladicte assemblée soit esté proposée seulement pour gaigner temps et veoir comme les choses succéderont, tant de la venue du Turcq que desdicts desvoyez de la foy, pour en faire leur prouffit, et avoir ce pendant le pape, nous, le roy nostre frère, le roy d'Angleterre et lesdicts desvoyez respectivement et chacung en droit soy, lyez et en danger[1] dudit S^r roy très-chrestien, et mesmes pour nous tenir, et ledit S^r roy nostre frère, en peine, travail, soing et despense.

Et se trouvez que la chose demeure sans espoir de mieulx, pourtant n'en démonstrez, comme dessus, sentement ny semblant de vous appercevoir, ou vouloir rompre ceste négotiacion. Bien lui remonstrez la nécessité et ce qu'il empourte, remectant, avec toute l'honnesteté et urbanité que pourrez, audit S^r roy très-chrestien d'y penser à son plésir et commodité, et nous advertissez de ce qu'en sera; et la chose

[1] (A la merci?)

estant en ces termes, escriprons pour le retour de vous, ledit S⁻ de Praet, délaissant le surplus de ceste charge à vous, trésorier de Besançon ; et avons regardé que sera pour le mieulx que vous, S⁻ de Praet, pourtez encoires ce délay et non vous rappeler dois maintenant, pour non faire penser aux François et aultres la rompture de ceste négociation avec mescontentement, et mectre les choses à pis. Car, comme qu'il en soit, ce ne peult estre que nostre acquit quant à Dieu, et tesmoigner nostre debvoir envers tout le monde, de tenir ces termes; et si emporte beaucoup d'entretenir civillement cette négociation, pour cependant avoir meilleur moyen de regarder et pourveoyr, comme qu'il se pourra faire, aux affaires occurans de la chrestienté et nostres particulières. Mais il fault proposer, en tant que touche ledict concille, joinctement et parcister à l'asseurance de nostre sainct-père le pape, quant à son auctorité, dignité et tout ce que peult concerner sa personne; et que ledit S⁻ roy, s'il est possible, en déclare son intention, afin que s'il y reste sintille quelconque de bonne volonté dudict S⁻ roy très-chrétien touchant ledit concille, que ledict saint-père y soit enclin, et la chose plus conduisable, ou sinon que du moings sa saincteté voye le soing que nous avons tousjours eu et pourté de son asseurance, ensuyvant l'appostille mise joinctement sur les quatre premiers articles de l'instruction de vous, ledit S⁻ de Praet, à laquelle se réfère celle du xxiiiᵉ, et est contenu en celles que présentement vous envoyons.

Au surplus, afin de riens délaisser de ce que convient, nous envoions à nostre ambassadeur à Rome coppie de ce que ledict roy très-chrestien vous a respondu, et de ce que présentement vous despeschons, et lui escripvons comme verrez par la coppie de noz lectres, et luy envoions lectres de crédence de nostre main à nostre sainct-père, pour en advertir sa saincteté, mesmes de ce que ledict S⁻ roy très-chrestien respond touchant ledict concille, combien que supposons sadicte saincteté en sera desjà advertie de la part dudict S⁻ roy ; et lui représentons la nécessité dudict concille, et la provision ce pendant nécessaire, afin que soiez informez du tout et en usez en conformité, soit devers ledict S^r roi très-chrestien, en ce que verrez en taille, ou le nunce résident en France.

D'aultre part, nous dépeschons présentement audict S^{gr} roy des Romains, nostre frère, et lui envoions coppie du toutaige, tant de ce cousté de France que de Rome, pour en tout advénement adviser et assentir, se ledict concille va en dilacion et ne se peut tenir, ce que l'on pourra pourveoyr pour remédier les choses d'Allemaigne, et obvier à plus grand inconvénient, et ce qu'il luy semblera qu'il et nous pourrons faire.

Quant aux aultres particuliers affaires, certes l'escript que sur iceulx vous a esté baillé responsif au vostre, dénote aussi peu de bonne volunté à garder la raison, honnesteté et civilité convenable à bonne, sincère et parfaicte amitié, ny plainement observer les choses traictées.

Quant à l'affaire du divorce, puisque ledict S^r roy très-chrestien et son conseil parcistent à non vouloir délivrer les actes et pièces par vous requises et dont avez faict instance, ne semble convenir d'en faire plus de poursuicte, que nous tenons bien pour certain seroit infructueux; et se faict à craindre que se l'on en faisoit quelque dépesche en ce cousté-là, que ce seroit de sorte qu'elle seroit plustost au préjudice de la royne nostre tante qu'en sa faveur, ny en termes de raison; et tout ce que l'on peut faire sur ce pour elle, est que l'on puisse tesmoingner, s'il est besoing, la réquisition, instance et poursuicte en faicte, et le refus et empeschement tant du roy et ceulx qui se sont meslez de cette affaire de sa part; et se avant qu'il sera possible, les menées, practiques et violences dont l'on a usé envers la faculté de théologie à Paris, contre et au préjudice de nostredicte tante, selon que le docteur Garay nous a souvent escript, et qu'il se pourroit prouver; ne faisant doubte que en tout et par tout vous aurez bon regard, et de parcister, au surplus, selon et où que verrez venir à propos, de tousjours persuader le bon droit de la royne d'Angleterre, notredicte tante, et pour du moings rebouter la faveur à elle contraire.

Pareillement nous semble, comme il a faict à vous, que la responce sur le faict du Charrolois est crue, générale et peu à propoz, et dont on ne doibt espérer effect; toutes fois se sera bien, comme nous escripvez, d'y répliquer et débattre l'affaire, et requérir très-instamment que telle provision y soit baillée dès maintenant et de manière que les violences et oppressions, toutes notoires et évidentes, que sont esté faictes et se font journellement à nos subjectz dudict Charrolois, du cousté de France, cessent comme la raison veult et convient aux choses traictées, et à l'exigence et observance de bonne paix et amytié, sans attendre aultre réquisition de nosdicts subjectz de Charrolois, comme contient l'appostille.

Semble n'y a apparence en ce que se respond touchant le conté d'Arthois, estant chose controuvée, comme afferment tous les sieurs que accompaignoient à Cambray feue madame l'archiduchesse nostre tante, et furent présens et entrevindrent à toutes communications du traité lors faict, que se doit réalement observer comme il est, selon que dessus vous avons escript; et y devez parcister comme avez advisé de faire, baillant bien entendre ce que dessus; et n'y a couleur de soy resferer ès premières minuictes pour contrevenir audit traicté, mais plustost pour prouver que, nonobstant lesdictes premières minuictes, la chose débattue et lesdites minuictes corrigées en ce, comme en aultres plusieurs poinctz, l'affaire fut résolu et accordé comme contient ledict traicté; et est par trop exhorbitant et moult estrange de charger les notaires et secrétaires d'avoir aultrement escript que les choses fussent passées, actendu leur légalité et extime, et mesmes la qualité que tient le général Bayard devers ledict S^r roy très-chrestien. Et si ceste assertion contre leur escripture et signature avoit lieu, austant s'en pourroit dire quant aux aultres poinctz dudit traicté, ayant non seulement tesmoignaige desdits secrétaires, mais avec les seings et seaulx de ladicte feue dame archiduchesse et madame la régente; et si a esté confermé et ratisfié par ledict S^r roy très-chrestien avec son seaul, que n'est à croire son chancelier y eust apposé, s'il y eût eu chose aultrement escripte que convenue; et si ladicte escripture se desnyoit, seroit à craindre de s'arrester ny asseurer en parolles; et pour ce n'est mestier plus ouyr lesdits d'Arthois, mais s'arrester audit traicté et dès maintenant pourveoyr à l'observance.

Quant à la restitution des fruictz de bénéfices du Sr de Monego, à la vérité, les conditions et modifications y mises, oires qu'en raison elles s'entendent les charges supportées, toutesfois l'expression si affectée dénote que ce sera avec toute rigueur, et que il en proffitera peu. Néantmoings vous ferez bien d'en procurer la dépesche, en reboutant toutesfois, quant à ce et aultres semblables, la similitude que se allègue de Sainct-Amand, que n'a nul fondement, ains est exhorbitant, pour austant que l'empeschement n'est à l'occasion des guerres, et qu'il en est procès de long temps, comme tenons vous, ledict trésorier, bien informé, par ce que cy-devant vous en a esté escript; aussi tiendrez main au dépesche du placet requis par ledict Sr de Monego. Vous ferez bien de procurer le dépesche quant à ce de Provence, pour en avoir main-levée, conforme aux traictez, et que lesdicts dépesches soient comme il appartient, évitant, se avant qu'il sera possible, qu'ilz ne soient circonvenuz soubz couleurs d'iceulx.

Au regard des déprédez, le moyen de les renvoier à justice ordinaire ne peult satisfaire; car par ce boult seroit remectre la chose à n'en avoir jamais la fin, et despérer noz poures subjectz, ayans oultre leurs très-grandes pertes soubstenues par leurs déprédations toutes notoires, beaucoup despendu et perdu de temps soubz couleur des communications passées, n'ayant sorty aucung effet par la faulte et culpe inexcusable des commis dudict S^r roy très-chrestien; et vouldrois bien, par l'honnesteté, équité et raison, que sans plus de délay ni subterfuges ils fussent récompensez et restituez de leurs pertes. Et si ainsi faire ne se peult, seroit le plus expédient que de rechief commissaires se treuvassent à Cambray pour en faire vuydange sommaire et sans figure de procès, et que la journée fust briefve, et les commis du roy enchargez de s'y trouver, et acquitter plainement et sans dissimulation; et aultrement ce seroit tousjours accroistre la desfiance et molester nosdicts subjectz, que continuellement nous poursuyvent d'avoir remède et provision. Et pour ce requérerez encoirres que cestuy affaire soit mieulx entendu et considéré, remectant ce moyen de journée en avant si mieulx n'y voiez, et que l'on en puisse vraysemblablement espérer aucung fruict et effect; remémorant ce qu'en fut convenu à Cambray, et selon que verrez la taille; remonstrant que nous ne pouvons eschever avec nosdicts subjectz qu'ilz ne se récompensent par ung boult ou aultre de leursdites pertes; et de ce que se conclura sur ladicte journée nous advertirez pour, selon ce, y pourveoyr d'heures [1].

Touchant l'affaire des monnoies, nous députerons gens pour se treuver à Paris et y entendre de nostre part, oires que le lieu y soit avantaigeux pour ceulx dudict S^r roy très-chrestien; afin que, en ce comme au surplus, il et ceux de son conseil voyent que nous désirons plainement et sans mistère entendre ès choses que concernent la mutuelle hantise, communication et conservation d'entre noz pays et subjectz et ceux dudit S^r roy très-chrestien.

De la charge du bastard du Roeulx, certes nous y avons tousjours eu peu d'espoir, quoy qu'il fût des bons propos, parolles et promesses que sur ce ont esté tenues; mais pour austant que n'en avons aultre chose entendu du roy nostre frère, sinon qu'il attendoit de voir ce qu'en succéderoit, ne vous en avons riens respondu jusques à oyres, et ne vous en sçaurions encoires escripre daventaige ny audit bastard du Roeulx, sinon que si l'on parciste en la responce faicte du refus, qu'il nous semble sa charge estre faicte, et qu'il s'en doibt retourner devers ledit S^r roy son maistre, démonstrant discrettement la nécessité, et les nouvelles que se continuent journellement de la venue du Turcq, et la nécessité causée en ce, sans au surplus monstrer aultre mescontentement.

Nous vous envoyons coppie d'un billet à nous présenté par l'ambassadeur de France résident devers nous, ensemble des responces

[1] (De bonne heure?)

faictes de nostre part sur icelluy, afin que s'il vous en est parlé, en respondez en conformité et comme verrez convenir pour le mieulx. A tant, etc.... Escript en nostre ville de Gand, le IIIe d'apvril 1530.

CXII.

RÉPLIQUES DE L'EMPEREUR

FAITES AUX RÉPONSES DU ROI TRÈS-CHRÉTIEN

AU SUJET DES ALLIANCES MATRIMONIALES.

(SUITE DE LA NÉGOCIATION DU SIEUR DE PRAET.)

(Mémoires de Granvelle, II, 74-80.)

Sans date [3 avril 1531].

RÉPONSES DU ROI.

Pour corroborer et confirmer l'amitié, lighe et confédération qui est de présent entre les maisons de l'empereur et du roy des Romains son frère, avec la maison de France, afin que par ce moien ce peult estre une mesme âme en plusieurs corps, feue de bonne mémoire madame l'archiduchesse d'Austriche et madame mère du roy, après avoir faict, conclud et arresté le traicté de Cambray, considérant le grand bien que pourroit procéder de icelluy croistre, augmenter et perpétuer, advisèrent de faire mariages entre les sieurs enfans, tant malles que femelles, desdictes maisons; et dès lors, par manière de mémoire, en firent mectre quelque

RÉPLIQUES DE L'EMPEREUR.

L'empereur scet très-bon grey au roy très-chrestien, son bon frère, et luy mercie affectueusement de la bonne volunté qu'il a desmonstré ès alliances mencionnées en cestuy escript, èsquelles ledict sieur empereur, dois qu'il fut adverty par feue madame l'archiduchesse et tante, que Dieu face paix, qu'elles lui avoient esté proposées, et que mons. l'admiral de France en parlit à sa majesté, avec lectres de la main dudict sieur roy très-chrestien, en la ville de Plaisance, lorsque la paix fut jurée, désiroyt volentiers d'envoier plain pouvoir à ladicte dame l'archiduchesse, pour entendre à celles qui seroient trouvées convenables, sans

chose par escript, qui depuis fut signifié au roy, luy estant à Cambray, lequel, pour le singulier désir et affection qu'il a de vivre en perpétuelle amitié avec ses bons frères, l'empereur et le roy des Romains, et de conjoindre et estraindre leur amytié d'un lyen indissoluble, se condescendit de très-bon cueur et de franche voulonté au contenu dudict mémoire; et quelque temps après luy fut rapporté que son bon frère l'avoit sensiblement pour agréable, qui luy fut ung si grand aise et contentement que plus ne pouvoit estre. Et pour y mectre une fin et conclusion, envoya en Flandres le général Bayard par devers feue madame l'archiduchesse, avec suffisans mémoires et instructions pour prendre une finale résolution ; et sur cela ledict sieur roy a veu et bien entendu les responces à luy faictes et après baillées par escript par ledict sieur de Praet, ambassadeur dudict empereur, de la part de son maistre.

Et pour la réplique de ce que dessus quant au mariage de mons. le daulphin et de madame l'infante d'Espaigne, ledict sieur eust esté merveilleusement ayse et content que ledict mariage se fust faict, pour l'affection plus de considération, ny s'arrester à la disparité que peult estre des eages. Et ayant entendu la charge du général Bayard, pour estre survenu le trespas de ladicte dame archiduchesse, n'a voulu ledict sieur empereur délaisser d'en respondre et faire entendre plainement son intention par ledict sieur de Praet, par laquelle ledict sieur roy très-chrestien, son bon frère, a peu congnoistre la correspondance de bonne affection à la direction et bon effect desdictes alliances, non point pour plus estroict lyen d'amytié d'entre eulx, qu'il tient, selon les traictez faiz, attenance d'entr'eulx et mesmes avec l'alliance de la royne très-chrestienne, estre et debvoir demeurer entière, sincère, ferme et indissoluble à tousjours, et qu'elle se *derniera*[1] et suyvra et observera entre leurs successeurs, comme ledict sieur empereur le désire sur toutes choses; mais afin de riens délaisser que puisse empourter satisfaction et tesmoingnaige en tout et par tout de bonne et cordiale voulonté que, comme qu'il soit desdictes alliances, ne fauldra en riens quelconques, en l'endroit dudict sieur empereur et du roy des Romains son frère, envers ledict sieur roy très-chrestien et les siens.

Il semble que l'excuse faicte de la part de l'empereur sur le mariage proposé d'entre monsieur le daulphin et la princesse infante d'Espaigne, pour raison de celluy desjà traicté entre ledict sieur le daulphin et la princesse

[1] (Demeurera ?)

et amour fraternelle qu'il a envers icelluy sieur empereur, son bon frère; et fault entendre une chose que, quant au traicté de Madril, ouquel est faicte mention du mariage de mondit sieur le daulphin et l'infante de Portugal, ledict sieur n'a pas esté le premier qui s'est advisé de parler du mariage d'icelluy sieur daulphin et de madicte dame l'infante d'Espagne, ains fut cela projecté de mesdictes deux dames, ainsi que dit est, ce que ledict sieur trouva lors bon pour les causes plus à plain déclairées ci-dessus, et mesmement que l'on pourvoyoit, en ce faisant, à ladicte dame infante de Portugal de l'ung de messieurs ses aultres enfans; et aussi quant ledict sieur empereur se consentiroit, nul ne pourroit prétendre intérest ne injure luy estre faicte, d'austant qu'iceulx sieurs empereur et roy sont seulement contrahans audict traicté de Madril, duquel quand bon leur semblera à eux, se peuvent, quant à ce point, départir. Et treuveroit luy sieur, pour conclusion, beaucoup plus à propos que le mariage de mondict sieur le daulphin se feist avec madicte dame l'infante d'Espaigne que avec celle de Portugal, suyvant ledict pourparlé et ce qu'en a esté dit, de par ledict sieur empereur, par le sieur de la Chaux, luy estant dernièrement par deçà.

infante de Portugal, doibt estre bien prinse, comme convenable à l'honnesteté et raison, et observance des choses traictées; et à bien veoir le traicté de Madril, lesdicts sieurs empereur et roy très-chrestien ne sont seulx contrahans: ains y est entrevenue principale contrahante ladicte royne très-chrestienne, à laquelle, comme mère, l'affaire empourte, voyre pourroit estre grandement imputé, non seulement à elle, pour révérence de son premier mary et considération à la maison de Portugal, mais aussi audict sieur empereur, à cause de consanguinité et affinité qu'il y a, de préférer le mariage de ladicte infante d'Espaigne sa fille à celle de Portugal, puisque mesmes cedict mariage de Portugal a esté ratifié par le traicté de Cambray. Oultre et davantaige que, à bien peser et à entendre les articles suigans, faisans mention des mariages d'entre messieurs les ducz d'Orléans et d'Angolesme, ladicte infante de Portugal demeure sans party; et jamais ledict sieur empereur n'a entendu que madicte dame l'archiduchesse eust presté l'oreille à Cambray pour desroguer audict mariage lors ratifié, et moings en eust oncques chargé le feu sieur de la Chaux: car en tous advénemens, l'exigence de bonne amytié et l'importance de la chose requéroient le consentement du roy de Portugal; et confie l'empereur que ledict sieur roy très-chrestien prendra ce qu'en a esté desjà respondu et contenu cy-dessus en la sincère et bonne considération dont le faict procède.

Et au regard du mariage de mons. le prince d'Espaigne, fils dudict sieur empereur, et l'une des filles dudict sieur roy, ledict sieur trouvera bon, en ensuyvant le contenu èsdictes responses, que icelluy mariage se face entre ledict sieur prince et madame Marguerite, fille puisnée d'icelluy sieur roy.

Sur le mariage de monsieur d'Orléans et promesses prétendues avoir esté faictes de luy et de la duchesse d'Urbin, niepce de nostre saint-père le pape, il est vray qu'auparavant le traicté de Cambray il s'estoit pourparlé dud. mariage entre nostredict saint-père et led. sieur roy; et d'austant que depuis les pourparlé et propoz euz entre lesdictes dames l'archiduchesse et mère dudict sieur roy, plusieurs choses estoient survenues, par lesquelles icelluy sieur n'estoit séhur ne certain si ledict mariage se pourroit conduire ou non, il ne voulut que, pour ledict pourparlé, se mist aucunement en surcéance ce qui avoit esté advisé touchant ledict mariage entre lesdictes dames, considérant que l'affaire ne prenoit lors conclusion, ains estoit mis en délacion, espérant que cependant l'on pourroit entendre quel estoit le vouloir et intention de nostre sainct-père, duquel ledict sieur n'estoit adverty avant le partement dudict Bayard; mais dès lors que icelluy Bayard

En ce mariage mesmement de mons. le prince des Espaignes, unicque filz de l'empereur, et héritier apparent de tous les royaulmes de sa majesté, se peust congnoistre la bonne et cordiale volenté qu'il porte audict sieur roy, et à la perpétuelle conjonction et amytié entre leurs maisons, ayant ledict sieur empereur plainement accordé d'entendre audict mariage d'entre icelluy prince à la puisnée fille dudict sieur roy, et sans avoir regard à la disparité des eages.

L'empereur considère bien, sans soy arrester à ce qu'est passé touchant ce mariage, que le roy peut faire de messieurs ses enfans à son bon plésir, et estant la chose desjà, comme contient l'article, se avant en communication pour la niepce de nostre sainct-père, et que ledict sieur roy très-chrestien entend en faire briefvement pour le mieulx, sadicte majesté, non-seulement ne vouldroit pour riens du monde empescher cette alliance, mais plustôt la promouvoir, et s'employer en tout ce que sera au bien et bonne amytié d'entre nostredict sainct-père et le roy très-chrestien, comme contiennent les articles desjà donnez de la part dudict sieur empereur.

fut en Flandres, l'entendit par le cardinal de Grammont à son retour devers luy, et de ceste heure-là manda audict Bayard qu'il ne tînt aucung propoz du mariage de mondit sieur d'Orléans. Toutesfois, avant la réception des lectres du roy, il avoit desjà mis la chose en avant; et davantaige n'eust chargé le duc d'Albanie d'en parler à nostredict sainct-père, sinon depuis le retour dudict cardinal de Grammont, et ne vouldroit ledict sieur roy, pour riens du monde, tenir propos contraire de mesme chose en divers lieux; et n'y a encoires pactes, conventions ne conclusions prinses sur cest affaire entre nostredict sainct-père et ledict sieur roy : par quoy il est en libéral arbitre de faire en cest endroit tout ce qu'il verra estre à faire pour le mieulx, ce qu'il espère faire de brief avec l'ayde de Dieu.

En tant que touche l'amitié qu'icelluy seigneur empereur désire demeurer ferme et inviolable entre nostredict sainct-père, luy et ledict sieur roy, c'est la chose que plus icelluy sieur a désiré tousjours et désire de sa part, afin d'entretenir la paix, union et tranquillité qui est en la chrestienté, laquelle y estant très-nécessaire que plus ne pourroit estre [dict], ainsi que chacung peult veoir et congnoistre clèrement; attendu mesmement que c'est le principal poinct et fondement pour éviter le danger de tumber plus aux exécrables et énormes maulx, scandales, offences, homicides, sacriléges, forces, violences, brule-

L'empereur tient pour certain que lesdicts sainct-père et roy très-chrestien désirent sur toutes choses ceste amytié, et d'entretenir paix et union en la chrestienté : aussy faict sa majesté, ayant la mesme considération des inconvéniens contenuz en cest article.

66.

mens et raptz qui sont par cy-devant advenuz à cause des guerres; et davantaige le soulaigement des subjectz, et pour les garder des maulx et inconvéniens qu'ilz ont souffert, et pour obvier et résister aux entreprises du Turcq, ennemy et adversaire de nostre saincte foy.

Et quant au mariage de monsieur d'Angoulesme, ledict sieur roy sera content qu'il se face avec l'une des filles dudict sieur roi des Romains et celle qui se trouvera de son eage plus capable, faisant celluy de monsieur le daulphin en la forme dessusdicte.

Actendu ce qu'a esté cy-dessus appostillé touchant le mariage de monsieur le daulphin, il ne semble que convenablement ceste condition puisse ainsi avoir lieu; et si ne se pourroit traicter mariage pour monsieur d'Angolesmes à la fille aisnée du roy des Romains, desjà mariée, selon que l'empereur la sceu naguères[1]; mais quant à l'aultre guères moins eagée, ne semble avoir disparité en quoy l'on se doige arrester.

Et au regard du temps des fiansailles et espousailles, elles se feront au terme et ainsi qu'il est contenu au mémoire baillé audit général Bayard, et ès responses baillées par ledict sieur de Praet.

Accordant le surplus, se pourroit prendre résolution respectivement du contenu èsdictz articles et touchant l'appennaige obmis.

Et touchant les dotz et douaires, ledict sieur roy donnera à sa fille puisnée tel et semblable dot qu'ont accoustumé d'avoir les filles de France; et ledit empereur baillera à ladicte dame, pour ledict prince son fils, tel et semblable douaire qu'ont accoustumé d'avoir les filles de France mariées ès roys d'Espagne ou à leurs filz aisnez.

Et pareilles conventions se feront touchant mondict sieur d'Angolesmes et la fille dudit sieur roy des Romains, soubz la condition cy-dessus déclairée.

Et en tant que touche les seurtez que se debvront bailler d'une part et d'aultre, tant pour restitution du dot, se restitution a lieu, paiement du douaire, accom-

---

[1] Élisabeth, promise à Sigismond-Auguste, roi de Pologne. Le mariage ne fut consommé qu'en 1545, et la princesse mourut moins de deux ans après.

plissement des promesses qui se feront d'ung coustel et d'aultre, ledict sieur roy sera content de sa part les bailler telles et semblables que les luy vouldront bailler lesdicts sieurs empereur et roy des Romains, son frère, ainsi que sera plus amplement advisé par les députez d'un coustel et d'aultre.

Quant aux offres faictes, la conclusion prinse sur le faict desdicts mariages, ledict sieur roy sera tousjours prest à faire et accorder entièrement de sa part tout ce qu'il verra et congnoistra estre utille et prouffitable pour le bien, repoz et seurté de ladite chrestienté et entretènement de leursdictes maisons, ainsi que les traictez le pourtent; et se pourra après aisément conduire le faict de la veue.

Au demeurant, quant au faict du concille universel et articles envoyez par nostre saint-père le pape audict sieur empereur, le roy eust bien voulu sçavoir sur ce l'oppinion dudict sieur empereur pour en pouvoir mieulx dire son advis; toutesfois il a très-bien veu et meurement entendu iceulx articles, auxquels il y a plusieurs très-bonnes choses et de grande apparence, mesmement en ce que touche les inconvéniens et dangiers que pourroient advenir en la chrestienté, faisant convoquer icelluy concille aultrement qu'il n'est restraint et modiffié par lesdicts articles. Mais, d'aultre part, faut bien aussi considérer en quelz termes et disposition sont réduictz les affaires de ladicte chrestienté, qui sont de présent de sorte que l'apparence est beaucoup plus grande de y venyr pis, que l'espérance ne doibt estre, sans l'ayde de Dieu, de y veoir mieulx; que pourra causer ung

Ces allyances ne pourroient prandre meilleur ny plus louable et heureuse occasion et direction, et à Dieu agréable dont toutes bonnes œuvres procèdent, que de les fonder pour, par le moien et avec la direction d'icelles, joinctement adviser et porveoir à l'instante nécessité de la chose publicque chrestienne, et capituler et traicter de ce que l'on congnoistra y estre duysable et ainsi sembler le mieulx.

L'empereur tient que le roy très-chrestien ayt bien pesé et entendu ce qu'a esté mis avant touchant le concille et les difficultez mentionnées en cestuy article; toutesfois puisque ledict concille est tant nécessaire, comme évidamment l'on peult veoir, et qu'il n'y a aultre moyen souffisant pour pouvoir remédier ès inconvéniens tant grandz et journellement émynans de plus en la chrestienté, et que à la vérité l'on pourroit ci-après inexcusablement imputer la faulte d'icelluy aux princes chrestiens, comme contient ledict article; semble à sa majesté que plustot indire, couvoquer et célébrer sera le mieulx, et que la nécessité tant évidente et notoire dudict concille excuse bien péremptoirement de premier faire assemblée, pour plus araisonner si se tiendra ou non, ny du lieu ou de ce que y se devra traicter, actendu que les lieux que sa sainteté a mis avant

danger tel, que de quelque part que vienne la faulte et inconvénient, si inconvénient y advenoit, que Dieu ne veuille, les princes chrestiens qui viendront par cy-après pourroient donner très-grande charge et blasme à nostredict sainct-père et à tous les princes à présent régnans, disans qu'ils auront totallement esté cause des maulx et ruynes advenuz en ladicte chrestienté, les remectant en avant et reprouchant que, pour n'avoir voulu convoquer icelluy concile, ou que ce soit en l'ayant voulu convoquer, l'avoir tellement restraint et modisfié, que peu de gens y aient voulu entendre ; que, à cause de ce, lesdictes ruynes seroient advenues, qui seroit la chose en ce monde que plus desplairoit à icelluy sieur roy. Parquoy, pour remédier aux choses dessus dictes, considéré les deux poinctz cy-devant touchez, sembleroit audict sieur roy, soubz meilleur advis, que pour faire l'ung et n'obmectre point l'aultre, l'on debvroit bien et amplement, avant toute œuvre, communicquer de cest affaire avec les roys et princes chrestiens, et le plustôt que faire se pourroit, que chacun d'eulx envoyassent à Rome leurs ambassadeurs, avec pouvoirs suffisans pour adviser et arrester ensemblement, tant d'ung lieu commode et à propos, non suspect ne à l'ung ne à l'aultre des princes chrestiens, et ouquel ilz se pourront trouver en leurs personnes sans dangier, se bon leur semble, auquel lieu se pourra tenir ledict concile, que pourgecter

sont bien seheurs et convenables à tous princes et potentatz chrestiens, et pour éviter occasion à ceulx de la Germanye de se plaindre que l'on les griefve d'aller trop loing ; aussi qu'il y a matière prompte touchant la foy et répulsion, extinction des hérésies et la conservation de l'auctorité de nostre mère l'église, par où nécessairement, comme cause principale et potissime, fault commencer, en advisant, lorsque sera congrégé, ce que sera disputable ou non, et y pourveoyr comme il sera trouvé convenir. Et si se pourra adoncques, par meur et bon advis délibérer quant au surplus ; et de vouloir, avant l'intimation, faire la restrinction de ce que se debvra traicter, seroit de plain sault coarcter et dyminuer l'auctorité dudict concile, que doit dépendre en tout ce que s'y traictera de l'inspiration du Sainct-Esprit ; et si seroit contre la forme introduicte et observée ès saincts concilles passez, et à la grande desréputation d'icelluy, mesmes envers les desvoiez de nostre saincte foy. Combien que, quant à non parler, par les princes et potentatz, des choses particulières, ledict sieur ne pense de son privé y avoir riens affaire, pareillement ne se fault arrester, si lesdictz desvoiez vouldront ledict concile et y obéir ou non, puisque il se faict pour pourveoyr à l'encontre d'eulx, oultre ce qu'ilz l'ont requiz ; et est bien vraysemblable, comme assez l'ont déclaré, qu'ilz le vouldroient à leur appétit, tellement que sadicte majesté, pour l'exigence de

et mectre par escript, d'ung commun accord et consentement, tous les poinctz et articles dont sera besoing et requis de parler en icelluy, sans que nul desdictz princes et potentatz puisse parler d'aucunes choses particulières en quelque façon ou manière que ce soit, mais seulement du service de Dieu concernant le faict de la foy, de corriger et réprimer les vices et hérésies qui sont en ladicte chrestienté, sans faire aucune mention, ès articles qui seront dressez, des choses qui ont esté traictées, conclutes et arrestées par lesdicts concilles passez, afin que nul puisse disputer ny en faire doubte; car quil vouldroit disputer des choses faictes èsdictz saincts concilles passez, ce seroit ouvrir la voye pour faire le semblable sur ce qui se feroit au nouveau concille. Et après que toutes ces choses auront esté bien et meurement mises et rédigées par escript, fauldra intimer ledict concille aux luthériens et les advertir desdicts articles, et s'ilz l'acceptent soubz les modifications dessus dictes, l'on pourra espérer qui seront pour eulx amender et reprendre la voye de salut; et là où ilz vouldroient tenir et faire le contraire, ilz ne pourront aucunement nyer, ne eulx excuser qu'ilz n'ayent refusé icelluy concille, et ne soient principallement cause dont il n'aura esté tenu. Par quoy lesdictz ambassadeurs pourroient après, en vertu de leursdictz pouvoirs, regarder et arrester entre eulx le moyen et chemin que l'on aura à tenir pour parvenir au

l'affaire et complir à ce qu'il doibt, ne peult délaisser de remectre en avant ce que dessus, et parcister envers ledict sieur roy très-chrestien, son bon frère, que pour le lieu, dignité et tiltre de très-chrestien qui tient entre tous aultres roys et princes, il vueille encore peser, considérer et bien entendre cestuy affaire; et puisque ledict concille est tant nécessaire et ne se peult délaisser, comme il a cy-devant prudemment et catholicquement considéré et desjà respondu à nostre sainct-père, et faict entendre audict sieur empereur, et de s'y vouloir employer de tout son pouvoir qu'il se convocque, célèbre et effectue le plustost que sera possible. Car quant à l'ordre que l'on suppose que, pendant la dilation, se pouvoit mectre par le pape et aultres princes chrestiens, en droit soy, à réprimer et rebouter les erreurs journellement multiplians, selon que ledict sieur roy entend faire de son coustel, certes l'évidence démonstre que ce seroit chose comme impossible; combien que, Dieu grâce, les pays patrimoniaulx desdicts sieurs empereur et roy des Romains son frère en sont bien préservez. Mais, comme qu'il en soit, il semble que par chrestienne et catholicque charité, cestuy inconvénient tant grand et éminent où qu'il soit plus ou moings, doibt estre tenu pour commun à tous princes, potentatz et bons chrestiens, estant chose de la foy; et si faict à craindre que oyres pour le présent n'y ayt apparence de dangier ès pays patrimo-

demeurant. Et pour austant que la congrégation et assemblée d'icelluy concille ne se pourroit faire, pour estre chose d'importance que chacung peult juger, sans quelque longheur et intervalle de temps, au moien de quoy il est cependant trop plus que requis et nécessaire de donner provision à ce que les maulx et scandalles qui pullulent journellement en ladicte chrestienté ne passent plus avant, ledict sieur roy est d'advis que tout ainsi que luy, comme roy très-chrestien, et désirant sur toutes choses la correction desdictes hérésies, avec l'ayde de Nostre-Seigneur, a donné si bon ordre par tout son royaulme, pays, terres et seignories, que lesdictes herésies jusques à présent n'y ont point eu lieu, et n'auront par cy-après, s'il plaist à Dieu, avec la police que icelluy sieur espère y mectre, que semblablement nostredict sainct-père et tous lesdicts princes et potentatz facent de leur cousté le semblable; et se conduisant lesdictes choses en la sincérité que dessus, il semble audict sieur roy que l'on n'en pourroit espérer, avec l'ayde du Créateur, sinon bonne et parfaicte issue.

niaulx tant dudict sieur roy que de l'empereur et roy des Romains, il y pourroit avoir néantmoings quelque feu couvert, que se pourroit avec le temps allumer plus oultre et plus violentement que l'on ne pense ; priant bien affectueusement ledict sieur roy très-chrestien prendre tout ce que dessus de bonne part, pour le résoldre au mieulx, selon que l'affaire requiert, auquel lesdictz sieurs empereur et roy des Romains ne deffaudront à ce que convient à leurs estatz et dignitez, et d'y rendre tout catholicque debvoir et y entendre féablement et unanimément, et avec nostredict sainct-père et ledict sieur roy très-chrestien et aultres potentatz. Confiant aussi que ledict sieur roy très-chrestien, selon l'affection qu'il a déclaré avoir d'y entendre avec eulx, fera pour l'honneur de Dieu et par sa magnanimité et vertu, et en correspondance de l'amitié d'entre eulx, le semblable, en asseurant par ensemble, portant et deffendant nostredict sainct-père, en tout ce que le concernera, et sa dignité et personne et le saint-siége apostolique, ensuyvant ce qu'en a esté mis avant et baillé par escript par ledict sieur de Praet.

Et pareillement, quant à la répulsion du Turcq, dont de la part dudict sieur roy très-chrestien n'est icy respondu sur ce qu'en a esté baillé par escript, sur les nouvelles que l'on a de sa venue, lesquelles se confirment journellement de plusieurs lieux, et faict à craindre que mectant la chose en plus de délay, il ne emaysse [1] la chrestienté despourveue, de laquelle il doibt estre, selon Dieu et raison et honnesteté, tenu et réputé

---

[1] Mette en émoi.

commung ennemy, et est chose que touche communément à la républicque chrestienne et à tous princes et catholicques de luy résister, et si vault mieulx pourveoir sur ce et bailler ordre à faulte, que d'attendre l'asart pour estre surprins au despourveu; et oyres qui ne viendroit pas en cestuy instant esté, si ne peut estre mal employée la provision que y seroit dressée; et faicte pour l'advenir, si ledict Turcq, comme il est audacieux et insolent, et désextimant les forces des princes et potentatz chrestiens, vouloit, comme il a faict autresfois, dereschief entreprendre en la chrestienté; contre lequel lesdicts sieurs empereur et roy aussy offrent exposer leurs biens, vyes, personnes et estatz.

CVII.

RÉPONSE DU ROI DE FRANCE

AUX RÉPLIQUES DE L'EMPEREUR,

AU SUJET DES ALLIANCES DE MARIAGE, ETC.

(SUITE DE LA NÉGOCIATION DU SIEUR DE PRAET.)

(Mémoires de Granvelle, tome II, 80-83.)

Sans date [fin d'avril 1531].

Le roy a veu la réplicque cottée en teste des articles des responces par luy faictes sur aucungs articles par cy-devant à luy présentez, de la part de l'empereur, son beaul-frère, par le Sr de Praet, et après avoir bien et meurement entendu icelles réplicques, il a semblé et semble audict S^r roy qu'il n'y a que trois poinctz principaulx sur lesquelz il est besoing à présent de respondre : le premier est le faict des mariages de messieurs et mesdames les enfans desdicts S^{rs} empereur et roy, le second le faict du concille, et le tiers le faict du Turcq.

Et premièrement, quant au faict desdicts mariages, ledict S^r roy a très-bien noté et considéré ce que ledict S^r empereur en a touché par icelles réplicques, et les causes et raisons pour lesquelles il luy semble qu'il n'est à propos de faire le mariage de monseigneur le daulphin et de madame l'infante des Espaignes, duquel avoit esté par cy-devant pourparlé par mesdames l'archiducesse d'Austrice et mère dudit S^r roy; mais est content d'accorder que ledict mariage de mons^r le prince desdictes Espaignes, son filz, se face avec madame Margueritte, fille puisnée dudict S^r roy. Icelluy S^r roy est contant que ledict dernier mariage se face, estimant et réputant de sa part l'amytié d'entre ledict S^r empereur et luy estre de ceste heure si bien plantée et enracinée par tant de bons et seheurs lyens, que chacung d'eulx peut espérer, avec l'ayde de Dieu, qu'elle demourera pour jamais ferme et entière, et que de plus en plus elle croistra et augmentera; aù moyen de quoy il n'est point de besoing pour le présent d'y adjouster rien davantaige, ne de sercher aultre moyen pour estreindre ne corroborer icelle amytié plus qu'elle est et sera encoires, faisant icelluy mariage de mondict S^r le prince avec madicte dame Marguerite; et ce pendant nosdicts S^rs et dames pourront croistre, et durant le temps de leur croissance, lesdicts S^rs empereur et roy auront loisir de penser à tout ce qu'ilz pourront faire réciproquement pour perpétuer l'amytié et alliance d'entre leurs deux maisons, afin de la rendre immortelle.

Au regard du faict du concille, ledict S^r roy a très-bien considéré la réplicque faicte par ledict S^r empereur sur la responce qu'il luy avoit faicte quant à ce poinct, et pour conclusion, suyvant la première opinion, est d'advis qu'il ne fut oncques temps qui requist plus de faire ung concille que celluy de présent, et luy semble que, puisqu'il a pleu à Dieu de constituer icelluy S^r empereur, luy et les aultres roys et princes chrestiens en la dignité où ilz sont, que la meilleur, plus saincte et plus salutaire œuvre que chacung d'eulx puisse faire, c'est de s'emploier et tenir la main à ce que ledict concille ayt lieu, pourveu toutesfois qu'il se face bon et sainct; car il vaudroit beaucoup mieulx n'en faire point que d'en faire ung mauvais, par le moyen duquel tous les aultres concilles passez fussent renduz doubteux et en dispute. Et quant à ce que ledict seigneur empereur dit par sesdictes réplicques, que de vouloir, avant l'intimation d'icelluy concille, faire la restrinction de ce que se y devoit traicter, ce seroit de plain sault coarcter et diminuer l'auctorité dudict concille, qui doit despendre, et tout ce que se y traictera, de l'inspiration du Sainct-Esprit, ledict S[r] roy n'a pas esté celluy qui a premièrement mis en avant ladicte restrinction, comme il se pourra veoir clérement par la fin des articles à luy présentez par ledict Sr de Praet. Car, combien qu'il n'y ayt prince pour le jourd'huy en la chrestienté qui eust plus d'occasion de parler de ses affaires et querelles particulières en icelluy concille que luy, néantmoings, congnoissant qu'il n'estoit raisonnable de mesler lesdictes affaires avec les choses qui touchent le service de Dieu, de nostre saincte foy et de toute la religion chrestienne, il avoit bien voulu oblier son particulier intérêt pour préférer ledict bien universel; joinct aussi que par les propoz que luy tint, à son arrivée par deçà, ledict Sr de Praet, sur les articles baillez de la part de nostre sainct-père, par lesquelz sa saincteté remonstroit les maulx et inconvéniens qui pourroient advenir faisant icelluy concille, il luy sembla lors que ledict S[r] empereur fust plus d'oppinion qu'il ne se deust tenir que aultrement; mais puisque il n'est point maintenant d'advis qu'il doyve estre restrainct, icelluy S[r] roy est de ceste mesme oppinion, et luy prie et requiert que, pour le bien de ladicte chrestienté, il veuille de sa part tenir la main à ce qu'icelluy concille se face le plus tost qu'il sera possible; car de sa part il désire singulièrement faire le semblable. Mais surtout il est requis qu'il soit tenu en lieu de telle seheurté que les roys et princes chrestiens se y puissent treuver en personne, se bien leur semble; car aultrement s'ilz ne se y pouvoient treuver en personne, il est à présumer qu'ilz ne vouldroient souffrir ne tollérer que leurs subjectz y allassent; et là où cela fauldroit, ce ne seroit pas ung concille général, mais seulement ung concille provincial, duquel il pourroit beaucoup plus réussir de scandalle et mutation, que correction des vices et mauvaises meurs. Et luy semble que au fait d'icelluy concille il ne pourroit respondre ne dire davantaige que ce que dessus.

Et en tant que touche la répulsion du Turcq, dont par ladicte réplicque est dict que ledict S^r roy n'a riens respondu sur ce que luy en avoit esté baillé par escript, il semble audit S^r roy que les douze cens mille escuz qu'il a paiez, et les huit cens mille escuz qu'il a promis, et est contrainct encoires de paier pour le parfaict des deux millions d'escuz du paiement de sa rançon, respondent assez pour luy quant à ce poinct. Et pense bien qu'il n'y a prince en la chrestienté, de quelque estat, qualité ou condition qu'il soit, s'il avoit soubstenu par le passé ung si pesant faiz que luy, et après estre contrainct de fournir une si grosse et si excessive somme de deniers que celle qu'il a fournie, et qu'il fault qu'il fournisse, qu'il ne se trouvast bien empesché. Toutesfois, quant il verra que ledict Turcq sera en personne pour assaillir ladicte chrestienté, sa finalle et dernière résolution est, nonobstant les grandes et insupportables charges qu'il a soubstenues et est contrainct de soubstenir encoires, de n'emploier pas tant seulement, pour résister à la descente dudict Turcq, ses forces et le sang de la noblesse de son royaume, mais aussi sa propre vie, sans icelle aucunement y espargner ; espérant et se tenant pour seheur que ledict S^r empereur fera le semblable. Priant très-instamment icelluy S^r roy ledict S^r empereur, son bon frère, tant et si très-affectueusement qu'il luy est possible, prandre de bonne part toutes et chacunes les responces dessusdictes, et avoir ceste ferme créance et seurté envers luy, que l'une des choses en ce monde que plus il désire, c'est de vivre perpétuellement en bonne, vraye et loyalle amitié avec luy, et que ce qui plus luy ennuyroit et desplairoit, ce seroit de veoir intervenir chose qui peust donner aucun soupçon d'altérer icelle amytié.

CVIII.

L'EMPEREUR

A SES AMBASSADEURS EN FRANCE.

(Mémoires de Granvelle, II, 25-27.)

Gand, 2 mai 1531.

De par l'empereur.

Très-chiers et féaulx : Nous avons dernièrement receu voz lettres du xxive d'apvril, tant communes que celles particulières de vous, le Sr de Pract, ensemble l'escript à vous envoyé par le grand-maistre de France, pour responce du roy son maistre aux appostilles que dernièrement luy aviez présenté de nostre part; et desjà deux jours auparavant la réception de voz lettres et escript, l'ambassadeur dudit S^r roy, résident icy, nous avoit baillé le semblable escript, et avons bien congneu que la tardance n'a esté en ce par vous, selon la datte des lettres dudit S^r grand-maistre, oyres que ne soit besoing d'autre tesmoingnaige que de vostre rescription et l'expérience qu'avons de vostre diligence.

Nous avons bien veu ledit escript, et icelluy consulté avec la royne douaigère, nostre seur [1], et aultres seigneurs et bons personnaiges estans en ce lieu, et qui se trouvarent au temps de la délibération de vostre charge pour France; et ayant regard aux termes que sur icelle vous ont esté tenuz, responces et escriptz baillez de la part dudit S^r roy, et la longueur dont l'on y a usé, trouvons assez évidamment ce que nous avons tousjours pensé, que ledit S^r roy, ou par faulte de

---

[1] Marie, sœur de Charles-Quint et douairière de Louis, roi de Hongrie et de Bohême. Elle venait de succéder à sa tante, l'archiduchesse Marguerite, dans le gouvernement des Pays-Bas et du comté de Bourgogne.

bonne volenté aux choses de la république chrestienne, ou pour non veoir que la provision y soit mise par nostre moien, et pour tenre nous et le roy nostre frère en peyne et despense, et comme il luy semble en ses dangers, ou pour complaire au pape et au roy d'Angleterre respectivement, et peult-estre en considération de favoriser aux leuthériens allemans, suysses et aultres desvoiez de la saincte foy, ou aultrement comme qu'il soit, ne se veult employer en l'affaire du concille, ny, comme ouvertement il le déclare, à la répulsion du Turcq; et si présumons que le retour à Rome du cardinal de Grammont soit pour faire feste au pape de ceste dissimulation quant audit concille. Et n'est besoing que vous, ledict de Praet, vous excusez envers nous quant à ce que ledit dernier rescript prent occasion sur ce qu'a esté cy-devant respondu de la part dudit S^r roy, touchant ledit concille, pour avoir doubte de nostre intention, si le désirons ou non, en ayant de longtemps expérience de vostre discrétion en choses d'importance, pour non transpasser vostre instruction, ny aussi de fondement d'excuser la restrinction, en prenant couleur sur vostre premier escript, qu'est à veue d'œil évidamment sans occasion; et vous remectons, selon que cognoistrez la taille et verrez le propos, ou d'en dire au roy quelque mot comme de vous-mesmes, ou de le délaisser, que sembleroit aussi bien, pour éviter toute contention. Car, comme qu'il soit, nous avons advisé, selon que nous escripvez, pour le mieulx, de ne démonstrer mescontentement de tout ce que dessus; ains, si avant que possible sera, et par tous moiens que pourront convenir civillement, démonstrer de prandre le tout de bonne part, et sans scrupule quelconque vouloir continuer bonne amytié, comme à la vérité vouldrions, en ferme, sincère et bonne volenté envers ledit S^r roy; de mesmes, pour si longuement que possible sera, entretenir la communication deppendant de vostre charge, signamment quant à l'affaire du concille, afin de ce pendant regarder à ce que se pourra faire et pourveoyr, tant pour les affaires publicques de la chrestienté que les nostres particulières; et, entre aultres choses, d'adviser si ce pendant se pourra treuver moien avec les luthériens et aultres desvoiez que sera plus faisable, en entretenant ceste praticque, et pour la doubte qu'ilz peuvent avoir dudit concille, et aussi de s'ayder du pape à l'effect susdit et aultres affaires de la chrestienté; car oyres que les François asseurent à part nostre sainct-père de non consentir audit concille, toutesfois se en sera-il tousjours en scrupule durant ladite praticque. Et en ensuyvant ce que desjà avons escript au roy des Romains, nostre frère, selon qu'avez seu, derechief dépeschons vers luy, pour l'advertir de ceste dernière responce, afin qu'il advise soigneusement et diligemment s'il sera possible, avec l'ayde et assistance des électeurs, princes et bons personnaiges catholicques, de trouver quelque expédient au moins mal pour faire quelque pacisfication, suspendre et retenir la contagion de ces erreurs et hérésies. Et semblablement escripvons à nostre ambassadeur à Rome pour advertir de nostre part le sainct-père de ladite dernière responce, dont ne faisons doubte sa saincteté sera desjà advertie du lieu mesmes, afin aussi que sa saincteté vueille regarder la nécessité tant grande et évidente, et de son cousté adviser que cestuy inconvénient ne succède irréparable. Et combien que ayons mis doubte que la révocation de vous, ledit sieur de Praet, ne rende ceste communication plus scrupuleuse, toutesfois nous sommes déterminé que vous en pourrez retourner, ayant préalablement persuadé audit seigneur [roy] de vouloir encores adviser sur vostredite charge, signamment quant à l'affaire dudit concille, puisque ledit S^r roy très-chrétien enfin se résolt et expressément congnoit qu'il soit nécessaire, et que le plus tost de convocquer soit mieulx, s'arrestant seullement, comme l'avez bien pensé, touchant le lieu; luy requérant vouloir encoires considérer que ceulx mis avant de la part de nostre sainct-père le pape semblent convenables et assez seheurs pour luy et aultres princes chrestiens, et qu'il s'en vueille déterminer. Persistant aussi, quant aux aultres deux poinctz de mariage et du Turcq, selon l'effect et substance de l'escript que va encloz avec ceste, et au surplus, comme vous verrez mieulx convenir au propos de l'effect susdit; le remectant d'advertir de son intention et faire responce à vous, le trésorier Bonvalot, ayant bon regard de, avec bons mots, vous desmêler tous deux, sans consentir le mariage d'entre le prince nostre filz et la fille puînée de France sinon conforme aux escriptz baillez, par lesquelz les mariages qui ont semblé faisables ont esté consentuz, en traitant des aultres choses, mesmes quant à la foy et répulsion du Turcq, et à ceste condition; en remectant et regectant la chose avec toute la modestie et douceur que pourrez, jusques à la conclusion que ledit seigneur roy prendra èsdits aultres deux poinctz. Et combien que nous vous envoions ledit escript à part, toutesfois nous le vous remectons par forme d'advertissement, pour user du contenu et en pourter propos selon que adviserez estre bien à l'effect susdict; combien que si n'y prenez aultre considération, nous semble qu'il ne peult estre hors de propos bailler lesdit escript, puisque c'est le mieulx et le plus expédient de besoingner avec eulx par escript, et nous semble qui n'ayt chose audit escript qui doige estre mal prinse.

Nous vous envoyons copie des lectres qu'avons dernièrement receu de nostre ambassadeur à Rome, aussi de ce que concerne Sennes, afin que si en ouyez parler, soiez préadvertiz de ce qu'en est.

Au surplus, pour respondre à voz lettres des xie, xiie et xxiiie d'apvril, nous avons bien entendu ce que vous, sieur de Praet, nous avez escriptz du vingt-quatrième, et le billet en chiffre cloz en voz lectres, et avons eu très-grand plésir de l'advertissement que, suyvant aultres voz précédentes, nous avez faict, que la royne, madame nostre meilleur sœur, tient qu'elle soit enseincte, et désirons bien d'en sçavoir la certitude, que Dieu vueille; et quant au surplus du contenu en vostredit billet, fault attendre ce qu'en pourra estre, ne faisant doubte que vous en assenterez le plus que pourrez; aussi comme sera succédé l'affaire des ambassadeurs de Gennes.

Nous avons aussi receu les lectres que vous, trésorier Bonvalot, avez obtenu pour faire cesser les oppressions, pillaiges et violences que les gens-d'armes et adventuriers françois font en Charrolois, lesquelles avons envoyé à nostre président de Bourgoingne, afin de les adresser, et, suivant icelles, faire les diligences nécessaires pour l'effect; et vous sçavons bon grey de la diligence qu'avez faict pour recouvrer lesdites lectres.

Quant aux affaires des déprédez, des monnoies, aussi de ceulx du Sr de Monego, nous ne faisons doubte que, comme nous avez escript, y aurez faict tout le possible, et que y continuerez et ès semblables occurences, par tous les bons moiens que verrez convenir; et aussi quant à celluy de l'abbaye Saint-Jean-du-Mont, près Théroenne, duquel vous escripvons par aultres noz particulières, pour vostre plus ample information.

De l'affaire de ceulx d'Arthois, nous ferons communicquer ce que nous en avez escript aux commis de nostre ville d'Arras estant présentement icy, afin d'entendre ce que leur semble se y pourra et debvra faire, soit d'esclarcir ce doubte par les titres que vous, trésorier Bonvalot, dictes avoir en voz mains des marchans dudit Arras, ou aultrement comme mieulx semblera, et par le premier vous advertirons de nostre intention et de la résolution que sera sur ce prinse avec lesdits commis d'Arras.

Le conte Guillaume de Viede et Moerse, et le conte Guillaume de Neuenar, nous ont faict remonstrer qu'ilz ont quelque affaire devers le roy très-chrétien, touchant aucungs lieus à eulx appertenans en France; et pour ce qu'ilz nous sont en bonne recommandacion, leur ferez toute la faveur et adresse que convenablement pourrez. Et à tant, etc. Escript en Gand, le 11 de may 1531.

CIX.

DERNIÈRE RÉPONSE

DE CHARLES-QUINT A FRANÇOIS Ier

AU SUJET DES MARIAGES, ETC.

ET FIN DE LA NÉGOCIATION DU SIEUR DE PRAET.

(Mémoires de Granvelle, II, 82-83.)

Sans date [mai 1531].

Ayant esté, de la part de l'empereur, veu l'escript dernièrement baillé audict Sr de Praet, son second chambellan, de la part du roy très-chrestien, son bon frère, réduisant les communications à trois poinctz, dont le premier est des allyances de mariages, le second du concille, et tiercement le faict du Turcq, l'on y respond seulement comme s'ensuyt :

Premièrement, touchant lesdictes alliances de mariages, ledict S^r empereur, quant à celle d'entre le prince des Espaignes et madame la fille puisnée dudict S^r roy, ensuyvra très-volentiers ce qu'en a esté respondu et baillé par escript de la part de sa majesté; et quant aux aultres s'en conforme à l'advis dudict S^r roy d'en faire avec le temps selon que lesdicts S^{rs} empereur et roy verront, quant la commodité s'addonnera, pour perpétuer l'amytié d'entre leurs maisons et successeurs, selon qu'elle est ferme et indissoluble entre eulx, et dont ledict S^r roy très-chrestien, comme qu'il en soit, se doibt tenir pour bien asseuré de la part dudict S^r empereur, suyvant ce qu'en a esté escript; et aussi confie entièrement sadicte majesté de la mutuelle correspondance de sondict bon frère, en conformité de sa responce sur ce poinct.

Quant au concille, ledict S^r empereur n'y a jamais eu aultre considération ny respect que pour le bien et nécessité de nostre saincte foy et républicque chrestienne, et qui soit bon, sainct et tel que, par droit et raison, il doibt estre et convient au bon effect susdict. Et se a tousjours esté entièrement son intention et désir d'y entendre joinctement avec ledict S^r roy très-chrestien, et par unanime volenté, advis et commung debvoir, observance et assistence en l'endroict de nostre sainct-père le pape et sainct-siége appostolicque, comme il a esté dict et baillé, de la part de sa majesté, par escript audict S^r roy. Et tient que icelluy sieur y ait la mesme considération et volenté; et puisque il congnoit si grande et instante nécessité, et est d'advis que il se face sans restriction et le plus tost estre le mieulx, semble rester seullement que ledict S^r roy se veuille déclairer touchant les lieux mis avant par nostre sainct-père comme convenables, pour résolutement pouvoir mectre en trahin cest si bonne œuvre, et que nostre sainct-père soit asseuré de la volenté et assistence d'eulx deux et celle du roy des Romains, et à ce moien puisse résoldre et pourveoir quant à la convocation et célébration dudict concille.

Touchant le dernier poinct du faict du Turcq, l'empereur aussi confie que ledict S^r roy, selon la dignité où il est et tiltre de très-chrestien qu'il tient, et par sa grande vertu, zelle à la desfense et honneur de la républicque chrestienne et sa magnanimité, ne deffauldra à la répulsion dudict Turcq, se s'advance de venir assaillir en personne la chrestienté; ny, oyres qui n'y viendra en personne, la vouldra souffrir oppresser par la puissance infidèle dudict Turcq, tant grande que chacung sçayt, et qu'elle est comme ennemye de tous roys, princes, potentatz et bons chrestiens; et combien que ledict S^r roy ayt suppourté des frais, comme aussi ont les aultres, pourtant ne délaissera d'user de la libéralité que l'on doibt attendre en ceste nécessité et espérer d'ung prince si grand et, grâces à Dieu, tenant ung royaume si oppulant et puissant comme le sien.

Et enfin l'empereur remect le tout au bon advis et vouloir dudict

S^r roy très-chrestien, luy priant bien fort y considérer encoires pour s'en résoldre comme il congnoit l'exigence et instante nécessité de la chrestienté; se tenant ledict S^r roy très-chrestien pour tout asseuré, sans scrupule quelconque, que, comme qu'il en soit, il trouvera entièrement et à tousjours ledict S^r empereur son bon frère, allyé et vray amy.

CX.

CHARLES-QUINT

AU SIEUR DE COURBARON,

SON ENVOYÉ EXTRAORDINAIRE À LA COUR DE FRANCE.

(Mémoires de Granvelle, II, 22-23.)

Gand..... mai 1531.

Instruction à vous, nostre amé et féal chevalier, conseillier, chambellan et capitaine des Allemans de nostre garde, le sieur de Courbaron, de ce qu'aurez à faire et solliciter de nostre part devers le roy très-chrestien, nostre bon frère, où que présentement vous envoyons.

Premièrement, vous adresserez à nostre ambassadeur résidant devers ledit sieur roy, luy baillerez noz lettres, et par ensemble ferez advertir l'ambassadeur du roy de Portugal[1], nostre très-chier et bon frère, résidant devers ledit S^r roy très-chrestien, de vostre arrivée, et luy direz comme vous avons expressément dépesché devers icelluy S^r roy très-chrestien, avec lettres de crédence, pour assister en la charge pour laquelle nostredit frère de Portugal en-

[1] Jean III, beau-frère de Charles-Quint.

voye don Antonio de Ataïde et le docteur Gaspart Vaz, ses conseillers, en ambassade devers ledit S^r roy très-chrestien, touchant aucunes représailles dépeschées de sa part contre aucungs subjectz dudit sieur roy de Portugal; et que avez charge de nous d'entendre plus particulièrement d'eulx ledit affaires, estat et exigence d'icelluy, et en quel terme il se retrouvera à vostre arrivée, pour selon ce vous y employer, comme nostredit ambassadeur, et vous adviserez par ensemble avec eulx, et affin que ce différend se puisse vuyder amyablement, et au désir dudit roy de Portugal, nostre frère.

Et à ceste fin baillerez nosdites lettres de crédence audit S^r roy très-chrestien, pour laquelle luy direz que sommes esté adverty comme nostredit bon frère, le roy de Portugal, a dépesché devers luy les dessusdits, pour l'affaire desdites représailles, et que jà çoit ce tenions tout pour certain que ledit S^r roy très-chrestien, sans persuasion de nous ny d'aultre, aura bon regard à ce que luy sera dit et remonstré de la part dudit S^r roy de Portugal, selon la bonne et sincère amytié d'entre eulx, et laquelle a tousjours esté bien et louablement observée entre leurs prédécesseurs, royaulmes et subjectz; néantmoings ayant cest affaire en affection comme nostre propre, et actendu que lesdites représailles se sont données à l'occasion de la restitution faicte à aucungs noz subjectz de biens et marchandises que leur avoient esté prinses, nous a semblé convenir au debvoir du parentaige, affinité, alliance et confédération qu'avons respectivement ausdits deux princes et chacun d'eulx, de vous envoier devers ledit S^r roy très-chrestien, pour le prier très-affectueusement de vouloir bien entendre et prendre de bonne part les raisons et justisfications dudit S^r roy de Portugal et de sesdits subjectz, quant ausdites représailles, et icelles vouloir révocquer et annuller, et vuyder plainement et amyablement cestuy différend, selon que l'honesteté veult et convient à leur amytié, continuation et conservation de bonne et mutuelle voisinance entre leurs royaumes et subjectz; et que, pour la considération susdite, le désirons singulièrement et tiendrons et estimerons le plésir que en ce et aultres choses il fera audit S^r roy de Portugal, nostre frère, autant que s'il estoit faict à nous-mesmes.

Et en ce que dessus, et à l'appaisement dudit différend, ferez en la substance avantdite toutes remonstrances et persuasions que verrez pouvoir duyre[1] envers ledit S^r roy très-chrestien et ceulx de sa court, tant de costel que aultre, et tiendrez main par tous convenables moiens à la conservation de l'amytié d'entre lesdits princes, communication, hantise et mutuelle voisinance d'entre leurs subjectz, et en tout ce que verrez convenir et empourter à la réputation, extime, utilité, commodité et prosfit de nostredit bon frère de Portugal, conforme à la parfète, sincère et indissoluble amytié d'entre nous et luy, et de la singulière affection qu'avons de l'assister en tous ses affaires.

Et si, à vostre arrivée en court de France, lesdits ambassadeurs de Portugal n'y estoient encoires venuz, néantmoings, sans plus attendre, ayant communiqué vostredite charge à nostredit ambassadeur, et par son advis, baillerez nosdites lettres de crédence, tant audit S^r roy très-chrestien que aultres, et, en attendant iceulx ambassadeurs, ferez les remonstrances et persuasions telles que verrez convenir, conforme à ce que dessus, remectant l'effect de la négociation à l'arrivée desdits ambassadeurs, que lors y ferez avec eulx tout ce que sera possible.

Toutesfois aurez bon regard en ce que dessus d'en user discrettement et prudemment, selon que verrez et congnoistrez convenir au bien de la poursuitte des ambassadeurs de nostre frère de Portugal, sans tenir propos quelconque par où l'on puisse prendre occasion de aigrir cestuy affaire et engendrer plus de difficulté ou rigueur, à raison d'icelluy, entre lesdits princes.

Et sy enfin véez que toutes remonstrances et persuasions doulces et amyables ne peullent en ce prouffiter, nous en pourrez, nostredit ambassadeur et vous, advertyr, si besoing est, par les postes, et de

---
[1] Servir.

ce que vous semblera estre nécessaire, soit en ce cas ou aultrement, comme verrez estre au propos, bien et direction dudit affaire, et attendrez sur ce nostre responce; et, comme qu'il soit dudit affaire, ne délaisserez ceste poursuitte avec la civilité et modestie susdites, jusques nous ayez adverty de l'estat d'icelle, et eu sur ce de noz nouvelles.

Vous baillerez à la royne très-chrestienne, madame nostre meilleur seur, les lettres que luy escripvons, luy direz de noz nouvelles et bon pourtement, et la requerrez de nostre part vous bailler toute faveur et bonne addresse en vostredite charge, comme confions elle fera.

Semblablement baillerez noz lettres au grand-maistre de France, que sont en vostre crédence, pour laquelle luy direz ce que avec nostredit ambassadeur adviserez convenir au bon effect de vostre charge et à vostre brief dépesche. Faict en nostre ville de Gand, le ... de may xv^c xxxi.

CXI.

PIÈCES

JOINTES A L'INSTRUCTION PRÉCÉDENTE.

LETTRE DE L'EMPEREUR AU ROI DE FRANCE.

(Mémoires de Granvelle, II, 24.)

Mai 531.

Très-hault, très-excellent et très-puissant prince, très-chier et très-amé bon frère, cousin et allyé, à vous, tant cordialement que faire pouvons, nous recommandons.

Ayant esté adverty que le roy de Portugal, nostre très-chier et très-amé bon frère, envoye devers vous aucungs ses conseillers et ambassadeurs au faict de quelques représailles, naguières de part vous ouctroyées et dépeschées contre aucungs de ses subjectz, et que pour la singulière amour, sincère, vraye et entière affection fraternelle que pourtons à vous et luy, et désir qu'avons à la continuation et observation de la bonne amytié et voisinance qui a tousjours esté entre vous deux et voz royaulmes, pays et subjectz, nous voldrions emploier et ayder à ce que cest affaire se vuide et détermine paisiblement et amyablement; envoyons devers vous nostre amé et féal chevalier, conseiller, chambellan et capitaine des Allemans de nostre garde, le sieur de Courbaron, présent pourteur, avec la charge telle que de luy pourrez entendre, et vous prions très-affectueusement, très-hault, très-excellent et très-puissant prince, très-chier et très-amé bon frère, cousin et allié, le vouloir ouyr, croire et prendre de bonne part ce qu'il vous dira à l'effect que dessus, comme procédant de l'entière, vraie et sincère amytié et bonne affection qu'avons envers vous et ledict S^r roy de Portugal. A tant, très-hault, très-excellent, etc.

L'EMPEREUR A LA REINE ÉLÉONORE, SA SOEUR.

(Mémoires de Granvelle, II. 24 v°.)

Madame ma meilleur seur, vous entendrez du sieur de Courbaron, mon conseiller et présent pourteur, la charge qu'il a devers le roy très-chrestien, mon très-chier et bon frère, concernant le roy de Portugal, nostre très-chier frère. Je vous prie le croire, et au bon effect de sa charge luy bailler toute faveur et addresse, comme pour chose qui m'est en singulière affection et recommandation, comme aussi ne faiz doubte elle vous est, et vous me ferez très-agréable plésir. Il vous dira de mes nouvelles et bon pourtement, que me gardera vous faire ceste plus longue, fors pour prier le Créateur vous donner, madame ma meilleur seur, ce que désirez. Escript, etc.

L'EMPEREUR AU GRAND MAÎTRE DE FRANCE.

(Mémoires de Granvelle, II, 24.)

Mon cousin, j'envoye le sieur de Courbaron, mon conseiller, chambellan, et capitaine des Allemans de nostre garde, présent pourteur, devers le roy très-chrestien, mon très-chier et bon frère, pour aucunes choses concernant le roy de Portugal, aussi mon très-chier frère, comme dudit sieur de Courbaron pourrez entendre. Je vous prie bien affectueusement le croire, et pour me faire plésir singulier et très-agréable, vous emploier et tenir la main'au bon effect de sa charge, comme de vostre prudence, vertueuse volunté et affection accoustumée à la bonne et amyable direction de toutes choses entre les princes, entièrement je confie; et à tant, mon cousin, Nostre-Seigneur vous ayt en sa très-saincte garde. Escript, etc.

L'EMPEREUR A FRANÇOIS BONVALOT, SON AMBASSADEUR A LA COUR DE FRANCE.

(Mémoires de Granvelle, II, 24 v°- 25.)

De par l'empereur.

Vénérable, chier et féal : Vous entendrez du sieur de Courbaron, nostre conseiller, etc. la cause de son dépesche et envoy par delà, et luy avons ordonné vous communiquer toute sa charge, et en icelle se conduire par vostre advis. Nous vous requérons et ordonnons le croire et vous emploier en tout ce que vous verrez convenir et pouvoir proffiter au bon effect de sadicte charge, comme pour chose qu'avons très-fort à cueur et en singulière recommandation, et que de vous entièrement confions. A tant, etc.

CXII.

L'EMPEREUR

A FRANÇOIS BONVALOT, SON AMBASSADEUR EN FRANCE.

(Mémoires de Granvelle, II, 31-32.)

Gand, 15 juin 1531.

Vénérable, chier et féal; Ceste sera en responce des vostres des xiv et pénultième du mois passé, ii et ix du présent; et quant à ce que concerne la charge qu'avoit le Sr de Praet devers le roy très-chrétien, nostre bon frère, au faict du concille, puisqu'il ne vous en a esté faict semblant depuis le partement dudict Sr de Praet, l'on peult juger tant plus le peu d'effect que l'on en doibt attendre, et est assez vraysemblable que le retour à Rome du cardinal de Grammont a esté fondé entre aultres choses à ceste occasion, et les propoz qu'il a tenu par chemin l'ont assez dénoté, pensant par ce moien et avec la dissimulation dudict concille, et entretenant la chose en ces termes, avoir le pape obligé et nous tenir en suspens. Et puisque voyons faulte de bonne volunté de tous coustez quant audict concille, et la continuation de dillacion sans apparence d'effect, et que entre tems les hérésies pululent journellement et s'extendent en la Germanie, et dont l'inconvénient pourroit advenir irréparable à toute la chrestieneté, avons résolu de, en postposant noz affaires, mectre sus une diète impériale et retourner en Allemaigne deans la fin du prouchain aoust au plus tard, pour là tenir et adviser se se pourra trouver quelque moyen ou expédient pour du moings empescher et obvyer à plus grand inconvénient, et bailler tel ordre que faire se pourra ès aultres choses et affaires de la Germanie, en attendant si meilleur volenté et opportunité s'addonera audict concille; et en escripvons audict sainct-père de nostre main lectre dont vous envoyons la copie, et de ce que sur ce dépeschons à nostre ambassadeur vers sa saincteté, pour vostre information seullement de la chose comme elle passe, sans faire mention desdictes coppies. Aussi escripvons, quant à ceste détermination de retourner en Allemaigne tenir ladicte diète, à la royne, madame nostre meilleur seur, par les lectres de nostre main que vont avec cestes; nous vous envoyons aussi une lectre de crédence pour en advertir de nostre part ledit S^r roy, par manière de confidence, et afin de luy donner à entendre que désirons de le faire tousjours participant de noz nouvelles et affaires, et mesmes de ceulx que empourtent au bien de nostre foy et de la républicque chrestienne, non faisant doubte de sa bonne et entière affection en ce; et selon qu'il viendra au propoz de parler dudit concille, luy pourrez dire que confions que ledict sainct-père, de son cousté, considérera la nécessité qu'il en est, et[1] de sa part y tiendra la main, selon qu'il a tousjours déclaré y estre affectionné et qu'il en congnoit la nécessité; parsistant civilement, comme les divises s'adonneront, à ce que luy en fut dit au partement dudit Sr de Praet. Et se par adventure ledict S^r roy venoit à parler de ce que entendons de faire après ladicte journée, et du chemin que vouldrons prendre dois là, direz n'en avoir riens entendu, ny pensez que y aions riens résolu, pour estre chose deppendant de nostre besoingne à ladite diète et succès des affaires, mais que vous tenez bien pour certain que de temps à aultre l'advertirons de noz nouvelles; vous desmêlant au surplus de ce, et ayant bon regard d'entendre, tant des propoz dudict S^r roy que de ceulx de sa court, et par tous moiens, comme sera prinse ceste nostre résolution, et ce qu'ilz en jugeront, pour du tout nous advertir le plus tôt que pourrez, ensemble de toutes aultres nouvelles que entendrez,

[1] (Que lui roi?)

selon la diligence qu'avez en ce accoustumé, et le debvoir qu'en faictes continuellement, signamment par voz susdites lectres, que avons à très-agréable service.

Et quant aux aultres particuliers affaires mencionnés en voz susdictes lectres, pour estre sur nostre partement, remectons de les faire entendre quant serons arrivez à Bruxelles, pour vous en respondre et mander ce que aurez à y besoingner, par le premier dépesche; et en remectant aussi l'affaire de Portugal aux lectres communes à vous et le Sr de Courbaron, sera la fin de ceste. A tant, etc. Escript en Gand, le xve de juing 1531.

CXIII.

L'EMPEREUR

A SON AMBASSADEUR EN FRANCE ET AU SIEUR DE COURBARON.

(Mémoires de Granvelle, II, 33.)

Gand, 15 juin 1531.

Vénérable, chiers et féaulx : Nous avons receuz voz lectres communes et particulières, et par icelles entendu l'arrivée de vous, le Sr de Courbaron, communication eue sur vostre charge avec l'ambassadeur de Portugal, exposition d'icelle au roi très-chrétien, nostre bon frère, et le bon debvoir que en ce avez faict, que tenons à très-agréable service; et ne faisons doubte que continuerez au bien, bonne direction et adresse de l'affaire, et que assisterez ledict ambassadeur de Portugal en sa poursuitte, et tiendrez la main au bon effect de sa charge par tous moiens convenables et possibles; auquel direz que encoires le recommandons très-affectueusement, par les lectres que escripvons de nostre main, à la royne madame nostre meilleur seur, en responce des siennes, faisant mention de se vouloir emploier de tout son pouvoir auxdictes affaires, comme ne faisons doubte qu'elle fera de très-bon cueur. Et désirons d'entendre quelle aura esté la responce sur l'escript baillé par ledict ambassadeur audict S^r roy, et s'il y aura chose qui semble à vous et audict ambassadeur que doyons faire plus oultre, en quoy ne deffauldrons. A tant, etc.

Escript en Gand, le xve de juing 1531.

CXIV.

FRANÇOIS Ier

A CHARLES V.

(Mémoires de Granvelle, II, 37.)

Paris, 22 juin 1531.

Très-hault, très-excellent et très-puissant prince, notre très-chier et très-amé bon frère, cousin et allyé, salut, amour et fraternelle dilection. Pour austant que nous avons accordé à nostre amé et féal chambellan ordinaire, le sieur de Morette, nostre ambassadeur près de vous, qu'il s'en puisse revenir devers nous; à ceste cause nous avons bien voulu dépescher nostre amé et féal conseillier et maistre des requestes ordinaire de nostre hostel, le sieur de Velly, pourteur de ceste, pour aller en son lieu résider auprès de vous, auquel avons donné charge expresse de vous dire et exposer aucunes choses de nostre part, dont nous vous prions le vouloir entièrement croire, ainsi que vous vouldriez faire nous-mesmes : en quoy faisant, vous nous ferez plésir très-agréable. Et à tant, très-hault, très-excellent et très-puissant prince, nostre très-chier et très-amé bon frère, cousin et allyé, nous supplions le Créateur vous avoir en sa très-saincte et digne garde. Escript à Paris, le xxii° jour de juing mil v° xxxi.

Vostre bon frère, cousin et allié.

FRANÇOYS.

Et plus bas :

BRETON.

A très-haut, très-excellent, très-puissant prince, nostre très-chier et très-amé bon frère, cousin et allyé l'empereur des Romains, tousjours auguste, roi des Espaignes, etc.

CXV.

L'EMPEREUR

A SON AMBASSADEUR EN FRANCE.

(Mémoires de Granvelle, II, 35.)

Bruxelles, 24 juin 1531.

Vénérable, chier et féal : Nostre cousin l'évesque de Tournay nous a remonstré comme l'on ayt despesché lectres patentes, de part le roy très-chrestien, nostre bon frère, pour assouper[1] la pension que luy doibt l'évesque de Chartres, à l'occasion du différend, estant entre nostre cousin le cardinal de Bourbon[2] et le prothonotaire d'Egmont, touchant l'abbaie de Sainct-Amand, dont ledict S^r cardinal prétend estre remis en la jouissance, en vertu des traictez de paix ; jà çoit ce que ladite prétendue restitution de possession ne puist

[1] Supprimer.
[2] Louis, évêque de Laon, archevêque de Sens et cardinal, mort en 1556. Il était fils de François, comte de Vendôme, et de Marie de Luxembourg.

avoir fondemment par lesdits traictez de paix, actendu la contradiction dudict prothonotaire d'Egmont, prétendant droit au bénéfice, mesme la renunciation expresse faicte par ledict cardinal, et aultres causes et raisons déduictes ou procès contre ledict cardinal. Et trouvons tel dépesche fort estrange, actendu ce que dessus, et que plus est que nous avons auffert aux poursuivans et solliciteurs pour ledict S^r cardinal luy faire administrer bonne et briefve justice, voyres luy favoriser si avant que par raison et honnesteté le pourrions faire; et ne pouvons croire que ledict dépesche soit faict du sceu dudict S^r roy, ou du moings qu'il ay entendu comme la chose est passée. Si vous requérons et ordonnons très-acertes veoir la coppie dudict dépesche, laquelle va joincte à ceste, ensemble l'escript desdictes remonstrances, et, avec l'information que desjà avez dudict affaire, le remonstrer audict S^r roy très-chrétien, et luy requérez vouloir faire annuler ledict dépesche et pourveoyr que, nonobstant icelluy, ledict évesque de Tournay soit payé de sadicte pension, comme la raison veult, et nous advertissez de ce qu'en sera faict. A tant, etc. Escript en nostre ville de Bruxelles, le xxiiiie de juing 1531.

CXVI.

DEMANDES DIVERSES

AU NOM DU ROI DE FRANCE,

ET RÉPONSES FAITES DE LA PART DE L'EMPEREUR.

(Mémoires de Granvelle, II, 35 v° à 37 r°.)

Juin 1531.

I. Le bon plaisir de l'empereur soit, en ensuyvant les traictez de Madril et Cambray, donner ordre que les fruictz et revenuz de l'archevesché de Narbonne estant en ses pays, par cy-devant cuilliz et levez par les officiers dudict seigneur empereur durant les guerres, soient promptement renduz et restituez à l'archevesque ou à ses commis et députez, comme la raison le veult.

1. L'empereur veut et entend observer entièrement et réallement les traictez de Madril et Cambray, par lesquelz les fruictz parceuz des biens, tant ecclésiastiques que séculiers, durant le temps des guerres, ne se peullent répéter d'ung cousté ny d'aultre respectivement; et par ainsi n'a lieu à ce qu'est requis par cestuy article. Mais quant au surplus de la jouissance et parception des fruictz depuis la guerre cessée, sa majesté a pourveu et fera qu'il n'y aura difficulté quelconque.

II. Semblablement ceulx de l'évesché de Bayonne, et souffrir et permectre que l'évesque puisse commectre et député officiers ès lieux et ainsi qu'il a accoustumé de faire par le passé, et auparavant lesdictes guerres.

2. Quant aux fruictz et joyssances, il s'en fera comme dessus, et au surplus de commectre officiers, l'empereur mandera dès maintenant qu'il s'en face comme de raison.

III. Pareillement pourveoyr et donner ordre à ce que le Sr de Grammont ne soit, par les officiers et subjectz dudit S^r empereur, troublé ne empesché au péage du Bourguet et Ronstevaulx que l'on luy a détenu et détient encoirres, ne parellement en cent livres de rente sus la Rimcombraye de Hestra, qu'il a de tout temps tenu et possédé. Aussy les biens du S^r d'Alsate assis à la Rentrye, aux cinq villes et ès environs. Pareillement ceulx du S^r d'Alhoqin qui sont en Navarre et ceulx de Suncodiesse, trésorier de Navarre, assis en Pampelune et ès environs.

3. L'empereur aussi dès maintenant mandera qu'il soit sur ce pourveu efficacement et sans délay, conforme ausdicts traictez.

IV. Et en oultre requiert ledict seigneur roy audict seigneur empereur de faire délivrer et mectre en liberté les officiers de messeigneurs ses enfans, qui sont encoirres détenuz par force en ses galères, contre le contenu desdicts traictez.

4. L'empereur ne pensoit ny scet que aucungs desdicts officiers soient détenuz, et escripra sa majesté dès maintenant très-acertes, que si aucungs sont détenuz, que incontinent ils soient mis en plaine délivrance.

V. Pareillement les patrons et aultres officiers de navires cy-après nommez, c'est assavoir Jehan Ban, Michiel de Strichan, Guillot Anise, Robert Hélior, Robin le Boyde, Nicolas le Gascon, Robin Sanson et aultres mariniers, tous maistres de navyre de la ville de Honnefleur, détenuz par force ès gallères dudict seigneur empereur, depuis la prinse faicte par les navicres d'Espaigne à la nef de feu Jehan Fleury, dedans laquelle ilz furent prinz.

5. Combien que le cas de Jehan Fleury soit divers, toutesfois l'empereur mandera que ceulx qui se trouveront en son pouvoir soient délivrez.

VI. Semblablement faire rendre et restituer les fruictz cuilliz et levez en la conté de Roussillon de Font-Froide depuis les guerres commencées.

6. Item que au premier et aultres semblables articles.

VII. Item qu'il plaise audict S' empereur faire donner ordre que les fruictz cuilliz et levez en Arthois, estans de l'abbaie de Mont-

Sainct-Jehan près Thérouenne, soient renduz et restituez à l'abbé, et pourveoir à ce qu'il n'y soit plus donné empeschement audict abbé par don François Euvrard en la jouissance de ladicte abbaye, attendu qu'icelluy abbé a esté bien et dehuement pourveu par nostre très-sainct père le pape de ladicte abbaye.

Pareillement faire restituer et remectre mons^r le cardinal de Bourbon en la possession et jouissance de l'abbaye de Sainct-Amand, dont il a esté spolié, et luy faire rendre, en ensuyvant le traicté de paix, les fruictz qu'en ont esté par cy-devant levez par les gens et officiers dudict seigneur empereur.

7. Si ceste abbaye est occupée à raison de la guerre, il en sera faict conforme ausdicts traictez, et dès maintenant le mandera l'empereur ; et au surplus l'on fera bonne et briefve justice.

CXVII.

L'EMPEREUR

A SON AMBASSADEUR EN FRANCE.

(Mémoires de Granvelle, II, 34-35.)

Bruxelles, 24 juin 1531.

Vénérable, etc... Suyvant ce que dernièrement nous avez escript, avons eu nouvelles de nostre ambassadeur estant à Gennes, comme Anthoine Doria s'estoit retiré de France audict Gennes, avec trois galères, nous ayant ouffert son service ; et sur ce nous a escript mons^r Andreas Doria, dont sommes en terme de besoingner avec luy. Enquerez-vous, par les moiens que convenablement pourrez, pour sçavoir la cause de son partement, et se ce a esté avec congé et bon grey du roy ou aultrement, et si vous semble que ledict sieur roy ayt pour agréable ou non que nous en servions, sans toutesfois, comme qu'il soit, faire semblant qu'en aiez charge de nous, ny démonstrer que fassions scrupule quelconque de le prendre en nostre service. A tant, etc. Escript en nostre ville de Bruxelles, ce xxiiiie de juing 1531.

CXVIII.

L'EMPEREUR

A SON AMBASSADEUR EN FRANCE.

(Mémoires de Granvelle, II, 34 v°.)

Bruxelles, 24 juin 1531.

Vénérable, chier et féal : Pour ce qu'aurez ouy ou oierez parler touchant la prinse et détention faicte, puis aucungs jours, de la personne de Georges Gritty, par le sieur Descalinghes, gouverneur d'Ast, dont seulement depuis hier sommes adverty, et que propos s'en pourroient tenir aultrement que la chose n'est passée, mesmes que ce fust de notre adveu, sceu ou consentement, nous avons bien voulu vous escripre sur ce expressément ceste et envoyer la coppie de ce qu'en escripvons et respondons audict sieur Descalinghes, comme aussi avons faict en conformité à Goultières Lopès de Padille, gentilhomme de nostre hostel, estant devers nostre cousine la duchesse de Savoye, afin que, selon ce, en dictes et respondez où que verrez estre besoing et convenir à nostre service ; et mesmes comme verriez venir au propoz, le pourrez dire au roy très-chrestien, nostre très-chier et bon frère, et nous advertissez de ce qu'en saurez et pourrez entendre ensemble de vos nouvelles. A tant, etc. Escript en nostre ville de Bruxelles, ce xxiiiie de juing 1531.

70.

CXIX.

L'EMPEREUR

A SON AMBASSADEUR EN FRANCE.

(Mémoires de Granvelle, II, 38-39.)

Sans date [commencement de juillet 1531].

Vénérable, chier et féal : Nous avons différé respondre aux particularitez de vos lectres du IXe de juing jusques à oyres, que les ayans consulté, trouvons que quant aux greniers à sel de Noyers et Chastel-Chinon, n'y a nulle cause pour mectre difficulté au paiement du revenu, mais, que plus est, seroit expressément contrevenir au traicté de paix de Cambray ; car il n'y a nulle difficulté que le feu roy domp Philippe, nostre feu seigneur et père que Dieu absoille, n'en ayt entièrement jouy et commis aux offices de grenetiers et contrerolleurs desdicts lieux, quant ilz sont vacquez ; comme du tout l'on a faict deuement cy-devant appairoir au conseil du roy très-chrestien, et fera-t-on encoirres s'il est besoing, jà çoit semble que à ce ne doibt entrevenir difficulté, actendu ledict traicté de paix et notoriété de ce que dessus.

Vous verrez et entendrez par les coppies joinctes à cestes, que le sieur de Pyennes n'a droit ne raison à faire les poursuittes qu'il faict touchant le revenu des greniers à sel, et à y envoyer son homme pour ceste affaire, lequel après avoir veu lesdictes pièces n'a sceu que dire ; car par icelles apert clérement que par l'appoinctement et traicté faict entre feue madame nostre tante et le sieur de Pyennes, sur lequel traicté sont dressées et causées les patentes de commission, dont comme dessus vous envoyons coppies, ledict sieur de Pyennes s'est deppourté entièrement, du vivant de nostredicte tante, de ce que depuis son trespas il a querellé, pensant peult-estre que l'on ne feit apparoir de ce qu'en avoit esté faict. Et pour ce remonstrerez et donrez bien à entendre où et ainsi qu'il appertiendra, le tort qu'auroit ledict sieur de Pyennes en sa poursuitte, et le droit que nous appertient audict revenu, à cause de feue nostredicte tante; et en tout ferez comme verrez convenir, et nous advertirez de ce qu'en sera faict et vous semblera se debvoir faire au surplus.

Au regard de nos subjectz du Charrolois, nous sommes certainement advertiz et informez qu'ilz sont très-mal menez et traictez des gendarmes de France; et d'excuser ceste violence et foule sur la querelle du sieur de Courlaou[1], et du sieur de Broulliat, soubz couleur que ledict sieur de Courlaou en baille occasion, n'y a apparence; car nous sommes bien adverty que ledict sieur de Courlaou n'y a riens actempté par euvre de faict, et y remédieroient bien les officiers du pays : mais que le tout ne se faict au contraire que par sa partie adverse, estant assistée du cousté de France. Parquoy parsisterez qu'il y soit pourveu comme raison veult et que l'amytié, conservation de paix et mutuelle voisinance le désirent, puisque la souveraineté nous y appertient selon ledict traicté de paix; et ne pouvons délaisser de tenir main qu'il y soit pourveu, pour relever et garder nosdicts subjectz du Charrolois de si grandes foules et notoires oppressions.

Touchant le recouvrement des titres à Dijon pour le comté de Bourgoingne, nous escripvons au sieur du Cerf[2], conseiller en nostre court de parlement à Dôle, et à maistre Gérard Vernerot, trésorier de Salins, que ont à ce esté commis tant par feue madame nostre tante que naguères par nous, se trouver à Dijon et en faire les poursuittes et diligences, selon et ensuyvant nostredicte commission.

Des plainctes et doléances que, comme nous avez escript, ceulx du conseil dudict sieur roy vous ont faict, sur ce qu'ilz dient que l'on contrainct aucungs des subjectz françois, tenans fief de nous,

[1] De la maison de Vaudrey, dans le comté de Bourgogne.
[2] Adrien de Salives.

d'en venir faire leur debvoir en personne, mesmes du coustel d'Arthois, vous respondrez que ce qu'en a esté faict a esté à l'occasion que ci-devant le semblable a esté usé envers noz subjectz et en vertu de quelque mandement que, pour ceste considération, s'en estoit cy-devant dépesché; mais que, incontinent que avons receuz voz lectres, avons pourveu que les subjectz dudict sieur roy, nostre bon frère, ne seront poursuyz à faire le debvoir de leurs fiefz, sinon par procureur comm'ilz ont accoustumé de faire, et aultrement comme par droit et raison ilz y sont tenuz.

Le sieur de Monego nous a faict présenter ung billet dont vous envoyons la coppie, et vous requérons de, à l'effect de ce qu'il requiert par ledict billet, tenir la main et faire ce que vous sera convenablement possible, selon la recommandation en quoy, comme souvent vous avons escript, tenons ledict sieur de Monego et ses affaires.

Nous vous envoyons les coppies des responces que avons faict bailler au sieur de Morette touchant ce qu'il nous a dit de la part du roy très-chrestien, nostre bon frère, son maistre, pour le réachat des terres de Vandosme, et aussi au filz[1] du sieur de Florenges, sur ce qu'il demandoit restitution des terres que tenons, dont ledict sieur roy et la royne nostre seur nous avoient escript; et si vous en est parlé ou vient à propoz, vous réglerez selon lesdictes responces.

[1] (Au fait?)

CXX.

NOTES RESPONSIVES

A DEUX DEMANDES FAITES A L'EMPEREUR

DE LA PART DU ROI DE FRANCE.

(Mémoires de Granvelle, II, 33-34.)

Sans date [juillet 1531].

Combien que de la part du roy très-chrestien n'ayt esté faicte mention du réachat des terres transpourtées, ny touchant les pièces contentieuses entre messieurs de Clèves et de Nevers, depuis ce qu'en fut respondu à Ausbourg, et successivement à Coloigne, et que l'empereur ayt tousjours retenu à soy de déclarer lesquelles terres se pourroient réacheter les premières, et qu'il empourteroit beaucoup à sa majesté que les aultres terres fussent réachetées premier que celles de madame de Vendosme, que sont les meilleurs, plus importantes, utiles et mieulx revenans, et que les aultres sont reçues à beaucoup plus grande assiete qu'elles ne vaillent ny s'en peult recouvrer; néantmoings sadicte majesté, pour complaire audict S^{gr} roy son bon frère, sera content que lesdictes terres de Vendosme soient réachetées les premières, en parfurnissant, pour approucher à la moitié du pris desdictes terres transpourtées, de celle d'Avrincourt, et moyennant que le réachat s'en face à une fois deans quatre mois à compter du jourd'hui, et toutes et quantes fois qu'il plaira cependant audict S^r roy; et soit le paiement faict réallement ès villes d'Anvers, Bruxelles, ou Valenciennes, en escuz soleil, selon et au poix et de l'alloy que contient le traicté de Cambray. Et aussi que aultres terres soient baillées seheures et bien revenans ou lieu des susdictes litigieuses, deans ung mois prochain, selon qu'a esté traicté et expressément convenu, et debvroit de piéça estre faict; ou du moings que le pris en soit furny réallement deans ledict mois, de la valeur, poix et alloy que dessus. Et se ledict réachat et paiement ne se faict effectuellement deans ledict temps de quatre mois, sadicte majesté entend d'en demeurer en son entier quant au choix des terres que se réachèteront les premières.

L'empereur ayant receu les lectres du roy très-chrestien son bon frère, et de la royne madame sa meilleur seur, et entendu ce que l'ambassadeur dudict S^r roy très-chrestien a dit à sa majesté, touchant le faict de la restitution des terres et seignories acquises par sadicte majesté sur messire Robert de la Marche et les siens, et la chose consultée et bien entendue, ne trouve qu'il puist convenablement condescendre à ladicte restitution d'icelles places et seignories, advenues et appartenans à sa majesté par droit, raison, et à la cause et moien que chacung scet; aussi, actendu la situation et importance d'icelles, et les dommaiges qu'en ont suppourté les pays de sa majesté par deçà, pour raison desquelz et leur seurté à l'advenir, ilz ont, et en général et particulier, cy-devant supplié à sadicte majesté non vuider, comme qu'il soit, ses mains desdictes places et seignories; et ne voit sadicte majesté qu'elle en puist pour ceste et aultres considérations aultrement faire. Et puisque lesdictes terres appertiennent et sont acquises à sadicte majesté par si évident droit et raison, et que la restitution n'est fondée et comprinse ès traictez de Madril et Cambray, mais bien expressément par iceulx regectée, et avec les considérations susdictes et aultres plusieurs que sont de respect et conséquence, sadicte maiesté confie que ledict S^r roy très-chrestien, son bon frère, aura ceste responce et excuse agréable, dont ledict S^r empereur le prie très-affectueusement, et avoir regard comme dessus que ceste chose est d'importance et considération telle qu'il peult entendre, et concernant grandement les pays et subjectz dudict S^r empereur. Et au surplus, il favorisera en toutes choses convenables les subjectz et serviteurs dudict seigneur roy, comme les siens propres.

CXXI.

L'EMPEREUR

A SON AMBASSADEUR EN FRANCE ET A M. DE COURBARON.

(Mémoires de Granvelle, II, 39.)

Bruxelles, 9 juillet 1531.

Nous avons receu voz lectres du premier de ce mois et entendu ce que par icelles nous escripvez bien amplement avez faict, poursuy et sollicité en l'affaire du roy de Portugal, nostre très-chier et très-amé bon frère, et les responces sur ce faictes, tant à eulx[1] que à vous, par le roy très-chrestien, nostre bon frère, et ceulx de son conseil, et vous sçavons très-bon grey du debvoir en ce par vous faict, auquel vous requérons et ordonnons très-expressément continuer, faire, dire et solliciter tout ce que verrez convenir au bien et bonne expédition dudict affaire, lequel avons en recommandation et affection non moings que nostre propre. Et en avons bien expressément parlé à l'ambassadeur Morette pour en escripre, et à son retour de par delà en fera instance devers ledict S^r roy, et nous a promis en faire tout bon office, dont vous avons bien voulu adviser, afin que continuiez à l'adresse dudict affaire par tous moiens que verrez pouvoir convenir, et vous ayderez tousjours de la faveur de madame nostre meilleur seur, la royne très-chrestienne; et derechief escripvons à nostre cousin le grand-maistre de France, auquel pourrez dire que tout le plésir qu'il fera en ce audict S^r roy de Portugal,

[1] Ambassadeurs de Portugal.

nostre bon frère, nous sera austant agréable et de mesme obligation que faict à nous-mesmes.

Nous vous ferons ample responce à vos lectres des pénultième de juing et deux du premier de ce mois, et n'avons voulu différer plus longuement l'envoy de ceste pour vous advertir de ce que dessus. A tant, etc..... Escript en nostre ville de Bruxelles, le neufvième de juillet 1531.

CXXII.

RÉPONSE

DONNÉE PAR L'EMPEREUR AUX AMBASSADEURS DE LORRAINE.

(Mémoires de Granvelle, II, 37-38.)

Bruxelles, 12 juillet 1531.

De la part de l'empereur. Après avoir ouy et au long entendu ce qu'a esté dict et conformément baillé par escript par les ambassadeurs de mons. le duc de Lorrenne, afin de démonstrer que ladicte duché de Lorreine soit hors du sainct empire, et non comprinse ny subgete soubz icelluy, a esté respondu que, por estre la chose de telle importance qu'elle est, sa majesté n'y veult attoucher sans l'advis et conseil des électeurs, princes et estatz dudict sainct empire; mais que sadicte majesté a mandé mectre sus prouchainement une dyette principale où elle se treuvera, et se ledict S^r duc y envoye les dessusdits ambassadeurs ou aultres députez, sadicte majesté advisera lors, par meur et bon conseil, de faire plus ample et certaine responce sur ce que prétend ledict S^r duc, pour après en faire selon l'exigence et que ledict S^r duc verra luy convenir. Fait au conseil de sa majesté à Bruxelles, le XIIe de juillet 1531.

CXXIII.

CHARLES III, DIT LE BON,

DUC DE SAVOIE,

A L'ARCHIDUC FERDINAND, ROI DES ROMAINS.

(Mémoires de Granvelle, II.)

Chambéry, 16 juillet 1531.

Monseigneur, je me recommande très-umblement à vostre bonne grâce. Mons^{gr}, s'en retournant par devers vous mons^r le doyen de Montbelliart[1], présent porteur, avecque l'exploict de la charge qu'il vous avoit plu luy conmectre en nos pays, il vous plairra de luy entendre le désir et affection que j'ay vous faire service aggréable, tant en ce qui touche nostre sainte foy que toutes aultres choses qu'il vous plairra me commander, aydant le Créateur, que je prie, monseigneur, vous donner très-bonne vie et longue. A Chambéry, le xvi de juillet, mil cinq cent et trente-ung. Votre très-humble serviteur,

CHARLES.

A monseigneur, mons. le roy des Romains.

[1] Antoine Montrivel, chanoine de Besançon et doyen de l'église collégiale de Montbéliard, envoyé à Genève et dans le pays de Vaud pour solliciter la bienfaisance des fidèles dans la guerre du roi Ferdinand contre les Turcs. Les collectes faites à cette occasion dans les églises s'appelaient *la croisade*. (Voyez Fragments historiques sur Genève avant la réformation, p. 171.)

CXXIV.

CHARLES-QUINT

A FRANÇOIS Ier.

(Mémoires de Granvelle, tome II, 40.)

Sans date [Bruxelles, 29 juillet 1531].

Retournant devers vous, monsieur mon bon frère, le sieur de Morette, je ne veux délaisser de vous escripre le contentement que j'ai de son honeste et vertueuse conduite en sa charge devers moy, en laquelle il a tousjours faict tout debvoir convenable à vostre service et à nostre amytié ; et saichant l'extime en laquelle à bon droit le tenez, comme à la vérité il le mérite selon ses bonnes qualitez, pour vous estre tant bon, léal et affectionné serviteur, comme je l'ai congneu, me remectray à luy de vous dire des nouvelles de ce quartier, avec l'entière volunté que j'ay de tousjours estre et demeurer vostre bon frère, cousin et allyé,

CHARLES.

Au roy très-chrestien, monsieur mon bon frère.

CXXV.

CHARLES-QUINT

AU GRAND MAITRE DE FRANCE.

(Mémoires de Granvelle, II, 40.)

Bruxelles, 29 juillet 1531.

Mon cousin, sachant qu'avez esté moyen[1] de la charge que le Sr de Morette a eu devers moy pour le roy très-chrestien, nostre très-chier et bon frère, je n'ay voulsu délaisser à son présent retour vous escripre que non-seulement il y a faict office de bon et léal serviteur dudict S^r roy mon frère, mais aussi s'est employé de tant bonne sorte et honnestement ès choses concernant l'entière et perpétuelle amytié dudict S^r roy et moy, que certes je luy en suis tenu, et me sera plésir qu'il sente le fruict tel que ses bons services méritent; en quoy, pour la bonne volunté que ne faiz doubte luy pourtez, scroit chose superflue le vous recommander. Il vous sçaura bien dire des nouvelles de ce coustel, que me gardera faire ceste plus longue; reste que je luy ay faict parler de l'affaire de l'héritier de feu mon cousin de Bourbon, comme de luy entendrez, et vous prie bien affectueusement que, ensuyvant les bons propoz qu'avez pourté de vous employer à quelque bon appointcement et expédient, vous y vuillez tenir la main une bonne foys, et je le tiendray à très-grand plésir, comme scet Dieu, qui, mon cousin, vous ayt en sa garde. Escript à Bruxelles, le xxix de juillet 1531.

[1] Médiateur, entremetteur.

CXXVI.

L'EMPEREUR

A SON AMBASSADEUR EN FRANCE.

(Mémoires de Granvelle, II, 42-43.)

[Août 1531.]

Vénérable, chier et féal : Nous avons veu et bien entendu tout ce que nous avez escript par cinq voz lectres des premier, huictième et xvie de juillet et celles du II du présent; en quoy faictes très-bon debvoir et grosse diligence, que tenons à très-agréable, service, et vous requérons continuer et nous advertir tousjours de ce que pourrez entendre, signamment touchant l'affaire de nostre saincte foy, du concille, de nostre voiage d'Allemaigne, des choses d'Italie, se certainement le conte Gayace est retenu au service du roy très-chrestien, à quelle condition et s'il prent l'ordre de France; du cardinal de Tournon que devoit aller à Rome, du duc d'Albanye, du mariaige du duc d'Orléans ou d'Angolesme à la niepce du pape, de Anthoine Doria que le pape retient à son service, des choses d'Angleterre, de la gendarmerie de France, et au surplus de tout ce que entendrez et que verrez empourter et que doyons estre adverty.

Quant aux lectres que vous ont esté escriptes par les ambassadeurs de Gennes, en s'en retournant audict Gennes, sur les représailles décernées par le roy très-chrestien nostre bon frère, à l'encontre de ceulx dudict Gennes, nous avons veu la coppie desd. représailles et ce que sur ce iceulx ambassadeurs vous ont escript et requis ; et en semblable nous ont faict supplier, par leur ambassadeur résident devers nous, vouloir tenir main vers ledict S^r roy très-chrestien pour la révocation desdictes représailles, ensemble tout ce que s'en est ensuy; et aussi devers nostre cousin le duc de Savoye pour empescher que lesdictes représailles ne s'observent en ses pays. Sur quoy, en tant que touche ledict duc de Savoye, verrez par la coppie que va avec ceste, ce qu'avons enchargé à nostre ambassadeur, estant en sa court, luy dire, avec lectres de crédence à cestuy effect; et quant audict S^r roy très-chrestien, entendons que luy faictes en faveur desdicts de Gennes toutes les remonstrances que verrez pouvoir duyre, ensuyvant ce que desjà luy en a esté remonstré par vous et aultres de nostre part, mesme actendu que, comme qu'il soit, lesdicts de Gennes sont comprins ès traictez de paix de Cambray et Madril, par lesquelz traictez toutes représailles sont interdictes, sinon en cas de manifeste dénégation de justice. Et oultre que se lesdictes représailles sont esté faictes pour choses passées durant la guerre, lorsque maistre Andreas Doria estoit en notre service, et avant l'observance de la paix, sembleroit que lesdictes représailles, encoirres de ce chief, n'auroient raison ni fondement, actendu aussi les choses passées du cousté des subjectz et gens du roy, dont nulle restitution ny réparation s'est jamais faicte. Luy requerrant et parcistant si avant que avec modestie et civilité pourrez et verrez convenir que ledict S^r roy, en faveur desdicts traictez de paix et en nostre considération, et ayant regard à ce que seumes tenu et selon les susdictz traictez et à raison de l'empire èsdict de Gennes, il vuille faire cesser lesdictes représailles, et réparer ce qu'en est ensuy, et qu'en ce mesme il démonstre la bonne affection et volunté qu'il a à la commune paix, quiétude, tranquillité et union de la chrestienté et bien publicq d'icelle.

Touchant l'affaire de Portugal, au faict des représailles, nous en escripvons par aultres nostres responcives à celles de vous et le Sr de Courbaron; aussi vous respondrons de poinct à aultre dans trois jours au plus tard sur tous les particuliers affaires dont nous avez escript par plusieurs lectres, et est-on après pour sercher et faire trouver toutes pièces et advertissemenz que pourront servir pour plus certainement vous en mander nostre intention........

CXXVII.

L'EMPEREUR

A SON AMBASSADEUR EN FRANCE.

(Mémoires de Granvelle, II, 44-46.)

[Août 1531.]

Vénérable, etc. Nous avons receu plusieurs voz lectres datées ès mois de juing, juillet et second du présent, ensemble les pièces et coppies y mencionnées, auxquelles ne vous a peu estre faicte responce plus tôt, tant pour les grosses occupations qu'avons à mectre ordre en noz affaires de par deçà, pour nostre prouchain partement et aller à la diette de Spire, que aussi pour avoir faict communiquer plusieurs articles y contenuz à ceulx de nostre conseil de par deçà sur les particularitez de vosd. lectres, pour de point à aultre vous faire responce. Et quant aulx déprédez, nous avons faict veoir ce qu'en avez baillé au conseil du roy très-chrestien, nostre bon frère, et la responce y mise en appostille, et ce que par voz dernières vous en ramentevez; et enfin lesdicts déprédez ne se vueillent trouver n'y envoyer à Cambray, disans y avoir desjà tant consommé et perdu de temps qu'ilz n'ont espoir que riens se feit, et ne se voit aultre remède, sinon que ledict S^r roy entende des commis que de sa part ont desjà vacqué en ceste affaire, les déprédacions faictes sur ceulx de par deçà, et, selon qu'il treuvera par raison, face restituer lesdicts déprédez, noz subjectz; et de nostre cousté ferons faire le réciproque, comme il appertiendra : car aussi est assez à croire, selon les termes tenuz par ses députez du passé, que ne s'en ensuyvroit aucun fruict, et sont lesdictes déprédacions faictes sur nosdicts subjectz assez advérées et encoires notoires pour en faire la raison à nosdicts subjectz, si la volunté et considération des choses traictées y convient, dont, selon que verrez à propos, pourrez faire remonstrance.......

Nous avons faict veoir et entendre en nostre conseil ce que nous avez escript par plusieurs voz lectres, et l'appostille mise sur l'article par vous baillé au conseil dudict S^r roy, touchant les reffuz faiz par les grenetiers à sel de Noyers et Chastel-Chinon, de délivrer à nostre commis les deniers provenans du revenu et émolument de la gabelle desdits greniers, escheuz depuis le trespas de feue madame nostre tante, et nous donnons merveilles des difficultez y mises et alléguées de la part dudict S^r roy. A quoy pourrez respondre que le traicté de Cambray est relatif et dépendant de celluy faict à Madril; et par icelluy, au xxxiie article parlant de ce que concernoit feue nostredicte tante (auquel article par ledict traicté de Cambray n'est dérogué ne préjudicié), est expressément dit que nous, noz hoirs, successeurs et ayans-cause jouyrons, après le trespas de madame nostredicte tante, de la conté de Charrolois, greniers à sel, seignories de Noyers et Chastel-Chinon, en toute souveraineté; et par ce doibt cesser ce qu'est allégué par lesdictes appostilles; et oyres que lesdicts articles seroient courrigez quant à la souveraineté, ilz demeurent en leur entier quant auxdicts greniers, nonobstant que par ledict traicté de Cambray ne seroit exprimé que en doyons jouyr après ledict trespas de madame, joinct aussi que noz prédécesseurs en ont tousjours jouy. L'on est après pour sercher les pièces que pourront en ce servir, et entendre comme le don fut faict au roy nostre père, et de ce que s'en treuvera vous advertirons, combien que l'alégacion dudict traicté de Cambray, pour la considération et raison susdicte, peut et doibt bien suffire, entendant le tout sainement comm'il est de raison, honnesteté et équité; et oultre ce, empourte grandement à ceste matière ung ouctroy faict par ledict S^r roy à feue madicte dame et à nous, duquel vous envoions la coppie; et n'est à présumer le droit, raison et équité que soubs couleur de généralité, ou pour avoir obmis de le reprendre, l'on y eût volu déroguer, ny moings renuncer. Vous remonstrerez le tout comme il empourte au bon dépesche.....

Quant au recouvrement des tiltres estans à Dijon, servans à nostre conté de Bourgoingne, que nous doibvent estre restitués, il est vray que nous en avez souvent escript, et avons veu la responce à vous sur ce piéça donnée; et puisque les commis ne se sont treuvés au jour sur ce advisé, comme leur avoit esté mandé, est besoing d'en prendre un aultre, dont nous remectons à vous pour en conclure avec ceulx dudict S^r roy, selon la comodité que par ensemble adviserez, et de ce que en résoldrez, advertirez maistre Adrien de Salives, nostre conseiller, et le trésorier de Salins, lesquelz ont pouvoir et commission de nous en ce cas, afin que suyvant ce que encoires dernièrement leur avons escript, ilz y facent tout debvoir, et ne faillent d'eulx trouver au jour que sera prins et conclud à cest effect, et que une briefve fin s'en face; en quoy tiendrez la main austant que pourrez, combien qu'il semble que, de la part dudict S^r roy très-chrestien, se debvroit escripre à ceulx qui ont charge de cestuy affaire que, comme supposons, sont au duché et par ainsi desjà sur le lieu, d'entendre auxdictes affaires toutes et quantes fois que nozdicts députez se y treuveront. . . . . . .

Au surplus nous avons journellement plainctes des eclésiastiques noz subjectz, et segnamment de l'évesque de Tournay, que l'on leur assopit le revenu de leurs bénéfices et pensions estans en France, soubz couleur et occasion que n'ayons faict rendre réallement la jouissance de l'abbaye de Sainct-Amand à nostre cousin le cardinal de Bourbon, et que pour ce il ayt obtenu lectres dudict S^r roy très-chrestien, pour en contre-vange prendre les fruictz des bénéfices et pensions de nosdictz subjectz; qu'est chose sans fondement raisonnable, et au dehors et expressément contraire desdictz traictez de Cambray et Madril, par lesquelz toutes lectres de marques et représailles, dont en effect la susdicte provision est une espèce, sont interdictes absolutement, sinon en cas de dénégacion manifeste de justice; ce que jamais n'a esté faict en l'endroit de nostredict cousin de Bourbon, auquel, comme sçavez, avons tousjours ouffert faire justice, voyre plainement et sommairement, après avoir fait veoir en plusieurs consaulx ce qu'il prétendoit estre remis en la possession dudict Sainct-Amand (soubz couleur desdicts traictez de paix, et que, conforme à iceulx, chacun doye retourner au sien), et que n'avoit esté trevé faisable pour ledict S^r cardinal par nulz desdicts consaulx, actendu sa résignation et renunciation entrevenue, exhibée mesme de sa part, et le droict prétendu par le prothonotaire d'Egmond, et le procès sur ce pendant. Et est bien vray que chacun, comme dessus, doit retourner au sien, se par son faict et moien particulier l'empeschement ne provient, déroguant, diversisfiant et mectant la chose hors de la disposition générale desdicts traictez; car en ce cas ne debvons plus avant, ny audict cardinal ny aultres, que de leur lever l'empeschement mis à raison des guerres, et non pas par le faict mesmes des parties prétendans estre remis en leur jouissance; et comme l'avons faict dire dernièrement et au Sr de Morette retourné par delà, et à l'ambassadeur dudict S^r roy résidant devers nous. Le mesmes vous a esté respondu et baillé par escript au conseil dudict S^r roy, touchant la restitution de l'escuier Cothereaul par le grand-escuier de France [1] . . . . . soit esté expressément fondé par droit et confiscation à cause de la guerre, et que, en tous advénemens, il est tout notoire que droit d'aubenaige par lesdicts traictez et aultrement ne doibt avoir lieu, et que au contraire il est tout cler et évident et se faict promptement apparoistre que ledict S^r cardinal a faict résignation de ladicte abbaie de Sainct-Amand, comme il en appart promptement, et des grandz procez qu'en sont ensuyz, où il ne se peult alléguer dissimulation. Car à la vérité ny à luy, ny en l'endroit d'aultre quelconque, ne vouldrions riens délaisser d'accomplir de ce que dépend desdicts traictez, quoyque la provision par luy obtenue soit aultrement narrée, et ne pouvons penser que ledict S^r roy l'ayt ainsi entendu, ny vueille que ladicte provision se observe, au contre-vanche de laquelle somes journellement suppliez par noz subjectz, ausquelz ne l'avons voulsu consentir, confiant que ledict S^r roy, ayant entendu le tout et signamment les mesmes recommandations faictes par son

---

[1] (Quoiqu'il?)

conseil, fera pourveoyr à la révocation de laditte provision, à l'indempnité de nozdicts subjectz, et que aultres ne s'en dépescheront doiresenavant; et au surplus si ledict S^r cardinal de Bourbon veult, nous luy ferons faire plainement bonne et briefve justice......

CXXVIII.

L'EMPEREUR

A LA REINE DE FRANCE, SA SOEUR.

(Mémoires de Granvelle, II, 47.)

Bruxelles, 18 septembre 1531.

Madame ma meilleur seur, je receuz samedi derrier vos lectres du viie de ce mois par Cilly, et de celluy[1] présent ambassadeur du roy mons. mon bon frère, vostre mary, entendiz ce que luy aviez enchargé me dire touchant le voyage que tous deux faictes, approuchant les pays de par deçà, et le désir qu'avez à nostre veue et de la royne d'Hongrie nostre seur, et le surplus de sa charge. Et pour responce, madame ma meilleur seur, pouvez estre bien asseurée que je n'en ay moings de désir que vous; mais comme j'ay faict piéça entendre audict S^r roy et vous, la journée d'Allemaigne est de longtemps assignée à Spire, et desjà le roy des Romains nostre frère est près de là, me surattendant, comme aussi font plusieurs princes de l'empire; par quoy ne puis longuement différer de m'y treuver. Ce néantmoings, pour la grande confirmité[2] que ledict S^r roy vostre mary, mon bon frère, en ce me démonstre, et le grand désir que j'ay à ladicte veue, et qu'elle se face, je retarderay à cest effect voluntiers mon partement pour aucungs briefz jours, comme l'enten-

---
[1] Le sieur de Vély.   [2] Confiance.

drez plus au long du Sʳ de Balançon, gentilhomme de ma chambre, présent pourteur, que avec mon ambassadeur j'envoye devers vous, et le surplus de ce que je luy ay enchargé vous dire de ma part; vous priant, madame ma meilleur seur, le croire comme moy-mesmes, avec ce que j'en ay dict èsdicts ambassadeur du roy et Cilly. De Bruxelles, le xviiiᵉ de septembre 1531.

CXXIX.

CHARLES-QUINT

AU SIEUR DE BALANÇON.

(Mémoires de Granvelle, II, 47-50.)

Bruxelles, 18 septembre 1531.

Instruction à vous nostre amé et féal gentilhomme de nostre chambre, le Sʳ de Balançon, de ce que, avec l'advis, intervention et assistence du trésorier de Besançon, nostre ambassadeur, aurez à dire, faire et procurer devers la royne de France très-chrestienne, madame nostre meilleur seur, où présentement vous envoyons.

Premier, que nous avons receu ses lectres par son premier escuyer Cilly, et entendu de celluy présent ambassadeur de France ce qu'elle luy avoit enchargé nous dire, du voyage que le roy très-chrestien, nostre très-chier et bon frère, et elle ont délibéré faire en approuchant noz pays de par deçà, et le désir qu'ilz ont de se veoir privément avec la royne douaigière d'Hongrie, nostre seur, et encoirres par ensemble avec nous, se nostre commodité s'i pouvoit adonner, fut en la frontière de nosdicts pays, ou quatre ou cinq lieues en dedans iceulx, avec les honnestes propoz tenuz touchant ladicte veue par ledict Sʳ roy, nostredicte seur sa compaigne, et ce que luy-mesmes enchargea audict Cilly, à son partement, nous dire de nous entreveoir amyablement, et des bons effects que s'en pourroient ensuyr au bien de la chrestienté.

Que ce nous a esté singulier plésir d'avoir entendu dudict Cilly si bonnes nouvelles de leur prospérité, santé et continuacion de leur tant cordiale volunté et affection envers nous et ladicte royne douaigière d'Hongrie, nostre seur, et que, de nostre part, ilz treuveront tousjours, tant que vivrons, la correspondance et mutuelle et sincère amytié, comme l'une des choses de ce monde que plus désirons.

Et quant à ladicte veue, direz que nous n'avons moings d'envie et affection de voir lesdicts roy et royne qu'ilz ont envers nous; mais comme de longtemps leur avons faict entendre, selon le désir qu'avons de tousjours les faire participans de nos affaires, nous avons faict assigner la diette à Spire, et desjà est le temps instant et jour d'icelle pour choses importantes, mesme à la commune paix et bien publicque de la chrestienté, et ne pouvons délaisser, ne longuement dilayer de nous y treuver pour nostre debvoir et exigence des affaires, et avons desjà donné ordre aux nostres particuliers de par deçà et pourveu pour dire l'adieu aux estats de nosdictz pays icy pour ce assemblez, et faict prest tout ce que convient à nostre partement.

Et néantmoings, afin que lesdits S^r roy et royne congnoissent et voyent combien nous désirons ladicte veue, sans, comm'ilz désirent, mistère ny sérimonie, sinon de vraie amiableté, deux jours après que aurons responce et nouvelles de vous que, comme confions en vostre bonne diligence et sollicitude, pourra estre deans samedy ou dimanche prouchain au plus tard, et que ce soit à Arras, Valenciennes, ou Douay, comme lieux plus convenables et prouchains de France, nous ne deffauldrons, nostredicte seur d'Ongrie et nous, de nous aller treuver èsdicts lieu et jour qu'iceulx S^r et dame résoldront, et de les recepvoir fraternellement, et cordialement et aussi librement et seurement qu'ilz pourroient estre où que ce fust au royaume de France.

DU CARDINAL DE GRANVELLE.

Sans, durant ladicte veue, parler de choses quelconques particulières d'entre ledict Sr roy et nous, concernans noz royaulmes, pays et subjectz, et mesmes du contenu ès traictez de Madril et Cambray, èsquelz, comme estans fondement de nostredicte amytié, se convient précisément arrester, et pour la bonne observance d'icelle n'y voulons aucune chose changer ny muer, selon que cy-devant l'avons assez faict entendre à nostredicte seur, ny le pourrions faire sans contrevenir aux choses par nous depuis traictées avec l'Ytalie et aultres particulières concernans ladicte commune paix et la seureté de nosdicts pays; ains seulement, selon la saincte, prudente et honneste intention dudict Sr roy et ce qu'il a dit audict Cilly, communicquer de ce qu'adviserons convenir à ladicte commune paix et bien publicque de la chrestienté, pour par ensemble nous y employer avec la participation et intervention de nostre sainct-père le pape et sainct-siége appostolique.

Et sy nostredicte seur treuve les lieux et temps de ladicte veue convenables, vous parsisterez de les arrester avec elle, pour nous en advertir à la meilleur diligence que pourrez, bien entendu qu'excuserez de prendre le jour plus long pour la nécessité de nostre allée en Allemaigne, à laquelle espérons que lesdicts Sr et dame auront bon regard. Aussy serez soigneux de assentir et vous enquérir discrètement desdicts Sr et dame, et aultres comme verrez se pouvoir faire, et si avant qu'il vous sera convenablement possible, comme ilz vouldront venir à ladicte veue, et quel nombre de gens ilz admèneront, et la qualité des personnes, et de toutes aultres choses concernant icelle veue, dont par vostre discrétion considérerez estre besoing, et que nous soyons adverty.

Et après avoir parlé à ladicte royne, et entendu d'elle ce que concerne ladicte veue et fondement d'icelle, tant d'elle et nostredicte seur d'Hongrie que aussi dudict roy très-chrestien et nous, et la certaineté ou apparence qu'elle se conduise selon et par les moiens et à la fin susdicte, et l'inclination ou affection dudict Sr roy à icelle, vous userez envers luy et tiendrez propoz en la substance avantdicte, selon l'advis de ladicte royne, luy tesmoignant la continuation de nostre amytié et affection de ladicte veue, et de l'asseurance qu'il en peult avoir et de soy trouver en nosdicts pays aussi franchement et librement comme en son royaulme, ayant tousjours bon regard de comme dessus excuser, et envers lesdicts S^r et dame et mons. le grand-maistre de France, de non parler à ladicte veue de chose quelconque particulière concernant lesdicts traictez de Madril et Cambray; le tout avec la civilité et modestie que verrez convenir et selon que le propos s'addonnera.

Et si par adventure lesdicts S^r roy et dame, ou ledict S^r grand-maistre, de l'honnesteté duquel avons toute bonne espérance et confidence, dient que nous doyons plus approucher à la frontière de France, l'excuserez, parce que nous soumes arresté à la charge et crédence dudict Cilly, et aussi que, comme la vérité est, noz affaires ne peuvent souffrir d'aller plus oultre pour la nécessité du temps, et aussi que la chose pourteroit plus de cérymonie, et que ledict S^r roy, puisque il nous démonstre tant bonne et cordiale affection, se peult bien entièrement confier de nous.

Et si enfin voz excuses et remonstrances ne peuvent en ce avoir lieu, et voiez que, par ce moyen ou aultrement, ladicte veue d'entre ledict S^r roy et nous ne se puist faire, et seulement fût parsisté à celle de nosdictes deux seurs, prendrez charge de nous en advertir en diligence, et où, quant et comment ilz entendront qu'elle se face, afin d'en résoldre selon l'exigence de nostredict partement; baillant bien entendre par la vraie vérité, que, comme qu'il soit de ladicte veue mise avant d'entre ledict S^r roy et nous, soit qu'elle se face ou non, nous entendons entièrement conserver l'amitié dudict S^r roy, et qu'elle soit durable à tousjours, l'en asseurant de nostre part.

En ce que dessus vous conduirez et ferez selon la confidence que avons de vostre prudence, discrétion et bonne diligence, et de vostre besoingné nous advertirez le plus tôt et souvent que pourrez. Faict en Bruxelles, le xviii de septembre, l'an 1531.

DU CARDINAL DE GRANVELLE.

NOTE POSTÉRIEURE À LA DATE DE L'INSTRUCTION PRÉCÉDENTE.

Il semble que, comme qu'il soit de la volunté du roy, quant à la veue qu'a été mise avant par la royne de France, que l'on ne doibt faire semblant quelconque de suspicion que l'excuse faicte à l'occasion de la maladie de madame la régente soit esté faincte et controuvée, pour non bailler fondement au roy très-chrestien de s'en rescentir, mesmes en ce temps et ayant regard ès affaires de sa majesté et son retour en Espaigne, et aussi que plus de réputation sera et moyen à la direction et conduicte desdictes affaires, de tenir l'excuse susdicte pour bonne, que aultrement; et davantaige l'extime de ladicte royne, et que l'on escripve à Rome et aillieurs, supposant (sic) le dernier depesche que, ensuyvant icelluy, le Sr de Balançon a esté par les postes avec l'ambassadeur de sa majesté devers la royne, de laquelle il fut receu avec singulier plésir d'entendre la volunté de sadicte majesté encline à ladicte veue, mais que ou mesme instant survint la nouvelle de l'extrême maladie de madame la régente, et qu'elle estoit en dangier comme irrémédiable, et à ceste cause s'estoit parti le roy incontinent et ladicte royne aussi, pour rendre le debvoir qu'ilz sont tenuz devers ladicte régente. Bien semble-il que sadicte majesté doibt advertir le roy des Romains, par ziffre et en secret, de la suspicion susdicte, qu'est à la vérité fort apparante, dudict roy très-chrestien, de sa délibération à suyr ladicte régente et procurer son chemin vers Bloys, afin qu'il[1] face selon ce pour l'advancement et direction des affaires de la diette, et aultres affaires tant généraux que particuliers; et au surplus que sadicte majesté entend à dépescher ses affaires de par deçà, pour advancer le plus que convenablement sera possible son partement. [Le tout] pour ensuyr le contenu en l'instruction dudict Balançon, et non rendre le court terme préfixé à ladicte veue scrupuleux.

[1] Le roi des Romains.

CXXX.

CHARLES-QUINT

A FRANÇOIS I".

(Mémoires de Granvelle, II, 50.)

Sans date [septembre ou octobre 1531].

J'envoie, monsieur mon bon frère, le Sr de Balançon, gentilhomme de ma chambre, vous visiter et condouloir le trespas de feue nostre bonne mère[1], à qui Dieu face mercy, bien saichant que le sentez extrêmement, comme aussi je le plainds très-fort pour vostre considération et de la commune et universelle paix, et que je la tenoys comme aultre mère. Mais puisque la chose est advenue par la divine volunté irrémédiable, s'i fault conformer, et que vostre magnanimité et vertu surmonte la naturelle et filiale affection que luy pourtiez; espérant que comme elle a procuré et dressé la paix avec l'establissement de nostre amytié en ce monde, elle la treuvera en l'autre, avec perpétuel repos. Vous priant, monsieur mon bon frère, user en ce constamment comme l'on estime de vostre prudence, et, ainsi que l'ay enchargé audict Sr de Balançon vous dire, sera plésir à celluy qui est et veult tousjours demeurer

Vostre bon frère,

CHARLES.

---

[1] Louise de Savoie, veuve du comte d'Angoulême, mourut dans le village de Gretz, en Gâtinais, le 22 septembre 1531, à l'âge de cinquante-quatre ans.

CXXXI.

CHARLES-QUINT

A ÉLÉONORE D'AUTRICHE, REINE DE FRANCE, SA SOEUR.

(Mémoires de Granvelle, II, 50 v°.)

Sans date [septembre ou octobre 1531].

J'ai baillé charge, madame ma bonne seur, au Sr de Balançon, gentilhomme de ma chambre, vous condouloir le trespas de nostre bonne mère, cuy Dieu face mercy, bien saichant le gros deul et regret qu'en avez, comme aussi il m'en déplaict très-fort; mais puisqu'ainsi plaict au Créateur, s'en fault conformer à son sainct vouloir, espérant fermement que comme elle s'est tousjours employée en bas à nourrir paix et repoz en la chrestienté, elle l'aura là-haut éternelle. Vous priant en ce user de vostre accoustumée prudence et de la patience que convient, et avoir tousjours en vostre souvenance celluy qu'est et veult demeurer vostre bon frère.

CHARLES.

CXXXII.

L'EMPEREUR

A SON AMBASSADEUR EN FRANCE.

(Mémoires de Granvelle, II, 51-52.)

Bruxelles, le 21 octobre 1531.

Vénérable, chier et féal : Depuis noz dernières en responce des vostres que nous apporta le sieur de Balançon, gentilhomme de nostre chambre, n'est survenu chose d'importance pour vous escripre, synon que hier receumes lectres du roy nostre frère, ensemble les coppies y joinctes, dont avec cestes vous envoyons les doubles, par où verrez et entendrez comme les cinq quantons chrestiens ont obtenu la victoire[1] contre les neuf[2] quantons desvoyés de notre saincte foy, avec gaing de vingt pièces d'artillerie et prinse de Zwinglius et ses disciples; que certes est nouvelle très-bonne et importante au service de Dieu, exaltation de nostre saincte foy et bien de la république chrestienne, et à nous tant agréable que pouvez penser, et n'avons voulu différer vous en advertir, afin que se en ousyiez parler aultrement en soiez préadverty, et nous faictes sçavoir ce que desdictes nouvelles et particularitez concernans icelles pourrez entendre, usant en ce, et le surplus que verrez empourter à nostre service, de vostre diligence accoustumée. Et au surplus, suyvant ce que nous suppliâtes à vostre partement d'icy et depuis avez escript, pourvoyerons brief de personnaige pour aller résider en vostre lieu. A tant, etc. Escript en Bruxelles, le xxie d'octobre 1531.

Depuis ce que dessus escript, l'ambassadeur du roy très-chrestien résidant icy s'est treuvé devers nous, lequel s'est plainct de ce, comme

[1] A la journée de Cappel, le 11 octobre 1531. — [2] (Huit.)

il disoit, plusieurs tenoient propoz en ceste court touchant l'amytié d'entre nous et ledict sieur roy, disans qu'elle ne seroit si ferme ni stable que l'on pensoit, et qu'il trouvoit telz propoz mauvais, et qui ne se debvroient souffrir. Semblablement que aussi plusieurs parloient et disoient par deçà que ledict S^r roy pourtoit les luthériens, tenoit praticques avec eulx, et les favorisoit contre nous: qu'estoient choses mal dictes et que se debvoient chastier, et que ce qu'il en disoit estoit pour son debvoir et le désir qu'il avoit que toutes choses allassent bien; et que pour l'acquit de sa charge il ne pouvoit délaisser de l'escripre, et toutes choses qu'il entendoit touchans et concernans ledict sieur roy son maistre, duquel il sçavoit l'amytié estre entière et ferme envers nous, et ne doubtoit que ainsi n'estoit de nostre coustel; et quant à favoriser auxdicts luthériens, que ledict sieur roy n'y vouldroit penser, ains plustôt aider à les réduire et chastier.

Sur quoy, quant au premier poinct de l'amytié, et ce que l'on parloit touchant icelle, luy avons respondu qu'il sçavoit que ès cours des princes y a tousjours gens qui parlent assez à la volée et légièrement, et ne se failloit arrester, et que n'avions ouy ny entendu telz propos, car nous ne les vouldrions souffrir s'ilz venoient à nostre congnoissance; et qu'il pouvoit estre asseuré que l'amytié que pourtons audict sieur roy estoit entière et réciproque à celle que confions et ne faisons doubte il nous porte, et ne luy donnerons occasion de penser le contraire. Et quant à l'aultre propos touchant les luthériens, que bien estoit vray qu'en avions ouy dire quelque chose, mesmes d'aucungs Allemans luthériens envoyez en court de France, que l'on disoit avoient esté tost dépeschez et à leur contentement, et s'en estoient retournez bien satisfaictz, comme ilz disoient; aussi que l'on avoit envoyé par deçà la copie de quelques lectres escriptes en lattin par ledict sieur roy ausdicts luthériens, laquelle copie avons veue, mais ne la trouvions sinon honneste et raisonnable, bien qu'il y eût quelques motz leur faisans entendre que ledict sieur roy croyoit et ne faisoit doubte qu'ilz se conduisoient tousjours en leur debvoir, comme leurs prédécesseurs; et eussent bien peu estre lesdicts mots de quelque aultre sorte, leur faisant entendre leurs faultes et desvoyement. Mais quoy qu'il en fût, si ne croyons-nous ny pensons que ledict sieur roy les voulsit pourter, favoriser ne aider contre nous ny aultres princes catholicques; et que quant à tous ces propoz et disées publicques, ne se debvoit prendre pied ne arrester, comme aussi ne faisions, et que se venoit à nostre congnoissance que aucungs de nostre court ou aultres noz subjectz tinssent telz propoz, ne les vouldrions souffrir, ains aigrement chastier et pugnir. Et sur ce s'est retiré ledict ambassadeur; et pour ce que par adventure le roy ou aultres de sa court vous pourroient parler de ce propoz, vous avons bien voulsu escripre ce que dessus, afin qu'en respondez en conformité, et en usez selon que de vostre prudence et discrétion confions; et de ce que en entendrez, nous advertirez.

CXXXIII.

L'EMPEREUR

A SON AMBASSADEUR EN FRANCE.

(Mémoires de Granvelle, II, 52-53.)

Bruxelles, 2 novembre 1531.

Vénérable, chier et féal : Nous avons receu voz lectres, et nous a esté plésir d'entendre le contentement que le roy très-chrestien, nostre très-chier et bon frère, a eu que l'ayons adverty de la prorogacion et translation de la diète impériale confidamment, et selon l'exigence de l'amytié d'entre nous, et aussi qu'en ceste conformité et correspondance que désirons singulièrement observer il vous ayt dict, pour nous faire sçavoir, comme est passé la première deffaicte qu'ont receu les quantons des lighes desvoyez de nostre saincte foy des cinq persévérens en icelle, dont le mercierez bien fort de nostre part, et luy direz que nous avons eu nouvelles d'une aultre seconde victoire eue par lesdicts cinq quantons contre les aultres[1], mais que nous n'avons encoirres entendu les particularitez, et que, comme qu'il soit, il nous desplaît très-fort de ce débat estant entre chrestiens et pour l'affaire de nostre saincte foy, et que lesdicts desvoyez, non contens de leur erreur, y vueillent attirer violentement et par force les aultres et soient si obstinez. En quoy s'ilz vueillent persévérer, et il se tolléroit, seroit chose de pernicieuse conséquence et inconvénient que pourroit succéder, sans y obvier par temps, irréparable non-seulement aux voisins, mais par toute la chrestienté, comme ne faisons doubte que nostre très-chier et bon frère, par sa grande prudence, le peult considérer et entendre. Et pour estre l'affaire en ceste considération et qualité, et que ne faisons doubte qu'il luy poise[2] de ceste motion, violence et partinacité desdicts desvoyez, et entend assez combien il empourte à la deffension de nostre saincte foy, et obvier à ladicte conséquence, et que ne vouldrions riens faire ne mouvoir en ce ny aultres choses de qualité importante sans participation, luy direz que si ce débat continue et passe plus avant entre les susdicts, qu'il nous semble il nous y pourroit estre, et envers Dieu et le monde, imputé et à tous bons princes chrestiens et catholicques de délaisser oppresser et suppéditer lesdicts cinq quantons à la seule cause et manifestence de nostre saincte foy, et que de nostre part ne pourrons délaisser les secourir pour l'instant et à l'advenant du besoing seulement; confiant qu'il considérera combien il est raisonnable pour nostre debvoir et acquit, et de son coustel ne deffauldra de faire le semblable, et qu'il nous fera gros plésir de sur ce nous advertir de ce qu'il en délibérera et entendra faire, selon que requiert nostre amytié, en quoy ne deffauldrons jamais de bon cueur tousjours sincèrement entendre avec luy ou bien de la république chrestienne, comme deffenseur d'icelle. A tant..... De Bruxelles, le IIe de novembre 1531.

[1] Affaire du Goubel, le 23 octobre 1531. — [2] Peser, être à charge.

CXXXIV.

L'EMPEREUR

A SON AMBASSADEUR EN FRANCE.

(Mémoires de Granvelle, II, 53.)

Bruxelles, 3 novembre 1531.

Vénérable, etc. Les lectres que nous escripvons avec ceste sont dressées de sorte que les pourrez, par forme de confidence, monstrer au roy, et si besoing faict au grand-maistre de France, évitant sur ce de bailler aucung escript se avant qu'il sera possible, et aurez bon regard aux termes et propoz que ledict sieur roy vous tiendra sur le contenu èsdictes lectres, ensemble la démonstration qu'il en fera; et à ceste fin sercherez l'opportunité et le plus tôt que pourrez avant d'en faire semblant à aultre quelconque, tenant à très-agréable service ce qu'avez escript au sieur de Granvelle, de ce qu'avez peu appercepvoir de la volunté et inclination dudict sieur roy, en parlant du différend des Suysses.

Nous avons eu nouvelles que le sieur de Humères soit à Péronne avec monsieur de Hiverny[1], pour le réachat des terres transpourtées, qu'avons treuvé petite occasion pour ledict sieur de Humères, sans aultre charge[2], dont toutesfois l'ambassadeur de France ne nous a faict semblant, ne aussi avons-nous démonstré en estre plus curieulx, et en userez en ceste sorte, si ne trouvez par quelque bon moyen la conjuncture sans scrupule de vous en assentir.

Vous nous avez aussi faict service agréable nous advertir du surplus des nouvelles contenues en vosdictes lectres, aussi la diligence faicte vers le docteur Moscoso, et quant au surplus qu'avez escript

---

[1] Chiverny.   [2] Lacune.

audict sieur de Granvelle; en quoy a esté pourveu, comme de luy entendrez; et quant à vostre révocation, l'on est après pour y bailler ordre et pourvoyr d'aultre suyvant ce qu'en avez escript. Vous recomandant tousjours nous faire sçavoir le succès de toute chose le plus tôt que possible vous sera. De Bruxelles, le IIIe de novembre 1531.

CXXXV.

L'EMPEREUR

A SON AMBASSADEUR EN FRANCE.

(Mémoires de Granvelle, II, 53-54.)

Bruxelles, 16 novembre 1531.

Vénérable, etc. Par vos lectres du VIIe avons entendu ce que vous a dict et respondu nostre très-chier et bon frère, le roy très-chrestien, sur ce que vous avyons escript quant au secours des quantons catholicques, et nous est très-grand et singulier plésir que nostredict très-chier frère prent si bien et de bonne part ce que confidemment luy faisons entendre des choses concernans la république chrestienne et commungs affaires d'icelle, et qu'il en respond si plainement et ouvertement, que nous est et sera pour tousjours tant plus d'occasion et moyen de, selon que ce a esté tousjours nostre intention et désir, et en tout ce que touchera et tiendra audict commung bien et affaires publicques de la chrestienté, l'en advertir sincèrement, conforme au debvoir de nostre amytié, affinité et attenance; par-dessus ce qu'il est plus que raison que estant préhéminant et le premier et plus puissant roy, et tenant tiltre de très-chrestien, que le tout ce face avec son intervention, participation et assentement. Et voyant que le débat d'entre lesdicts cinq quantons catholicques et les aultres desvoyez est tant important, et l'affaire desdicts cinq quantons tant juste, favorable et pitoyable, et la nécessité si instante, et insolence, violence et obstination desdicts desvoyez tant déraisonnable, inicque et dampnable, avons, avec la confidence et volunté susdicte, advisé d'escripre à nostredict bon frère les lectres que vous envoyons avec ceste de crédence, que sera en effet telle que s'ensuyt :

Que à la vérité nous congnoissons que son intention et affection à l'appoinctement et pacisfication dudict débat entre lesdicts des lighes catholicques et desvoyez est très-bonne, et que luy et nous debvons obvyer à tous discordz d'entre les princes, potentats, communaultez et indifféremment en toute la chrestienté, et par tous moyens la tenir en union, paix, repos et tranquillité pour l'honneur de Dieu, selon les lieux que et luy et nous tenons en icelle, le debvoir et exigence de la charité chrestienne, soubstènement et deffence de nostre saincte foy, et pour tant mieulx pouvoir obvier à l'insolence du Turcq et à la réprimer; et nous a bien semblé, et faict encoires, que, sans s'arrester aux choses mal passées du cousté desdics desvoyez, ce seroit le plus convenable que ledict appoinctement se peust faire, et certes le désirerions, réduisant lesdicts desvoyez à nostre saincte foy, ou du moings avec l'asseurence desdicts cinq quantons et aultres voisins catholicques, telle que la chose requiert, quant à riens mouvoir ny recommencer contre eulx, pour raison de l'observance de nostre saincte foy; car aultrement seroit chose pernicieuse, damnable, infidèle, et d'inconvénient que succéderoit irréparable, de procurer, consentir ou encoires permectre ou dissimuler que l'appoinctement se fit sans ladicte seurté. Mais si enfin lesdicts quantons desvoyez de nostredicte saincte foy persévèrent en leur obstination et déraison susdictes, comme l'on peult conjecturer et appercepvoir qu'ilz feront, selon les termes qu'ilz tiengnent, certes sera imputé à très-grande charge de conscience pour tousjours à nous et aultres princes et indifféremment à tous bons catholicques, si délaissons ainsi du tout opprimer et succomber lesdicts cinq quantons, manifestement pour la deffence et soubstènement de nostredicte saincte foy et religion chrestienne, que, comme nous escripvez, ne faisons doubte que ledict sieur roy très-chrestien entend et poise assez, et qu'il luy déplaict extrêmement de la malheurté[1] des aultres.

Aussi entendons-nous bien qu'il y a eu considération et cause en l'endroit dudict sieur roy, avec ce que concerne la raison de nostredicte saincte foy et commune paix, de s'employer à l'appaisement et pacisfication dudict débat, et de s'en estre meslé comme il a faict, à raison de l'alliance particulière qu'il a avec tous lesdicts quantons, à laquelle ne vouldrions que en façon du monde il contrevînt; mais enfin s'estant mis nostre bon frère en tel et si grand debvoir comme il a, et continuant ladicte obstination, semble que par tout bon droit, raison et équité, voire et en conscience, non-seulement il n'est tenu d'ayder lesdicts quantons desvoyez, mais par la mesme alliance est tenu assister lesdicts cinq quantons, ou du moings estre neutral; et oultre ce, en tous advénemens estans question de nostre saincte foy, est tout certain qu'il n'y a alliance quelconque que doige estre en considération, pour empescher que ledict sieur roy ne puisse ayder, subvenir et secourir ceulx qui souffrent et se retreuvent en nécessité pour le soubstènement et deffence d'icelle.

Toutesfois, si semble audict sieur roy le plus expédient de soy tenir neutral, nous ne le voulons requérir plus avant quant à soy déclairer contre lesdicts quantons desvoyez; seulement le prions-nous très-affectueusement vouloir bien prendre que, en cas de ladicte obstination d'iceulx quantons desvoyez, le roy des Romains nostre frère et nous, assistions à la deffence desdicts cinq quantons, selon que la nécessité le requerra, et non plus; et que oudict cas il ne vueille au contraire, directement ou indirectement, assister lesdicts desvoyez en cestuy débat de la foy, l'asseurant, de la part de nostredict frère et nous, que ceste nostre assistence ne passera plus oultre que quant à la deffence de ce que concernera nostre saincte foy, et en tout et partout aurons considération de luy et respect de, tacitement ou expressément, [ne] faire traicter ne consentir chose quelconque à son

[1] Malice.

préjudice, soit quant à ladicte alliance qu'il a avec lesdicts des lighes, généralement ou particulièrement en façon du monde; et aussi luy promectrez de nostre part que de tout ce qu'il vous déclarera concernant cestuy affaire, la chose ne passera plus oultre de nostredict frère et nous, et que nous prendrons le tout en la meilleur part, avec le debvoir et obligation de la vraye et parfaicte amytié d'entre nous, et que de nostre part demeurera tousjours indissoluble, comme fermement croyons de son coustel. Vous remectant de, en ce que dessus, user de la discrétion et modestie que l'affaire requiert, et que le tout soit dict et exposé audict sieur roy plainement et en toute confidence, affin qu'il congnoisse et entende comme nous appellons Dieu en tesmoignaige, que la seule instante nécessité du secours desdicts cinq quantons, pitié et compassion d'eux, et descharge de conscience nous esmeut à ce que dessus, sans regard quelconque de nostre particulier, ny d'en faire en façon du monde nostre proffit ou commodité de noz affaires, ny ceulx de nostredict frère, ny que de ceste nostre réquisition, et la response, quelle que nostredict bon frère la vouldra faire, en faire semblant comme dessus, non plus qu'il vouldra, ny nous en vouloir justisfier ou la prendre à notre advantaige, pour luy préjudicer en façon que ce soit : persistant par vous qu'en puissions avoir responce le plus tôt que sera possible; car encoirres que l'affaire requiert célérité, si n'avons-nous y riens voulsu déterminer ny faire sans la participation dudict sieur roy. De Bruxelles, le xvie de novembre 1531.

CXXXVI.

L'EMPEREUR

A SON AMBASSADEUR EN FRANCE.

(Mémoires de Granvelle, II, 55-56.)

Bruxelles, 21 novembre 1531.

Vénérable, etc. Nous avons receu voz lectres du XVIIe de ce mois, contenans ce que la royne, madame nostre meilleur seur, et aussi le grand-maistre de France, vous ont dict d'aucunes difficultez que se faisoient de nostre part, touchant le réachat des terres à nous transpourtées suyvant le traicté de Cambray, plus oultre de ce qu'avoit esté accordé par feue madame nostre bonne tante, que Dieu ayt, en recepvant lesdictes terres, laquelle avoit délaissé de la rente convenue, à laquelle se debvoient monter lesdictes terres, XV^c escuz annuellement, à quoy certes nous n'entendismes oncques contrevenir, ny jamais en avons baillé commission à nosdicts députez, ny par leurs lectres avons veu qu'ilz en aient faict difficulté quelconque, et ne pensons qu'ilz s'y soient arrectez, puisque la loy et instruction leur a été envoyé d'icy. Bien est vray qu'il avoit esté mis avant, en faisant ce premier réachat, que l'on deut joinctement payer le prix de la moitié du réachat desdicts XV cents escuz, et non plus, dont il n'y a rente assignée, ny dont jouyssons, et selon que, en soy dépourtant [de] ladicte rente, fut convenu, qu'estoit conforme à raison, et ne l'avoit dennyé le commissaire Hellin parlant sur ce à nostre trésorier; et néantmoings sumes esté contentz de non nous y arrester pour maintenant, ains le remectre au second réachat, et plainement consentir au roy son désir de recouvrer en premier lieu les terres

Vendosmes, que sont les meilleurs et plus importantes, avec la terre d'Avrincourt, seulement pour ledict premier réachat, jà çoit que ne soit pour parfurnir la moitié du prix desdictes terres transportées, à quoy ne nous sumes voulu arrester; et avec ce prendre paiement en toute espèce d'or et monnoie, et mesmes les escuz, combien qu'ilz ne soient de poix et alloy non seulement convenu par le traicté de Cambray, qu'est l'ordinaire selon lequel il doit estre forgé, mais encoires ne sont telz qu'ilz peullent estre passables et de mise par deçà; et généralement ce que sumes esté requis de la part dudict S^r roy, nostre très-chier frère, par ses ambassadeurs et députez pour ledict réachat, y avons très-voluntiers encliné à leur contentement, et faict et reffaict par plusieurs fois nostre povoir sur nosdicts députez, à l'appétit des gens dudict S^r roy, ne s'estant contenté de celluy que par cy-devant ilz avoient agréable. Et de toutes particularitez concernans ledict réachat avons incontinent à leur réquisition faict faire les dépesches qu'ilz ont désiré, de manière que ne pouvons penser leur avoir délaissé occasion quelconque de soy plaindre ne rescentir de choses qui soit passée en cest endroit, ny aussi pouvons entendre, du moings avec occasion raisonnable, qu'ilz en aient faict aultre rapport audict S^r roy; dont bien vous avons voulu particulièrement respondre, pour en satisfaire à ladicte royne nostre seur et audict S^r grand-maistre, et les pouvez asseurer que ne vouldrions délaisser raisonnable sentement audict S^r roy; et si vous semble besoing, et avec l'advis de nostredicte seur et dudict S^r grand-maistre, en pourrez parler audict S^r roy.

Le Sr de la Pomeraye est arrivé ici, auquel n'avons encoirres parlé; de ce qu'entendrons de luy vous advertirons, et ce pendant n'avons voulu différer vous advertir de ce que dessus. Escript en Bruxelles, le xxi de novembre 1531.

CXXXVII.

L'EMPEREUR

A SON AMBASSADEUR EN FRANCE.

(Mémoires de Granvelle, II, 56-59.)

Sans date [fin de novembre 1531].

Vénérable, chier et féal : Nous receusmes sur nostre partement de Bruxelles vos lectres du xxII^e de ce mois, tant en cler que en ziffre, et nous a esté plésir entendre le contenu, et le debvoir par vous faict, conforme à ce que vous avyons chargé et escript pour sçavoir l'intention du roy très-chrestien, nostre très-chier et bon frère, et selon la responce qu'il vous en a faict, ne sera besoing que retournez à luy reprendre le différend d'entre ceulx des lighes; et si ledict sieur roy ou aultre vous en parle, tiendrez pour fondement que nous vouldrions bien l'appointement entre eulx, moiennant que ce fût au bien de nostre saincte foy et sans préjudice d'icelle, et que c'est la cause que nous a meu faire parler audict sieur roy touchant l'assistence des cinq quantons persévérans en icelle, et seulement pour le besoing et nécessité de leur deffense et non plus oultre ; et nous arrestons à la responce que ledict sieur roy vous en a faicte que nous semble convenable, de non empescher ladicte deffence, si elle est de besoing, ny soy mesler au contraire, et que il peut estre bien asseuré que ny en ce, ny aultre chose concernant lesdicts des lighes, ne ferons, procurerons, ne consentirons chose à son préjudice, comme aussi confions en sadicte responce qu'il ne baillera assistence aux desvoyez de nostre saincte foy, pour opprimer les aultres au contraire dudict secours; sans vous élargir plus oultre, ny bailler à entendre audict sieur roy ou aultre de sa court que entendrons encoirres audict secours, ny que soyons déterminé de le faire, sans veoir plus grande et inévitable nécessité, et en ce cas, avec le moyen de intervention de nostre sainct-père; et aussi s'il vous estoit parlé de l'allée du secrétaire Cornelius Sceperus devers lesdicts cinq quantons, l'asseurerez aussi que ce n'est à aultre fin que la susdicte, et d'obvier qu'ilz ne consentent à traicté préjudiciable à nostredicte foy, et entendre leur nécessité, pour faire selon icelle et avec charge spéciale de, en tout et partout, avoir bon respect à ce que convient au debvoir de l'amytié d'entre ledict sieur roy et nous, sans faire, dire ny consentir chose quil puist entendre au préjudice dudict sieur roy.

Aussi nous avez faict plésir de nous advertir des nouvelles et occurrans ou quartier où vous estes, par vos susdictes et aussi par celles du xxviiie du mois passé, vous requérant tousjours enquérir songneusement de tout ce qu'en pourrez entendre pour le nous escripre, et ce qu'en trouverez et vous en semblera, et nous prendrons le tout en acquit de vostre charge, et de l'entière affection que sçavons avez à nostre service.

Nous tenons que le sieur de la Pomeraye soit desjà de retour par delà, lequel print congé de nous en l'instant de nostre partement pour venir en ce lieu, et tenons qu'il aura faict bon rapport audict sieur roy, son maistre, de nostre intention et affection à la conservation de l'amytié d'entre nous, et mesmes d'aucungs poinctz dont, comme il nous a dict, il luy sembloit que ledict sieur pouvoit avoir occasion de sentement, desquelz, en tout advénement, nous a semblé bon vous advertir pour, se besoing est, vous en conformer à nostre responce et à nostre justification et excuse, selon que verrez estre besoing.

Il nous dit, entre aultres choses, que aucungs de noz ministres avoient chargé ledict sieur roy, envers ceulx de l'empire et nation germanique, d'empescher le concille et favoriser aux desvoyez de la foy, et tenir main envers le Turcq pour venir en la chrestienté, mesmes du coustel de ladicte Germanye; sur quoy luy respondismes en effect que, quant audict concille, nous ne luy en avions jamais riens imputé particulièrement, ny oncques fut personne de nostre part ayant charge de l'en blasmer où que ce fût; mais bien luy voulions-nous premièrement dire comme la nécessité dudict concille est tant grande et évidente, que l'on imputera, et au pape, nous, le roy des Romains, audict S^r roy et généralement à tous les princes et potentatz chrestiens respectivement, selon la qualité et dignité d'ung chacun, la faulte d'icelluy, pour estre l'inconvénient advenu, sans remède, de nostre temps. Aussi que jamais parsonne de part nous a eu charge de luy imputer, où que ce soit, de favoriser lesdicts desvoiez, et mesmes que nous avions veu lectres qu'il avoit escript cy-devant à aucungs desdicts desvoiez, que n'avions trouvé que toutes bonnes, réservé qu'elles contenoient grande confidence en l'endroit desdicts desvoiez, de non faire chose que bons catholicques ne deussent faire; que se pouvoit délaisser, vu [qu']il apparissoit tant évidamment de leur erreur et obstination en icelle. Aussi luy asseurasmes-nous, comme la vérité est, que quant au Turcq, nous ne l'avons dit ne faict dire, comme aussi ne vouldrions faire.

En oultre il nous dit que noz ambassadeurs et agens estans à Rome avoient de nostre part empesché formellement le mariage d'entre le duc d'Orléans et la niepce de nostre sainct-père[1], que nous luy desniasmes aussy pour la vérité, et que par le contraire nous avyons escript et faict dire au pape par nosdicts ambassadeurs, et semblablement dict au légat estant en nostre court, et oultres nous en ayant parlé de par sa saincteté, que non-seulement ne vouldrions empescher ledict mariage, mais nous y employer avec gros plésir qu'il se fît, pour le bien des affaires publicques de la chrestienté et plus grande asseurance de l'amytié d'entre nostredict sainct-père, le S^r roy et nous, et pour tant mieulx et en plus grande confidence entendre aux affaires de la chrestienté.

Davantaige dit-il que nous avyons adverty le pape des propoz tenuz de la veue dudict S^r roy et nous, et que comme s'estoit

---

[1] Ce mariage avec Catherine, fille de Laurent de Médicis, duc d'Urbin, ne fut consommé qu'en 1533. La princesse était née en 1519.

chose provenue de sincère amytié que n'avoit esté besoing le faire,
pour mectre ledict Sʳ roy en suspicion envers ses amys, et que les
lectres qu'en avions escript de nostre main audict sainct-père faisoient
mention qu'il requéroit ladicte veue; sur quoy luy fut respondu que
vray estoit qu'avions escript touchant ladicte veue, mais non point
que ledict Sʳ roy la requît, sinon que la royne de France, madame nostre meilleur seur, en avoit escript par son premier escuyer
d'escuyerie, lequel nous en avoit pourté propos en présence de l'ambassadeur dudict Sʳ roy, et nous sembloit que ce n'estoit que bonne
œuvre, et dont par raison et honnesteté, et selon la commune amytié d'entre nous avec le sainct-père, estoit bien raisonnable que sa
saincteté en fût advertie, supposant bien que ledict Sʳ roy feroit
le semblable; mais que s'il y avoit considération de sentement[1], le
pourrions avoir de ce que dois l'instant du partement dudict premier
escuyer pour venir devers nous, ou encoires paravant sondict partement, aucungs ambassadeurs estans en court de France en avoient
esté advertiz expressément par aucungs des principaulx de la court
et du conseil secret dudict roy, les asseurant que quoyque nous
désirissions ladicte veue et la pourchachissions, le roy n'y estoit enclin, ny s'y vouldroit condescendre sans le consentement et sceu de
leurs maistres, ses amys et allyez; de manière que les nouvelles en
furent quasi aussitost à Venise que ledict premier escuyer vint devers nous. L'on ne luy voulsit sur ce dire que l'évesque de Bayonne
dit en Angleterre à nostre ambassadeur y résidant, que le roy son
maistre n'auroit jamais pensé à ladicte veue, et que ledict Sʳ roy fut
bien esbahy quant le sieur de Balançon avoit esté pour ce en France;
et aussy que la royne avoit désavouhé ce que l'on disoit qu'elle en
eust faict parler, dont la chose estoit tournée en mocquerie; et
enfin quant ledict sieur de la Pomeraye vit la responce telle, dit que
en tout advénement n'estoit point de besoing d'avoir escript expressément, que, en faisant ladicte veue, l'on ne toucheroit rien aux choses
traictées cy-devant, qu'a esté assez facile d'excuser, ayant regard que

[1] Ressentiment.

c'estoit chose plus que raisonnable d'ainsi le supposer et en asseurer, pour éviter tout scrupule et en l'endroit dudict S^r roy et nous.

Davantaige il dit que nous avyons pourchassé et pourchassions journellement de faire nouveaulx traictez et intelligences avec les Anglois; et combien que l'on eust peu dissimuler de respondre sur ce poinct, pour tenir la chose en doubte, néantmoings luy fut respondu en sincérité de bonne amytié, que jamais n'avons faict tenir propos, en ce coustel-là, de traicté quelconque dois celluy de Cambray, faict procurer ne tenir propos d'aultre capitulation, ny aultre intelligence quelconque, ne porté parole ou sollicité chose pouvant concerner le préjudice dudict S^r roy, directement ne indirectement, tacitement ne expressément; ains en tout et partout avons eu respect et considération de luy, comme de nostre bon frère, allié et meilleur amy.

Il nous parla aussi et à aultres de nostre court touchant les duché de Milan et conté d'Ast, et a dit ouvertement que ledict S^r roy avoit occasion d'en estre mal content, et que mieulx fut esté de retenir lesdictes pièces pour nous, ou les bailler à la royne nostredicte seur; sur quoy lui a esté respondu que ce qu'en a esté faict a esté pour la pacisfication de l'Italie et commune paix de la chrestienté, et afin que l'on congneut que nostre intention n'estoit aultre que du commung bien, et point pour nostre prosfit particulier; et que ledict S^r roy, par tous les traictez, y avoit renuncé sans en démonstrer sentement quelconque; voyres avoient dit, et l'admiral[1] et aultres venuz devers nous de la part dudict S^r roy, que non-seulement ne les désiroit, ains que s'estoit très-grand contentement à son royaume qu'il en fût quicte et riens plus avoir affaire en l'Ytalie; et que puisque, comme il est bien évident, ce a esté le moyen de la pacisfication de ladicte Italie, de délaisser ledict duché de Milan à celluy qui le tient, il semble que ledict S^r roy n'en peult avoir occasion de regret ne mescontentement, ny aussi de ladicte conté d'Ast, que ne pouvyons [luy] remectre en main, dont ledict S^r roy, par raison, deut

---

[1] Bryon-Chabot.

avoir plus de contentement, pour estre la considération de son coustel et nostre envers les duc et duchesse de Savoye, comme égale de parentaige et alliance.

Aussy a-il, en plusieurs ses propos, dict que puisque ledict roy son maistre avoit esté suppédité, et qu'avions eu nostre désir, et terres et argent de luy, que nous debvions avancer et sercher moien de luy faire quelque bon plésir. Sur quoy a esté respondu que nostre volunté y est et sera tousjours, et mais que nous fussions adverty de chose que convenablement puissions faire, il n'y trouvera faulte. Il est vray qu'il nous a semblé que tous les propos dudict de la Pomeraye tendoient audict duché de Milan, et pour non estre chose faisable ny raisonnablement possible, nous en sommes démeslé sans presser plus expressément d'enquérir quel plésir il requéroit.

En tout vous réglerez et conformerez à ce que dessus. A tant, etc.

CXXXVIII.

L'EMPEREUR

A SIMON DE TISNACQ.

(Mémoires de Granvelle, II, 61.)

Bruxelles, 6 janvier 1531, V. S.

Instruction à vous, nostre chier et féal, messire Simon de Tisnacq, gouverneur de Cambray, de ce qu'avez à faire et procurer en la court de France, où présentement vous envoyons.

Premièrement vous addresserez à nostre ambassadeur résidant en ladicte court, et luy présenterez les lectres que luy escripvons, par vous veues, par lesquelles il entendra la cause de vostre envoy, et ce que désirons et entendons estre faict, remonstré et poursuy en faveur et considération de la signorie de Gennes, et pour persuader audict S\u02b3 roy très-chrestien, et ceulx de son conseil, comme ilz sont comprinz ès traictez de Cambray et Madril, et doivent jouyr du bénéfice de la paix d'entre ledict S\u02b3 roy et nous, tant comme deppendans du sainct empire que comme alliez, et par tous lesdicts deux moyens comprins, selon que plus amplement est contenu èsdictes lectres que serviront d'information et instruction à nostredict ambassadeur et vous.

Vous userez des lectres de crédence que pourtez, tant audict sieur roy, nostre très-chière et meilleur seur, la royne de France, et aultres sieurs dudict conseil, comme adviserez ensemble ledict ambassadeur et vous, et tant avec icelluy ambassadeur que particulièrement, selon que de luy entendrez la desposition et meilleur moien au bien de ladicte seignorie de Gennes, et que treuverez par l'advis de nostredict ambassadeur et verrez convenir au bénéfice desdicts de Gennes, userez des recommandations, persuasions et remontrances servans audict affaire, afin que ledict S\u02b3 roy les délaisse paisibles, conforme audict traicté de paix, remédie les choses mal passées, et ne leur face généralement ou particulièrement aucung moleste ; le tout selon le contenu en ladicte lectre de nostredict ambassadeur.

Et [après] avoir exploicté vostredicte charge, et eu responce d'icelle, nous advertirez de vostre besoingné le plus tôt que convenablement pourrez, et de tout ce que trouverez en l'endroit dudict sieur roy touchant ladicte seignorie de Gennes, manans et habitans en icelle, afin de les advertir de vostre besoingné, et qu'ilz saichent ce qu'ilz auront à faire ; et ayant faict ce que dessus, vous en pourrez retourner, remectant le surplus à nostredict ambassadeur, conforme à ce que luy escripvons. Faict en Bruxelles, le ·vi\u1d49 jour de janvier, l'an 1531.

CXXXIX.

L'EMPEREUR

A SON AMBASSADEUR EN FRANCE.

(Mémoires de Granvelle, II, 62-63.)

Bruxelles, 8 janvier 1531, V. S.

Vénérable, chier et féal : Oultre ce que la seignorie de Gennes nous a faict cy-devant plusieurs remonstrances et plaintes des tortz et griefz qu'ont esté faiz en France et de ce cousté-là à ceulx de ladicte seignorie, marchans et aultres, depuis le traicté de Cambray et paix jurée et publiée, leur empeschant le commerce et hantise dudict France, par divers vyolans et rudes moiens, ladicte seignorie nous a dernièrement escript et faict remonstrer par son ambassadeur résident devers nous, comme naguières l'on a procédé, du coustel dudict France, par voye de faict et manière d'hostilité à l'encontre desdicts marchanz et gens dudict Gennes, mesmement au quartier de la mer dudict Gennes, selon que verrez par le mémoire que sur ce nous a baillé ledict ambassadeur, nous requérant vouloir tenir main et adviser devers le roy très-chrestien, nostre très-chier et bon frère, qu'il les délaisse paisiblement joyr et user du bénéfice dudict traité de paix, confirmatif à celluy de Madril, dans lesquelz tous deux ils sont comprins, tant comme deppendant du sainct empire que comme alliez, selon qu'il peult clérement apparoistre par lesdicts traictez, dont vous avons cy-devant assez touché et informé, particulièrement des lieux et passaiges d'iceulx traictez servans à ce; qu'ayant égard auxdicts traictez de paix, et selon l'asseurance que tousjours leurs avons donné de leur compréhension esdicts traictez, et la considération que debvons avoir à ladicte seignorie, tant à cause du sainct empire que pour raison des traictez faiz entre nous et eulx, et pour regard de la quiétude et pacisfication de l'Ytalie, et bien de la républicque chrestienne, vuillons embrasser leurs affaires, et tenir main devers ledict S^r roy que, conforme à raison et équité, et pour les considérations avant dictes, ledict S^r roy face cesser et réparer toutes violances faictes et usées en l'endroit de ladicte seignorie de Gennes, et les délaisser désormais joyr du bénéfice de ladicte paix, et qu'il leur soit loisible, ensuyvant icelle, hanter et commercer plainement et paisiblement en leurs marchandises et aultres négociations, tant de mer que de terre.

D'aultre part noz subjectz d'Espaigne se sont doluz et plaingnent très-fort que, soubz couleur et considération de sercher lesdicts Génevois, leurs marchandises et biens, les François ont usé de force en mer à l'encontre des basteaux de nosdicts subjectz, les arrestant, détenant et empeschant, voire serchant lesdicts basteaux violentement et les surprenant despourveuz, souz confidence du benéfice de la paix, dont iceulx nosdicts subjectz ont receu perte et dommaige; nous suppliant les en vouloir faire réparer, et pourveoir pour l'advenir selon l'exigence de l'affaire, et les advertir comment ilz se debvront conduire.

Et pour ce que la chose est d'importance et nous touche grandement, tant en l'endroit desdicts Génevois, à la vérité comprins èsdicts traictez, et comme deppendans du sainct empire, et comme alliez et confédérez, selon que évidamment peult apparoir par iceulx traictez, et aussi au regard de nosdicts subjectz d'Espaigne, et que, comme qu'il soit, il ne peut convenir à la bonne observance de ladicte paix, ny à l'amytié d'entre ledict S^r roy et nous, et à l'honnesteté, raison et équité dont se doibt user entre nous, et que ne pouvons croire que cela procède du sien et moings de la volunté dudict S^r roy et ceulx de son conseil, avons advisé de dépescher expressément le gouverneur de Cambray, messire Simon Tisnach, avec lectres de crédence sur vous et luy, pour remonstrer et bailler bien à entendre audict S^r roy tout ce que dessus, afin qu'il vueille pourveoir et bailler ordre sur ce que lesdicts de Gennes requièrent conforme auxdicts traictez;

et aussi en l'endroit de mesdicts subjectz d'Espaigne, selon le debvoir de nostre bonne et sincère amitié, et qu'il vueille considérer que s'est chose qui nous empourte par raison de en requérir et y tenir la main, et que ne peult à bien convenir, non-seulement aux traictez et paix d'entre nous, et au bien et commodité dudict S^r roy, son royaume et subjectz, mais aussi à la tranquillité de la républicque chrestienne; qu'est chose que nous croyons fermement que nostredict frère veult préférer à toutes aultres, par sa grande vertu, magnanimité et bon zèle au bien commung de ladicte chrestienté, en laquelle, mesme en ce temps, toutes contentions et discordz doibvent estre plus odieux et reboutez que jamais; adjoustant au bon effect de ce que dessus, et à la faveur desdicts Génevois, et persuasion du bon effect de leur juste poursuitte, tout ce que verrez convenir; baillant bien à entendre audict S^r roy ce que la chose nous touche et empourte, et que, oultre l'obligation dudict S^r roy pour l'observance desdicts traictez, il nous fera en ce chose très-agréable.

Vous adviserez le meilleur moien de faire présenter par ledict messire Simon Tisnach les lectres qu'escripvons par luy en crédence à ladicte royne, aussi au cardinal de Sens, chancellier de France[1], et à monsieur le grand-maistre[2], avec les moyens, propoz et remonstrances duisans en l'endroit d'un chacung respectivement, pour les induire au bon effect et expédition de cestuy affaire, et afin que, s'il est possible, il se puisse faire ung bon dépesche et dresser provision et remède tel que ledict affaire requiert.

Sy toutesfois enfin, toutes remonstrances et persuasions ne peullent ayder pour avoir déclaration de la volunté dudict S^r roy, et tenir comprins lesdicts de Gennes en ladicte paix et joyr d'icelle comm'ilz doibvent, vous aurez regard de mectre et entretenir la chose ès meilleurs et plus convenables termes et en la plus grande faveur desdicts Génevois que possible sera, nous advertissant au surplus bien au long de vostre besongné quant audict affaire, ensemble de toutes consi-

[1] Antoine Duprat, qui était revêtu de ces deux dignités.

[2] Anne de Montmorency, en même temps connétable de France.

DU CARDINAL DE GRANVELLE. 601

dérations et circonstances d'icelluy, afin de, au surplus, avec la participation et advis desdicts de Gennes, y faire ce que l'on verra pour le mieulx à leur pacisfication, quiétude et tranquillité; et ce faict, s'en pourra retourner ledict Tisnach, vous délaissant au surplus l'affaire en charge, pour y faire de temps et instant à aultre tout ce que verrez pouvoir servir à l'effect susdict, en attendant la venue de vostre successeur que partira dans briefs jours, auquel aussi enchargerons cestuy affaire, pour le reprendre en voz erres et y faire tout ce que y trouvera au propoz d'icelluy. A tant, etc. Escript en Bruxelles, le viii de janvier 1531.

CXL.

CHARLES-QUINT

AU SIEUR DE BALANÇON.

(Apologie de Charles-Quint, 354 358.)

Ratisbonne, 3 avril 1532.

Instruction à vous nostre amé et féal chambellan et second sommelier de corps, le Sr de Balançon, de ce qu'aurez à faire, dire, remonstrer et requérir en la charge pour laquelle vous envoyons devers le roy très-chrestien, nostre très-chier et bon frère.

Premièrement vous adresserez au Sr de Likerke, nostre ambassadeur ordinaire résident devers ledict S^r roy nostre frère, luy communiquerez toute vostre charge, et, avec la participacion de nostredict ambassadeur, userez en tout comme par ensemble adviserez et congnoistrez estre le mieulx.

Vous présenterez audict S^r roy, nostre très-chier et bon frère, les lectres que luy escripvons en vostre créance, pour laquelle luy direz que nous présupposons qui soit adverty des nouvelles qui se continuent touchant la venue du Turcq, et mesmes de part nostre sainct-père le pape, dont nous sommes confié en sa sanctité, pour estre chose convenable à la dignité et auctorité suprême qui tient en la républicque chrestienne, et afin que, avec son intervencion, la deffence et résistance audict commung ennemy procède, se dresse et face comm'il appartient. Mais que nous, voyant la continuacion de ceste nouvelle, tant du coustel d'Ytalie que de deçà, pour aussi non desfaillyr de nostre part en ce que debvons à ladicte républicque chrestienne, et à l'observance de la syncère, parfaite et indissoluble fraternité, amytié et alliance d'entre ledict S^r roy et nous, et que n'entendons riens faire et entreprendre, mesmes concernant le bien publicque et commung de chrestienté, sans son advis et participacion, et avoir le respect envers luy que convient à la prohéminance, dignité royale et tiltre de très-chrestien que, outre tous les aultres princes, il tient, vous avons dépesché et expressément envoyé devers luy, pour entièrement luy dire et déclairer nostre intencion à vouloir nous employer, de tout nostre pouvoir, en tout ce que verrions convenir et sera trouvé faisable et possible pour ladicte deffence et résistance contre ledict Turcq.

Et que ayant entendu comme icelluy Turcq appreste deux armées, l'une de mer et l'aultre de terre, en voulenté d'envoyer, comme lesdictes nouvelles en sont, en ceste primevère, celle de mer du coustel de l'Ytalie, soubz la charge de cappitainne lequel est encoires incertain, avons pourveu pour faire faire les fortisfications, réparacions et aultres provisions nécessaires, tant de gens, vivres, artilleries que municions du coustel de Napples et Sécille, par où l'on tient que ladicte armée de mer plus vraysemblablement tirera.

En oultre ce faisons dresser, avec les galères que desjà tenons, une armée de mer pour jusques à vingt-cinq mille hommes, ensemble l'équipaige nécessaire; et nous semble que, avec icelle nostre armée de mer et les provisions susdictes, y aura bon moyen de résister à celle dudict Turcq, selon que sommes informé d'icelle, et deffendre et préserver l'Italye, moyennant que ledict S^r roy, nostre très-chier frère, vuille tant seulement, pour cestuy bon effect, bailler ses galères équippées et entretenues pour le temps de ladicte nécessité; et oultre ce que avons sceu que nostredict sainct-père l'en a fait requérir, et oyres que tenons qui ne vouldra desfaillir à ladicte réquisition, pour chose tant méritoire et favorable, encoires l'en prions-nous et requérons austant affectueusement que pouvons, puisque il le pourra ayséement faire, ayant lesdictes galères équippées. Et quant à l'aultre armée dudict Turcq, qui prépare pour l'endresser par terre du coustel de Hongrye et ceste Germanye, et que entendons estre sans comparaison la plus puissante, sommes après pour pourveoir de luy résister avec l'ayde et assistance des électeurs, princes et estatz de ladicte Germanye, en délibération de, si ledict Turcq vient en personne comm'il se publie, faire, ensemble nostre frère le roy des Romains, tout le mieulx que pourrons.

Bien entendu que nostre intencion est de, pour maintenant seullement entendre à la deffension de ladicte chrestienté, résister audict Turcq; congnoissant que pour passer plus avant à l'offension, ce seroit chose impossible si prestement, et ne le vouldrions entreprendre sans la dresser par temps, avec l'intervencion mesmement dudict S^r roy très-chrestien, nostre bon frère, et de ses forces et des aultres princes et potentatz chrestiens, et aussi ne véons qu'elle se puist faire de toute la prouchaine saison.

Que ledict S^r roy des Romains, nostre frère, et nous espérons recouvrer, tant de nous mesmes que avec l'ayde et assistance des électeurs, princes et estatz de ceste Germanye que s'assemblent icy, bon nombre de gens de pied et cheval pour furnir à ceste deffension et résistance. Que nous avons sceu comme ledict S^r roy très-chrestien a offert à nostredict sainct-père bonne et grande assistance contre ledict Turcq, d'hommes d'armes et gens de pied, en quoy à la vérité il fait à louher et extimer, et luy en doit sçavoir bon grey toute la chrestienté; et pour ce que, comme dessus, le principal et plus grant besoing se offre du coustel de la Germanye, luy requérons qu'il nous vuille subvenir de quelque bon nombre d'hommes d'armes des siens, payez et entretenuz pour durant ceste nécessité. Et oultre ce qui fera euvre méritoire quant à Dieu, il obligera grandement ceste Germanye, nostredict frère et nous, puisque c'est chose qui peult ayséement faire, ayant lesdicts hommes d'armes ordinaires. Bien congnoissons que le dangier de ces deux emprinses nous concerne et touche en premier lieu, pour obvier auquel entendons et voulons faire tout ce que pourrons; mais aussi ne faisons doubte que ledict S^r roy très-chrestien, nostre frère, congnoit assez que le dangier par conséquant est commung à toute la chrestienté, à laquelle secourir et ayder, et résister audict commung ennemy d'icelle, il est tenu comme précellent en dignité et nom de très-chrestien aux aultres princes.

Si ledict S^r roy nostre frère s'excuse sur ce qu'il ayt accourdé et ouffert lesdicts gens d'armes et secours pour l'Italye, ou vous en est parlé par aultres de sa part, ou vous semble besoing en tenir propoz, direz que la provision par nous advisée pour résister à l'armée de mer que se dresse contre ladicte Italye, sera bien souffisante à la deffension d'icelle, avec lesdictes galères dudict S^r roy, et ainsi le congnoit bien ledict sainct-père, ne fust que ledict Turcq changea de propoz et voulsit passer par ce coustel-là, ouquel cas, ou que ledict Turcq voulsit par terre prendre le chemin d'Italye, et comme qui soit qu'il adviengne nécessité du coustel d'Italye, sommes délibérez tirer celle part à la deffension d'icelle, et tousjours à ce serviront lesdicts hommes d'armes que ledict S^r roy nous vouldra envoyer. Et si, ce nonobstant, ledict S^r roy parsiste, que toutesfoys ne pouvons croire, de vouloir envoyer gens d'armes ou piétons du coustel de ladicte Italye, et véez que enfin les persuasions et remonstrances pour l'effect susdict et excuser ledict envoy ne souffisent, direz que puisqu'il est assez pourveu à la deffension de ladicte Italye, que d'y envoyer lesdicts gens de guerre seroit despence superflue et travailler icelle, estant encoires fort ressentie des guerres passées, et occasion auxdicts Italyens de penser qui voulsit attempter et mouvoir choses nouvelles en ladicte Italye, pour la troubler et inquiéter, que nous supposons il ne vouldroit faire; que seroit non seullement non ayder ne assister à la répulsion dudict Turcq, mais icelle empescher en plusieurs consideracions qu'il peult assez entendre, comme les gens en ce quartier-là sont scrupuleux, que ne seroit aussi convenable, actendu les choses traictées et jurées entre ledict S^r roy et nous. Et au regard des gens de pied, ilz ne sont nécessaires du coustel de ladicte Italye pour les raisons susdictes, ny de ce coustel pourroient venir à temps, et excusera[1] ledict S^r roy austant de despence.

Si enfin il s'excuse de pouvoir ayder de sesdicts gens d'armes, luy direz que doncques il vuille assister en ceste emprinse de quelque bonne pièce d'argent, ayant regard aux grans fraiz, tant ordinaires que extraordinayres, qu'il y conviendra fournyr, comme il peult entendre, et que la somme soit certaine, en quelle manière et où elle se recouvrera pour s'en ayder et servir à si bon et nécessaire effect que cestuy; et si dit vouloir fournyr au pape dudict argent, ayant regard que sa saincteté l'en ayt premier fait requérir ou pour aultres consideracions, ne l'en dissuaderez, mais parsisterez qui le vuille faire comme dessus, de bonne somme, certaine et prompte, et que moyennant qu'il ayde d'argent en l'une ou l'aultre armée, tiendrons la chose très-bien employée. Mais comme qu'il en soit de la responce dudict S^r roy, en cas qu'il accourde gens d'armes ou argent, aurez soingneux regard et parsisterez austant que convenablement sera possible, de savoir quel nombre de gens ou quelle somme d'argent il vouldra furnyr, et comment il se fournistra, quant et où, et quelle seheurté l'on y pourra prendre, sans vous arrester à généralité de sa responce en l'ung ou l'aultre des poinctz susdicts. Baillant bien entendre audict S^r roy que, puisque la nécessité est si instante, et empourte comme dessus à toute la chrestienté, qu'il est de besoing que nous saichons certainement sur quoy nous en debvrons actendre, fyer et assheurer, pour faire selon ce.

Si par advanture ledict S^r roy disoit qui voulsit venir en personne à ceste deffension contre ledict Turcq, luy pourrez respondre que ce nous seroit très-grant pleisir, et que en ce il feroit très-bonne et

[1] Ménagera.

louhable euvre, et vouldrions par ensemble entendre en ladicte desfension, luy pourtant le respect que convient à sa qualité; mais que pour estre le dangier si instant, fauldroit que nous fussions acertenez et asheurez quant, comment et avec quel nombre de gens il vouldroit venir et soy trouver, affin de nous reigler et conduyre selon ce. Et l'en eussions voulentiers requis, bien supposant que sa présence pourroit faire groz bien à toute la républicque chrestienne, et nous seroit grant pleisir nous trouver ensemble, ne fust que le temps est si court, et la nécessité tant urgente et précise; et audict cas qui parsiste en ceste responce, luy direz que pour l'importance de la chose en soy et pour le pleisir que aurons de ceste nouvelle et pour vostre descharge, il nous vuille escripre par vous ceste sa déliberacion, avec la certitude desdicts lieu, temps et nombre de gens, telle que convient, pour nous y arrester et prendre fondement.

Et si ledict S^r roy, ou aultre de sa part, vous demande des apprestes que faisons du coustel de deçà, et quelle ayde actendons des estatz de ceste Germanye, direz que nostredict frère et nous sumes après pour assembler le plus de gens que pourrons, et que l'on peult estre assheuré que ne délaisserons riens que puissions faire pour ladicte résistance, selon la briefveté du temps; et que quant auxdicts estatz, desjà ilz respondirent et arrestairent à la diette d'Augsbourg le secours de la résistance contre ledict Turcq, et tiendrons main qu'ilz ensuyvent ladicte déliberacion et, s'il est possible, facent dadvantaige. Et pour austant que avons, par noz ambassadeurs, desjà cy-devant adverty ledict S^r roy très-chrestien dudict secours, ne vous en avons baillé charge plus particulière. Si ledict S^r roy parloit de l'appoinctement d'entre nostredict frère et le Wayvoda, et ouffrit ou tînt aultre propoz pour s'en mesler, luy direz que n'en avez aulcune charge; bien que nostredict frère s'est mis en tout debvoir dudict appoinctement, et que mesmes sur aulcunes lectres que les gens dudict Wayvoda nous avoient escript, avions emprins de traicter ledict appoinctement, et pour ce mis sus une diette, au lieu de Passau, prouchain d'icy, et y debvoit entrevenir le légat du pape et les ambassadeurs du roy de

Polonne; et quant la chose a esté en ses termes, ledict Wayvoda a respondu qui désiroit que la chose se traicta devers ledict roy de Polonne, que n'est sinon palliacion et demourer en son obstinacion, et bailler entendre qu'il ayt envye d'appoincter sans vouloir venir à moyens convenables à paix, en quoy toutesfois nostredict frère s'est tousjours mis en tout debvoir.

Luy direz en oultre que nous dépeschons devers le roy d'Angleterre, nostre bon frère et oncle, affin de le requérir que, puisqu'il ne pourroit à temps ayder de gens à ce secours, qu'il y vuille assister de quelque bonne somme de deniers, et aussi prions ledict S^r roy très-chrestien, nostre bon frère, vouloir de son coustel tenir la main vers les aultres princes et potentatz qu'ilz aydent en ceste emprinse, selon leurs qualitez et comme l'on doit espérer de leurs bons zelles et affection, au soubstènement de nostre saincte foy, deffence, préservacion et repoz de la républicque chrestienne.

Vous ferez aussi entendre vostredicte charge à la roynne très-chrestienne, madame nostre meilleur seur, affin que de ce qu'elle verra convenir elle s'emploie au bon effect de vostredicte charge; et parsisterez par tous moyens convenables de sur icelle avoir certaine et résolue responce, tant desdictes galères que secours desdicts hommes d'armes ou argent.

Si vous est respondu que ledict S^r roy, nostre très-chier et bon frère, vuille conférer premièrement ce que dessus audict S^r roy d'Angleterre et aultres princes, luy remonstrerez que la chose ne souffre tant de dilacion, et qu'il entend assez que en ceste si grosse et instante nécessité, il nous empourte savoir ce qui vouldra faire pour nostredicte assistance; et qu'il est aussi bien convenable et nécessaire que, pour les consideracions susdictes, il se déclaire et baille en ce exemple auxdicts aultres princes.

Si enfin véez qui remecte vostre responce et despesche en délay, et véez qui n'y ayt apparance de l'avoir bonne et briefve, vous en démeslerez sans démonstrer mescontentement, et en remectant à nostredict ambassadeur résidant devers luy de solliciter ladicte responce telle qu'elle pourra estre, vous en retournerez devers nous.

Vous adviserez aussi avec ledict de Likerke, nostre ambassadeur, de advertyr le nunce du pape de vostredicte charge, et luy en tenir propoz, de manière que ce soit démonstrer toute confidance en l'endroit de nostre sainct-père; et point de diffidence envers ledict Sʳ roy.

Ainsi advisé, fait et conclud en nostre cité impériale de Reghenspurg, le ɪɪɪᵉ d'apvril l'an quinze cens trente-deux, après Pasques.

CXLI.

CE QUE LE SIEUR DE BALANÇON

A EXPOSÉ

DE LA PART DE L'EMPEREUR AU ROI TRÈS-CHRÉTIEN.

(Apologie de Charles-Quint, 359-360.)

Sans date [avril 1532].

L'empereur présuposant que icelluy Sʳ roy soit adverty des nouvelles de la venue du Turcq, et mesmes par nostre sainct-père, duquel il s'est entièrement confyé, pour estre chose convenable à sa dignité et auctorité suprême, affin que, moyennant son intervention, la deffence et résistence audict commung ennemy se dresse et face comm'il appertient; mais que l'empereur voyant la continuacion de ces nouvelles qu'il avoit de divers coustez, pour non faillir au devoir qu'il doit à la république chrestienne, et à l'observance de la bonne et fraternelle amytié et alliance estant entre eulx deux, et qu'il n'entend rien entreprendre concernant le bien commung d'icelle chrestienté sans l'advis et participacion d'icelluy Sʳ roy, son bon frère, ayant le respect envers luy qui convient à la prééminence, dignité royale et tiltre de roy très-chrestien, l'a bien voulsu advertir du vouloir qu'il a de s'employer à ce que sera trouvé faisable et possible pour la deffence et résistence contre ledict Turcq. Et ayant entendu que icelluy Turcq appreste deux armées, l'une de mer et l'autre de terre, pour envoyer celle de mer, comme les nouvelles en sont, du cousté d'Italie, a pourveu du cousté de Naples et Cécille, où il est apparant que ladicte armée du Turcq descendra, de réparacions, fortisficacions, artillerie, munitions et autres provisions nécessaires, tant de gens que de vivres.

Que oultre ce, l'empereur fait dresser avec ses gallères une armée de mer jusques à xxv^m hommes, ensemble l'équippaige nécessaire, qui luy semble, avec la provision susdicte, avoir bon moyen de résister à celle dudict Turc pour la deffence et préservacion d'Italie, moyennant que ledict sieur roy son bon frère veulle, tant seulement pour cestuy bon effect, bailler ses gallères équippées et entretenues pour le temps de ladicte nécessité, dont l'empereur, oultre la requeste que luy en a faict nostredict sainct-père, l'en prie aussi très-affectueusement pour chose tant méritoire et favorable, laquelle il peult aisément faire, veu qu'il a lesdictes gallères équippées.

Et quant à l'autre armée que ledict Turcq prépare, pour la dresser par terre du cousté de Hongrye et la Germanye, laquelle l'on entend estre sans comparaison la plus puissante, l'empereur est après pour pourveoir de luy résister avec l'ayde des électeurs, princes et autres estatz de l'empire, en délibéracion, s'il vient en personne, comme il se publie, ensemble le roy des Romains son frère, faire du mieulx que sera possible. Bien entendu que l'empereur n'est d'intencion pour maintenant entendre plus avant que à la desfencion de ladicte chrestienté et résister audict Turcq, congnoissant que pour passer plus avant à l'offension, seroit chose impossible si promptement, et ne le vouldroit entreprendre sans la dresser par temps, avec intervencion dudict sieur roy, son bon frère, et de ses forces et des aultres princes et potentatz chrestiens.

Que l'empereur et le roy des Romains, son frère, espèrent recouvrer, tant de par eulx que avec l'ayde des princes et estatz de la

Germanye, bon nombre de gens de pied et cheval, pour servir à ceste desfence et résistence.

Que l'empereur a sceu l'offre que ledict S^r roy très-chrestien a faite à nostre sainct-père de bonne et grande assistance d'hommes d'armes et gens de pied, dont il fait grandement à louer et extimer, et luy en doit sçavoir bon grey toute la chrestienté; mais pour ce que le plus grand et apparant besoing se ouffre du cousté de la Germanye, l'empereur prie très-affectueusement audict S^r roy très-chrestien, son bon frère, qu'il luy vuille subvenir de quelque bon nombre d'hommes d'armes des syens, payez et entretenuz pour durant ceste nécessité; et oultre ce qu'il fera chose méritoire quant à Dieu, il obligera grandement ensemble le roi des Romains et toute la Germanye envers luy, puisque c'est chose qui puist aisément faire, ayant lesdicts hommes d'armes ordinaires. Et congnoissant l'empereur que le dangier de ces deux emprinses luy concerne et touche en premier lieu, pour à quoy obvyer, il entend faire tout ce qu'il pourra, et tirer où ledict Turcq prendra le chemin, soit d'Italie ou ailleurs, à la desfension d'icelle chrestienté.

Que l'empereur a bien voulsu advertyr ledict S^r roy très-chrestien qu'il a envoyé vers le roy d'Angleterre, son bon frère et oncle, affin de le requérir, veu qu'il ne pourroit à temps ayder de gens à secours, qu'il veuille assister de quelque bonne somme de deniers; pryant aussi ledict sieur roy très-chrestien vouloir de son cousté tenir la main vers les autres princes et potentatz chrestiens, qu'ilz aydent à ceste emprinse selon leurs qualitez, et comme l'on doit espérer de leurs bons zelles et dévocions au soubstènement de nostre saincte foy, desfence et préservacion de repoz de la république chrestienne.

CXLII.

LA RÉPONSE

QUE LE ROI A FAITE AU SIEUR DE BALANÇON,

SUR LA CRÉANCE QU'IL A EXPOSÉE, ET DEPUIS BAILLÉE PAR ÉCRIT DE LA PART DE L'EMPEREUR.

(Apologie de Charles-Quint, 360.)

Sans date [1532].

Le roy a esté très-ayse d'entendre le bon et grand appareil que l'empereur fait par mer et par terre, pour résister à l'entreprinse qu'il est nouvelles que le Turcq veult faire sur la chrestienté, et luy semble que du cousté d'Allemaigne la force y soit telle que, si le Turcq y prend son chemin, il n'en pourra rapporter que honte et dommaige.

Et quant à l'armée de mer, ledict S^r roy trouve très-bonne la provision que ledict empereur a faicte du cousté de Napples et de Cécille, pour laquelle renforcer, il y eust volontiers envoyé les gallères qu'il a équippées en la coste de Lainguedoc et Prouvence, n'eust esté qu'il est contrainct les y tenir pour la seurté de ladicte coste, où sans cela Barbarosse et autres infidèles prendroient plusieurs âmes et feroient maulx infiniz sur ses subjectz; et est ledict Barbarosse, ainsi que l'on dit, oultre son grand nombre de fustes[1], renforcé de xxx ou xl grosses voiles dudict Turcq, et a accoustumé de surjourner la pluspart du temps aux ysles d'Irc[2], dont il peult advenir plus de mal à la mer Méditerranne que de nul autre endroit.

---

[1] Navires. [2] Hières.

Et d'aultre part, si ledict sieur désarmoit son royaulme de ses gallères et gens d'armes, qui sont sa principale force, et il luy advenoit inconvénienz, que Dieu ne veulle, il seroit en évidant dangier de perdre le tout; par quoy, s'il a à courir fortune, il ayme trop myeulx et tient pour plus honnorable de hazarder sa personne avec ses forces, que de soy perdre seul. Et semble audict S^r que pour pourveoir à affaire de si grant importance, il eust esté besoing y penser de meilleur heure, et pour ce faire et y prendre une bonne conclusion, assembler les princes et potentatz chrestiens, ainsi que dez le moys de may derrier passé ledict S^r advertit nostredict sainct-père et ledict empereur; et à ceste cause le roy ne peut, pour le présent, synon renouveller l'offre qu'il a par cy-devant faicte à nostredict sainct-père, qui est que, encoires que on luy ayt fait quicter ce que lui appartenoit en Ytalie, néantmoings que, désirant conserver le nom de roy très-chrestien, et ne le mériter moings que ses prédécesseurs, si le Turcq descend en ladicte Ytalie, il yra pour la deffence d'icelle en parsonne, accompaigné de trois mil hommes d'armes de ses ordonnances, oultre ceulx de sa maison et ses pensionnaires, qui sont en grant nombre, et davantaige L mil hommes de pied, dont les xxx mil seront de la nation d'Allemaigne, et le surplus de François et d'Italiens. Et en oultre ledict S^r ne fait nulle doubte que le roy d'Angleterre, son bon frère et perpétuel allié, pour le mesme zelle et affection qu'il est asseuré que ledict roy d'Angleterre porte au bien de la chrestienté, ne se y treuve en personne, s'il luy est possible, ou qui n'y envoye ung bon nombre de gens de guerre; et pour la force de mer, ledict S^r fait faire diligence d'équipper ung bon groz nombre de gallères et plusieurs autres gros vasseaulx qu'il fera passer de ceste mer en la Méditerranne. Et ne vouldroit ledict sieur, après avoir employé sa personne en guerre pour son faict particulier, l'espargner maintenant en ce qu'il touche le bien universel de la chrestienté, et jamais ne consentiroit pour ung tel affaire que ses enseignes marchassent soubz autre que soubz luy : car en cest endroit il veult avoir sa part du bien et du mal, et où l'empereur et luy assembleront leurs armées, ils sçavent chacun d'eulx le lieu qu'ilz doibvent tenir.

Et finablement icelluy S^r roy est entièrement délibéré et résolu de faire pour le bien de la chrestienté tout ce qu'il pourra, tant de luy que de ses amys.

FIN DU TOME PREMIER.

TABLE CHRONOLOGIQUE

DES

DOCUMENTS CONTENUS DANS CE VOLUME.

NUMÉROS des PIÈCES.	DATES.	SOMMAIRES.	PAGES.
I.	1ᵉʳ juin 1416.	Patentes de Jean-sans-Peur, duc de Bourgogne, aux habitants de Louvain...............	1
II.	4 oct. [1443.]	Philippe le Bon, duc de Bourgogne, à son garde-joyaux Jean de Boullongne, dit Lachenet....	3
III.	11 décembre [1443.]	Philippe le Bon, duc de Bourgogne, à son garde-joyaux Jean de Boullongne, dit Lachenet....	4
IV.	19 juill. 1465.	Lettre sans signature adressée au duc Philippe le Bon, contenant la relation de la bataille de Montlhéri........................	5
V.	3 oct. (1465.)	Charles, comte de Charolois, au duc de Bourgogne son père....................	9
		Projet de l'accommodement des princes et seigneurs avec le roi Louis XI............	11
VI.	20 déc. 1484.	Patente de Jacques de Savoie, comte de Romont, adressée aux états généraux des Pays-Bas...	12
VII.	22 déc. 1484.	Réponse des états généraux des Pays-Bas......	14
VIII.	24 déc. 1484.	Réplique du comte de Romont aux états des Pays-Bas........................	16

TABLE CHRONOLOGIQUE.

NUMÉROS des PIÈCES.	DATES.	SOMMAIRES.	PAGES.
IX.	Vers 1484.	Manifeste de l'archiduc Maximilien, servant de réponse aux reproches de ceux qui se portent pour les trois membres du pays de Flandre...	18
X.	1" et 25 juin 1489.	Deux lettres d'Ange, évêque d'Ortona, nonce apostolique auprès de Mathias Corvin, roi de Hongrie, au pape Innocent VIII.........	24
XI.	31 oct. 1500.	Lettres patentes de Philippe le Beau, duc et comte de Bourgogne, à l'abbé de Saint-Vincent de Besançon.......................	45
XII.	28 août 1502.	Lettres patentes de Philippe le Beau, duc et comte de Bourgogne, à Jean Ludin de Besançon.............................	47
XIII.	29 juill. 1506.	Instructions du roi don Ferdinand (le Catholique) à Louis Ferrer, son chambellan, membre de son conseil et ambassadeur (en Castille)...	48
XIV.	22 mai 1508.	Lettre du roi don Ferdinand le Catholique à don Juan d'Aragon, vice-roi de Naples, successeur de Gonsalve de Cordoue, surnommé le Grand Capitaine...................	66
XV.	2 févr. 1511.	Marguerite, archiduchesse d'Autriche, gouvernante des Pays-Bas, à M. de Vergy........	73
XVI.	30 juill. 1512.	Mandement de Ferdinand le Catholique, roi d'Aragon, au sujet de la conquête de la Navarre...........................	76
XVII.	27 mars [1513.]	L'archiduchesse Marguerite à M. de Vergy....	84
XVIII.	17 janv. 1513, V. S.	Marguerite d'Autriche à Pierre de Loquenghien et à Jean de Hesdin..................	Ibid.

TABLE CHRONOLOGIQUE.

NUMÉROS des PIÈCES.	DATES.	SOMMAIRES.	PAGES.
XIX.	Sans date. [1516?]	Le cardinal Ximenès de Cisneros, régent des Espagnes, et le sénat de ces royaumes, au roi Charles Ier..........................	85
XX.	23 mai 1516.	L'archiduchesse Marguerite à M. de Vergy....	88
XXI.	13 août 1516.	Traité de paix conclu à Noyon, entre François Ier, roi de France, et Charles Ier, roi de Castille, et du mariage entre celui-ci et madame Louise de France..........................	Ibid.
XXII.	7 sept. 1517.	Charles, roi de Castille, aux cardinaux François Ximenès et Adrien Florent (d'Utrecht).....	89
XXIII.	[Sept. 1517.]	Le roi Charles à l'infant don Ferdinand, son frère............................	100
XXIV.	27 sept. 1517.	Le roi Charles au cardinal Ximenès.........	105
XXV.	10 avril 1518.	Frère Fabrice Carretto, grand maître de Rhodes, à M. de Vergy......................	110
XXVI.	2 oct. 1518.	Traité d'une sainte ligue conclue à Londres, par l'entremise du pape Léon X, entre l'empereur et les rois de France, d'Espagne et d'Angleterre...........................	Ibid.
XXVII.	10 janv. 1518, V. S.	L'archiduchesse Marguerite à M. de Vergy.....	111
XXVIII.	1519.	Charles, roi d'Espagne, aux électeurs de l'empire d'Allemagne.........................	Ibid.
XXIX.	1520.	Le conseil d'Espagne au roi Charles, pour le	

TABLE CHRONOLOGIQUE.

NUMÉROS des PIÈCES.	DATES.	SOMMAIRES.	PAGES.
		prier de hâter son arrivée, et l'informer des excès de don Pedro Giron................	114
XXX.	19 juin 1521.	François Ier au comte Albert de Carpi, son ambassadeur à Rome....................	116
XXXIII[1].	1521.	Précis des conférences de Calais pour le rétablissement de la paix entre François Ier et Charles-Quint, sous la médiation du roi d'Angleterre..	125
XXXIV.	19 janv. 1522.	Instructions données par le sacré collège aux cardinaux Colonne, des Ursins et Cesarini, députés vers le cardinal d'Utrecht, alors en Espagne, pour lui notifier son élection au saint-siége.............................	241
XXXV.	14 févr. 1522.	Le pape Adrien VI à Jean de Vignacourt, prévôt de Mons........................	251
XXXVI.	22 mai 1522.	Testament de l'empereur Charles-Quint......	252
XXXVII.	25 juin 1524.	L'archiduchesse Marguerite au comte (d'Egmont) de Gavres....................	257
XXXVIII.	[24 fév. 1525.]	François Ier à sa mère, Louise de Savoie, duchesse d'Angoulême.................	258
XXXIX.	[3 mars 1525.]	Louise de Savoie, duchesse d'Angoulême, mère de François Ier, à l'empereur............	259
XL.	3 mars [1525].	Louise de Savoie à Henri, comte de Nassau...	260
XLI.	6 mars 1524. V. S.	L'archiduchesse Marguerite au comte de Gavres, sieur de Fiennes....................	261

[1] L'omission des n°s XXXI et XXXII est le fait de l'inadvertance.

TABLE CHRONOLOGIQUE.

NUMÉROS des PIÈCES.	DATES.	SOMMAIRES.	PAGES.
XLII.	13 mars 1524, V. S.	Marguerite d'Autriche aux président et conseillers du conseil de Flandre..............	262
XLIII.	[Vers avril 1525.]	Charles-Quint à la duchesse d'Angoulême, et demandes qu'il fait au roi de France......	263
XLIV.	Idem.	Charles-Quint à Ch. de Lannoy, vice-roi de Naples.	265
XLV.	[Mars ou avril 1525.]	François Ier, roi de France, à Charles-Quint....	266
XLVI.	[Avril ou mai 1525.]	François Ier, roi de France, à Charles-Quint...	268
XLVII.	[Été de 1525.]	Charles-Quint à François Ier..............	Ibid.
XLVIII.	[Vers sept. 1525.]	François Ier à Charles-Quint..............	269
XLIX.	[Vers déc. 1525.]	Demandes de l'empereur au roi de France, avec les réponses........................	270
L.	14 janv. 1526.	Traité conclu à Madrid entre Charles-Quint et François Ier.......................	274
LI.	[Févr. 1526.]	François Ier à Charles-Quint..............	Ibid.
LII.	[Mars 1526.]	François Ier à Charles-Quint..............	275
LIII.	[.... 1526.]	François Ier à Charles-Quint..............	Ibid.
LIV.	10 févr. 1525, V. S.	Mandement de l'archiduchesse Marguerite au conseil de Flandre...................	276
LV.	11 févr. 1525, V. S.	Publication du traité de paix de Madrid.......	278
LVI.	1526.	Recueil de diverses pièces relatives à la querelle de Charles-Quint avec le pape Clément VII...	279

TABLE CHRONOLOGIQUE.

NUMÉROS des PIÈCES.	DATES.	SOMMAIRES.	PAGES.
LVII.	[1526.]	Memoriale mandato di ordine di papa Clemente VII a monsig^r illme Farnese, legato in Spagna, quando di Castello voleva mandarlo all' imperatore....................	280
LVIII.	22 et 27 janv. 1528.	Déclaration de guerre faite à l'empereur de la part des rois de France et d'Angleterre, par leurs hérauts d'armes, avec les réponses.....	310
LIX.	8 févr. 1528.	Charles-Quint à Montfort, gentilhomme de sa chambre........................	347
LX.	18 mars 1528.	L'empereur à Jean de Calvymont, ambassadeur de France......................	349
LXI.	28 mars 1527, V. S.	Audience de congé donnée par le roi à Nicolas Perrenot de Granvelle, ambassadeur de l'empereur, et refus qu'il fait d'être porteur du cartel de François Ier................	350
LXII.	7 et 8 juin 1528.	Cartel de François Ier à Charles-Quint, du 28 mars 1527, V. S. Procès-verbal de sa remise par Guyenne, héraut d'armes de France, et autres pièces........................	360
LXIII.	15 juin 1528.	Charles-Quint à don Diego, duc de l'Infantado.	381
LXIV.	20 juin 1528.	Réponse du duc de l'Infantado à Charles-Quint..	384
LXV.	23 juin 1528.	Charles-Quint au duc de l'Infantado.........	388
LXVI.	[Juin 1528.]	Le duc de l'Infantado au secrétaire Covos.....	389
LXVII.	24 juin 1528.	Réponse de Covos au duc de l'Infantado......	390

TABLE CHRONOLOGIQUE.

NUMÉROS des PIÈCES.	DATES.	SOMMAIRES.	PAGES.
LXVIII.	24 au 30 juin 1528.	Relation de l'avis demandé par l'empereur aux grands d'Espagne, au sujet du cartel; du départ de Bourgogne, roi d'armes, et de son arrivée à Fontarabie....................	391
LXIX.	[Juin 1528.]	Projet de la réponse de l'empereur au cartel du roi de France.......................	393
LXX.	24 juin 1528.	Réponse de l'empereur Charles-Quint à la déclaration faite par le roi de France le 28 mars 1528, donnée à Monçon, le 24 juin suivant.	394
LXXI.	Idem.	Cartel de l'empereur Charles-Quint envoyé à François Ier.......................	405
LXXII.	Idem.	Instructions de l'empereur à Bourgogne, son héraut d'armes, qu'il envoie au roi de France.	409
LXXIII.	29 juin 1528.	Anne de Montmorency, grand maître de France, à Guyenne, roi d'armes................	413
LXXIV.	7 juillet 1528.	Le sieur de Clermont, gouverneur de Languedoc, à don François de Beaulmont, capitaine général du Roussillon..................	414
LXXV.	9 juillet 1528.	Le sieur de Saint-Bonnet, gouverneur de Bayonne, à Bourgogne, roi d'armes de l'empereur.....	415
LXXVI.	16 juill. 1528.	Réponse de Bourgogne au sieur de Saint-Bonnet.	416
LXXVII.	17 juill. 1528.	Le sieur de Saint-Bonnet à Bourgogne, roi d'armes..........................	417

TABLE CHRONOLOGIQUE.

NUMÉROS des PIÈCES.	DATES.	SOMMAIRES.	PAGES.
LXXVIII.	[Juillet 1528.]	Réponse de Bourgogne au sieur de Saint-Bonnet.	418
LXXIX.	28 juill. 1528.	Le sieur de Clermont à don François de Beaulmont.	420
LXXX.	1ᵉʳ août 1528.	Sauf-conduit du roi de France pour le roi d'armes Bourgogne.	421
LXXXI.	13 août 1528.	Le roi de France au sieur de Saint-Bonnet.	422
LXXXII.	17 août 1528.	Le sieur de Saint-Bonnet à Bourgogne, roi d'armes.	423
LXXXIII.	18 août 1528.	Réponse de Bourgogne au sieur de Saint-Bonnet.	424
LXXXIV.	[Juin 1528.]	Fragment de l'acte de publication d'une trêve de huit mois entre les Pays-Bas, la France et l'Angleterre.	425
LXXXV.	19 juill. [1528.]	Charles-Quint au sieur de Montfort.	Ibid.
LXXXVI.	Sept. 1528.	Instructions de l'empereur à Gérard de Rye, seigneur de Balançon, envoyé vers le prince d'Orange (en Italie).	427
LXXXVII.	[Après sept. 1528.]	Philibert de Châlons, prince d'Orange, à M. de Balançon.	433
LXXXVIII.	9 nov. [1528.]	Charles-Quint au sieur de Montfort.	438
LXXXIX.	16 nov. [1528.]	Charles-Quint au sieur de Montfort.	440
XC.	23 déc. [1528.]	Charles-Quint au sieur de Montfort.	441

TABLE CHRONOLOGIQUE.

NUMÉROS des PIÈCES.	DATES.	SOMMAIRES.	PAGES.
XCI.	24 janv. 1529.	Charles-Quint au sieur de Montfort..........	445
XCII.	16 mars [1529].	Charles-Quint au sieur de Montfort..........	447
XCIII.	18 avr. [1529.]	Charles-Quint au sieur de Montfort..........	452
XCIV.	25 mars 1528, V. S.	François Ier aux états de l'empire assemblés à Spire.............................	453
XCV.	29 juin 1529.	Traités de Barcelone, l'un patent et l'autre secret, conclus entre le pape Clément VII et l'empereur Charles-Quint....................	458
XCVI.	Sans date. [1529.]	Instructiones pro reverendissimo domino legato apostolico, mittendo ad magnificos dominos Senenses, deinde ad magnificos dominos Florentinos, si opus fuerit.................	459
XCVII.	5 août 1529.	Sommaire du traité de Cambrai, entre l'empereur et le roi de France................	464
XCVIII.	8 nov. 1529.	Pouvoirs donnés par l'empereur à l'archiduchesse Marguerite, pour traiter des alliances de mariage entre ses enfants et ceux du roi de France........................	471
XCIX.	23 déc. 1529.	Traité conclu à Bologne, entre le pape, l'empereur, le roi Ferdinand son frère, la république de Venise et le duc de Milan, pour la défense mutuelle et la tranquillité de l'Italie.......	473
C.	Idem.	Traité de Bologne, entre l'empereur et François Sforze, duc de Milan...................	Ibid.

TABLE CHRONOLOGIQUE.

NUMÉROS des PIÈCES.	DATES.	SOMMAIRES.	PAGES.
CI.	29 juill. 1530.	L'empereur Charles-Quint à M. de Noircarmes..	474
CII.	31 juillet et 28 août 1530.	Les articles de l'instruction du sieur de Rabaudanges, ambassadeur de France, présentez par luy à l'empereur, sur lesquels il a requis avoir response............................	480
CIII.	16 oct. 1530.	Autorisation donnée par François Ier à la reine Éléonore son épouse, de renoncer aux successions de ses père et mère et de son aïeul paternel............................	484
CIV.	Sans date. [nov. 1530.]	Deux instructions de l'empereur au sujet des démêlés de la ville de Genève avec son évêque et le duc de Savoie.................	486
CV.	Sans date. [Fin de 1530.]	Réflexions sur une alliance plus étroite à contracter avec le duc de Savoie............	488
CVI.	Sans date. [*Idem.*]	Propositions de mariage dans les maisons de France et d'Autriche, faites à Charles-Quint par François Ier........................	492
CVII.	6 janv. 1531.	Note responsive remise, au nom de Charles-Quint, par le sieur de Recin des Barres, à Bayard, général des finances de Bretagne, au sujet des alliances de mariage proposées par François Ier.	495
CVIII.	1er févr. 1530. V. S.	Les articles sur lesquels semble estre besoing consulter, pour la charge et instruction de Monsr de Praet, chevalier, conseiller et second chambellan de l'empereur, allant présentement de la part de sa majesté vers le roy très-chrestien............................	496

TABLE CHRONOLOGIQUE.

NUMÉROS des PIÈCES.	DATES.	SOMMAIRES.	PAGES.
CIX.	14 févr. 1530, V. S.	Mandement de Charles-Quint à ses ambassadeurs en France..........................	509
CX.	13 mars 1530, V. S.	Commission de receveur des gabelles et greniers à sel à Noyers et à Château-Chinon, donnée par l'empereur à Girard Varnerot, son trésorier.............................	511
CXI.	3 avril 1530, V. S.	L'empereur à ses ambassadeurs en France....	512
CXII.	Sans date. [3 avril 1531.]	Répliques de l'empereur faites aux réponses du roi très-chrétien au sujet des alliances matrimoniales. (Suite de la négociation du sieur de Praet.)...........................	519
CVII[1].	Sans date. [Fin d'avril 1531.]	Réponse du roi de France aux répliques de l'empereur au sujet des alliances de mariage, etc. (Suite de la négociation du sieur de Praet.)..	529
CVIII.	2 mai 1531.	L'empereur à ses ambassadeurs en France.....	533
CIX.	Sans date. [Mai 1531.]	Dernière réponse de Charles-Quint à François Ier au sujet des mariages, etc. et fin de la négociation du sieur de Praet...............	538
CX.	Mai 1531.	Charles-Quint au sieur de Courbaron, son envoyé extraordinaire à la cour de France.........	540
CXI.	Mars 1531.	Pièces jointes à l'instruction précédente :	
		L'empereur au roy de France...........	543
		L'empereur à la reine Éléonore, sa sœur.	544
		L'empereur au grand maître de France...	545

[1] Cette nouvelle erreur dans l'ordre des numéros doit encore être imputée à l'inadvertance.

TABLE CHRONOLOGIQUE.

NUMÉROS des PIÈCES.	DATES.	SOMMAIRES.	PAGES.
		L'empereur à François Bonvalot, son ambassadeur à la cour de France........	545
CXII.	15 juin 1531.	L'empereur à François Bonvalot, son ambassadeur en France......................	546
CXIII.	15 juin 1531.	L'empereur à son ambassadeur en France et au sieur de Courbaron	548
CXIV.	22 juin 1531.	François Ier à Charles-Quint	549
CXV.	24 juin 1531.	L'empereur à son ambassadeur en France.....	550
CXVI.	Juin 1531.	Demandes diverses au nom du roi de France, et réponses faites de la part de l'empereur.....	551
CXVII.	24 juin 1531.	L'empereur à son ambassadeur en France.....	554
CXVIII.	24 juin 1531.	L'empereur à son ambassadeur en France.....	555
CXIX.	S. d. [Comm^{nt} de juill. 1531.]	L'empereur à son ambassadeur en France.....	556
CXX.	Sans date. [Juill. 1531.]	Notes responsives à deux demandes faites à l'empereur de la part du roi de France.........	559
CXXI.	9 juillet 1531.	L'empereur à son ambassadeur en France et à M. de Courbaron	561
CXXII.	12 juill. 1531.	Réponse donnée par l'empereur aux ambassadeurs de Lorraine...................	562
CXXIII.	16 juill. 1531.	Charles III, dit le Bon, duc de Savoie, à l'archiduc Ferdinand, roi des Romains.........	563
CXXIV.	Sans date. [29 juill. 1531.]	Charles-Quint à François Ier..............	564

TABLE CHRONOLOGIQUE. 627

NUMÉROS des PIÈCES.	DATES.	SOMMAIRES.	PAGES.
CXXV.	29 juill. 1531.	Charles-Quint au grand maître de France.....	565
CXXVI.	[Août 1531.]	L'empereur à son ambassadeur en France.....	566
CXXVII.	[Août 1531.]	L'empereur à son ambassadeur en France.....	568
CXXVIII.	18 sept. 1531.	L'empereur à la reine de France, sa sœur.....	572
CXXIX.	18 sept. 1531.	Charles-Quint au sieur de Balançon (1re et 2e instruction)............................	573
CXXX.	S. d. [Sept. ou oct. 1531.]	Charles-Quint à François Ier................	578
CXXXI.	S. d. [Sept. ou oct. 1531.]	Charles-Quint à Éléonore d'Autriche, reine de France, sa sœur.......................	579
CXXXII.	21 oct. 1531.	L'empereur à son ambassadeur en France....	580
CXXXIII.	2 nov. 1531.	L'empereur à son ambassadeur en France.....	582
CXXXIV.	3 nov. 1531.	L'empereur à son ambassadeur en France.....	584
CXXXV.	16 nov. 1531.	L'empereur à son ambassadeur en France.....	585
CXXXVI.	21 nov. 1531.	L'empereur à son ambassadeur en France.....	589
CXXXVII.	S. d. [Fin de nov. 1531.]	L'empereur à son ambassadeur en France.....	591
CXXXVIII.	6 janv. 1531, V. S.	L'empereur à Simon de Tisnacq............	596
CXXXIX.	8 janv. 1531, V. S.	L'empereur à son ambassadeur en France.....	598
CXL.	3 avril 1532.	Charles-Quint au sieur de Balançon.........	601

NUMÉROS des PIÈCES.	DATES.	SOMMAIRES.	PAGES.
CXLI.	Sans date. [Avril 1532.]	Ce que le sieur de Balançon a exposé de la part de l'empereur au roi très-chrétien.........	608
CXLII.	Sans date. [Avril 1532.]	La réponse que le roi a faite au sieur de Balançon, sur la créance qu'il a exposée, et depuis baillée par écrit de la part de l'empereur.....	611

FIN DE LA TABLE CHRONOLOGIQUE.

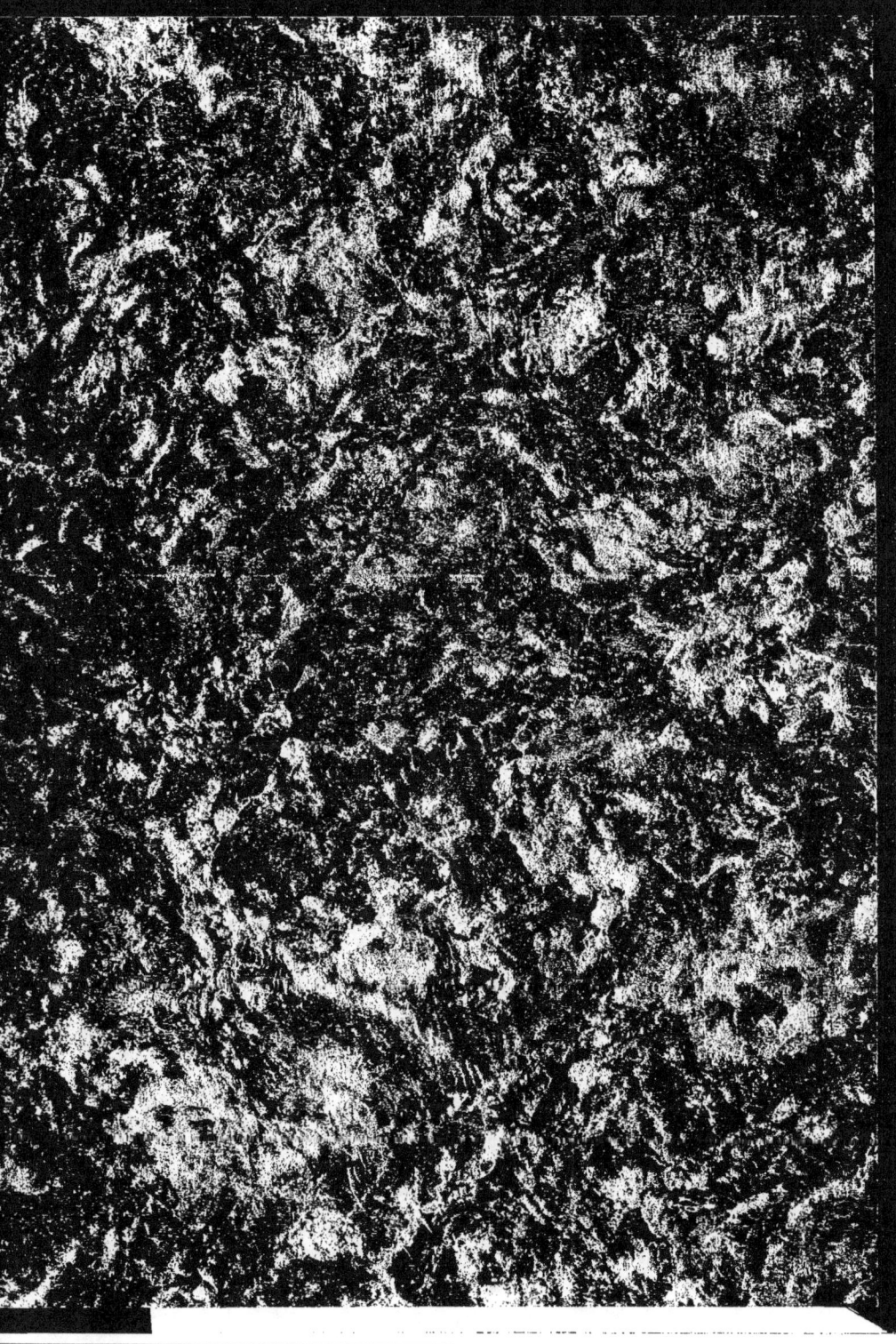

www.ingramcontent.com/pod-product-compliance
Lightning Source LLC
Chambersburg PA
CBHW061952300426
44117CB00010B/1302